经略海洋：

浙江海事司法前沿理论与实践

JINGLÜE HAIYANG :

ZHEJIANG HAISHI SIFA QIANYAN LILUN YU SHIJIAN

唐学兵 / 主编

大连海事大学出版社

DALIAN MARITIME UNIVERSITY PRESS

图书在版编目(CIP)数据

经略海洋：浙江海事司法前沿理论与实践／唐学兵
主编. — 大连：大连海事大学出版社，2022.11
　ISBN 978-7-5632-4312-9

　Ⅰ．①经…　Ⅱ．①唐…　Ⅲ．①海事仲裁—研究—中国
Ⅳ．①D925.704

中国版本图书馆 CIP 数据核字（2022）第 216347 号

大连海事大学出版社出版

地址：大连市黄浦路523号 邮编：116026 电话：0411-84729665（营销部） 84729480（总编室）
http://press.dlmu.edu.cn　E-mail:dmupress@dlmu.edu.cn
大连天骄彩色印刷有限公司印装　　　　　大连海事大学出版社发行
2022 年 11 月第 1 版　　　　　　　　　　2022 年 11 月第 1 次印刷
幅面尺寸：170 mm×240 mm　　　　　　　　　　　　印张：38.5
字数：728 千　　　　　　　　　　　　　　　　印数：1~1000 册
出版人：刘明凯
责任编辑：刘长影　　　　　　　　　　　　责任校对：杨　洋
封面设计：解瑶瑶　　　　　　　　　　　　版式设计：解瑶瑶

ISBN 978-7-5632-4312-9　　定价：116.00 元

编委会成员

主 编

唐学兵　宁波海事法院院长

编委会委员

沈晓鸣　聂　纵　翁暨伟　邬先江
李　锋　赵沛耿　胡建新　吴胜顺

执行编委

张　辉　夏淇波　李婉婷　唐佳静

责任编辑

刘长影

序　言

　　党的二十大报告强调："发展海洋经济,保护海洋生态环境,加快建设海洋强国"。习近平总书记历来高度重视海洋工作、关心海洋事业发展,有着深厚的海洋情怀。在浙江工作期间,他指出:"发展海洋经济,是我长期致力和探求的一件事。"党的十八大以来,他多次强调:"建设海洋强国,必须进一步关心海洋、认识海洋、经略海洋""经济强国必定是海洋强国、航运强国""建设海洋强国是实现中华民族伟大复兴的重大战略任务"。习近平总书记的一系列重要论述,为海洋强国建设提供了战略指引,也为加强海事司法工作指明了前进方向。

　　宁波海事法院是全国11家海事法院之一。建院以来特别是党的十八大以来,宁波海事法院深入贯彻落实习近平法治思想和习近平总书记系列重要指示精神,紧紧围绕海洋强国战略,秉持"敢为人先,勇立潮头"的担当精神,不断摸索前进,持续改革创新,率先开展海事审判"三合一"改革实践,努力打造国际海事纠纷解决优选地,形成海事审判"浙江经验"、海上诉源治理"浙江模式"、海洋生态司法保护"浙江方案"等一系列好经验、好做法,走出了一条视野国际化、办案精品化、制度创新化的中国特色海事司法审判之路。

　　"仰之弥高,钻之弥坚"。丰富的海事司法实务为理论研究提供了深厚的实践土壤。几十年间,一代代海院人以青春为笔、挥汗成墨,上下求索、书写辉煌,数百篇佳作荣获省级以上荣誉或在省级以上刊物发表。值此建院三十周年之际,宁波海事法院以典型性、创新性、前沿性、周延性为原则,精选调研报告、学术论文、精品案例、裁判文书、综合文章等67篇汇编成书,从宏观层面的制度构建、规则重塑,到微观实践的法律适用、疑难案件,涵盖不同题材类型、观点、角度和时代背景,全面回顾了浙江海事司法三十年的发展变迁,充分展现了海院几代人的文思求索,以期知往鉴今,承前启后,行稳致远。

　　三十而立正青春,风华正茂启征程。在宁波海事法院成立三十周年之际,特此作序祝贺,希望宁波海事法院深入学习贯彻党的二十大精神,坚持以习近平新时代中国特色社会主义思想为指导,不忘初心、牢记使命,踔厉奋发、勇毅前行,努力开创新时代新征程浙江海事审判工作新局面,为建设海洋强国、推进中国式现代化提供更有力的司法服务和保障!

浙江省高级人民法院

党 组 书 记、院 长　李占国

目 录

调研报告篇

学术论文篇

精品案例篇

裁判文书篇

综合文章篇

调研报告篇

浙江省船舶建造及其纠纷调查报告

——兼析金融危机对浙江省船舶建造业的影响

宁波海事法院、浙江省高级人民法院民四庭联合课题组①

【内容摘要】船舶建造是船舶工业的重要组成部分,是航运业、渔业及海洋工程的基础产业。近年来,我国造船业发展迅速,2008年全年订单占全球的29%,我国成为超过日本、仅次于韩国的造船大国。在整体经济形势的积极带动下,依托良好的区位、港口和岸线优势,以及上海国际航运中心建设所带来的发展机遇,浙江省造船业增长更为迅猛,有力地带动了浙江省航运海洋经济的发展。

与此同时,船舶建造引发的纠纷数量和种类也日益增多。2008年下半年爆发的全球金融危机,使浙江省造船业受到外贸与航运市场的连续重挫,订单锐减、撤船激增,融资渠道被收紧甚至关闭,不少企业面临停产、半停产状态。尤其是,浙江省的造船企业多为民营资本经营,涉及的利益环节众多,容易引发群体矛盾,更产生了大量的经济纠纷。

为及时总结近年来,尤其是在金融危机影响下浙江省造船业发展的基本情况,进一步审理好新形势下各类相关船舶建造纠纷案件,充分发挥司法能动性,切实服务于经济发展大局,本课题组成员先后深入浙江省主要的船舶建造基地进行调研,与温州、台州、舟山及宁波等地的造船企业、海事部门、船舶检验等部门代表进行座谈,并赴造船企业实地察看、走访了解情况,重点就金融危机前后船舶建造合同纠纷案件的现状、成因、特点等进行调查分析与比较。在此基础上,本课题旨在从法律层面对浙江省的造船业发展提供一些解析与规划,从而为振兴浙江省船舶工业,为航运、海洋渔业经济的发展提供必要的法律支持和充分的司法保障。

一、浙江省造船业的基本情况

"十五"规划以来,浙江省船舶工业各项指标均已跻身全国重点省市行列,但

---

① 课题主持人:诸锐璋,宁波海事法院党组书记、院长。课题组成员:郑菊红,浙江省高级人民法院民四庭庭长;邬先江,宁波海事法院海商庭庭长;史红萍,宁波海事法院办公(研究)室副主任;王胜东,浙江省高级人民法院民四庭审判长助理。

目前全球经济衰退的客观影响也较大程度地波及了浙江省的造船业。

(一)浙江省造船业的基本数据

近三年来,浙江省造船业的统计情况如下表所示:①

表 浙江省造船业的统计情况

年份	船舶工业总产值	其中造船产值	造船完工量 (占全国份额)	手持订单量 (占全国份额)	其中新接订单 (占全国份额)
2007 年	413.3 亿元	309.6 亿元	369.6 万载重吨 (19.5%)	1 808.3 万载重吨 (11.4%)	1 240 万载重吨 (12.6%)
2008 年	581.1 亿元	462.2 亿元	535.6 万载重吨 (18.1%)	2 740.9 万载重吨 (12.5%)	1 108.1 万载重吨 (18.7%)
2009 年 1—5 月	242.1 亿元	201 亿元	229.5 万载重吨 (18.6%)	2 541 万载重吨 (13.2%)	59.7 万载重吨 (47.6%)

上述数据显示,近三年来浙江船舶工业的发展具有如下特点:(1)造船为船舶工业的支柱产业,约占船舶工业总产值的四分之三。(2)造船企业手持订单量大,约为年完工量的 5 倍之多,市场供求关系尚未饱和。(3)金融危机对总产值的影响持续明显,年造船能力有限,手持订单持续增长,但新承接订单大幅下降,同比降幅达 90.7%。

(二)浙江省造船业存在的主要问题和面临的困难

1.民营船企相对"低、小、弱"

据统计,浙江省 90%以上的造船企业为民营企业。民营企业作为浙江省造船业的主力军,有其独特优势,但又普遍存在科技含量低、技术人员少、资金投入少、规模小、造船能力弱的现象,难以应对金融危机带来的各种风险。

2.经营模式缺乏规范管理

受 2002 年以来船价持续飙升的诱惑,大量民资投入造船业,盲目跟风投资,企业自主创新能力有限。船价高涨时期,出现"卖楼花"和"商品船"造船模式,不少造船企业以出租船台为主要经营方式,个体造船企业缺乏监管制约机制,规范施工难以落实,船舶建造的质量与安全生产隐患未能有效排解。

3.法律意识淡薄

除接受国外订单的船舶建造合同有规范化格式外,多数造船企业无合同文本,签约随意、履约无序,造成纠纷大量产生。对国外订单的格式合同条款审查不到

---

① 相关数据包括以下引用,均来源于浙江省经济与信息化委员会统计报表。至截稿时,2009 年 6—8 月份的统计数据尚未公布。

位,导致合同权利义务不平等,往往在履行合同时被国外船东抓住漏洞,缺乏主动保护意识。即便有纠纷解决条款,也通常约定由第三国仲裁机构解决,一旦发生纠纷,则产生高额诉讼费用,甚至直接导致败诉的不利后果。①

(三)金融危机对浙江省造船业带来的影响

受 2008 年全球金融危机的冲击,世界航运市场行情普遍低迷,运价大幅缩水,波罗的海干散货运价指数(BDI)已于 2008 年的最高 11 793 点跌落至最低 1 000 点,大批航运企业纷纷宣布裁员或者取消地区航线,缩减营运规模。自 2008 年 9 月以来,作为航运业的上游产业,浙江省造船业直面金融危机带来的强大冲击,总体面临"接单难、融资难、交船难"的严峻局面。

1. 新接订单锐减

尽管 2009 年 1—5 月浙江省船舶工业总产值、造船产值、造船完工量尚保持同比增长态势,但新接订单仅 59.7 万载重吨,同比下降 90.7%。自 2008 年年末以来,除个别骨干老牌造船企业外,不少企业没有接到过任何订单,有些企业依靠原有订单维持生计,有些小型企业则基本处于停产状态。

2. 在建船舶撤单多

据统计,自 2008 年 9 月金融危机爆发以来,浙江省船舶工业取消订单总计达 62.1 万载重吨。船东以船厂在船舶质量、造船资质、交船期限等合同履行方面的"瑕疵"为由申请解除合同,甚至不惜以放弃定金为代价取消订单的现象较为普遍。

3. 资金链断裂严重

金融危机造成船东与造船企业资金紧张。一方面,船东无力支付后续造船款,使造船企业投入资金不能有效运转;另一方面,交船难也导致造船资金回收困难,无力投入新的建造项目。就目前情况看,金融机构对造船业扶持有限,一般造船企业未能列入国务院关于船舶工业调整振兴规划,浙江省绝大多数民营造船企业也难以得到当地政府的重点扶持。

4. 造船质量出现恶性循环

由于国家对造船业尚未实施市场准入制,大量个体挂靠或承包经营户从事造船,对造船的质量和安全生产带来隐患。在前几年航运和造船市场繁荣阶段,船东急需船舶营运,对某些小瑕疵不予计较。在金融危机时期,这些小瑕疵被日益放

---

① 据统计,自 2008 年 9 月金融危机爆发以来,船东单方解除船舶建造合同数量激增。值得注意的是,中国船企为被解除方的竟占到 85% 以上。

大,质量隐患不断升级,往往成为船东撤船的主要理由之一。

二、船舶建造合同纠纷案件审理的基本情况

(一)案件的数量变化

经统计,2006 年 1 月至 2009 年 8 月,宁波海事法院受理船舶建造引起的各类海事海商纠纷案件共有 355 件,占三年半以来收案总数的 5%之多。其中,2006 年有 71 件,2007 年有 70 件,2008 年有 91 件,2009 年截至 8 月有 123 件。可见,2008 年下半年以来,金融危机对纠纷产生的影响正逐步显现,2009 年案件数量呈高峰态势,收案数已大大超过 2008 年的全年收案数。

(二)案件的类型变化

船舶建造合同纠纷案的类型分布,受经济形势、航运指数和供求关系等因素的影响较为明显。经分类统计,近几年来宁波海事法院审理的船舶建造合同纠纷案具有如下规律性特征:

1. 纠纷数量与航运指数成反比,市场景气则纠纷减少,市场萧条则纠纷增多

航运市场景气阶段纠纷类别较单一,一般集中于因增减建造项目而产生的船款纠纷;市场萧条阶段纠纷类别明显增多,合同订立、履行过程中的任何瑕疵均可能产生纠纷。

2. 拖欠造船款为历年纠纷的主要类别,2009 年尤其突出

船厂延期交船、船舶质量问题以及船东要求解除合同的纠纷明显增加,这些纠纷均与资金链的断裂直接相关。船东、造船企业履约能力和资信状况在金融危机之下普遍下降,这是双方产生纠纷的深层次原因。

3. 个人或挂靠船厂经营造船业的情形较普遍

统计表明,2006 年由个体、合伙或挂靠造船而引起的纠纷约占总数的 40%,2008 年达一半之多,2009 年有所回落。这反映出浙江省民资造船受市场利益驱动影响相当明显,纠纷的大量产生也表明个体经营船舶建造客观上造成了整体市场的无序状态,市场对造船资质的需求正在凸显。

4. 出现不少以船舶买卖合同形式签订而实为造船合同的纠纷

该类纠纷在案由确定和统计方式上可能脱离船舶建造合同纠纷的范畴,但从其根本属性出发,此类买卖合同纠纷仍应作为本课题的研究对象。①

---

① 除二手船买卖外,大部分新船买卖均会涉及船舶建造相关问题。

(三) 金融危机下的典型纠纷

从法律关系类别上看,船舶建造合同纠纷案通常由违约之诉引起,如船舶建造质量纠纷、欠款纠纷、延期交船违约纠纷、在建船舶转让合同违约纠纷和拒绝交付船舶违约纠纷等。也有基于船舶建造合同关系而产生的侵权损害赔偿纠纷,如人身伤亡损害赔偿纠纷等。受金融危机影响,将极易产生的典型纠纷列举如下:

1. 船东拖欠造船款纠纷

如宁波海事法院受理的(2009)甬海法商初字第 300 号船舶营运借款合同纠纷案。该案中,某船务公司委托某船业公司建造一艘 23 000 吨散货船。为筹集造船资金,船务公司以其他公司名义向银行申请贷款 1 000 万元。2008 年下半年受经济危机影响,造船项目缺乏后续资金,不仅造船无法继续进行,借款到期也无力还款,出面为其借款的公司因银行向其催讨借款而将船务公司诉至法院,要求归还本息 700 余万元。此类案件涉及造船融资问题,在经济危机形势下频繁发生。

2. 船东弃船或要求解除合同纠纷

如宁波海事法院受理的(2008)甬海法商初字第 158 号船舶建造合同纠纷案,涉及船舶造价达 1.3 亿元。被告将造船业务交予其他单位,船舶已实际在建。原告起诉认为被告系海运公司,非造船企业,不具有建造船舶的资质,更不具备建造20 000 吨级船舶的生产条件和能力水平,诉请法院确认双方签订的船舶建造合同无效,并判令被告返还已收船款和双倍定金共计 2 300 万元。被告则提出反诉要求解除造船合同,并判令原告支付其合同违约金 1 300 万元。

3. 造船质量纠纷

如宁波海事法院受理的(2009)甬海法商初字第 55 号船舶建造合同纠纷案。2007 年 4 月,某海运公司与某船舶制造公司签订船舶建造合同,前者向后者定购新建钢质货轮一艘,其中船用主机约定由船舶制造公司向无锡某柴油机厂订购。船舶建造完毕并交付 10 个多月后,主机曲轴断裂,造成海运公司多项损失,并诉至法院。宁波海事法院还受理了另一起由上述同一家柴油机厂提供的主机曲轴断裂造成的违约赔偿纠纷案。两案诉请损失金额合计高达 400 余万元。

4. 缔约地位不平等导致的纠纷

2005 年,杭州某船舶制造公司与德国一家公司签订了船舶建造合同。根据合同约定,德方应向国内建造方支付 70% 的预付款,建造方向中国银行申请开立金额为 2 亿余元人民币的预付款保函。2008 年 12 月,由于交船延期,双方协商减价,并达成补充协议,明确不得取消造船合同和不得以延期交船为由提出索赔。但德方继续要求减价,并于 2009 年 5 月书面告知建造方决定取消造船合同,并要求中国银行兑付预付款保证金,以收回预付款。为此,建造方果断申请宁波海事法院冻结保函下保证金,才避免保证金被收回。此纠纷就是由于预付款保函与双方签订的造船合同对解除合同权利做出了不同的约定,致使德方抓住延期交船环节,利用保函兑付条件行使单方解约权。而根据双方约定的纠纷解决条款,任何产生于造船合同解释和履行中的争议均应根据伦敦海事仲裁委员会条例在伦敦仲裁,并适用英国法律。显然,国内造船企业订立合同时,更应该注意在重要条款上争取有利地位。

三、船舶建造合同纠纷案件审理中存在的主要问题

(一)船舶建造合同的性质问题

对于船舶建造合同属于《中华人民共和国合同法》(以下简称《合同法》)所规定的买卖合同还是承揽合同,理论界和实务界众说纷纭,莫衷一是。法院对合同的不同定性,决定案件所应适用的法律条款,进而影响在建船舶所有权的认定、船款的支付及违约损失的可保护范围等合同当事人的实体权利和义务。海事司法实践中,对于船舶建造合同的法律定性主要存在两种观点:承揽合同关系说和买卖合同关系说。

1. 承揽合同关系说

该观点认为,从合同名称看,船舶建造合同属于典型的承揽合同,审理此类合同纠纷应适用我国《合同法》第十五章关于承揽合同的规定。从船舶建造合同内容分析,通常会对开工日期、设计图纸、钢材型号、船上设备、施工要求、图纸更改和项目增减、检验与验收以及分期付款等都做出明确的约定。① 这符合我国《合同法》第二百五十一条所定义的承揽合同,即"承揽人按照定作人的要求完成工作,交付工作成果,定作人给付报酬的合同",包括加工、定作、修理、复制、测试、检验等工作。船舶建造合同中,船东属于定作人,建造方属于承揽人。我国理论界和司法界大多持此种观点。②

德国、日本、意大利、希腊、葡萄牙等多数国家亦将船舶建造合同定性为承揽合同。譬如,德国海事委员会出具的报告中载明,船舶建造合同是一种针对工作和物料的合同,除非在合同订立之前工作已经开始;日本海事委员会报告也将船舶建造合同描述为造船人完成工作并交付工作成果的合同。

2. 买卖合同关系说

该观点认为,船舶建造合同具有买卖合同的属性,审理此类合同纠纷案件,应

---

① 如宁波海事法院受理的(2006)甬海法温商初字第 10 号案中上海中通物流股份有限公司与乐清市东方造船有限公司订立的《2400DWT 成品油轮船舶建造合同》。

② 参见王建瑞:《船舶建造合同的若干法律问题》,载中华人民共和国武汉海事法院网。http://www.cjtx.cn/cjtx/linkeycms_whhs.nsf/doc/14C743C8733D386D4825748E0006D455?opendocument。

适用我国《合同法》第九章关于买卖合同的规定。从船舶融资角度分析,船舶建造过程中银行授予卖方信贷或者买方信贷的不同情形,间接指明了船舶建造合同作为船舶买卖合同的法律性质。① 中国船舶工业贸易公司(CSTC)制定的涉外造船合同标准格式(CSTC 范本)亦将造船合同认定为船舶买卖合同,在实践中得到了广泛应用。② 特别是在英国法下,法院将船舶建造合同作为货物买卖合同对待,③买卖的标的是"将来的货物",适用英国 1979 年《货物销售法》。④ 国际上著名的"西欧造船厂协会"制定的标准造船合约(AWES Form)就为合约双方提供了船厂所有权和买方(船东)所有权两种选择性文本。

当然,对于船舶建造合同的法律性质不能一概而论,应视具体情况做具体分析。总的来说,在我国司法实践中,多数将船舶建造合同认定为承揽合同。即便当事人签订的合同名称为船舶买卖合同,经法院审理后,认为该合同实为委托建造船舶,也往往将其确定为承揽合同,适用承揽合同的法律条文判明双方的权利和义务。例如,武汉海事法院审理的(2005)武海法商字第 550 号船舶建造合同纠纷案的民事判决书中就把船舶建造合同定性为加工承揽合同。⑤

(二)建造方的主体资格及合同效力问题

近年来,我国对造船企业实行严格的审批和全程监管制度,对造船企业的造船资质、资信状况和抵御风险能力等诸项经营指标均提出了较高要求。⑥ 但在现行制度下,我国对船舶建造的监管,主要还是船舶检验单位依据部门规章如《海船建造规范》《海船入级规则》等,对特定船舶建造过程各个环节进行检验和审批,对船舶生产企业还没有实行强制性行业准入制度。

正因如此,受前几年造船高额利润的诱惑,大量个人合伙、航运企业等非船舶生产企业也开始从事造船业务。这些个人或非船舶生产企业在订立船舶建造合同后,或者转委托给船舶生产企业建造,赚取建造合同的差价;或者租赁船舶生产企业的船台或船坞,临时自行组织人员进行建造;或者纯粹自己利用滩涂造船,借用

① 参见赵劲松、段安洪:《船舶买方信贷中银行规避风险的方式》,载《海商法研究》2003 年第 9 辑。
② 参见周平:《论建造中船舶的物权问题》,载《海商法研究》2000 年第 1 辑。
③ Mcdougall v. Aeromarine of Emsworth Ltd. (1958) 2 Lloyd's Rep. 345. "...it seems well settled by authority that, although a shipbuilding contract is, in form, a contract for the construction of the vessel, it is in law a contract for the sale of goods..."
④ 杨良宜:《造船合约》,大连海事大学出版社 2008 年版,第 88-97 页。
⑤ 见武汉海事法院(2005)武海法商字第 550 号卢建国诉兴化市东方造船厂船舶建造合同纠纷一案,载《海事司法论坛》2008 年第 2 期。
⑥ 原造船行业主管部门国防科工委(现工业和信息化部)从 2004 年着手制定,于 2007 年正式颁布《船舶生产企业生产条件基本要求及评价方法》,主要从生产设施、生产设备、计量检测、人员和管理状况五大方面对船舶生产企业准入条件进行了规范。

船舶生产企业的名义向主管部门报检。

对于此类船舶建造合同是否有效，司法实践中存在不同认识。例如，上文提及的(2008)甬海法商初字第158号船舶建造合同纠纷案，原告委托被告建造一艘13 000吨散货船，并订立船舶建造合同。被告仅是航运公司，而非船舶生产企业，其与案外人宁波某船舶修造公司订立船舶建造合同，委托该公司造船。一审法院在审理过程中，认为被告不具备造船资质，原、被告之间设立的船舶建造合同无效。二审法院则认为，法律没有明确规定造船企业的资质要求，且该船实际由有资质的企业建造，确认原、被告之间的船舶建造合同有效。又如，宁波海事法院审理的(2008)甬海法台商初字第35号船舶建造合同违约纠纷案，原告委托被告建造3 000吨级油轮。一审法院认为，被告虽以其个人名义与原告订立合同，但将船舶以来料加工的方式交由台州某造船公司实际承建，故原、被告间的船舶建造合同并未违反法律法规的强制性规定，应确认有效。二审法院维持一审判决。从上述两个案例分析，在司法实践中，虽然对于非船舶生产企业的个人或其他企业作为承建方订立船舶建造合同的效力问题有不同看法，但是浙江省法院已倾向于认为该类船舶建造合同未违反强制性法律规定而应确认有效。

就现行法律依据而言，本课题组也倾向于认定此类合同的效力。《最高人民法院关于适用〈中华人民共和国合同法〉若干问题的解释(一)》第十条明确规定："当事人超越经营范围订立合同，人民法院不因此认定合同无效。但违反国家限制经营、特许经营以及法律、行政法规禁止经营规定的除外。"2009年4月24日公布的《最高人民法院关于适用〈中华人民共和国合同法〉若干问题的解释(二)》，对于我国《合同法》第五十二条规定的违反法律强制性规定的无效情形，也做出了违反效力性强制规范的限制性解释，进一步表明最高人民法院对双方当事人真实意思表示的合同，不轻易认定合同无效的态度。

当然，目前这类船舶建造合同即使是有效的，这种掩饰自身在船舶建造资质、信誉、融资能力、场地和生产技术水平等方面的不足，通过与正规造船企业签订场地租赁或挂靠协议的方式私自承接船舶建造业务的方式，客观上导致了大量的造船质量缺陷和履约纠纷。对此，船舶建造各级主管部门应当充分重视，并采取切实有效的管理措施。

(三)船舶质量保证期或保修期问题

船舶建造合同中，通常会有船舶质量保证期或免费保修期条款，约定在质量保证期内发生船舶质量问题，造船方免费修理，有的还对船舶修理期间的营运损失分摊进行了约定。①

对于超过质量保证期的船舶质量问题，造船企业是否还应承担赔偿责任，审判实践中经常发生争议。一般而言，产品质量责任属于强制性规范，但《中华人民共和国产品质量法》（以下简称《产品质量法》）并未明确规定产品的质量保证期问题。本课题组认为，设置船舶质量保证期的意义主要在于确定纠纷发生时各方当事人的证明责任归属，而非限定造船人承担船舶建造质量责任的时间尺度，也即质量保证期并非造船人承担绝对船舶质量责任的最终期限。这是首先应该确立的原则。其次，诚如我国《产品质量法》第四十六条对"缺陷"所做的定义，产品"瑕疵"与产品"缺陷"是两个不同的概念，②但产品质量问题的定性完全可能在损失客观发生时发生转化。只有当买受者所购产品不具有应当具备的使用性能、产品标准或不符合产品说明、实物样品等方式表明的质量状况的，才属于质量瑕疵，由销售者根据与买受者之间的买卖合同关系承担责任。如，新建船舶在交船后的质量保证期届满后出现质量问题，如果仅仅是使用性能上的不符合要求，根据合同约定造船企业可以不再承担责任。但如果该"不符合要求"已进一步造成船舶在使用性、效能性以外的其他人身、财产损失，比如主机设备突然不能运作，造成船舶沉没、货物受损、人员受伤，就可以认定船舶存在"危及人身、他人财产安全的不合理的危险"，属于质量缺陷问题，应由作为生产者的造船企业予以赔偿。也即，对于我国《产品质量法》第四十一条规定的"缺陷产品以外的其他财产"应做扩大解释，将产品使用性能以外的各种损失认定为缺陷产品所造成的损失。

例如，上文提到的宁波海事法院审理的（2009）甬海法商初字第 55 号船舶建造合同纠纷案，因船舶主机曲轴断裂发生于船舶交付后 10 个半月，被告辩称已经过了 10 个月的质量保证期而不承担赔偿责任。一审判决认为，原告与被告虽然约定了质量保证期，但该约定并不必然免除两被告分别作为主机曲轴的销售者和生产者，对原告已经举证证明的生产销售的曲轴存在缺陷从而造成的财产损失应承担的赔偿责任。该案原、被告双方在曲轴断裂后还重新协商更换了新曲轴，并约定将对断裂的曲轴进行检验分析，在明确原因后由责任方承担赔偿责任，表明双方已一致同意根据事故原因来解析责任，不再受质量保证期的约束。简言之，船舶使用

---

① 例如，宁波海事法院审理的（2007）甬海法商初字第 47 号案件中，涉及的《13 000 吨散货船建造合同》即明确约定，作为造船人的被告对船舶固定件和活动件分别承担 12 个月和 6 个月的质量保证期；（2005）甬海法商初字第 284 号案件中，原、被告所签订的《船舶建造合同书》第九条亦明确规定："乙方对船舶质量负责的期限为壹年"；（2008）甬海法商初字第 251 号案件中，原、被告补充协议约定，（出卖方）建造方对质量保证期内修理期间的船期损失不承担赔偿责任，等等。

② 《产品质量法》第四十六条规定："本法所称缺陷，是指产品存在危及人身、他人财产安全的不合理的危险；产品有保障人体健康和人身、财产安全的国家标准、行业标准的，是指不符合该标准。"

年限通常达 20 余年,约定该船舶主要设备——主机只有 10 个月的质量保证期,如果过了 10 个月期限,主机曲轴瑕疵造成的损失即由船东自负,也是显失公平的。目前该案尚在上诉审理阶段。

(四)船价损失的认定问题

对于船舶建造合同违约纠纷,无论是迟延交付、合同解除,还是合同无效等,通常均会涉及船价损失的认定问题。一般而言,船价损失以合同价与市场价的差价为依据。然而,在建船舶在法院审理过程中有的还没有完工,有的虽已完工但一时难以出售。对于船舶这类特殊商品,单船交易盛行,市场可比性差。尤其是在全球交易量紧缩的情形下,市场价每天都会发生变化,查明市价是相当困难的,估价部门也难以做出准确的估价。如(2008)甬海法商初字第 158 号船舶建造合同纠纷案,法院审理时,船舶还在建造过程中,一审法院酌情认定船价损失 600 万元。二审法院认为一审法院"根据市场情况酌情确定船价损失为 600 万元亦无明显不当",予以维持。从本案法官行使自由裁量权分析,若这样的认定稍有偏差,对当事人就会有几百万元的利益影响。此时当事人之间的经济矛盾,有可能会转化成一方当事人与法院之间的矛盾。故而船价认定上的依据不足问题,迫切需要我们深入调查研究,为法院裁判提供合理合法的依据,以统一裁判尺度,真正维护各方当事人的合法权益。

四、解决问题和应对金融危机的建议与构想

从船舶建造纠纷产生的特点,以及审理中尤其是金融危机影响下暴露出的问题来看,要重整、规范造船市场,防范金融风险,不仅需要广大船舶生产企业积极主动应对,也需要司法、政府和相关行政部门各司其职并相互配合,为造船经济的复苏提供必要的政策与法律支持。

(一)企业自身的积极应对与防范

1. 合理评估融资风险,增强抵抗危机能力

在金融危机下,无论船东还是造船企业,均面临着融资困难、资金链断裂的局面。船舶建造合同双方都应充分认清经济形势,积极面对困难。首先,要对自身进行合理的风险评估,有限的资金要用在"刀刃"上,做到重点突出、有的放矢。例如,假设某造船企业同时在建 5 艘船舶,按合同约定其现有资金及融资情况只能继续建造 3 艘船舶,这就需要该造船企业对各份合同进行充分研究,通过比对和取舍,在保证自己最大利益的前提下,选择履行其中三个合同,从而协商延长或中止另两个合同的履行。其次,拓宽融资渠道,确保资金到位。在传统的银行信贷、民

间借贷融资的基础上,积极争取用在建船舶或房产、海域使用权等其他财产设立抵押,也可通过与融资能力较强的企业进行合作,为造船企业注入救急资金,等等。如浙江民营造船企业舟山金海湾船业有限公司与海航集团旗下的大新华物流控股(集团)有限公司合作,后者为其投资注入 32 亿元人民币巨额资金,并带来 30 艘新散货船订单,打破了 2009 年 6 个月以来新接订单零的纪录。这是造船企业可借鉴的成功案例。最后,冷静看待并适时把握金融危机带来的"负"面机会。毫无疑问,浙江省造船业正遭遇金融危机带来的巨大影响。但是危机客观上也使得目前造船业成本下降,人才及关键配套设备紧缺压力明显减小。再加上当前政府助力所带动的积极宽松的财政和融资政策,对造船业来说也不失为重整旗鼓、逆势而上的有利时机。因而造船企业既要善于总结经验、吸取教训,提高应对风险的承受力与现实能力,又要积极拓宽融资途径,科学规划安排,做好投入生产和市场经营的充分准备,耐心等待市场经济拐点的出现。

2. 规范合同重要条款,提早防范履约风险

据本课题组实地了解,浙江省造船企业现在使用的涉外船舶建造合同多数是全英文的日本、挪威或波罗的海国际航运公会(BIMCO)的造船标准合同范本。相对来讲,日本造船厂协会(Shipbuilders Association of Japan,SAJ)的造船合同在亚洲使用较为普遍,且通常对造船企业较为有利。BIMCO 的 NEWBUILDCON 则被视为平衡船东和船厂利益的合同。① 不过,每个标准合同格式均有隐蔽条款,合同双方当事人可以根据谈判需要添加或删除某些条款。因此,我国造船企业,尤其是船舶行业协会,应组织相关专家深入研究这些常用的船舶建造合同范本。在造船生产破冰前期,把一部分精力投入到技术力量与资源开发上来,积极培养商务、法律专业人才和谈判专家。一方面,尽可能让造船企业在格式合同可予商洽的前提下,争取订入有利条款、删除不利条款。比如尽可能确保船东履约担保的可靠性;减少分期付款的周期,提高前几期付款金额,减少船东已付船款与造船企业损失之间的差距;对纠纷处理尽可能约定适用中国法并在中国诉讼,以减少诉讼成本等。另一方面,要严格规范合同订立的整体环节,不仅要关注船舶造价、船舶技术要求等基本条款,也要确保造船期限的延展、违约事由的认定等足以影响合同履行的重要条款的明确可行,同时还要关注违约处理条款是否显失公平,或明显不利于建造方。

3. 积极行使合同权利,妥善履行合同义务

在金融危机下,合同双方当事人都面临履约困境,合同履行过程中的任何环节,都可能影响企业的最终利益。本课题组认为,首先,我国企业应当充分理解正

---

① 杨良宜:《造船合约》,大连海事大学出版社 2008 年版,第 2 页。

在履行的合同条款的具体内容。如果处于合同有利地位,应当积极行使合同赋予的权利,而不能一味等待,最终错失良机。如果处于合同不利地位,则应尽可能与对方沟通和协商,争取订立补充协议,改变不利地位。例如,当外方船东未按合同约定履行分期付款义务,已构成违约时,国内造船企业应根据合同履行、造船进度以及自有资金的投入情况,来决定是继续履行合同,留置船舶并追究对方的违约责任,还是行使合同解除权利,及时终止资金的继续投入以减少损失。其次,合同在履行过程中需要变更具体事项的,也要谨慎谈判,不做出不利于后期履行的让步,以免落入不利境地。例如,对船东提出的增减项目,一定要以书面方式予以明确,对合同原项目要在预算基础上及时完成决算,并取得船东代表的签字认可;对增减项目也要单独制作书面清单签字确认,进行预算并协商延长相应的造船期限。最后,尽可能取得船东的履约担保,可以是银行担保,也可以是船公司的集团担保,或者是船东自身提供的可靠担保等。在船东资金存在客观困难的情形下,为避免因船东无力接船而使造船企业产生额外费用损失,该履约担保甚至可以担保船东在船舶交付后,通过船舶的租金或营运收入来偿还剩余的70%或80%的船款。①

(二)司法部门的公正审理与裁决指引作用

1. 有效应对金融危机,能动司法服务大局

目前浙江省造船业的低迷形势也对我们的海事审判工作提出了新的挑战。如何应对当前金融危机,为浙江省航运、造船经济的复苏与发展提供有力的司法保障和优质的法律服务,成为现阶段海事审判工作的着力点和出发点之一。

一要为造船企业的发展创造良好的法治环境。在审理造船企业债务纠纷案件时,要采取原则性和灵活性相结合的工作方法,区分不同情形,慎用财产保全措施,尽可能帮助资金链困难企业获得重新发展的机会。二要正确适用国际国内法律,妥善保护国内造船企业的合法权益。在审理涉外船舶建造纠纷过程中,要依法审查仲裁条款或管辖协议的效力,准确适用法律,平等保护中外当事人的合法利益。三要发挥司法能动作用,及时向造船企业及其主管部门提供法律服务。认真总结处理船舶建造纠纷的相关经验,采取送法上门、以案说法等灵活多样的方式,为造船企业提供必要的法律服务,并积极向主管部门提出司法建议,防患于未然,为共同规范浙江省造船行业经济秩序献计献策。

2. 完善立法司法解释,统一规范裁判尺度

上文已经提及,对于船舶建造合同性质、主体资格及效力、船舶质量保证条款解释、船价损失认定等诸多问题,现行法律没有明确规定,而且,相关法律条款解释

---

① 杨良宜:《造船合约》,大连海事大学出版社2008年版,第418-420页。

也不一致,很可能出现"同案不同判"现象。因船舶建造合同案件标的较大,尤其是浙江民营造船业,其股份众多,若判决不当,会引发连锁性的社会问题。因此,建议最高人民法院针对船舶建造合同纠纷案件尽快出台相应的司法解释,以起到统一裁判,维护司法权威,指引和规范当事人行为的积极作用。

具体来讲,一是将船舶建造合同定性为承揽合同,区别于以转移所有权为主要特征的船舶买卖合同,统一法律适用。二是对于造船企业的资质问题。一方面,在国务院出台新的市场准入强制性法规之前,对其合同效力不做轻易否定;但另一方面,为规范市场提高造船质量,法院应结合审判实践反映出来的造船任意性问题,积极提出司法建议,争取逐步将船舶建造合同的资质问题引入行业强制规范之列。三是对于船舶质量保证条款给予统一的司法解释,明确船舶生产企业对船舶缺陷的责任期间和赔偿范围。四是统一船价认定标准,引入第三方评估机制,适当限制法官的自由裁量权,提高裁判公信力。

3. 充分考虑危机影响,谨慎处理解约纠纷

2008 年下半年以来,船东为转嫁造船订单风险,纷纷提出撤单和解约。宁波海事法院受理的船东单方要求解除船舶建造合同的案件数量也急剧上升。如何从法律层面上对当前金融危机影响下较为突出的合同解除矛盾予以妥善解决,是现阶段审理此类纠纷案件面临的主要问题。

从合同解除方式上,船舶建造合同的解除通常是在合同中没有约定解除条款,或解除条件约定不明确,事后也无法协商解除合同的情况下,一方当事人(目前往往是船东)向法院提起解除合同之诉。船东的这种解除行为是否属于法定解除情形,显然要看船东所主张的造船企业的违约行为是否致使合同目标不能实现。尤其是,金融危机的影响是否适用情势变更原则而赋予当事人合同解除权,这一问题值得考量。

我国《合同法》未对情势变更做出规定,而《最高人民法院关于适用中华人民共和国合同法》若干问题的解释(二)第二十六条则确立了情势变更原则,嗣后,最高人民法院于 2009 年 7 月 7 日公布的《关于当前形势下审理民商事合同纠纷案件若干问题的指导意见》(法发〔2009〕40 号),更明确提出"慎重适用情势变更原则,合理调整双方利益关系"。不可否认,金融危机对船舶建造合同双方当事人履行合同确实产生了很大影响,但是船舶建造市场长期以来价格波动较大,这次金融危机对航运、船舶市场的影响并非属于事先无法预见、风险程度远远超出正常人的合理预期、风险不可以防范和控制的绝对情形。因此,本课题组认为金融危机对船舶建造合同的影响一般不能适用情势变更原则。当然,法院在审理此类案件时,必须考虑金融危机对船东和造船企业融资带来的客观困难,是否已实质上影响到合同的按期履行。故对于金融危机期间因融资困难引起的延期付款或延期交船,应给

予一定的宽限期,要注意区分一般违约与根本违约,而不能一概以根本违约为由判决解除合同。此外,船舶质量问题与金融危机没有直接的关联性,所以,对于因船舶质量瑕疵提起的合同解除,法院认定标准应当前后一致,而不能因造船企业生产受金融危机影响就可以降低对船舶质量的要求。

4. 积极发挥调解功能,维护、促进社会稳定

由于船舶建造合同纠纷往往涉及几千万甚至上亿元的争议标的,在浙江民资较活跃地区,每个船东或造船企业通常都由几十个甚至上百个自然人投资。比较而言,造船合同下大部分履约责任在于造船企业,造船企业负有完成造船过程中所有环节的义务,包括设计、建造、交船等,而船东的基本义务就是按期足额支付船款并及时接收船舶。故而在纠纷发生时,造船企业可能要更多地面对船东提出的违约责任的承担,在市场下跌时期,还要集中应对船东延期付款和撤船的违约后果。但在多数情形下,造船企业与船东的违约又是双向并互为因果的,在金融危机之下双方的损失更是不可复加的。无论法院判决何方胜诉,另一方都可能遭受巨额损失,更有可能造成社会稳定问题。而通过调解手段,平衡各方当事人利益,可以减轻讼累、化解矛盾、消除纷争、维护社会安定。例如,通过双方共同协商解决面临的困难,共同努力减少损失,共同分摊损失,共同抵御金融危机造成的风险,从而避开"非对即错"的法律后果。当然,要全面理解和正确把握"调解优先,调判结合"的原则,在调解不成情形下,应当即时做出判决,以切实维护社会稳定,促进船舶建造行业良性发展。

(三)政府相关部门的积极政策支持

1. 严格市场准入制度,依法规范生产经营

立法部门或主管机关,应完善相关法律或部门规章,以达到规定明确并严格执行的目标。国家应当对造船业实行严格的准入机制,使得准入的我国造船业真正有资金、有技术、有能力建造高质量、高附加值的船舶,提高抗风险能力,促使我国从造船大国向造船强国推进。在造船行业从国防科工委划归到工业和信息化部后,更应加快《船舶生产许可证管理条例》的起草工作,使 2007 年《船企评价标准》作为强制性规范,适用于船舶生产企业,真正控制无序的船舶生产企业的繁殖。2009 年 6 月《船舶工业调整和振兴规划实施细则》明确提出,严格控制新增产能,除《船舶工业中长期发展规划（2006—2015 年）》内的造船项目外,各级土地、海洋、环保、金融等相关部门不再受理其他新建船坞、船台项目的申请。新建大型海洋工程装备专用基础设施项目需报国家核准。今后三年,暂停审批现有造船企业船坞、船台的扩建项目。浙江作为造船大省,更应该不折不扣地执行。

2. 加强造船监督指导,确保船舶质量安全

据统计,每年造船行业人身伤亡事故占有相当的比例,可以说是接近高危行业。因此,安全生产是各级行政主管部门的一项重要的基础性工作。浙江已试行造船安全生产许可制,对企业安全生产管理、技术人员培训和考核等都提出了明确的要求。安全生产许可制的落实,将有力地保障船舶建造生产安全。另外,船舶质量问题也一直是船舶建造合同履行过程中的一个关注焦点。由于船舶建造周期较长,对船用钢板、设备等质量要求高,焊接、拼装等技术性较强,现行的"一船一检"制度由造船企业自身根据船舶建造进程分阶段向船舶检验部门申报检验,检验部门无法实施实时检验和跟踪制度,检验漏洞和质量隐患时有发生,难以切实有效地保证船舶的建造质量。对此,温州船检借鉴建设工程监理制度,在船检部门检验前,设置船舶强制监理制度,落实质量安全责任制,真正将造船检验落实到每个环节。为此,建议主管部门能否就温州实施的船舶强制监理制度进行深入调研,经过制度的改进和完善,在全省乃至全国范围内予以推广,从制度上确保船舶质量和生产安全。

3. 积极给予政策扶植,提升信心,共渡危机

船东和造船企业在提高自身抗风险能力的同时,客观上更需要适当的政策倾斜和切实的财政支持,以共同应对金融危机带来的各种风险。首先,现今的政策法规为政府扶植造船业提供了依据。2009 年 6 月,交通运输部海事局发布实施《建造中船舶抵押权登记暂行办法》,为船东和造船企业通过在建船舶融资提供了法律保障和操作规范。在此之前,浙江省也已经出台《建造中船舶抵押管理暂行办法》,并逐步开展在建船舶的抵押登记业务。其次,主管部门应鼓励银行积极放贷。例如,2009 年 2 月,台州市出台了《关于对船舶行业重点企业实施重点扶持的意见》,对市内 20 家重点企业采取了多方面的支持措施,一是信贷不抽贷、不压贷,提供优惠利率;二是开展在建船舶抵押贷款试点,拓宽船舶生产企业融资渠道;三是开展海域使用权证抵押贷款工作;四是优化服务,帮助重点企业,进行财政专项资金支持等。如,三门县政府在海域使用权问题上,就率先实行了海域使用权证可以抵押贷款的政策。最后,主管部门应积极为企业创造抱团合作的机会。如,2009 年 5 月 8 日,在浙江省经贸委、海事局等有关部门的协调下,浙江造船有限公司与中国进出口银行浙江省分行等 6 家银行成功签订银团保函协议,保函金额高达 35 亿美元。这种"多对一"贷款模式,也为今后造船业的政策回暖提供了一个思路。

（获 2009 年中国法学会审判理论研究会一等奖;获 2009 年上海市高级人民法院、中国法学会审判理论研究会海事海商审判理论专业委员会共同主办的"现代航运经济发展与海事司法应对"研讨会一等奖）

以当庭判决为杠杆推动司法公信力上行

——以宁波海事法院庭审实践为样本

宁波海事法院课题组①

【内容摘要】近年来，司法公信力成为社会各界关注的一个话题。党的十八大明确提出了全面推进依法治国的要求，而且明确提出了加强司法公信力建设，把"司法公信力不断提高"作为全面建成小康社会和深化改革开放的重要目标。然而，目标固然令人振奋，但是囿于司法公信屡遭挑战的现实困境，遵循近年来规范司法运作、促进司法公开的路径，以微观改进、化整为零的方式促成司法公信力的提升，更具有可行性。本文以宁波海事法院2010—2012年庭审现状和特点为蓝本，重点对如何通过强化庭审功能与公开促进司法公信力提升进行了探讨。我们认为，人民法院通过加强庭前准备，完善诉辩式庭审，充分发挥合议庭功能，最大限度发挥庭审作为当事人交锋、法官形成内心确信平台的功能，倡导当庭判决深化司法的实质公开，达到缩短庭审与裁判时空距离，提升司法公信力的目的。

一、庭审功能及现状的实证分析

在传统社会向现代社会转型过程中，人与人之间的信任指数降低，而且人们还会将这种不信任感转移到对公共权力的态度上，②而公共权力化解这种不信任的最好方式就是构建一个良好的运行机制并公开其运行过程。司法作为一项具有判断性、救济性的公共权力，无疑也应如此。2009年以降，人民法院在"从严治院、公信立院、科技强院"方针指引下，法院信息化建设快速推进，一批有利于司法公开的硬件逐渐齐备，如当事人在互联网查询案件信息、综合性立案大厅、庭审录音录像、裁判文书公开上网发布等，并形成了一整套司法公开的工作机制。但是，司法公开的一些深层次问题依然存在，比如以判促调、裁判说理不充分等。大的诉讼环境没有得到根本改善，诉讼各方的程序意识不强，"信访不信法"的现象时有发生，

---

① 课题主持人：斯金锦，宁波海事法院党组书记、院长。课题组成员：李锋、罗孝炳。本文系2013年全省法院重点调研课题"关于加强司法公信建设的调研"的部分成果。

② 孙日华：《社会转型期司法公信力的生长》，载《中南大学学报》（社会科学版）2012年第4期。

给整个公权力的信誉造成不少冲击。因此,司法改革的重点应当从形式化的司法便民、公开,回归到实质性的裁判质量上来,通过增强当事人的诉讼参与,发挥开庭审理、当庭判决的定纷止争功能。

(一)我院庭审具备公开、对抗与便民的特点

第一,公开审判率高。近年来我院的公开审判率为100%。原因有以下几点:(1)我院历来重视庭审公开,凡能公开审理的案件都实行公开审理。(2)我院受理的一审海事海商案件性质上属于民商事纠纷,几乎没有案件涉及国家秘密。(3)涉及商业秘密的案件也极为罕见,曾经在极个别案件中,当事人以涉及商业秘密为由要求不公开审理,但经审查条件不符,未获准许。(4)当事人的隐私权观念还很薄弱,一些因涉及隐私权原本可以申请不公开审理的案件,当事人没有申请,这类案件主要是海上人身伤亡损害赔偿纠纷。

第二,庭审的"对抗与判定"架构初步形成。我院2004年出台《关于海事审判与执行工作的若干规定》时,即在"关于开庭审理工作"一节中明确要求法庭调查一般采取诉辩方式进行,这是针对此前纠问式庭审方式的一项重大改革。我国民事诉讼庭审制度经过多年的实践运行,庭审中的"对抗与判定"架构已初步形成。"对抗"指当事人在陈述起诉及答辩意见、举证质证、法庭辩论等庭审主要程序方面,均采取对抗形式,对证人和鉴定人的询问也采取了交叉方式,即由提供证人或申请鉴定的当事人问后,再由另一方当事人进行询问。"判定"在目前则主要指法官在法庭辩论前,或在法庭辩论结束后,对证据进行认证并对调查的事实进行小结,①部分案件的判定还包括当庭判决。当然,这种诉讼架构只是初步形成,与美国、法国、日本等诉辩式诉讼制度较为完备的国家相比,还存在改进余地。

第三,巡回审判是我院的一项司法传统。海事审判实行专门管辖和跨地域管辖,我院管理的案件为浙江所属港口和水域(包括所辖岛屿、所属港口和通海的内河水域)内发生的一审海事海商案件,因此为适应工作的需要,给边远海岛地区的群众提供海事审判服务,我院历年均有一些案件实行巡回审判。2009年3月,我院着手探索建设巡回审判长效机制,在舟山嵊泗设立了我院第一个固定海事巡回审判点,定期进行巡回审判,4月初即在巡回审判点开庭审理了11起案件。尤其是2012年以来,我院加大了巡回审判力度。比如2012年,我院在洞头区鹿西岛集中对75起案件进行巡回审理。这些便民举措受到当地群众的欢迎。

---

① 目前多数案件是在法庭辩论前进行认证和事实小结的。

(二)制约我院庭审功能发挥的因素分析

1. 庭审准备工作不充分

庭审准备工作不充分主要体现在三个方面：

(1)在决定案件所适用的程序时,通常只看案件的标的额,①而对案情复杂程度了解不足,造成不少案件一开始适用简易程序审理,但在经过一次开庭后发现案情复杂,便又转入普通程序审理。

(2)重视排庭、送达,但不重视庭前与当事人在程序问题上的沟通。这种做法造成首次排庭成功率为65%左右,其余约35%的首次排庭由于各种程序原因,如传票无法送达、需要进行司法鉴定、追加当事人、延期举证、反诉等而取消。②

(3)不重视证据交换与庭前阅卷。2012年修订的《中华人民共和国民事诉讼法》(以下简称《民诉法》)第一百三十三条规定,需要开庭审理的案件,通过要求当事人交换证据等方式,明确争议焦点。2001年制定的我国《最高人民法院关于民事诉讼证据的若干规定》(以下简称《证据规则》)中也有类似规定。但在调研中了解到,我院审理的案件中,除少数证据较多的案件会在庭审前召集当事人交换证据外,其他案件一般不举行庭前证据交换,加上有些法官不重视庭前阅卷,这就造成法官对案情了解不深,使庭审主要沦为法官听取当事人或律师陈述质证意见的过程,尤其是在证据较多的情况下,庭审用时的70%以上花在了质证方面。

法官不重视庭前准备,也造成当事人和律师对庭前准备工作的轻视。某些律师甚至已习惯于将"我作为代理人,对这个问题不清楚"或者"这个问题我需要回去核实"等作为口头禅来搪塞、应付法官的询问。有的律师因不熟悉证据材料而在开庭时临时查阅证据材料,以致出现冷场现象。目前我国虽对举证期限有所规定,但实际执行不严,使得有些律师得以玩弄诉讼技巧,搞举证偷袭,庭审时或临开庭的前一天提交大量证据,造成法官不得不在庭审时休庭,以便另一方当事人阅读证据或者延期开庭。这些问题的存在,严重影响了庭审效率。

2. 诉辩式庭审模式还存在较大的改进余地

诉辩式庭审要求在庭审中充分发挥当事人及律师的作用,同时也要求法官处于相对消极被动的地位,在庭审指挥时将审理的范围控制在当事人争议的范围之

---

① 根据我院2009年《审执规定》,诉讼标的额在100万元以上的案件不适用简易程序。

② 本课题组在2010—2012年我院受理的海上货物运输合同纠纷,船舶建造、买卖合同纠纷,海上货运代理合同纠纷,海上人身损害赔偿纠纷和合伙经营船舶等五类案件中,从每一类案件中随机抽取十件判决案件,以统计首次排庭成功率,得出上述数据。此外,我院2012年案件平均审理天数为69.37天,2011年为76.35天,在全省排名均比较靠后,这里虽然有涉外案件较多、送达困难等客观原因,但庭前准备工作不足也是重要原因之一。

内。但目前来看,诉辩式要求的落实还存在一些不到位的情况,主要有以下两种倾向:

第一种倾向是"纠问式"特征很明显,不适应庭审从诉辩式向纠问式转变的改革导向,表现有:

(1)随意地扩大审理范围。这可能给当事人造成两方面"误解":一是庭审重点不突出,法官的审理水平不高;二是如果法官扩大审理的问题原本不在争议范围之内,而又对某方当事人不利的话,就构成法官对当事人的偷袭,由此受不利影响的当事人会认为法官偏袒对方。

(2)对当事人和律师的正当话语权不够尊重,对当事人正当的发言予以限制或打断。庭审流程的设置将辩论与其他庭审环节割裂开来,在其他庭审环节,辩论一般受到制止,而到了法庭辩论环节,法官常常又抱有事实已然查清,当事人无须多言的心态。

(3)更有甚者,法官纠问走向极端,以致与当事人或律师在庭审中发生争执,给当事人造成极为不良的印象。

第二种倾向是任由当事人对抗,法官的主导性不足。其主要表现为当事人质证意见和辩论意见重复,诉辩针对性不强,而法官任由当事人随意陈述,导致庭审节奏散漫,用时冗长,有时还可能秩序失控。出现这种情况的原因有二:一是由于庭前准备不足,法官开庭时对案件心中无数,无法驾驭庭审重点,只好放任当事人或律师自由陈述;二是我院目前年轻法官较多,尚缺乏实践经验,导致对庭审的驾驭能力不足,加上当事人和律师对青年法官普遍具有"欺生"心理,对年轻法官的庭审指挥、引导不够配合。

3. 合议庭功能没有得到很好的发挥,"合而不议"现象较为普遍

庭审实践中,我院的合议庭功能没有得到很好的发挥,表现在合议法官在庭审时自行其是,对庭审的参与度不高,名为合议庭审理,实为主审人唱独角戏。由此又造成另一个必然的后果,即"合而不议",合议法官由于对案情了解不透彻,对证据认证、事实小结乃至判决意见基本都是附和主审人意见。再有,合议法官自行其是,还造成庭审有失严肃,影响司法公信。

上述现象的存在有主、客观两方面的原因:(1)主观方面,法官中普遍存在案件质量高低的主要责任在于主审人的思想,不是自己主审的案件就不是自己的案件,只是由于法律规定了合议庭负责制,所以在依照普通程序审理的案件中需要自己陪庭,形式上满足法律的要求。(2)客观方面,由于人少案多的压力,法官不愿意把过多的时间、精力放在不是自己主审的案件上。制度上没有真正地建立起合议庭负责制。虽然法律规定人民陪审员参与审理,享有与法官相同的权力,但受法律知识与司法经验不足的限制,人民陪审员难以实质性地参与审理工作。

4. 当庭判决率不高

我院自 1996 年开始探索当庭宣判,后在《1999 年目标考核实施细则》中要求判决案件的当庭宣判率达到 20%,《2000 年目标考核实施细则》又将这一指标提高到 40%。2003 年,我院的当庭宣判率达到建院以来的顶峰,为 89.4%,此后虽然没有彻底放弃当庭宣判,但由于不再将当庭宣判率列入考核目标,当庭宣判率大幅下降,近三年来的当庭宣判率最高的年份是 2012 年,为 24.5%。

与定期宣判相比,当庭判决使得诉讼更加专注于庭审,更加强调庭前准备,对法官、当事人及律师都提出了更严格的要求,也使得裁决与庭审至少在时间关系上更为紧密,进一步提高了庭审的透明度,减少了当事人对法院暗箱操作的猜忌。因此,当庭宣判对进一步强化庭审公开,提高庭审效率具有重要意义。但近年来我院的当庭宣判主要针对一些被告缺席的案件,其目的在于解决对缺席的被告进行宣判的问题。原本具有庭审龙头作用的当庭宣判变成为宣判而宣判的一项审判技巧。

二、以完善庭审功能与公开提升司法公信力的思考

目前我院的庭审公开透明度已经较高,但鉴于目前庭审存在上述种种问题,基于现代民事诉讼对程序公开、高效的要求,应当以当庭判决为抓手,推动诉辩式公开庭审进一步深化,这对提升司法公信力具有重要意义。

(一) 以加强庭前准备促使庭审功能发挥

当庭判决可以产生倒逼机制,它使得庭前准备工作不得不受到重视。它不仅要求法官在开庭前积极预见与解决可能影响庭审按期进行的送达、追加当事人、是否受理反诉等问题,而且要求法官通过证据交换程序明确争点这一庭前准备工作的核心问题,其间甚至可以包括完成法律关系及其效力的释明等工作。由于法院重视当庭判决,当事人及律师也必然对庭审前的准备工作认真对待,否则即可能因应对失当而当庭败诉。庭前准备工作得到重视后,还带来了庭审效率提高的结果。以法国为例,法国民事诉讼中的开庭审理是在当事人之间充分准备并相互传递书证的基础上进行的,所以,法国开庭审理时间很短,大审法院审理的多数案件从开始到辩论结束,平均 15 分钟到 20 分钟,①而我院目前的庭审动辄以数小时计,有些案件还经过多次开庭审理。当然,孤立地强调当庭宣判并不能达到做好庭前准备工作的目的,还应当有相应的配套机制。

---

① 廖永安:《民事诉讼费用:构成及其影响》,http://china.findlaw.cn/susong/mshsusong/mslw/5501_10.html,2013 年 5 月 25 日访问。

1. 细化庭前证据交换程序①

目前我国新修订的《民诉法》对庭前证据交换的规定非常原则化,缺乏操作性,《证据规则》虽有四个条款规定庭前证据交换②,但相比于美、法等国家关于证据开示程序的完备规定仍显得简陋,尤其缺乏对庭前证据交换的法律后果的规定,这也是造成法官、当事人及律师对庭前证据交换均重视不够的制度原因。因此,应当考虑对庭前证据交换程序予以完善,以构成对当事人的有效制约。可以探索对逾期提供证据或不按法院要求提供证据交换的当事人处以一定的经济制裁,或直接罚款,或补偿由此引起时间拖延而给对方当事人造成的经济损失,过于延迟举证的,还应当有更为严重的法律后果,如导致证据失权或法官做出于对方当事人有利的事实推定。

2. 完善举证期限及证据失权制度

《证据规则》第四十三条规定了举证期限和证据失权制度,但是其第四十一条和第四十二条关于"新的证据"的规定,又使得举证期限和证据失权制度形同虚设,并为当事人搞证据突袭提供了合法理由。因此,客观来说,我国实行的依旧是"证据随时提出主义"。目前严格实施西方式的举证期限和证据失权制度尚有困难,因此可以先行尝试在某些类型的案件中(如商事案件)严格实行,条件成熟时再进一步推广。

3. 建立和完善庭审前案情沟通制度

主审人在主持完成证据交换程序后,做成阅卷笔录,重点介绍案件争议,送交其他合议庭成员参阅。

庭前准备与先入为主无必然关系。庭前准备工作做得充分,不仅使庭审效率得到提高,而且案件质量也较有保证。而防止先入为主应当主要依赖法官办案经验与自律精神的提高。法官的自律精神不仅仅指保持廉洁,还指在所谓独立持中的"孤境"中应当慎独。如果法官没有这种自律修养,先入为主在任何时候都有可能发生。

(二)以完善诉辩式庭审保障当事人辩论权与处分权

诉辩式庭审是当事人主义在庭审中的反映。在诉辩式庭审中,法官在庭审中

---

① 在民事诉讼制度较为完善的国家,无论是大陆法系的代表,如法国,还是英美法系的代表,如美国,均有设计严谨的证据开示制度。参见:1. 罗结珍译:《法国新民事诉讼法典》,第 11 条、第 15 条、第 132 至 142 条、第 760 至 787 条,中国法制出版社 1999 年版;2. 白绿铉、卞建林译:《美国联邦民事诉讼规则证据规则》,第 5 章,中国法制出版社 2000 年版。

② 《证据规则》第三十七至四十条。

的任务是评判双方的诉讼行为是否违反规则,从双方对抗式的质证论辩中逐渐重构法律事实,并在当事人诉求的范围内对当事人所争议的问题做出裁判。为了保证庭审的有序进行,法官应当将庭审控制在争议范围之内,并使庭审保持良好的节奏。法官可以从以下几点着手推动诉辩式庭审的完善:

1. 将法庭调查的主动权交给当事人,改变质证结束后进行的事实调查仍由法官主导,双方当事人或律师的互相发问仅处于补充地位的现状

为了更好地发挥当事人或律师在质证及事实调查中的主导作用,增强诉讼攻防手段的平衡性,应当在庭审中引进反对机制,即如果一方当事人的发问与本案无关或有不正当诱导嫌疑时,另一方当事人可以提出反对,是否成立由法官判定。这使法官处于更加中立的地位,可避免由于法官主动打断当事人或律师发言可能引发的不满。当然,对于双方或一方当事人没有聘请律师出庭的案件,仍应由法官主导事实调查为妥。

2. 落实辩论原则

辩论原则是诉辩式民事诉讼的基本原则之一,它是指当事人有权就案件争议的事实和法律问题,在法官的主持下进行辩论,公开陈述自己的主张和理由,互相反驳与答辩,从而争取于己有利的诉讼结果。这项原则适用于整个民事诉讼,但相对集中地体现在开庭审理中。就其功能来说,辩论不仅是查明案情、陈述观点的需要,还是对庭审公开原则的贯彻。在实行严格诉辩式民事诉讼的大陆法系国家,裁判须以当事人在辩论中提出的事实和证据为基础,法官不得在当事人主张的事实和提出的证据之外主动提出事实和证据,这就有效地控制了诉讼中可能产生的隐性诉讼活动和裁判者的"黑箱操作",①使其成为维护公开审判的一把利器。目前,庭审流程的设置对辩论原则重视不够,无论是诉答、举证质证,还是法庭调查,都是机械式地走程序,生硬地将辩论与这些庭审阶段剥离开来,认为辩论仅是法庭辩论阶段的事情,不允许或至少是严格约束当事人在法庭辩论以外的其他庭审阶段进行辩论。在法庭调查阶段,法官还常常超出争议范围进行事实调查。这样,辩论原则既不能充分适用于当事人之间,也对法官形成不了约束,变得形同虚设。因此,有必要廓清对辩论原则的一些不当认识,重视辩论的功能,一方面允许当事人在法庭调查阶段根据需要展开适度的辩论;另一方面贯彻辩论的直接言词原则,不以书面陈词代替言词辩论,还应当使法官的审理范围受到辩论原则的约束。

3. 法官心证的表述应完整、清晰

诉辩活动的推进过程,以及不同诉讼角色的扮演,其围绕的中心是法官对案件

① 《民事诉讼中的辩论原则》,http://www.chinalawedu.com/new/16900_23301/2009_3_27_wa10143344451723900215437.shtml,2013 年 5 月 26 日访问。

实体的心证形成。① 按照目前庭审流程,在一起当庭判决的案件中,法官的心证可以有两次较为集中的展示机会:一是当庭证据认证与事实小结;二是当庭宣告判决。根据我院的《审执规定》,法官对证据的认证与事实小结可以在法庭辩论前进行,也可以在法庭辩论后进行,目前多数在法庭辩论前进行。由于无须当庭判决,法官在当庭认证与进行事实小结时,观点的表述往往简单、含糊、避重就轻。但如果立足于当庭判决,则两次心证表述都应当尽可能完整、清晰。其中当庭证据认证与事实小结是为当庭宣判进行初步准备,如果它在法庭辩论之前进行,则还有为法庭辩论指明方向的功能。当庭宣判则是法官将对案件处理形成的最后心证结果向当事人宣告,它与对证据的分析认证和事实小结存在逻辑上的承接关系,是以证据认证和事实认定为基础,通过对当事人之间争议的评述,以及对法律适用的分析,依法做出判决。这种对案件处理最终结果的心证,宣告时无疑更应当表述清楚、准确。法官通过两次心证表述,不仅强化了法官的独立性和责任感,也实现了庭审公开和提高了审判效率。

(三)以充分发挥合议庭功能确保当庭判决的质量

在重视当庭判决的情况下,普通程序案件的合议庭功能可以得到强化,因为当庭宣判意味着主审人以外的合议庭其他成员不可能再依赖庭审结束后通过阅读主审人撰写的审理报告来了解案情,并据此发表处理意见。这就要求合议庭成员对案情的了解必须基本与主审人合拍,合议庭成员除了如前文所说的应在开庭前就案情进行沟通外,更重要的是切实参与庭审,改变庭审中不是专注于当前的案件而是各行其是的作风。在对案件的评议中,每一位合议庭成员都应独立发表意见,而不是简单地附和。当然,要充分发挥合议庭的功能,仅凭孤立地强调当庭判决是不够的,还应强化审判管理,将办案责任落实到合议庭的每一位成员。

人民陪审员制度,目前利弊参半,有利的方面:在一定程度上体现了司法民主和司法公开,也在一定程度上缓解了法院案多人少的矛盾;不利的方面:使合议庭功能无法发挥,名为合议,实为独任,这对提高司法公信力有一定的负面影响。从司法传统来看,西方某些国家的陪审制度有其长久的法律文化传统作为基础,而我国不具备类似的传统;从陪审员选任与运作机制来看,我国现行的人民陪审员制度与英、美等国的陪审制度也存在重大的不同;从我国司法改革的目标来看,司法的专业化、职业化是未来的方向,现有的人民陪审员制度恐怕难以适应将来审判工作发展的需要。

---

① 龙宗智:《刑事庭审制度研究》,中国政法大学出版社 2001 年版,第 1 页。转引自刘万洪:《民事审理的集中化研究——以庭审程序为中心》,载《现代法学》2011 年第 4 期。

有观点认为,以当庭判决倒逼庭审公开与效率的提高,必然会影响案件的审理质量。应当说,这一点担心并非全无理由。但是我们对我院近三年来的当庭宣判率和改判率进行对比分析后,发现二者之间并无明显的直接关联。再进一步调阅近年来改判的案件,发现多数被改判的案件并不是当庭宣判的案件,这就更加说明审理质量与当庭判决之间并无直接关系。案件改判的原因多数还是案情本身较为复杂,或者一、二审法院对某一问题存在不同理解。所以,我们的结论是:只要庭前准备机制设计合理并认真落实,庭审认真进行并充分发挥合议庭功能,那么当庭判决的案件质量也是有保障的。

（获 2013 年中央政法委第二届执法公信力论坛优秀奖）

国际海事司法中心衡量指标与顶层设计之构想

宁波海事法院课题组①

【内容摘要】我国是海洋大国,需要通过法治方式维护国家长远利益、战略利益、核心利益,建设国际海事司法中心势在必行。本文通过对以伦敦为代表的传统国际海事司法中心和以新加坡为代表的新兴国际海事司法中心发展特征的介绍,在归纳出国际海事司法中心衡量标准的基础上,结合我国国情,对我国建立国际海事司法中心提出顶层设计构想。围绕上述内容,本课题组主要进行了如下研究工作:(1)论述我国提出建立国际海事司法中心的历史背景和战略意义。(2)在对伦敦、新加坡等国际海事司法中心相关文献研究的基础上系统分析其各自的发展历史、特征优势。(3)讨论并提出当代国际海事司法中心应该具备可持续发展的海洋经济、完善的国际化涉海法律体系、普遍适用的区域性规则、公正透明的司法环境、先进的海事仲裁制度、高素质的海事法律人才等硬实力指标和软实力指标。(4)针对目前我国存在的软实力短板问题,对我国建立国际海事司法中心提出几点顶层设计构想,包括健全统一的涉海法律体系,打造具有普适性的区域性规则,构建公正、透明、高效的海事司法体系,推动海事仲裁体制的完善与发展,创新海事法律人才培养机制等。

一、我国建设国际海事司法中心的历史背景和战略意义

作为海洋大国,我国拥有广泛的海洋战略利益,建设国际海事司法中心,对于树立中国海事司法良好形象,增强海事法治建设及国际航运话语权,实施海洋强国战略具有重要的现实意义。

(一)我国海事司法的发展历程

我国海事司法经过了由发展到逐渐完善的历程。1984 年 11 月 14 日,第六届

---

① 课题主持人:陈惠明,宁波海事法院党组书记、院长。课题组成员:李唯军、徐嘉婧、吴静、夏关根、马娟、王智锋。本文系宁波海事法院 2016 年院级重点调研课题"国际海事司法中心衡量指标与顶层设计之构想"的阶段性成果。

全国人民代表大会常务委员会第八次会议通过了《全国人民代表大会常务委员会关于在沿海港口城市设立海事法院的决定》，并相继在广州、上海、青岛、天津、武汉、大连、海口、厦门、宁波和北海设立了 10 家海事法院①，辐射范围涵盖了我国全部港口和水域，就地收案办案，形成了专门的海事审判格局。至 2013 年年末我国共受理各类海事案件 225 283 件，审结执结 215 826 件，其中涉外、涉港澳台案件 64 747 件②，涉及 70 多个国家和地区，成为世界上受理海事案件数量最多的国家。2014 年 9 月，最高人民法院宣布 1997 年提出的要在 2010 年前将我国建设成为亚太地区海事司法中心的目标已经实现。

（二）建设国际海事司法中心概念的提出

在实现亚太地区海事司法中心的目标后，我国开始将目光投向国际领域。2015 年 3 月，"国际海事司法中心"③一词首次出现在《法治蓝皮书》中；同年 7 月，《最高人民法院关于全面推进涉外商事海事审判精品战略为构建开放型经济体制和建设海洋强国提供有力司法保障的意见》中提出"围绕国际海事司法中心建设，开展前瞻性、预判性调研"④；同年 12 月，最高人民法院举行专题会议研究海事审判工作改革和发展，提出"把我国建设成为具有较高国际影响力的国际海事司法中心"的新目标⑤。2016 年 3 月，"建设国际海事司法中心"被正式写入最高人民法院工作报告。

（三）建立国际海事司法中心的战略意义

我国是贸易、航运、港口大国，需要通过法治方式维护国家长远利益、战略利益、核心利益，建设国际海事司法中心势在必行。

1. 有利于维护我国海洋主权、争夺海洋争端话语权

海事司法直接服务外贸航运、海洋开发，建立国际海事司法中心肩负着彰显海事司法主权、维护海洋权益的使命，通过在立法、执法、司法等方面保障我国海洋经济利益、维护海洋安全利益、服务海洋开发战略，可不断提高我国在国际海事事务中的话语权和影响力。

---

① 李国光：《海事司法公正的立法和制度保障——〈中华人民共和国海事诉讼特别程序法〉实施十周年回顾与展望》，载《中国海商法年刊》2010 年第 4 期。

② 参见《中国海事审判白皮书（1984—2014）》。

③ 参见《法治蓝皮书》中的《中国海事司法透明度指数报告（2014）》。

④ 参见《最高人民法院关于全面推进涉外商事海事审判精品战略为构建开放型经济体制和建设海洋强国提供有力司法保障的意见》（法〔2015〕205 号）第 14 条。

⑤ 张文广：《海运大国应成为国际海事司法中心》，载《经济参考报》2016 年 2 月 17 日第 6 版。

2. 有利于树立我国海事司法公信、公开形象

我国是航运资源要素的聚集地,也是各种法律规则的碰撞、整合地,海事司法具有涉外性,着力于解决涉海法律纠纷,建立国际海事司法中心,以全球视野和开放姿态展示我国海事智慧,对于树立我国海事司法环境的国际声誉具有重要意义。

3. 有利于服务保障海洋强国等国家战略

海事司法是经略海洋、管控海洋工作的重要组成部分,国家战略的推进需要司法保障,建立国际海事司法中心将进一步凸显海事司法在国家战略推进和国家治理体系现代化中的重要意义和作用。

建设国际海事司法中心是一项宏大的工程,我们须从探寻现有国际海事司法中心的发展历程入手,总结共通标准,借鉴有益经验,在立足我国实际的基础上,强化顶层设计,寻求重点突破,逐步实现建立国际海事司法中心的目标。

二、当前国际海事司法中心的布局及特征

放眼全球,当前国际海事司法的重心呈现出"新老"争辉的两极格局。一方面,西方国家航运业拥有深厚的历史沉淀,英国伦敦百年来无可争议地稳居海事司法中心的地位。另一方面,亚洲迅猛发展,新加坡近十几年在发展航运业上的努力,已使其成为东方新兴的海事司法中心。对伦敦与新加坡各自的发展历史、特征和优势的分析将帮助我们获得建设海事司法中心的启示。

(一) 以伦敦为代表的传统国际海事司法中心

伦敦是英国的政治、经济、文化和金融中心,也是欧洲最大的城市。一百多年来,伦敦长期在国际海事司法中占据核心地位,是毫无争议的传统国际海事司法中心。

1. 具有悠久的航运业发展历史

发达的国际海运和航运服务业是伦敦能成为并延续其国际海事司法中心地位最根本的原因。18 世纪 60 年代开始的工业革命使英国成为世界工厂,跨国贸易和国际海运业务急速发展,逐渐使伦敦成为世界航运中心,并汇聚着众多国际航运组织总部、国际性银行、保险公司和其他金融机构,航运服务业发达。

2. 具有海事审判及仲裁优势

英国一直保持的独立专业的海事审判体系,确保了伦敦海事司法能够高效专业运行。[①] 其具备精细完备的海事立法及高效便捷的仲裁服务。成立于 1960 年

---

① 刘慧茹:《英国海事法院历史简介》,载《法制博览》2014 年 08 期(中)。

的伦敦海事仲裁员协会长期以权威性、公信力在海事仲裁领域一家独大,伦敦仲裁条款是众多船东在签订航运合同时的首选,也是国际航运业主要格式合同默认的仲裁选择。

3.具有丰富的海事人才资源

伦敦拥有众多知名的国际仲裁机构和跨国律所,有一大批能够为国际海事纠纷提供优质高效法律服务的仲裁员和海事律师。英国的世界著名学府如牛津大学、剑桥大学等,能够源源不断地为伦敦国际海事司法中心建设输送优秀人才。

(二)以新加坡为代表的新兴国际海事司法中心

近几十年来,亚洲海运贸易迅速增长,其中新加坡航运中心的发展特别引人注目,其在体制、机制方面做出的各项积极、有效的改革创新举措,使其成为国际认可的新兴海事司法中心。

1.大力发展海事仲裁

新加坡于1995年出台的国际仲裁法的内容兼容普通法与大陆法系统,被视为建设海事仲裁中心进程中具有标志性的最初一步。新加坡法院将对海事仲裁的支持明确视为政策性目标,对仲裁提供最大化的支持与宽松、最小化的干预。新加坡海事仲裁院自2009年重组后,具有更高的独立性,相较伦敦在经济、便捷、高效等方面的优势更为突出。2012年,波罗的海国际航运公会(BIMCO)将新加坡列为其标准争端解决条款中的三大正式仲裁地之一,使新加坡毫无争议地成为与伦敦、纽约并驾齐驱的国际海事仲裁中心。

2.出台各项支持政策

为统筹海事规划,1996年新加坡政府成立了海运与港口管理局(MPA),专门负责监管港口和海运服务,又于2004年成立了新加坡海事基金会,专门致力于促进航运业多部门合作、建立公私领域协作关系。新加坡政府又出台了各项针对企业、人才的特殊优惠政策,如对外籍仲裁员提供最长时间为60天的工作准证豁免(Work Pass Exemption),对报酬提供免税待遇;又如,对外籍船舶适用"特许国际航运企业计划"(AIS),在10年内享受合格航运收入的税收豁免,成功争取到许多主要的国际航运企业落户新加坡,投资设立运营中心。

3.广泛参与国际海事事务

新加坡是国际海事组织(IMO)、国际航运公会(ICS)、BIMCO等国际主要海事组织的核心成员。新加坡还积极举办各类具有影响力的国际性会议,吸引了各大主要航运企业参与,其对国际事务的积极参与极大地提高了新加坡海事业的知名度与影响力。

现今全球海事司法聚焦地已形成以伦敦、纽约为代表的西方传统中心与以新加坡为代表的东方新兴中心的鼎立之势,且这一格局也面临着新的波动。新加坡的崛起不仅对西方港口造成冲击,在亚洲范围内也产生了集聚效应,未来格局的变化将取决于各地的进一步发展。

三、国际海事司法中心的衡量指标

从传统和新兴的海事司法中心的特征对比可以看出,海事司法中心的建设并不仅仅在于司法层面,还与海洋经济发展、航运中心建设、海事法律、仲裁制度、海事人才培养等相关。国际海事司法中心衡量指标可概括为以下几点:

1. 可持续发展的海洋经济

国际海事司法中心都具备发达的航运经济、完善的港口服务、优惠的税收政策、配套的辅助行业、完备的环境保护,这一切均是可持续发展的海洋经济的必备要素,也自然是一国建设国际海事司法中心的具体衡量指标。

2. 完善的国际化涉海法律体系

国际海事司法中心本质上是解决纠纷的理想之地,应当具备完整性、可操作性、协调性的法律体系,确保涉海法律之间相互协调、互相补充,并在此基础之上推动与国际主流海事规则的衔接,保证涉海法律体系的完善性与国际性。

3. 普遍适用的区域性规则

伦敦和新加坡都具备自有规则,一国能否将本国经验和规则上升到区域性规则,甚至是世界规则的高度,是衡量国际海事司法中心的标志之一。比如,对国际组织、国际化的本土海事组织的参与程度,在制定国际规则过程中的影响力等因素,均与国际海事司法中心的地位相关。

4. 公正透明的司法环境

公正透明的司法环境是国际海事司法中心的保障,没有公正透明的司法环境,再完备的法律也只会成为纸面上的法律,无法吸引国际社会选择该国作为纠纷解决中心。国际海事司法中心必然需要具备司法环境的高度透明、裁判尺度的统一,以保证其权威的司法公信力。

5. 先进的海事仲裁制度

先进的海事仲裁制度是伦敦、新加坡等城市成为海事司法中心的关键,其所在国政府都秉承给予仲裁最大的司法支持和最小的行政干预的原则,提供完善的设施和服务支持,加强保护仲裁程序的保密性。

6.高素质的海事法律人才

任何制度的建立和实施都离不开人的因素,高素质的海事法律人才无疑是国际海事司法中心的核心因素,国际海事司法中心的建设需要高水平的海事专业教育、高端的海事法官群体、专业的海事仲裁员队伍、优秀的海事律师队伍贡献力量。

上述指标具有一般性和通用性,是一国建设国际海事司法中心的常规衡量标准,这些指标还可具体量化为硬实力指标(第1项)和软实力指标(第2项至第6项)两类。从中国海事司法建设的现状而言,我国在硬实力指标上已达到或初步达到世界先进水平①,但由于在软实力指标上差距较大,我国尚未跻身世界一流,这也是我们建设国际海事司法中心过程中应着重补齐的短板。

四、我国建设国际海事司法中心之顶层设计构想

如前文所述,我国已从海事大国迈向海事强国,在贸易、海运、港口、造船等领域的硬实力与日俱增,我国作为全球航运中心的地位将日益巩固。然而在现阶段,我国企业所面临的海事司法环境还有待改善,我国在国际经贸领域的话语权仍与航运大国、造船大国的地位不相匹配。如何在世界航运中心逐渐向亚洲东移的进程中抓住契机,提升海事软实力,补齐短板,是我们在推动建设国际海事司法中心进程中急需研究的课题。新加坡作为亚洲新兴的国际海事司法中心,其发展历程为我国提供了有益的借鉴。然而,借鉴并不等于照搬。我国是海洋大国,海域辽阔,海洋经济和重要港口的发展较为均衡,目前已形成环渤海地区、长江三角洲地区和珠江三角洲地区三大重点海洋经济发展带,这种"遍地开花"的发展模式与新加坡一国即一港,航运要素可以在一个区域内有效集聚、政府资源能够在一地高度集中的发展模式有着明显差异。本课题组在对比传统、新兴国际海事司法中心发展特征,归纳国际海事司法中心衡量标准的基础上,结合我国国情,对我国建设国际海事司法中心提出以下几点顶层设计构想:

1.健全统一的涉海法律体系,为建设国际海事司法中心提供法律保障

我国的涉海法律体系起步比较晚,现行的法律规范是由各个政府职能部门在不同的历史时期分别立法所自然形成的法律体系,尚未形成统一、规范的涉海法律体系。健全统一的涉海法律体系,要准确把握涉海法律体系技术性、涉外性、专门化的突出特点,牢固树立涉海法律的特殊性思维,深入分析涉海法律在历史渊源、价值选择上的独特性,更新"海事司法仅是特殊商事司法"的传统理念,体现海事司法的独立价值;要改变程序立法相对落后的现状,推动《中华人民共和国海事诉

---

① 参见《2015年中国海洋经济统计公报》和《海运述评(2015)》。

讼特别程序法》的修改和配套司法解释的出台,将带有专业化和国际化色彩的海事行政、刑事案件和其他涉海民事案件统一纳入海事法院专门管辖的范围,充分发挥海事司法跨区域管辖的优势;要继续推动制定航运法、船舶法等海洋基本法,加快修改《中华人民共和国海商法》的步伐,加强司法解释和指导性意见的制定工作,保障法律体系内部的协调统一;要切实维护国家海洋权益,准确理解适用《联合国海洋法公约》等国际海洋准则和我国国内海洋立法规定,积极行使沿海国、港口国、船旗国司法管辖权,加大对海洋环境的保护力度,宣示国家海洋主权;要重视在法律规范中引入国际通行的规则,将其内国法化。

2. 打造具有普适性的区域规则,为建设国际海事司法中心输出中国智慧

是否具有对国际海事标准、规则的制定权,是衡量国际海事司法中心是否建成的一个重要指标。以伦敦和新加坡为代表的新旧海事司法中心,因被世界范围所认可的"伦敦规则"和"新加坡规则"而愈加巩固了其国际话语权。我国海洋强国战略和"一带一路"倡议等的实施,要求航运企业提高认识、仲裁机构发挥职能、司法机关转变思路,各行业协同一致,主动参与制定"国际游戏规则",推动国际治理秩序的构建。首先,就航运企业而言,要重视法务工作,加强海事法律专项培训,提高企业自身的国际海事法律素养;要发挥角色优势,提高国际商务谈判能力,加强在国际海事纠纷中对管辖条款和适用法律的选择权和驾驭力;要加快形成行业标准合同或标准做法,并扩大适用范围,为我国海事软实力的提升贡献行业经验。其次,就仲裁机构而言,要吸收世界先进仲裁机构的成熟经验,推动仲裁管理机制的完善,促进运营模式与国际的接轨,打造能够在国际舞台上代表中国的国内仲裁机构;要继续推动海事仲裁的法律规范和程序规定的制定和完善,为仲裁机构的成长提供法律支持;要促进一站式仲裁设施的建立健全,提升仲裁的服务品质和效率,努力争取海事争端解决的仲裁话语权。最后,就法院而言,要统一裁判尺度,平等保护中外当事人合法权益,通过公正、高效审理每一起案件,树立良好公信力,彰显司法权威,不断提高中国海事司法的国际地位;要准确适用国际条约和惯例,强化对合同严守、禁止反言等国际公认的法律价值理念和法律原则的承认与适用;要进一步拓宽国际司法交流渠道,探索建立与 IMO、CMI、BIMCO 等国际性专业组织的工作联系,积极参与和推动相关领域国际规则的制定,适时推出新型司法协助协定范本。

3. 构建公正、透明、高效的海事司法体系,为建设国际海事司法中心提供司法服务和保障

我国国际航运中心和国际海事司法中心的建设需要公正、透明、高效的司法体系保驾护航。首先,要强化海事司法的组织保障。海事审判具有涉外因素多、专业

技术强、适用法律多元、法律关系复杂、国际影响大等特点,这就需要海事审判的组织体系更加突出其专门化的特点。我国现有的海事专门审判体制存在"一审专门、二审不专门"的问题,容易造成裁判尺度不统一和司法资源的重复浪费。设立海事高级法院,由其负责重大海事案件的一审及一审海事案件的上诉审查工作,统一对各海事法院的审判工作进行监督和指导,有利于完整的海事专门法院体系的建立,在进一步强化海事司法的专业性,更好地整合海事司法资源、统一海事司法的裁判尺度等方面的优势明显。其次,要优化海事法院审判工作机制。海事法院要遵循海事审判的特点,加大审判资源投入,通过走精品审判道路、统一裁判尺度、提高司法透明度等方式,主动服务国际海事司法中心建设的大局。要通过加强审限监控、强化均衡结案、健全重点案件全程监督机制和二审改判分析机制、案件质量评查常态机制,严格审判管理,促进裁判尺度的统一,提升案件的精品化程度。要充分认识裁判文书作为国际社会评价海事审判工作的重要性,全面细化裁判文书制作技术标准,深化裁判文书的质量监督管理,推进裁判文书管理机制完善,通过狠抓裁判文书质量,展示良好的国际司法形象。要通过拓宽送达渠道、更新审限观念、明确庭前程序与庭审程序分工等方式,切实体现诉讼程序价值,提高海事审判的公信力。要通过依法审理以港航物流服务为重点的海洋服务业、高端海洋工程装备等海洋战略性新兴产业发展过程中产生的纠纷案件,及时研究经贸往来、航运金融、临港产业等新类型案件的裁判规则,稳妥处理新型案件,营造平等保护的法治环境。要把握新媒体环境下社会各界了解和监督海事司法的新特点,坚持工作创新,着力打造整体联动的新闻宣传格局,通过不断提升司法透明度指数,充分展现我国良好的海事法治文明。最后,要改善海事法院的管理机制。本课题组经调研发现,十家海事法院自成立之初即体现了条线管理的特点,大多数在干部管理、经费保障和行政装备等方面直接受省级组织人事部门、财政部门和后勤部门的指导和管理,与所在地市大多没有直接关联。要在推动我国国际海事司法中心的建设中发挥应有作用,海事法院应理顺和完善现有管理体制,加强与所在地市党委、政府的联系和互动,并主动争取上级法院支持,将积极参与国际海事司法中心建设过程中产生的必要经费纳入财政预算和经费保障范围,努力拓展各类经费筹措渠道,形成持续的、与国际海事司法中心建设进度相适应的财政投入机制和经费增长机制。

4. 推动海事仲裁体制的完善与发展,为建设国际海事司法中心提供仲裁支持

国际海事仲裁作为航运法律服务的高端产业,历来是海运贸易软实力的标志,以国际海事仲裁带动航运中心的发展已经成为世界各大航运中心可复制的成熟经验。虽然我国海事争议案件数量居世界首位且仲裁机构年受案量也在迅速增长,但是在影响力方面仍无法与伦敦、纽约、新加坡等匹敌。我国的海事仲裁案件主要

由中国海事仲裁委员会及其上海分会承办,分支机构在办理案件时要依托北京总部的授权,其体制上的障碍是制约我国海事仲裁发展的主要原因。首先,要发挥海事仲裁地域聚合性强、市场贴合度高的特点,探索建立和形成总部宏观管理、分支机构平台操作的体制格局;其次,完善仲裁实体和程序法律规定,改变单一机构仲裁模式,引入临时仲裁制度,减少法律对仲裁协议的严格限制,充分尊重当事人的意思自治,赋予仲裁机构更多程序自由,充分体现仲裁解决争端的程序价值意义;再次,通过吸收先进的海事仲裁理念、引入国际仲裁理论与实践的最新成果等途径,使程序设计不断国际化和现代化,增强仲裁机构的内功,提高国内海事仲裁机构的市场竞争力;最后,切实贯彻"仲裁裁决终局"原则,加大法院对仲裁裁决的支持力度,统一司法审查尺度,提高法院对裁决执行力度,提高海事仲裁的公信力。

5. 创新海事法律人才培养机制,为建设国际海事司法中心提供人才保障

目前,我国海事法律人才队伍的整体水平和综合素质与海事司法中心的要求尚有差距,存在人才培养方式相对落后,复合型、专家型人才偏少,人才支持后劲不足等问题。为了满足我国实施建设国际海事司法中心战略中对海事法律人才的新需求,应从创新海事法律人才的培养机制着手,整合社会人才培养资源。首先,要加大对法律人才培养的专项投入,改善教学条件,增加满足法律人才继续教育需求的专业培训机构的数量,提高教育和培训品质,完善海事法律人才培养的"硬条件"。其次,要引导海事院校建立面向海洋的法律学科群,注重法学教育与其他海洋专业教学之间的结合①,在教育和培训领域引入精通法律和航运知识的国外知名专家学者,合理安排课时和优化考核机制,完善海事法律人才培养的"软条件"。最后,要畅通海事法院与高校、仲裁机构、航运实务单位的双向人才培训合作渠道,加强职业培训基地建设,创建国际人才交流培训平台,提供海外学习交流机会,拓宽国际视野,学习先进经验和理念,培养高端人才,建设一支"懂法律、懂专业、懂英语"的海事职业化队伍。

五、结语

在不断提升软实力的同时,我们还应注意到,我国的海运发展硬实力也并不是无懈可击:受国际金融危机造成的航运市场不断下行的"新常态"影响,我国航运业运力过剩、结构不合理的矛盾仍然突出、造船业破产潮②正在临近、航运服务产

---

① 司玉琢、曹兴国:《海洋强国战略下中国海事司法的职能》,载《中国海商法研究》第 3 期。
② 以浙江为例,2015 年 4 月,温州最大的民营造船企业庄吉船业宣布破产重整;同年 5 月,浙江知名民营造船企业正和造船也向法院提出了重整申请;2016 年初,作为国有企业的浙江省海运集团下属子公司五洲船舶也启动了破产清算程序。

业也并不发达。在不断提升软实力的同时，我们也不能放松对海运硬实力的优化升级,有效利用海运业经济结构战略性调整的契机,大力发展航运业、优化升级造船业、推动完善服务体系,开发多元化经营方式,无疑是提高我国航运业总体实力和国际竞争力的有效方式。国际海事司法中心的建设是一个长期的过程,只有实现软实力和硬实力的良性循环,做到软、硬实力两手皆硬,才能有效保障我国建设国际海事司法中心战略的健康、高效推进。

（获中国审判理论研究会海事海商审判理论专业委员会 2016 年年会一等奖；原载于《国际海事司法中心建设与司法体制改革》,法律出版社,2017 年 9 月第 1 版）

建设国际海事司法中心背景下的海事审判改革研究

浙江省高级人民法院、宁波海事法院联合课题组①

【内容摘要】党和国家历来高度重视海洋事业发展。2017 年 10 月 18 日,习近平总书记在党的十九大报告中要求"坚持陆海统筹,加快建设海洋强国"。海事司法是经略海洋、管控海洋的重要组成部分。② 为发挥人民法院服务保障海洋强国建设职能,最高人民法院党组于 2015 年 12 月提出"把我国建设成为具有较高国际影响力的国际海事司法中心"的新目标,并于 2016 年 3 月在第十二届全国人大四次会议上提出"加强海事审判工作 建设国际海事司法中心"的工作目标。《最高人民法院关于深化人民法院司法体制综合配套改革的意见——人民法院第五个五年改革纲要(2019—2023)》提出,加强海事法院建设,全面提升我国海事司法国际地位。在此背景下,本课题组梳理我国海事审判改革脉络,分析发展规律,回应时代要求,论证海事审判"三合一"的重要意义,厘清问题,提出建议。

一、国际海事司法中心建设与海事审判改革发展

(一)对海事审判改革发展的若干认识

自第一批海事法院于 1984 年设立起至 2019 年,11 个海事法院覆盖主要沿海沿江港口城市,体制机制基本成型。面对"一带一路"倡议以及"海洋强国"自由贸易试验(港)区、长江经济带等重大国家战略的实施,最高人民法院对海事审判工作做出了一系列有针对性的部署,海事审判使命、职责不断增多,工作重心从海、船向陆海统筹转变,呈现出三方面规律:

1. 专门管辖基础不断夯实

从 1984 年《全国人民代表大会常务委员会关于在沿海港口城市设立海事法院

---

① 课题主持人:朱深远,浙江省高级人民法院党组副书记、常务副院长;张宏伟,宁波海事法院党组书记、院长。课题组成员:章青山、危辉星、吴国宝、章恒筑、徐向红、裘剑锋、童心、吴胜顺、杨世民、刘啸晨、肖琳、罗孝炳。该文系最高人民法院 2019 年度司法研究重大课题的阶段性成果。

② 李华斌、李慧思:《周强:加强海事审判工作 推进实施海洋强国战略》,载《中国审判》2015 年 12 月。

的决定》(以下简称《全国人大常委会设立海事法院决定》)中规定的"海事法院管辖第一审海事案件和海商案件,不受理刑事案件和其他民事案件",到同年《最高人民法院关于设立海事法院几个问题的决定》中规定的18类案件,再到1989年、2001年、2016年不断修订、颁布的关于海事法院受理案件范围的规定,案件类型从42项、63项增加至108项。2016年《最高人民法院关于海事法院受理案件范围的规定》(以下简称《海事法院受案范围规定》)正式规定海事法院可受理污染海洋、通海可航水域环境、破坏海洋、通海可航水域生态责任纠纷案件,纠纷原因包括陆源污染等各种污染源,解决了海事法院是否受理陆源污染案件的管辖争议问题;①规定船舶关键部件和专用物品的分包施工、委托建造、订制、买卖等合同纠纷案件属于海事法院管辖,延伸扩大了海事法院在船舶工程领域的管辖范围;规定"海洋及通海可航水域开发利用与环境保护相关纠纷案件"由海事法院管辖,实现了海洋生态环境资源案件的集中专门管辖。综上可见,海事法院收案范围具有限定性,是海事审判的根基所在,在长期坚持中得到了不断夯实。

2. 国际影响目标贯彻始终

《全国人大常委会设立海事法院决定》指出,设立海事法院的目的包括适应我国海上运输和对外经济贸易事业发展的需要、有效地行使我国司法管辖权、维护我国和外国当事人的合法权益等。海事法院审理案件适用的法律与有关国际公约全面接轨,我国颁布和实施《中华人民共和国海事诉讼特别程序法》(以下简称《海诉法》)是积极履行国际公约规定义务的需要,②体现了海事司法浓厚的涉外色彩。如果说海事审判初期的定位是改革开放的一个窗口,让世界观察中国改革开放的进程,那么随着海事审判体系、法律制度的完善,案件数量的增加,外部影响力的扩大,最高人民法院在1997年提出建设亚太地区海事司法中心之一、2016年提出建设国际海事司法中心的目标,则是对我国改革开放持续深入、对外贸易和航运业不断发展的主动适应与司法宣示。

3. **精品审判策略成效显著**

《最高人民法院关于全面推进涉外商事海事审判精品战略为构建开放型经济体制和建设海洋强国提供有力司法保障的意见》对精品战略做了系统阐述,强调以精取胜,注重品牌效应,实现案件办理精品化、人员素质精英化、法官视野国际化、体制机制创新化,着力提高我国涉外商事海事司法的公信力。相对于地方法

①　张勇健、王淑梅、余晓汉:《〈关于海事法院受理案件范围的规定〉的理解与适用》,载《人民司法·应用》2016年第10期。
②　李国光:《海事司法公正的立法和制度保障——〈中华人民共和国海事诉讼特别程序法〉实施十周年回顾与展望》,载《中国海商法年刊》2010年第4期。

院,海事法院收案类型较为稳定,实体法和程序法比较完备,法官队伍素质较高,受地方干扰较少,案件质量一直较好。不少做法开全国法院之先河。2001 年,广州海事法院在一起损害赔偿纠纷判决书中首次公开了合议庭两种截然相反的意见。时任最高人民法院副院长万鄂湘大法官就此指出,在中国,海事、涉外经济案件的裁判文书公开合议庭法官的意见是对整个司法体制的突破性改革,意义十分重大,广州海事法院此举也是率先兑现了中国入世时关于增强司法工作透明度的承诺。① 自 2014 年发布全国海事审判十大案例起,最高人民法院发布海事审判典型案例 40 个,海事法院的多篇案例入选《劳氏法律报告》和外国海商法研究刊物,建设中英文网站、提供英文导诉和案件节点查询、发布双语乃至多语种海事审判白皮书蔚然成风,海事法官通过跟船学习、出国进修,国际视野不断扩大,不少案例得到国外广泛关注,为国际海事司法界处理同类案件提供了借鉴,对于不断增强中国海事审判在国际社会的话语权和影响力,提高中国海事司法的国际地位具有重要意义。

(二)建设国际海事司法中心的内涵、成效与面临的问题

1. 建设国际海事司法中心的内涵

最高人民法院院长周强指出,要树立中国海事司法的良好公信力,努力将我国建设成为具有较高国际影响力的国际海事司法中心。国际海事司法中心的定位意味着我国海事审判具有全球影响力,因获得世界海事海商领域的普遍认可成为国际海事海商纠纷争议解决中心。② 我们认为,要深刻把握时代背景,着重从“一带一路”倡议为统领的全面改革开放新格局以及习近平总书记关于海洋命运共同体的重要论述中探索国际海事司法中心的实质内涵。首先,国际海事司法中心必须服务于全面改革开放新格局,它既是海事审判改革的目标之一,也是服务我国进一步扩大对外开放、建设外向型经济的重要法治保障。其次,国际海事司法中心必须具有较强的国际影响力,成为国际海事纠纷的首选地、优选地,能够及时回应、推动解决涉及全球海洋经济发展的海事裁判与司法政策问题,在国际社会树立公正、权威、透明的形象。最后,国际海事司法中心必须依托公正高效的海事审判机构和权威的海事案例,累积形成一大批在全球海洋行业、国际海事司法、国际海事研究领域得到广泛接受的经典案例,引领国际规则的发展。综上,我国建设的国际海事司法中心的内涵是:为服务保障以“一带一路”倡议为统领的全面改革开放新格局和

---

① 张悦:《判决书改革力促透明审判 法官独立性有待提高》,载《瞭望东方周刊》2005 年 7 月 6 日。转引自刘仁文:《论我国法院副卷制度的改革》,载《法学评论》2017 年第 1 期。

② 王淑梅:《打造国际海事司法中心 助推海洋强国建设 全面加强海事审判正当其时》,载《人民法院报》2018 年 8 月 2 日第 5 版。

海洋命运共同体建设,在最高人民法院指导、相关高级人民法院的参与和支持下,以海事法院为重心,全面行使海事纠纷专门管辖权,公正高效审理国内与涉外海事纠纷,建设形成覆盖传统海事海商、海事诉讼特别程序、海事破产、海事行政和海事刑事的国际海事纠纷解决中心。

2. 建设国际海事司法中心的成效

最高人民法院将宏观指导和率先垂范并重,在广州、上海和浙江设立国际海事司法基地,于2016年出台了《最高人民法院关于海事诉讼管辖问题的规定》(简称《海事诉讼管辖规定》),修改了《海事法院受案范围规定》,恢复了海事法院对海事行政案件的管辖权,并于2017年部署开展了首例海事刑事案件试点审判。2015—2019年,最高人民法院民四庭就扣押与拍卖船舶、审理发生在我国管辖海域相关案件、海事法院受理案件范围、海事诉讼管辖、审理海洋自然资源与生态环境损害赔偿纠纷案件等相继起草出台了审判业务司法解释6部,是2011—2014年制定审判业务司法解释的1.5倍,发布了海事审判指导性案例4件和年度十大典型案例40件,分别是此前的2倍和4倍。与2013—2016年全国民商事案件年均改判率9.33%相比,2014—2018年全国海事法院平均二审改判发回率仅为6.04%,海事案件审理质量整体好于普通民商事案件。与大连海事大学共同设立"海事法官实践培训基地",于2017年开展了首期全国海事法官船舶实务培训班,丰富法官船舶构造、海上航行等专门知识。自2014年起,中国社会科学院法学研究所每年对外发布年度中国海事司法透明度指数报告。该报告认为,中国海事司法透明度稳步提升,国际影响力不断扩大,海事典型案例和审判白皮书的公开程度明显提高。

各海事法院发挥各自优势争创国际海事司法先行军。上海海事法院以建设国际航运纠纷解决中心为主功能定位,以建设国际海事司法高端智库和国际海事司法交流平台为辅助功能定位。广州海事法院提出走在建设国际海事司法中心的前列并发挥排头兵作用,出台了《广州海事法院关于争当国际海事司法中心建设排头兵的意见》。宁波海事法院办理全国海事法院首例刑事案件,创新海事审判"三合一"模式,出台了《浙江省高级人民法院关于推进"最高人民法院国际海事司法浙江基地"建设的意见》和实施细则,提出以在全国率先推进和高水平建设海事审判"三合一"新格局,精心打造为民公正便捷的海事诉讼机制和务实开放共享的海事审判成果生成与传播机制,为我国海事审判加强自身建设和提升国际地位贡献可复制、可推广的浙江模式,截至2020年6月共试点审理刑事案件6件。其他海事法院也多点发力,积极参与国际海事司法中心建设,例如海口海事法院出台意见服务保障海南自由贸易区(港)建设,提出加快推动将涉海刑事案件纳入海事法院专门管辖,探索突破海洋生态环境案件"三合一"。

3. 建设国际海事司法中心面临的问题

一是整体规划尚有缺失,对中心目标认识存在模糊地带。不同于伦敦、新加坡等单一港口城市,我国海事审判分布面广,决定了单一的中心需要强有力的国家战略来推动,目前尚未形成,各海事法院参与程度也不均衡。国际海事司法基地之间的目标定位存在部分重合,均强调涉外纠纷重点审理、智库建设和国际交流等。二是专门职能发挥不够充分,管辖制度改革方向尚不明朗。2015—2018 年,全国海事法院每年审结的海事海商案件保持在 16 000 件左右,①收案范围与数量均有较大拓展空间。三是精品战略"边际效应"开始显现。随着精品战略的深入,在相对容易统一的司法领域,精品案例和司法解释已经完成,后续培育及制定难度将呈几何级增大。

(三)海事审判"三合一"对推动国际海事司法中心建设的重要意义

1. 有利于维护海洋主权和健全我国涉海法律体系

按照《最高人民法院关于审理发生在我国管辖海域相关案件若干问题的规定(一)》,涉海刑事案件以及部分行政案件在有管辖权的地方人民法院审理,海事海商纠纷则由管辖该海域的海事法院、事故船舶最先到达地的海事法院、船舶被扣押地或者被告住所地海事法院审理。这种分散审理的状况,不利于全面治理海上违法活动。近十年来,海盗行为严重威胁国际海洋航运安全,扰乱了国际海洋法律秩序的安宁和国际社会的和平。② 鉴于海事法院跨行政区划的管辖优势,指定海事法院管辖涉海刑事案件,以专门管辖方式落实《联合国海洋法公约》等国际公约关于各国对海上犯罪行为的普遍管辖权,有利于综合民事、行政、刑事司法职能,加大对海洋的司法管制,契合建设海洋强国、维护海洋权益的目标。

推动海事诉讼"三合一",由同一法院和审判组织对触犯民事、行政和刑事法律的同一行为进行合并审理,可以比较直观地掌握不同法律制度的立法目的、规范重点以及可能存在的理念分歧、模糊空白。通过总结办案经验,以司法建议、白皮书、案例集、研讨交流、推动形成立法建议等途径,有利于促进涉外法律立法工作科学发展。

2. 有利于加强海洋生态环境和优化海商营商环境

从保护海洋环境的角度,"三合一"具有必要性。截至 2018 年年末,22 个高级

---

① 最高人民法院:《人民法院工作年度报告 2016—2018(中英双语)》,中国民主法制出版社 2019 年版,第 248 页。

② 徐冬根:《打击海盗行为 保障海洋航运安全 共建"人类命运共同体"》,载《中国远洋海运报》2017 年 12 月 15 日第 B02 版。

人民法院、164 个中级人民法院和 203 个基层人民法院设立了专门环境资源合议庭。16 个高级人民法院实现了环境资源民事、行政案件"二合一"或者民事、行政、刑事案件"三合一"归口审理。① 海事法院受理的不少案件涉及海洋生态环境资源保护，将相关海洋生态环境犯罪类案件和行政争议案件确定由海事法院审理，符合环境资源审判"三合一"的大趋势。

通过海商合同、金融与破产审判，将有力贯通涉金融活动审判、执行与企业重整、企业破产工作，强化海事审判维护海洋金融安全、促进资金财物融通的功能。海事法院通过调处和审理船舶融资租赁、船舶抵押、民间投融资造船与航运、海上保险等金融类案件，可以全面评估航运企业涉诉与经营状况，使具有重整条件的航运企业及早在诉前、审前、执前、拍卖前，得以借助政府招商引资、股东增资等方式实现资产重整、重回正轨，使符合破产清算情形的航运企业及早释放闲置经济资源，助力海洋经济产业转型升级，促进新旧动能转换。

3. 有利于促进海事法院的科学发展，推动多元纠纷解决机制发展

"三合一"有利于发挥海事法院长期审理海事海商案件积累的专业经验优势，提高审判效率和司法公信力。船舶碰撞案件是海事领域最常见、最典型、最有特色的案件类型，涉及《1972 年国际海上避碰规则》《1910 年统一船舶碰撞若干法律规定的国际公约》等理解与适用，是推进"三合一"的先行区，如宁波海事法院受理的首例海事刑事案件，案由为交通肇事罪，因船舶碰撞引发。从该起刑事案件的裁判结果来看，被告人（菲律宾共和国国籍）被判处有期徒刑，充分体现了法官对海域（航区）特性、海况、船舶设备、船员专业技能、国际海事规则以及国内海事法律的综合掌握，凸显了由海事法院审理海事刑事案件的专业优势。② 由海事法院专门管辖相关涉海行政、刑事案件，不但可以实现事实认定、法律适用上的协调，而且能够更为高效便捷地认定行为性质，确保海事司法公正、高效。

国际海事仲裁作为航运法律服务的高端产业，历来是欧美海运业竞争与追捧的重点。作为解决海事纠纷的有效途径之一，海事仲裁的繁荣与发展将会减轻海事司法的重负，促进国际海事司法中心的建设。③ 为支持海事仲裁事业的发展，海事法院进行了积极探索，将纠纷分流到非诉讼渠道解决。这一举措能够助力推动海事仲裁与行业调解发展壮大。

---

① 最高人民法院：《人民法院工作年度报告 2016—2018（中英双语）》，中国民主法制出版社 2019 年版，第 253 页。

② 曹兴国：《海事刑事案件管辖改革与涉海刑事立法完善——基于海事法院刑事司法第一案展开》，载《中国海商法研究》2017 年第 4 期。

③ 何晶晶、张慧超：《发展海事仲裁 助力国际海事司法中心建设——专访中国海事仲裁委员会副秘书长兼仲裁院副院长陈波》，载《人民法治》2017 年第 5 期。

二、打造海事审判"三合一"改革新格局面临的问题与建议

从一审诉讼收案角度看,海事审判"三合一"所指案件包括海事行政案件、海事刑事案件和海事民事案件(海事海商案件、海事诉讼特别程序案件、海事破产及相关案件)。因海事海商案件、海事诉讼特别程序案件本属海事法院专门管辖,故在分析海事民事案件时仅讨论海事破产案件。

(一)海事行政审判改革面临的问题与建议

海事行政审判所指海事行政案件包括海事行政诉讼案件和海事行政非诉审查案件两类,是海事审判的新生力量和有机构成,对预防化解涉海行政争议,监督促进涉海行政机关依法行政,保护国家海洋生态环境资源及行政相对人的合法权益有着重要作用。浙江是全国最早试点恢复海事行政审判的省份之一,自2013年起,省高级人民法院指定宁波海事法院受理以国家海事局、海洋渔业局为被告的海事行政案件和国家海事局、海洋渔业局申请的海事行政非诉审查案件。2016年,最高人民法院通过司法解释正式确立海事行政案件由海事法院专门管辖,为海事行政审判工作快速发展奠定了基础。2018年全国海事法院受理海事行政案件共503件,是2016年收案数的1.76倍。同时,海事行政审判工作的开展也面临一些困难。

1.关于管辖依据

2016年3月1日起施行的《海事法院受案范围规定》第79~85项明确了海事法院受理行政案件的范围,但其上位法依据依然不够明确。我们认为,海事法院管辖行政案件的法律依据是2014年《中华人民共和国行政诉讼法》(以下简称《行政诉讼法》)第十八条第二款的规定,即最高人民法院以司法解释的方式指定海事法院跨行政区域管辖行政案件。建议下一步在修改《海诉法》时,将海事法院对海事行政案件的管辖权以法律的形式固定下来。

2.关于管辖边界

2014—2018年,各海事法院共受理海事行政案件1 252件,绝大多数年度收案量均未超过70件。《海事法院受案范围规定》施行后,除大连、海口海事法院外,其余8个海事法院受理的海事行政案件数量并未出现大幅增长。制约海事行政案件增长的原因包括:对海事行政案件的内涵认识不清,相当部分涉海、涉船、涉港的行政案件长期分流至地方法院,即便是2016年3月1日《海事法院受案范围规定》施行后,也未见明显改观;海事行政案件的地域范围模糊,"通海可航水域"的上限应如何划定尚不统一。海事行政行为具有涉海性、涉船性、涉港性特征,与其他行政行为有可区分的标准,以"海事行政机关"作为海事行政案件的界定标准,不能

覆盖实施海事行政行为的全部行政机关,徒增制作和更新海事行政机关名录困扰。建议以海事行政行为作为海事行政案件的界定标准,并作为海事行政审判扩展突围、增强影响的基本方向。此外,就地域管辖范围,可参照海事海商案件,逆流而上溯及第一道船闸,船闸以下属通海可航水域,与相关行政机关会商发布通海可航水域名录。

3. 关于诉讼便利

行政诉讼管辖确定所遵循的基本原则是:便于当事人参加诉讼,特别是便于作为原告的行政相对人参加诉讼;有利于人民法院对案件的审理、判决和执行;有利于保障行政诉讼的公正、准确;有利于人民法院之间工作量的合理分担。[①] 海事行政诉讼案件中原告跨地市、跨省市诉讼及海事法院跨地市、跨省市调查取证、协调纠纷,除各海事法院驻地的行政机关外,其他行政机关均须异地参加诉讼,多有不便。建议通过提升诉讼服务水平,如支持和鼓励无纸化办案、发挥派出法庭作用、加大巡回审判力度等,克服跨区域管辖带来的诉讼不便问题。

4. 关于纠纷化解

针对海事行政审判在党委政府行政争议化解整体工作中影响力不足的问题,建议通过设立海事行政争议调解中心、发布审判白皮书、召开府院联席会议等形式,共同促进行政争议实质性化解。针对当前多数海事法院未设立行政审判庭的现状,建议积极筹划布局,在行政案件数量相对稳定合理后,争取设立行政审判庭,专门审理行政案件、国家赔偿案件及司法救助案件。

(二)海事刑事审判改革面临的问题与建议

海事刑事审判是指海事法院围绕海事刑事案件审理所开展的一系列诉讼活动。《全国人大常委会设立海事法院决定》第三条明确规定,海事法院不受理刑事案件。我国《刑事诉讼法》第二十八条规定,"专门人民法院案件的管辖另行规定",这为专门法院受理刑事案件留下了空间。在全面推进依法治国、建设海洋强国的背景下,强化对海洋安全与秩序的司法管控、赋予海事法院专门刑事审判权甚有必要。2017 年,最高人民法院指定宁波海事法院作为全国首家刑事试点法院,至 2020 年 7 月,宁波海事法院通过指定管辖方式受理刑事案件 6 件,审结 4 件,初步验证了海事刑事审判改革方向的正确性。同时,改革也面临许多问题。

1. 关于海事刑事审判外部对接

由于水上执法机构较多,边防、地方公安、港航公安、海警等刑事侦查职能有交

---

① 参见姜明安:《行政诉讼法》,北京大学出版社 2016 年版,第 177-178 页。

叉。海事法院对应数个地市级检察院,省内跨区域管辖面临提押犯罪嫌疑人、被告人等重大问题,必须增强外部对接的主动性。2020年2月20日,最高人民法院、最高人民检察院和中国海警局联合发布《关于海上刑事案件管辖等有关问题的通知》,明确了海上刑事案件的审判管辖、侦查管辖、提请批准逮捕和移送起诉、检察院机关派员介入侦查等有关问题,海上犯罪案件的立案侦查权逐步集中到海警,为涉海公诉、涉海刑事审判改革提供了契机。政法工作智慧化建设为海事法院跨区域管辖提供了技术支撑,降低了诉讼成本。以浙江为例,从2020年6月开始,全省各级政法机关要全面推广应用政法系统一体化单轨制协同办案模式,同步推进逮捕、起诉、审判、执行、法律援助、检察监督等协同应用,实现全部案件、全部诉讼流程、全部办案单位"三个全覆盖"。

2. 关于海事刑事案件的管辖范围

针对《中华人民共和国刑法》(以下简称《刑法》)缺乏专门的海上犯罪条文、海事刑事立法与法理基础不强的问题,应当考虑海事刑事案件范围简明易行、保持现行刑事诉讼制度的稳定、兼顾侦查、公诉机关、刑罚执行机关的工作便利等因素,建议以"海上发生地+罪名"确定海事刑事审判案件范围,具体为:(1)《刑法》分则第二章规定的涉及海上、船舶、港口的失火罪、爆炸罪、过失损坏交通工具罪、过失损坏交通设施罪、交通肇事罪、妨害安全驾驶罪、重大责任事故罪、重大劳动安全事故罪、危险物品肇事罪、消防责任事故罪、不报谎报安全事故罪等危害船舶交通运输安全罪案件;(2)《刑法》分则第三章第二节规定的涉及海上的走私罪案件,包括以船舶为运输工具的走私罪案件和以船员为犯罪主体的走私罪案件;(3)《刑法》分则第六章第一节规定的妨害公务罪案件,第六章第二节规定的妨害司法罪案件,包括申请执行人提出的拒不执行判决、裁定罪自诉案件;其中"妨害司法"行为是指妨害海事刑事案件侦查、起诉、审判、执行等司法活动的犯罪行为,以及妨害海事海商、海事行政案件审判、执行司法活动的犯罪行为(包括上游犯罪为海上走私、海上非法采矿犯罪而提起公诉的掩饰、隐瞒犯罪所得、犯罪所得收益罪);(4)《刑法》分则第六章第三节规定的涉及海上、船舶、港口的妨害国(边)境管理罪案件;(5)《刑法》分则第六章第六节规定的涉及海洋环境资源保护的破坏环境资源保护罪案件;(6)《刑法》分则第九章规定的玩忽职守罪、滥用职权罪、徇私舞弊不移交刑事案件罪、私放在押人员罪、环境监管失职罪等海事渎职犯罪;(7)其他适宜由海事法院审理的海事刑事案件;(8)上级法院指定管辖的其他刑事案件。

(三)海事破产审判改革面临的问题与建议

近年来,受国际航运市场持续低迷的影响,淘汰造船、航运领域的过剩产能,通过破产法律制度处置"僵尸企业",成为破产法、海商法交叉领域的热门话题。据不完全统计,2014—2018 年,浙江省高级人民法院受理破产案件涉及 79 家船舶企业,其中船舶修造企业 49 家、海运企业 30 家。实践中,已有海事法院受理航运企业破产案件的个例,但未在制度上有新突破,故不具有普遍性。我们认为,海事破产审判尚系构建中的新型审判门类,应当积极探索解决海事法律制度和破产法律制度之间的冲突,探索海事破产案件管辖新模式。

1. 关于管辖冲突

根据《中华人民共和国企业破产法》(以下简称《企业破产法》)相关规定,债务人破产及衍生诉讼案件由债务人所在地法院集中管辖,而依据我国《海诉法》及其司法解释、《海事法院受案范围规定》等,海事案件由海事法院专门管辖。破产案件集中管辖与海事诉讼专门管辖的冲突表现在以下四个方面:一是海事法院是否受理破产案件;二是地方法院受理破产申请前已经由海事法院受理的海事海商纠纷案件,是否继续管辖;三是地方法院受理破产申请后,以破产企业为一方当事人的海事海商纠纷,管辖如何确定;四是债权登记与确认,财产保全以及执行案件,管辖如何衔接。

针对管辖冲突,建议明确海事法院对海事破产案件的管辖权。无论《海诉法》还是《企业破产法》,都未规定海事法院不能受理破产案件;海事诉讼和企业破产,都是我国现行审判制度下的集中专门审判模式。海事法院是否行使对海事破产案件专门管辖权,首先是司法政策问题,而非理论问题。海事法院受理海事破产案件的必要性体现在四个方面。一是破产财产认定的复杂性。当船企破产时,将面临许多复杂而专业的问题:如何理解和解决船舶物权未经登记不能对抗"第三人";在船舶建造、光租、融资租赁、不同法域多重登记等情况下,如何确定船舶权属以及进一步确定破产财产范围;针对不同船旗国的船舶尤其是方便旗船,破产财产认定时如何适用法律。① 二是实体法适用的特殊性。船企破产将伴随和衍生大量海事海商纠纷,甚至以海事海商纠纷为主,而海事海商法律制度有很强的特殊性和专业性,如船企破产中通常都会遇到的船舶优先权,以及因船舶优先权所引起的船舶扣押、拍卖,清偿顺序,企业职工权益保护等问题。三是海事诉讼程序的特别性。《海诉法》作为海事法院及其上诉审法院审理海事案件专门适用的特别程序法,对海事诉讼程序做了许多专门规定,船企破产案件审理中无法回避,如船舶扣押、拍卖,船舶优先权催告,海事赔偿责任限制基金等。船企破产案件由海事法院审理,可以从制度上解决两种程序之间的诸多冲突,避免了个案协调或相互委托,可以起到简化审判程序的效用。四是跨境破产审判的适宜性。海事诉讼,本身就具有很

---

① 郭靖祎:《海商法与破产法的冲突与弥合》,载《华东政法大学学报》2018 年第 1 期。

强的涉外性,海商法大部分内容来源于国际公约、惯例或者格式合同条款,①《海诉法》也大量吸收了国际公约或者其他国家立法,与国际接轨程度非其他审判领域所能比。对于船企破产中多发的跨界法律问题,海事法院相比于地方法院具有较多优势。此外,海事审判经过 30 多年的发展,在我国沿海、沿江港口城市已经设立了近 40 个派出法庭,地域上已基本可以覆盖。各海事法院与涉海相关部门已经构建了良好的协作关系,与地方法院相比,对相关领域和行业有更多的接触与了解,关联度更高,参与度也更深,可以利用自身专业优势,更加高效、妥善处理船企破产案件和相关事务。

2. 关于海事破产审判面临的困难与建议

海事法院跨行政区域专门管辖,既有发挥专业特长、排除地方干扰的优势,也有协作、支持力度不足,协调、沟通效率不高的弱点。企业破产案件审理,具有政策性,与当地政府、市场以及社会经济发展高度相关。海事法院审理破产案件,面临职工安置、社会维稳、重整推动、破产启动资金、关联企业合并破产处理等诸多方面的一些问题,制度和资源都难与地方法院相比。建议:一是在法律上明确海事法院对海事破产案件具有专门管辖权。二是明确海事法院受理海事破产案件的步骤阶段。第一阶段,申请以自有船舶为债务人财产的船企破产案件由海事法院专门管辖,其他海事破产案件暂不实行专门管辖;第二阶段,当事人向海事法院申请非船舶企业海事破产的,可视情况由上级法院指定管辖;第三阶段,在条件成熟时,实现海事法院对全部海事破产案件行使专门管辖权,如货运代理企业、船舶代理企业、港口经营企业等。三是明确海事执行转破产案件由海事法院直接审查受理。四是明确海事法院审理破产案件适用《企业破产法》规定。企业进入破产程序,与之相关的船舶拍卖价款分配或基金受偿,应当成为破产程序的一部分或一个环节,以避免两种程序并行引起的冲突。

三、结语

中国海事法院自 1984 年设立时起,一直是向世界展示中国对外开放和司法公正形象的窗口,为我国构建全面对外开放新格局、服务“一带一路”建设等做出了巨大贡献。党的十八大以来,海事法院通过涉钓鱼岛船舶碰撞案、日本籍船舶扣押案等,使海事司法经略、管控海洋的战略职能受到格外关注。如何做大做强海事审判工作,更好地依法捍卫国家主权、加大对我国合法权益的保障力度,既是时代使命,也是发展良机。在此背景下,浙江法院积极推进国际海事司法浙江基地建设,

---

① 邢海宝:《海事诉讼特别程序研究》,法律出版社 2002 年版,第 9 页。

提出在全国率先推进海事审判"三合一"改革；浙江省高级人民法院党组发布专门指导意见并指导宁波海事法院制定实施细则，推动浙江省委政法委开展专题调研解决实际困难；浙江海警局、宁波市检察院等单位与法院建立了业务协作纪要，浙江省高级人民法院指定宁波海事法院受理浙江首例海事破产案件，全国首家海事行政争议调解中心在宁波海事法院挂牌并进入实质性运作，浙江海事审判改革业已形成星火燎原之势。值得欣慰的是，2021年出台的《最高人民法院关于人民法院为海南自由贸易港建设提供司法服务和保障的意见》提出服务保障国家海洋战略实施，在海口海事法院逐步推动形成以民商事、行政案件为主，涵盖特定刑事案件的海事案件"三合一"专业化审判机制。"三合一"改革从浙江先行探索上升到最高人民法院司法解释的正式采用，改革实践从浙江扩展到海南，改革样本的增加有利于更早发现改革发展的困难与不足、总结提炼改革成效与经验，为立法机关从法律上确立海事审判"三合一"新格局提供有更强说服力的改革经验。

（获评最高人民法院2019年度司法研究优秀课题研究成果；原载于《人民司法·应用》2021年第16期）

关于为浙江自由贸易试验区建设
提供海事司法服务保障的调研报告

宁波海事法院课题组①

【内容摘要】2017 年 3 月 31 日，国务院发布《中国(浙江)自由贸易试验区总体方案》，标志着中国(浙江)自由贸易试验区(以下简称"自贸试验区")正式落地。宁波海事法院是管辖发生在浙江省海上及通海可航水域涉船海事纠纷的专门法院，其审判职能与自贸试验区建设存在密切关联。2017 年，宁波海事法院舟山法庭全年受理包括涉自贸试验区的各类海事海商案件 2 000 件，审结 2 043 件，稳居全国海事法庭首位，较好地履行了海事司法服务改革创新、优化自贸区法治环境和营商环境的重要职责。2017 年 12 月 22 日，浙江省委机构编制委员会办公室编办批复同意宁波海事法院舟山法庭更名为自由贸易试验区海事法庭。2018 年 3 月 27 日，宁波海事法院自贸试验区海事法庭正式挂牌成立，标志着自贸试验区法治体系日趋完善，为自贸试验区处理海事纠纷提供了强有力的保障。

一、优化海事司法服务保障自贸试验区建设的缘由

(一)满足自贸试验区建设的司法需求

根据国务院公布的自贸试验区总体方案，自贸试验区的主要发展目标之一是显著提升以油品为核心的大宗商品全球配置能力。油品主要依赖于油轮运输入境，方式为国外港口到我国自贸试验区的海上货物运输。油品从自贸试验区转运到长江航道内各港口，属于通海可航水域的运输，均属于海事法院专门管辖。依据《中华人民共和国海事诉讼特别程序法》(以下简称《海诉法》)第六条第(二)项的规定，宁波海事法院作为始发港或转运港，均有权管辖由此产生的诉讼。当前，自贸试验区计划以保税燃料油供应服务为突破口，建设国家海事服务基地，燃料油的供应对象系船舶，由此产生的纠纷为船舶物料与备品供应合同纠纷，属于海事法院

---

① 课题主持人:陈惠明，宁波海事法院党组书记、院长。课题组成员:赵沛耿、王佩芬、王凌云、肖琳、孟云凤、刘啸晨、罗孝炳。

专门管辖的海事海商纠纷。船舶在运输大宗商品、燃料油过程中，因泄漏、船舶碰撞、触碰搁浅导致海洋环境和海洋渔业资源受损，相关纠纷亦由海事法院专门管辖。由此可见，建设自贸试验区可能引发一些海事海商纠纷，这决定了海事审判职能与自贸试验区的内在关联性。

(二)体现浙江自贸试验区的发展特色

浙江自贸试验区是国家批准的第三批自由贸易试验区，特色非常鲜明。自贸试验区依托舟山岛南北部片区与离岛片区各类大宗商品基地优势，承担着推动大宗商品贸易自由化、投资便利化建设的重任，其"自由贸易港区先行区"这一目标决定了浙江海事审判为其服务保障的重心在于自然贸易港区和油品贸易。与之形成对照的是，《天津法院服务保障中国(天津)自由贸易试验区建设的意见》第八条提出，充分发挥海事司法职能，……助力中国北方国际航运融资中心建设。《福建法院服务保障中国(福建)自由贸易试验区建设的意见》第十四条提出，依法保障和促进航运市场与海洋生态环境建设，……以司法之力支持厦门东南国际航运中心建设。上海海事法院在《关于强化海事司法职能服务保障国家战略的工作意见》中提出，加快推进上海自贸区和国际航运中心建设。综上可见，相关高级人民法院和海事法院为前两批自由贸易试验区提供司法保障的重点均未涉及自由贸易港区和油品贸易，而这正是浙江海事审判服务保障的重点和亮点所在。

(三)推动海事审判自身发展完善

进一步发挥海事审判职能，是国家对海事法院的殷切期望。根据最高人民法院的授权，宁波海事法院于2017年受理和开庭审理了我国海事法院设立30多年来受理的首例海事刑事案件，加上2016年3月1日起施行的《最高人民法院关于海事法院受理案件范围的规定》把海事行政案件纳入海事法院受理案件范围，海事法院"三审合一"已经成为大势所趋。浙江还是最高人民法院确定的国际海事司法基地。因此，服务保障自贸试验区建设，为宁波海事法院建设国际海事司法中心增添了新的内涵和动力。

二、自贸试验区所涉海事纠纷预判与防控建议

(一)航运经营相关案件分析

与航运经营相关的案件在宁波海事法院受理的案件中历来占比较重，2013年以来涉及航运经营的纠纷案件共1 256件(数据统计截至2017年年末，下同)，案件类型主要为海上(通海水域)货物运输合同纠纷和航次租船合同纠纷，占比约97%，另有约3%的案件系涉货物运输前端、后端的港口作业(货物保管)纠纷。随

着舟山油品储运基地、绿色石化基地、保税燃料油服务基地以及国际矿石中转和配矿贸易基地的建成,舟山将成为全国乃至全球大宗商品的聚集地,大宗商品进出口量、储运量和中转量的快速增长,必然导致自贸试验区内涉大宗商品航运经营案件增长并呈现新的发展态势。从近年海事审判情况来看,传统的涉及矿石、油品等大宗商品航运经营纠纷高发于货物运输、交付(包括单证交付)、装卸仓储等环节,纠纷成因集中表现为交易不规范、市场无序竞争、法律风险意识欠缺等,案件类型具有标的额大、法律关系复杂、涉及面广、涉外性强、大型航运企业和保险公司涉诉集中等特点。本课题组调研后发现,大宗商品所涉航运经营纠纷在以下四个领域的问题需要格外关注:

1. 大宗商品运输货损货差发生频繁

大宗商品国际贸易具有标的额大、交易环节多、远洋运输周期长等特点,海上货物运输纠纷集中表现为货损货差,货损原因多种多样,比如矿石、油品混装错卸导致品质发生变化,[1]船舶碰撞致使货物遭受损失等。货差风险主要发生于运输、计量、装卸三个环节,表现为货物重量发生变化,[2]当装卸、计量发生先后不同、装港和卸港计重方式不一样,或存在两个卸港、货物混装等情况时,都会导致货损货差混合产生或多次产生。

2. 保税燃料油加注计量易引纠纷

在开展保税燃料油加注过程中,纠纷主要发生于油品驳运和加注过程中的油品短量、船舶触碰和油品泄漏等环节,纠纷的根源或系主观因素产生,如加注企业不注重作业记录、油量记录等证据的保存,加注作业未严格按照安全规程和油罐安全管理规定进行操作,又或是我国加注船舶未使用国际通行的质量流量计等客观因素造成的。

3. 储运功能升级致港口作业风险加剧

自贸试验区内储运基地做大做强,除需扩大储存中转基础设施规模外,还需民营企业等主体参与国储、义储、商储、企储相结合的储运体系和运作模式建设。当储运企业由单一场地设备出租经营模式向多元化商品运输、加工、贸易经营模式转变时,需特别关注港口储运企业所面临的风险。大宗商品储运操作纠纷主要发生在作业费用的收取和储运货物的交货环节,前者系简单的商业纠纷,[3]后者表现为货物储运中转贸易和保税转口贸易下的海运单证、贸易单证、仓储单证转让纠纷与

---

① (2016)浙72民初112、113、380号民事判决书。

② (2015)甬海法商初字第445号民事判决书。

③ (2016)浙72民初664、665、666号民事判决书。

货物交付纠纷的夹杂。其根源在于，相关单证在不断流转的过程中，一旦买卖合同发生纠纷，必然导致货权转让与单证流转相脱节，最终使储运企业如何交货、向谁交货面临极大的风险。①

4. 转口分销致物流纠纷更为复杂

自贸试验区内油品和矿石等大宗商品的内外贸分销和交易，大多通过江海联运、水陆联运等多式联运的方式完成。与单一的海上运输或陆路运输相比，货物多式联运法律关系复杂，纠纷主体除远洋航运企业外，还涉及海铁联运、第四方物流等新型物流组织。在有关主体形成多层级的运输合同关系下，海上货物运输风险与海陆集疏运网络运作机制下的多式联运风险叠加出现，使得大宗商品物流纠纷更为复杂化。

针对上述问题，在总结以往审判经验的基础上，本课题组建议：

1. 船货双方各尽其责

严控国际大宗商品货损货差率，关键要求航运企业严格履行运输义务，落实妥善管货责任，办理好货物运输的交接手续，做好装、卸货港货物品质和数量的检验。货主对于特殊大宗油化品、矿物应履行标记告知义务，一旦货主接收货物发现货损，应立即着手样品采集和证据保存，并及时通知承运人共同委托检测机构对货损原因及范围进行检测。

2. 对标国际供油标准

保税燃料油贸易的顺利开展，一方面需要加注企业严格按照国际公约要求、国际船用油的质量标准和船舶供受燃油管理规程，按质保量开展供应业务；另一方面也需要企业在贸易过程中规范"一船多供""跨关区直供""关外直供"等不同供油方式的商务法律流程，谨慎签订不同类型的供油合同，事先约定油量计量和确认方式，降低因油品数量争议而引发的纠纷，逐步在自贸试验区内构建与国际接轨的保税燃料油加注信息统计和监测体系，建立油品交易市场风险管理体系。

3. 统一储运行业规程

降低大宗商品储运操作风险，首先，要严格把控储运企业的市场准入条件，储运管理部门、行业协会需制定统一规范的操作流程细则；其次，储运企业在开展多元化经营过程中需明确其具体法律地位，仅接受委托对货物进行装卸、储存的，不得介入货物贸易环节，若同时从事大宗商品的贸易或保税加工、保税出口等，需要谨慎制作和核对相关单证信息，严防贸易风险与储运风险的交叉蔓延与恶化。

---

① （2014）甬海法商初字第 723 号民事判决书。

4.厘清各区段主体责任

多式联运所涉规定较为分散,多式联运主体开展经营前应了解"江海直达""水水中转"中江船入海的规范和责任,厘清不同运输区段、不同物流主体的责任和界限,行业组织可制定合同范本和业务操作规程,引导多式联运经营人合法有序开展航运、物流业务。

(二)航运生产安全相关案件分析

自贸试验区目前正处在大开发、大建设的井喷期,安全生产及环境保护形势总体平稳。2013年以来,宁波海事法院受理涉及航运生产安全的纠纷案件(如图1所示)共196件,其中以船舶碰撞、触碰为主要类型,数量达182件,占比92.86%。其他纠纷类型数量不多,但一旦发生事故,极易造成大量人员伤亡、巨大经济损失、严重环境破坏等后果。

由于自贸试验区的空间功能布局分别紧临航道密集区、传统渔场作业区、水下管网设施密布区,部分区域与江海联运、转运港口及航道重叠,预计航运生产安全相关案件将存在如下态势:

1.船舶碰撞或触碰等案件可能增多

舟山是我国港口最密集的区域,近六年年均进出港船舶流量近70万艘次。舟山海域是中国沿海最大的海上渔场,岛礁密布(共有岛屿1390个),每年渔汛期间近万艘渔船集中进出,再加上港口附近养殖区密布,桥梁管线众多,通航环境极其复杂,导致事故险情多发,被交通运输部确定为"六区一线"重点水域(如表1所示)。

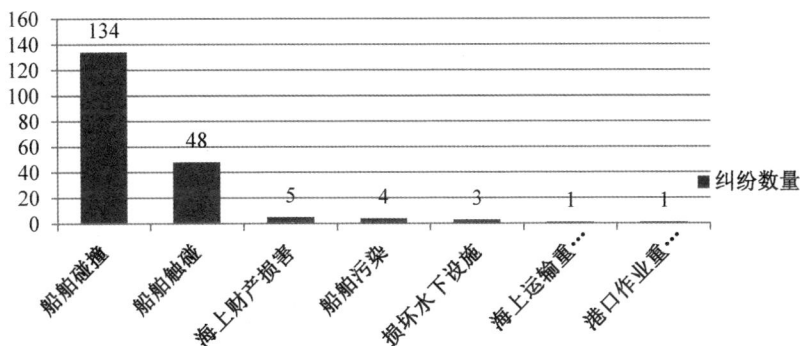

图1 宁波海事法院近六年涉及航运生产安全纠纷案件类型(数量:件)

表1　舟山海域2013—2017年水上事故统计

指标/年度	2013	2014	2015	2016	2017
沉船艘数	11	11	11	9	8
死亡失踪人数	6	24	21	13	13
直接经济损失(万元)	4 375	4 653.7	5 712.8	4 205	2 428

2.油品作业带来的海洋污染案件预计上升

舟山作为全国重要的石化中转储备及物流基地之一,2017年危险货物吞吐量达110 879.95万吨,其中散装液体危险品吞吐量达8 139.5万吨。尽管近几年舟山市海上防污染应急处置能力显著提升,但随着自贸试验区和海洋经济的快速发展,未来"百亿""千亿"吨石化项目完工投产。根据有关方案,到2020年,舟山将成为我国最大的油品仓储基地,形成4 000万吨油品储存规模①、2 000万吨年炼油能力、500万吨保税燃料油年供应能力。可以预见,进出舟山的超大型船舶,尤其是超大型油轮及涉污作业将日益频繁,海底输油管线、油罐区等重大危险源日增。

在审理航运安全生产相关案件过程中,课题组发现有以下问题需引起注意:

1.非正式规划锚地的安全监管存在疏漏

现行国家主管机关授权出版的海图中,对禁渔、禁止锚泊水域明确标明禁渔、禁锚图案。未标明禁止锚泊的海域,又称非正式规划锚地,能否锚泊船舶,《1972年国际海上避碰规则》及航海法律法规并无明确规定,相关安全监管仍是空白。如果发生了碰撞事故,该锚泊位置的选择是否不当,与碰撞事故的发生是否有因果关系,锚泊船舶是否担责,对此争议较大,如"VENICE BRIDGE"轮案②即涉及该问题。

2.有限空间作业安全管理需进一步加强

有限空间作业③具有公认的安全或健康风险,相关部门针对该类作业制定了详细的安全规程和操作规范,以期控制和减少作业风险。近五年来,有限空间作业导致的事故屡有发生,且相对集中于船舶修造行业,多发于检修、维修与船东自修

---

① 截至2022年1月,浙江自贸区舟山片区形成油品储存规模约3 400万方,数据来源:2022年1月7日中国浙江自贸区舟山片区微信公众号。

② (2013)甬海法事初字第34号船舶碰撞损害责任纠纷。

③ 根据《有限空间作业安全技术规程(DB33/707—2008)》第3.1条定义,有限空间指仅有1个或2个人孔,即进出口受到限制的密闭、狭窄、通风不良的分隔间,或深度大于1.2 m封闭或敞口的通风不良空间,分为封闭半封闭设备、地下建(构)筑物和地上建(构)筑物三类。

环节,发生时段以每年5月到10月为主,如"宏润75"轮①和"金威"轮②爆炸事故。究其原因,主要有:该时段环境温度相对偏高,生物化学作用加快,有毒有害气体容易聚积,相关企业重生产、轻安全,未督促从业人员严格执行安全生产规章,放松现场安全管理,强制通风换气、燃爆气体浓度检测和动火作业审批流于形式等。

3.次生衍生事故多发需引起重视

近年来在事故总量和伤亡人数逐年下降的背景下,次生衍生事故仍然多发,有待深入研究。有些衍生事故系当事人意气用事,未采取有效措施减少损失,造成事故扩大。如两艘渔船碰撞后,为阻止对方船舶逃逸,黄某驾驶船舶追赶并故意碰撞对方船舶,导致自己船舶沉没③。有些衍生事故系对企业风险辨识不足,负责人现场监管不力,未按规定采取防护措施,盲目处置引起的。如爆炸发生后,为查勘燃油舱是否变形,打开了道门,后未及时关闭,导致更大爆炸事故的发生④。

4.应急处置与应急防备索赔机制不健全

海难污染事故发生后,海事主管机关所采取的应急处置与应急防备措施,对控制、减轻环境污染损害具有重要意义。由于此种措施同时具有公法和私法属性,现行油污防治、海难救助和残骸清除制度存在交叉竞合,同一措施同时可能产生多种效果。对于该类措施属于行政行为还是油污损害赔偿中的清防污措施,或海难救助或其他,相关费用由谁索赔,按照何种路径索赔,是否属于限制性债权等,存在分歧较大。如立案标的高达13 969万元的"佛罗里达"轮系列案(共11件),即涉及该问题。

针对上述问题,我们建议:

1.打"组合拳"确保航运生产安全

一是切实加强危险作业管理,加大工人岗前培训、安全技术交底和现场检查力度,明确船舶进厂修理期间的安全职责分工,船东在修船期间要及时做好与承修船厂的沟通协调,安排有限空间等危险作业时,可采取共同审批签字等防范措施,具体操作人员须严格遵守安全规程,进入舱室作业必须采取强制通风措施,作业前落实测氧、测爆程序。二是加强对次生衍生事故的研究,总结发生的规律和特点,采取针对性的应急预案和防范措施,定期开展安全演习。事故发生后,要保持冷静,及时向主管部门报告,同时采取积极的施救措施和切实可行的排险措施,安排专业

---

① (2014)甬海法事初字第50号海上人身损害责任纠纷。
② (2013)甬海法舟事初字第6号海上人身损害责任纠纷。
③ (2013)甬海法温事初字第2号通海水域人身损害赔偿责任纠纷。
④ (2013)甬海法舟事初字第6号海上人身损害责任纠纷。

人员对事故危害、动态进行评估,实施现场安全监测,确保应急人员自身安全。三是加大安全监管力度,在通航进出密集或处于传统进出航路的情况下,相关船舶应尽量避免选择非正式规划锚地作为锚泊位置,以防止不必要的事故发生。主管机关应及时提醒船舶锚泊风险,并告知其转移至附近安全锚地,并通过更新海图标注等措施,避免类似事故发生。

2. 跟进措施以促进有序"绿色用海"

一是理顺应急措施索赔机制,在公私法融合背景下,海事主管机关所采取的应急处置与应急防备措施,是公法行为和私法行为的竞合,具有维护公益和民事减损双重功能,应允许其选择通过行政程序或私法途径求偿。对于具有多重效果的应急措施,应明确和细化定性标准,根据措施分类分别认定是否构成清防污措施、清障措施或海难救助,从而适用不同的法律,以规范解决应急费用的索赔和责任。二是完善海洋环境公益诉讼,健全海洋环境损害赔偿立法,明确污染损害索赔主体和责任主体,规范或细化受污染环境合理恢复措施费用的界定,明确海洋生态损失赔偿项目、计算方式、索赔程序等。三是建立强制保险与环境损害赔偿基金制度,通过设立特定基金,减轻加害人的负担,防止因赔偿导致企业关闭或破产,同时也为受害人提供切实的赔偿保障。

(三)航运金融相关案件分析

深化金融领域开放创新是自贸试验区建设实施方案中的一个重要组成部分。2013年以来,宁波海事法院受理涉及航运金融的纠纷案件共810件,立案标的总额达116.15亿元,以船舶抵押合同纠纷为主,占比约为54%,而船舶营运借款合同纠纷、船舶融资租赁合同纠纷占比分别为41.7%和4.3%。随着金融领域的开放创新,所涉及的航运金融借款、船舶融资租赁、仓单质押等业务也必将进入发展快车道,因其过程复杂、涉及金额巨大,且蕴含风险点较多,相关纠纷也必将增多,并将日益复杂。围绕自贸试验区金融创新领域规划方案,本课题组对该领域中可能新出现的涉及海商海事纠纷的行业法律风险点进行了分析,认为航运金融业务创新中的如下问题需要引起注意:

1. 航运金融借款相关业务创新应当着重防范两类风险

这两类风险包括:金融经营主体多样化、复杂化带来的合法性判别风险;金融产品和服务方式创新带来的合同效力性判别风险。

2. 船舶融资租赁相关业务创新主要存在三类法律风险

一是在建船舶的融资租赁风险巨大。因该项业务不仅涉及融资租赁公司和承租人主体,还涉及造船企业,有的还有抵押权主体。多方主体的参与使得法律关系更为复杂,风险倍增,一旦承租人逾期付款和船舶建造人破产并存时,船舶融资租赁公司将可能面临船款两空的风险。二是船舶商事留置权的司法确认对船舶融资租赁业务发展的安全性构成巨大威胁。三是缺乏专门的船舶融资租赁登记。

3. 仓单质押融资业务的质押权人应当关注的风险

这类风险包括:仓单对于货物的描述是否与货物的实际状况一致;仓单是否受仓储合同约束;仓储人是否有义务配合债权人;仓单所涉货物是否存在其他权利人;仓单是否真实。

针对上述问题,本课题组建议:

1. 航运金融借款业务方面

坚持把自贸试验区企业取得营业执照后具有缔约的权利能力作为识别主体合法性的基本判断原则,对根据我国法律规定需取得相关业务许可的,认定其取得许可之后便具有相应的行为能力;在维护金融秩序和保险金融市场安全的前提下,充分尊重当事人之间的约定,充分尊重公司自治,准确识别任意性规定和强制性规定,根据合同交易的类型、法律、行政法规的立法目的和行为的严重程度,不轻易否定合同效力。

2. 船舶融资租赁业务方面

支持符合条件的融资租赁公司以绝对控股方式设立单船特殊项目公司。允许隶属同一母公司的单船特殊项目公司实行住所集中登记,且与母公司相同;除法律另有规定外,在承租人已具备相关资质的前提下,不再另行对特殊项目公司提出资质要求;充分借助自贸试验区以制度创新为核心的示范区优势,根据船舶融资租赁发展的状况和需要,建立一套单独的船舶融资租赁登记制度,并赋予与其融资模式相适应的法律内涵,避免融资租赁船舶因光船租赁登记的外观而产生诉讼风险。

3. 仓单质押融资业务方面

健全仓单转让和质押业务规则,如明确仓单转让是否需要仓储人签字;推动仓单物权立法进程和司法统一,解决善意持单人的权利保护、是否有追索权、仓储人是否具有保证货物表面与仓单描述一致的义务等问题。

(四)航运服务业相关案件分析

自贸试验区的远期目标之一是成为国际海事服务中心。2013 年以来,宁波海事法院受理涉及航运服务业的纠纷案件共 833 件,立案标的总额达 19.9 亿元,其中海上、通海水域保险合同纠纷案件 337 件,船舶修理合同纠纷案件 322 件,船舶建造合同纠纷案件 174 件。通过分析相关案件情况,本课题组认为以下问题值得关注:

1. 船舶油污责任保险制度不够完善

船舶体量、石油运量以及燃料油加注频率增高等因素使得发生船舶油污事故的风险持续增大，而船舶油污事故往往具有波及面广、损害后果严重、公众关注性高的特点，因此船舶油污责任保险制度的有效运行是抵御该风险的重要手段。由于我国船舶油污责任保险起步较晚，采取国际公约与国内立法并行模式①，我国船舶油污损害责任险适用范围比国际公约更加广泛，制度尚需完善，而自贸试验区内国内外船舶聚集、吨位大小有别、江海联运等因素叠加，因此船舶油污损害责任保险纠纷的增加给海事司法提出了更高的要求，也会影响自贸试验区行业的健康发展。

2. 船舶企业风险预防意识不足

部分船舶企业违法、违规操作现象时有发生，主要体现在对在建船舶的继续建造缺乏合理规划，因后续资金匮乏、造船厂或船东的其他债务导致船舶无法完工或者完工后无法通过正常贸易方式出让船舶，给各方利益主体带来不同程度的损失。有的船厂与出口代理人将实际上应当是双方共有的船舶约定为船舶未出口前属于代理人所有，导致无法判断双方的共有比例，给后续的船舶处置带来极大障碍。有的修船厂在船舶修理过程中，按照船东或其代表的指示变更、增添修理项目后，未及时与船东书面确认，后由于船东代表离职等原因导致相关事实核实难度加大，不得不通过司法鉴定进行技术评估。

3. 国内造船方签订、履行涉外合同的能力有待提高

在与国外买方签订造船合同时，国内造船方对于不同造船标准合同的优点、缺点不甚了解，选用合同时易接受国外买方提出的合同范本，对其中涉及造船方潜在利益的条款缺乏敏感性。同时，由于造船履行周期长、资金密集性强，国外买方的资金能力、信用水平都会影响造船的进展以及国内造船方的资金回笼周期，甚至出现国内造船方为国外买方垫资的情况。

针对上述问题，我们建议：

1. 积累船舶油污强制责任保险审理经验

针对保税燃料油加注、大宗原油储运和船舶数量逐步增多的情况，依据国际公约和国内法律审慎处理该类纠纷，根据不同吨位船舶、装运货物的性质，确定不同

---

① 国际公约有《1992 年国际油污损害民事责任公约》和《2001 年国际燃油污染损害民事责任公约》，国内法律有《中华人民共和国海商法》、《中华人民共和国保险法》及《中华人民共和国海洋环境保护法》，行政法规及规章有国务院颁布的《防治船舶污染海洋环境管理条例》和交通运输部颁布的《中华人民共和国船舶油污损害民事责任保险实施办法》。

保险限额,对于 1 000 总吨以下载运非油类物资的沿海船舶、内河船舶船东污染责任不在船舶油污强制责任保险范围的客观情况,应当加强案件裁判规则的总结和统一,尽力保护当事人权益,维护海洋环境。

2. 提高与造船有关法律风险的防范意识与能力

对于在建船舶的继续建造,应当在合同签订前开展必要的法律风险评估,确保合同对方有权订立续建合同,有可靠的资金来源能够完成造船。对于船东要求配合办理虚假交接以办理船舶登记手续的,可以要求船东提供必要的抵押担保,或者另行签订协议明确配合交接仅为办理登记所需,在船东未支付尾款前,船厂有权留置船舶并向法院提起诉讼。对于为办理出口代理和预付款保函而约定船舶所有权属于船舶代理人的,可以根据船舶代理人的投入与责任大小,约定双方按份共有的合理比例。此外,针对实践中新近出现的有关造船款增值税发票的纠纷,建议造船企业根据自身情况咨询税务机关或有关专业机构,事先在合同中约定增值税发票的类型和开具程序,避免事后因没有约定或约定不清带来的相互扯皮和责任不明现象产生。

3. 造船和航运企业应当提高自身竞争力

结合国家船舶装备及海工行业的战略规划,及时调整船舶建造、经营的重点,压缩过剩落后产能,杜绝短期投机心理,依靠国家战略和自身积累,向有较强国际竞争力、技术密集型的优势领域转型升级,力争在市场竞争国际化与行业分工精细化的背景下谋求一席之地。在船舶价值较低的节点,以船舶融资租赁方式取得融资借款时,在船舶价值评估、借款数额以及相关权利义务的约定上应当更加慎重,避免因船舶价值虚高、航运市场走势和租金收益下滑而承担超出预期的责任与风险。同时,船舶企业应当更加重视依法经营,健全企业的现代治理体系,在管人用人上下功夫,确保公司债权债务清晰可控。对外则不放任合同相对方具有违法或规避法律的行为,以免对方恶意违约时遭受损失。

4. 在合同签订中要审慎理解涉及建造方义务和订购方权利的合同条款

可以选择侧重保护建造方利益的造船标准合同范本,例如日本造船厂协会(Shipbuilders Association of Japan)的标准合同。在合同履行过程中,国内建造方必须特别注意造船款的支付,因涉及建造方的切身利益,对于付款方式、时间、金额必须进行约定,尽量减少垫资,要求国外订购方按约及时支付价款,或者引入担保,确保建造方到期可得款项。

三、为自贸试验区提供更优海事司法服务的建议

通过调研,本课题组更加确信,海事法院与自贸试验区有着紧密的内在关联和

诸多的实际联系,为自贸试验区提供海事司法服务保障非常必要。在今后一段时期内,坚持新的司法理念,继续关注海事审判保障、服务创新以及多元化解纠纷方面的需求,以海事审判公正高效化解涉自贸试验区海事纠纷,以服务创新举措推动构建良好的法治秩序,逐步形成为自贸试验区建设提供优质司法服务保障的长效机制,完全合理可行。为此,应当注重完善体制机制,发挥制度在服务保障工作中的根本性、全局性作用,不断巩固和提高工作成效,向上级党委、法院和人民群众提交一份满意的"成绩单"。

(一)合理设置审判机构和审判力量

1. 充分发挥自贸试验区海事法庭的审判职能

积极适应自贸试验区发展对海事司法提出的新要求,在海事法庭原有收案范围基础上,适当扩大案件受理的范围①。创新审判团队和专业合议庭组建模式,涉自贸试验区的一般案件,由海事法庭法官组成专门合议庭负责审理,当事人一方涉外、有重大社会影响或者海事行政、刑事方面的涉自贸试验区案件,由院本部指派相关专门审判团队的法官参与案件合议或承办,实现不同审判团队的优势互补,努力打造若干精通涉外涉自贸试验区海事案件、具有国际影响力的一流审判团队。

2. 优化自贸试验区海事法庭的力量配备

注重审判人员的复合型、国际化知识背景,要选任至少 1 名英语功底扎实、有 3 年以上办案经验的中青年法官加入其中。建立法官到自贸试验区相关行政管理部门、行业协会挂职锻炼、短期培训的机制,促进法律知识与发展实践的融合。进一步加大专业陪审力量,引入相关领域的专业人员担任陪审员,为案件相关的技术问题提供参考意见。

(二)加强工作联动,为自贸试验区建设提供智力支持

1. 延伸海事行政审判职能,依法保障自贸试验区制度创新

关注自贸试验区以"四张清单一张网"为核心的行政审批制度改革对涉海涉船行政管理的影响,依法行使涉海域使用、海洋开发等领域海事行政案件管辖权,与舟山两级法院建立涉海行政案件立案前通报机制,妥善解决潜在的管辖权认识分歧。关注自贸试验区政策推行对海事海商相关法律实施的影响,对于涉及立法、法律解释、政策修订和法律适用方面的问题,通过向人大、政协和行政职能部门提

---

① 2018 年 3 月,宁波海事法院出台《关于明确涉外、涉港澳台海事海商等类型案件内部分工的通知》,已充分授权自贸试验区海事法庭登记立案和审理被告住所位于自贸试验区的所有海事海商纠纷、原告在自贸试验区法庭起诉作为被告的外籍当事人的案件。

供建议稿、议案线索,推动国家立法和司法的发展。

2. 建立健全海事法院与相关行政机关的工作联动机制

争取省高级人民法院和自贸试验区管理机构的支持,经常性参与海事审判相关的工作联席会议,听取对海事审判的工作意见和建议,主动接受社会各界监督,不断改进工作方法,全面提升工作成效。在日常审判工作中,主动向有关管理机构和职能部门通报涉自贸试验区重大案件和工作进展,共同构建完善应急联动机制,形成预防风险和化解纠纷的合力。对司法调研、案件审理中发现的与自贸试验区规则不一致、不协调的海事行政行为,应结合海事司法实践,主动、及时以司法建议和情况反映等方式进行反馈,引导相关创新举措在法律框架内进行。

(三)创新审判保障和服务机制,提升海事司法国际公信力

1. 强化裁判规则对贸易规则的引导带动

在全面分析自贸试验区涉海涉船纠纷的基础上,总结提炼裁判规则,为自贸试验区构建国际化的营商环境提供较为权威和稳定的司法预期。积极组织海事法官参与有关自贸试验区涉海政策调研和涉海涉船业务培训,通过设立院级重点调研课题、共同申报院外课题的方式,抽调精兵强将深入、系统研究自贸试验区内贸易规则与实践的新态势和纠纷成因。通过发布典型案例、专题报告和中英文海事审判情况通报等方式,逐步形成一套适应自贸试验区改革创新发展的裁判规则。

2. 以提高审判质效和国际影响为抓手,强化涉外海事审判工作

将服务保障自贸试验区发展有机融入建设国际海事司法中心的工作部署当中,针对自贸试验区案件涉及国家和地区的特点,分重点、分步骤采取针对性措施,建立健全相关国际司法协作、外国法查明、涉外主体认定、境外证据采信、司法文书送达等方面的工作机制,提升司法软实力,彰显浙江海事审判良好的国际形象。

3. 依托智慧法院建设,不断提高司法公开水平

海事法院大多依据管辖海域、流域而设置,天生具有管辖范围跨地市乃至省市、人民群众对司法便利需求度高的特点,而自贸试验区为海事法院的智慧法院建设提出了国际化、综合化、智能化的新要求。为此,要充分运用新媒体技术,打造具有自贸试验区特色的英文网站和具有诸多诉讼服务功能的移动网络终端,实现诉讼信息共享和资源互通。打破海事诉讼、海事执法、海洋渔业执法之间的信息壁垒,以双方或多方共同开发方式打造包含船舶、海域、港航系统资源的综合查控平台,为自贸试验区港航安全、船舶扣押和海洋环境保护提供信息技术支持。要不断探索提高借助新媒体、新平台进行海事司法文化、裁判文书、典型案例庭审的多层次、多角度宣传能力,向国际社会及时传递海事司法服务保障自贸试验区建设的法

治"好声音"。

（四）推动海事纠纷多元解决，方便自贸试验区海事纠纷得到便利的司法救济

1. 发挥海事诉讼的主导和最后屏障功能

诉讼是国家行使司法主权的重要内容，海事法院及其上级法院对海事纠纷的裁判具有强制性、终局性的特点，而海事仲裁、调解等非诉方式则一般来自当事人对纠纷解决方式的自愿选择，其强制执行效力需要司法的确认和支持。当前我国海事仲裁机构的国际影响力尚无法与伦敦、纽约、新加坡等地的仲裁机构相匹敌，对海事纠纷的调解还停留在涉渔纠纷、船员工资等层面，难以肩负起自贸试验区化解相关纠纷的主力军使命。诉讼仍然是海事纠纷的主要解决方式，是构建海事纠纷多元解决机制的基本依托。

2. 重视发挥海事审判对高端海事法律服务业发展的支撑作用

借鉴世界各大航运中心可复制的成熟经验，海事审判对国际海事仲裁、共同海损理算、航运保险等高端航运法律服务产业的发展应有坚定的司法支持。除了鼓励和支持海事仲裁机构建设、海事仲裁规则完善和有关仲裁立法外，更要推动完善仲裁裁决司法审查机制，统一司法审查尺度，提高海事法院对裁决的执行力度，提高海事仲裁的公信力。

3. 外部引入与本土挖掘相结合，充分培育和调动各方力量，形成纠纷化解的立体格局

一方面，要引进国际知名的海事纠纷仲裁机构、行业调解组织落户自贸试验区，吸引国际高端海事法律人才参与到纠纷解决机制当中；另一方面，要善于挖掘本土资源，形成合力。借助智慧法院建设，与各类涉海调解组织进行网上联动调解，健全纠纷的诉调衔接，指导和推动油品产业链行业协会的自律与纠纷调解，形成纠纷化解的合力。

（获浙江省第九届海洋经济发展法治论坛二等奖；并获 2019 年浙江省法学会海商法学研究会年会论文三等奖；原载于《中国海事审判 2017》，大连海事大学出版社，2019 年 9 月第 1 版）

海上走私犯罪涉案船舶处置问题与对策研究

——以近六年 N 市海上走私案件船舶处置为样本

宁波海事法院、宁波市人民检察院、
宁波海关缉私局联合课题组[①]

【内容摘要】近年来,海上走私案件中涉案船舶处置难问题较为突出,体现在涉案船舶真实权属关系查明难,船舶出租人主观明知认定难,案发后船舶先行处置难,长期保管风险大、成本高,判决没收认定标准不统一等方面。涉案船舶处置中应坚持关联性原则、比例性原则和效率原则。没收是对船舶的实体性、终局性处理。针对海上走私中涉案船舶权属关系的特性,应进一步完善第三人所有的涉案船舶没收规则,合理区分第三人善意提供财物与恶意提供财物,合理区分第三人主观明知与事前通谋。在刑事程序中处理涉案船舶时,可以直接援引行政法上有关涉案运输工具没收条件的相关规定。对涉案船舶应当以先行处置为原则,以长期保管为例外。《中华人民共和国海警法》(以下简称《海警法》)规定当事人申请或同意只是涉案财物先行处置的充分条件而非必要条件,这一规定更具有合理性,值得推广借鉴。在船舶处置中,应保障利害关系人权益,并可以考虑将海事法院引入涉案船舶处置程序中来。

近年来,我国沿海海上违法走私犯罪呈现多发、高发态势。船舶通常是走私分子实施海上走私必不可少的作案工具,而如何处置涉案船舶,也成为困扰司法实践较为突出的问题。一方面,我国法律有关刑事涉案财物处置的相关规定总体上还不够完备;另一方面,船舶是一种以登记取得物权对抗权利的特殊动产,所有权与经营权相分离现象较为常见,流动性大、涉外性强,价值巨大,也增加了处置的难度。从实践来看,没收涉案船舶障碍较多,先行处置难,司法成本高,走私分子违法成本低,直接影响海上走私的治理成效。在我国部分地区开展海事审判"三合一"

---

① 课题主持人:沈晓鸣,宁波海事法院常务副院长。课题组成员:宁波海事法院吴胜顺、张建生、杨世民、罗孝炳、马娟、王智锋、钱兵兵、陈高杨,宁波市人民检察院陈永明、陈鹿林,宁波海关缉私局刘建标、王博宇、陈辉。执笔:吴胜顺、陈鹿林、王博宇。

试点改革的背景下，①本课题组通过梳理近六年 N 市某缉私部门在查处海上走私案件中扣押船舶的处置情况，系统分析司法实务船舶处置中常见疑难问题，提出处置的基本原则，重点围绕船舶没收的实体条件和先行处置这两个问题展开研究。

一、海上走私涉案船舶处置的基本情况

为研究海上走私刑事案件涉案船舶处置问题，本课题组搜集了 2016 年至 2021 年这六年间 N 市某缉私部门所办理的全部海上走私刑事案件。经梳理，侦查机关在 66 起案件中共扣押 81 艘船舶。

（一）涉案船舶走私情况

1. 走私货物

扣押在案的 81 艘船舶中，从走私货物看，以成品油为主，涉及船舶 69 艘，占比 85%；涉及白糖、冻品的船舶分别为 5 艘、4 艘，其余 3 艘分别涉及香烟、废物（如图 1 所示）。上述数据分布情况，与近几年来查获的海上走私刑事案件走私货物相对集中的情形一致。

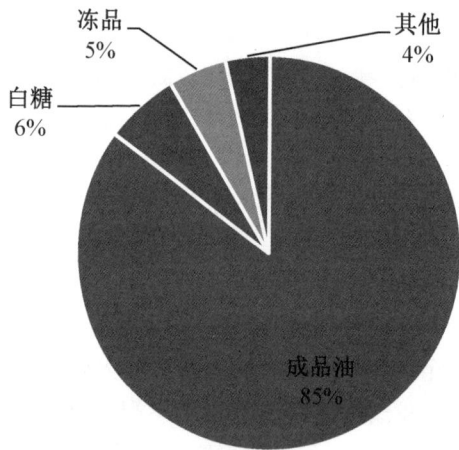

冻品 5%
其他 4%
白糖 6%
成品油 85%

图 1　涉案船舶涉及走私货物分布图

2. 走私航次

扣押在案的 81 艘船舶中，共计走私 1 457 航次，平均 18 航次/艘。其中，走私超过 3 航次的船舶 52 艘，占比 64%；超过 10 航次的船舶 33 艘；最多的 1 艘船舶，

---

①　如宁波海事法院，该院是我国首个试点审理刑事案件的海事法院，自 2017 年开始试点以来，到 2021 年年末共受理各类海事刑事案件 42 件。

达到 103 航次(如图 2 所示)。一方面,涉案船舶多次参与走私,是认定其与走私犯罪之间具有密切联系的表征之一;另一方面,海上走私呈现组织化和规模化的特征,在一定程度上对行为人与船舶之间关系认定造成困难。

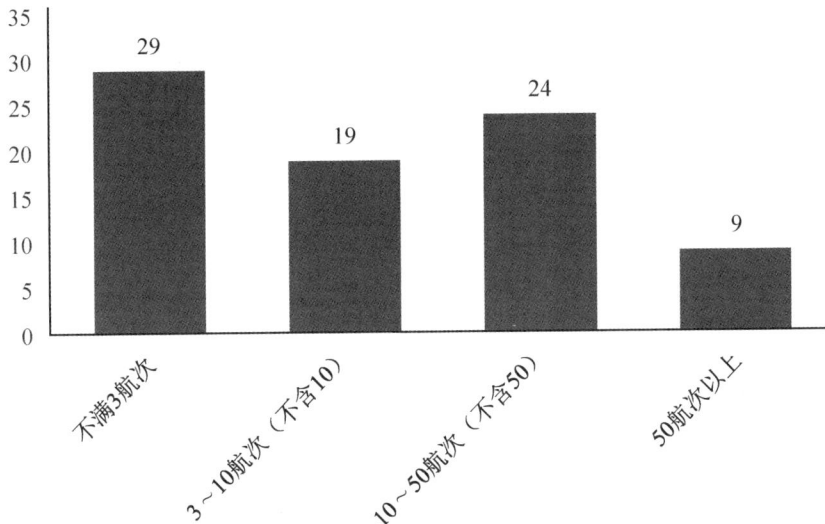

图 2　涉案船舶走私航次分布图(单位:艘)

(二)涉案船舶基本情况

1. 船舶吨位

从船舶载重吨位看,1 000 吨以上 14 艘,其中 3 艘吨位超过 1 万吨;不满 1 000 吨的共计 67 艘,占比 83%。1 000 吨以下的船舶中,具体分布如下:500 吨以上不满 1 000 吨的 33 艘,200 吨以上不满 500 吨的 24 艘,不满 200 吨的 10 艘(如图 3 所示)。涉案船舶吨位分布情况,与海上走私案件中查获的以"小巴船"(俗称)为主、"中巴船"(俗称)次之、"大巴船"(俗称)极少的情形相对应。小型船舶建造(或买卖、租赁)成本低,靠泊方便,"三无"船舶现象突出,登记不规范,监管难度大,既与海上走私犯罪难以杜绝具有一定的关联性,也增加了涉案船舶权属查明的难度。

2. 船舶权属

涉案 81 艘船舶中,属于嫌疑人(或被告人)所有的 42 艘,占比 52%;案外人所有的 27 艘,占比 33%;无主或权利人不明的共计 12 艘,占比 15%(如图 4 所示)。对于嫌疑人(或被告人)所有的涉案船舶,处置相对容易。而案外人所有的船舶,往往存在出租、挂靠、买卖等情形,这部分船舶在权属认定和处置上存在更多问题,

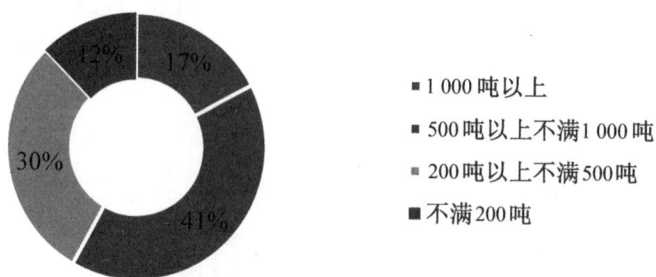

- 1 000 吨以上
- 500 吨以上不满 1 000 吨
- 200 吨以上不满 500 吨
- 不满 200 吨

图 3　涉案船舶吨位分布图

其中,有部分疑似犯罪嫌疑人(或被告人)所有的船舶,因证据不足而最终被认定为案外人所有,影响船舶处置。

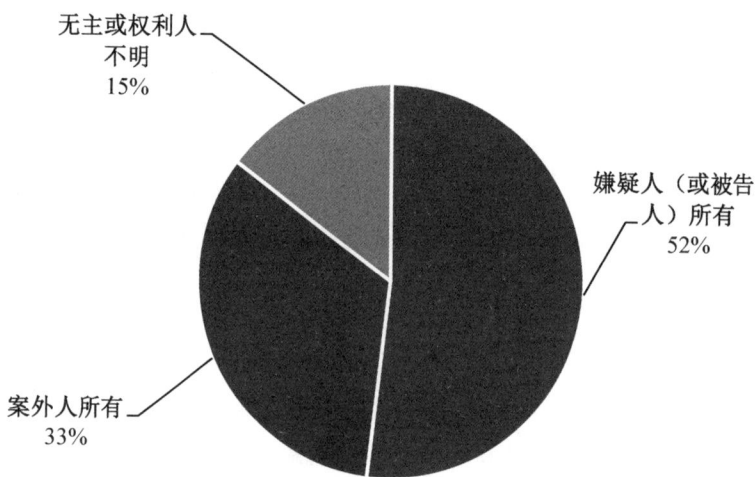

图 4　涉案船舶权属分布图

3. 船舶类型

涉案 81 艘船舶中,正规船舶 46 艘,占比 57%;"三无"船舶 19 艘,占比 24%;非法改装或套用船名的船舶 6 艘,占比 7%(如图 5 所示)。另外还有 6 艘疑似正规船舶(仍在鉴定中),其他尚不确定的船舶有 4 艘。对于正规船舶,经发还或者拍(变)卖后,可以依法营运;"三无"船舶则应当没收拆解,但"三无"船舶既涉及鉴定认定问题,也往往涉及权利人不明问题,影响处置程序和效率。

4. 船舶国籍

已确定的 46 艘正规船舶中,中国籍船舶有 38 艘,其他船籍船舶有 8 艘。中国籍船舶中,又以舟山籍为主,共计 22 艘,其余分布较为分散。

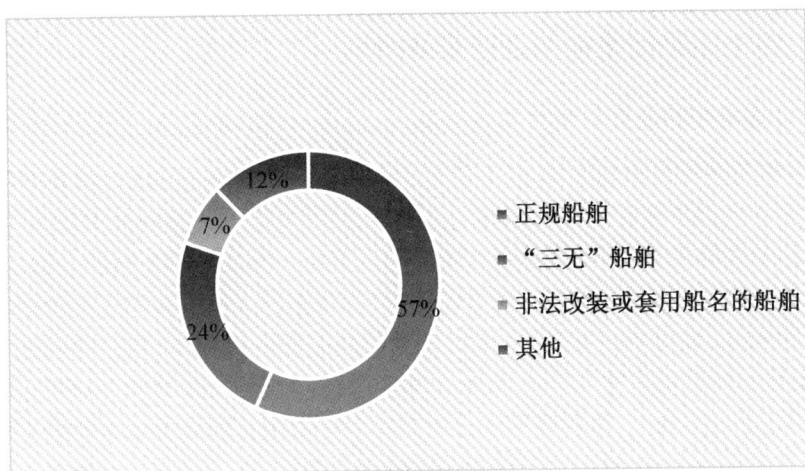

图5　涉案船舶类型分布图

(三)涉案船舶处置情况

1.涉案船舶实际处置情况

从实际处置情况看,已完成处置的船舶共计52艘;其余29艘所涉案件尚在办理,如何处置未确定。① 在已处置的船舶中,从处置方式看,发还22艘,占比42%;变卖15艘,拆解11艘,另有4艘无主船舶拟在完成无主公告后,予以拆解。发还比例高达42%,折射出没收难度之大。总体来看,涉案船舶处置过程长、环节多,处置效率不高,实际处置前保管期限长、保管成本高。

2.涉案船舶的判决没收情况

从法院判决情况看,有65艘船舶对应的案件已经做出判决,其中判决没收和未判决没收各35艘、30艘。已经判决没收的35艘船舶中,"三无"船舶、正规船舶各16艘,非法改装船舶3艘。未判决没收的30艘船舶中,由于船舶所有人不明确原因导致的有8艘;其余未判决没收的主要原因在于,无法认定系供犯罪所用的本人财物,以及船舶所有人既不涉案也无证据证明所有人对船舶被用于走私违法犯罪存在明知。

---

① 涉案81艘船舶实际处置情况的数据截至2021年年末。

二、海上走私涉案船舶处置实务困境

(一)涉案船舶真实权属关系查明难

《中华人民共和国刑法》(以下简称《刑法》)第六十四条规定,供犯罪所用的本人财物应当判决没收。具体到海上走私案件中,是否判决没收涉案船舶,首先需要确定船舶权属关系,明确船舶是否系犯罪人所有。从实际调研情况看,未判决没收或处置困难也往往与此相关:所有船舶中,归属案外人所有或属于无主船的数量占比高达48%;在已判决案件中,未判决没收的船舶占比46%;在已完成处置的船舶中,实际发还数量占比42%。此外,查扣的船舶九成以上是载重1 000吨以下的小型船舶,登记不规范、监管难落实也是其中一个原因。权属关系查明难主要表现在以下几方面:一是船舶买卖未在相关主管部门登记,难以确定实际所有人。由于船舶物权设立、变更和消灭以登记为对抗要件而非生效要件,且船舶买卖办理过户登记并无期限限制,买卖后长期未变更登记以及多次买卖未变更登记的情形较为常见,据以办理过户登记的主要文件——船舶登记注销证明书持有人不明,导致船舶实际所有人难以查明。二是船舶采用挂靠方式,登记所有人与实际所有人分离,挂靠事实真伪难辨,实际所有人信息难以查明。三是大量船舶租赁未经登记,不少案件中相关人员事后仅仅提供内容简单的所谓租赁合同,真伪难辨,难以查明租赁关系是否真实存在。四是船舶在境外登记,船舶属性认定缺乏有效的协助途径,权属关系难以查明,并进一步导致处置困难。

(二)船舶出租人主观明知认定难

在分析的样本中,从船舶权属看,属于嫌疑人(或被告人)所有的船舶占比52%,归属案外人或无主船数量占比48%,二者大致各占一半。对于后者,特别是案外人所有的船舶如何处置,一直是司法实践中最大的困惑。《最高人民法院、最高人民检察院、海关总署打击非设关地成品油走私专题研讨会会议纪要》(以下简称《非设关地走私纪要》)规定,①对登记所有人或者实际所有人明知他人实施走私犯罪而出租的船舶,依法予以没收,并列举4类推定出租人主观明知的具体情形,在一定程度上降低了主观明知的认定难度。然而,这些规定可操作性仍然不强,作为推定主观明知的基础事实在实践中很少见或者很难查证,适用范围十分有限,具体体现在:一是有些基础事实在实践中很少见。例如,第一项规定出租人擅自改装船舶后再出租的,以及第三项规定出租人因出租船舶受到处罚后再出租给同一走私团伙的,这两类情形实践中很少出现,或者很容易规避。二是有些基础事

---

① 署缉发〔2019〕210号。

实很难查实。例如,第二项规定出租人默许承租人改装船舶的,仍然需要查明出租人明知承租人实施了改装船舶的行为,而这种情况要查实难度很大。三是有些事实如何理解与适用争议较大。例如,在实践中不少船东仅提供一个无法查实的承租人信息,对于能否直接认定为该款第四项所规定的出租人拒不提供真实承运人信息或者提供虚假承运人信息,在认识上存在较大分歧,在司法中不敢轻易适用。以王某走私成品油案为例,船东多次提供承租人身份信息(包括姓名和身份证号码),但根据该身份信息查无此人,公诉机关认为属于提供虚假承运人信息,应当没收船舶,但审判机关基于慎重起见,未予判决没收。

此外,即便根据该条规定查实相关基础事实,能够认定出租人主观明知他人实施违法犯罪,从而在不处罚出租人的情况下没收其船舶,逻辑上又容易陷入一种悖论:既然推定出租人主观上明知他人实施走私而提供船舶,那么出租人就很可能是走私共犯,应当作为同案犯处理;而当出租人作为同案犯处理时,则完全可以根据我国《刑法》第六十四条规定(供犯罪所用的本人财物应予没收)没收涉案船舶,没必要单独另行规定出租船舶没收规则。也正因为如此,司法人员在能否推定以及如何推定出租人主观明知时就会更加慎重。

(三)船舶保管期限长、风险大、成本高

海上走私案件通常涉案人数众多,取证难度大,刑事诉讼周期长。与之相对应,涉案船舶扣押期间,通常保管期限长、难度大、司法成本高。具体体现在:一是长时间保管的船舶多。六年间,N 市海关缉私部门实际处置完毕的涉案船舶共计52 艘,平均扣押期限超过 18 个月,其中扣押期限超过一年的有 32 艘,超过两年的有 16 艘,超过四年的有 4 艘。二是保管费用高。船舶体积大,保管条件要求高,相应的保管成本也比较大,而且时间越长成本越大。仅 2018 年 10 月至 2021 年年末,N 市海关缉私部门支付的船舶保管费用就超过 2 000 万元。三是保管风险大。东南沿海地区具有周期性台风天气,部分船舶因吨位巨大,极少有船坞、码头适宜停放,锚地停泊难以保证安全,一旦脱管走锚,就存在触礁沉没或撞击其他船舶、桥梁、码头等重要设施的风险。本课题组调研发现,实践中已经出现一些涉案船舶在长期保管期间,受台风影响而导致船舶毁损的情况。

当然,如果司法机关最终能够没收、变卖涉案船舶,在一定程度上可以缓解司法成本。但如前所述,由于法律适用存在诸多困境,不少船舶最终未被判处没收,长期保管的大量费用却已经支出,司法成本昂贵。在已经处置完毕的扣押船舶中,共计 22 艘发还相关人员,其中有 8 艘是在法院裁判生效之后发还,而船舶实际扣押期限均已超过一年,最长扣押期限为 2 年 2 个月,8 艘船舶实际保管费用已超过100 万元。

（四）涉案船舶先行处置难

先行处置涉案船舶是降低保管风险、减少司法成本的有效途径，相关法律法规和规范性文件对此都有规定。根据目前相关规定，先行处置需要以权利人同意为前提。然而海上走私案件中船舶权属关系比较复杂，权利人不明确或部分权利人不同意的情形比较常见，导致大量船舶无法先行处置。在已经完成处置的52艘船舶中，先行处置24艘，占比46%，不足一半，其余均在判决之后才处置。而先行处置的24艘船舶中，14艘予以发还，9艘变卖，1艘拆解，发还比例超过半数。涉案船舶先行处置难主要体现在以下几方面：一是明显应当予以没收的船舶，相关权利人不同意先行处置。如前所述，先行处置通常需要征得权利人同意。然而，在实践中常常存在明显应当被没收的船舶，但权利人不同意先行拍卖、变卖，既导致船舶贬值，也徒增保管成本。二是共有船舶处置难。共有船舶由于涉及多方权利人，如何先行处置目前并无明确规定，实务中也有不同意见。一种意见认为，可以参照《中华人民共和国民法典》（以下简称《民法典》）的规定，经三分之二以上权利人同意即视为同意先行处置，但共有人之间另有约定的除外。① 另一种意见认为，只要有船舶权利人书面申请或者同意，即可启动先行拍卖、变卖。三是权利人不明时如何处置。对权利人明确的船舶，经权利人书面同意或者申请，可以先行变卖，但对于权利人不明确的船舶，是否可以先行处置，相关规定并不明确。从执法效果看，船舶长期停泊，易导致机械性能下降、价值贬损，且存在诸多安全风险，及时处置可以有效保障权利人的合法权益，但目前仍缺乏更高层级的法律依据。四是公告的方法、范围、期限无明确规定。《非设关地走私纪要》《公安机关办理刑事案件程序规定》等文件对无主财物处理的公告有所规定，但既不统一，也不明确。公告期限有长有短，公告方式、范围并未规范，比如是否必须在报纸上刊登还是在网络上发布；需要在报纸上刊登的，应当在哪一类报纸上刊登，等等。

三、海上走私涉案船舶常见类型与处置原则

（一）海上走私涉案船舶常见类型

船舶属于特殊动产，一方面具有流动性，另一方面又以登记取得物权对抗权利。② 船舶的这一特性，使得船舶所有与占有、所有权与经营权相分离成为常态，

---

① 《民法典》第三百零一条规定："处分共有的不动产或者动产以及对共有的不动产或者动产做重大修缮、变更性质或者用途的，应当经占份额三分之二以上的按份共有人或者全体共同共有人同意，但是共有人之间另有约定的除外。"
② 《海商法》第九条、《民法典》第二百二十五条。

给司法实践中认定涉案船舶是否属于"供犯罪所用的本人财物"带来诸多困扰。因此，有必要结合海上走私刑事案件的实际情况有针对性地对船舶权属形态做类型化分析，这也是判定涉案船舶是否应依法没收以及如何先行处置的事实基础。

1. 合规船舶与"三无"船舶

按是否持有有效船舶证书，涉案船舶可以区分为合规船舶与"三无"船舶。船舶从事海上运输生产作业，应依法持有各类有效证书，尤其是表征其具有航行许可的国籍证书，有经依法核准的具体船名，有注册登记的船籍港，并按规定予以标志。海上走私刑事案件中，涉及大量"三无"船舶。所谓"三无"船舶，是指无船名船号、无船舶证书、无船籍港的船舶。① 至于是否属于"三无"船舶，应通过鉴定确定。②

2. 有主船舶与无主船舶

按所有人是否明确，涉案船舶可以分为有主船舶与无主船舶。所谓"无主船舶"，是指所有人不明确的船舶，如无人主张所有权的"三无"船舶、注销登记后长期未重新办理登记的船舶，以及一些虚假登记的船舶等。

3. 中国籍船舶与其他船籍船舶

按船籍，涉案船舶可以分为中国籍船舶与其他船籍船舶。其他船籍船舶包括在外国以及我国港、澳、台地区注册登记的船舶，此类船籍的船舶会给船舶权属认定带来很多不便。

4. 登记所有船舶与实际所有船舶

按权属是否登记，涉案船舶可以分为登记所有船舶与实际所有船舶。船舶所有与占有、登记所有与实际所有相分离以挂靠和租赁最为常见。船舶挂靠是实践中常见的经营方式，在挂靠经营模式下，船舶登记所有人与实际所有人不一致，应当按照实际所有人进行判断。

5. 自有船舶与租赁船舶

在实践中，租赁船舶从事相关经营活动比较常见。船舶租赁包括光租、期租和航次租船，后两种租船方式船员均由出租人配备，也未导致船舶所有与占有分离，在认定是否属于"本人财物"问题上通常不会有歧义，只有在光租情形下，船员由承租人配备，船舶所有才会与占有分离。值得注意的是，行为人行为构成走私犯罪的，无论是船舶挂靠合同还是租赁合同，均有可能构成无效合同。在海上走私案件中，当事人经常以船舶租赁为借口，极力撇清走私人与船舶所有人之间的关系，但

---

① 参见《关于清理、取缔"三无"船舶的通告》(国函〔1994〕111号)。

② 参见海关总署、公安部、交通运输部、农业农村部、中国海警局联合制定的《"三无"船舶联合认定办法》。

由于实际操作中租赁手续不全，只有形式租赁合同甚至口头租赁约定，给真实权属关系的认定带来诸多困难。

6. 共有船舶与非共有船舶

按是否共有，涉案船舶可以分为共有船舶与非共有船舶。共有船舶的共有份额，同样可能存在虚假登记、借名登记现象，给船舶共有份额认定带来难度。同时，对于海上走私刑事案件涉案共有船舶，能否先行处置，是否判决没收，是没收船舶还是没收船舶共有份额（等价替代追缴并没收），也存在争议。

（二）海上走私涉案船舶处置原则

船舶通常价值巨大，保管时间一长，不但成本高，也容易快速贬值。无论是先行处置还是没收，都会对当事人的利益、司法成本等产生重大影响。对此，处置涉案船舶时应遵循三个基本原则：一是关联性原则，二是比例性原则，三是效率原则。

1. 关联性原则

关联性，是指判决没收的涉案财物须与犯罪行为有直接紧密联系。"判断关联性主要看财物是否与犯罪行为有直接联系，是否专门用于犯罪行为，是否多次用于犯罪行为。"[1]关联性具体标准包括目的性、直接性、经常性三个方面。[2] 一是目的性。对物品的获取、持有或使用是出于故意实施犯罪的目的，因此，过失或者偶尔使用的财物不具有此类目的性要件，不应作为犯罪工具没收。二是直接性。准备供犯罪使用或用于实施犯罪的物品，对犯罪行为的实施起到了直接的帮助、促进作用。三是经常性。即相关涉案财物多次、频繁被使用于实施犯罪。具体到海上走私，船舶是走私分子实施违法犯罪必不可少的工具，船舶的投入使用也对完成走私发挥了实质性的作用。而从实际案件统计情况看，上述 81 艘涉案船舶参与走私平均达 18 航次/艘，64% 的船舶超过 3 航次，最多的达到 103 航次。可见，在海上走私案件中，涉案船舶与走私犯罪行为都具有直接的关联性。

2. 比例性原则

所谓"比例性原则"，是指没收财物的价值应当与犯罪的社会危害性以及犯罪收益相当。对于供犯罪所用财物的没收，为防止没收过于严苛而失去合理性，很多国家都确立了相当性原则。例如，没收的财物价值远远超过违法所得或者犯罪对

---

① 贾佳：《〈刑法〉第六十四条刑事没收制度的理解与适用》，载《刑法论丛》2015 年第 4 卷。
② 参见最高人民法院执行局：《最高人民法院关于刑事裁判涉财产部分执行的若干规定理解与适用》，中国法制出版社 2017 年版，第 15-30 页。

象的总价值,即为不合理的没收。① 在绕关走私特别是海上走私中,通常大规模走私成品油、冻品、白糖、假冒卷烟等,一般偷逃应缴税额巨大或者特别巨大,多数情况下不会违反比例原则。但如果船舶、车辆在运输过程中夹带少量走私物品,或者第三人出租运输工具收取少量租金,其获利与运输工具价值明显不成比例,在把握没收条件时就应当慎重。

3. 效率原则

与普通涉案财物相比,船舶具有体积大、价值高等特性。与之相对应,涉案船舶被执法部门扣押后,如果一旦保管时间拖长,不但成本高、风险大,船舶性能会迅速降低,船舶也会快速贬值,既大大增加了执法办案风险,也不利于维护当事人合法权益。因此,效率原则也是涉案船舶处置中必须考虑的基本价值。

四、海上走私涉案船舶没收问题研究

(一) 没收涉案船舶的法律属性

首先,没收涉案船舶是一种使船舶的权利归属发生变化的实体性、终局性处分。不同于我国《刑法》第六十四条并列规定的追缴、退赔属于程序性强制措施,可以由侦查、审查起诉和审判机关在刑事诉讼各个阶段适用,②在海上走私刑事案件中,没收船舶的实质在于对船舶原有权属关系的否定,只能由人民法院决定。

其次,没收涉案船舶是一种刑法强制处理措施而非刑罚。我国《刑法》第六十四条规定在第四章"刑罚的具体运用"第一节"量刑"之下,而非在第三章"刑罚"中规定。可见,没收涉案船舶本身并非刑罚,而是一种刑法强制处理措施。③ 由于船舶所有与占有、使用经常处于分离状态,故没收船舶不以对船舶所有人定罪为前提,其本身不具有惩罚性,否则就很难解释存在没收不是"本人"的涉案财物的例外情形。

最后,没收涉案船舶与作为刑罚种类的没收财产不同。判决没收涉案财物与判决没收被告人个人财产,相同之处在于均具有否定相应财产原有权属关系的法律效果,但两者是不同的刑事法律制度。这种差异体现在:从性质上看,没收涉案财物是一种刑法强制处理措施,而没收财产则是一种刑罚;从对象上看,没收涉案

---

① 参见最高人民法院执行局:《最高人民法院关于刑事裁判涉财产部分执行的若干规定理解与适用》,中国法制出版社 2017 年版,第 15—30 页。

② 贾佳:《〈刑法〉第六十四条刑事没收制度的理解与适用》,载《刑法论丛》2015 年第 4 卷。

③ 对于没收涉案财物的法律属性,理论上存在多种不同的认识,主要有强制措施说、刑罚说、保安处分说和独立的刑事实体处罚措施说。参见林前枢、林毅高:《作案工具的认定和处理》,载《人民司法·案例》2019 年第 29 期。

财物的对象与犯罪行为本身有一定关系，即具有违禁性或者被用于犯罪，没收财产的对象则是犯罪分子的合法财产；从惩罚性上看，没收涉案财物不具有直接的惩罚性，是以处理为目的，而没收财产则是以惩罚为目的。

（二）没收涉案船舶的法定条件

如何理解和把握海上走私运输工具（主要是船舶）的没收条件，是司法实践中涉案财物处置最棘手的问题之一。根据我国现行法律，没收涉案运输工具的规定主要有以下三类：一是我国《刑法》第六十四条，即供犯罪所用的本人财物，应当予以没收。对此，犯罪嫌疑人、被告人所有的、用于走私的涉案船舶、车辆等运输工具，应当予以没收。二是《非设关地走私纪要》第五条规定，对"三无"船舶，无法提供有效证书的船舶、车辆，依法予以没收、收缴或者移交主管机关依法处置。三是行为人明知他人实施走私犯罪而提供自己所有的犯罪工具，可以依法予以没收，这也体现在《非设关地走私纪要》第五条中。

对于犯罪嫌疑人、被告人所有的涉案船舶，没收条件比较容易把握。但从司法实践看，用于海上走私的大量船舶属于犯罪嫌疑人、被告人以外的第三人所有，或者在名义上为第三人所有，但真实权属关系难以查清。对此，相关规定确立了第三人所有的涉案财物没收规则，这一规则与犯罪人所有的涉案财物没收规则有一定区别。要准确理解上述规则，需要从以下两方面来把握：

第一，合理区分第三人善意提供财物与恶意提供财物。刑法兼具打击和预防犯罪与保障人权双重功能，在对待海上走私涉案船舶处置问题上同样应体现上述两方面功能。从打击和预防违法犯罪的角度来讲，海上走私中船舶是必不可少的犯罪工具，船舶对于完成海上走私发挥了关键性作用，而没收涉案船舶旨在预防其再次被用于实施违法犯罪。同时，船舶属于价值较高的财物，行为人通常需要投入较大成本，通过没收用作作案的船舶，使得行为人为自己的走私犯罪付出沉重代价，对预防其本人或他人走私犯罪也能起到较好的震慑效果。而从保障人权的角度来讲，对涉案财物的没收原则上不能随意波及无辜第三人，因为没收财物本身虽非刑罚种类，但客观上剥夺当事人的财产，同样起到惩罚的效果，如果允许刑事惩罚的后果随意殃及第三人，显然有违现代刑事法治中罪责自负的基本原则。

当然，没收涉案船舶不波及第三人的前提在于行为人是善意的、无辜的，换言之，其并不知道自己所有的船舶被他人恶意用于从事走私等违法犯罪活动。反之，如果船舶所有人主观上明知他人将船舶用于违法犯罪活动，仍然主动提供或者放任、默认他人利用其船舶从事上述活动，那么其已经不再是善意第三人，而应当为自己不负责任的行为付出必要的代价。① 因此,"如果第三人存在过错,即第三人清楚地知道其财物被他人用以犯罪而放任,或者对此虽不知情,但并未慎重地管理其财物,在这种情况下应当没收"。②

第二,合理区分第三人主观明知(恶意提供)与事前通谋。我国《刑法》第一百五十六条规定:"与走私罪犯通谋,为其提供贷款、资金、账号、发票、证明,或者为其提供运输、保管、邮寄或者其他方便的,以走私罪的共犯论处。"《最高人民法院、最高人民检察院、海关总署关于办理走私刑事案件适用法律若干问题的意见》(简称《走私案件意见》)第十五条进一步规定,对明知他人从事走私活动而为其提供各种方便的,属于事前通谋。可见,第三人主观上明知他人实施走私犯罪仍然出租、出借船舶的,该第三人很可能构成走私共犯。而一旦将第三人认定为走私共犯,则对涉案船舶的处理完全可以直接按我国《刑法》第六十四条"供犯罪使用的本人财物"相关规则进行没收,没必要单独确立第三人所有的涉案财物没收规则。

为破解上述矛盾,本课题组认为应合理区分第三人单纯主观明知(恶意提供)与共同犯罪中的事前通谋。首先,二者的具体内容不同。"通谋"是主动的、积极的行为,各行为人基于相互沟通、共同谋划所形成的共同故意内容,或者围绕犯罪行为进行商议、策划、分工,相互支持,相互配合,积极推动犯罪结果的实现。而单纯"明知"则是相对被动、消极的行为,只能是"知",不存在相互沟通、参与谋划、主动配合等情形,其主要表现可以较通俗地概括为"我知你为何,但你是你的,我是我的"这种形态。③ 其次,二者明知的程度不同。主观明知与事前通谋的共性在于都对他人从事违法犯罪活动有一定程度的了解。但在提供船舶供他人用于走私的场合,如果认定为共同走私中的事前通谋,要求提供者在事前(提供船舶之前)就明知他人是为了走私犯罪,而且与对方达成高度默契,互相配合,一方利用船舶走私,另一方以收取租金等形式积极介入走私收益的分配中。如果只是单纯明知,则不仅限于明知用于走私,还包括明知可能用于走私或其他违法犯罪活动;不仅限于提供船舶当时明知,还包括提供船舶之后因长期疏于管理,有合理理由应当知道会

---

① 许多国家的刑事立法都将明知自己的财物被用于犯罪或对自己的财物疏于履行谨慎管理义务的第三人财物也纳入没收范围,如德国、法国、荷兰、日本等。《联合国反腐败公约》规定,没收的对象是"用于或者拟用于根据本公约确立的犯罪的财产、设备或者其他工具",没有把没收犯罪工具的范围限定于"本人所有的财物"。美国法律则规定,对于"用于犯罪或拟用于犯罪之物"予以没收是原则,只有在物主能证明自己属于"无辜物主"时才得以免于被没收;"无辜物主"必须符合"既没有卷入犯罪行为,又尽了一切合理的努力去阻止犯罪行为人对其财产的使用"。参见王晓岚、焦小倩:《论犯罪工具的认定及处理》,载人民法院网地方法院专栏,2016年3月28日,来源:https://www.chinacourt.org/article/detail/2016/03/id/1829680.shtml。

② 王书剑、宋立宵:《犯罪工具的认定与没收》,载《中国检察官》2020年第10期。

③ 参见周国良、须璐、田娟、王林生:《"走私洗钱犯罪法律适用问题研讨会"研讨观点综述》,载《中国检察官》2021年第22期。

被用于实施违法活动。

如前所述，对登记所有人或者实际所有人明知他人实施走私犯罪而出租的船舶，依法予以没收。从实践来看，核心问题在于如何认定出租人主观明知。对此，《非设关地走私纪要》第五条进一步规定了五种情形，在一定程度上降低了第三人主观明知的认定难度。然而，如前文所述，这些规定可操作性仍然不强，作为推定主观明知的基础事实在司法实践中很少见，或者很难查证，或者对于如何适用容易产生分歧。总体而言，司法实践中实际没收第三人所有的船舶很少见，其根源在于第三人主观明知的证明难度很大。对此，应适当放宽第三人主观明知的证明标准，可以适用民事诉讼中的优势证据原则和高度盖然性原则，而不适用定罪处罚中排除合理怀疑的证明标准。[①] 例如，同一船舶在一定时间段内多次参与海上走私的，一般可以推定船舶所有人（包括登记所有人、实际所有人、出租人）"明知"该船舶被用于走私等违法犯罪活动，但有证据证明确属被蒙骗或者有其他相反证据的除外。

以载重4万余吨某外籍母船走私成品油案为例，船东公司位于东南亚某国，该母船长期从境外满载成品油后开至东海海域，过驳给国内中小型油船走私入境。案发后，侦查机关扣押该母船，经查证，涉案母船长时间被用于走私成品油，船舶航行轨迹明显不合理，且多人同时在船东公司、船舶管理公司或供油公司担任公司高管，船东方无法合理解释，其应当知道船舶被用于走私。一审法院判处没收该船，二审法院维持原判。本案，就是适用民事诉讼中的优势证据原则和高度盖然性原则，推定船东主观明知。

（三）完善涉案船舶没收制度"两法"衔接问题

根据《中华人民共和国海关法》（以下简称《海关法》）、《中华人民共和国海关行政处罚实施条例》相关规定，专门用于走私的运输工具或者2年内3次以上用于走私的运输工具，应当予以没收。[②] 换言之，走私行政案件中没收涉案运输工具不考虑其归属问题或第三人的主观明知问题，这显然比我国《刑法》有关运输工具没

[①] 段凰、石魏：《涉案财产处置虚化之现状分析及应对思路》，载《人民司法》2021年第19期。另参见《浙江省委政法委、浙江省高级人民法院、浙江省人民检察院、浙江省公安厅、浙江省财政厅、刑事诉讼涉案财物取证管理处置工作指引》（浙公通字〔2021〕67号）第三条，该条规定："涉案财物的证明标准，除系犯罪事实的组成部分外，采用高度盖然性标准。除有相反证据外，具有高度可能属于违法所得及其他涉案财物的，一般应当认定为违法所得及其他涉案财物。"

[②] 《海关法》第八十二条第二款规定："有前款所列行为之一，尚不构成犯罪的，由海关没收走私货物、物品及违法所得，可以并处罚款；专门或者多次用于掩护走私的货物、物品，专门或者多次用于走私的运输工具，予以没收。"《海关行政处罚实施条例》第九条第二款规定："专门用于走私的运输工具或者用于掩护走私的货物、物品，2年内3次以上用于走私的运输工具或者用于掩护走私的货物、物品，应当予以没收。"

收条件的规定更为宽松。那么,在刑事判决没有对涉案走私运输工具做出处理时,能否再行启动行政程序,依据上述行政规范予以没收?

对此,最高人民法院曾做过两个答复,但意见并不统一。《最高人民法院关于海关执法机关对刑事裁判未予处理的不属于罪犯本人的用于走私的运输工具能否做出行政处理的答复》规定:"人民法院生效刑事裁判对不属于罪犯本人所有但被用于走私的运输工具没有做出处理的,海关执法机关可以依照《海关法》和《中华人民共和国海关行政处罚实施条例》的有关规定进行处理。"而《最高人民法院关于走私犯罪案件法院未判决没收的走私运输工具海关能否没收意见的复函》则认为:"对随案移送的进入刑事诉讼程序的查封、扣押、冻结的财物及其孳息,除违禁品或者不宜长期保存的物品,应当依照国家有关规定处理外,须经人民法院判决才能做出处理,对人民法院未判决处理的,有关单位不得自行处理。因此,对扣押的走私犯罪工具,应当由人民法院依法判决处理,不宜再适用《中华人民共和国海关行政处罚实施条例》做出处罚。"

针对上述不同规定,本课题组认为,后者的处理方式更为合理。刑事诉讼过程中,刑事判决不仅应当对犯罪行为本身做出评价,而且应当对在案的涉案财物一并做出评价。没收是对涉案财物的实体性处分,当刑事判决中没有没收涉案财物时,不仅说明其不符合刑事没收条件,也说明该财物能否没收已经在刑事程序中被评价过,此时就不应当将涉案财物的处置单独剥离出来重新回流到行政程序中予以没收,否则刑事司法的终极效力就会被架空。当然,如此处理也可能会导致实体上对涉案走私运输工具处置的失衡:同样是专门用于走私或者 2 年内 3 次以上用于走私的运输工具,在对轻微走私行为处理时(行政程序),该运输工具必定会被没收;而对更严重的走私犯罪处理时(刑事程序),该运输工具很可能就不会被没收。这种处理结果显然是不合理的,也违背了基本的公平原则。

对此,本课题组认为,在刑事程序中处理用于走私的运输工具时,可以直接援引行政法(《海关法》《中华人民共和国海关行政处罚实施条例》等)上有关涉案运输工具没收条件的相关规定。换言之,专门用于走私犯罪或者 2 年内 3 次以上用于走私犯罪的运输工具,应当在刑事程序中直接予以没收,而无须另行启动行政没收程序。这符合行政犯的处理原则,也符合举轻以明重的法律解释原理。

走私犯罪是典型的行政犯,具有二次违法性特征。在走私犯罪法律适用中,无论是走私行为的认定、走私对象的解释,还是犯罪数额的计算,都高度依赖于海关行政法律规范。那么,在刑事程序中判断运输工具是否符合没收条件时,同样可以根据海关行政法律规范进行评判。事实上,对于在刑事程序中直接没收涉案"三无"船舶,目前已经普遍达成共识。尽管 2019 年下发的《非设关地走私纪要》对没收"三无"船舶已经做出规定,但是在我国《刑法》中却找不到直接依据,而最早却要追溯到 1994 年的行政规范。① 因此，既然在刑事程序中处理"三无"船舶时，可以适用相关行政规范直接予以没收；那么，在刑事程序中处理专门用于走私或者 2 年内 3 次以上用于走私的运输工具（包括船舶）时，当然也可以适用相关行政规范予以没收。况且从法律规范的层级上看，有关"三无"船舶的没收规则仅仅规定在国务院及其部委一般性规范文件中，而有关专门用于走私或者 2 年内 3 次以上用于走私的运输工具的没收规则是规定在法律、行政规章中，②显然后者法律效力更高，在刑事程序中也更有适用的理由。

相比于行政处罚，刑事处理更为严厉。根据举轻以明重的法律解释原理，对于同样情形的涉案运输工具（即专门用于走私或者 2 年内 3 次以上用于走私的运输工具），既然在行政程序中应当予以没收，那么在刑事程序中就更有理由予以没收。这样才不会导致涉案运输工具实体处理的失衡，也不至于陷入同一违法情形且已经被刑事评价后又重新回流到行政程序的尴尬境地。

五、海上走私涉案船舶先行处置问题研究

（一）涉案船舶先行处置的必要性

涉案财物的先行处置，是指执法司法机关在诉讼程序终结前对容易毁损、价值易于贬损等涉案财物，通过拍卖、变卖等方式予以提前处置的措施。最高人民检察院和公安部于 2017 年 11 月 24 日联合下发的《关于公安机关办理经济犯罪案件的若干规定》第四十六条对涉案财物先行处置做了原则性规定，即"除法律法规和规范性文件另有规定以外，公安机关不得在诉讼程序终结之前处置涉案财物"。可见，从一般刑事案件看，涉案财物先行处置是例外。本课题组认为，海上走私涉案船舶就应当属于这种例外情形。换言之，在海上走私案件中，对涉案船舶应当以先行处置作为原则，以长期保管作为例外。

从海上走私案件自身特点看，通常真实权属关系查明难，或者需要查明真实权属关系的时间较长，而且海上走私案件实际诉讼期限也往往很长，短则数月，长则一两年甚至更长。涉案船舶如果不及时先行处置，保管期限也就不得不依附于案件本身的诉讼期限。然而，船舶长时间保管不但成本大，面临台风等各类风险，也容易导致船舶机械性能下降，以及快速贬值。对于办案机关而言，成本过高；对于

---

① 详见国务院于 1994 年 10 月 16 日以《"三无"船舶通告的批复》[国函（1994）111 号文] 转发《农业部、公安部、交通部、国家工商行政管理局、海关总署关于清理、取缔"三无"船舶的通告》。该通告第二条规定："对停靠在港口的'三无'船舶，应禁止其离港，予以没收。"第三条规定："对海上航行、停泊的'三无'船舶，一经查获，一律没收。"

② 即《海关法》和《中华人民共和国海关行政处罚实施条例》。

当事人、船舶所有人而言,也不利于维护其财产利益。没收是对船舶的实体性、终局性处分,直接剥夺当事人的财产性利益。与之不同,先行处置则是对财物的程序性处分,旨在将有形的财物(船舶)通过拍卖、变卖等手续,转化为现金等财产或财产性凭证,这种转化不但最大限度地保全了原有物品应有的财产价值,而且通过先行处置,让符合法定条件的船舶合法进入市场,也能最大限度地发挥其使用价值。通过先行处置保全财产价值,至于财产价值最终如何处理,需要取决于法院的最终判决。如果判决没收的,依法上交国库;判决发还或者没有判决没收的,依法退还相关权利人。

(二)涉案船舶先行处置的法定条件

对于刑事涉案财物的先行处置,《中华人民共和国刑事诉讼法》(以下简称《刑事诉讼法》)和有关司法解释、规范性文件中均有规定。《刑事诉讼法》第二百四十五条规定,对违禁品或者不宜长期保存的物品,应当依照国家有关规定处理。最高人民法院《关于适用〈中华人民共和国刑事诉讼法〉的解释》(以下简称《刑事诉讼法解释》)第十六章"查封、扣押、冻结财物及其处理"进一步细化,但相关规定仍然比较原则。为规范刑事诉讼涉案财物处置工作,中共中央办公厅、国务院办公厅于2015年1月24日下发《关于进一步规范刑事诉讼涉案财物处置工作的意见》(以下简称《"两办"财物处置意见》)。该意见第七条规定,对易贬值的汽车、船艇等物品,经权利人同意或者申请,并经县级以上公安机关、国家安全机关、人民检察院或者人民法院主要负责人批准,可以依法出售、变现或者先行变卖、拍卖。《非设关地走私纪要》结合海上走私案件特点,对涉案财物的处置程序、方式等也做出类似规定。根据上述规定,对涉案船舶、车辆等财物的先行处置需要以权利人同意或申请为前提,先行处置所得价款暂予保存,待诉讼终结后一并依法处理;同时在先行处置过程中还应当固定证据和留存样本,以备诉讼过程中使用。

将权利人同意或申请作为对涉案财物先行处置的前提条件,有利于保障权利人合法权益。但实践中对于明显应当予以没收的涉案财物(如犯罪嫌疑人多次用于走私的本人船舶),如果权利人不同意先行处置,不但保管成本大、风险高,而且长期不处理也会导致财物贬值,也不利于维护当事人合法权益。与上述规定不同,2021年颁布实施的《海警法》放宽了涉案财物先行处置的法定条件。该法第六十一条规定,符合下列条件之一的货物、物品,经市级海警局以上海警机构负责人批准,可以先行依法拍卖或者变卖并通知所有人,所有人不明确的,通知其他当事人:(一)成品油等危险品;(二)鲜活、易腐、易失效等不宜长期保存的;(三)长期不使用容易导致机械性能下降、价值贬损的车辆、船舶等;(四)体量巨大难以保管的;(五)所有人申请先行拍卖或者变卖的。换言之,按照我国《海警法》规定,当事人申请或同意只是涉案财物先行处置的充分条件而非必要条件。本课题组认为，这一规定更为合理，有利于提升涉案财物先行处置的效率，最大限度保全财产价值，更能实现先行处置的制度功能，值得借鉴、推广。

拍卖、变卖是先行处置的通常形式。对于那些符合没收条件的涉案船舶，或者对船舶最终如何处理存有争议的涉案船舶，尽可能通过提前拍卖、变卖等方式保存财物价值，符合海上走私案件的特性。当然，如果明确属于"三无"船舶的，可以在诉讼终结前由有关机关依法予以拆解，在最后法院裁判中予以确认。而对于明显不符合没收、拆解条件的涉案船舶，依法需要返还相关人员的，也应当在固定案件证据、查明相关事实后及时返还，没必要长期保管徒增司法成本。

(三)完善涉案船舶先行处置制度的几点思考

1.共有船舶的先行处置问题

关于共有船舶的先行处置，目前存在两种观点：一种观点认为，经三分之二以上权利人同意方可先行处置，另一种观点认为，经任何一个权利人同意即可先行处置。本课题组认为，后一种观点更为可取，理由在于：第一，经权利人申请或同意对船舶进行先行处置，符合相关司法解释和纪要等规定。第二，船舶长期不使用容易导致机械性能下降、价值贬损，先行处置在扣船舶能及时有效保护相关权利人的合法利益。第三，在权利人较多的情况下，如果征询所有权利人意见，不仅费时长而且在许多时候难以实现，比如部分权利人在境外无法联系或权利人本身即是在逃犯罪嫌疑人，将损害其他权利人的合法权益，影响处置效率和效果。第四，先行处置是刑事案件中财产保值的一种手段，不同于财产的处分、分割，对于该保值手段可能产生的不利后果，可由相关权利人自行解决。

2.关于权利人不明船舶的先行处置问题

对于权利人不明船舶能否先行处置，相关法律、司法解释等规定并未明确，所带来的问题同样是因船舶长期停泊，导致机械性能下降、价值贬损，且存在诸多安全风险和费用负担。本课题组认为，这里面主要涉及两个问题：一是执法依据，二是处置方式。从执法依据看，《财政部罚没财物管理办法》规定，长期不使用容易导致机械性能下降、价值贬损的车辆、船艇、电子产品等物品，以及有效期即将届满的汇票、本票、支票等，在确定为罚没财物前，权利人不明确的，可以依法公告，公告期满后仍没有权利人同意或者申请的，可以依法先行处置，先行处置所得款项按照涉案现金管理。同时，从我国《海警法》第六十一条"所有人不明确的，通知其他当事人"的规定来看，先行拍卖或者变卖措施包括了船舶权利人不明的情形。此外，司法实践中，海事法院在审理多个申请认定海上财产无主案件中，根据申请人的申请依照《中华人民共和国海事诉讼特别程序法》（以下简称《海诉法》）的相关规定先行处置了涉案船舶和船载货物，①上述做法可以引入海上走私案件涉案船舶的处理中来。由此可见，对于权利人不明的船舶，先行处置既有一定的执法依据，也有利于船舶保值减损。从处置方式方法看，如果海上走私案件由海警机构侦查，对权利人不明的船舶需要先行处置的，可按《海警法》第六十一条规定执行；案件由海关缉私局等其他侦查机关侦办的，可以根据《财政部罚没财物管理办法》，经公告后先行处置。至于公告期限，从平衡权利人权利保障和船舶保管等因素综合考虑，可参照《非设关地走私纪要》确定为 3 个月。②

3. 涉案船舶先行处置中海事法院的参与问题

海事法院作为专门法院，扣押和拍卖船舶具有相对丰富的经验和成熟做法。海诉法》第四十三条规定："执行程序中拍卖被扣押船舶清偿债务的，可以参照本节有关规定。"《最高人民法院关于适用〈中华人民共和国海事特别程序法〉若干问题的解释》第十五条规定："地方人民法院为执行生效法律文书需要扣押和拍卖船舶的，应当委托船籍港所在地或者船舶所在地的海事法院执行。"上述规定，可以理解为包括了对刑事案件涉案船舶的执行。因此，在海上走私案件涉案船舶处置过程中，可以由受理刑事案件的人民法院委托相关海事法院进行拍卖，有法可依。③ 值得注意的是，上述规定中委托海事法院拍卖船舶的是受理刑事案件的人民法院，而未包括海关缉私部门、海警机构和公诉机关等其他办案机关。案件侦查或审查起诉阶段需要先行处置船舶的，在符合先行处置实体条件的情况下，可以通过进一步完善相关规则，委托海事法院对涉案船舶进行先行处置，由海事法院依据《海诉法》的规定先行拍卖、变卖涉案船舶，并保留价款。

4. 涉案船舶处理中第三人的参与问题

在海上走私涉案船舶处置过程中，如何保障利害关系人的救济权利也是一个需要引起高度重视的问题。这里所指的"利害关系人"主要是船舶登记所有与实际所有、船舶所有与经营占有相分离情形下的船舶登记所有人、挂靠人或被挂靠人、出租人等对船舶具有物权利益的刑事案件第三人。我国刑事立法缺乏对第三

---

① 《海诉法》第二十九条规定："船舶扣押期间届满，被请求人不提供担保，而且船舶不宜继续扣押的，海事请求人可以在提起诉讼或者申请仲裁后，向扣押船舶的海事法院申请拍卖船舶。"申请认定海上财产无主案件中，申请人并非财产权利人，而是利害关系人，包括查扣机关、发现或保管所有人不明财产的单位或自然人。参见吴胜顺、吴霞：《认定海上财产无主程序的法治价值及其制度完善——兼论"三无"船舶治理背景下无人认领海上财产的处置》，载《中国海商法研究》2020 年第 1 期。

② 该先行处置公告不同于无主船舶认领公告，两者目的、内容、功能均不同，期限也可以有所不同。先行处置侧重于效率和保值，期限缩短，而公告认领更侧重于对权利人的权益保障，期限相对要长，故无论是我国《民诉法》还是《刑事诉讼法》，都规定为 1 年。

③ 参见宁波海事法院(2020)浙 72 执保 372 号裁定书。

人提出异议的方式、期限、诉讼权利的具体规定,第三人也缺乏参与刑事诉讼的路径,权利救济渠道狭窄。① 根据《中华人民共和国刑事诉讼法解释》(以下简称《刑事诉讼法解释》)第二百七十九条规定,"必要时,可以通知案外人出庭",但由于刑事诉讼程序主要是对"人"而设,而判决没收涉案财物本身并非刑罚,程序上具有对"物"诉讼的性质,案外人参与庭审仍有许多问题值得研究。② 本课题组认为,在目前情况下,结合我国《刑事诉讼法》《刑事诉讼法解释》和《"两办"财物处置意见》,为保障涉案船舶利害关系人诉讼权利,可以采取以下几项措施:一是办案机关应当告知利害关系人有提出异议、提供证据、申请参加诉讼参与庭审等的诉讼权利;二是办案机关应当听取利害关系人对涉案船舶处置的意见,可以是庭外听取,也可以是在庭审过程中听取;三是在必要时,通知利害关系人出庭;四是利害关系人如果出庭的,其就涉案船舶的处置享有相应的诉讼权利,尤其是举证、质证和辩论的权利。

六、结语

在海上走私案件涉案船舶处置过程中,存在船舶真实权属关系查明难,船舶出租人主观明知认定难,案发后船舶先行处置难,长期保管风险大、成本高,以及判决没收认定标准不统一的诸多问题。在刑事诉讼中,应坚持关联性原则、比例性原则和效率原则,针对海上走私中涉案船舶权属关系特性,进一步完善第三人所有的涉案船舶没收规则,合理区分第三人善意提供财物与恶意提供财物以及第三人主观明知与事前通谋,并可以直接援引行政法上有关涉案运输工具没收条件的相关规定。对涉案船舶应当以先行处置为原则,以长期保管为例外,我国《海警法》规定当事人申请或同意只是涉案财物先行处置的充分条件而非必要条件,这一规定更具有合理性,值得推广、借鉴。在海事审判"三合一"改革背景下,可以尝试引入海事法院参与到涉案船舶处置程序中来,并充分保障相关利害关系人的合法权益。

(获浙江省第十一届海洋经济发展法治论坛优秀奖;原载于《世界海运》2022年第 8 期)

---

① 段凰、石魏:《涉案财产处置虚化之现状分析及应对思路》,载《人民司法》2021 年第 19 期。
② 同①。

"一带一路"背景下国际海事争议解决机制实证研究

——以诉讼、仲裁为切入点

宁波海事法院、中国海事仲裁委员会(浙江)自由贸易试验区仲裁中心联合课题组①

【内容摘要】我国现有的国际海事争议解决机制的发展和相对弱势的国际司法话语权与我国海洋经济快速发展水平和国际贸易地位严重不匹配,外国当事人很少选择中国进行海事争议解决,而中国当事人的合法权益在国际海事争议解决中难以得到有效保障。本文以诉讼、仲裁为切入点,对比国内外海事争议解决机制的问题和特点,分析了探索构建我国海事争议解决机制存在的问题和原因,提出以四个一体化建设,系统整合司法、仲裁、行政、行业和学界力量,完善规则,统一标准,便利路径,提高效率,探索出一条具有中国特色的国际海事争议解决机制的建设思路,切实保障国内外当事人的合法权益,强化我国国际海事争议解决司法话语权,为"一带一路"建设的健康稳定发展提供坚实的法制保障。

党的十八大提出建设海洋强国战略,对于推动经济持续健康发展,维护国家主权、安全和发展利益,实现中华民族伟大复兴的中国梦具有重大而深远的意义。党的十八届五中全会进一步提出要壮大海洋经济,拓展蓝色经济空间,对海事审判工作提出新要求。然而我国国际海事司法的发展相对滞后于我国海洋经济发展步伐,一方面,国际海事司法话语权与我国在全球贸易中的地位不够匹配,外国当事人很少选择中国法院管辖或者来中国仲裁;另一方面,我国当事人在国际海事争议中的合法权益难以得到有效保障。随着"一带一路"建设的深入发展,研究和建立一套行之有效、系统完善,具有中国特色的国际海事争议解决机制的必要性和紧迫

---

① 课题主持人:唐学兵,宁波海事法院院长。课题组成员:胡建新,宁波海事法院审判委员会专职委员;张辉,宁波海事法院研究室主任;刘啸晨,宁波海事法院办公室副主任;吕辉志,宁波海事法院员额法官;夏淇波(主笔人),宁波海事法院法官助理;李涛,宁波海事法院法官助理;黄晨亮,中国海事仲裁委员会(浙江)自由贸易试验区仲裁中心副秘书长;陈迅,中国海事仲裁委员会(浙江)自由贸易试验区仲裁中心案件经办人。

性愈发凸显。

一、国际海事争议解决机制建设的必要性研究

（一）贯彻落实国家战略和维护国家海洋权益的需要

习近平法治思想明确了"坚持统筹推进国内法治和涉外法治"的重要内涵，深入领会和贯彻"坚持统筹推进国内法治和涉外法治"的核心要义，加强国际海事争议解决机制建设，将更好地维护我国主权、安全、发展利益，推进全球治理变革，推动构建人类命运共同体。在2015年的最高人民法院专题会议上，最高人民法院院长周强强调："要紧紧围绕海洋强国战略和'一带一路'倡议实施，以把我国建设成为具有较高国际影响力的国际海事司法中心为目标，全面加强新时期海事审判工作……要强化国家主权意识，依法对我国管辖海域内的各类海洋开发利用活动行使海事司法管辖权，积极宣示国家海洋司法主权，维护'蓝色国土'安全。"①

一方面，推进"一带一路"倡议需要海事司法护航。中国要实现建成具有国际竞争力的现代化海运体系的阶段性目标，并以此为基础向建设海运强国迈进②，离不开海事司法的服务和保障。随着"一带一路"倡议的推进，海上经济活动将更为频繁，海洋生态环境问题将更加突出，海事案件数量上升的趋势难以避免。在"一带一路"建设取得巨大成就的同时，必须注意防范相应的法律风险。如"一带一路"穿越国际地缘政治的"不稳定弧"，沿线国家的部分国家市场化水平低、政治体系脆弱、战争与安全风险高；部分国家不是WTO成员，对成熟国际规则的认同度低；20多个国家尚未和我国签订双边投资协定，国际投资保护覆盖面小；建设过程中曾出现斯里兰卡科伦坡港口、蒙古埃金高尔水电等海外工程承包项目被迫叫停的情况等。③ 如果没有一个良好的海事司法环境，没有坚强的海事司法权作为后盾，企业和投资者的利益将得不到充分保障，"一带一路"倡议的贯彻落实也必然大打折扣。2020年11月15日，全球最大的自由贸易协定——《区域全面经济伙伴关系协定》（RCEP）正式签署，它将成为中国在新时期构建更高水平开放型经济新体制的重要抓手，为中国形成新发展格局提供支撑。④ 伴随着RCEP的实施，更多的海事争议将随之而来，国际海事争议解决机制的研究建立越来越具有国家战

---

① 《周强主持最高人民法院专题会议强调 深入推进海事审判工作改革 努力建设具有影响力的国际海事司法中心》，载中国法院网 http://www.chinacourt.org/article/detail/2015/12/id/1762474.shtml，2022年8月13日访问。

② 国务院《关于促进海运业健康发展的若干意见》，国发〔2014〕32号。

③ 张勇健：《"一带一路"司法保障问题研究》，载《中国应用法学》2017年第1期。

④ 《中国对外贸易形势报告（2021年春季）》，载中华人民共和国商务部官网 http://zhs.mofcom.gov.cn/，2022年8月13日访问。

略意义层面的现实作用。

另一方面,我国海洋权益面临严峻的挑战。管辖地域、管辖案件的特殊性,使海事法院在维护宣示国家司法主权等方面具有特别重要意义。扩大乃至积极行使海事司法管辖权,通过司法积累主权证据是维护国家海洋权益的重要途径。① 建立国际争议解决机制,积极行使沿海国、港口国、船旗国司法管辖权,公正审理海洋开发利用、海上事故纠纷,对深入贯彻落实海洋强国战略,依法保护海洋权益,维护"蓝色国土"安全具有重要意义。

(二)国际海事司法基地建设的内在需要

国际海事司法基地建设源自于中国自身发展的需要,而国际海事争议解决机制建设则是国际海事司法基地建设的需要。自 2017—2019 年,最高人民法院分别设立国际海事司法上海、广州、浙江基地,共同推进国际海事司法基地建设,但具体建设工作,三家海事法院处于各自摸索阶段。海事司法基地建设尚无统一标准,但其内涵丰富,并不局限于海事司法领域已为共识。如果将其比作硬件机构建设,国际海事争议解决机制则是配套软件设施。"国际海事司法中心的定位意味着我国海事审判具有全球影响力,因获得世界海事海商领域的普遍认可成为国际海事海商纠纷争议解决中心。"②建设国际海事司法基地,既是一项长期性工作,也是一项系统性工程,需要形成一套系统完善、行之有效的国际海事争议解决机制,汇聚海事审判、仲裁机构、海事行政机关、海事相关行业、海商法学界,以及其他社会各界的力量,共同建设,共同推动,走向世界。

(三)我国海洋经济发展的现实需求

现阶段我国已经发展成为世界第二大经济体、第一大货物贸易国和海运大国。我国港口吞吐量、集装箱吞吐总量以及造船总量连续多年保持世界第一,国际海运量已占全世界国际海运量的 1/3。国际航运中心向中国转移趋势加快,但是,中国海运硬实力的增长并未同时带来软实力的增加。③

1. 海洋经济总体运行平稳,保持韧性和活力

2021 年,我国海洋经济总量再上新台阶,首次突破 9 万亿元,达 90 385 亿元,

---

① 张文广:《迈向海事司法强国》,载中国法学网 http://www.iolaw.org.cn/showArticle.aspx? id = 5214,2022 年 8 月 13 日访问。

② 王淑梅:《打造国际海事司法中心 助推海洋强国建设 全面加强海事审判正当其时》,载《人民法院报》2018 年 8 月 2 日第 5 版。

③ 南京海事法院:《海事司法服务保障经济高质量发展研究——以国际海事司法中心建设为视角》,载《人民司法》2020 年第 13 期。

比上年增长 8.3%,高于国民经济增速 0.2 个百分点,对民经济增长的贡献率为 8.0%,占沿海地区生产总值的比重为 15.0%,比上年增长 0.1 个百分点。我国主要海洋产业增加值 34 050 亿元,比上年增长 10.0%,产业结构进一步优化,发展潜力与韧性彰显。海洋电力业、海水利用业和海洋生物医药业等新兴产业增势持续扩大,滨海旅游业实现恢复性增长。海洋交通运输业和海洋船舶工业等传统产业呈现较快增长态势①。

2. 对外贸易稳中提升,贸易大国地位更加巩固

自 2016 年以来,中国对外贸易持续发展,进口和出口总额持续增长。2020 年,面对严峻复杂的国际形势,特别是新冠肺炎疫情的严重冲击,中国实现外贸逆势增长(好于预期),给世界经济贸易复苏带来了支撑和信心。中国在保障国内抗疫需求的基础上尽己所能向 200 多个国家和地区出口防疫物资,为全球抗疫斗争做出了重要贡献。中国货物进口占国际市场份额创历史最高水平,比重由 2015 年的 10% 提升至 2020 年的 11.5%,以自身超大规模市场成为全球经贸的"稳定器"。2021 年前 10 个月,中国货物进出口总额为 31.7 万亿元,同比增长 22.2%。其中,出口 17.5 万亿元,增长 22.5%;进口 14.2 万亿元,增长 21.8%;顺差 3.3 万亿元,扩大 22.1%。外贸进出口、出口、进口增速均为 10 年来同期新高。与 2019 年同期相比,进出口、出口、进口分别增长 23.6%、25.1% 和 21.8%②。

3. 航运业稳步发展

2021 年年末全国港口拥有万吨级及以上泊位 2 659 个,比上年增加 67 个。其中,沿海港口万吨级及以上泊位 2 207 个,比上年增加 69 个。全国港口完成集装箱吞吐量呈持续增长态势。2020 年受新冠肺炎疫情影响,集装箱吞吐量承压发展,完成吞吐量 2.64 亿 TEU,同比增速 1.2%,而至 2021 年,完成吞吐量 2.827 亿 TEU,同比增速 7.0%,增速明显,其间曾一度出现一箱难求的情况③。

二、国际海事争议解决现状研究

传统国际海事争议解决主要是诉讼和仲裁两种方式,也是本文研究的切入点。近年来调解逐渐从两者中独立出来,有独立发展成为第三路径的趋势,将在后续部

① 《2021 年中国海洋经济统计公报》,载中华人民共和国自然资源部官网 http://gi. mnr. gov. cn,2022 年 8 月 13 日访问。

② 《中国对外贸易形势报告(2021 年秋季)》,载中华人民共和国商务部官网 http://zhs. mofcom. gov. cn/,2022 年 8 月 13 日访问。

③ 《2017—2021 年交通运输行业发展统计公报》,载中华人民共和国交通运输部官网 https://xxgk. mot. gov. cn,2022 年 8 月 13 日访问。

分进行探讨。

(一)国际海事争议解决现状分析

国际上,海事司法的重心呈现出"新老"争辉的两极格局。一方面,伦敦作为西方国家海事航运代表,其航运业经历了几百年的发展沉淀,百年来稳居海事司法中心的地位。另一方面,以新加坡为代表的新兴海运国家和地区正奋起追赶。经过近几十年在航运海事事业上的努力,新加坡已然成为东亚地区海事司法中心。对英国伦敦、新加坡和中国香港等国家和地区的国际海事争议解决现状的分析研究对于我们更好地发现自身问题和不足,取长补短,实现后来居上、弯道超车具有现实意义。

1. 英国海事争议解决情况与优势

英国伦敦的仲裁机构主要有伦敦国际仲裁法院(The London Court of International Arbitration, LCIA)和伦敦海事仲裁员协会(London Maritime Arbitrators Association, LMAA)。从全球范围来看,大约 80% 的国际海事仲裁皆以伦敦为仲裁地,其中 LMAA 是首屈一指的国际海事仲裁中心①。自 2017 年至 2021 年,LCIA 共受理海事仲裁案件 1 814 件②,而 LMAA 共受理海事仲裁案件 8 245 件(详见图1)③。

单位:件

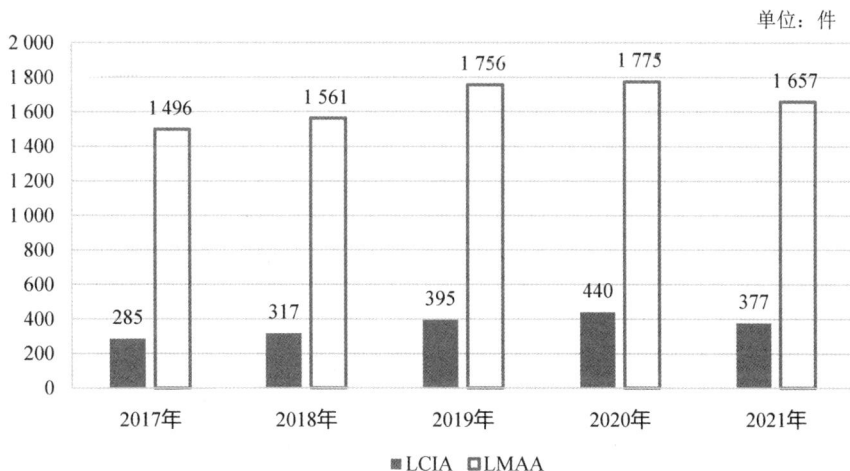

图1 英国仲裁机构 2017—2021 年受理海事仲裁案件情况

---

① 邝仁彦:《伦敦海事仲裁员协会何以独树一帜》,载国际船舶网 http://www. eworldship. com/html/2019/person_character_0612/150173. html,2022 年 8 月 13 日访问。

② LCIA 2017—2021 ANNUAL CASEWORK REPORT, https://www.lcia.org/.

③ LMAA Statistics Calculation 2017—2021, https://lmaa.london/.

值得注意的是,LMAA 基于临时仲裁程序启动的花费成本较低,指定费用为 350 英镑①,很多案件当事人把提起仲裁作为一种谈判手段,而非必须经历全部仲裁程序最终得到仲裁裁决。

伦敦之所以能长期在国际海事司法中占据核心地位,主要源于以下几大优势:

(1)悠久的航运业发展历史。发达的国际航运服务业是伦敦能成为并延续其国际海事司法中心地位的最根本的原因。作为世界航运中心,英国汇聚着众多国际航运组织总部、国际性银行、保险公司和其他金融机构,航运服务业发达。几百年的发展累积,使其具有其他国家难以比拟的海事司法底蕴和先发优势。

(2)高效权威的机构设置。1960 年 2 月 12 日,由波罗的海交易所认可的仲裁员(The Baltic Exchange Approved Arbitrators)创立了 LMAA,标志着英国海事仲裁逐步步入正轨。协会以其权威性、公信力在海事仲裁领域逐渐壮大。发展至今,伦敦仲裁条款已是众多船东在签订航运合同时的首选,也是国际航运业主要格式合同默认的仲裁选择。在成立初期,LMAA 只有全职会员(Full Member),1972 年增加支持会员(Supporting Member)。来自全球各海事领域的"全职会员"和"支持会员"两类仲裁员的组成既保证了海事仲裁工作的专业性,又促进了仲裁过程和结果的公平性。

(3)精细完备的海事立法。英国仲裁法自 17 世纪首次立法以来,多次进行自我完善和补充,并吸收国际先进立法,完成了仲裁法法典化的进程,保障了英国海事仲裁制度的发展与完善。② 英国 1996 年《仲裁法》(Arbitration Act 1996)和 2010 年《仲裁法》(苏格兰)[The Arbitration (Scotland) Act 2010]规定了仲裁和替代性纠纷解决机制的框架,阐明了裁决的强制执行方式及申请撤销裁决的法定事由,并明确了法院的有限干预原则和仲裁员享有更多的自由裁量权的相关规定,使其解纷程序更具灵活性和有效性。司法机构和法院系统也为仲裁和替代性纠纷解决机构的良好运作提供了重要支持。

(4)丰富的海事人才资源。伦敦拥有众多知名的国际仲裁机构和跨国律师事务所,有一大批能够为国际海事纠纷提供优质高效法律服务的仲裁员和海事律师。伦敦的世界著名学府如牛津大学、剑桥大学等,能够源源不断地为伦敦国际海事司法中心建设输送优秀人才。其专业的纠纷解决组织、仲裁员和调解员、专家证人以及提供专业咨询和辩护的国际律师事务所和大律师都对案件涉及的相关问题较为熟悉,具备相关专业技能。

---

① 参见 LMAA 官网 https://lmaa.london/fees/,2022 年 8 月 13 日访问。
② 司玉琢、初北平、李垒:《我国海事仲裁的发展目标、困境及对策》,载《商事仲裁与调解》2020 年第 1 期。

2. 新加坡仲裁机构海事案件受理情况与优势

新加坡地处亚欧航道连接点,长期以来作为其经济支柱的海运贸易为新加坡积累了丰富的商贸经验,为商事与海事仲裁在新加坡的蓬勃发展奠定了重要的行业基础。2012 年,波罗的海国际航运公会(The Baltic and International Maritime Council,BIMCO)将新加坡列为其标准争端解决条款中的三大正式仲裁地之一,使新加坡成为与伦敦、纽约并驾齐驱的国际海事仲裁中心。

新加坡国际仲裁中心(Singapore International Arbitration Centre,SIAC)成立于1991 年。在实践中由于其地理位置的优势,许多亚洲当事人会将 SIAC 作为首选仲裁机构。受到近年来贸仲总分会之争和部分当事人对中国香港仲裁信心的动摇,根据 SIAC 历年的数据显示,来自中国的当事人在使用 SIAC 进行争议解决的数量上近年来也得到持续增长,长期位列 SIAC 排名前十,是 SIAC 外国用户的第二名。SIAC 现如今已成为与伦敦海事仲裁员协会、纽约海事仲裁员协会并立的三足之鼎。自 2017 年至 2021 年,SIAC 共受理案件 2 882 件。其中 2020 年受理案件1 080 件,首次突破 1 000 个案件的门槛,同比增长 125%,创下 SIAC 成立以来的最高纪录。2021 年又回落至 469 件,其中海事类案件 50 件(详见图 2)①。

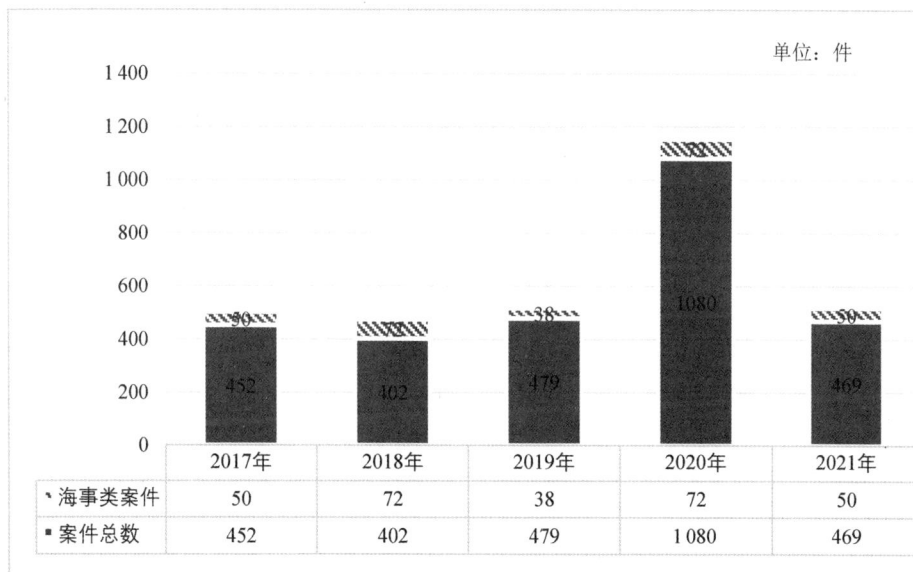

	2017年	2018年	2019年	2020年	2021年
海事类案件	50	72	38	72	50
案件总数	452	402	479	1 080	469

图 2　2017—2021 年 SIAC 案件受理情况

---

① SIAC ANNUAL REPORT 2017—2021,https://www.siac.org.sg/.

新加坡海事仲裁院（Singapore Chamber of Maritime Arbitration，SCMA）成立于2004年。但自2009年成为独立于SIAC的有限担保公司后，它便不再审理海事仲裁案件，仅为当事人提供仲裁员名单的选择，旨在推动海事从业者选择新加坡仲裁，为海事仲裁提供方便快捷的争议解决服务，促进海运业的整体发展。自2017年至2021年，SCMA共受理案件215件。2017年受理38件，其中海事类案件30件；2018年受理56件，未标注各类案件占比；2019年受理41件，其中海事类案件35件；2020年受理43件，其中货物买卖类案件占7%，船舶建造类案件占9.3%，燃料油加注案件占11.6%，租船合同案件占65.1%，其他案件占7%；2021年受理37件，其中船舶经营类案件占8.3%，集装箱服务、碰撞、货物买卖类等案件共占13.9%，燃料油加注案件占22.2%，租船合同案件占55.6%（详见图3）①。

单位：件

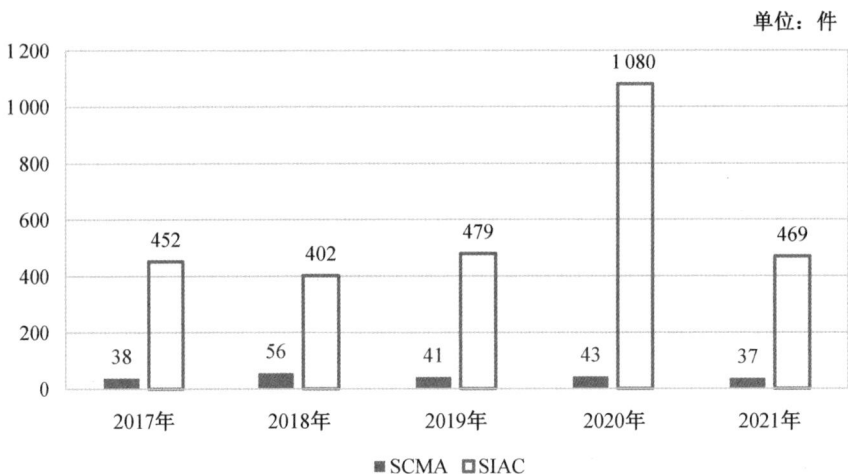

图3　新加坡仲裁机构2017—2021年案件受理情况

新加坡的仲裁行业快速发展得益于以下优势：

（1）政府全方位统筹规划。为统筹海事规划，1996年新加坡政府成立了海运与港口管理局（MPA），专门负责监管港口和海运服务，又于2004年成立了新加坡海事基金会，专门致力于促进航运业多部门合作、建立公私领域协作关系。新加坡政府出台了各项针对企业、人才的特殊优惠政策，如对外籍仲裁员提供最长时间为60天的工作准证豁免，对报酬提供免税待遇；又如对外籍船舶适用"特许国际航运企业计划"（AIS），在10年内享受合格航运收入的税收豁免，成功争取到许多主要

---

①　SCMA 2017—2021 Year in Review, https://scma.org.sg/.

的国际航运企业落户新加坡、投资设立运营中心的机会。

（2）立法和司法大力支持。新加坡于 1995 年出台的国际仲裁法的内容兼容普通法与大陆法系统，被视为建设海事仲裁中心进程中具有标志性的最初一步。新加坡法院将对海事仲裁的支持明确视为政策性目标，对仲裁提供最大化的支持与最小化的干预。SCMA 自 2009 年重组后，具有更高的独立性，相较伦敦在经济、便捷、高效等方面的优势更为突出。

（3）广泛参与国际海事事务。新加坡是国际海事组织（IMO）、国际航运公会（ICS）、BIMCO 等国际主要海事组织的核心成员。新加坡还积极举办各类具有影响力的国际性会议，吸引了各大主要航运企业参与，其对国际事务的积极参与极大地提高了新加坡海事业的知名度与影响力。

（4）快捷、经济、灵活的仲裁服务。SIAC 仲裁程序具有快捷、经济以及灵活的特点。SIAC 仲裁规则（SIAC Rules）最新修订于 2016 年，含有合并仲裁、多份合同仲裁和加速紧急仲裁程序等规则，为当事人提供便捷高效的服务。针对大多数海事争议数额小的特点，SIAC 还规定了小额索赔程序。SIAC 也是首个引入早期驳回程序的主要商事仲裁机构。早期驳回程序是指当事人可基于以下理由向仲裁庭申请早期驳回仲裁申请或答辩：仲裁申请或答辩明显缺乏法律依据，或者仲裁申请或答辩明显超过仲裁庭的管辖范围。该程序可以显著节省时间和费用。

3. 中国香港仲裁机构海事案件受理情况与优势

2020 年，继伦敦、纽约、新加坡后，中国香港成为第四个被 BIMCO 指定的仲裁地。香港国际仲裁中心（Hongkong International Arbitration Centre, HKIAC）成立于 1985 年，由中国香港商界领军人物及专业人士建立，其目的是满足亚太地区的商务仲裁的需要，同时也为中国内地当事人和外国当事人之间的经济争端提供"第三地"的仲裁服务。自 2017 年至 2021 年，HKIAC 共受理案件 2 552 件，其中仲裁案件 1 465 件，海事类案件 375 件（详见图 4）①。

香港仲裁业背靠中国内地，具有独特优势：

（1）享有中国内地司法力量的强力支持。由于中国内地和中国香港签署了《最高人民法院关于内地与香港特别行政区相互执行仲裁裁决的安排》《关于内地与香港特别行政区法院就仲裁程序相互协助保全的安排》，中国内地为香港的仲裁提供了强有力的司法和执法支持，HKIAC 仲裁裁决的执行在中国内地的执行力较高，并且易于进行财产保全。在所有国际仲裁机构中，HKIAC 拥有最多的涉及中国当事人的案件，同时在 HKIAC 的仲裁中，中国内地法院可以采取临时措施。HKIAC 仲裁裁决的执行在中国内地保持着极佳的纪录。过去七年（2015 年至

---

① 数据来源于 HKIAC 官网 https://www.hkiac.org/about-us/statistics，2022 年 8 月 13 日访问。

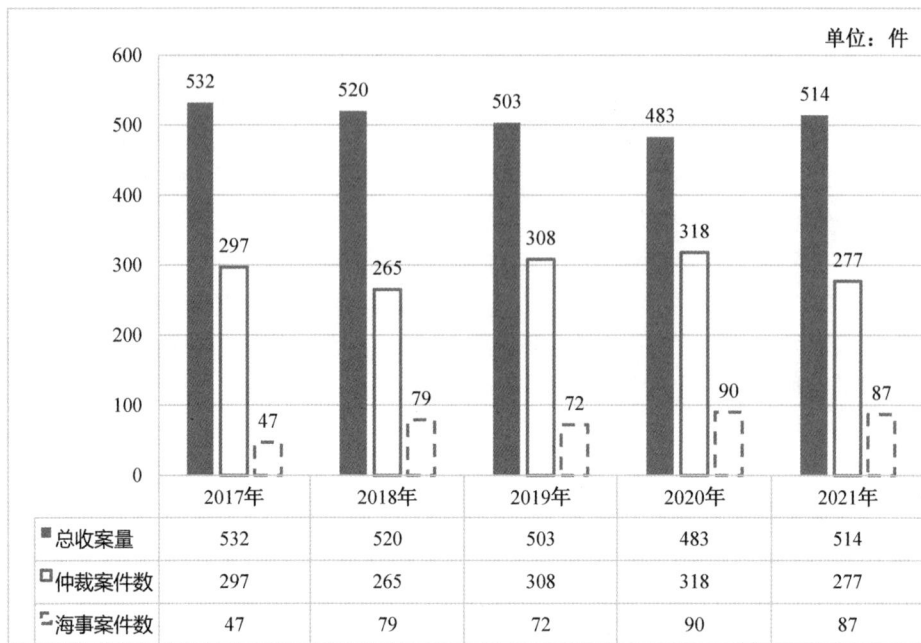

	2017年	2018年	2019年	2020年	2021年
■总收案量	532	520	503	483	514
□仲裁案件数	297	265	308	318	277
┊海事案件数	47	79	72	90	87

图4　中国香港仲裁机构2017—2021年案件受理情况

今），中国内地法院只拒绝执行过一项 HKIAC 仲裁裁决。①

（2）科学管理，高效经济。《2018 年香港国际仲裁中心机构仲裁规则》（以下简称《HKIAC 规则》）规定了将上传文件至安全的在线储存系统作为文件送达的一种有效方式。同时，有关追加当事人、合并仲裁程序以及可在多个合同下启动单一程序等的全面规定使 HKIAC 能更高效、经济地处理涉及多个当事人或多个合同的仲裁案件。

（3）规则完善，程序灵活。HKIAC 提供了一系列内容丰富、程序完善、保障措施全面的仲裁规则，如紧急仲裁员程序，方便当事人在仲裁程序中申请可执行的紧急临时救济。在海事仲裁领域，HKIAC 于 2002 年 2 月设立了专门的海事仲裁组（Hong Kong Maritime Arbitration Group, HKMAG）作为旗下的一个分支机构。此外，该仲裁组还引入了适用于小标的争议的小额索赔程序和不需要进行开庭审理争议的书面仲裁程序。在立法支持上，2011 年 6 月 1 日生效的《香港仲裁条例》系亚洲首部基于 2006 年版《联合国贸易法委员会国际商事仲裁示范法》，并于2013 年进行了重要修订，明确和全面保障仲裁程序、裁决、相关法院程序及判决的

---

① 中国香港国际仲裁中心官网 https://www.hkiac.org/，2022 年 8 月 13 日访问。

保密性,为 HKIAC 提供了强有力的支持,例如规定调解制度和临时仲裁制度相结合、法院的有限监督和临时仲裁庭的责任机制等。

(4)具有人才和地缘优势。HKIAC 在香港、上海和首尔设有办事处,办事处由来自不同背景和司法管辖区的个人组成。这些成员具有大陆法系和普通法系司法管辖区的资格,并且会说多种语言。同时中国香港毗邻内地,对中国内地的商业、监管和法律环境都有深入了解,HKIAC 案件可以用中文、英文或双语处理,故在涉及中国当事人的争议中,HKIAC 也享有特别的优势。

(二)我国大陆地区(除港澳台外)海事争议解决现状分析

1. 我国地区(除港澳台外)涉外海事诉讼案件受理情况

自 2017 年 1 月 1 日至 2021 年 12 月 31 日,全国(除港澳台外)共受理涉外海事诉讼案件 8 157 件(详见图5)①。虽然我国大陆地区(除港澳台外)受理涉外案件数量总体上呈上升趋势,但是其中由外国当事人事先约定或主动选择中国法院管辖的案件数量不多。以宁波海事法院为例,自 2017 年至 2021 年共受理涉外案件 488 件,外方当事人协议选择中国法院管辖的案件却不足 10 件。

单位:件

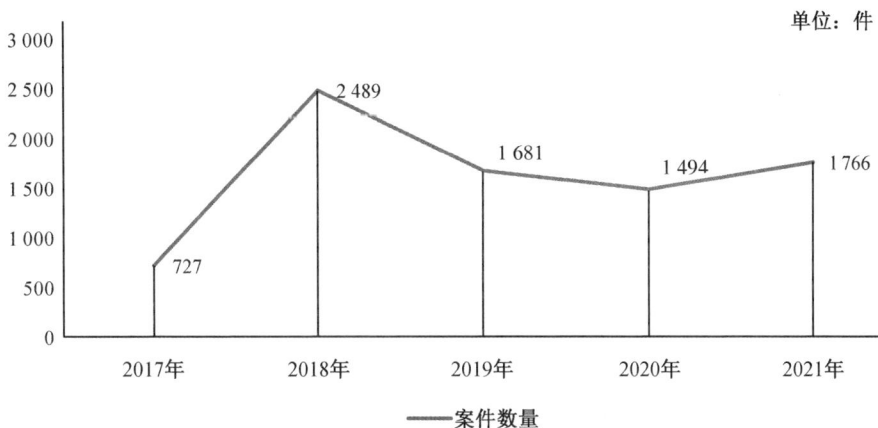

图 5 2017—2021 年全国(除港澳台外)涉外海事诉讼案件受理情况

2. 我国大陆地区(除港澳台外)涉外海事仲裁案件受理情况

从能够查询到的受案统计情况来看,虽然一些机构也可以受理海事海商纠纷,如上海仲裁委员会(上海国际航运仲裁院)、上海国际经济贸易仲裁委员会(上海

---

① 数据来源于中国海事审判网(内网) http://192. 1. 44. 167:8080/hsfyjcsn/hssp/html/index/summer/common/login. do? action=logout,2022 年 8 月 13 日访问。

国际仲裁中心)、厦门仲裁委员会(东南国际航运仲裁院)、大连仲裁委员会(大连国际航运仲裁院)、广州仲裁委员会(广州国际航运仲裁院)等仲裁机构,但大多数的海事类仲裁案件由中国海事仲裁委员会受理,故选取中国海事仲裁委员会数据作为我国大陆海事仲裁案件数据样本进行研究。

自 2017 年至 2021 年,中国海事仲裁委员会共受理案件 424 件,其中涉外案件共 181 件,涉外率约为 42.69%(详见图 6)①。

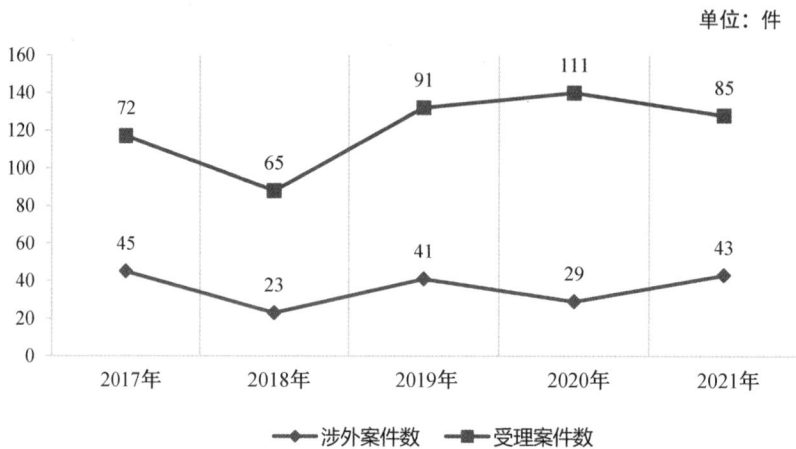

图 6　中国海事仲裁委员会 2017—2021 年案件受理情况

总体而言,我国是海事争议大国,大量海事争议为海事仲裁的发展提供了深厚的土壤,目前我国已成为世界上设立海事审判机构最多、受理海事案件数量最多的国家,但我国(除港澳台外)国际海事仲裁发展还处于发展阶段,在国际上的话语权较小,案件受理数量尚不及我国香港地区,也远不及其他主要海事仲裁国家,如新加坡、英国等。要将海事争议转化为海事仲裁的实际案源,仍需相当一段时间的培养。

不过正如海事法院一样,海事仲裁机构的受案量并非越多越好。通过诸如与法院合作,进行基层诉源治理等放大职能的工作,把更多争议通过人工智能和仲裁前调解进行解决,维护社会稳定,消弭社会矛盾,优化营商环境是仲裁机构的长期目标,追求短期的受案量增长并不可取。

(三)中国企业在国际海事争议中的合法权益保护——以伦敦仲裁为切入点

随着中国企业深度嵌入全球产业链和供应链中,中国企业面临的海事纠纷日趋增多。本课题组分析了 2000 年以来伦敦仲裁涉及中国企业案例、最高人民法院

---

① 数据来源于中国海事仲裁委员会官网 http://www.cmac.org.cn,2022 年 8 月 13 日访问。

发布的伦敦仲裁裁定效力认定案件情况,分析了伦敦仲裁与中国企业及中国法院之间的关系。这些案例主要呈现以下特点:

1. 中国企业在走出去的过程中多选择适用英国法和伦敦仲裁

在国际航运实践中,不管是英、美等老牌航运国家,还是海事新兴国家,在选择争议规则上,企业一般均认可英国法和伦敦仲裁模式。通过典型合同格式范本辅之以贴合行业实践的案例,使得整个航运市场习惯性接受英国法规则,其中包含被动接受、无意识选择和惯性选择。即便是具有国有企业背景的企业,在从事国际交易的过程中,因为行业惯例也往往选择英国法仲裁。

2. 中国企业在伦敦仲裁机制中缺乏权益保障

从结果来看,中国企业在伦敦仲裁上不具有优势,甚至是遭遇"不友好"。以造船合同为例,自 2000 年至 2014 年,本课题组未查询到中国造船行业在伦敦仲裁中的胜诉记录。而其他类型纠纷也少有胜诉。已知仅有的造船合同纠纷胜诉案例均为大型国有造船厂或其下属船厂,民营企业在造船纠纷伦敦仲裁也几无胜诉记录。

3. 中国法院对外国海事仲裁的认可度高

总体上,中国法院对外国仲裁裁决的认可度高,且呈上升趋势,从 2001 年至 2015 年中国法院共受理申请承认和执行外国仲裁裁决的案例共 90 件,其中法院裁定不予承认和执行的案例共 30 件;而从 2016 年至 2020 年,中国法院受理申请承认和执行外国仲裁裁决的案例数量则达到 104 件,法院裁定不予承认和执行的案例仅有 8 件,承认和执行率高达 92.3%。① 尤其对于伦敦仲裁,拒绝承认和执行屈指可数。如 2004 年的塞浦路斯瓦塞斯航运有限公司与中国粮油饲料有限公司等伦敦仲裁案,2006 年的美景公司与广东省深圳市粮食集团有限公司伦敦仲裁案,2008 年的马绍尔群岛第一投资公司与福建省马尾造船股份有限公司、福建省船舶工业集团伦敦仲裁案等,皆因违反程序性规定而被中国法院裁定不予承认和执行。除此之外,2000 年以来,被中国法院承认与执行成了伦敦海事仲裁的常态。

从中国企业在伦敦海事仲裁的现状和中国法院对伦敦仲裁的承认与执行两个角度来分析,中国企业在国际海事纠纷仲裁中处于明显的弱势地位,缺乏符合中国国情、具有中国特色的国际海事争议解决机制的权益保护。

---

① 杜越、贡正:《近 20 年 194 个案例! 大数据分析我国法院对外国仲裁裁决的承认和执行情况》,载微信公众号"国际贸易与金融法律研究",2020 年 7 月 30 日访问。

三、我国国际海事争议解决机制建设面临的问题分析

（一）我国海事争议解决机制自身存在不足

1. 涉外海事诉讼中存在的问题

（1）海事司法的国际影响力和公信力不足。尽管中国海事法院每年审结的海事海商案件数量已连续多年位居世界第一，但具有国际影响力并影响国际规则制定的海事裁判并不多，中国法院做出的判决和裁定被国外法院引用的情况也是凤毛麟角。2012年，广州海事法院发出的一宗海事强制令裁定，才首次被英国王座法院的法官在判决中引用，并被载入《劳氏法律报告》的中国法院做出的裁定。[①]

（2）涉外海事案件审判周期较长。涉外海事案件在审理周期上往往较一般民事案件审理时限更长，一是因为涉外案件的审限没有具体的硬性规定；二是实践中，随着海事案件数量的快速增长，中国海事法院面临案多人少矛盾日渐突出；三是涉外案件审理过程相对复杂；四是涉外案件的程序在设置上和实践中过于严格。仅送达程序一项就常常需要近一年之久，若送达不成功，以公告方式送达也比一般民事案件的1个月公告送达期耗时更久。

（3）涉外海事案件裁判文书质量不够高。涉外海事裁判文书中逻辑严密、合法完备的程序表达，体现了现代司法程序公正理念的必然要求，也是涉外海事案件的独特性对其裁判文书程序价值的要求。实践中，涉外海事案件裁判文书制作存在不少问题，如：文书中对案件审理程序记录不完整、质证过程记录不详细；事实表述不够准确；释法说理不够，不能以理服人；对判决所依据的法条引用不够准确全面等。[②]

（4）外国法查明和适用的困难。关于外国法的查明，1988年最高人民法院《关于贯彻执行中华人民共和国民法通则若干问题的意见（试行）》首次在民商事领域对外国法查明途径问题上进行细化，并涵盖了多项查明外国法的方法，但是，在司法实践中，各法院对其的理解有差异，裁决结果有可能会截然不同，反而给法官在审理具体案件时对由谁查明和提供外国法，产生了是否要穷尽该五种外国法查明途径方能认定外国法无法查明的疑惑。之后，经过不断完善发展，直至2013年1月7日起施行的《最高人民法院关于适用〈中华人民共和国涉外民事关系法律适用法〉若干问题的解释（一）》，对于外国法的查明责任逐步从完全由当事人举

---

① 林劲标、杨慧：《广州海事法院一裁定被英国法院引用》，载《人民法院报》2012年4月11日。
② 参见党德强：《涉外海事裁判文书规范路径探析》，载《汕头大学学报》（人文社会科学版）2019年第3期。

证或完全由法官依职权查证的做法转变为将查证外国法的责任在当事人与法官之间分配,主要为当事人提供外国法和法院依职权查明两种方式。

受核实困难、要件缺失、谨慎态度和适用难度大等各种因素影响,法院在审理涉外案件中很少适用外国法,或是倾向于将查明责任分配给当事人。以宁波海事法院为例,自2011年至2018年,宁波海事法院共审理涉外案件2 176件,涉外案件判决结案数为603件,其中适用外国法裁判案件为14件,外国法适用率仅为2.32%。①

2. 涉外海事仲裁中存在的问题

(1)专职海事仲裁员的人员较少,经费保障不足。不同于LMAA临时仲裁中由当事人约定仲裁员报酬,国内的海事仲裁案中仲裁员报酬除非当事人另有约定,一般由机构支付。仲裁费用的使用分配主要包括两部分,即支付仲裁员的办案报酬和维持仲裁机构的日常营运及发展。我国的仲裁机构包括中国海事仲裁委员会,虽然将仲裁费用分为案件受理费和案件处理费,但是实际给予仲裁员的办案报酬是从该两笔费用中混合支出,并未将其从仲裁费用中单独分列。而海事仲裁对仲裁员的专业性要求很高,机构聘用的仲裁员在其领域都颇有建树。一般处理仲裁案件的报酬很难比得上仲裁员本职工作所得。同时,海事类仲裁案件大多案情复杂但标的额较小,仲裁员往往是花费颇多精力理案裁案,最后收入却不成正比。因此,目前我国海事仲裁员绝大多数为兼职,在机构设置和人员配备上存在力量不足的情况。

(2)整体仲裁质量有待提升。我国仲裁机构分布较为分散且数量繁多,专业水平参差不齐,受案范围有时超出自身能力,各地区仲裁机构的裁决甚至出现了同类案件不同裁决的情况,对于我国仲裁的整体公信力水平造成不良影响,不利于提升国际影响力及与国外海事仲裁机构竞争。

(3)我国的海事仲裁机构行政化色彩较浓。在机构定位上,我国的海事仲裁机构多数为行政性事业单位;在人员状况上,仲裁机构主任多由行政部门领导担任,来自行政机关的委员比例过高,常设办事机构负责人由行政部门人员兼职现象比较普遍;在财政状况上,主要依赖行政拨款,没有做到机构自身收支平衡,财务管理体系不灵活;在业务状况上,推广仲裁需要借助行政权力与手段进行推广。

(二)司法、仲裁等国际海事争议解决机制缺乏有效整合

国际海事争议解决的途径主要包括诉讼、仲裁和调解等。不同的争议解决手

---

① 胡建新、徐嘉婧、王连生、李书芹:《关于外国法查明及适用问题的调查分析》,载《中国海商法研究》2019年第1期。

段各有优势,相互补充。但目前,我国司法、仲裁和调解等各种争议解决手段都在各自领域努力探索涉外案件的解决思路,尚处于分散用力的状态,未能进行系统性的规范整合,各种争议解决方式之间不但未能有效衔接形成 1+1+1>3 的合力,有时甚至还存在制约掣肘的情况,如:立法对仲裁协议有效性规定要求过高;司法对仲裁协议有效性采取严格解释;诉仲衔接和诉调衔接机制建设不完善等。

(三)海事司法事业发展缺乏合力

不同于新加坡由政府统筹规划,并全力支持海事司法事业的发展,我国的海事司法事业主要靠法院和仲裁机构在法律范畴内推动发展,缺乏政府层面的统筹规划和社会层面全方位的协作支持。而海事争议的源头往往起始于交易之初,等到争议解决阶段,我国当事人常常已处于非常被动的境地。

1.国际贸易交往未形成行业合力

一方面,我国企业的法律意识不足,对产品和服务关注多,对合同条款的权利义务重视不够,往往容易忽略纠纷解决方式的博弈谈判。有些国内企业在国际贸易交往中,仍存在惯性思维,认为国外的海事争议解决机制更优、更好、更具公信力,会主动选择外国为争议解决地。

另一方面,我国企业的协作意识不够。在国际贸易交往中注重竞争,缺乏协作,未能形成组织或团体,以及获取优势交易地位。在"买方市场"环境下,零散的个体(作为卖方)在国际贸易往来的合同谈判过程中,相对处于比较弱势的地位;在纠纷解决方式的选择上,往往只能就买方意见,作为买方的外国公司多是选择有利于自身权益保障的纠纷解决地。

2.海事司法尚未凝聚社会合力

原有国际海事争议解决秩序固化严重,新兴海事国家海事司法话语权难以取得发展空间。如 BIMCO 在其标准合同中将新加坡、中国香港、伦敦、纽约列为亚洲、欧洲和美洲的国际航运仲裁地,其中伦敦一直占据着市场 68% 以上的份额。另一方面,实践中买方直接使用的各类比较知名的格式合同,均为西方国家所创设,这些格式条款中载明的纠纷解决方式也多在国外。我国国际海事争议解决机制的发展必须打破原有秩序和惯性,但仅靠法院和仲裁机构在法律领域的推动却显得力不从心。我国政府、企业、学界、行业组织、海事律师等社会各界尚未形成共识与合力,从而有意识、有规划、有目的地共同推动符合我国实际的国际海事争议解决机制的构建和发展。

(四)海事人才队伍建设有待进一步加强

我国急需加快高素质海事人才队伍建设。我国在涉外法律人才培养方面起步较晚,存在不平衡、不充分问题,"供给侧"与"需求侧"失衡的结构性矛盾较为突出,理论与实践、培养与使用脱节的情况也较为严重。自 1984 年海事法院成立以来,海事法律人才队伍高速成长,但涉外海事法律人才比例极低,熟悉国内国际法律、通晓至少一门外国语的涉外海事法官、律师和仲裁员等,无论是数量还是质量都远远不能满足需要。具有国际一流水平、在重要国际岗位的海事人才以及有国际影响力的国际法智库存在明显短板。海事法律实务部门与相关教育机构和智库缺乏交流,学界对涉外海事法律工作的智力支持未能得到充分发挥,人才培养未能充分对接。相关配套政策和制度尚待健全。运用国际法的意识也存在较大差距,很多场合仍处于被动应对而非主动引领。①

四、构建国际海事争议解决机制的建议——四个一体化建设

海事司法事业是国家事业。海事争议解决机制应立足于国家战略高度,不能仅靠法院和仲裁机构单打独斗,而应该借鉴新加坡经验,由政府全方位统筹规划,从立法、司法到行政,从法院、仲裁机构、政府机关到院校和社会团体等,全方位一体化共同推进海事司法事业的发展,同时要不断创新探索,找到自身的特色和优势,建设一套具有中国特色的国际海事争议解决机制。

(一)规则体系整合完善一体化

构建规范统一的规则体系是建设国际海事争议解决机制的一项重要举措,只有通过完善国内立法,衔接国际公约规则,对接海事仲裁,实现国际争议解决规则体系整合完善一体化,才能适应国家海洋发展战略新要求、增强国际海事争议解决中国话语权。

1. 国际规则体系的落实与搭建

(1)支持保障落实《纽约公约》

国际海事仲裁作为解决国际海事纠纷的手段日益重要,仲裁裁决能否得到承认和执行,直接关系到案件当事人的切身利益,也会影响国际海事仲裁和航运贸易的发展,《纽约公约》作为效率最高和对国际经济贸易发展最有影响的国际公约之一,受到了普遍的欢迎和良好的执行。因此,推进完善国际海事仲裁立法,为落实《纽约公约》提供更加充分的法律保证显得尤为重要。

(2)完善外国法查明与适用制度

为应对外国法查明方法规定的不足,应积极拓展外国法查明的途径,加快建立外国法律专家库和外国法文本库(判例库)。通过与高校签订合作协议,建立涉外

① 参见黄惠康:《从战略高度推进高素质涉外法律人才队伍建设》,载《国际法研究》2020 年第 3 期。

民商事审判中委托法律专家查明外国法机制，探索借助高校力量解决查询难题。如 2015 年年初，最高人民法院民四庭与中国政法大学共同建立外国法查明研究基地。针对性制定相应的国内实施机制，落实双边司法协助条约中关于提供和交换法律资料的合作机制。借鉴欧美国家的合理经验，采用开放列举模式，充分吸纳各种有效的外国法查明方法，完善相关程序规则，最终建立一个模式开放、方法多元、程序规范的外国法查明方法规则体系。[①] 同时，加强涉外法官专业技能的培训、发布指导性案例促进司法统一，提升法官对审理外国法查明案件的规则意识，主动依职权提出适用外国法，与当事人举证证明相结合，根据外国法来源的种类明确优先适用效力的顺序。

（3）推动国际司法协作机制落实

构建公正、高效、便利的"一带一路"纠纷解决机制，需要沿线各国通力合作，共商共建共享，推动国际法治前行。最高人民法院在《关于人民法院为"一带一路"建设提供司法服务和保障的若干意见》中已经明确："要在沿线一些国家尚未与我国缔结司法协助协定的情况下，根据国际司法合作交流意向、对方国家承诺将给予我国司法互惠等情况，可以考虑由我国法院先行给予对方国家当事人司法协助，积极促成形成互惠关系，积极倡导并逐步扩大国际司法协助范围。"

针对"一带一路"沿线国家参与国际司法协助、国际规则制定的程度不同，必须树立正确的义利观，推动国际司法协助规则的统一化发展。严格遵守相关国际条约义务，与其他国家一道，积极推动国际司法协助，倡议建立互惠互利、切实有效的判决承认和执行机制，努力为国际海事争议解决提供有力司法保障。2015 年以来，最高人民法院与英国、葡萄牙、澳大利亚、韩国、越南、阿塞拜疆、贝宁、秘鲁、玻利维亚 9 个国家最高人民法院签署双边司法合作谅解备忘录或合作换文，如《苏州共识》《乌镇共识》等；以推动《关于外国船舶司法出售及其承认的国际公约草案》（简称《北京草案》）公约化为契机，积极主导和参与有关司法协助的国际条约公约谈判和规则制定，不断扩大国际司法协助覆盖面，完善"中国标准"，形成"中国模式"。

2. 探索完善仲裁制度和规则

（1）适当放宽海事仲裁协议认定标准

参照国际立法和实践，适当放宽对仲裁协议效力认定和形式要件的要求，对《中华人民共和国仲裁法》（以下简称《仲裁法》）第十六条的规定应做修改，删除对仲裁事项和仲裁机构的要求，规定仲裁协议的生效应具备提交仲裁的意思表示和书面形式两个要件。关于仲裁协议中可能缺少的其他事项，如仲裁机构等，可以

[①] 李建忠：《论我国外国法查明方法规定的重构》，载《法律科学》2019 年第 1 期。

由当事人进一步协商补充。

（2）探索引入临时海事仲裁制度

探索引入临时仲裁制度，吸引更多中外当事人选择中国仲裁机构。如根据国际仲裁界的通行做法，修改《仲裁法》第十六条的规定，可以在条文"选定的仲裁委员会"后加入"或明确的仲裁地点"，在原先机构仲裁条文的基础上承认临时仲裁。从立法层面为仲裁制度提供更大可能和市场空间，将更多案源引入中国，将中国仲裁机构推向世界。

（3）尝试赋予海事仲裁庭更多权力

赋予海事仲裁庭更多的权力，是扩大当事人自主权的体现，同时也会提高案件审理效率。就国际仲裁界仲裁立法的发展趋势来看，扩大仲裁庭权力为今后相关立法的主要发展方向。从中国海事仲裁委员会的仲裁规则来说，若要扩大仲裁庭的权力，首先应减少其中限制仲裁庭权力的条文，也要赋予仲裁庭在处理仲裁问题时更多的自主决定权。当然，一味扩大仲裁庭权力并不会必然提高仲裁效率，相应地还要对仲裁员权力的行使加以监督和规制，以防止仲裁员权力滥用。①

（4）完善仲裁制度，规范运行机制

改革仲裁机构人财物运行管理机制。减少仲裁机构行政色彩，增加法律和经贸专家委员和专职仲裁员比例，吸收国内外优秀国际海事律师人才，提高仲裁员的专业性，规范办案报酬发放和维持仲裁机构的日常营运经费，从财政拨款支持逐渐向自收自营过渡。

3. 完善法院对海事仲裁监督机制

由法院对仲裁裁决进行监督是世界各国包括我国在内普遍采取的对仲裁监管的重要手段。在我国有关的法律法规中，体现为对仲裁裁决的司法监督制度。在国际仲裁统一立法化已成为当下的主要趋势的形势下，我国也应及时调整统一对国内仲裁裁决和涉外仲裁裁决的审查标准。例如，根据我国《仲裁法》的规定，当事人对于撤销仲裁裁决的判定是无法上诉的，这一规定很容易造成实践中裁决撤销的随意性，且当事人也难以维护自身权益。② 可以考虑设立一个统一的上诉审查机制，作为救济措施以纠正仲裁一致性问题，降低仲裁结果相互矛盾、冲突出现的可能性。③

---

① 周品雅：《中国海事仲裁的发展研究》，载《法制博览》2018 年第 27 期。

② 马杰：《我国海事仲裁法律与政策困局之反思》，载《法制博览》2016 年第 27 期。

③ 吴灏文：《'一带一路'倡议争端解决机制的模式选择与构建》，载《深圳大学学报》（人文社会科学版）2017 年第 5 期。

4.加强内地与香港的司法协助

加强内地与香港的司法协助,优势互补,共建中国国际海事争议解决机制。自香港回归祖国以来至 2021 年,在基本法框架下,最高人民法院与香港特别行政区政府律政司共签署了 9 项民商事司法协助安排。在这 9 项民商事司法协助安排中,涉及仲裁的有 3 项:《关于内地与香港特别行政区相互执行仲裁裁决的安排》(以下简称《执行仲裁裁决的安排》)、《关于内地与香港特别行政区法院就仲裁程序相互协助保全的安排》和《关于内地与香港特别行政区相互执行仲裁裁决的补充安排》(以下简称《补充安排》)。三份文件是内地与香港仲裁协助的坚实基础,自实施以来取得了良好的效果。随着仲裁日益成为解决跨境纠纷的重要方式,针对实践中出现的诸多新情况、新问题,应加强研究,及时完善修改,夯实两地司法协助基础。如 2020 年 11 月,最高人民法院和香港特别行政区政府律政司签署的《补充安排》即是对《执行仲裁裁决的安排》的补充完善。

内地海事法院可以进行探索,尝试与香港海事仲裁机构进行合作,引导国际海事争议案件流入内地,在海事纠纷解决上,以诉讼和仲裁相互衔接,助推内地海事司法规则与国际通行海事司法规则更加紧密融合,海事法官、仲裁员队伍更加熟悉、进而熟练运用国际通行规则裁决海事争议。

(二)国际海事争议多元化解机制建设一体化

1. 创新发展"一带一路"版国际海上"枫桥经验",建立"三位一体"国际海事争议多元纠纷化解机制

借助海事仲裁的专业性、灵活性和普适性,积极推进多元化纠纷解决机制和特色机制创新,充分发挥法院、仲裁机构的优势和专业职能;借助调解自愿性、灵活性和契约性的特点和降低争端解决成本,维系当事人之间商业合作关系和商业信誉等方面具有的独特优势,完善司法调解与仲裁调解联动机制,探索建立海事纠纷委托调解工作机制,不断完善海事纠纷诉讼与非诉讼矛盾纠纷解决方式的衔接,创新发展"一带一路"版国际海上"枫桥经验",构建以诉仲衔接为中心,以诉调对接为特色,诉讼、仲裁和调解"三位一体"的国际海事争议多元化解机制。

2. 以三家海事司法基地为基础,搭建"最多跑一地"平台

借鉴浙江省政务领域改革经验,将诉讼、仲裁、调解、公证、保险理赔程序一体化整合,在国际海事司法领域搭建"最多跑一地"平台,落实"一带一路"倡议,助推沿线国家海事争议快速高效解决。

(1)尝试探索跨区域、跨行业一体化办案

打通地域和行业壁垒,尝试探索跨区域法院联审共审机制和跨行业协同办案

机制,建立相关领域一体化办案团队、跨区域专业法官会议和统一专家学者咨询团队;通过司法改革加强协调区域联动,强化司法服务信息和审判资源共建共享共用,推动诉讼服务异地同办、跨区域立案协同,推进智慧法院协作;以建立联合学术研究机制、创办涉外海事司法研究专刊等形式加强审判理论研究和调研成果转化,联合国际海事领域专业力量,为国际海事纠纷跨区域、跨行业一体化办案提供智力支持。

(2)搭建一体化办案平台,畅通纠纷化解程序

基于中国实践的"最多跑一地"政务改革,其在服务上通过聚集众多行政服务机构,建立政务服务中心并对外提供多门类政务服务。因此,在建立国际海事纠纷"最多跑一地"平台时,需要将有关的司法、仲裁、调解、海事行政、公证、评估、保险保赔等机构纳入整个体系。

建议由最高人民法院牵头设立项目,在上海、广东、浙江三地国际海事司法基地的基础上,依托三家基地人员力量,由三家基地认领工作任务,共同投入"最多跑一地"网上平台建设。在诉讼服务上,在平台建设初期将三家海事法院诉讼服务网络接入"最多跑一地"网上平台,统一接入入口,集中诉前保全、立案、审判、执行全流程业务,通过网络形式畅通涉外海事纠纷司法服务,提高国际海事纠纷诉讼效率。在仲裁服务上,在平台建设初期将中国海事仲裁委员会的网上仲裁平台接入"最多跑一地"平台上,实现海事诉讼与仲裁在网上高效的委托与办理。在远期目标上,为更好地与国际规则接轨,平台可以探讨与香港地区的海事仲裁服务机构合作的可能性,在某些国际海事纠纷中探索跨越法域,由香港国际仲裁中心进行调解。

将海事行政机关纳入"最多跑一地"平台,加强海事行政机关与司法、仲裁机构之间的协作配合,为较大海事纠纷处理提供高效海事行政服务,同时也可以在一定的范围内开展行政调解,助推部分海事纠纷在行政机构调处下化解。

3. 以智慧法院建设为契机,探索线上多元纠纷化解方式

2016年1月29日,在最高人民法院信息化建设工作领导小组2016年第一次全体会议上,最高人民法院院长、信息化建设工作领导小组组长周强首次提出建设立足于时代发展前沿的"智慧法院"。2020年肆虐全球的新冠肺炎疫情进一步推动了智慧法院建设的步伐,并以实践验证了智慧法院建设的前瞻性和必要性。在国际海事争议解决机制建设中,更应以智慧法院建设为契机,搭建线上多元纠纷化解平台,探索线上多元化解方式。

(1)大力推动人民法院在线服务国际化运用

巩固提升"移动微法院"创新成果,变"盆景"为"风景",通过信息化手段提高立案转递及办理相关手续的效率。目前,全国32家高级人民法院都已实现了微法

院立案。下一步,在中国移动微法院转型升级为人民法院在线服务的基础上,变"风景"为"全景",积极探索为境外当事人以及境内外国当事人通过"移动微法院"网上立案解纷。

（2）创新应用电子诉讼手段

充分利用《人民法院在线诉讼规则》,继续探索数字赋能手段。在疫情防控期间,各地法院积极尝试电子送达路径,利用远程视频进行在线调查取证、在线"云"庭审、在线视频会议等电子诉讼手段,获得了意想不到的效果和好评。如宁波海事法院在疫情防控期间,创新运用远程视频连线,以在线调查取证的方式审理案件,利用电子邮件方式进行文书送达,以视频会议形式召开债权人会议等。

（3）推广探索在线调解和仲裁手段

以"浙江全域数字法院"改革为模板,在智慧法院建设和法院创新应用电子手段成功案例的基础上,将数字法院建设经验推广向调解和仲裁等其他国际海事争议解决手段,以及公正、保险理赔等其他海事相关行业。并最终构建集诉讼、仲裁、调解、公正、保险等为一体的国际海事争议多元纠纷化解线上平台。

（三）海事人才队伍建设一体化

1.涉外海事执法用法人才一体化培养

国际海事争议解决机制的建设需要司法、行政和社会力量的共同推动,海事法官、仲裁员、海事律师、海事行政人员等涉外海事执法用法相关从业人员需要形成共同的目标导向、价值体系、裁判标准、解决思路等。可以由法院牵头,组织涉外海事执法用法人才一体化培养,以学术研讨、专业课程、座谈交流、合作研究等形式,引导全社会的司法、行政、仲裁、调解等执法用法力量,明确方向,规范程序,统一标准,拓宽国际视野,形成共建国际海事争议解决机制的共识和合力,充分发挥涉外法律人才定纷止争的作用,肩负起大国的责任与担当,为"一带一路"倡议的实施创造良好的国际环境与国际关系。

2.海事相关从业人员的一体化培训

一方面,政府部门、行业组织等应加强对海员,尤其是外派海员的专业技能培训,通过学习英国、新加坡等海事强国的海员培训和管理办法,引进先进的教学经验,提供对外交流机会等,打开国际化视野和格局,提升我国海员的整体素质和技能水平,促进更多高素质海员的培养和输出,以占据更多的高级别船运劳动力市场。

另一方面,国内海员等海事从业人员的考核和培训往往重专业技能,而相对忽略法律意识和法律知识的构建培养。对于这方面,政府部门应予以重视,统筹规划,有针对性地组织开展海事从业人员学法普法活动,协调执法部门、司法机关、社会机构等主动深入企业,加强对海员、船公司职工等海事相关从业人员法律知识的专门培训,答疑解惑,解决纠纷,在普法宣传的同时,引导培养法律意识和法律自觉。

(四)质量体系建设一体化

1. 健全完善司法公开工作机制

贯彻主动、依法、全面、及时、实质公开原则,坚持"以公开为原则,以不公开为例外",不断拓宽司法公开范围、健全公开形式、畅通公开渠道、加强平台建设、强化技术支撑。深入推进裁判文书、庭审活动、审判流程、执行工作、诉讼服务、司法改革、司法行政事务等方面信息公开的规范化、标准化建设。健全完善司法公开制度体系,准确划分向当事人公开和向社会公众公开的标准,研究出台相关业务指引、技术标准和操作规程,明确司法公开责任主体。加大司法公开"四大平台"建设整合力度,优化平台功能,更加突出移动互联网时代新特点,促进平台从单向披露转为多向互动,让诉讼活动更加透明、诉讼结果更可预期。

2. 完善统一法律适用机制

在海事审判工作中统一法律适用标准,是建立国际海事争议解决机制的一项重要工作,是建设和完善中国特色社会主义法治体系的内在要求,是人民法院依法独立公正行使审判权的基本职责,是维护国家法制统一尊严权威的重要保证,也是提升司法质量、效率,以及国际影响力和公信力的必然要求。

(1)加强司法解释和海事案例指导工作

发挥司法解释统一法律适用标准的重要作用。对审判工作中具体应用法律问题,特别是对法律规定不够具体明确而使理解执行出现困难、情况变化导致案件处理依据存在不同理解、某一类具体案件裁判尺度不统一等问题,法院应当正确适用司法解释,积极配合最高人民法院加强调查研究,及时总结反馈司法实践中遇到的问题。

加强海事案例指导工作。海事法院应当从已经发生法律效力的裁判中,推荐具有统一法律适用标准和确立规则意义的典型案例,经最高人民法院审判委员会讨论确定,统一发布。进一步健全指导性案例报送、筛选、发布、编纂、评估、应用和清理机制,完善将最高人民法院裁判转化为指导性案例工作机制,增强案例指导工作的规范性、针对性、时效性。针对经济社会活动中具有典型意义及较大影响的法律问题,或者人民群众广泛关注的热点问题,及时发布典型案例,树立正确价值导向,传播正确司法理念,规范司法裁判活动,提升司法裁判质量。

(2)建立健全法律适用问题发现和解决机制

建立重大海事法律适用问题发现与解决机制,加快形成上下贯通、内外结合、系统完备、规范高效的法律适用问题解决体系，及时组织研究和解决各海事法院法律适用标准不统一问题。健全主审法官会议与合议庭评议、赔偿委员会、审判委员会讨论案件的工作衔接机制。充分发挥海事专家学者在统一法律适用标准中的咨询作用，积极开展专家咨询论证工作，通过组织召开统一法律适用标准问题研讨会等方式，搭建仲裁员、律师、专家学者、行业代表等社会各界广泛参与的平台，总结归纳分歧问题，研究提出参考意见，为统一海事法律适用标准提供高质量的辅助和参考。

3. 完善审判监督管理机制

海事法院应当完善审判监督管理机制，构建全面覆盖、科学规范、监管有效的审判管理制度体系。审判管理部门在履行流程管理、质量评查等审判管理职责时，对于发现的重大法律适用问题应当及时汇总报告，积极辅助审判委员会、院长、庭长研究解决统一法律适用标准问题。明确院长、庭长的权力清单和监督管理职责，健全履职指引和案件监管的全程留痕制度。加强对《最高人民法院关于完善人民法院司法责任制的若干意见》规定的"四类案件"监督管理。通过信息化办案平台自动识别、审判组织主动提交、院长和庭长履行职责发现、专门审判管理机构案件质量评查、法院主动接受当事人监督和社会监督等途径，推动建立全面覆盖、科学规范、符合规律的审判监督管理制度体系。

4. 完善类案和新类型案件强制检索报告工作机制

自 2020 年 7 月 31 日起，最高人民法院《关于统一法律适用加强类案检索的指导意见（试行）》（以下简称《指导意见》）开始试行。《指导意见》将类案检索定位为具有中国特色的、成文法体系下的具体制度，强调法官对指导性案例的参照和对其他类案的参考，旨在实现法律的统一适用。各级人民法院应当按照《指导意见》要求，定期归纳整理类案检索情况，通过一定形式在本院或者辖区内法院公开，供法官办案参考。

5. 整合海事司法资源

在最高人民法院加快建设以司法大数据管理和服务平台为基础的智慧数据中，完善类案智能化推送和审判支持系统，加强类案同判规则数据库和优秀案例分析数据库建设的背景下，建立统一的海事司法案例库，打造公共海事司法服务平台，纳入海事诉讼案件、海事仲裁案件，促进海事法院与仲裁机构资源共享，以及诉讼和仲裁类案同判的进一步落实。

2021 年 6 月 8 日，宁波海事法院牵头建设的全国首个海事司法案例库正式上线，整合了海事裁判、仲裁案例和文书资源。2022 年 4 月 25 日，由广州海事法院牵头打造的中国海事审判网正式上线，整合了海事诉讼服务资源。两个平台为国际海事争议解决机制的构建完善打下了良好基础。

6. 建设海事法院和海事仲裁委员会的交流共享机制

海事法院与海事仲裁委员会作为中国海事司法的主体力量,应积极建设海事法院和海事仲裁委的交流共享机制,共同推动案件质量体系一体化建设,统一海事案件裁判标准,共建国际海事争议解决机制。双方定期举办案件研讨会,共同开展课题调研;依托中国海事司法案例库平台,定期就类案发布典型案例;在各自规则体系下,公开信息,分享经验,增加司法透明度;整合海事司法力量,构建海事法院与海事仲裁机构内部数据互联通道以及人员交流通道。

(原载于《人民司法》2022 年第 28 期)

学术论文篇

试论出口货运代理人交付提单的义务

史红萍

【摘要】出口货运代理人作为委托合同中接受委托人委托,在装货港从事相关货运代理事宜的一方当事人,负有谨慎、妥善处理货运代理事项,及时交付代理活动所产生财产的基本义务,其中包括向委托人交付出口货运代理过程中取得的由承运人签发的提单。货运代理实践操作中,由于种种原因不交付或不正确、不及时交付提单的现象较为普遍。本文欲从货运代理这一基本义务入手,分析提单不规范交付的成因、行为的违约性质及与损失之间因果关系等问题,试图建立货运代理人最基本的履约意识,从而寄望对规范物流市场、缓解货运代理环节纠纷,构筑和谐货运秩序有所裨益。

【关键词】货运代理人;交付;提单;因果关系

一、出口货运代理人负有交付提单的合同义务

货运代理人是指接受进出口货物收货人、发货人的委托,以委托人或者自己的名义,为委托人办理国际货物运输代理相关业务并收取代理报酬的人。从权限来源看,货运代理是根据委托人的具体授权而产生的一种合同权限。与民事活动、经济流通领域中其他通常委托代理一样,委托人与货运代理人之间是一种任意性的契约关系,在权限创制和行使方面无特别要求。货运代理人虽名为代理,但有权以自己的名义独立从事货运代理事宜,其代理行为方式超越了我国民法关于代理制度的狭义规定。① 故货运代理合同虽非《中华人民共和国合同法》(以下简称《合同法》)所规定的有名合同,但其性质应归属于委托合同类别,受《合同法》关于委托合同相关规定的调整。

以贸易流向为界,出口货运代理人主要从事出口货物在装货港的订舱、仓储、

---

① 代理具有广狭两义,我国《民法通则》规定的代理为狭义代理。代理可以因委托合同而产生,也可以因单方行为而授予。代理包括委托代理、法定代理和指定代理,委托合同仅是委托代理产生的基础关系之一。

装箱、拼箱、报关、报检、报验、结算运杂费等业务。由于进出口贸易在某种意义上是一种单证交易,货运代理人在办理货物上述出运事宜过程中,也需要面对各类出口单证,对相关出口货物核销单、报关单、提单等单证的谨慎处理和及时转递构成货运代理人履行职责的重要内容。在实践操作中,提单的不规范交付问题较为突出,已越来越成为构成货运代理过错的主要症结。①

（一）我国《合同法》规定的主合同义务

我国《合同法》第四百零四条规定:"受托人处理委托事务取得的财产,应当转交给委托人。"货运代理人接受货运委托后,向承运人订舱,并办理相关出运事宜,在货物装船后取得承运人签发的提单。提单是一项重要的权利凭证,在货运代理环节,提单必须由承运人通过货运代理人之手转交给委托人。故而《合同法》第四百零四条所指的财产应包括具有财产价值的提单,货运代理人负有及时、准确转交提单的基本义务。该交单义务具有如下几个特性:

1.法定性

货运代理人转交提单的义务为合同法基本原则所明确规定,不以其主观意志为转移,亦不以双方是否对此做出明确约定为条件。即不论双方合同中是否对提单的交付问题做出约定,货运代理人完成货运代理事务,取得提单后,均负有交付提单的法定义务。

2.目的性

从货运代理合同履行的利益目标看,委托人委托货运代理人代理货运事宜,其最终是为了完成其在出口贸易合同下的货物交付义务,并以取得提单为前提,完成结汇,获得货款,故正确履行提单交付义务构成货运代理人的主合同义务。②

3.主动性

除非委托合同做出相反约定,否则提单的交付应具有主动性,不以委托人提出要求为前提,不能将委托人的沉默③作为其放弃持有提单的一种意思表示。若委托人明确表示放弃提单,货运代理人也应谨慎转告承运人不签发提单,并保证没有任何第三者可能持有正本提单。

（二）FOB 贸易价格条件下提单的交付对象

有相当观点认为,在 FOB 价格条件下,订舱是贸易买方的权限和义务,由于运

---

① 审判实践中也有关于核销单、报关单等出口单据交付环节引起的货运代理纠纷,但以提单交付问题更为突出。故本文仅涉及货运代理人的提单交付问题,其余单据的交付问题与提单基本类似。
② 同①。
③ 沉默与默示不同,沉默是不做任何表示,即不作为。

输合同在买方与承运人之间签订,承运人或其委托的代理人应将提单签发或交付给委托订舱的买方①。由此观点类推得出,在 FOB 价格条件下,卖方未委托货运代理人订舱,故货运代理人对向其交付货物的卖方来讲无交付提单的义务。无论从法理见解还是从审判实践出发,笔者均对此持不同观点,认为即使在买方订舱条件下,出口货运代理人交付提单的对象仍为向其实际交付托运货物的贸易卖方或其代理人。

首先,从委托订舱事实的举证角度分析。订舱与签发提单系运输时段中的两个环节,较之订舱所建立的运输合同本身而言,提单仅是运输合同的证明。故在 FOB 贸易价格条件下,即使订舱租船系买方所为,运输合同由买方签订,也并不代表提单应必然由买方直接持有。货运代理人声称其接受买方委托订舱,但通常又不能提供直接的委托合同或以其他方式证明其与买方之间事实上的委托订舱关系。而在实务操作中,装货港的货运代理人也不可能直接接受买方的委托,而是买方通过其所在的目的港货运代理人向承运人订舱,指派船舶前往装货港。继而为完成货物的装船出运事宜,目的港货运代理人又委托装货港货运代理人去具体从事上述事宜。因此,货运代理人关于其接受买方委托,故应向买方交付提单的抗辩,既不符合事实,也缺乏相应的证据证明。

其次,从货运代理人的双重身份角度分析。一方面,装货港的货运代理人在代为办理货物装箱、仓储、内陆运输和报关报验等相关出运手续时,通常表现为卖方的货运代理人身份。另一方面,从 FOB 贸易操作流程看,该货运代理人在装货港承揽货物、与卖方或其代理人进行出货联系时,其接受的是买方所指定承运人的委托,具备的是承运人、代理人的双重身份,且该身份在运输活动中所起的作用,较之装货港货运代理表现得更为突出和重要。由此,货运代理人既非买方所直接委托,由其向买方直接交付提单也非其职责和权限范围。作为承运人的代理人,在向谁交付提单的问题上,货运代理人应遵从承运人的旨意行事。

再次,从提单权利人的识别角度分析。根据《中华人民共和国海商法》的规定,"货物由承运人接收或装船后,应托运人要求,承运人应当签发提单,即提单应签发给托运人"。在 FOB 条件下,提单载明的权利托运人往往与实际交货托运人身份两者分离。通常认为,在同时存在两种托运人身份时,应将行为人识别为托运

---

① 2008 年 12 月联合国大会通过的《联合国全程或者部分海上国际货物运输合同公约》(又称《鹿特丹规则》)设置了"单证托运人"的概念,将托运人以外,同意在运输单证或者电子运输记录中记名为"托运人"的人定义为"单证托运人"。按此规定,FOB 卖方只有经过托运人同意才被赋予获得提单的权利,这将对我国 FOB 卖方的地位界定产生影响,也不利于对未获付款的 FOB 卖方权利的保护。

人,故提单应交给实际交付货物的卖方或其代理人。[①] 到目前为止,这也是各海事法院审判实践中的普遍认识。同时,提单作为贸易结汇的重要运输单据,唯经背书或以其他方式方可从卖方流转至买方环节。故而提单不应直接交给买方,即便买方委托订舱亦为如此。

最后,从向买方直接交付提单的法律后果分析。如果说在 FOB 价格条件下,由买方作为提单载明权利人而持有提单,在行为结果上讲尚有其合理一面的话,当提单载明托运人也非委托订舱的买方而为其他第三方时,以订舱行为作为向买方交付提单的依据,则提单载明托运人和实际交货托运人均未能取得提单,势必造成提单失控的危险局面。提单未经合法有效流转而由买方所直接持有,不仅使提单失去其在国际货物贸易中的存在价值和意义,同时在实际交付货物的行为人(即卖方)和提单载明的权利人(即托运人)均丧失对提单占有的情形下,贸易纠纷的持续发生也就不足为奇了。

(三) 交付提单义务的例外情形

在出口货运代理过程中,货运代理人向委托人交付提单是正确履行委托合同的基本要求,但在以下情形下可构成例外。

1. 当货运代理人未向承运人交付货物时

随着当代货运代理服务领域的扩展,货运代理合同的内容日趋广泛,形式也逐渐多样。委托人可以将货物全部出运事项概括委托给某一货运代理人,也可以将各事项分别委托给不同的货运代理人办理。对于未受托从事货物交付承运义务的货运代理人来说,其只要完成受托范围内的代理事务即可,其与承运人签发提单无关,自然没有向委托人履行交付提单义务。即便如此,在各履约货运代理人之中,必定存在向承运人履行交货义务的一家,由其担负着向委托人交付提单的基本义务。可以说,某一货运代理人交付提单义务的例外,仅是针对其有限的代理权限而言的。换言之,在装货港必有一家货运代理人须履行向托运人交付提单的义务。

2. 当承运人未签发或已收回提单时

承运人有应托运人要求签发提单的义务,但在托运人明确放弃提单或申请改做电放货物时,提单无须再签发或需要收回。此时,货运代理人就无须承担交付提单的义务。也就是说,货运代理人交付提单的义务必须以提单的客观存在为前提。

---

① 参见司玉琢:《海商法专论》,中国人民大学出版社 2007 年版,第 152 页。郑肇芳:《海上货物运输代理案例》,上海人民出版社 2006 年版,第 10-11 页。

（四）货运代理人能否以主张运费①为由扣留提单

对外贸易经济合作部（现为商务部）于 1995 年 6 月 29 日发布施行的《中华人民共和国国际货物运输代理业管理规定》和 2004 年 1 月重新修订发布的《中华人民共和国国际货物运输代理业管理规定实施细则》曾对国际货物运输代理企业的设立条件、审批程序做出严格规定，要求从事国际货物运输代理业务必须经地方商务主管部门审批，取得国际货物运输代理企业批准证书方可经营。此后，国务院将此准入条件予以取消。② 经营资格限制条件的取消使得目前货运代理经营的人力、财力资源投入偏低，繁荣的物流经济又使货运代理得以分得市场一杯羹。大批资信各异的货运代理公司、个体货运代理人交替更生，鱼龙混杂的表象下引发出货运代理经营的种种诟病，连环委托产生的多重代理就是其中一例。③ 在一级、二级、三级……的多级委托代理方式下，托运人的货物经过层层委托代理出运，托运人与多重货运代理人之间、多重货运代理人彼此之间为其中一票货物所建立的委托代理关系可能受到以往代理业务未竟债权债务关系的牵连。比如托运人可能已将运费支付给其委托的货运代理人，而该货运代理人并未往下支付，或者该货运代理人与下一层货运代理人有未了的历史债务关系，该笔运费已被抵扣，或者甚至任何一家资信不良的货运代理人携款"蒸发"，都可能造成某一环节的货运代理人将承运人签发的提单作为质押物而拒绝交付现象的发生。较为明确的是，在连环委托关系下，任何货运代理人均无权以非本级货运代理合同项下的纠纷为由扣留所持有的提单。而假设在单一对应的货运代理关系下，货运代理人是否有权扣留提单呢？笔者认为，答案也应该是否定的，具体可做如下分析：

1. 货运代理人对托运人支付运费不具有同时履行、后履行或不先履行抗辩权

委托合同是建立在人际信任基础上的合同关系，委托的本意决定了受托人必须全面妥善处理受托事务，并及时交付相应财产和成果，受托人只有在交付委托事务之后，才能视作完成了委托事务，有权要求支付报酬。可以说，除非双方在合同中明确约定，非因受托人的原因，通常的委托注重于结果，实行的是"无结果、无报

---

① 为简便陈述，这里的"运费"作为统称，实指货运代理人垫付运费和代理报酬，下文将做区分。

② 根据国务院于 2004 年 5 月 19 日发布《关于第三批取消和调整行政审批项目的决定》（国发〔2004〕第 16 号），国务院取消了对国际货代企业经营资格的审批。商务部即停止对国际货代企业经营资格的审批工作，与审批相关的国际货物运输代理企业批准证书也相应取消。

③ 有观点认为这种连环委托货运代理，未经委托人同意，不属于转委托情形，而是形成多个彼此独立的委托合同关系。

酬"的原则。①

可见，在交付委托成果与支付代理报酬之间，前者在前，后者在后，不存在同时履行的问题，更不存在先支付报酬的依据。货运代理人不具有同时履行或后履行抗辩权。相反，货运代理人具有先交付提单的先履行义务。但先履行义务并不等同于先履行抗辩权。先履行抗辩权必须符合法定情形，如经营状态严重恶化、转移财产、丧失商业信誉等造成对待给付危险时才能行使。显然，委托人未支付或拒绝支付报酬的行为对货运代理人而言并不存在这种危险。故针对交付提单的义务来说，货运代理人也不具有先履行抗辩权。

对于垫付运费，按照《合同法》的规定，属于处理委托事务必要费用，委托人应先予以预付，货运代理人对于履行货运代理事务本具有后履行抗辩权。但实践操作中，货运代理人通常会替委托人向承运人垫付海运费以取得提单。这种在收到委托人预付运费之前先行垫款完成货运代理事务的客观行为，明确表示货运代理人放弃了对交付提单义务的后履行抗辩权。支付海运费与交付委托事务之间不构成对价关系，即货运代理人对于交付委托事务所取得财产的义务，不具有同时履行抗辩权，也不再具有后履行抗辩权。

综上，货运代理人对于无论是垫付费用还是代理报酬佣金，均不存在先履行、后履行或同时履行的抗辩权，无权以提单为质押要求支付。

2. 货运代理人不享有提单留置权

留置是保障债权实现的担保方式之一。留置权是指债权人对不按合同约定期限履行债务的债务人动产在其约定占有的情形下予以留置，并以该财产折价或拍卖、变卖价款中优先受偿的权利。留置权是法定担保物权，《中华人民共和国担保法》（以下简称《担保法》）将其适用限制于保管合同、运输合同和加工承揽合同发生的债权。新施行的《中华人民共和国物权法》（以下简称《物权法》）扩大了留置权的范围，留置权的设置和适用将不再受债权范围的限制。但并不是所有的占有动产均可以留置，提单即不属于可留置财产范围。

首先，提单具有权利主体上的不确定性。提单是重要的物权凭证，其流转性决定其权属的不确定性。货物越过船舷装船、提单签发后，风险即转移至贸易的买方，此时提单即应通过贸易双方约定的方式流转至买方手中，流转的环节越复杂，提单的持有变化越快。如果货运代理人以托运人未付运费之故扣留提单，可能损害的是提单流转各后手方的物权。即所有权不确定的提单不能作为其特定债务人

---

① 我国《合同法》第四百零五条规定："对于有偿的委托合同，应在委托事务完成后再支付相应报酬；使因不可归责于受托人的事由，致委托合同解除或委托事务不能完成的，委托人向受托人支付报酬的时间也应在委托合同明确无法履行之后。"

的财产予以扣留。①

其次,提单具有债权与价值上的不对称性。提单的价值就是提单项下整票货物的价值,运费作为贸易的成本之一,远远低于货物本身的价值。故提单价值与运费金额相对比,具有明显的不对称性。同时提单又不具有可分特性,故在价值高低悬殊的提单与运费之间,不具有选择留置的前提,以本质损害去换取较小利益是法理价值取向上的禁忌,留置权也是如此。

最后,提单不具有现实意义上的变现性。留置的最终目的是变现,而提单的价值转化为价款是以提单项下货物的存在、可控制为前提的。货物已承运,提单一旦与货物脱离,就成为一纸空文而一钱不值。货运代理人虽控制了提单,似乎也可以去目的港提货来拍卖,但这通常并非其留置提单时的初衷。他们宁可寄望托运人以款项回赎提单而绝不愿整票货物砸在自己手中,从而成为丢弃不舍的"烫手山芋"。故从现实角度讲,提单并不具有变现的必然特性,尤其在拖欠运费的委托人对提单不享有提单权利的情形下,更无处置权。

鉴此,在委托双方未明确约定的情况下,货运代理人不具有扣留提单的合同权利和法定权利。其运费主张只能通过合法手段进行救济,提单不是货运代理人手中的王牌或法宝。有观点认为,"付款赎单"的通行做法可按自助行为去解释其合法性。笔者认为,自助行为是一个理论意义上的概念,我国《民法》或《物权法》对其尚无明文规定,作为对民事权利的私力救济手段之一,适用自助行为进行自我保护,应受到较严格的条件限制。倘若将委托人作为侵害货运代理人费用收取的加害人对待,而采取自助,由于其针对的通常是委托人以外的他人作为权利人的提单,而非委托人自己的财产,故不能构成合法的自助行为。且自助行为实施后,还必须经国家机关采取法定措施后才能保证合法。否则,滥用留置权任意扣留提单将损害交易安全,违反民事公正原则。

二、提单交付过错与损害结果之间的因果关系

与一般合同违约的严格责任原则有所不同,有偿的委托合同对于受托人实行特殊的过错责任原则。这是因为委托合同中受托人是为委托人利益处理委托事务,而委托事务的处理结果具有不确定性,委托合同条款中一般仅约定委托事务所要达到的目标,而不可能约定具体要实现的处理结果,故不能以委托事务的处理结果来追究受托人的违约责任。只有因受托人的过错给委托人造成损失的,受托人才承担赔偿责任。货运代理合同为有偿合同,对于货运代理人在履行代理事宜过

---

① 按照我国《担保法》和《物权法》关于留置的规定,债权人约定占有的应是债务人自己所有的动产,这是留置权成立的基本要件之一。

程中不交付或未正确交付提单的行为,是否必然导致承担损害赔偿责任,需要用因果关系理论去衡量①。这种关于责任成立要件的因果关系在"因果关系二分法"中被称为事实因果关系认定法。另一关于赔偿范围的因果关系认定法在《合同法》中运用较普遍,且其要以责任成立要件的因果关系为基础。对于实行违约过错归责原则的货运代理合同而言,责任成立方面的因果关系判断是决定货运代理人是否应对其过错行为承担赔偿责任的前提条件。

(一) 从因果关系理论审查错误交付提单行为的损害赔偿问题

货运代理人在交付提单方面的过错行为包括扣留提单行为和交付对象错误两种形式,由于提单这一特殊的物权凭证功能,上述两种行为既是违反合同义务的违约行为,又是侵害提单持有人提单权利的侵权行为。对于错误交付提单的行为与责任的关系,可以从以下几点分析判断:

1. 交单过错行为可能产生的后果

托运人出运货物,取得承运人签发的正本提单。在信用证交易方式下,托运人向银行交单,付议行或承兑行完成买方付款赎单的议付或承兑义务。托运人出运货物的贸易目的就能达到,实现其经济利益。反之,未能交付提单,将可能导致信用证项下款项的落空,从而造成经济损失。另一种情况是,在电汇或委托付款的交易方式下,提单是货款支付的保障,托运人通过控制提单来实现兑付货款以获取经济利益的目的。在未持有正本提单的情形下,由于未能提供提单复印件作为对买方付款的提示,货款可能落空。或者即使货运代理人提供了提单复印件,支付了货款的买方因为拿不到提单用以提货,也会使托运人作为卖方面临被贸易索赔的风险,直至承担赔偿损失的责任。故而,货运代理人擅自扣留提单或错误交付提单的行为,极易造成托运人的货款损失。

2. 当错误交单行为与贸易纠纷同时存在时

扣留提单或交错提单可能造成一定的损失后果,这种后果与现实之间具有一定的联系。判断因果关系是否成立,是从已经发生的损害结果出发,查找损害发生的原因,因而具有逆向性的特点。当损失实际发生后,我们认为扣留行为与其具有因果关系。而从正向判断,因果关系将永远只是一种可能性,因为一种违法或侵权行为完全可能并不实际产生损失。在查找损害发生的原因时,我们往往会发现多重性。② 从提单贸易来看,提单交付上的纠纷往往与贸易合同纠纷交织在一起。

① 由于货运代理实行过错责任原则,注重过错与结果之间的因果关系,与侵权行为法归责原则具有共通性,故本文采用了侵权行为法上的因果关系相关理论来分析货运代理人的赔偿责任问题。

② 所谓的"复合因果关系",即多个原因造成了损害结果的发生。

因为货物质量上的争议引起的贸易纠纷也可能产生买方拒付货款的结果,与扣留提单的行为相比较,何者才是损害发生的原因,这就涉及因果关系的判断。

首先,两种原因产生了同一种后果。不可否认,未取得货运代理人交付的提单,对托运人来说将面临货权失控的危险;对收货人来说则面临货物失控的危险。另外,贸易风险也会产生货款落空的结果。从这两个原因的关系来看,并没有共同的主观故意,行为人并不具有共谋性,任何一种行为均足以产生同一个后果。

其次,两种原因互相加速或促进。从第一种可能性来看,两种行为不谋而合,共同产生了一个后果。但还有一种可能性则是,一个原因发生后,由于未及时弥补,才构成另一原因出现的客观基础。比如由于货运代理人未交付提单,托运人未能采取对货物的及时处理,买方因收不到货物而拒付货款,使货款损失最终发生。反过来讲,如果货运代理人能够及时交付提单给托运人,即使与买方之间的贸易纠纷不可调和,托运人也能采取转卖他人或转运甚至回运的方式来重新控制货物,从而避免货物损失。因此,货运代理人不正确交付提单的行为这一原因使另一原因变得可能直至成为现实损害。故在这种情况下,不交付提单这一原因就成为超越另一原因即贸易合同纠纷,并起到促进结果发生的重要原因。

(二)从具体案例分析错误交付提单的损害赔偿因果关系

【案情】

某外贸公司为履行外贸订单,向某货运代理公司出具出口委托书,委托其从宁波代理出运一批相框到比利时安特卫普,价值 38 016 美元 FOB 宁波。外贸公司向货运代理公司支付运输费、提单费、出口清关费人民币 1 610 元。货物装船出运,承运人签发全套正本提单,载明托运人原告、收货人记名、装货港宁波、卸货港安特卫普、运费到付等,但货运代理公司未将上述提单转交给外贸公司。涉案货物到达目的港后未提取之前,买方以货物样品的颜色及包装问题对货物质量提出异议。随后,外贸公司因买方拒付货款向货运代理公司出具保函,要求退运货物,并表示将承担一切海运费及其他费用。不久,买方以索偿定金及损失为由申请荷兰法院诉前扣押了涉案货物。外贸公司遂以货运代理公司未向其交付正本提单造成其货款损失为由诉至法院。

【分析】

一方面,货运代理公司未按约将正本提单交付给外贸公司,会使外贸公司失控于货物。但目的港货物未交付之前买方以贸易合同纠纷为由申请法院诉前扣货,在此情况下,即使外贸公司持有提单,也不能避免货物被扣的结局。外贸公司与其买方在货物出运途中即就贸易问题进行交涉协商,因未达成一致,货到目的港后几天,买方即申请扣货。对于外贸公司来说,其不可能在谈判过程中预计到贸易纠纷酿成的必然结果,故而在事后再认为外贸公司若持有提单可以申请转运或退运,是不现实和不可能的。故而可以说,在货物被扣之前,外贸公司即使持有提单也不必然会采取任何措施防止货物被扣的结果,即未持有提单与货物被扣的结果没有因果关系。

另一方面,货物被当地法院诉前扣押,尚不足以表明损害的实际发生,但即便货物被扣,外贸公司仍是货物的托运人,若货运代理公司仍不交付承运人签发的正本提单,或将提单错误交由他人持有,其过错行为即与外贸公司的损失之间产生了因果关系。无论被扣后的货物将如何处理,对于原应持有提单的外贸公司来说,货物尚具有被处理后的残值,货价的损失仍是外贸公司的实际损失。另一种情况是,承运人并未签发提单,使得货运代理公司无法交付提单给外贸公司。这就要看货运代理公司对于承运人不签发提单是否具有过错。如果外贸公司未明确指示货运代理公司承运人可以不签发提单,货运代理公司就要遵其指示,不交付提单就具有过错。至于货运代理公司与承运人之间的责任追究,是另一法律关系,与双方之间的货运代理法律关系无关。但本案例中由于外贸公司起诉时货物尚未最后处理完毕,外贸公司的损失金额处于不确定状态,故而不能以货值作为最后的损失来主张索赔。只有在扣除扣货费用之后,货物的残值才成为外贸公司的损失。

综上而言,外贸公司只有在未明确表示放弃而未能持有提单,在货物被扣后仍旧未能持有,从而无法采取减损措施而造成损失客观发生之后,才能向货运代理公司主张索赔。而到目前为止,外贸公司未持有提单与其货物被扣押的结果之间尚不具有因果关系。

三、对货运代理人交付提单行为的规范

通过上述分析,我们认为,及时、正确、谨慎交付提单是货运代理人的应尽义务。为此,准确界定委托人身份极为重要,它是货运代理人正确交付提单的前提。而正确交付提单的关键在于坚持"谁委托谁受益"的原则,即要理顺彼此之间的货运代理合同关系。

(一) 当直接签订货运代理协议时

若货主作为托运人与货运代理人之间、货运代理人与另一级货运代理人之间签订了明确的货运代理协议,除非协议做出相反约定,货运代理人应将其代理行为取得的提单交与委托合同另一方持有。这样的交付环节清楚,不致产生歧义。并且,不论提单载明的托运人与货运代理合同的委托人是否一致,提单仍应交付给后者。

（二）当仅存在货运委托书或托单时

这是货运代理较普遍的操作方式之一。货运委托书或托单作为货运代理合同关系的证明，其出具者可被识别为货运代理合同中的委托人身份。由于委托书在基本格式及内容上较为相近，容易忽视各环节间的连续性。比如，出运货物的卖方或其代理人根据其货代 A 的指示，直接将货运委托书、托单传真给另一级货代 B，双方进行了通信方式和实际交货出运等行为上的联络。这就带来了委托关系认定上的混淆和复杂现象。

1. 若货主与货代 A 已单独进行委托事宜往来

此时，货主与货代 A 之间的委托关系业已建立，前者根据后者的要求，将货运委托书或托单交付或传真货代 B，是为了向其提供货物出运的具体数据信息，不能认定双方因此建立了直接的委托代理关系。有观点认为，即使货代 A 接受了委托事项，其要求货主向货代 B 传递资料，表明其转委托货代 B 得到了货主的同意，因此认定货代 B 的行为应由委托人即货主负责。这样的认识，对委托人对于转委托行为的追认做出了扩大解释。委托事宜必须亲自完成，为了委托人的利益，确需转托他人的，必须向委托人事先明确请示，如因情况紧急，也要在事后取得委托人的明确追认，这种追认必须是一种明确的态度或积极的行为，才能认定转委托成立。故货主根据货代 A 的要求与某单位联系、交货，不能视作是对货代 A 转委托行为的追认，相应的货运代理合同关系仅建立于货主与货代 A 之间。

2. 若货主直接按指示向货代 B 交付货运委托书或托单

此时，对货主发出指示的货代 A 仅能成为货运代理委托关系的合同居间人，为货主与货代 B 提供订立合同的媒介服务，货代 A 并非直接合同当事方，并不具有向货主交付提单的权利和义务。

（三）仅有货运代理具体行为时

货运代理操作中最不规范的方式就是不签订合同或不具有任何证明合同关系的书面证据，对于货运代理关系的认定通常依据双方具体委托代理行为去识别。比如，货运代理人为卖方货物办理出口报关、装箱、内陆运输等事宜，接收货物并收取代理包干费，可确认双方之间就上述事宜建立了事实上的海上货运代理合同。但由于授权无依据，在发生纠纷后，货运代理人极有可能抗辩其未受托某特定事项。在此情形下，从当事人的真意进行推测，应当认定委托事项包括货物出运所必需的一切事务，即认定概括委托。① 提单的交付也可依此原则做出正确认定。

---

① 参见郑肇芳：《海上货物运输代理案例》，上海人民出版社 2006 年版，第 73 页。

四、结语

错误交付提单行为只是货运代理行为过错中的一个方面,该过错行为在货运代理实务操作中较为普遍,某些货运代理人始终抱定"欠我运费,就有权控制提单"的错误认识。对于货主来讲,为了保护自己的提单利益,诉诸海事强制令来救济自身的受损利益,也仅是暂时解决了提单被不法留置的程序救助问题。从长远来讲,理性防范货运风险,规范货运代理交单行为,才谓至关重要。

(获第十六届全国海事审判研讨会论文二等奖;原载于《中国海商法协会通讯》2008 年第 2 期)

保险代位求偿权与原始索赔之间的承接关系

邬先江　陈海波

【摘要】保险赔偿与保险代位求偿权有其鲜明特性。"实际损失"是保险赔付的前提,保险代位求偿是保险赔付的延续。保险代位求偿权是被保险人对第三人权利的继受,具有"联动性",兼具实体内涵和程序内涵。被保险人有权自主决定只诉请责任第三人给予损害赔偿,或者只诉请保险人给予保险赔偿,抑或分别诉请责任第三人承担赔偿责任和诉请保险人履行保险赔偿义务。分别起诉责任第三人和保险人,并不构成重复诉讼、一案两诉。不论保险索赔起诉时间在先还是在后,保险人在做出保险赔付之后,即取得代位求偿权,可以径直启动、接续或者共同参与对责任第三人的索赔程序。在责任第三人尚未实际赔偿时,取得对责任第三人的有利判决,不能阻却被保险人诉请保险人做出保险赔付。

【关键词】实际损失;保险赔付;代位求偿;实体内涵;程序内涵

一、问题的提出

"东龙166"轮与"浙普渔71335"轮发生船舶碰撞并造成财产损失。"东龙166"轮船东向宁波海事法院起诉"浙普渔71335"轮船东,要求船舶碰撞损害赔偿;并且向上海海事法院起诉船舶保险人中国人保连云港市分公司,要求保险赔偿。前一案件中,一、二审法院均判定"东龙166"轮船东胜诉,"浙普渔71335"轮船东应当向"东龙166"轮船东赔偿损失。后一案件中,上海海事法院判令被告保险人向原告被保险人支付保险赔偿。概言之,被保险人("东龙166"轮船东)可以分别起诉责任第三人("浙普渔71335"轮船东)和保险人(中国人保连云港市分公司),特别是在被保险人取得对责任第三人的有利判决后,保险人不能以此为由拒绝赔偿。上海海事法院继而判决在保险赔付之后,被保险人向责任第三人的胜诉判决申请执行权相应转移给保险人。

与此不同的是,在"宁波钢铁有限公司诉中国平安财产保险股份有限公司宁波分公司海运货物保险合同纠纷案"中,宁波海事法院认为被保险人向责任第三人索赔并获得胜诉判决后,不得再起诉保险人,否则构成诉讼请求重复。

可以发现，如何理解《中华人民共和国保险法》（以下简称《保险法》）第四十五条和《中华人民共和国海商法》（以下简称《海商法》）第二百五十二条的相关规定，即"保险人自……赔偿保险金之日起……行使被保险人对第三者请求赔偿的权利"和"被保险人向第三人要求赔偿的权利，自保险人支付赔偿之日起，相应转移给保险人"，对于案件的程序启动和实体审理会产生实质性的影响。一种观点认为，允许被保险人分别向责任第三人、保险人起诉，不构成一案两诉。即使被保险人对责任第三人取得了胜诉判决，也不直接影响被保险人对保险人的诉讼。另一种观点则认为，如果被保险人对责任第三人取得了胜诉判决（尚未实际执行），被保险人对保险人的诉讼将构成重复诉讼。

与前一种观点相关联的问题，还有保险代位求偿的启动时间，应当仅限于被保险人对责任第三人提起诉讼之前和诉讼过程中，还是也包括取得胜诉判决后的执行阶段？当胜诉判决尚未得到实际执行时，被保险人对第三人的申请执行权能否转让给保险人，由保险人代位行使？

与后一种观点相关联的问题，则是如果认定为重复诉讼而不允许（对责任第三人）取得胜诉判决的被保险人向保险人起诉，会不会实质性地阻塞被保险人向责任第三人提起诉讼这一路径，进而消极影响保险人取得代位求偿权后向第三人索赔的时效保护？

相关理论文献均未涉足上述问题，我国相关立法和司法解释也未做直接规定，司法实践中观点不一，甚至会做出截然相反的判决，严重损害司法权威性。因此，有必要结合保险赔偿的目的、特性与法理基础，认真研判，以正确理解法律，统一裁判尺度，维护司法权威。具体而言，本文拟对"保险人赔偿保险金""被保险人向第三人要求赔偿的权利"、保险代位求偿权的特性和法理基础、保险代位求偿权与原始索赔之间在不同阶段的承接关系等进行探讨，平衡被保险人、保险人、责任第三人之间的利益关系，澄清立法，协调司法操作；同时，本文对2011年《浙江省高级人民法院关于审理海上保险合同纠纷案件若干问题的指导意见》中的相关规定做一定的分析与评价。

二、保险赔偿与保险代位求偿权的特征与属性

（一）保险赔偿是履约行为，不同于违约责任和侵权责任

保险赔偿是履约行为。保险赔偿是当事人在保险合同中约定的保险人的基本合同义务，不是因保险人违约或者侵权而对被保险人承担的赔偿责任，因此与一般的违约责任、侵权责任存在本质区别。

(二)保险赔偿以"实际损失"为前提,具有射幸性和偶然性

财产保险(包括海上保险)具有射幸性和偶然性。尽管在保险合同生效后,保险人应当依据合同约定及相关的法律规定履行合同义务,但是是否实际赔付保险金,则显现出射幸性、偶然性的特点。保险人并不必然地实际赔付保险金。在诸多赔付条件中,最为重要的是被保险人是否实际遭受保险合同约定的损失。"实际遭受损失"是保险人"支付赔偿"的必要前提。这也是保险赔偿原则的本质体现。如果被保险人在发生保险事故遭受损失之后,又从责任第三人处取得了全部或部分损害赔偿,则被保险人的"实际损失"相应减少,根据《保险法》第六十条、《海商法》第二百五十四条的规定,保险人在进行保险赔付时有权相应扣减被保险人已经从第三人取得的赔偿。当然,"从第三人取得的赔偿"应指实际获得的赔偿。即使被保险人诉请责任第三人损害赔偿并取得了胜诉判决,该判决本身也不能替代"从第三人取得的赔偿"。只有当责任第三人实际履行该胜诉判决时,对被保险人做出的全部或部分实际赔偿方为"从第三人取得的赔偿"。

(三)保险代位求偿是保险赔付的延续,以"实际损失"和"实际赔付"为前提

保险代位求偿是保险赔付的延续,是保险赔偿原则的又一重要体现,同样以被保险人是否"实际损失"和保险人是否"实际赔付"为前提。在我国《海商法》《保险法》颁布实施的最初几年里,人们曾经就保险人取得代位求偿权的前提条件展开激烈讨论。最终,《中华人民共和国海事诉讼特别程序法》(以下简称《海诉法》)第九十六条和《最高人民法院关于适用〈海事诉讼特别程序法〉若干问题的解释》(以下简称《海诉法司法解释》)第六十八条做出了澄清,要求保险人提供赔偿金收据、银行支付单据等实际支付保险金的凭证。仅有被保险人出具的权利转让书但是不能出具实际支付证明的,不能作为保险人取得代位请求赔偿权利的事实依据。这些规定明确表明,"实际赔付"是保险代位求偿权取得和行使的重要基础和前提。

(四)保险代位求偿权是被保险人对第三人权利的继受,具有"联动性"

究其本质,代位求偿制度的设立,一方面是为了维护一般私法上的损害赔偿制度,使责任第三人不因被害人获得保险赔偿而免除其不法责任;另一方面,可以避免被保险人获得不当得利。①

因此,在保险代位求偿制度下,责任第三人是最终责任人,不应因被保险人与保险人之间是否订有保险合同而有任何变化。如果保险人未做实际赔付,被保险

---

① 江朝国:《保险法基础理论》,中国政法大学出版社 2002 年,第 388—389 页。

人享有要求责任第三人承担责任的"原始"权利。如果保险人实际赔付了相应的损失，保险人即应获得要求责任第三人承担责任的"继受"权利。

要求责任第三人承担责任，肇始于责任第三人不法行为的做出，终止于诉讼、仲裁、执行等项司法（准司法）制度保障下第三人赔偿责任的最终承担，即责任第三人的"实际承担"。这一过程中既有对实体权利的立法确认，又有实现实体权利的程序保障。

保险代位求偿权与"实际赔付"具有联动性，是被保险人对第三人权利的继受和延续。我国《保险法》《海商法》《海诉法》对此均有明确规定。《保险法》第四十五条规定："保险人自……赔偿保险金之日起……行使被保险人对第三者请求赔偿的权利。"《海商法》第二百五十二条规定："被保险人向第三人要求赔偿的权利，自保险人支付赔偿之日起，相应转移给保险人。"《海诉法》第九十三条也开宗明义地规定，"保险人……支付保险赔偿后，……可以代位行使被保险人对第三人请求赔偿的权利"，为保险代位求偿权的行使定下了程序保障的基调。

可见，在要求第三人承担责任的过程中，保险人因"实际赔付"而"随时""继受"被保险人的此项权利，直至责任第三人"实际承担"其民事责任。我国《海诉法》《海诉法司法解释》《最高人民法院关于审理海上保险纠纷案件的司法解释》（以下简称《海上保险司法解释》）的相关规定为这一权利的实现提供了具体的程序保障。例如，《海诉法》第九十四条、第九十五条确认保险人有权直接启动、继受或者共同参与向责任第三人索赔的相关程序。《海诉法司法解释》第六十七条确认保险人有权继受被保险人此前针对责任第三人所取得的相关财产保全利益或者担保权益。《海上保险司法解释》第十五条确认保险人有权继受被保险人相关诉讼行为所取得的时效中断权益。

可惜的是，相关立法和司法解释并没有对保险人在执行阶段做出保险赔付，继受被保险人相关权利这一事项做出具体规定。具体而言，立法和司法解释没有规定被保险人起诉责任第三人并且取得有利判决后，该有利判决尚未执行完毕，即责任第三人尚未对被保险人实际履行赔偿责任的时候，被保险人是否有权诉请保险人进行保险赔付，继而取得代位求偿权。这一"缺无"致使司法实践产生了截然相反的观点和操作方法，对当事人的利益产生重大影响。但是，从上述法理和《海诉法》第九十三条的规定，仍然可以得出这样的结论，即被保险人对责任第三人取得有利判决，但是尚未执行完毕，责任第三人尚未对被保险人实际履行赔偿责任的时候，被保险人仍然有权诉请保险人进行保险赔付并取得代位求偿权。

（五）保险代位求偿权兼具实体权利和程序权利的内涵

如上所述，保险代位求偿权是被保险人要求责任第三人损害赔偿这一"原始"

权利的继受和延续。该原始权利肇始于责任第三人不法行为的做出,终止于诉讼、仲裁、执行等项司法(准司法)制度保障下责任第三人的"实际赔偿"。因此,保险人可以在这一过程中的任何"时点",因"实际赔付"而取得保险代位求偿权,延续要求责任第三人做出损害赔偿的全过程。保险代位求偿权故而兼具实体权利和程序权利的内涵。学理上将保险代位求偿权认定为被保险人(对责任第三人)损害赔偿债权的法定移转,这不是对保险代位求偿权属性的全面概括。

三、保险索赔、保险代位求偿权与原始索赔在起诉时间上的承接

(一)保险索赔与对责任第三人"原始"索赔的起诉时间

第三人对保险标的造成损害的,被保险人可以依法向第三人索赔。这一损害属于保险合同约定的保险事故的,被保险人可以依据保险合同向保险人索赔。前者是责任第三人因其不法行为而应承担的民事责任。后者是保险人依据保险合同所要承担的基本合同义务。除涉及的损失具有同一性外,两种法律关系以及被保险人的索赔权利各有不同。因此,法律应当在尊重被保险人索赔自主权的同时,防止被保险人因同时取得责任第三人的损害赔偿和保险人的保险赔偿,从而获得额外利益的结果。

这正是保险代位求偿制度的立法本意。如上所述,保险代位求偿制度的设立,一方面是避免使责任第三人免除其不法责任;另一方面是避免保险人免除或减少保险赔偿义务,同时又避免被保险人获得不当得利。因此,应当允许被保险人根据自身情况,自主决定只诉请责任第三人给予损害赔偿,或者只诉请保险人给予保险赔偿,抑或分别诉请责任第三人承担赔偿责任和诉请保险人履行保险赔偿义务。分别起诉责任第三人和保险人,并不构成重复诉讼、一案两诉。受诉法院受理该案,并不违反"一事不再理"原则。

在分别起诉责任第三人和保险人的情况下,被保险人有权决定先起诉责任第三人,后起诉保险人,或者先起诉保险人,后起诉责任第三人。

(二)保险代位求偿权与"原始"索赔的承接时间

不论保险索赔起诉时间在先还是在后,只要定案在先,保险人在做出保险赔付之后,即取得了代位求偿权,可以径直启动被保险人尚未启动的对责任第三人索赔诉讼,或者接续被保险人已经启动的对责任第三人索赔诉讼。如果保险赔付只能弥补被保险人损失的一部分,则保险人可以参与完成被保险人已经启动的对责任第三人的索赔诉讼。对此,我国《海诉法》第九十四条和第九十五条做出了具体规定。

根据《浙江省高级人民法院关于审理海上保险合同纠纷案件若干问题的指导

意见》第十二条的规定，被保险人已经诉请保险人保险赔偿，但是尚未判决时，又向责任第三人另行起诉主张赔偿的，对责任第三人提起的索赔诉讼应当"原地踏步"，中止案件审理，待保险合同纠纷案件判决后再恢复诉讼。此条规定，意在促使保险索赔先行定案，从而尽快确定保险代位求偿权与"原始"索赔的承接时间。然而，本条规定又存在着两方面不足：一是本条仅规定了保险索赔在先、对责任第三人索赔在后的情形，而未就被保险人对责任第三人索赔在先、保险索赔在后的情形做任何规定，因而有失全面；二是要求中止审理对责任第三人的损害赔偿案件，待保险合同纠纷案件判决后再恢复该诉讼，实有本末倒置之嫌。如上所述，无论被保险人与保险人之间有何利益纠葛，责任第三人均为最终责任承担者。责任第三人损害赔偿案件如能得到及时审理，将有利于早日定纷止争。由被保险人启动对责任第三人的损害赔偿诉讼，还是由保险人启动、接续或共同参与这一诉讼，都不会影响第三人是否应当承担责任以及如何承担责任的实质结果。因此，如果一味地中止审理对责任第三人的损害赔偿案件，与拖延审理似乎毫无二致，不利于尽快确定责任、解决纠纷，与海事诉讼制度的设立宗旨相偏离。

我们认为，保险代位求偿权兼具实体权利与程序权利的内涵，这一特性使得在程序上无须通过中止审理等方式人为干预案件的审理进程，可以"顺其自然"地受理、审理被保险人对保险人的保险索赔案和对责任第三人的损害索赔案。如果前者定案在先，保险人可以凭实际赔付证明及其他相关文件启动、接续或共同参与对责任第三人的诉讼程序。如果后者定案在先，被保险人已经获得赔偿的，保险人可以相应扣减保险赔偿金额；被保险人未获得足额赔偿的，保险人可以在保险赔付后延续被保险人对责任第三人要求赔偿的权利（详见下文）。

四、在对责任第三人判决执行阶段的承接

如上所述，在被保险人先行对责任第三人起诉，并且取得有利判决但是责任第三人尚未实际赔偿的情况下，能否诉请保险人给予保险赔偿，相关立法和司法解释对此未做具体规定，司法实践中存在截然相反的观点和处理方法。本文提及的案例即为突出代表。

（一）肯定说

"肯定说"认为有利判决不等于损失已经得到补偿。我国《海商法》第二百五十四条规定的"被保险人已经从第三人取得的赔偿"是实际赔偿。有利判决是对被保险人可以向法院申请执行的索赔权的确认。如果责任第三人没有实际执行法院判决，则被保险人并未实际取得责任第三人的损害赔偿，被保险人向保险人诉请保险赔付不存在任何法律和道德上的障碍。也就是说，被保险人仍然可以诉请保

险人做出保险赔付。保险人在实际赔付后,取得代位求偿权,可以向法院申请受让被保险人对责任第三人的强制执行申请权。

我国《海商法》《保险法》均规定被保险人不得重复取得责任第三人的损害赔偿和保险人的保险赔付。因此,即使保险人不申请取得强制执行申请权,当被保险人申请法院强制执行,从责任第三人处取得赔偿时,保险人仍然可以要求被保险人返还重复支付的保险赔偿金额。

鉴于有些被保险人在同时取得对责任第三人的有利判决和对保险人的有利判决时,只申请执行对保险人的有利判决,从而可能使责任第三人因此逃避不法责任,我们认为在被保险人先行取得有利判决的情况下,应当明确赋予保险人取得强制执行(该有利判决)申请权。如前所述,保险代位求偿权兼具实体权利和程序权利的内涵,不应仅限于起诉之前的实体权利和起诉后下判前的程序权利,还应当包括判决执行过程中的程序权利。

有观点认为,保险法仅是赋予保险人代位权,该权利能否实现还有待于诉讼来确认,故应通过诉讼后保险人才能向法院申请执行,而法院不应将保险人列为申请执行人。① 我们认为法院无须经诉讼确认,即可经保险人申请,直接将保险人列为申请执行人。我国《海上保险司法解释》第十四条规定:"受理保险人行使代位请求赔偿权利纠纷案件的人民法院应当仅就造成保险事故的第三人与被保险人之间的法律关系进行审理。"保险人只要提交实际赔付证明,以及参加诉讼应当提交的其他文件,即可行使代位求偿权。对责任第二人的有利判决是法院对责任第三人与被保险人之间法律关系进行审理后所做出的司法认定。因此,保险人无须申请法院对责任第三人与被保险人之间的法律关系再行审理,即可凭实际赔付证明及其他相关文件申请法院将其列为申请执行人,通过执行该有利判决来实现保险代位求偿制度的设立意旨。

《最高人民法院关于变更和追加执行当事人的若干规定》(征求意见稿)第1条"债权人变更的范围"规定:"除执行依据中指明的债权人以外,下列人可以申请执行或者申请继续已经开始的执行程序。"该条第8项将执行依据中确定的债权的受让人列为执行当事人。可见,保险人做出实际赔付后,既取得了被保险人对责任第三人的实体索赔权,也取得了被保险人对责任第三人有利判决的执行申请权。这与保险代位求偿制度的设立宗旨和《海诉法》第九十三条的规定相一致。

(二)否定说

"否定说"则认为,被保险人向责任第三人索赔并获得有利判决后,再起诉保

---

① 王永东、黄春根:《在执行中代位权人是否可变更为申请执行人》URL: http://www.doc88.cm/p-617600789161.htmlError: ERR_NAME_NOT_RESOLVED (-105) ERR_NAME_NOT_RESOLVED.

险人的,构成诉讼请求重复;被保险人要将该有利判决项下的权益转让给保险人以避免诉讼请求重复,这一主张没有法律依据。

我们认为,这实际上是对保险赔偿和保险代位求偿权作用及性质的误解。如上所述,保险赔偿以被保险人有"实际损失"为前提。由于责任第三人的原因,使被保险人遭受了损失。被保险人可以向责任第三人索赔。因此取得的有利判决是被保险人获得损失弥补的基础。但是,只有当责任第三人按照该有利判决的认定实际支付损害赔偿时,方能使被保险人的"实际损失"得以弥补。因此,有利判决本身不能使被保险人的"实际损失"发生任何变化,也不能阻却被保险人诉请保险人对其"实际损失"进行保险赔偿。保险人在保险赔付后,即可依《海诉法》第九十三条的规定,"接续"被保险人请求第三人赔偿实际损失的权利,直至责任第三人"实际承担"民事责任。此项保险代位求偿权兼具实体权利和程序权利的内涵,并非仅停留在被保险人向责任第三人起诉或者法院下判之前,还应包括执行阶段。

如果不允许被保险人在对责任第三人取得有利判决后,向保险人进行保险索赔,不但与法理相悖,还会产生混乱和利益失衡的不良后果。具体如下:

第一,不允许就实际损失向保险人索赔,有悖保险立法宗旨。如上所述,取得对责任第三人的有利判决并不意味着被保险人的实际损失已经得到弥补。只要有实际损失,且该实际损失符合保险合同的约定,被保险人就应有权诉请保险人予以保险赔偿。不顾责任第三人未实际履行赔偿责任这一事实,一味禁止对保险人的保险索赔,与保险赔偿原则相悖。

第二,"否定说"将促使被保险人仅选择保险索赔,不利于追究责任第三人的最终损害赔偿责任。不允许被保险人在对责任第三人取得有利判决后,再向保险人索赔,实质上是要求被保险人在责任第三人和保险人之间择一而诉。实践中,即使取得对责任第三人的有利判决,也可能会由于责任第三人的执行能力不足等原因,使被保险人无法获得足额赔偿。为了避免这一执行风险,被保险人将会选择起诉保险人而不是责任第三人,这不利于追究责任第三人的损害赔偿责任。

第三,置被保险人于两难境地。一方面,虽然起诉责任第三人可以保护时效,有利于保险人行使代位求偿权,但是如果选择向责任第三人起诉,甚至取得有利判决,基于"否定说",将不能再向保险人索赔,则会使被保险人因责任第三人执行能力不足而无法获得足额赔偿,甚至会两手空空。另一方面,如果只起诉保险人,而不起诉责任第三人,算不算我国《海商法》第二百五十三条和《保险法》第六十一条所规定的"放弃对第三者请求赔偿的权利"?视为放弃的,保险人不承担保险赔偿责任,这将使被保险人两手空空。不对责任第三人提起诉讼、仲裁等,将不能保护对责任第三人的索赔时效。一旦保险索赔诉讼持续时间较长,超出对责任第三人的诉讼时效,导致保险人不能行使代位求偿权,能否认定被保险人"故意或者因重大过失致使保险人不能行使代位请求赔偿的权利”，保险人从而相应扣减保险赔偿，甚至拒绝承担保险赔偿责任？如果认定为“故意或重大过失”，被保险人又会两手空空；如果不认定为“故意或重大过失”，则会因保险人不能行使代位求偿权，使责任第三人得以“逃避”损害赔偿责任。

第四，既要保护时效，又要避免在取得有利判决后再起诉保险人，依“否定说”被直接驳回对保险人的诉讼请求，被保险人必须分别起诉保险人和责任第三人，同时“祈祷”对责任第三人的诉讼案件“缓慢”进行，一直“拖”到对保险人的诉讼案件审结之后再审结，这显然与诉讼效益原则相矛盾。

第五，被保险人在对责任第三人取得有利判决之前，就提起保险赔偿诉讼并且进行全部庭审的，如果仅因被保险人取得了对责任第三人的有利判决，而直接驳回其对保险人的诉讼请求，将严重影响司法审判的权威性。

第六，不同法院分别审理对责任第三人的诉讼案件和对保险人的诉讼案件时，还将产生审理法院之间的协调难题。

第七，同理可以推知，被保险人在对责任第三人取得有利判决后，保险人也有权不理赔，这有悖于保险法的立法精神。被保险人诉请责任第三人的诉讼案件何时取得生效判决，与法院的诉讼程序有关，当事人通常对此无法预测和确定。在无法确知被保险人取得生效判决时间的情况下，保险人在取得有利判决之前进行保险理赔和在取得有利判决之后进行保险理赔，依“否定说”，其法律后果截然相反，这显然有悖于法律与司法的稳定性和预见性。

综上，我们认为，无论从法理上，还是从当事人利益平衡、司法实践的操作性上看，“否定说”均不足取。

五、结语

自主决定诉讼途径和诉讼对象，是被保险人的应有权利。在合理保护被保险人利益的基础上，应当正确理解保险代位求偿权的实体内涵和程序内涵，使保险人得以在实际赔付后，即时接续被保险人对责任第三人的索赔进程，在保护保险人合法权益的同时，更能促使责任第三人承担损害赔偿责任，维护社会公平与正义。

（获 2011 年第二十届全国海事审判研讨会一等奖）

海域污染案件审判中发现的问题、原因及对策

吴勇奇

【摘要】为总结海域污染案件的审判经验，笔者查阅了宁波海事法院自2001年起至2014年上半年止所受理的涉及海域污染损害赔偿纠纷的案件，总结了在当事人举证、法院认证、法律适用、公益诉讼等环节所存在的问题，分析了产生上述问题的原因：一是当事人法律意识缺乏；二是现行管理体制存在缺陷；三是油污法律制度不完善；四是公益诉讼制度刚刚确立。同时，针对问题和原因提出了相应对策：一是加强相关法律的宣传和学习；二是构建污染事故和污染损害通报指导制度；三是尝试"公益赔偿入库制度"；四是建立船舶污染损害强制保险制度和污染事故应急处置基金制度；五是健全污染损害赔偿法律体系。

【关键词】海域污染；审判问题；原因与对策

为总结海域污染案件的审判经验，提高海域污染案件的办案质量，笔者查阅了宁波海事法院自2001年起至2014年上半年止所受理的涉及海域污染损害赔偿纠纷的案件。其间，本院共受理涉及海域污染损害赔偿案件46件，涉及14起事故，具体情况如表1至表5所示：

表1　年度分布情况及所涉事故次数

年度	2001	2002	2003	2004	2005	2006	2007	2008	2009	2010	2011	2012	2013	2014
件数	20	1	1	0	0	2	1	4	5	2	0	7	1
事故数	3	1	1	0	0	1	1	1	3	1	0	1	1	0

备注：①2001年度其中1个污染事故引发18个案件；②2007年度的其中1个案件由2006年度的事故所引发；③2009年度的其中1个案件由2007年度的事故所引发；④2011年度的2个案件由2009年度的事故所引发；⑤2013年度的7个案件由2012年的事故所引发；⑥2014年上半年的案件由2013年度的事故所引发。

表2　污染来源情况

污染源	陆地排污	港池及航道疏浚排浆	养殖塘排污	船舶漏油
件数	19	2	3	22
事故数	2	1	3	8

备注:其中1个事故导致的7件船舶漏油案件,同时泄漏了船载农药。

表3　诉讼主体情况

诉讼主体	自然人		法人或组织		公益诉讼主体
	原告	被告	原告	被告	
件数	24	33	22	13	7

备注:①有法人或组织与自然人作为共同被告的,统计为法人或组织;②公益诉讼主体为:省、市级海事局、海区渔政局、省海洋与渔业厅、县海洋与渔业局、镇人民政府。

表4　诉讼请求内容

序号	诉讼请求	件数
1	纯污染损害索赔	39
2	纯污染损害赔偿追偿	1
3	其他财产损害索赔及污染损害赔偿追偿	6

表5　案件处理情况

处理方式	撤诉		调解	判决或裁定		未结
	和解	其他		驳回	支持	
件数	20	6	11	4	4	1

备注:撤诉的其他原因有:①诉讼对象错误;②不能证明污染物系被告所排放;③不能证明损失数量且被告举证证明没有因果关系;④公益诉讼两原告的诉讼请求重复,其中一原告申请撤诉;⑤原告拒不到庭的按自动撤诉处理。

判决驳回诉讼请求(2件)的理由:①被告举证证明没有因果关系;② 原告不能证明侵权行为及损害事实存在。

裁定驳回起诉(2件)的理由:本院不方便管辖。

一、问题

从本院历年审理的涉及海域污染损害赔偿案件的情况来看,存在以下几个方面的问题:

(一)当事人举证环节

《最高人民法院关于适用〈中华人民共和国民事诉讼法〉若干问题的意见》第

七十四条明确了环境污染损害赔偿诉讼实行举证责任倒置原则。《最高人民法院关于民事诉讼证据的若干规定》第四条第一款第三项则将该原则明确为：因环境污染引起的损害赔偿诉讼，由加害人就法律规定的免责事由及其行为与损害结果之间不存在因果关系承担举证责任。但在诉讼中，我们发现不少案件存在如下问题：

1. 原告缺少遭受污染的证据

受害人对污染侵权人提起诉讼，首先必须举证证明侵权人的污染物质污染了其水域或养殖区域，必要时，还要进行"油指纹"比对，以证明该污染物就是侵权人泄漏排放的，这是要求污染侵权人承担责任的基础。一旦当事人无法提供此类证据，法院将难以支持其主张，如（2007）甬海法事初字第 59 号案件，当事人就是提供不了这样的证据。

2. 原告缺少遭受损害的证据

在上述举证的前提下，受害人还必须举证证明其养殖物死亡了多少、生产经营受到了多大损害、生态资源受损情况及恢复费用的多少等，法院据此才能确定污染侵权人赔偿多少损失。比如养殖物死亡损失，较好的证据就是请相关机构对死亡情况进行抽样清点记录，形成可信的客观证据。但一些案件的原告却提供不了这样的证据来证明自己的损失，法院也难以支持其诉讼请求，如（2007）甬海法事初字第 59 号案件。

（二）法院认证环节

在涉及污染损害赔偿纠纷案件的审理过程中，对原告能够提供的证据认定，也存在这样或那样的一些问题：

1. 对当事人提供的费用清单的认定

这主要是对海事局作为公益诉讼主体就应急处置费用所提供的证据，其内容除了围油栏、吸油毡、溢油分散剂等材料的使用数量和价格外，还有参与应急处置的船舶数量和人员，以及使用价格及工资报酬等。对该清单，法院除了要求原告提供围油栏、吸油毡、溢油分散剂等材料的购买价格，如果参与应急处置的船舶是社会船舶，还可要求原告提供合同依据或结算依据外，其他很难要求原告再提供什么证据了。原告作为国家机关，法院应当相信其提供的清单是真实的，但在污染侵权人责任限制的情况下，原告是否会通过虚增损失的办法，以获取足够的清偿，承办法官难免产生合理怀疑，而与污染事故大小并不相称的巨额应急处置费用，更加深了承办法官的合理怀疑。然而在审判中，承办法官对这种证据的审查又显得无能为力，如（2009）甬海法事初字第 31 号、（2011）甬海法权字第 2 号案件。

2. 对鉴定结论替代客观证据的认定

侵权人泄漏排放的污染物质污染了多大范围的海域,这是可以监测的内容,监测报告应是该事实的客观证据。但由于污染事故发生后,相关海洋管理部门未组织监测,以致进行索赔诉讼时,缺少污染范围的客观证据。为索赔需要,相关海洋管理部门却以侵权人泄漏排放污染物质的数量为据,委托鉴定机构参照类似污染事故的监测结果进行理论推算,以鉴定结论替代客观证据提供给法院作为污染范围和损害结果的证据。由于污染范围和损害结果的影响因素众多,承办法官对这种证据难以形成内心确信,如(2009)甬海法事初字第 32 号案件。

此外,关于养殖物的死亡损失,也存在用鉴定结论替代可观察记录的客观证据的情况,如(2009)甬海法事初字第 32 号案件。

3. 对关联单位所做鉴定结论的认定

目前,我国的污染损害鉴定机构绝大多数隶属于海洋渔业管理部门,这对于海洋渔业管理部门的公益诉讼来讲,诉讼当事人与鉴定机构就有了一定关联性。对原告提供的由关联机构做出的鉴定报告,不但被告持有异议,对法院的证据采信也有相当的影响。由于油污损害鉴定的复杂性和专业性,承办法官又很难发现鉴定方法和鉴定结论上存在的问题,客观上产生污染损害该不该赔、赔多赔少均由鉴定机构说了算的现象,继而产生海洋渔业管理部门在污染损害赔偿案件中"既当运动员,又做裁判员"的现象。如(2009)甬海法事初字第 32 号案件,该案的原告为中华人民共和国东海区渔政局,鉴定单位为原农业部东海区渔业生态环境监测中心,其鉴定资格证书由中华人民共和国渔政局签发。

(三)法律适用环节

污染损害赔偿案件的法律适用也存在不少问题,主要是:

1. 国内船舶油污损害赔偿的法律适用问题

我国是《1969 年国际油污损害民事责任公约》及《〈1969 年国际油污损害民事责任公约〉1992 年议定书》(简称《1992 年油污责任公约》)的成员国,当不适用该公约的国内油品运输船舶发生泄漏货油事故时,该如何适用法律,便有许多不明确的地方,比如责任人享受的是普通的海事赔偿责任限制,还是要参照《1992 年油污责任公约》另设油污损害赔偿责任限制? 国内油品运输船舶与非油品运输船舶如果泄漏燃油,是否与国内油品运输船舶泄漏货油享受同样的损害赔偿责任限制？……各海事法院的观点和做法均不统一。① 在明确的法律规定出台前，根据我国《海商法》第二百零八条第（二）项的规定，似乎不适用《1992 年油污责任公约》的船舶发生漏油事故（包括泄漏货油和燃油），均应适用普通的海事赔偿责任限制，但这又显得不尽合理。

2. 船舶碰撞造成油污损害的责任承担问题

海事审判中较为典型的是船舶碰撞漏油造成海洋污染损害赔偿案件，对于非适用《1992 年油污责任公约》的船舶碰撞造成一船漏油，是由漏油船承担油污赔偿责任，再进行追偿，还是由碰撞双方承担连带赔偿责任或按碰撞责任比例承担赔偿责任，理论上和审判实践中各有主张，莫衷一是。参照公约"谁漏油，谁赔偿"是一种观点，毕竟船舶碰撞与污染损害属于不同性质的侵权行为，适用不同的归责原则，不能混同。但在我国目前法律制度下，由碰撞双方承担连带赔偿责任或按碰撞责任比例承担赔偿责任，更有利于保护受害人的合法权益，这又是一种观点。而该观点显然不利于航运业的发展。如何平衡两者的利益，的确值得慎重考虑。审判实践中还出现了受害人直接起诉非漏油一方，要求其承担油污损害赔偿责任的案件，如（2009）甬海法事初字第 32 号案件。

3. 清污费用的优先受偿问题

在（2011）甬海法权字第 2 号案件审理过程中，原告中华人民共和国宁波海事局提出其清污费应当在责任人的海事赔偿责任限制基金中优先受偿，其依据是《防治船舶污染海洋环境管理条例》第五十五条关于"发生船舶油污事故，国家组织有关单位进行应急处置、清除污染所发生的必要费用，应当在船舶油污损害赔偿中优先受偿"的规定。此处的"优先受偿"，显然不是针对船舶拍卖款的，而是针对油污损害赔偿款或者说是针对海事赔偿责任限额或赔偿责任限制基金的。但在非适用《1992 油污责任公约》的情况下，我国《海商法》第二百一十条第一款第（四）项所规定的在责任限额中能够优先受偿的海事请求，并不包括因应急处置、清除污

① 典型的两个相反案例是青岛海事法院"烟救油 2"油轮碰撞案和广州海事法院"闽燃供 2"油轮碰撞案，同为国内航线 2 000 总吨以下油轮，污染水域都是中国水域，案情基本相同，但法律适用却截然不同，导致裁判结果迥异。其中"烟救油 2"油轮碰撞案，青岛海事法院认为：《1992 年油污责任公约》不适用国内航线 2 000 总吨以下油轮，责任人不得享受责任限制，应适用我国《海洋环境保护法》和《民法通则》，故判决船东全额赔偿。山东高级人民法院予以维持。最高人民法院提审撤销一、二审判决，认为该案不适用《1992 年油污责任公约》，但可适用《海商法》的责任限制。对于"闽燃供 2"油轮碰撞案，广州海事法院认为：我国《海洋环境保护法》和《防治船舶污染海洋环境管理条例》等国内法律法规并没有排除 2 000 总吨以下航行国际国内航线的油轮适用《1992 年油污责任公约》《海洋环境保护法》规定环境保护实行国际公约优先原则，《1992 年油污责任公约》是环境保护有关的国际公约，我国参加时未做出保留，故裁定该案适用《1992 年油污责任公约》，责任人享有公约规定的责任限制权利（转引自《中国环境法治》2011 卷下《关于审理水资源污染案件相关法律问题的调研报告》，法律出版社 2012 年版，第 75 页）。

染所发生的必要费用的请求。因该条例的规定与法律规定相抵触,故原告的主张不被本院所支持。

(四)公益诉讼环节

公益诉讼是 2012 年《中华人民共和国民事诉讼法》(以下简称《民诉法》)修改中新增加的内容,①重点解决民事公益诉讼原告的主体资格问题,其含义包括两个方面的内容:公益诉讼的案件范围和原告资格。

1. 公益诉讼的主体问题

对于污染海洋环境损害公共利益的行为,属于公益诉讼的案件范围,这是没有争议的。但对谁是污染海洋环境案件的公益诉讼主体,审判实践中的看法并不一致,笔者在对诉讼主体进行分类时就碰到这个问题。

我国《民诉法》第五十五条将公益诉讼的原告范围指向了其他法律,实际上为我国民事公益诉讼确立了"基本法+单行法"的制度模式。② 但目前我国立法关于公益诉讼原告资格的规定仅见于《中华人民共和国海洋环境保护法》(以下简称《海洋环境保护法》)第九十条第二款,该条款规定:"对破坏海洋生态、海洋水产资源、海洋保护区,给国家造成重大损失的,由依照本法规定行使海洋环境监督管理权的部门代表国家对责任者提出损害赔偿要求。"

据此,根据我国《海洋环境保护法》第五条③之授权,我们可以基本确定下列部门和单位为海洋环境污染公益诉讼的主体:

(1)国家海洋行政主管部门,即国家海洋局;

---

① 《民诉法》第五十五条规定:"对污染环境、侵害众多消费者合法权益等损害社会公共利益的行为,法律规定的机关和有关组织可以向人民法院提起诉讼。"

② 《〈中华人民共和国民事诉讼法〉修改条文理解与适用》,人民法院出版社 2012 年版,第 89 页。

③ 《海洋环境保护法》第五条规定:"国务院环境保护行政主管部门作为对全国环境保护工作统一监督管理的部门,对全国海洋环境保护工作实施指导、协调和监督,并负责全国防治陆源污染物和海岸工程建设项目对海洋污染损害的环境保护工作。

国家海洋行政主管部门负责海洋环境的监督管理,组织海洋环境的调查、监测、监视、评价和科学研究,负责全国防治海洋工程建设项目和海洋倾倒废弃物对海洋污染损害的环境保护工作。

国家海事行政主管部门负责所辖港区水域内非军事船舶和港区水域外非渔业、非军事船舶污染海洋环境的监督管理,并负责污染事故的调查处理;对在中华人民共和国管辖海域航行、停泊和作业的外国籍船舶造成的污染事故登轮检查处理。船舶污染事故给渔业造成损害的,应当吸收渔业行政主管部门参与调查处理。

国家渔业行政主管部门负责渔港水域内非军事船舶和渔港水域外渔业船舶污染海洋环境的监督管理,负责保护渔业水域生态环境工作,并调查处理前款规定的污染事故以外的渔业污染事故。

军队环境保护部门负责军事船舶污染海洋环境的监督管理及污染事故的调查处理。

沿海县级以上地方人民政府行使海洋环境监督管理权的部门的职责,由省、自治区、直辖市人民政府根据本法及国务院有关规定确定。"

(2)国家海事行政主管部门，即国家海事局；

(3)国家渔业行政主管部门，即农业部渔业渔政管理局；

(4)各直属海事局；

(5)各地方海洋与渔业(厅)局；

(6)沿海县级以上地方人民政府。

军队环境保护部门由于只负责军事船舶污染海洋环境的监督管理及污染事故的调查处理，且军事船舶隶属于国家，故其不能成为海洋环境污染公益诉讼的主体。

从我国《海洋环境保护法》第五条的规定看，只有沿海县级以上地方人民政府才能作为海洋环境污染公益诉讼的主体，然而，审判实践中却出现了镇人民政府起诉海洋污染责任者索要组织力量开展污染防控所产生的费用460余万元的案件，即(2013)甬海法权字第32号案。镇人民政府是否有权提起公益诉讼？是否改由区人民政府提起公益诉讼？就值得研究。毕竟镇人民政府行使的是政府的职能，追索的是财政支出的费用，具有公益诉讼的性质。

2. 公益诉讼获赔款项的归属问题

在我国，海洋资源属于国家所有并由国家机关予以监督管理。因此，海洋环境监督管理部门代表国家对责任者提出损害赔偿要求所获得的款项，理应收归国家所有。但从我院审理的由相关职能部门提起的公益诉讼案件的裁判来看，均未明确获赔款项上缴国库。这难免会使案件当事人和社会公众对获赔款项的去向和用途产生种种猜测。

尽管海事局在海洋污染损害公益诉讼中获得的赔偿，绝大多数支付给了受命参与防污、清污的单位和个人，但从国家机关的收支两条线的要求出发，获赔款项也应上缴国库，再由国库向受命参与防污、清污的单位和个人支付。

3. 防污、清污费用的诉讼问题

防污、清污费用的索赔请求，是海事局作为公益诉讼主体的主要诉讼请求。但对于海洋污染损害的防污、清污费用的索赔，审判实践中有两种诉讼形式：一是由海事局向责任者提出索赔请求，如(2009)甬海法事初字第31号案；二是由海事局指令参与防污、清污的单位和个人直接向责任者提出支付请求，如(2013)甬海法权字第39、40、42、43号案。这在法律上是值得讨论的。

显然，防污、清污费用如由海事局向责任者提出索赔，则属于公益诉讼的范畴；防污、清污费用如由海事局指令参与防污、清污的单位和个人直接向责任者提出索赔，则不属于公益诉讼的范畴，因为这些单位和个人不是法律所规定的行使海洋环境监督管理权的部门，不能成为公益诉讼的对象。

从防污、清污费用的性质来看,它是国家为防止污染损害而支出的费用,尽管其中相当大的一部分是支付给了受命参与防污、清污的单位和个人,但其性质上仍属于国家公共利益遭受的损失,应由海事局作为公益诉讼主体向责任者提出索赔请求,而不应由受命参与防污、清污的单位和个人直接向责任者提出索赔。

二、原因

产生上述问题的原因是多方面的,主要是:

(一)当事人法律意识缺乏

具体表现在以下两个方面:一是不能正确理解污染损害赔偿诉讼的举证责任倒置制度。当事人误以为污染损害发生后,受害人只需提出索赔,无须举证,至于有没有侵权,有没有损害,侵权行为与损害结果有没有因果关系,都应由被告一方承担举证责任,因而怠于取证和固定相关证据,以致诉讼中无法提供相关材料,或以鉴定结论替代应有的客观证据,难以维护自身的合法权益。二是过分依赖与污染责任人的非诉调解。(2007)甬海法事初字第 59 号案件的污染事故发生后,因海洋渔业管理部门已出面代表各受害方与油污侵权责任人进行赔偿协商,因而也忽视了其遭受油污侵害证据和养殖物死亡证据的取证和固定,以致在提起诉讼时,提供不了相关证据。好在该事故最终由海洋渔业管理部门代表各受害方与油污侵权责任人达成了赔偿协议,原告最后撤回了起诉。据称,其通过政府调解获得的赔偿只有实际损失的 10%。

(二)现行管理体制缺陷

具体表现:一是污染事故的应急处置没有相应的财务保障。海事管理机构一方面承担维护社会公共安全的职能,另一方面却没有相应的财政支付作为履职的保证,也没有相应的污染事故应急处置基金提供财务支持,导致海事管理部门在采取应急处置措施后,为弥补材料费用的支出,足额偿付调用社会船舶的费用,在油污责任人享有海事赔偿责任限制的情况下,难免产生与其他部门、单位和民众争利的现象。二是授权的公益诉讼主体与鉴定资质审批管理机构重叠。这就产生了海洋渔业管理部门在污染损害赔偿公益诉讼中"既做裁判员,又当运动员"的现象。

(三)油污法律制度不完善

审判中的法律适用问题,其根源:一是缺少相应的非适用国际公约的油污责任法律规定。这就产生了审判中的无法可依、无法必依、法官造法、司法混乱的现象。二是没有建立船舶污染损害强制保险制度和污染事故应急处置基金制度。一方面使船舶油污损害的赔偿因责任限制而严重不足,另一方面又使海事管理部门的应急处置费用得不到相应的财务支持,从而产生恶性循环,使海事管理部门所承担维护社会公共安全的职能大打折扣。三是相关法律规定不衔接并相互矛盾。关于清污费用应否优先受偿的争议,其根源就在于条例和法律规定的冲突和矛盾。

(四)公益诉讼制度刚刚确立

近年来,社会对公共利益保护的关注度日益提高。在我国《民诉法》确立公益诉讼制度之前,由于专家、学者们不遗余力地研究推介国外公益诉讼理论和实践,并积极探索尝试,我国不断出现一些广为关注的公益诉讼,其中包括海洋污染公益诉讼案件,本院的审判实践也是如此。现在我国的公益诉讼制度虽已建立,但法律规定仅有一条,还缺乏具体的配套规定,有待于今后不断充实和完善。

三、对策

针对存在的问题和原因,提出如下建议:

(一)加强相关法律的宣传和学习

通过宣传和学习,提高船舶的安全生产意识,提高人们的环境保护意识,提高污染受害单位和个人依法维护自身合法权益的意识和能力。

(二)构建污染事故和污染损害通报指导制度

海事法院与海事、海洋渔业管理部门要加强沟通联系,互通污染事故和污染损害信息。海事法院还应贯彻能动司法精神,认真指导受害人收集和固定证据,协助相关部门做好非诉调解工作,积极维护社会公共利益和当事人的合法权益。

(三)尝试"公益赔偿入库制度"

"公益赔偿入库制度"是指公益诉讼主体因提起公益诉讼获赔的款项,应判决上交国库,因污染事故采取应急处置措施而应支付给相关单位的报酬费用、为恢复自然资源而应支付的育苗费等,由国库支出并由财政部门监督的制度。这是针对现行公益诉讼获赔款项判决支付给公益诉讼主体而言的,有利于防止公益诉讼主体滥用公益诉讼获赔款项,提高公益诉讼主体因采取应急处置措施而需支付报酬费用的偿付能力,杜绝公益诉讼主体虚增损失的行为。

(四)建立船舶污染损害强制保险制度和污染事故应急处置基金制度

建立船舶污染损害强制保险制度,可以提高污染损害的赔偿能力,使受害人得到较充分的补偿。而建立由财政投入为主,船舶尤其是油品运输船舶经营单位、油品生产和经营单位等共同投入的污染事故应急处置基金制度,实现污染事故应急处置费用由基金支出,公益诉讼获赔的款项进入基金的良性循环,这同样可以起到防止公益诉讼主体滥用公益诉讼获赔款项,提高公益诉讼主体因采取应急处置措施而需支付报酬费用的偿付能力,杜绝公益诉讼主体虚增损失行为的作用。

(五)改变污染损害鉴定机构的管理体制

鉴于我国《海洋环境保护法》第九十条将海洋自然资源损失的公益诉讼主体授权给了海洋渔业管理部门的状况,可将渔业生态环境监测中心等类似鉴定单位设置在环保部门、高校或科研机构,其鉴定资格证书由国家环保局签发,这样就不会产生海洋渔业部门"既当运动员,又做裁判员"的现象。这种与案件当事人没有关联的鉴定机构所做出的鉴定结论,中立性强,可信度高,容易被当事人所接受,易被法院所采信。

(六)健全污染损害赔偿法律体系

从逻辑上讲,海洋污染可分为陆源污染和船舶污染两大类。陆源污染损害赔偿适用民法通则和侵权法的一般规定,不存在法律适用问题。而船舶污染损害赔偿应适用海商法,有其特殊性。船舶污染又可分为有毒有害货物泄漏、货油泄漏和燃油泄漏三大类。其中货油及油轮燃油泄漏所造成的损害、非油轮泄漏燃油所造成的损害,都只有一部分属于《1992 年油污责任公约》和《2001 年国际燃油污染损害民事责任公约》调整的范围。由于我国没有加入《1996 年国际海上运输有害有毒物质损害的责任和赔偿公约》,对于非公约调整的货油及油轮燃油泄漏所造成的损害、非油轮泄漏燃油所造成的损害,以及有毒有害货物泄漏所造成的损害,我国均没有明确的法律规定,尽管最高人民法院于 2011 年 6 月 15 日公布了《关于审理船舶油污损害赔偿纠纷案件若干问题的规定》,但仍需尽快健全海上污染损害赔偿法律体系,以便做到有法可依,统一司法。

(获 2013 年第二十二届全国海事审判研讨会三等奖;获 2014 年浙江省第六届"海洋经济发展法治论坛"论文评选一等奖;获 2014 年"法治浙江与五水共治"联合征文活动二等奖)

船舶共有案件中的共有人权利之解析

——以《中华人民共和国物权法》有关共有制度的条文适用为视角

夏淇波

【摘要】共有船舶案件是海事审判执行中比较常见的案件,对共有船舶的处理一般参照共有物的处理方式。对共有物的规定主要集中于《中华人民共和国物权法》(以下简称《物权法》),所以在审判执行共有船舶遇到疑难障碍时,需要追本溯源,从《物权法》中共有制度的设置上寻找解决之方法。然而,由于船舶这类财产本身的特殊性,《物权法》对一般共有物的处理规定在共有船舶案件中存在一定的适用问题,与实际情况有所出入。本文以《物权法》有关共有制度的条文适用为视角,探讨其背后的原因,解析船舶共有人之权利,旨在解决海事审判执行中关于共有船舶的实际问题。

【关键词】共有船舶;《物权法》;共有制度;条文适用

一、前言

海事法院在审判执行中常常会遇到各种共有船舶的案件,关于共有船舶案件的处理一般参照共有物的法律规定处理。而关于共有物的规定主要集中于我国《物权法》、《中华人民共和国民法通则》(以下简称《民法通则》)、《最高人民法院关于贯彻执行〈中华人民共和国民法通则〉若干问题的意见(试行)》、《国家土地管理局确定土地所有权和使用权的若干规定》等。其中,《物权法》自 2007 年 10 月 1 日起颁布实施后,成为有关共有物处理的最主要的依据。

《物权法》在共有制度的规定方面较以往有关法律法规更加完善细致,其在第二编专门用了一个章节共 13 个条文详细阐明了共有制度。但是船舶作为一种特殊的财产,在贯彻适用《物权法》解决共有船舶案件时,仍然遇到了许多适用上的问题,且在实务中,具体的操作与法律规定有所出入。要探究解决共有船舶的审判执行问题,需要追根溯源,从《物权法》有关共有制度的规定上明确船舶共有人之权利。

二、船舶共有的类型——按份共有

共有船舶是共有物的一种,共有船舶的案件往往参照共有物的处理方式处理。共有的方式有多种分类,故首先要确定船舶共有的类型。

(一)共有的类型

共有是指两个以上的人分享同一财产所有权的现象。一般来说,共有三种类型:一是按份共有,指两个以上的共有人按照各自的份额对共有财产享有权利和承担义务的一种共有关系;二是共同共有,指各共有人根据共同关系,不分份额地共同享有对共有财产的权利,主要包括夫妻共有财产、家庭共有财产、共同继承的财产和其他共有财产;三是准共有,指对所有权以外财产权的共有,包括用益物权、担保物权、矿业权、渔业权、水权等准物权、著作权、专利权、商标权、债权等。①

关于共有的分类,各个国家和地区民事立法不尽相同,亦有三种分法:一是仅指按份共有,不承认存在所谓的共同共有。遗产共有、合伙财产共有、夫妻财产共有等不过是按份共有的特殊形态。大陆法系多数国家(地区)的立法采取此种分类方法,即不承认共同共有,按份共有是民法中共有的唯一形态。如德国、法国、日本、意大利、阿尔及利亚、美国路易斯安那州、我国澳门地区等均是如此②。二是将共有分为共同共有和按份共有两种,我国《民法通则》第七十八条、《物权法》第九十三条及其他有关民事法律,将共有分为按份共有和共同共有。三是将共有分为三种,包括共同共有、按份共有和准共有。我国台湾地区所谓的"民法"对共有即做出如此分类,分为共同共有、分别共有及准共有。我国民法理论也向来承认准共有,《物权法》第一百零五条规定的实际上就是准共有。③

在实践中,对于船舶所有权一般以登记为准,对于船舶这种价值较大的财产,所有权人往往都有明确的出资比例或者约定份额,且船舶登记机关一般对多个所有权人共有的船舶进行按份共有登记,载明各个所有权人的份额比例;在执行中,法院一般是对船舶的所有权进行处置,故船舶所有权的共有一般只涉及按份共有的范畴。但是船舶作为财产也有可能存在共同共有的情况,如遗产继承、夫妻共有等,但这种情况只是少数。实务中,船舶共有仍以按份共有为主,且也以按份共有船舶的纠纷为多。

---

① 王泽鉴:《民法物权1通则·所有权》,中国政法大学出版社2001年版,第389页。
② 胡田:《共有"两分法"质疑》,载《南昌大学学报》(人文社会科学版)第2期。
③ 最高人民法院物权法研究小组:《〈中华人民共和国物权法〉条文理解与适用》,人民法院出版社2007年版,第293页。

（二）按份共有的特征

按份共有的最重要的法律特征是，共有人对共有物享有份额。所谓份额，是指共有人对共有物所有权所享有的比例，其数额一般由共有人事先约定，约定时也多按投资比例确定。因为按份共有"既系由数人共享一所有权，则此数人应如何直接支配其共有物，自须有一定的范围，以为形式权利之依据"。① 在法律上，这个"范围"确定的依据就是份额，换言之，各个共有人依据其不同的份额来确定享有权利和承担义务的范围。

一般的按份共有中的份额具有以下四个特点：第一，按份共有中的份额是抽象概念，是所有权的份额，而不是物的份额。第二，份额是所有权的量的分割，而非所有权全能的划分。如由一共有人享有用益物权，一共有人享有担保物权。② 第三，份额抽象地及于共有物的整体，而非具体地及于共有物的某个部分。第四，按份共有人对其份额享有独立的所有权，有权转让、抵押自己共有的份额，而无须其他共有人同意。但是由于船舶这类财产的特殊性，该特殊性并不完全适用于共有船舶，对此的分析将在下文中展开。

三、按份共有人对共有船舶的处分权

按份共有人对共有物享有处分、占有、使用、收益等权利，而其中处分是最重要的权利。民法中所谓处分，包括事实上的处分，如加盖房屋、装修房屋、拆除重建房屋、宰杀共有牛羊等，在船舶共有中包括维修船舶、配置更新设备等；法律上的处分，如转让、抵押、质押、设立用益物权、赠与等。按份共有人对共有财产的处分有两种：一是对整个共有财产的处分；二是对其享有的份额的处分。

（一）对整个共有财产的处分

我国《物权法》第九十七条规定："处分共有的不动产或者动产以及对共有的不动产或者动产做重大修缮的，应当经占份额三分之二以上的按份共有人或者全体共同共有人同意，但共有人之间另有约定的除外。"该条对按份共有采取的是绝对多数原则，即须经三分之二以上的按份共有人同意（这里的三分之二是指份额，而不是指人数），对共同共有采取一致决原则。须经全体共同共有人同意。法院在审理这类案件时，首先要看共有人之间是否有这方面的协议。如果有协议，则审查其是否合法有效；若有效，再确定其是否违约。如果无约定，或者协议无效，抑或

① 谢在全：《民法物权论》（上册），中国政法大学出版社1999年版，第277页。
② 最高人民法院物权法研究小组：《〈中华人民共和国物权法〉条文理解与适用》，人民法院出版社2007年版，第294—295页。

者协议约定不明,则直接适用《物权法》第九十七条的规定处理。若部分共有人违反该条规定,擅自处分共有物,则构成无权处分,可由善意取得制度来处理。这是对于一般共有物案件的处理方法。

但是在实践中,我国《物权法》第九十七条规定在适用于共有船舶案件时是存在一定的争议和问题的。从船舶共有人自身利益出发,绝对多数决原则使得少数共有人的权益保障存在隐患。若三分之二以上共有人达成一致,不经其他少数共有人同意,甚至在其他共有人不知情的情况下,将共有船舶抵押,则当船舶涉案被法院拍卖后,少数共有人的权益将难以得到救济。因船舶拍卖往往是各债权人实现债权的最后途径,而少数共有人既没有对该船的抵押权,也没有船舶优先权,不但无法从船舶拍卖中保障自身权益,还要作为债务人承担抵押债务。船舶拍卖之后再追究其他债权人的责任,更是难上加难。事实上,在共有船舶进行抵押登记时,登记机关一般要求全体共有人到场,或者有其他共有人的委托授权。这实际上是变相采取了共同共有的一致决原则。

(二)对其享有的份额的处分

我国《物权法》第一百零一条规定:"按份共有人可以转让其享有的共有的不动产或者动产份额。其他共有人在同等条件下享有优先购买的权利。"该条规定只是对处分共有物中的转让行为进行了明确,但处分的其他行为模式,如抵押、质押等设立担保物权的处分方式在《物权法》中并未明确规定。

由于船舶这类财产的特殊性,该条规定在适用于处理共有船舶案件时也遇到了障碍。在对船舶设定抵押权时,按份共有人实际上无法单独对自己的份额设定抵押。因为一旦船舶按份共有人能按份单独抵押,则将使法院陷于两难之地。假设一名只占1%份额的共有人对自己的份额设定了抵押,那么当抵押权人要实现抵押权时,必然向法院申请扣船,扣船则影响其他船舶共有人的权益,且于法无据;不扣船,则抵押权人无法实现抵押权,且易导致道德风险,引发共有人恶意抵押。故在实务中,船舶的抵押都是整体抵押,不存在按份额抵押的情况。

因而,在处分船舶这类特殊财产的问题上,若直接套用《物权法》第九十七条规定,将与实际情况相左。笔者建议,可根据处分的对象不同,分别以按份共有和共同共有的特点区别对待,即当按份共有人处分份额的所有权的时候,以按份共有特点对待,可单独转让、赠与自己的份额;当在份额上设定担保物权时,应以共同共有的一致决原则来设立,而不能单独按份额设立抵押、质押等。这样的设置,既尊重船舶按份共有的事实,也能减少法院执行的法律障碍,保障各船舶共有人和债权人的利益。

四、按份共有人对共有船舶享有的占有、使用和收益的权利

按份共有人对于全部的共有财产,按照其份额享有并行使占有、使用、收益权,权力大小随份额大小而定。所谓占有,是指物理上支配该物,是人对物管领控制的事实;所谓使用,是指根据物的性质,在不毁损物体或者变更其性质的情况下利用该物,并满足使用人的需要;所谓收益,是指通过利用物而获取经济利益。

在多数情况下,共有人往往能够对整个共有财产行使权力。但有时候,根据共有财产的性质,共有人不能对共有财产进行共同的使用,例如共有船舶,共有人一般不会共同管理操作。对于这种情况,共有人该如何行使权力又分为两种意见:一种意见认为,应当由共有人共同协商决定;另一种意见认为,各共有人在不妨碍其他共有人利益时,可以单独在其应有部分的范围内,对共有财产行使使用权和收益权。而对于船舶这种特殊财产,难以对其整体进行分割,单独行使各自的使用权和收益权。但是若按照第一种意见,共有人达不成一致意见,又该如何处理? 我国《物权法》对此没有规定,而根据最高人民法院物权法研究小组编著的《〈中华人民共和国物权法〉条文理解与适用》的意见,达不成协议的,不得向人民法院起诉。具体而言,如果当事人之间没有如何管理共有物的约定,那么,根据《物权法》第九十六条的规定,各共有人都有管理的权利和义务。对于保存行为,各共有人可以不经其他共有人的同意而单独为之。对于利用行为,共有人对于共有物的使用收益方法不能达成协议起诉到人民法院的,人民法院应不予受理。

五、船舶的准共有问题

对所有权以外财产权的共有,学说上称为"准共有"。我国《物权法》第一百零五条规定:"两个以上单位、个人共同享有用益物权、担保物权的,参照本章规定。"这条规定实际上是《物权法》中关于准共有的规定,而且明确了准共有的范围仅限于用益物权和担保物权的共有。而在船舶案件中,不存在用益物权的考虑。

另外,船舶作为大件财产,通常都会存在抵押的情况,而抵押权人往往有多人。所以理论上,无论是在共有船舶还是单独所有的船舶案件中都可能存在准共有的问题。然而在实践中,却难以找到实际的案例。这是由于在担保物权上的准共有本身难以实现。我国《物权法》第一百零五条规定:多人共享担保物权,与《物权法》有关抵押权具有先后顺序的规定相冲突,抵押权的核心和实质是优先受偿权,故存在登记的先后顺序。在同一抵押物上存在数个抵押权时,应按登记的顺序先后进行清偿。这两者之间存在冲突。所以在理论上,船舶这类特殊财产不存在抵押权共有的情况。

由此可见,船舶案件中无须涉及《物权法》第一百零五条有关准共有的规定。

六、细化《物权法》适用于共有船舶案件有关规定的建议

执法的效力和效率都源于法律法规的有力支撑,共有制度的完善和细化不仅能有效地促进解决共有船舶案件审判和执行中的疑难障碍,作为法律法规所具有的行为指导的功能,更能从根源上减少这类纠纷的产生。《物权法》作为有关共有制度设置最主要的法律之一,在实际适用时,需要适当调整和进一步细化。

(一)细化船舶共有人对共有船舶的处分权

对共有船舶的处分权应灵活适用按份共有和共同共有的不同特点,即当按份共有人处分份额的所有权的时候,适用按份共有特点对待,可单独转让、赠与自己的份额;当在份额上设定担保物权时,适用共同共有的一致决原则。

对此,笔者拟提出三种思路。第一种思路是按份共有与共同共有可合二为一,只规定按份共有,而仅在处分方式上加以区分和细化,即根据处分的共有物不同或者处分的权利对象不同,分别适用不同的处分原则。这样的分法更具操作性。一些学者已经对共有制度的"两分法"提出质疑——共同共有中的"不分份额地共同享有权利、承担义务"是否有存在的必要和可能?我国《物权法》第九十五条中的"共同享有所有权",第九十八条的"共同负担",第一百零二条的"共同享有债权,承担债务"这样的描述,对"共同"一词没有,也难以做出进一步的界定。因为一旦要界定何为"共同",无非是规定"除法律另有规定或当事人另有约定外,共有人应平均分享权利、负担义务",而所谓"平均分享权利、负担义务",就表明共有人是按份额享有权利、承担义务,只不过各共有人的份额均等罢了,如此一来,按份共有与共同共有的区别就不复存在了。① 立法者采取诸如"共同"之类的模糊字眼以显示按份共有与共同共有的区别,是为了继续固守共有的"两分法"的无奈之举。笔者认为,按份共有和共同共有的区分,本质上是处分方式上的区分。因为不论是按份共有还是共同共有,最后的关键都在于各共有人对共有物的权益处分之上。故对处分方式的划分才是共有制度的核心和关键。第二种思路是借鉴共有制度仅设置按份共有的国家的立法经验,将按份共有和共同共有设置为普通法和特别法的关系。如《日本民法典》中债权编、亲属编、继承编中对共有的规定与物权编对共有的规定属于特别法和普通法的关系,合伙财产共有、夫妻财产共有、遗产共有在性质上仍然属于按份共有。第三种思路是在我国《海商法》《海诉法》等有关海事诉讼法律中对处理共有船舶的规定设置与《物权法》相对应的特别法,或者在《物权法》的相关司法解释中对共有船舶设置特别的规定。

---

① 胡田:《共有"两分法"质疑》,载《南昌大学学报》(人文社会科学版)第41卷第2期。

(二)细化《物权法》关于对共有船舶占有、使用和收益权利的规定

在按份共有人对如何占有、使用共有物不能达成一致时,如何处理的问题,《物权法》中对此暂无规定。目前在实践中,海事法院一般对此类案件不予受理,但此种处理方式在法律法规上并无确切的条文依据可循,故仍须由法律解释或者漏洞填补等作业来确定其具体规则,以作为不予受理的法律依据。

(获 2014 年第二十届全国海事执行研讨会二等奖)

对当前海域使用管理中若干问题的思考

王佩芬　罗孝炳

【摘要】海洋这一蓝色国土的价值之巨,已为世人公认。如何依法有序开发海洋,海域使用权制度是关键。本文力图从法治思维的角度,收集和分析现有海域使用管理存在的问题,择取海域使用权变更土地使用权的方式与标准不一、海域使用权抵押流转的不同探索和海域使用权收回补偿机制不健全三个突出点作为分析样本,分析问题症结,还当前海域使用管理之本相。最后,我们从法治思维的角度,对海域使用管理法治化提出三点建议:合理认识与搭建海域使用所属的法律制度体系;注重行政行为与私权利益的平衡与协调;将各地对海域使用的探索利用限定在合理范围之内。

【关键词】海域使用;管理;法治思维

随着国家对大力发展海洋经济的重视,海域使用管理备受外界关注。一方面,海域使用管理的实践不断前进,《2013 年海域使用管理公报》显示全年全国共征收海域使用金 108.9 亿元,颁发海域使用权证书 7 315 本,新增确权海域面积 35.49万公顷。另一方面,专家学者对实践中存在的做法不一、执法不规范等现象亦多有评论,不少人习惯将实践中出现的新问题归结为立法的不足。通过阅读文献可知,海域使用管理具有很强的实践性。国外的学者主要研究海域使用管理以及海洋规划等方面的内容,很少涉及海域使用权的概念与性质等理论。内容方面,海域使用权的市场机制,即海域使用权的抵押、流转等成为近年来的研究热点,但是缺少对市场机制的深入实证分析和操作性强的制度建言。作为长期从事海事审判的法官,就海域使用管理开展纯粹的实证分析或理论研究均不顺手。为此,我们尝试以"局外人"立场,从法治思维的角度出发,就现有公开文献中反映出的若干海域使用管理突出问题,进行了再分类和再分析,力图为认识和解决当前海域使用管理实践问题提供一种新的思路。

一、海域使用管理实践"乱象"

《中华人民共和国海域使用管理法》(以下简称《海域使用管理法》)从 2002 年

1月1日起实施至今，为海域使用管理提供了基本的法律框架。然而，受时代与实践的局限，该法在具体实施中遇到了很多意想不到的问题，影响了法律实施的效果。最为突出的是，我国《海域使用管理法》与现代物权法理论存在诸多矛盾，对海域使用权的规定仍有不少漏洞。① 在实践中新出现的因公益提前收回海域使用权、填海工程的权属变更、海域使用权的抵押与流转等问题，尚未得到有效的规制。基于对现有文献资料的梳理，本文择取如下三种比较突出的现象作为分析样本。

（一）海域使用权变更土地使用权的方式与标准不一

《海域使用管理法》第三十二条关于填海项目竣工后凭海域使用权证书换发国有土地使用权证书的规定，缺乏关于土地用途、土地使用权出让金以及证书变更程序的配套制度设计，造成了填海造地后的土地管理秩序的混乱。不同的部门规章之间存在严格控制与鼓励填海造地的矛盾现象。对海域使用权如何办理相关手续转为土地使用权，国家和省级层面一直没有明确的可操作的政策。沿海 11 个省市对填海造地的做法有 7 种②之多，包括明确鼓励填海、海域使用权免费换取土地使用权、海域使用权换取土地使用权"部分免费"、海域使用权换取土地使用权"区别对待"、不给填海人留下利润空间、对填海造地的"海变地"不做规定。辽宁的做法是不需要，更多的地方选择有条件的征收土地出让金。③

（二）海域使用权抵押流转的不同探索

海域使用权的抵押流转制度来源于《海域使用管理法》和《中华人民共和国物权法》（以下简称《物权法》），但是这两部法律的规定都是原则性规定，实践中作为具体操作规范的主要是各涉海省、市关于海域使用管理的立法和行政规章。由于各地对抵押客体范围进行了不同程度的压缩，有学者批评其违背了《物权法》关于抵押标的物范围的规定。例如，江苏省规定，海域使用权共有的，未经共有人书面同意，登记机关不予办理海域使用权抵押登记。天津市规定，村委会取得的养殖用海海域使用权不予办理抵押贷款。除浙江规定被依法冻结的海域使用权不得办理抵押登记外，江苏、山东、福建和天津均未明确规定此种情形不得办理抵押登记。流转方面，各地海域使用权的流转机制还不健全，操作规程尚未真正成熟，海域使用权的流转市场尚未确立，成为海域使用权流转的制约因素。④ 各地关于海域使

---

① 谭柏平：《〈海域使用管理法〉的修订与海域使用权制度的完善》，载《政法论丛》2011 年第 6 期。

② 杨华：《海域使用权变更为土地使用权：实践及规制》，载《法商研究》2011 年第 3 期。

③ 刘熹微：《论我国海域使用权制度中的若干问题及建言》，载《今日财富》（金融发展与监管）2012 年第 2 期。

④ 朱建明、商桂昆、陈卫豪：《海域使用权抵押融资的调研分析——以如东县为例》，载《海洋开发与管理》2011 年第 1 期。

用权流转的立法缺乏系统性,立法层级低,一些好的地方经验和立法有待于进一步上升至国家法律或行政法规。例如 2013 年 3 月 1 日正式施行的《浙江省海域使用管理条例》第十二条第二款规定:"工业、商业、旅游、娱乐和其他经营性项目用海以及同一海域有两个以上相同海域使用方式的意向用海者的,应当通过招标、拍卖、挂牌方式取得海域使用权。国家另有规定的,从其规定。"该款规定较《海域使用管理法》第二十条更加明确经营性用海必须走市场化的资源配置,有利于遏制行政审批暗箱操作的腐败风险,提高海域资源利用率。但是,该规定只能算浙江地方法规,效力范围和层次明显不足。

(三)海域使用权收回补偿机制不健全

《海域使用管理法》第三十条规定:"政府因公共利益或国家安全的需要,在海域使用权期满前可提前收回,并对海域使用权人给予相应的补偿。"对于"提前收回"这一行为的性质、"公共利益"的认定、补偿主体和标准,尚未形成公论。如有学者研究发现,辽宁沿海经济带建设对海域提前收回的补偿,大多依靠当地政府的政策,征收补偿也无法真正做到公平、公正和公开。①《浙江省海域使用管理条例》在第三十五条第三款规定"收回村集体经济组织或者其成员的养殖海域使用权的,应当保障村集体经济组织成员的生活,维护其合法权益",但是没有明确保障方式和标准。如果这些问题不能得到应有的重视和妥善解决,引发群体性事件、非正常信访乃至暴力抗法现象的风险将不断蓄积和增长。

二、厘清"乱象"的思考

随着《海域使用管理法》十余年的实施,对海域使用管理的研究热情从以往的基本理论范畴转移到具体的实践当中,这符合制度成长与学术研究的规律。但是,从学者们近乎对海域使用管理实践"苛求"的角度来看,仍有必要加强对基本理论范畴的探究,从而为更好地进行学术研究与批判提供适当的基础。下文,我们就学术论文反映的海域使用管理问题,陈述我们对海域使用管理基本理论的思考。

(一)"海变地"的标准

填海工程竣工从物理上消灭了海域使用权的客体,在行政管理角度则需要办理权利注销登记。"海变地"的难点在于不同行政部门间的分工协作,或者地方政府填海造地与国家土地管理部门间的规划衔接,本身并非《海域使用管理法》第三十二条规定是否完备可行的问题,而是需要相关职能部门通过制定规范性文件,确

---

① 李志文、孔峰:《论辽宁省沿海经济带建设中海域使用权收回补偿的立法及完善》,载《社会科学辑刊》2009 年第 2 期。

定国有土地使用权证书换发的标准与程序。第一，要完善规划衔接，将海域功能规划中的填海造地区域纳入土地利用总体规划范畴，作为开展填海造地的指导。第二，加大调查研究，针对过去遗留的填海造地项目进行一次集中清理，明确土地管理手续与政策依据。尤其是对于经营性用地、工业用地招拍挂政策以后填海形成的土地，应当综合考虑海域使用权取得方式、填海工程成本和合理利润，以确定政府回购价格。通过招标、拍卖、挂牌方式取得海域使用权的填海项目，填海形成土地后，换发国有土地使用权证书的，不再收取土地使用权出让金。通过申请批准方式取得海域使用权的填海项目，填海后属于协议出让土地范围的，办理协议出让土地手续时，应当按照土地市场评估价格扣除海域使用金和实际投入的填海成本后的价格收取土地使用权出让金。在此基础上，国家有关部门通过联合发文，规范和统一当前各省市关于"海变地"的标准与程序。

（二）对海域使用权的流转与抵押的立法

2007 年施行的《海域使用权登记办法》就海域使用权的登记、继承，《海域使用权管理规定》就海域使用权的出租，均有较为详细的规定，有观点提出这些规定应当纳入《海域使用管理法》之中。我们认为，《海域使用管理法》和《物权法》作为基本法律，应当保持基本稳定性，仅需规定海域使用权的权利属性、行使方式以及行政管理部门的职责等基本事项即可。就海域使用权的权利人及相关利益群体而言，我国《物权法》已明确海域使用权为用益物权，按照"权利不被禁止即是自由"的理念，海域使用权的民事行为可以得到法律认可和司法保护。就行政管理部门而言，《海域使用管理法》已经明确海域使用权的职责部门，那么具体的涉及职责部门行使职能的事项，可以通过行政法规、部门规章以及其他规范性文件予以解决，从而确保行政行为的效率与灵活性。长远来看，建议加快行政诉讼改革，将一定效力层级的行政规范性文件纳入行政诉讼和法院审查的范围，以确保法律的全面实施。当前制约海域使用权二级市场发展的主要因素在于，尚未建立科学、规范的海域价值评估制度和流转平台。浙江省在海域使用权二级市场开发上走在全国前列，但相关的评估标准和交易规则尚未完全确定和公布。① 建议政府加强调研指导和推动力度，尽快出台科学合理的交易规则，简化行政管理程序与成本，增强市场主体信心，维护交易市场的秩序稳定与良性发展。

---

① 2013 年 3 月 1 日，浙江省海洋渔业局官网报道称全国首个海域基准价在浙江发布，相关报道称已编制完成岱山、嵊泗等七个县级海域基准价。同年 9 月 27 日，浙江省海洋渔业局组织召开浙江省海域评估规范及海域基准价核定规程进展情况报告会，截至本文定稿时，尚未找到该规程的更新信息。

(三)提前收回的补偿

针对实践中存在的问题,宜分层次研析:1.提前收回这一行为是否合法? 2.提前收回后的补偿标准、对象以及不服补偿的救济方式及依据等。一些地方特别是基层单位的领导急功近利,以短期行为创造"政绩",打造"形象工程",打着"因公共利益或者国家安全需要"的旗号,随意收回海域使用权,违背了海域使用权人的意愿。① 然而现有文献主要从第二点进行研究,忽视了对行为合法性这一前提的深入分析。借鉴土地使用权征收的经验,建议修改《海域使用管理法》第三十二条关于"原批准用海的人民政府"作为收回主体的规定,对海域使用权的提前收回建立更加严格和完善的行政审批程序,例如将一定面积、使用权人数以上的提前收回规定由省、市海洋行政部门审批,适当增强国家对海洋使用权收回的宏观控制。

关于第二点提前收回的补偿,问题主要集中在对养殖用海、渔业捕捞群体的权益保障。如,养殖滩涂能否按照土地征收补偿标准执行?《海域使用管理法》对此没有明确规定,但在实践中养殖滩涂应当办理海域使用权登记,故登记的滩涂应当认定为海域,不适用土地征收补偿标准。实践中对受众权益影响最大的是信息的不对称,尤其是对被收回海域的使用价值得不到公开、客观和中立的评定。不少"征海"过程由"新"海域使用权人代替政府与受众协商,虽然有效降低了政府的行政成本与风险,但是将政府公信力加持具有明显利益关联的新使用权人,客观上加剧了对"原"海域使用权人利益的侵害风险与能力,不利于建立稳定、长效的提前收回补偿机制。从补偿类型来看,一次性支付补偿金不足以适应各类失海主体的需求,应当引入协商机制和信息公开机制,将补偿程序的详细信息向各方披露,尽量使补偿方式物尽其用。例如,对因海域使用权被提前收回的渔民的补偿,应当参考失地农民的补偿方式,采取易地搬迁、补办基本养老保险、以就业培训引导渔民转岗等方式,让渔民不致因失海出现严重的生活困难和心理失衡,维护渔区和谐稳定。

三、以法治思维规范海域使用管理的建议

按照著名公法学者姜明安教授的说法,"法治思维"是指公权力执掌者依其法治理念,运用法律规范、法律原则、法律精神和法律逻辑对所遇到和所要处理的问题(包括涉及改革、发展、解纷、维稳等各领域、各方面的相关问题)进行分析、综合、判断、推理、结论、决定的思想认识活动与过程。② 在海域使用管理中倡导法治

① 郭萍、吴卓:《因公益提前收回海域使用权及补偿法律问题》,载《大连海事大学学报》(社会科学版)2010年第1期。
② 姜明安:《运用法治思维和法治方式治国理政》,载《中国司法》2013年第1期。

思维,意义在于妥善处理法律的滞后性与实践中新情况的矛盾,尽量在法律框架内合理处理纠纷,尤其是随着海洋开发利用纵深发展,各类用海主体围绕海域使用权发生越来越大的利益交集或冲突,需要海洋行政部门运用法律智慧,推动海域使用管理法律体系的完备统一,更加有效地支持和保护海域使用权的市场化运作,将行政行为控制在合理范围,并为相关经济活动提供有力支撑。

（一）应当合理认识与搭建海域使用所属的法律体系,为海域使用管理提供合法依据

由于其在取得方式上具有行政色彩、内容较多地受公法规范的约束、政府对此种权利的诸多管制与调控的原因,大陆法系国家一般不在《物权法》中对海域使用权做出规定,而主要是通过特别法来调整。[①] 就我国而言,理顺《物权法》关于海域使用权的一般界定和《海域使用管理法》就海域使用权的特别规定之间的关系很有必要。两者虽然共同搭建海域使用管理的基本法律体系,但是立法的角度、适用场合均有所不同。《海域使用管理法》是从行政管理角度规范海域使用管理的基本法律,而《物权法》是从权利角度规范海域使用权的基本法律。但《物权法》的规定过于原则,作为公法的海域使用管理法事实上发挥着确认、保护海域物权的私法作用,承载着保障海洋行政部门依法行政与维护用海人合法权益的双重功能。[②] 然而,我们并不能将海域使用管理的法治梦想完全寄托在《物权法》及用益物权理论上。虽然《物权法》明确将海域使用权规定为用益物权,但是海域使用权天生具备的"准物权"特性并未丧失,不能完全根据《物权法》来解释实践中海域使用权制度的种种问题,例如不能按照物权登记公示主义来理解《海域使用管理法》第十九条规定的"海域使用申请人自领取海域使用权证书之日起,取得海域使用权",而要更多地从《海域使用管理法》及相关行政法规和地方立法的体系及其运行状况,来评价当前海域使用管理的法治化程度。

就国家级的行政主管部门而言,应当着力推动各地法制的统一。必要时,应当通过《立法法》规定的程序由国务院向全国人大常委会申请启动修法,以制定单行法的形式确认和吸收实践经验,增强海域使用管理法律体系的私权性和均衡性。在《海域使用管理法》的修订时,要做好与《物权法》的衔接与协调,如将第三条中的"非法转让海域"改为"非法转让海域所有权"。将现行合理有效的海域使用权流转经验与政策上升到行政法规、法律的层次,增加海域使用权出租、抵押和出资方面的规定,将《物权法》对海域使用权权能的抽象界定进行政策性转化与落实。

---

① 王利明:《试论〈物权法〉中海域使用权的性质和特点》,载《社会科学研究》2008年第4期。
② 张惠荣、高中义:《论海域使用权权属管理制度》,载《政法论丛》2010年第1期。

为避免权利期限不足对经营周期较长产业的制约,可以修改《海域使用管理法》第二十五条关于海域使用权最高期限的规定,如参照用于内水渔业生产的水面土地承包经营期限为 30 年的标准,将养殖用海由现行的 15 年适当提高。作为专门调整海域使用的特别法,《海域使用管理法》还应增加有关海域使用权人权利义务的条款。

(二)应当注重行政行为与私权利益的平衡与协调

从某些方面来看,海域使用确实具有一些公法上的权利特点。海域使用权的取得是行政许可的方式,而非一般的民事交易行为。海域使用管理既涉及海域使用管理部门的行政行为,如海域使用权的抵押登记,也涉及多个行政部门的协调,如"海变地",还对相关用海人的利益和海洋经济活动有着直接的影响,这主要涉及用海人对海域的利用,包括出租和抵押等。一方面,政府应当积极履行职责。例如借鉴国有土地使用管理经验教训,建立一级市场主体准入制度,规范海域使用权招标、拍卖方案的制定标准和程序,跟踪督察权利人用海情况,杜绝企业"圈海"导致人为的炒作与资源闲置。在"海变地"环节,相关行政部门应当健全沟通,尽快完善衔接标准。又如,政府不能将提前收回海域使用权"委托"给"新"海域使用权人做,而是应当发挥政府公信力,为各方平等协商、第三方中立评估、组织听证搭建平台,最后若权利人仍不同意提前收回海域使用权,那么政府可以根据规定强制收回。出于对用海人权益的保护,海洋行政机关可以与人民法院、基层组织协同合作,就海域使用权争议进行诉前协调,依法维护海域使用权人的利益。另一方面,政府对海域使用权人的营业营利活动,应当减少行政干预,并加大支持力度。除直接以海域使用权出资入股外,海域使用权本身并不产生经济效益,而是应当通过权利人对海域的使用,如开展养殖捕捞、旅游观光、采矿等,这些经济活动已经超出海域使用管理范畴,需要多个行政部门通过制度与执法配合,避免权利人重复承担行政成本。例如通过创新行政管理,将学者们一直念念不忘的海域使用权与养殖权的权证管理合而为一,既避免了两种权利可能产生的冲突,也减轻了养殖户的手续成本。考虑到基层海洋与渔业行政主管部门同时覆盖海域使用与养殖管理职能,这种设想具备一定的现实可行性。又比如,《海域使用管理法》规定的分级等级制度导致用海单位和个人查询登记信息不便,故有必要固定海域使用权的具体登记部门,或者开发出一套全国通用的登记信息输入、管理和查询系统,从而统一信息登记管理,便利信息查询。

(三)应当将各地对海域使用的探索利用限定在合理范围之内

在"海变地"环节,既要看到填海造地对于保护耕地、促进城市化进程的意义,又要通过整体规划控制非理性的扩张,引入环境影响评价制度,确保海洋生态环境安全。为鼓励各地根据实际探索海域使用权流转与抵押，同时避免损害《物权法》赋予的海域使用权人的法律利益，行政主管部门在制定规范性文件、限制权利行使的范围、方式前，应当以公开听证征集受众意见，将是否采纳意见的理由予以公开。在制定规范性文件时措辞和指向应当主要为行政管理角度，而非限制私权和市场发展。对法治建设来说，最紧迫的问题也许不是实质法治或实质公正，更主要的是落实法律已经赋予公民的权利。① 现有法律赋予海域使用权人的权利的权能内容、边界若何，这为各地对海域使用的限制划定了界线，行政主管部门一旦越界，就涉嫌对海域使用权相关法律的悖逆。

（获 2014 年浙江省第六届海洋经济发展法治论坛二等奖）

---

① 陈金钊：《实质法治思维路径的风险及其矫正》，载《清华法学》2012 年第 4 期。

海事赔偿责任限制权利之行使

邬先江①

【摘要】海事赔偿责任限制权利的行使,以责任人设立海事赔偿责任限制基金且集中行使为基本手段,在索赔个案中提出责任限制抗辩为例外。《中华人民共和国海事诉讼特别程序法》(以下简称《海诉法》)"设立海事赔偿责任限制基金"的专章规定,程序设计不够严密,且有相互矛盾之处,致使法院在审理基金案件中有法难依、裁判相异。《最高人民法院关于适用〈中华人民共和国海事诉讼特别程序法〉若干问题的解释》(以下简称《海诉法解释》)和《最高人民法院关于审理海事赔偿责任限制相关纠纷案件的若干规定》虽然进一步规定了海事赔偿责任限制基金程序的相关事项,但是仍未建立系统、完整、协调的程序规则,且与现行立法存在冲突,有违法解释之嫌。设立海事赔偿责任限制基金程序的设计,应当以实现海事赔偿责任限制基金的集中诉讼,"一次事故,一个限额"和债务担保三大功能为出发点。基金程序的立法必须体现设立基金的便捷性、确认责任限制权利的统一性、诉讼的集中性、债权人会议与基金分配的互补性,并应明确确权裁判的效力范围。要构建这一完整的程序规则,建议对《海诉法》及其司法解释加以修改和完善。

【关键词】责任限制权利基金程序;集中诉讼;债务担保确权诉讼

一、引言

法谚"没有救济的权利不是权利",权利得不到实实在在的保护也就不称其为权利。② 实现权利,必须依据一定的程序规则,划定权利间的界限,通过协调权利的关系解决冲突。海事赔偿责任限制权利的行使,也应当履行一定的法律程序。

---

① 宁波海事法院审判委员会委员、执行局局长,浙江省审判业务专家,法学博士。
② 程燎原、王人博:《权利及其救济》,山东人民出版社 1998 年第 2 版,第 356 页。

海事赔偿责任限制程序（Limitation Proceedings）①包括责任限制权利确认程序和责任限制基金程序，基金程序又可分为基金的设立、债权登记（确权诉讼）、债权人会议和基金分配程序等。②

由于《海诉法》《海诉法解释》对此规定存在漏洞，使得我国海事司法实践中，各法院对于审理责任限制适用程序做法不一。程序公正，是实体公正的前提。在"静水泉"轮系列案中，③各海事法院及其上级高级人民法院和最高人民法院对责任限制程序问题所表明的不同观点，导致裁判不统一，同一当事人受到"相互矛盾的生效判决约束"，严重损害了法律的威严和司法的权威性。④ 2010年《最高人民法院关于审理海事赔偿责任限制相关纠纷案件的若干规定》（以下简称《责任限制规定》）对解决上述一系列问题及统一裁判尺度发挥了积极的作用。⑤ 但囿于对海事赔偿责任限制制度缺乏深入研究，以及对国际公约和各国相关立法的曲解，《责任限制规定》作为专门规范责任限制程序的司法解释，并没有达到预期目标，真正构建系统、完整、协调的海事赔偿责任限制程序规则。⑥ 本文在研讨有关国际公约、各国立法及司法实践的基础上，对相关概念及其内在联系进行梳理，对海事赔偿责任限制权利的行使程序进行澄清，并结合我国海事司法实践，针对我国现行立法、司法解释存在的漏洞，提出相应的修改建议。

二、海事赔偿责任限制权利的行使方式

根据《1976年海事索赔责任限制公约》（以下简称《1976年限制公约》）第十条的规定，责任人实现海事赔偿责任限制权利以设立责任限制基金为基本手段，而对

---

① "Limitation Proceedings"Means the Proceedings or Procedures for the Limitation of Liability Including Without Limitation the Establishment of the Fund, the Registration and Proof of the Claims and the Distribution of the Fund. See "Procedural Rules Relating to Limitation of Liability Maritime Law（Draft Guidelines）", in CMI Year-book 2009, p. 126. http://www. comitemaritime. org/Uploads/Yearbooks/YBK _2009. pdf（Last visited May 6, 2015）.

② 杨俊杰：《我国法上的海事赔偿责任限制：问题、立场与建议》，清华大学法学院博士论文2008年，第59页。

③ 三峰船务公司与青岛海运公司（系"静水泉"轮所有人）合作经营大连到广州的沿海运输，"静水泉"轮在山东水域沉没，青岛海运公司在青岛海事法院申请并设立了责任限制基金。由于运单是由三峰船务公司签发的，部分货主又分别在大连海事法院和广州海事法院对三峰船务公司提起水路货物运输合同下的货损索赔。就海事赔偿责任限制问题，三家海事法院均认定三峰船务公司有权享受责任限制，但是，行使终审权的三家高级法院却都以无管辖权为由不受理三峰船务公司责任限制请求。

④ 沈晓平：《论完善我国海事赔偿责任限制程序制度》，大连海事大学硕士论文2003年，第9-11页。

⑤ 王淑梅：《〈关于审理海事赔偿责任限制相关纠纷案件的若干规定〉的理解与适用》，载《人民司法》2010年第19期。

⑥ 周燕：《海事赔偿责任限制程序问题研究》，中国海洋大学硕士论文2013年，第1页。

于未设立基金能否作为援引责任限制的例外,赋予各缔约国选择权。

多数缔约国均规定未设立基金也可以行使责任限制权利,设立基金并不是责任人行使责任限制权利的前提条件和必经程序。行使责任限制权利有两种方式,一为设立责任限制基金的集中抗辩方式,二为个案责任限制抗辩方式。① 例如,挪威《海商法》第 181.1 条规定:"尽管责任限制基金尚未建立,责任限制也可援引。"②英国《民事诉讼规则》第 49F 章(海事诉讼)第 9 条(责任限制诉讼)③也对未设立责任限制而行使责任限制权利做出了规定。少数公约缔约国则将设立责任限制基金作为行使责任限制权利的前提条件,如德国、荷兰、墨西哥、斯洛文尼亚、委内瑞拉等。④

在未设立基金的情形下,责任人可以在个案中行使抗辩权,并不需要启动专门的责任限制权利确权诉讼。例如英国《民事诉讼规则》第 49F 章(海事诉讼)规定了两种程序安排:一种是在普通海事索赔诉讼中,责任人提出责任限制抗辩,效力只及于参加案件诉讼的当事人;另一种是专门的责任限制程序(Limitation Claim/Action),可以在基金设立前,也可在基金设立后六个月内提出申请,效力及于所有限制性债权人。⑤ 换言之,海事赔偿责任限制权利的行使主要有两种方式:一是集中行使,即责任人设立基金并提起责任限制权利确权诉讼,以该基金对抗该次事故中产生的所有限制性海事请求;二是个案行使,即责任人在海事索赔个案中行使责任限制的抗辩权,该抗辩不能对抗其他海事索赔案件。⑥

我国及美国等国家虽非公约缔约国,但是国内法也规定了上述两种行使责任限制权利的途径。《中华人民共和国海商法》(以下简称《海商法》)第十章海事赔偿责任限制的条款基本上是移植该公约的相关规定,即责任人可以在个案诉讼中提出有责任限制的抗辩,也可以在有管辖权的法院设立责任限制基金而对抗所有限制性债权,而且设立责任限制基金并不以确认责任人享有责任限制权利为前提条件。鉴于责任限制权利的个案行使,类似于民事诉讼中的一般抗辩,不再赘述。下文就围绕集中行使责任限制权利程序中有关设立责任限制基金的相关问题进行探讨。

① Simon Baughen, Shipping Law (London: Cavendish Publishing Limited, 1998), p. 376.
② 韩立新、王秀芬:《各国(地区)海商法汇编(中英文对照)》,大连海事大学出版社 2003 年版,第 191 页。
③ 徐昕译:《英国民事诉讼规则》,中国法制出版社 2001 年版,第 788-792 页。
④ CMI Yearbook 2005-2006, p. 305. http://www.comitemaritime.org/Uploads/Yearbooks/YBK_2005_2006.pdf(Last visited May 6, 2015).
⑤ Nigel Meeson, Admiralty Jurisdiction and Practice (London: LLP, 2nd edn, 2000), pp. 263-271.
⑥ 就某一特定海事请求对责任人提出的损害赔偿诉讼,责任人主张海事赔偿责任限制是一种抗辩或反诉。The "Radiant" [1958] 2 Lloyd's Law Report, p. 596.

三、设立海事赔偿责任限制基金的功能

海事赔偿责任限制基金,是由海事赔偿责任人为限制其责任而设立的,并作为分配给所有限制性债权人以偿付债务的一定款项。[1] 责任人设立责任限制基金主要有三项功能:(1)集中诉讼,即一次事故引起的限制性债权索赔能够集中到设立基金的法院审理,以统一裁判尺度和提高裁判效率,使责任人的责任限制权利得到充分保障;(2)"一次事故,一个限额",即确保所有责任人对一次事故造成的所有限制性债务的赔偿总额以一个确定的金额(基金)为限;(3)债务担保,即作为责任人对限制性债务的担保,使责任人的船舶或其他财产免受扣押。[2]

(一)集中诉讼与一个限额

"一次事故,一个限额"是海事赔偿限制的一项重要原则。即一次事故中,责任人享有一个最高赔偿额限制的权利,而不论该次事故所产生的限制性债权数量有多少,限制性债权的索赔总额有多高,如索赔总额超过限额,则应当按法定的优先顺序及比例分配。一般地,一次海损事故引发的众多索赔纠纷中,限制性债权人依据不同诉因向责任人提起的索赔,往往在不同法院甚至不同国家进行。如果责任人在每一个案件中都以一个责任限额来抗辩,即使该抗辩被各个案件的审理法院所采信,责任人的个案赔偿不超过责任限额,但是各个案件赔偿额的总和完全有可能超过该责任限额。为使"一次事故,一个限额"的原则得到真正遵循,最理想的解决方案就是将一次事故引起的所有限制性债权的索赔集中到一个法院来审理,并且由该法院统一分配责任限额。为此,必须有一个将所有限制性债权的索赔集中到一个法院审理的连接点,责任限制公约的制定者为此创设了"责任限制基金"这一连接点。[3] 虽然《1976 年限制公约》没有明文规定在基金设立后,对责任人的限制性索赔必须集中于设立基金的法院进行诉讼,但是公约条文整体体现了这一原则。2000 年国际海事委员会(CMI)在对《1976 年限制公约》缔约国关于执行公约情况进行问卷调查后,对第十一条进行评价时认为,"设立基金有利于将所有索赔集中到一个法院,并能快速地赔付受害人"。[4] 可见,公约创设基金的根本目的是通过集中诉讼来高效地解决管辖冲突和实体争议,最终实现"一次事故,一

---

① 司玉琢:《海商法大辞典》,人民交通出版社 1998 年版,第 692 页。

② 邬先江:《海事赔偿责任限制制度研究》,大连海事大学博士论文 2010 年,第 183-200 页。

③ 沈晓平:《论完善我国海事赔偿责任限制程序制度》,大连海事大学硕士论文 2003 年,第 23 页。

④ "Such an Action would have the Benefit to Bringing All the Claimants to the Same Forum and should Expedite Payment to the Victims."(See, Implementation and Interpretation of the 1976 LLMC Convention, in CMI Yearbook 2000, p. 442, http://www. comitemaritime. org/Uploads/Yearbooks/yearbook+2000. pdf(Last visited May 6, 2015).

个限额"。

关于责任限制基金的"集中诉讼"功能,各国都有相关规定。如挪威《海商法》第 177 条规定:"责任限制基金设立之后,任何关于责任限制请求的诉讼、与基金设立人的责任限制权利有关的诉讼以及与基金分配有关的诉讼,均只能在设立基金的法院提起,而不能提起分别的诉讼。"根据美国《责任限制法》的规定,有关责任限制的所有诉讼都应集中到海事法庭,且在船东提供责任限额的担保后,对船东的其他请求和诉讼都应立即停止。① 如在"Maryland Casualty Co. v. Cusing"案中,②Frankfurter 法官认为,责任限制的核心是将所有请求集中在一起,以保证快速、经济地解决通常涉及多个请求人的争议。而在"ICL Vikraman"案中,③英国 Colman 法官认为,根据《1976 年限制公约》第十一条的规定,索赔人即使没有在某一缔约国提起诉讼,责任人仍然可以在该缔约国设立责任限制基金,并有权把索赔集中到设立基金的法院而使其财产免受扣押,但是这不能约束非缔约国。而我国并非该公约缔约国,对于涉外案件,在我国设立的基金有可能不被缔约国法院所认可。④

我国《海诉法》第一百零九条规定:"设立海事赔偿责任限制基金以后,当事人就有关海事纠纷应当向设立海事赔偿责任限制基金的海事法院提起诉讼,但当事人之间订有诉讼管辖协议或者仲裁协议的除外。"《海诉法解释》和《责任限制规定》对设立基金的管辖及基金设立后相关诉讼的集中管辖也进一步进行了明确。可见,我国对设立基金后应当集中诉讼的规定,是与公约及各国立法的相关规定和

---

① [美]G. 吉尔摩、C. L. 布莱克:《海商法》,杨召南等译,中国大百科全书出版社 2000 年版,第 1141 页。

② Maryland Casualty Co. v. Cusing,1954 AMC 837. 转引自刑海宝:《海事诉讼特别程序研究》,法律出版社 2002 年版,第 423－429 页。

③ ICL Vikraman [2004] 1 Lloyd's Law Report 21, pp. 30－31. 该案主要是由于新加坡是《1957 年限制公约》缔约国,而英国是《1976 年限制公约》缔约国,责任人船舶在新加坡被扣押并提供担保释放后,在英国提起设立责任限制基金,涉及案件的管辖问题。

④ Atlasnavios Navegacao, LDA v The Ship "Xin Tai Hai" (No 2) (2012) 301 ALR 357, P 1 (Austl.)案,Atlasnavios Navegacao, LDA 所属的"B OCEANIA"轮(葡萄牙籍船舶)与中国大地航运公司所属的"Xin Tai Hai"轮(巴拿马籍方便旗船)在马六甲海峡发生碰撞而沉没,中国大地航运公司在青岛海事法院设立海事赔偿责任限制基金,Atlasnavios Navegacao, LDA 也到青岛海事法院进行了债权登记。此后,Atlasnavios Navegacao, LDA 在澳大利亚法院申请扣押了"Xin Tai Hai"轮,并以中国非《1976 年限制公约》缔约国,中国海商法规定的责任限额又没有提高到 1996 年修正案标准为由,要求对在青岛海事法院设立的基金不予认可。中国大地航运公司提出异议,要求确认基金效力,并请求解除船舶扣押。澳大利亚一审法院认可了 Atlasnavios Navegacao, LDA 的观点,上诉维持[引自 Kate Lewins, "International Recent Development: International Recent Developments: Australia", (2014) 38 Tulane Maritime Law Journal, p. 583)]。笔者认为,澳大利亚法院在本案中的裁决有一定偏向性,但并没有违反公约规定。这也是我国诸多海事立法中参加相关公约制定而没有申请加入公约,导致我国承担了公约义务,而无法有效行使公约权利的一个典型案件。

实践做法基本一致的。

(二)责任人财产免受扣押

《1976 年限制公约》第十三条的含义是非常明确的,只要责任人依法设立责任限制基金,限制性债权人的索赔即受基金的约束(或只能向基金提出索赔),责任人的船舶或其他财产不能被扣押,已经被扣押的,缔约国法院应当及时下令释放或退还。① 根据我国《海商法》第二百一十四条的规定,责任人设立责任限制基金后,向责任人提出请求的任何人,②不得对责任人的任何财产行使任何权利;已设立责任限制基金的责任人的船舶或者其他财产已经被扣押的,或者基金设立人已经提交抵押物的,法院应当及时下令释放或者责令退还。有观点认为,"责任人之所以向有管辖权的法院设立基金,主要是为了能够得到《1976 年限制公约》第十三条或我国《海商法》第二百一十四条规定的保护,使其船舶或其他财产因设立基金而尽早免受扣押。"③《海诉法解释》第八十六条也再次明确"设立海事赔偿责任限制基金后,向基金提出请求的任何人,不得就该项索赔对设立或以其名义设立基金的人的任何其他财产,行使任何权利"。④ 然而,在我国海事司法实践中,也有海事法院在责任人设立基金后,并没有及时下令退还担保。例如,大连海事法院审理的"易山"轮责任限制案⑤和上海海事法院审理的"大勇"轮责任限制案⑥,两海事法院均认为,《海诉法》并没有规定在审理设立基金程序中,要对责任人是否可以享受责任限制权利进行审查,故退还海事请求权人通过合法途径获得的担保将损害请求权人的合法权益,有悖于法律精神。⑦

笔者认为,《1976 年限制公约》及 1996 年议定书与《1957 年限制公约》相比,最大的变化是大幅度提高了责任人的责任限额,同时又创设了难以打破责任限制权利的利益平衡点。《1976 年限制公约》第十三条如此规定的目的,是保护航运业的健康发展,否则基金设立后仍可扣押船舶或其他财产,而诉讼的最终结果绝大多

---

① 胡正良、郑丙贵、过仕宁、吴亚男、黄晶:《中国加入〈海事赔偿责任限制公约〉问题研究》,《海大法律评论 2009》,上海社会科学院出版社 2010 年版,第 301-333 页。

② 这里使用"向责任人提出请求的任何人"一语有误,因责任限制基金只能约束限制性债权人,而不能约束非限制性债权人。

③ 金正佳:《海事诉讼法论》,大连海事大学出版社 2001 年版,第 407 页。

④ 《海诉法解释》第八十六条,把《海商法》第二百一十四条所指的"向责任人提出请求的任何人"解释为"向基金提出请求的任何人",以符合公约规定,并消除歧义。

⑤ "易山"轮责任限制基金案,大连海事法院(2001)大海法事初字第 62 号,二审辽宁省高级人民法院(2002)辽民四终字第 54 号。

⑥ "大勇"轮责任限制基金案,上海海事法院(2002)沪海法基字第 5 号,二审上海市高级人民法院(2002)沪高民四(海)基字第 1 号。

⑦ 沈晓平:《论完善我国海事赔偿责任限制程序制度》,大连海事大学硕士论文 2003 年,第 6 页。

数又是责任人有权享受责任限制,设立基金使财产免予扣押的担保功能将因此丧失,这显然是与责任限制立法相违背的。据统计,英国作为受理海事案件最多的国家,自适用《1976年限制公约》以来,船舶碰撞引起的责任限制案件中,仅有一例因同时身为船东的船长明知可能造成损失而轻率的行为才导致责任限制被打破。[①]考察《1976年限制公约》其他缔约国的司法实践,对于索赔人证明责任人丧失责任限制的条件是相当苛刻的,因而判决责任人丧失责任限制的案例极为少见。我国自1993年《海商法》实施以来,各海事法院判决责任人丧失责任限制的案件虽有不少,但严格按《海商法》第二百零九条规定的丧失责任限制条件来衡量,许多丧失责任限制的裁判也是经不起推敲的。一般地,索赔人几乎不可能证明满足法定丧失责任限制的条件,即引起赔偿请求的损失是由于责任人的故意或明知可能造成损失而轻率地作为或不作为造成的。

因此,不论从公约的规定,还是从实际案件看,责任人一旦设立基金,其船舶或其他财产应当免予扣押是正当的,符合经济效益最大化原理,是相对公平合理的。这也符合国际海事委员《关于海事法责任限制程序规则的指南》所推荐的,在基金设立时,就应当推定责任人享有责任限制权利,如对责任限制权利提出异议,也不应自动中止或延迟基金的设立以及基金的效力,[②]使基金发挥其应有的功能。即使发生概率极低的打破责任限制的情形,索赔人在获得基金的担保之外仍然可以在法院做出丧失责任限制裁判后申请扣押责任人的其他财产,并不必然导致无法实现其债权的结果。

综上,《1976年限制公约》第十三条(其他行为的禁止)中关于基金设立后责任人财产免予扣押的规定,各缔约国应当严格遵守,才能真正发挥海事赔偿责任限制制度的优越性。另外,《1976年限制公约》的1996年议定书并没有对此做出修正,说明公约的态度是十分明确的,设立基金后,应当及时释放被扣押的财产,或使财产免受扣押。我国有些法院在责任人设立基金后拒绝退还担保的做法,明显违反了我国现行法的规定。不论是我国《海商法》,还是《海诉法》及《海诉法解释》和《责任限制规定》,均明确设立海事赔偿责任限制基金后,向基金提出请求的任何人,不得就该项索赔对设立或以其名义设立基金的人的任何其他财产,行使任何权利。换言之,基金设立后,法院就应当及时下令"释放船舶或退还担保",除非法

---

① Margolle and Another v. Delta Maritime Co. Ltd. And Others (the "Saint Jacques Ⅱ" and "Gudermes") [2003] 1 Lloyds Rep. 203.

② 国际海事委员会于2008年10月12—17日在雅典举行的第三十九次国际会议上通过的《关于海事法责任限制程序规则的指南》第6.3条规定"明确规定在基金设立时,限制责任的权利将开始暂时有效"。第7.2条规定"前述第一款的就责任限制权利提出异议的程序,不应自动中止或延迟基金的设立以及设立基金的效力"。

院裁决已经确认责任人无权享受责任限制权利。

四、我国现行责任限制程序存在的问题

要使责任限制基金的上述三项功能都得到充分实现,须有相应的程序予以保障。我国《海诉法》的实施为此提供了法律依据。然而,由于我国海事立法起步较晚,缺乏经验,该法在实际运用中仍然存在一些问题,有待于在今后的法律修改或司法解释中不断解决和逐步完善。① 下面从设立基金的便捷性、确认限制权利的统一性(独立之诉)、诉讼的集中性、债权人会议与基金分配的互补性、确权裁判的效力五个方面,探讨现行基金程序存在的不足。

(一)设立基金的便捷性

从基金的三项功能分析,责任人申请设立基金必须是便利、快捷的。② 首先,集中诉讼的连接点是基金的设立。如果基金设立程序复杂,从申请到设立耗时较长,则等到基金设立,各个索赔诉讼案件在不同法院可能已经审理结束,集中诉讼功能将无法发挥。其次,"一次事故,一个限额"的真正实现,需要以基金为基础。如果众多索赔案件由不同法院做出裁判,且没有统一的基金可供分配,则责任人实际赔付的总额将会超过责任限额。最后,责任人的财产免予扣押的依据是基金起到了债务担保的作用。③ 船舶作为运输工具,一旦被扣押,其商业价值将无从体现,且会导致营运损失,甚至会因为迟延履行运输合同或租船合同而遭受第三人的索赔。因此,在实务中,船东对于被扣押的船舶,一般会在几天内提供担保寻求释放船舶。如果责任人的船舶被扣押而申请设立基金,法院需要花数月的时间审理才能确定是否准许设立基金,则立法明确规定的基金作为释放船舶的担保功能将大打折扣。

笔者认为,是否准许责任人申请设立责任限制基金,应当由法院直接审查确定而不需要利害关系人的介入,仅审查责任人的主体资格、基金金额及基金的担保问题,而不要求对债权的性质、能否享受责任限制权利等进行实质性审查,且没有必须赋予利害关系人对申请设立基金的异议权利和对基金裁定的上诉权利。这符合各国的相关立法与司法实践做法。

---

① 关正义:《设立海事赔偿责任限制基金程序的有关问题》,《中国海商法年刊》(2002 年),大连海事大学出版社 2003 年版,第 306-317 页。

② 国际海事委员会于 2008 年 10 月 12—17 日在雅典举行的第三十九次国际会议上通过的《关于法责任限制程序规则的指南》第 6.1 条规定:"为基金的设立规定一个快捷的程序。"

③ 王淑梅、汪洋、李兵:《〈中海发展股份有限公司货轮公司申请设立海事赔偿责任限制基金案〉的理解与参照》,载《人民司法》2014 年第 6 期。

然而,我国《海诉法》的立法者,一方面认为设立基金是为了及时释放扣押船舶或其他财产或者使相关财产免予扣押,而有意对责任限制权利的确认程序不做规定;①另一方面却对设立责任限制基金程序做了诸多限制条件。根据该法第一百零五、一百零六、一百零八条的规定,海事法院在收到设立基金的申请后,必须事先在媒体上公告相关信息,并等到三十日公告期满后,对于没有异议的申请,才可做出准许设立基金的裁定。如果不同的利害关系人在不同的时间分别提出异议,依据该法第一百零六条第2款的规定,法院在收到异议后十五日内做出裁定,导致司法实践中对每个异议分别做出裁定还是对全部异议做出一个裁定做法不一。这显然是立法漏洞。② 异议人还可以对裁定提起上诉,由二审法院做出终审裁定。裁定生效后,再通知责任人提供责任限额的现金或担保。

而且,根据《海诉法解释》第八十三条的规定,法院除需要审查责任人的主体资格、基金的数额外,还需要审查有关债务的性质,③即是否为限制性债务。④ 判断债务是否为限制性债务属于实体问题,⑤我国《海商法》与《1976年限制公约》以及其他国家和立法有所不同,往往会涉及较为复杂的法律争议。⑥ 可见,从责任人申请设立基金到基金设立,一般需要数月。如果利害关系人不配合(行使其法定异议权和上诉权),以及在法院准许设立基金的裁定生效后,责任人不及时提供责

---

① 金正佳:《海事诉讼法论》,大连海事大学出版社2001年版,第407-408页。
② 《责任限制规定》对此进行了完善,明确法院对所有异议只需做出一个裁定。参见周燕:《海事赔偿责任限制程序问题研究》,中国海洋大学硕士论文2013年,第24-25页。
③ "易山"轮责任限制基金案[大连海事法院(2001)大海法事初字第62号,辽宁省高级人民法院二审的(2002)辽民四终字第54号],"易山"轮与"雅河"轮碰撞,海事局提出异议,其中国家主管部门,责令船东提供担保是油污强制费用和对肇事船舶的处罚,申请人将其作为责任限制诉讼的利害关系人是适用法律错误,法院认为海事局未就海事赔偿责任限制基金申请人的主体资格是否适格、债权性质、责任限制基金数额是否适当提出异议,不影响基金设立,裁定驳回海事局的异议,准许责任人设立基金。海事局提出上诉,二审法院认为,海事局提出的异议并没有针对基金的设立,法院用裁定驳回异议不当,应当对海事局的异议不做审理。
④ 王淑梅:《海事赔偿责任限制制度在我国的适用》,载《中国涉外商事海事审判指导与研究》(第1卷),人民法院出版社2001年版,第254-260页。
⑤ "大勇"轮责任限制基金案[上海海事法院(2002)沪海法基字第5号,上海市高级人民法院(2002)沪高民四(海)基字第1号。韩国Sekwang Shipping Co., Ltd.(Sekwang船务有限责任公司)]所属的"M. V. DAEMYONG"("大勇"轮)(总吨位1 999吨)于2001年4月17日在长江口附近与他船发生碰撞,于2002年5月17日向海事法院申请海事赔偿责任限制基金。利害关系人提出债权性质及是否适航等异议,法院经审理认为,对于化工污染损害赔偿及行政职能部门的相关费用是否属限制性债权,以及是否适航等争议,属实体审理范围,不影响其设立基金。利害关系人提出上诉,二审予以维持。这一裁判结果,虽然保证了设立基金的便捷性,但是明显违背了司法解释所要求的"应当对债权性质进行审查"。
⑥ 如打捞费用等,我国《海商法》在限制性债权中去掉公约的一项规定,但没有在非限制性债权中加以规定,故这项是属于限制性债权还是非限制性债权,一直存有争议。《责任限制规定》已明确将其列为非限制性债权。

任限额的现金或担保,则可能再逾一年都无法设立基金。① 显然,按照我国现行立法,设立基金的便捷性荡然无存。这与公约所追求的设立基金可以及时释放扣押船舶或其他财产的目标相悖,也与我国《海诉法》立法者所认为的法律对确认责任限制权利的程序不做规定,便于及时释放被扣押的船舶或其他财产的意愿是背离的。② 可见,立法和司法解释的不完善是导致司法实践不统一的根本原因。

(二)确认责任限制权利的统一性(独立之诉)

就责任限制法律关系而言,责任限制基金与责任限制权利是相互依存、密不可分的。责任人要限制其赔偿责任,仅以基金为最高赔偿限额,则必须享有责任限制权利;而责任人要充分行使其责任限制权利,要对所有限制性索赔产生抗辩效力,通过设立基金方式,才可将限制性债权集中到设立基金的法院进行诉讼,使其船舶或其他财产免受扣押,或已被扣押的财产获得释放。由此产生设立责任限制基金是否以责任人享有责任限制权利为条件,以及确认责任限制权利能否提起独立之诉的争论。

由于我国《海诉法》仅规定海事基金程序而有意回避确认责任限制权利的程序,使得法院在审查责任人是否有权享受海事赔偿责任限制权利时,没有相应的程序可以适用。③

我国法院审查责任人是否享受责任限制权利,主要有以下几种方式:一是在限制性债权索赔程序中,责任人提出责任限制抗辩,法院予以审查;④二是在限制性债权索赔程序中,责任人没有提出抗辩,由法院主动援引海事赔偿责任限制的相关法律来限制责任人的赔偿责任;⑤三是在设立海事赔偿责任限制基金程序中,法院

---

① 《海诉法》没有规定责任人提供现金或担保的期限,《海诉法司法解释》第八十四条,准予申请人设立海事赔偿责任限制基金的裁定生效后,申请人应当在3日内在海事法院设立海事赔偿责任限制基金。申请人逾期未设立基金的,按自动撤回申请处理。

② 金正佳:《海事诉讼法论》,大连海事大学出版社2001年版,第406-408页。

③ 刘寿杰:《海事赔偿责任限制及海事赔偿责任限制程序——从"静水泉"轮沉没引发的系列海事赔偿责任限制案件谈起》,载《中国涉外商事海事审判指导与研究》(第3卷),人民法院出版社2003年版,第225页。

④ 在我国的海事司法实践中,此种做法较为普遍。如宁波海事法院审理的原告苏军勇与被告刘阿雅、陈金顺船舶碰撞损害赔偿纠纷案〔(2007)甬海法台事初字第52号〕中,关于"闽狮渔5151"轮的船东是否享受责任限制权利,就在该碰撞纠纷中予以审理。

⑤ 笔者认为,法院主动援引责任限制,是没有法律依据的。厦门海事法院审理的厦门市宝丽晶贸易公司诉周汉聪等水上货物运输合同纠纷案中,四被告("宁发001"轮的所有人)在一、二审期间均未申请设立基金,也未提出责任限制的抗辩,但福建省高级人民法院以(1998)闽经终字第385号判决书判决被告可依法限制赔偿责任,并撤销了一审法院(1997)厦海法商初字第064号一审判决。

进行审查;①四是在设立基金程序中不审查,而是留待在确权诉讼程序中进行解决。② 在我国海事司法实践中,各法院的做法极不统一,严重损害了法律的威严和裁判的公信力。

对此,最高人民法院在"招远市玲珑电池有限公司与烟台集洋集装箱货运有限责任公司海事赔偿责任限制申请"一案的《复函》中明确指出,"海事赔偿责任限制属于当事人的抗辩权,申请限制海事赔偿责任,应当以海事请求人在诉讼中向责任人提出的海事请求为前提,不能构成独立的诉讼请求",③可以说《复函》填补了申请责任限制程序的立法空白。然而,责任人的海事赔偿责任限制权利只能在海事索赔诉讼中以抗辩的方式行使,责任人不得主动提起单独的责任限制申请或诉讼的观点,颇受质疑。

有观点认为,要求责任人必须在诉讼中以抗辩的形式提出责任限制权利的请求,这既不符合海损事故的特点,也不符合国际上的通行做法。④ 也有观点认为,使责任限制诉讼绝对依附、从属于索赔诉讼,不利于众多案件的集中审理、提高诉讼效率和保证裁决的统一。⑤ 还有观点认为,根据我国《海商法》第二百零四条和《海诉法》第一百零一条的规定,责任人应可主动申请海事赔偿责任限制,《复函》与我国现行法律规定不符。⑥ 如果有多个索赔案件,享受责任限制权利仅作为诉讼中的抗辩,"一次事故,一个限额"原则可能无法遵守,这不符合责任限制制度的本意。遗憾的是,《责任限制规定》坚持了《复函》提出的责任限制权利只能在索赔诉讼中抗辩的观点,即不能构成独立的诉讼请求。

---

① 宁波海事法院"丰岛"轮(TOYOSHIMA)责任限制基金案〔(2002)甬海事限字第1号〕中,法院经审理认为,异议人不能证明不适航,也不能证明碰撞事故是申请人故意或轻率地作为或不作为所致,申请人享有责任限制权利。

② 宁波海事法院审理的原告林成与被告福建省南安市轮船有限公司申请海事债权确权案〔(2006)甬海法字第51号〕中,对"成功62"轮船东福建省南安市轮船有限公司的责任限制权利,就在该确权案件中予以审理。

③ 2003年6月9日,最高人民法院关于在答复山东省高级人民法院"关于招远市玲珑电池有限公司与烟台集洋集装箱货运有限公司海事赔偿责任限制申请一案请示的复函"〔(2002)民四他字第38号〕,"根据我国《海商法》和《海诉法》的规定,申请建立海事赔偿责任限制基金可以在诉讼中或诉讼前提出;海事赔偿责任限制属于当事人的抗辩权,申请限制海事赔偿责任,应当以海事请求人在诉讼中向责任人提出海事请求为前提,不能构成独立的诉讼请求。烟台集洋集装箱货运有限公司虽是涉案运输合同承运人,但不是船舶经营人,不具有申请限制赔偿责任的主体资格"。

④ 黄永申:《关于海事赔偿责任限制程序有待澄清的几个问题》,载《中国海商法年刊》(2004),大连海事大学出版社2005年版,282-297页。

⑤ 林强:《海事赔偿责任限制诉讼程序之探讨》,载《第十三届全国海事审判研讨会论文集》(2004),第157-162页。

⑥ 李旭东、郭俊莉:《我国海事赔偿责任限制相关问题的司法探求》,载《海事司法论坛》2004年第4期;黄菊秀:"海事赔偿责任限制诉讼程序设置构想",载《第十三届全国海事审判研讨会论文集》(2004)。

无论是大陆法系还是普通法系国家或地区,对责任限制权利是程序权利还是实体权利均存有争议,①各国立法和司法均对确认责任限制权利可以提起独立的诉讼。例如,在希腊,责任限制可以预先(Pre-emptively)提出,也可以作为抗辩提出。在英国和美国,申请限制不仅可以在诉讼中以抗辩的形式提出,还可以在诉讼前作为一个独立的诉讼。在诉讼中提出抗辩只能对诉讼相对人产生效力,对其他海事请求人不能限制责任。如果责任人提起专门责任限制诉讼,责任人必须设立责任限制基金,通过该程序审理后,法院做出的准予限制责任的判决和裁定则具有对抗所有债权人。英国限制赔偿责任的请求可以在诉讼中以抗辩方式提出,也可以独立提起,选择权在于当事人。② 在美国,《1851 年责任限制法》在 1936 年修订之前,船东可以在起诉前、船舶扣押后或者判决后申请责任限制。1936 年后要求必须在收到被索赔通知后 6 个月内申请责任限制。③ 法国 1967 年法令第 7 章(Chapter Ⅶ of the Decree of 1967),对本国船舶申请限制,应当向船舶登记地法院提起诉讼并设立基金,对外国船舶,可向事故发生地、事故发生后的第一停靠港、船舶扣押地或担保提供地商事法院提起。一旦基金设立,所有请求只能在责任限制诉讼中提出。日本、印度、韩国、荷兰、比利时等国也没有规定责任限制只能在诉讼中提出抗辩。④

笔者认为,责任限制基金程序仅是责任限制整体程序的一个组成部分,无论是否设立基金都应有责任限制权利确认程序,包括在诉讼中提出责任限制权利的抗辩和责任人提起独立的责任限制权利确认之诉。虽然最终实现"一次事故,一个限额"必须以责任人享有责任限制权利为条件,但是设立基金不应以享受责任限制权利为条件,否则基金的集中诉讼和担保功能将丧失殆尽。如果将责任人能否享受责任限制权利放到每个索赔案件的实体审理中解决,则既拖延时间,又浪费人力、物力,程序也难以规范,裁判统一性更难维护。⑤《责任限制规定》第十条规定:

---

① 司玉琢:《海事赔偿责任限制优先适用原则研究——兼论海事赔偿责任限制权利之属性》,载《环球法律评论》2011 年第 3 期。
② Patrick Griggs, Richard Williams and Jeremy Farr, Limitation of Liability for Maritime Claims (London:LLP, 4th edn, 2005), pp. 59-64.
③ The Chickie 141 F. 2d 80 (3d Cir. 1944),该案中船东在被索赔人起诉 6 个月后申请责任限制,被法院驳回。转引自 Taft, Richard Guy, "Limitation of Liability in Admiralty - Raising the Defense by Answer More Than Six Months after Written Notice of a Claim", (1976) 45 University of Cincinnati Law Review 253, pp. 253-267.
④ Patrick Griggs, Richard Williams and Jeremy Farr, Limitation of Liability for Maritime Claims (London:LLP, 4th edn. 2005), pp. 59-64.
⑤ 邬先江、陈海波:《我国海事赔偿责任限制基金程序之检讨——兼评相关司法解释》,载《2009 年中国国际经济法学会年会暨学术研讨会论文集》,第 95-112 页。

"在确权诉讼中审理责任人享有责任限制权利,并允许对做出的判决、裁定提起上诉,不仅是对我国《海诉法》明确规定的确权诉讼—审终审的突破(有违法之嫌),而且与国际公约及各国立法和司法相悖。"

(三)诉讼的集中性

如前所述,在各国立法及司法实践中,一般在基金设立后,限制性债权人都应当向设立基金的法院提出索赔,实现"集中诉讼"。虽然我国《海诉法》第一百零九条也规定了基金设立后,当事人就有关海事纠纷应当向设立基金的法院提起诉讼,但是对于集中诉讼程序的启动却较为特殊,将债权登记与受偿程序同船舶拍卖价款分配合并在同一章节加以规定。该法第一百一十二条规定:"海事法院受理设立基金的公告发布后,债权人应在公告期间内登记债权,否则视为放弃债权。"该条套用了第一百一十一条船舶拍卖公告期间债权登记的规定,但却忽略了基金分配与船舶拍卖款项分配的区别。对于后者,无论是船舶被成功拍卖,还是在责任人提供担保后被释放,均有可供分配的款项。① 而对于责任限制的集中诉讼必须在基金设立后才能进行。由此产生的问题是,该条规定在基金设立前进行债权登记有何意义呢? 笔者对此百思不得其解。或许有人认为这一规定又是借鉴了破产法上的债权登记。然而,值得注意的是,责任限制与破产程序之间存在本质区别。特别是后者有和解及整顿制度,可以通过和解协议达成延期偿付债务、分期偿付债务、按比例减成偿付债务、按比例减成一次偿付债务、比例分期偿付债务、实物抵偿债务等偿债方案,以避免企业破产。这是因为破产立法将促进企业改善经营管理、扭亏为盈、为濒临破产企业创再生之机、避免破产清算等作为重要宗旨。② 而责任限制程序不论何种结果,要么分配基金清偿债务,要么执行责任人财产清偿债务,不存在通过债权人会议减免责任人债务、分期偿付债务或暂缓执行财产等问题。

我国《海诉法》第一百一十六条规定:"办理登记后的债权(非裁判文书确认的债权)应当在设立基金的法院提起确权诉讼。"结合该法第一百零九条和第一百一十条的规定,提起确权诉讼的前提是债权已登记且基金已设立。③ 那么,在法院受理基金公告到基金设立这段时间,限制性索赔诉讼如何进行呢? 其他法院已经受理的案件应当继续审理、中止审理,还是移送设立基金的法院审理,以及能否在其他法院提起新的诉讼,《海诉法》均未予以明确。《海诉法解释》第九十条规定债权

① 张贤伟:《设立基金程序所涉案件的管辖及相关条文的理解》,载《中国海商法协会通讯》2001年第4期。

② 邹海林:《破产程序和破产法实体制度比较研究》,法律出版社1995年版,第163-190页;王欣新:《破产法专题研究》,法律出版社2002年版,第82-112页。

③ 曹照勇:《论债权登记程序在海事赔偿责任限制中的适用》,载《中国海商法研究》2012年第4期。

人应当在办理债权登记后七日内提起确权诉讼,这显然与立法有矛盾。因为债权登记后七日内法院正在审理基金是否可以设立,有时债权登记后数月还不能做出设立基金的裁定。如果允许债权登记后七日内提起确权诉讼,将与《海诉法》第一百零九条规定的基金设立后才可提起确权诉讼相冲突。《海诉法解释》第八十九条所规定的其他法院在债权登记前已经受理案件的移送,同样没有考虑到确权诉讼须在基金设立后提起,这一法律障碍。另外,按照《海诉法解释》的规定,法院在审查是否准许设立基金过程中,受理索赔人提起确权诉讼或其他法院移送的案件后,在责任人最终撤回申请设立基金或责任人不提供担保而视为撤回申请等基金未设立的情形下,已经提起确权诉讼或移送的案件如何处理呢?对此,《海诉法》及《海诉法解释》未做出明确规定。诉讼是动态的而非静态的,这种不严谨的法律条文及相互矛盾的司法解释,将导致各法院做法更加不统一,从而损及司法权威性。如上海海事法院受理的"集发"轮申请设立基金案,二审法院维持准予设立基金后,申请人仍不设立基金,导致已经债权登记及提起确权诉讼的50多个案件撤回。这显然会造成司法资源的浪费和当事人特别是债权人的讼累。①《责任限制规定》第七条规定:"海事法院应当在基金设立后,再审查债权人的申请;基金未设立的,裁定终结登记程序。"虽然这是针对上述问题提出的补救办法,②但是债权登记申请后,又因基金未设立而裁定终结登记程序,同样也会产生讼累。

笔者认为,首先,在法院裁定准许设立基金后,申请人又不提供现金或担保设立基金是不诚信行为,有滥用诉权之嫌。司法解释可以明确规定责任人申请责任限制基金的,必须向法院提供相当于责任基金金额的现金或担保为前提条件。③如同申请人申请扣押船舶,法院可以要求申请人提供担保为条件一样。这样可以有效避免法院启动基金程序后又不设立基金的尴尬局面。其次,基金设立后,已经进行的与基金有关案件的集中诉讼不应受责任限制权利丧失的影响而撤销,以节省司法资源、提高司法效率、维护司法的稳定性。即使最后认定责任人无权享受责任限制权利,设立的基金不能对抗所有限制性索赔人,基金仍可以作为债务担保。正如国际海事委员会《关于海事法责任限制程序规则的指南》第9.1条规定,责任限制权利丧失,基金仍应被保留并根据责任限制的程序分配,适用责任限制权利未丧失时同样的程序审理各个索赔,并可执行责任人的其他财产。④ 根据《海诉法》的规定,基金一旦设立就已经赋予了设立基金的法院对限制性债权实体审理的管

---

① 周燕:《海事赔偿责任限制程序问题研究》,中国海洋大学硕士论文2013年,第36-37页。

② 陈小曼:《海事赔偿责任限制制度研究》,西南政法大学博士论文2012年,第134页。

③ 因法律没有相反或禁止性规定,作为程序性问题,最高人民法院有权对此做出补充规定。

④ 李海译:《关于海事法责任限制程序规则的指南》,载《中国海商法年刊》(第20卷),大连海事大学出版社2009年版,第110页。

辖权。设立基金的款项可以作为责任人的财产被分配或执行,这同我国船舶价款分配的集中诉讼的确权案件类似。另外,可参照我国民事诉讼中的移送管辖或指定管辖的规定,①在责任限制权利丧失的情况下,由最高人民法院明确规定由设立基金的海事法院继续审理确权诉讼的海事纠纷。

(四) 基金会议与基金分配的互补性

各国立法基本都规定在基金的限制性债权申报期限届满后,法院应召开"基金会议"(Fund Meeting),召集责任人、债权人就责任人能否援引责任限制、责任限制和某一特定债权的金额、性质等问题进行讨论。如果各方能够达成一致意见,法院将按照所达成的意见分配基金;如果就某项争议不能达成一致意见,则由法院对争议事项进行审理。待所有争议解决之后,由法院最终决定基金的分摊。②

虽然我国《海诉法》第十章债权登记与受偿程序也规定有"债权登记"③"确权之诉""债权人会议"等内容,但是该章将船舶拍卖价款的分配与基金分配两个性质完全不同的程序一并加以规定,造成适用上的混乱。此外,还规定债权人会议是在债权登记和确权诉讼之后召开。显然,依据我国法律规定,"确权之诉"是债权人会议的前置程序,而非补充程序。而且,法律也未规定"债权人会议"可就责任人能否享受责任限制权利问题进行商讨。④ 笔者认为,这样的做法显然不合理,需要司法解释予以完善。遗憾的是,《责任限制规定》却对此保持了沉默。

在债务总额超过基金的情形下,债权人会议或基金会议的目的是使各债权人尽快达成一致意见,避免法院对争议事项进行审理和裁决消耗过多的时间和费用,从而最大利益地保护各债权人。债权人会议放在确权诉讼之后召开,没有实质意义。因为通过确权诉讼审理确定各债权后,法院应当及时按法定受偿程序分配基金。在这种情形下,再召开债权人会议进行协调的目的或意义似乎难以体现。因此,《海诉法》应当将债权人会议规定在债权登记之后、确权诉讼之前。如果各债权人在债权人会议上不能达成一致意见,对于债权金额和债权性质有争议的,则通过确权诉讼解决;对于能否享受责任限制有争议的,则通过确认责任限制权利程序来解决。最后,法院根据裁判结果及在债权人会议上确认的债权,按照法定的分配

---

① 《中华人民共和国民事诉讼法》第三十六、三十七条。

② 如斯堪的那维亚国家的海商法和荷兰海商法。

③ 海口海事法院审理的"中航902"轮责任限制案件中,一债权人在责任人申请设立责任限制基金之前,在广州海事法院提起了损害赔偿之诉,但该债权人没有申请债权登记,导致能否参与基金分配之争。参见简万成等:"'中航902'轮海事赔偿责任限制基金分配案",载《中国海事审判年刊》(2007),人民交通出版社2008年版,第26-34页。

④ 祝默泉、沈晓平:《论完善我国海事赔偿责任限制程序制度》,载《中国海商法年刊》(2003),大连海事大学出版社2004年版,第247-259页。

顺序进行分配。

另外,值得一提的是,在通过设立基金援引责任限制的情形下,公约和各国立法均规定责任人在设立基金前偿付的限制性债务享有参与基金分配的代位权,给予了责任人再次救济的渠道。① 笔者认为,责任人在个案中行使责任限制抗辩权是可以的,但不得对抗其他债权人,这是责任人的选择权,其认为赔偿不会超过限额或只有限定的债权人时,自然没有必要提起单独责任限制诉讼,毕竟要产生诉讼费用和花费精力,尤其只有一个债权人时,这是责任人的一种风险评估。代位求偿权的设立,较为有效地解决和平衡了赔偿责任限制权利通过个案行使可能产生的问题:责任人不在个案中行使,可在其他案件中行使限制权利,但对个案债权超支部分自负。这较尊重了索赔人和责任人的意志自由,但其缺陷是代位债权的合法、正当性需责任人举证。那么,依据我国现行法律,责任人能否行使参与基金分配的代位权呢? 我国《海商法》对此没有规定,《海诉法》也没有对代位程序做出规定。而《中华人民共和国合同法》(以下简称《合同法》)第七十三条所规定的代位权,是指责任人怠于行使其权利,而危害到债权人的债权时,债权人可以取代债务人的地位,行使债务人对次债务人的权利。② 显然,《合同法》上的代位权,与责任限制制度中的代位权是完全不同的。因此,根据我国现行法律,责任人在设立基金前已经赔付的款项,无法参与后设立基金的分配。

(五)确权诉讼的一审终审与裁判的既判力问题

我国《海诉法》第一百一十六条关于确权诉讼裁判不得上诉的规定,将确权诉讼中一般海事纠纷的二审终审制改为一审终审制,受到许多学者的批评。③ 据称,立法者借鉴了破产法中一审终审的规定。④ 海事赔偿责任限制制度与破产制度是完全不同的制度。破产制度的一个重要特征是通过债权人会议达成和解、整顿以及重整来预防破产发生,更好地保障债权人、债务人的合法权益。⑤ 我国破产制度实行一审终审制可以说是平衡各方利益之需要。而责任限制基金的宗旨是以基金清偿所有限制性债权,因此,无论以何种方式分配,分配基金都是必然的。立法者的这种借鉴方式,着实让人费解。也许受批评观点的影响,在"华顶山"轮责任限

---

① 邓丽娟、王大荣:《论海事赔偿责任限制权利的实现》,载《中国海事审判年刊》(2005),人民交通出版社 2006 年版,第 291-312 页。

② 龙翼飞:《新编合同法》,中国人民大学出版社 1999 年版,第 77-81 页。

③ 周燕:《海事赔偿责任限制程序问题研究》,中国海洋大学硕士论文 2013 年,第 37-39 页。

④ 金正佳:《海事诉讼法论》,大连海事大学出版社 2001 年版,第 453-463 页。

⑤ "债务人企业解体消灭,不仅债权人无法全额实现其债权,而且还会造成破产企业职工失业的社会问题,对社会财富与生产力来说也是一种损失。"参见王欣新:《破产法专题研究》,法律出版社 2002 年版,第 77 页。

制确权案件中,最高人民法院的答复是,当事人对责任人是否享受责任限制权利有异议的,应当转入普通程序审理,其他确权诉讼案件中止。① 此答复将《海诉法》明确规定的确权诉讼的一审终审程序审理转为普通程序审理,没有任何法律依据,显然是不够严谨。因此,有学者认为法院自行将确权诉讼转为普通程序审理,侵犯了当事人的诉权。② 然而,《责任限制规定》坚持了该观点,第十条明确规定确权诉讼的判决、裁定可以上诉,该条司法解释的合法性值得商榷。

另外,对于一审终审的确权诉讼案件裁判的既判力问题,也有分歧。有观点认为,"海事法院对确权诉讼做出的判决、裁定具有法律效力,当事人不得提起上诉。这一规定确定了确权诉讼中一审终审的特别程序。但是这一特别程序是在确权诉讼的特别程序中适用的,不应具有普遍的既判力的后果。如果赋予该类裁判文书具有既判力的法律效果,确权诉讼的债权人在责任人设立的基金中得不到受偿时,就依据判决对责任人的其他财产申请法院执行,这就违背了海事赔偿责任限制基金设立的初衷"。③ 2009 年在上海召开的全国海事法院院长会议上讨论的《最高人民法院关于审理海事赔偿责任限制相关纠纷案件的若干规定》(征求意见稿)第十条明确规定:"债权人依据海事诉讼特别程序法的规定向受理债权登记的海事法院提起确权诉讼的,海事法院对确权诉讼做出的裁判,仅限于对已经设立的基金具有执行效力。"《责任限制规定》第十六条虽然没有使用征求意见稿明确的措施,但对该条整体解释,可以得出同样的结论。显然,这是主流观点。对此,笔者持有不同意见,理由有二:其一,生效裁决文书均应具有既判力。不论是一审终审还是二审终审的裁判文书,都是依据法律做出的,在法律没有修订之前,否定确权诉讼一审终审裁判文书的既判力,是违反《立法法》精神的,也不符合法理。其二,对责任人其他财产可否执行的问题,应视债务性质和基金效力而定。由于立法规定限制性债务只能参与基金分配,责任人对分配不足部分不再承担清偿责任,当然不能依据限制性债权的确权诉讼裁判申请执行其他财产。如果明显是非限制性债务,其不应参与基金分配程序,法院不应受理该债权的登记申请和提起确权诉讼,而应告知索赔人另行向责任人提起普通的损害赔偿之诉。如果对于是否属限制性债务不明确,需要通过法院诉讼才能确定的,或设立基金的法院已经受理的,则应当从便利当事人诉讼和节省司法资源考虑,在确权诉讼程序中对非限制性债权的赔偿额做出裁判,尤其是同一索赔人既有限制性索赔又有非限制性索赔时,更没有必要

① 最高人民法院对"华顶山"轮案的答复:"经过确权程序后,原告还有异议的,转入普通程序,而其他确权程序的案件中止审理,等待普通程序案件审结后按既定判决处理。"

② 何丽新、谢美山:《海事赔偿责任限制研究》,厦门大学出版社 2008 年版,第 258-260 页。

③ 王淑梅:《关于海事赔偿责任若干问题的调研报告》,载《涉外商事海事审判指导》(第 1 辑),人民法院出版社 2008 年版,第 181-201 页。

以确权诉讼仅裁判限制性债务为由，驳回索赔人在基金程序中的非限制性索赔的诉请，让其通过普通程序再次诉讼。赋予对非限制性债务做出的确权裁判可直接在基金之外执行责任人的其他财产效力，既不违反法律规定，也不损害各方当事人的权益。不过，在实行"对物诉讼"的国家，如果仅对基金提起索赔，则法院对非限制性债务也做出裁决，是不可能对责任人产生法律拘束力的。至于确权诉讼一审终审而非二审终审问题，只是法律对诉讼程序的设置问题，与裁判既判力无关。①

五、对相关立法或司法解释的修改建议

综上所述，规范统一海事赔偿责任限制基金相关程序是海事赔偿责任限制权利行使的关键所在。海事赔偿责任限制基金程序的设计，应当以实现海事赔偿责任限制基金的集中诉讼，"一次事故，一个限额"和债务担保三大功能为出发点。基金程序必须体现设立基金的便捷性、确认责任限制权利的统一性、诉讼的集中性、债权人会议与基金分配的互补性，并应明确确权裁判的效力范围。我国海事赔偿责任限制程序立法不够完善，导致海事司法实践中存在困惑和裁判不统一的现象，因此应当进行相应的修改与完善。在立法修改之前，可以通过最高人民法院司法解释的形式进行完善。但是，司法解释不能修改法律，只能在法律框架下进行解释和补充。

（一）对于《海诉法》的修改建议

建议对《海诉法》有关责任限制基金、责任限制权利确认、债权登记、债权确权诉讼和基金分配等方面的具体规定进行全面修正（重构），基本思路是：

1. 设立专门的"海事赔偿责任限制程序"一章，对原第九章和第十章设立海事赔偿责任限制基金程序进行全面修改。该专章应当分责任限制权利确认程序、设立基金程序、债权登记和基金会议、债权确权诉讼和受偿程序四节（不涉及油污基金及船舶拍卖款分配）。

2. 明确规定责任人可以在索赔案件中提出责任限制权利的抗辩，也可以提起独立的责任限制权利确权诉讼。责任人就个案提出的责任限制权利抗辩仅对该索赔个案有约束力。责任人提起责任限制权利确权诉讼的，则可以对抗所有限制性海事请求。但是，责任限制权利确权诉讼应当在基金设立并召开基金会议后三十日内提出。

3. 申请设立基金时，必须以提交相当于责任限额的担保为前提。这一规定可以有效避免当前司法实践中准许设立基金后，责任人又不提供相当于基金数额的

① 邬先江：《海事赔偿责任限制制度研究》，大连海事大学博士论文2010年，第183-200页。

现金或担保所导致的混乱局面。

4. 简化设立基金程序,充分发挥基金的三大功能。在设立基金申请人提供充分担保的前提下,法院仅对申请人的资格、基金数额和基金担保进行审查,而不需要利害关系人介入。法院认为责任人的申请符合基金设立条件的,可以裁定准许设立基金,并通知或公告利害关系人在法定期限内进行债权登记。利害关系人在法定期限内有权对基金设立人的主体资格、基金数额提出异议,但是异议不影响裁定的执行。

5. 在债权人登记债权期限届满后,由法院召集责任人和全体登记债权人召开基金会议,对于各债权是否属于限制性债权、各限制性债权的金额,以及分配顺序和分配比例等事项进行协商。协商成功的,按照协商方案直接对基金进行分配。协商不成的,对于无争议的债权可以在基金分配会议上由法院直接进行确认,不需要进行债权确权诉讼程序。对于债权性质和金额有争议的,应当通过债权确权诉讼程序进行确认。对于责任限制权利有争议的,应当通过责任限制权利确权诉讼加以解决。上述事项经审理确定后,法院可以按照法定顺序分配基金,不必再召开基金分配会议。

6. 责任人可以就其在设立基金之前已经赔付的那一部分限制性债务取得参与基金分配的代位权。

(二)在不修改现行立法的前提下,对《责任限制规定》进行完善

在不修改现行立法的前提下,应当由最高人民法院对《责任限制规定》进行修改,具体意见如下:

1. 在申请设立基金时,责任人必须向法院提供相当于责任限额的担保。

2. 在责任限制基金设立后,责任人应在三十日内向设立基金的法院提起确认责任限制权利的诉讼。

3. 基金设立后,即使丧失责任限制权利,设立基金的法院仍可继续对已经债权登记并提起确权诉讼的案件行使管辖权。

4. 删除第十条、第十一条一审终审转为二审终审的规定。在现行法规定的债权确权诉讼一审终审制度下,应当严格执行法律规定的一审终审,不应对债权确权诉讼中的责任限制权利确认及船舶碰撞案件等实行二审终审,否则不仅有违法解释之嫌,而且可能会带来更大的司法混乱。

(原载于《国际法研究》2015 年第 4 期)

关于在诉讼程序中拍卖扣押船舶之思考

王凌云

【摘要】扣押船舶是法院所实施的一种财产保全强制措施。一般情况下，在诉讼或仲裁阶段仍应以继续扣押船舶为原则，以启动拍卖船舶为例外。申请人申请拍卖船舶的，法院在审查"船舶是否不宜继续扣押"时应严格谨慎，考虑"船舶继续扣押"与"强制拍卖船舶"在价值内涵上的平衡。"被申请人不提供担保"不能作为"船舶不宜继续扣押"的充分要件，两者互相独立，需要对各自进行判断。应当根据具体情况，把船舶债务、扣押时间、市场波动等作为认定船舶是否不宜继续扣押的重要因素，在审查中兼顾平衡，形成较为统一的判断规则。

【关键词】海事请求保全；船舶拍卖；船舶价值

诉前或诉讼中的扣押船舶，进入诉讼（包括仲裁）程序后，符合哪些情形才需要或者应该由法院启动司法拍卖程序，法律相关规定不甚明确具体，司法实践也不统一。本文以司法实践为例，结合对法律的理解适用，对此进行探讨。

一、问题的提出

2015 年 11 月 17 日，宁波海事法院做出一起诉前扣押船舶的民事裁定（2015）甬海法舟保字第 38 号。船舶扣押后，被申请人一直未提供担保。2015 年 12 月 29 日，申请人在向法院提供其已启动仲裁程序证据的同时，向法院提出船舶拍卖申请。申请人认为：根据《中华人民共和国海事诉讼特别程序法》（以下简称《海诉法》）第二十九条规定："船舶扣押期间届满，被请求人不提供担保，而且船舶不宜继续扣押的，海事请求人可以在提起诉讼或者申请仲裁后，向扣押船舶的海事法院申请拍卖船舶。"本案已进入仲裁程序，且被申请人未提供担保，因此申请人有权提出拍卖船舶申请。关于对"船舶不宜继续扣押"的理解，申请人提出，根据《最高人民法院关于适用〈中华人民共和国海事诉讼特别程序法〉若干问题的解释》（以下简称《海诉法解释》）第三十条规定："申请扣押船舶的海事请求人在提起诉讼或者申请仲裁后，不申请拍卖被扣押船舶的，海事法院可以根据被申请人的申请拍卖船舶。拍卖所得价款由海事法院提存。"由此推之，在诉讼或仲裁阶段，申请拍卖被扣押船舶是法律赋予海事请求人的一种当然的权利,只要案件已进入诉讼或仲裁程序,且被申请人不提供担保的,就符合了"船舶不宜继续扣押"的条件,法院也就应当准许申请人的拍卖船舶申请。案件中,对"船舶不宜继续扣押"条件如何理解成为船舶是否应当拍卖的关键。《特别程序法》第二十九条规定了在诉讼或仲裁中拍卖船舶应当满足"被请求人不提供担保"和"船舶不宜继续扣押"两个条件,从字面理解,前者内容清楚明确,是硬性规定;而后者内容不明确,也缺乏进一步的法律解释,且此处的"不宜"显然是一个需要主观判断的用词,很多时候需要结合个案的特殊情况进行具体判断;另外,从两个条件的关系看,两者到底有怎样的关联,是前者条件的成就必然导致后者条件的成就,两者为依附关系,还是这是两个各自独立的条件,实践中对此认识也都不一致。由于认识上的分歧,导致得出的结论也大相径庭。如本案申请人认为案件进入仲裁程序后,被申请人不提供担保的,法院就应当认定"船舶不宜继续扣押"。

二、破题解析

笔者以为,在对诉讼或仲裁中拍卖船舶条件的理解判断中,应当首先明确这种判断基于什么原则、蕴含何种法律价值追求、遵循怎样的裁判思路,这样才可能在实践中形成令人信服的裁决,达到同案同判效果。

(一)原则性之判断

理解诉讼或仲裁阶段拍卖扣押船舶的条件,笔者以为,首先应当在认识层面解析拍卖扣押船舶的基本原则,即在一般情况下,扣押船舶是应继续扣押,还是应拍卖?诉前或诉讼中的扣押船舶属于海事请求保全的一种方式,根据《特别程序法》第十二条规定,海事请求保全是指海事法院根据海事请求人的申请,为保障其海事请求的实现,对被请求人的财产所采取的强制措施。因此,扣押船舶,无论是在诉前还是诉讼中发生,虽与一般的财产保全有所区别,但究其本质,仍是法院所实施的一种财产保全强制措施,其主要目的在于,为案件到执行阶段胜诉的当事人顺利实现其海事请求提供保障。参考《中华人民共和国民事诉讼法》(以下简称《民诉法》)对财产保全的相关规定,即《民诉法》第一百条规定:"人民法院对于可能因当事人一方的行为或者其他原因,使判决难以执行或者造成当事人其他损害的案件,根据对方当事人的申请,可以裁定对其财产进行保全、责令其做出一定行为或者禁止其做出一定行为。"《民诉法》司法解释第一百五十三条规定:"人民法院对季节性商品、鲜活、易腐烂变质以及其他不宜长期保存的物品采取保全措施时,可以责令当事人及时处理,由人民法院保存价款。"因此,可以看到,除了特殊的季节性商品、鲜活、易腐烂变质及其他不宜长期保存的物品以外,对于一般财产的保全,在诉讼或仲裁阶段，并不需要由法院启动拍卖或变卖程序。事实上，这也正与财产保全主要满足于判决执行这一基本目的相吻合。

因此，笔者以为，由海事法院所实施的诉前或诉中的船舶扣押，一般情况下，在诉讼或仲裁阶段仍应以继续扣押船舶为原则，以启动拍卖船舶为例外，如需拍卖船舶，则还应同时满足其他条件。

（二）权利义务之判断

如在诉讼或仲裁阶段，以继续扣押船舶为原则，那么在怎样的特殊情况下需启动拍卖？是否如本案申请人所认为，被申请人不提供担保即为船舶不宜继续扣押的充分条件？笔者以为，在诉讼或仲裁阶段，纠纷尚在处理中，申请人主张能否得到支持亦尚无定论，此时可以从双方权利义务角度进行剖析。船舶作为一种重要的生产工具，基于其特殊性，《海诉法》规定被申请人可以提供相应担保以解除船舶扣押。可以看到，相比一般财产的被保全人，法律并无此种规定，而且这里法律的表述是"可以"，也就意味着被申请人并非必须提供担保，是否提供担保，被申请人具有选择的权利。这里的"被申请人可以提供相应担保"，法律意义上更应被视作法律赋予被申请人的一项特殊权利，而非法律要求被申请人必须履行的义务。因此，被申请人可以根据其自身情况进行选择，如果被申请人并不提供担保，而是任由船舶继续扣押，这时，法律并不需要对被申请人的行为做出否定性的评价。既然如此，申请人也自然不应该由于被申请人行使权利与否而获得其他权利。

综上，被申请人不提供担保，就等于船舶不宜继续扣押条件的成就，这一推断有悖于对当事人各方权利义务的认识，是在法律之外加重了被申请人的义务和责任。由此可以判断，"被申请人不提供担保"不能作为"船舶不宜继续扣押"的充分要件，两者互相独立，需要对各自进行判断。

（三）法律内涵之判断

如把"船舶不宜继续扣押"作为一个单独必要条件，法院应当基于什么来审查船舶是否不宜继续扣押？笔者以为，可以从扣押船舶行为的法律内涵进行判断。

根据物权法基本原理，物权主要有"占有、使用、收益、处分"四项基本权能，非经财产所有权人自由意志决定，或依生效的裁判文书所确认，财产所有权人的各项权能不受侵犯。扣押船舶时，裁定书中一般都明确，船舶扣押期间由被申请人负责管理，这就意味着，被扣押船舶仍由被申请人占有，扣押船舶行为的直接后果是船舶停泊，在物权意义上，即暂时限制所有权人对船舶的使用权，进而影响其收益权。但拍卖船舶的法律后果则完全不同，是法院通过强制手段，直接处分所有权人的财产，在物权意义上，即是直接对船舶所有权人最基本所有权的权能"处分权"的剥夺。因此，"扣押船舶"与"拍卖船舶"是两种性质后果完全不同的法律行为，后者对所有权人的影响比前者严重得多,法院在审查"船舶是否不宜继续扣押"时应从价值判断上充分考虑,在什么样的状态或情形下,才需要法院在纠纷未决之前,采取剥夺船舶所有权人物权基本权能的"拍卖船舶"行为,两者需要价值内涵上的平衡和考量。

三、解题考量

综上,诉讼或仲裁中,对被申请人不提供担保的,以不拍卖船舶为一般原则,以拍卖船舶为例外。申请人申请拍卖船舶的,法院在审查"船舶是否不宜继续扣押"时应严格谨慎,考虑"船舶继续扣押"与"强制拍卖船舶"在价值内涵上的平衡。具体来说,有以下几种情况:

(一)船舶所有权人同意拍卖

此种情形,意味着所有权人对自己财产处分权的放弃,法院认定船舶不宜继续扣押,对启动船舶拍卖程序一般不存在争议。而且这种情形,多数是船舶所有权人认为船舶财产已不足以清偿船舶债务而做出的选择,故为减少船员工资、油料等相关费用的增加,此时应避免时间拖延,快节奏地启动船舶拍卖程序。

(二)船舶所有权人以自己的行为表示弃船

此种情形,是船舶所有权人以不作为的方式不适当地行使自己的所有权,从而使自己的财产处于危险状态,导致其财产可能灭失或价值大幅度下降。在这种情况下,如任由所有权人继续不适当地行使其所有权,显然将对船舶的所有债权人利益产生严重的不良影响,故由法院认定船舶不宜继续扣押,从而启动船舶拍卖程序,是对恶意行为的及时制止,让更多善意的债权人利益得到最大化,其所涵盖的法律价值要高于对财产所有权不可侵犯的价值追求。而且,由于船舶所有权人弃船,船舶无人管理,这时往往是由法院委托专门机构对船舶进行看管,看管产生的费用也将作为司法费用从船舶拍卖款中优先拨付。从近年实践看,由于航运市场的极度低迷,船舶一次拍卖成功率较低,很多船舶要经过二次拍卖或变卖,从而导致船舶看管等相关费用相对较高,有的船舶甚至拍卖费用尚不足以支付司法费用,因此,笔者以为,这时即使申请人不主动申请拍卖船舶,法院也应当释明,让申请人提出拍卖船舶申请,或由法院依职权主动启动卖船程序,并尽可能地加快节奏,尝试船舶公告、评估等程序同步进行,提高效率,同时也要尽可能严谨地审查相关费用支出,减少不必要增加的司法费用,提高船舶债权的分配比例,使船舶债权人的损失降到最低限度。

（三）船舶所有权人不弃船但也不同意拍卖

在这种情形下，如果申请人请求卖船，对法院审查船舶是否不宜继续扣押来说，是一种困难的选择。一方面，船舶仍被扣押，申请人的船舶保全的目的并不受影响；而且纠纷尚无定论，但卖船后果不可逆转，待尘埃落定，如果确实原告败诉，则存在保全和卖船双重错误，由此引发的赔偿责任纠纷将麻烦重重，甚至因为有法院依职权审查的因素，还可能陷入国家赔偿的尴尬境地。因此，除非申请方提供足以保证船舶拍卖错误可能导致的所有损失的担保，否则这些现实因素，让法院顾虑重重，不启动船舶拍卖程序。另一方面，由于送达、鉴定等特殊原因，有的案件进入诉讼或仲裁阶段后，审理期限难以预计，迟迟无法定论，有的涉外诉讼或仲裁案件，甚至可能会长达数年。而随着诉讼或仲裁时间的推移，由于船舶所有权人的放任，对申请人来说，也将面临需要不断追加担保金额的困境。而且，船舶是生产工具，一旦被扣押、停止经营，不仅不能产生收益，而且要维持其正常状态，还必然需要不断增加停泊、船员工资、燃料、保险等一系列费用，如此，意味着船舶的债务也将随着扣押时间的增长而大量增加，船舶的所有债权人都将共同受损。因此，在这种情形下，效率、公平、公正等法律价值难以同时兼顾。

笔者以为，这时法院不宜不顾现实情况一概否决申请人的拍卖船舶申请，而是应当根据具体情况，把船舶债务、扣押时间、市场波动等作为认定船舶是否不宜继续扣押的重要因素，在审查中兼顾平衡，形成较为统一的判断规则。从实践看，主要考量以下几方面因素：（1）债务方面的考量。船舶在被扣押期间虽然停泊，但要维持其正常状态，必然产生码头停靠费、必要的留船船员工资、维持船舶正常状态所必需的燃油费用等，对此，法院应当对这些费用是否得到实际支付进行审查。在船舶被扣押期间，船东尽管承担看管船舶的义务，但并未按期支付而是持续拖欠这些费用，在船舶停止经营且船舶市场价值没有明显上升的情况下，这实际导致了与船舶有关的债务持续增加，因此，法院可以以此作为考量船舶是否适宜继续扣押的重要因素，根据船舶的市场价值，按照某种比例得出相对统一的判断规则，比如扣押期间的费用如果超过船舶价值百分之十或百分之二十时，为了所有船舶债权人的利益，法院可以认定船舶不宜继续扣押。（2）时间方面的考量。由于申请人申请卖船，而船东不同意卖船，同时裁判结论又在短期之内无法得出，对这种僵持状态，法院可以把扣押的时间作为是否不宜继续扣押的因素之一，但是由于法律对此并未做出明确规定，因此法院对此应谨慎进行判断，比如以船舶价值为基础，结合诉讼审限的规定，统一判断的标准，对于多少吨位以上或多少价值以上的大船，确定六个月的扣押期限标准，并告知船东应当在六个月内向法院提出解决问题的方案，对其方案的合理性可由法院以召集当事人各方听证的方式，再进行具体判断。

（3）船舶状态方面的考量。在僵持状态下，如果船舶状态不佳，不能保证船舶正常航行状态，那么当台风等恶劣天气出现时，可能会由于船舶不能根据海事部门的指令而停靠到避风位置导致船舶处于危险状态，所以，对此类船舶状态不佳，不能保证其安全性的情形，在不可预计的自然风险出现前，法院应当适时考虑做出船舶不宜继续扣押的认定，对船舶及时进行拍卖。（4）船舶价值方面的考量。在一般情况下，船舶价值随市场波动而发生变动是正常的，即使处于低迷形势下，专家也难以准确预估船价在下一阶段是上升还是下降，但是如果发生相关重大事件，有证据表明船舶市场价值极有可能面临大幅度下降时，法院可以根据具体情况组织当事人进行论证，对船舶是否适宜继续扣押做出具体判断。

综上，诉讼或仲裁期间的被扣押船舶，是否需要由法院启动船舶拍卖程序是一个较为复杂的判断，法院应当从实际出发，进行谨慎考量，同时，也急需最高司法机关出具相关指导意见或司法解释，对类似情况统一考量、统一裁判，以提高裁判的公信力和公平性。

（原载于《浙江审判》2016年第9期）

论海事刑事诉讼的专门管辖

——以宁波海事法院试点审判的海事刑事案件切入

吴勇奇　　刘啸晨

【摘要】作为试点法院，宁波海事法院于 2017 年 8 月成功审判了全国首例涉外海事刑事案件，开启了我国海事审判"三合一"新的篇章。本文以该案为切入点，论述了海事刑事诉讼专门管辖的发展趋势，专门管辖符合海事审判之规律，并强调海事法院作为专门法院，更应该关注海事刑事犯罪在行为区间、危害结果、海上规则、犯罪形态、案件侦查等方面的特殊性，这些因素不仅影响定罪，而且影响量刑。同时，还论述了实行海事刑事诉讼专门管辖需要明确的若干问题，包括海事刑事案件的范围界定、侦查部门、公诉机关、审级管理等。

【关键词】海事刑事；专门管辖；案件范围

2017 年 8 月，宁波海事法院成功审判了全国首例涉外海事刑事案件，开启了我国海事审判"三合一"新的篇章。首试成功后，无论是扩大试点还是全面推开，都需要了解最高人民法院改革管辖体制的意图，总结海事刑事诉讼专门管辖的好处，并研究海事刑事犯罪之特殊性对定罪量刑的影响。实行海事刑事诉讼专门管辖，还需明确海事刑事案件的范围界定、侦查部门、公诉机关、审级管理等问题。本文以试点案件为切入点，对海事刑事诉讼专门管辖问题进行了相关研究，以期推进海事审判管辖制度的改革。

一、海事刑事诉讼管辖制度改革之趋势

海事法院属于专门法院，其诉讼管辖为专门管辖。专门管辖在案件类型、专属管辖、级别管辖、集中管辖、协议管辖、共同管辖及管辖权异议的处理等方面有其特殊性。[①] 海事刑事案件改由海事法院审判，即是将海事刑事案件列入海事法院管辖的范围，实行海事刑事诉讼专门管辖制度。从法律规定、改革要求、自身发展及经验借鉴来看，海事刑事诉讼实行专门管辖，是未来的发展趋势，"三合一"是海事

[①] 吴勇奇：《对海事诉讼管辖有关问题的理解与思考》，载《民商事审判管辖实务研究》，人民法院出版社 2006 年版，第 82—86 页。

法院最终的审判格局。

(一)刑事诉讼法的相关规定

我国 2012 年修正《中华人民共和国刑事诉讼法》(以下简称《刑事诉讼法》)时,增加了第二十七条的规定,即专门人民法院案件的管辖另行规定。该条款是对专门法院审理刑事案件的赋权性规定。对该条款进行文义解释,可得出以下两点结论:一是专门法院有权审理刑事案件。这既是对军事法院、铁路运输法院等专门法院已有刑事审判权的肯定,也给知识产权法院、海事法院等专门法院审理刑事案件预留了空间。二是专门法院的管辖另行规定。但对另行规定的法源未予限制,或法律,或司法解释,为最高人民法院推行管辖制度改革提供了便利。

(二)人民法院"四五"改革纲要的要求

《最高人民法院关于全面深化人民法院改革的意见——人民法院第四个五年改革纲要(2014—2018)》明确提出:"改革海事案件管辖制度。进一步理顺海事审判体制,科学确定海事法院管辖范围,建立更加符合海事案件审判规律的工作机制。"由此可见,将海事刑事案件纳入海事法院专门管辖的范围,探索海事刑事案件的审判规律,已经被列入最高人民法院的议事日程。2017 年 2 月 21 日《最高人民法院办公厅关于指定宁波海事法院作为海事刑事案件管辖试点法院审理宁波"5·7"涉外海上交通肇事案的复函》,即是落实人民法院"四五"改革纲要的具体行动。同年 3 月 6 日浙江省高级人民法院根据上述复函,指定宁波海事法院审理被告人艾伦·门多萨·塔布雷(ALLAN MENDOZA TABLATE)交通肇事罪一案①,则正式启动了海事刑事案件专门管辖的进程。

(三)海事法院收案范围的演变

从海事法院的历史沿革来看,其收案范围也呈逐步扩大的态势。1984 年全国人大常委会批准设立海事法院后,最高人民法院于同年 11 月 28 日在《关于设立海事法院几个问题的决定》中,将其收案范围暂定为:国内企业、组织、公民之间,中国企业、组织、公民同外国企业、组织、公民之间,外国企业、组织、公民之间的依法应当由我国管辖的 18 种海事案件和海商案件。1989 年 5 月 13 日最高人民法院颁布了《关于海事法院收案范围的规定》,正式规定海事法院管辖的案件为五类 42 种。2001 年 9 月 18 日最高人民法院颁布了《关于海事法院受理案件范围的若干规定》,将收案分为四类,增加为 63 种,其中包括海事行政案件、海事行政赔偿案件和行政机关依法申请强制执行的案件。2016 年 2 月 24 日最高人民法院再次颁

---

① 参见宁波海事法院(2017)浙 72 刑初 1 号刑事判决书。

布了《最高人民法院关于海事法院受理案件范围的规定》，进一步将海事法院管辖的案件分为六类，扩大至 108 种，并再次规定海事法院受理海事行政类案件 7 种。该规定第一百一十二条同时明确：法律、司法解释规定或者上级法院指定海事法院管辖的其他案件，从其规定或者指定。该条规定为海事法院受理海事刑事案件，最终实现"三合一"埋下了伏笔。①

（四）其他专门法院管辖之借鉴

我国专门法院包括铁路法院、海事法院、军事法院和知识产权法院②，在这四个专门法院中，已经明确具有刑事案件审判权限的是军事法院和铁路运输法院，其管辖依据分别是中国人民解放军总政治部、军事法院、军事检察院关于《〈中华人民共和国刑法〉第十章所列刑事案件管辖范围的通知》和《最高人民法院关于铁路运输法院案件管辖范围的若干规定》。虽然《最高人民法院关于知识产权法院案件管辖等有关问题的通知》中没有刑事案件管辖权的规定，但最高人民法院在《关于全国法院推进知识产权民事、行政和刑事案件审判"三合一"工作的意见》中，授权各级人民法院的知识产权庭审理刑事案件。借鉴上述专门法院的管辖经验，最高人民法院关于发挥海事法院专业优势，扩大海事法院管辖范围，实施海事审判"三合一"的目的十分明显。

二、海事刑事诉讼专门管辖符合海事审判之规律

海事法院审判海事刑事案件是否符合审判规律，是实行海事刑事诉讼专门管辖的重要决策依据，具体要看专门管辖会给海事刑事案件的审判质量、效率和社会效果带来何种影响。相关理论和试点实践证明，海事法院管辖海事刑事案件拥有诸多好处，符合海事审判的规律。

（一）更能发挥海事法院的专业优势

全国海事法院自 1984 年成立至 2016 年，共审结一审海事海商案件 181 342 件（不包括海事执行案件、海事行政案件和特别程序案件），③其中包含不少与犯罪相关联的海事海商案件。通过办案，审判人员掌握了各类案件发生、发展的规律，了解了相关专业术语的含义，并积累了丰富的办案经验，能够在海事部门没有调查结

---

① 自 2001 年开始，最高人民法院对海事行政案件的专门管辖虽有过反复，但至 2016 年最终予以确认，并实施至今。

② 这里暂不讨论林区法院和农垦法院，因其管理体制尚未完全纳入人民法院管理序列。

③ 参见吴勇奇：《〈海事诉讼特别程序法〉修订的必要性、可行性及规划建议》，载《海大法律评论 2016—2017》，上海浦江教育出版社 2018 年版，第 345 页、第 360 页。

论的情况下,根据自己收集的证据,准确认定船舶碰撞或触碰事故是否发生。这些专业优势十分有利于相关刑事案件的审判。以题述案件为例,宁波海事法院的审判团队对于船舶碰撞事故十分熟悉,对国际海上碰撞规则相当了解,运用相关证据证明碰撞的发生、当班驾驶人员的过错极为熟练,能够发现起诉书指控的不当之处,并准确地对肇事船舶的航行环境加以认定,也能理解海事调查报告中为何不认定肇事船舶为让路船并违反让路义务,对证据材料中专业术语的翻译是否准确也能够做出判断。所有这些,都保证了试点审判的顺利进行,并使案件得到公平公正的处理,被告人认罪服判。

(二)更有利于相关案件的协调处理

海事刑事案件危害结果触及的领域较广,案件发生后往往涉及事件调查、刑责追究、民事赔偿和行政处罚等,并涉及刑事、民事和行政诉讼。按照 2016 年之前的管辖分工,同一海上事件涉及的三大诉讼,可能由两家以上的法院受理。以题述案件为例,海事法院只受理死亡失踪船员和船东的民事赔偿纠纷案件,当班驾驶人员的刑事责任追究,由地方法院受理(该案不涉及行政诉讼)。在这种情况下,两家法院认定的案件事实、当事人过错等难免存在差异,甚至发生矛盾和冲突,也难以对相关案件进行协调处理,比如"先民事、后刑事"的处理顺序,进而影响刑事案件的定罪与量刑,影响司法的公信力及其权威。同一海上事件涉及的三大诉讼统一由海事法院处理,即可避免前述问题。

(三)更有利于类案的集中研究和统一处理

海上刑事犯罪相对于陆地来说,犯罪数量较少,地域分布较广,同一地方法院审理的类案相对较少。而海事法院实行"长臂管辖",管辖的地域远大于地方法院,海事刑事诉讼如果实行专门管辖,就能够将分散发生的个案,相对集中到一家海事法院审判。以浙江海域发生的海上交通肇事犯罪为例,如果实行专门管辖,即可将嘉兴、宁波、舟山、台州、温州地区各县市区分散审判的个案,集中到宁波海事法院审判,形成数量较多的类案。这对于海上交通肇事犯罪规律的研究、审判经验的积累,以及裁判尺度的统一,无疑会有积极的作用。

(四)更有利于涉海法律的统一实施

传统观念将海事法律限定在海商法等民商事法律规范中,但涉海法律远远超出这个范围,以目前生效的涉及海洋的法律为例,除了海商法外,还有领海及毗连区法等七部法律①，而且散见于各法律中的涉海法条更是数不胜数。这些法律法条在实施中所形成的三大诉讼，分属于不同法院，难以形成一致的理解和适用，难以形成统一的司法导向和合力。如果将海事刑事案件也纳入海事法院管辖范围，实行海事审判"三合一"，则有利于打通民事、行政、刑事的分割，有利于涉海法律的统一实施，有利于形成司法合力，有利于"克服海洋法律碎片化带来的冲突和矛盾"。②

三、海事刑事犯罪之特殊性

海事刑事案件有其特殊性，它不仅影响定罪，也影响量刑。

海事法院作为专门法院，通过相关案件的审判实践，更能体会海事刑事犯罪的特殊性，更有利于对其进行深入研究，为海事刑事审判提供指导，并为海事刑事立法提供依据。

（一）行为区间的特殊性

国家主权所及范围一般包括领海、领土和领空，但因人类生产、生活主要集中在陆地上，所以法律调整的重点在陆地上。换句话说，理论与实践均把陆上犯罪作为关注重点。陆上犯罪将行为区间作为犯罪构成要件和量刑考量因素的相对较少，但海上犯罪，由行为区间的特殊性所决定的因素，在定罪和量刑时则应当予以考虑。以题述案件为例：一是同样发生碰撞事故，船舶驾驶人员违反交通法规的持续时间往往长于车辆驾驶人员，主观过错相对较重；二是长时间在船上工作、生活，往往扭曲船员的心理，加上枯燥的船舶驾驶，极易造成驾驶人员注意力分散，"妨碍船员对于危险的感知和判断能力以及解除危险能力水平的发挥"，③深夜班次驾驶人员更是如此；三是船舶大小的差异性、瞭望的特殊性、事故时点的特定性等，既决定了驾驶人员对船舶发生碰撞非明知的可能性，也决定了查明和认定海上交通肇事逃逸的困难性。题述案件肇事船舶"卡塔利娜（CATALINA）"轮在转向避让过程中，就发生了船体震动现象，当操舵水手感觉异常，向二副即被告人报告情况时，被告人解释为系船舶大幅度转向而发生的震动。这是否系被告人真实的主观判断，是否系被告人逃避责任的推托之词，难以查证落实；四是海上逃生、救助难度大，客观上也不利于船舶驾驶人员在事故发生后，及时采取措施减少人员和财产损害。

---

① 另六部法律为：专属经济区和大陆架法，海域使用管理法，海上交通安全法，海洋环境保护法，港口法和渔业法。

② 初北平、曹兴国：《海法概念的国际认同》，载《中国海商法研究》2015 年第 3 期。

③ 李亮宽：《谈船员心理疲劳对船舶的影响及解决措施》，载《船舶标准化工程师》2016 年第 5 期。

（二）危害结果的特殊性

行为的危害程度对于判断罪与非罪具有关键作用。有些危害结果，是海上犯罪所特有的，对定罪标准应做出专门规定，如非法捕捞罪。而对海陆共有的危害结果，因发生区间不同，法律评价标准也应该有所差异。以题述案件为例，同样载运货物，因船舶价值较高，载货数量较大，船员配备较多，一旦发生碰撞事故，导致的人员伤亡就多，财产损失就大，与道路交通适用同一定罪标准，船舶驾驶人员极易构成犯罪，尤其是财产损害定罪标准。① 这无疑会影响航运从业人员的就业选择，进而影响我国航运业的发展。纵观《中华人民共和国刑法》（以下简称《刑法》）第一百三十一条规定的重大飞行事故罪、第一百三十二条规定的铁路运营安全事故罪、第一百三十三条规定的交通肇事罪，分别针对航空、铁路、公路三种不同的交通运输行业，构成了事故类犯罪罪名群，唯独没有专门针对海上交通运输的罪名。在现有刑法规定下，根据刑法解释原理，我们只能依据该法第一百三十三条的规定，对发生在海上的交通肇事行为进行定罪量刑。为此，审判实践中不可避免地会出现海上交通肇事罪罚失衡现象。正如学者指出的，"如果简单比照陆上交通肇事罪的定罪标准加以处理，很容易出现泛罪化的危机"。②

---

① 最高人民法院 2000 年 11 月 21 日实施的《关于审理交通肇事刑事案件具体应用法律若干问题的解释》第二条 交通肇事具有下列情形之一的，处三年以下有期徒刑或者拘役：

（一）死亡一人或者重伤三人以上，负事故全部或者主要责任的；

（二）死亡三人以上，负事故同等责任的；

（三）造成公共财产或者他人财产直接损失，负事故全部或者主要责任，无能力赔偿数额在三十万元以上的。

交通肇事致一人以上重伤，负事故全部或者主要责任，并具有下列情形之一的，以交通肇事罪定罪处罚：

（一）酒后、吸食毒品后驾驶机动车辆的；

（二）无驾驶资格驾驶机动车辆的；

（三）明知是安全装置不全或者安全机件失灵的机动车辆而驾驶的；

（四）明知是无牌证或者已报废的机动车辆而驾驶的；

（五）严重超载驾驶的；

（六）为逃避法律追究逃离事故现场的。

第三条 "交通运输肇事后逃逸"，是指行为人具有本解释第二条第一款规定和第二款第（一）至（五）项规定的情形之一，在发生交通事故后，为逃避法律追究而逃跑的行为。

第四条 交通肇事具有下列情形之一的，属于"有其他特别恶劣情节"，处三年以上七年以下有期徒刑：

（一）死亡二人以上或者重伤五人以上，负事故全部或者主要责任的；

（二）死亡六人以上，负事故同等责任的；

（三）造成公共财产或者他人财产直接损失，负事故全部或者主要责任，无能力赔偿数额在六十万元以上的。

② 曹兴国：《海事刑事案件管辖改革与涉海刑事立法完善——基于海事法院刑事司法第一案展开》，载《中国海商法研究》2017 年第 4 期。

海上交通肇事造成船员失踪,是比较常见的危害结果。失踪显然不能等同于死亡,但生还的可能性几乎为零。从民事审判的角度看,公民因意外事故下落不明,经有关机关证明该公民不可能生存,利害关系人可以申请宣告其死亡。但我国《刑法》上如何规制,能否归类于《刑法》第一百三十三条所规定的"致人死亡",应该予以明确。①

(三)海上规则的特殊性

陆地与大海具有不同的特性,这些不同的特性决定了海上管理规则不同于陆上的特殊性。以海上交通管理为例,首先,由于海上航行船舶隶属于不同的国家和地区,又在公海或不同的国家和地区管辖海域相遇,为统一航行规则,各国以加入公约的方式,统一适用国际海上避碰规则。其次,为确保海上航行安全,国际海上避碰规则分船舶在任何能见度情况下的行动规则、船舶在互见中的行动规则、船舶在能见度不良时的行动规则三种情况,对瞭望、安全航速、碰撞危险、避免碰撞的行动、狭水道、分道通航制、追越、对遇局面、交叉相遇局面、让路船的行动、直航船的行动等进行了全面规制,并规定了号灯和号型、声响和灯光信号等。一个显著的特点,就是在发现对方船舶之前,规则就对船舶驾驶人员瞭望观察提出了要求,并要求船舶驾驶人员要时刻注意附近的船舶动态,尽早采取各种措施避让通行,确保船舶安全。如果两船发生了碰撞,则船舶驾驶人员违反交通规则的过错早就开始了,并且一直处于违反各项操作规程的状态。这完全有别于陆上交通规则,也是笔者关于"船舶驾驶人员违反交通法规的持续时间往往长于车辆驾驶人员"的客观依据。

(四)犯罪形态的特殊性

由于海上活动难以独立完成,决定了海上犯罪以共同犯罪为常态的特殊性。海上走私、非法捕捞等故意犯罪自然不必多说,即使是海上过失犯罪也是如此,同时还会涉及更多的问题。以题述海上交通肇事为例,首先,船舶驾驶既是一个团体式组织,也是一个系统性行为,由负责指挥驾驶船舶的船长或值班驾驶员、负责动力运行的轮机长或值班轮机员,以及负责操舵的舵工组成一个驾驶团体,在船长或值班驾驶员的指挥下,互相配合,协调行动,确保船舶按照船长或值班驾驶员的意思行动。如果负责指挥的高级船员发出的指令不当,而负责动力运行和操舵的船员执行命令也有错误,结果发生船舶碰撞,就会涉及责任分配和共同过失犯罪问

---

① 1992年10月30日《最高人民法院研究室关于遇害者下落不明的水上交通肇事案件应如何使用法律问题的电话答复》中虽明确"根据被告人的行为造成受害人下落不明的这一事实,以交通肇事罪定罪处罚",但未明确受害人下落不明是否视同死亡。

题。其次,船舶驾驶人员在交接班时,船舶仍处于运行之中,交接过程中发生船舶碰撞,如何确定责任承担者,也是一个特殊的难题,抑或牵涉共同过失犯罪。再次,在船舶航行中遇有恶劣天气或复杂情况,当班驾驶员可以请求船长到驾驶室指导船舶驾驶,此时如果发生船舶碰撞,对当班驾驶员是否当然免除责任,也需要研究。最后,在引航过程中发生事故造成严重后果的责任追究,更为复杂,最为纠结。引航阶段,由引船员指挥驾驶船舶,但船长需到驾驶台上来,并不免除驾驶责任。此时若发生船舶碰撞或触碰事故,其刑事责任是由引航员承担还是由船长承担,抑或由引航员和船长共同承担,则缺少刑法规制。按照法律规定,①引航单位或引航员对引航所造成的事故不负民事赔偿责任,但引船员是否也可免除刑事责任则值得深入探讨。

(五)案件侦查的特殊性

海事刑事犯罪侦察的特殊性表现在:海上事故、海上违法行为依法由相关行政部门进行调查,并做出行政处理,如违法捕捞行为,由海洋渔业部门进行调查并做出行政处罚;船舶碰撞或触碰事故,由海事行政部门进行调查并做出行政处罚。对构成犯罪的,行政部门根据相关规定移送公安部门处理。公安部门对犯罪行为的侦查,更多表现为对行政部门所收集证据、所形成调查报告等的审查,并做必要的补充侦查。因此,行政部门的调查,对打击海上犯罪的作用举足轻重,证明犯罪的主要证据和重要证据,均来自相关行政部门的调查。

根据《最高人民法院关于适用〈中华人民共和国刑事诉讼法〉的解释》第六十五条关于"行政机关在行政执法和查办案件过程中收集的物证、书证、视听资料、电子数据等证据材料,在刑事诉讼中可以作为证据使用;经法庭查证属实,且收集程序符合有关法律、行政法规规定的,可以作为定案的根据"的规定,行政部门收集的证据材料作为刑事诉讼证据,没有异议。问题在于相关部门做出的调查报告能否作为刑事诉讼的证据,没有相关规定予以明确。② 以题述案件的《船舶碰撞事故调查报告》为例,该报告系国家海事局根据其行政执法和查办案件职责,综合其调查收集的证据材料而做出的船舶碰撞事实及双方责任认定的报告。海上事故的调查与责任划分具有相当的专业性,其调查报告由海事调查官做出,该项工作不是

---

① 《海商法》第三十九条规定:"船长管理船舶和驾驶船舶的责任,不因引航员的引领船舶而解除。"

② 在海事民商事审判中,最高人民法院民四庭与中国海事局曾制定过《关于规范海上交通事故调查与海事案件审理工作的指导意见》,其中第一条第(五)、第(六)项明确:海事调查报告及其结论意见可以作为海事法院在案件审理中的诉讼证据,除非有充分事实证据和理由足以推翻海事调查报告及其结论意见;海事法院在案件审理中,诉讼当事人对海事局的海事调查报告及其结论意见有异议的,海事法院可以要求海事局对当事人提出的相关问题做出解释和说明。

法官能够轻易胜任的。因此，海上事故调查报告具有类似于鉴定报告的性质。在题述案件的判决书中，宁波海事法院明确将《船舶碰撞事故调查报告》列为认定案件事实和责任的重要证据，这无疑是正确的。

四、实行专门管辖需要明确的问题

展望未来，海事审判"三合一"需要在立法上予以明确，机构上予以安排，制度上予以完善，部门上予以协调。就目前来说，试行海事刑事诉讼专门管辖，需解决以下几个问题：

（一）关于海事刑事案件的范围界定

在立法尚未赋予海事法院刑事管辖权的背景下，根据我国《刑事诉讼法》第二十七条和《最高人民法院关于海事法院受理案件范围的规定》第一百一十二条的规定，最高人民法院通过指定试点法院的方式，由海事法院的上级法院指定管辖具体海事刑事案件，"先行试点"海事刑事诉讼专门管辖，为立法提供实践样本，不失为一种积极稳妥的做法。《最高人民法院办公厅关于指定宁波海事法院作为海事刑事案件管辖试点法院审理宁波"5·7"涉外海上交通肇事案的复函》虽使用了"海事刑事案件"的提法，但并未对"海事刑事案件"的内涵与外延予以明确。而科学界定海事刑事案件的范围，是海事法院试行刑事审判需要明确的首要问题。

笔者认为，所谓海事刑事案件，应当是与海事法院管辖的民事案件与行政案件相关联的犯罪案件，而不是发生在海上（包括通海水域）、与船舶有关联的所有刑事案件。如船舶碰撞纠纷由海事法院管辖，则船舶碰撞所构成的犯罪案件应由海事法院审判更为有利；海上污染纠纷案件由海事法院管辖，则海上污染所构成的破坏海洋环境犯罪案件，也应由海事法院审判；海上捕捞管理等行政案件由海事法院管辖，则违法捕捞构成犯罪的案件，也应由海事法院审判；船舶触碰桥梁、码头、海底电缆以及海上航运作业等构成重大安全生产责任事故的犯罪，也应纳入海事刑事案件范围，等等。只有这样，才能发挥海事法院在查明案件事实方面的长处，便于刑民、刑行案件的协调处理，同时也有利于统一涉海法律法规的理解与适用。

（二）关于海事刑事案件的侦查部门

最高人民法院、最高人民检察院、公安部《关于办理海上发生的违法犯罪案件的有关问题的通知》第三条规定："海上发生的刑事案件，由犯罪行为发生海域海警支队管辖；如果由犯罪嫌疑人居住地或者主要犯罪行为发生地公安机关管辖更为适宜的，可以由犯罪嫌疑人居住地或者主要犯罪行为发生地的公安机关管辖。"因此，海上发生的刑事案件的侦查部门，既可以是海警支队，也可以是公安机关。但笔者认为，海事刑事案件的侦查机关不应仅仅限于海警支队和公安机关，还应包括海关缉私局(海上走私犯罪),以及检察机关(国家监察制度改革后为各级监察委员会)的渎职犯罪侦查部门(海上或港口的重大事故犯罪)。明确海事刑事案件的侦查部门,有利于海事刑事案件的定性及移送起诉、提起公诉等,有利于海事法院诉讼管辖制度的系统化。

(三)关于海事刑事案件的公诉机关

最高人民法院、最高人民检察院、公安部《关于办理海上发生的违法犯罪案件的有关问题的通知》第四条规定:"人民检察院提起公诉的海上犯罪案件,同级人民法院依法审判。"据此,海事法院审判的海事刑事案件,应由同级人民检察院即市级人民检察院作为公诉机关提起公诉。但问题在于海事法院实行跨行政区域的"长臂管辖"制度,在其管辖区域,有多个同级的市级人民检察院,如在宁波海事法院辖区,同级的市级人民检察院有 11 个。因此,如何确定海事刑事案件的公诉机关,亟待明确。是统一由海事法院所在地的市级检察院作为公诉机关,还是由案件发生地市级人民检察院作为公诉机关,需要研究确定。笔者认为,统一由海事法院所在地的市级人民检察院作为公诉机关,有利于工作的协调与配合,也有利于公诉机关总结公诉经验,统一执法标准。

(四)关于海事刑事案件的审级管理

我国刑事案件实行二审终审制,海事刑事案件一审后,如被告人提起上诉,就涉及二审法院的确定,以及二审法院的内部分工问题。首先,从我国各海事法院的管辖区域来看,如果海事法院管辖区域内只有一家高级人民法院,二审法院就十分明确,比如宁波海事法院审理的海事刑事案件,被告人不服判决的,应当向浙江省高级人民法院提起上诉。如果海事法院管辖区域范围内具有两家以上高级人民法院的,如大连海事法院,其管区内有三家高级人民法院,武汉海事法院辖区内拥有六家高级人民法院,就有个二审法院的确定问题。是按照海事民商事案件以海事法院所在地高级人民法院作为二审法院,还是按照刑事案件发生地高级人民法院作为二审法院,需要最高人民法院予以明确。笔者认为,海事刑事案件的二审法院宜与海事民商事案件的二审法院保持统一。这样做,既有利于海事法院的工作上的联系,也有利于相关海事案件的协调处理,还有利于统一裁判尺度。其次,二审法院确定后,还涉及内部庭室的分工管理。对于二审庭室的分工,有两种思路:一是统一模式,即海事民商事案件、海事行政案件、海事刑事案件均由省高级人民法院专门分工审理海事民商事二审案件的民四庭统一审理;二是条线模式,即海事民商事案件、海事行政案件、海事刑事案件分别由专门审理二审民商事案件、行政案件和刑事案件的民四庭、行政二庭、刑二庭审理。两者各有优缺点,条线模式有利于专业分工,统一模式则有利于相关案件的协调处理。从《最高人民法院关于海事诉讼管辖问题的规定》第二条关于"海事法院所在地的高级人民法院审理海事行政上诉案件,由行政审判庭负责审理"的规定来看,最高人民法院的思路为条线模式,优先考虑审判的专业化。为此,笔者认为,海事刑事上诉案件,应由刑事审判庭负责审理。

五、结语

综上,海事刑事诉讼由海事法院专门管辖,符合审判的规律,是未来的发展趋势。海事刑事诉讼专门管辖的试点已经启动,作为海事法院,应当未雨绸缪,提前谋划,调研先行,做好各项应对准备,迎接"三合一"的到来,为我国海事管辖体制改革、海洋经济发展和实现海洋强国战略做出应有的贡献。

（原载于《人民司法·应用》,2019年9月上旬,《人民司法》杂志社）

冲突与衔接：当海事诉讼与破产程序并行

吴胜顺

【摘要】海事案件由海事法院专门管辖,适用海诉法、海商法等特别法;破产案件由地方人民法院受理,主要适用企业破产法。海事诉讼与破产程序分头并行,冲突与矛盾不断困扰司法实务。两者在管辖、审判、保全与执行、清偿四个方面存在冲突,应妥善程序衔接,完善立法或及时制定司法解释。

【关键词】海事诉讼;破产程序;冲突与衔接;司法解释

近几年来,造船和航运业持续低迷,船企破产此起彼伏。由于海事纠纷和破产纠纷管辖两相分开、法律制度各自独立,冲突终究难免。从2013年起,笔者陆续参与办理了涉及多起船企破产的案件,从管辖到审判,从保全到执行,从船舶扣押、拍卖到船款分配,及至船舶优先权、海事赔偿责任限制等,问题层出不穷。本文在梳理归纳海事诉讼与破产程序诸多冲突的基础上,在现行法律框架下,探讨两者之间的程序衔接,并提出完善立法、及时制定司法解释建议。

一、海事诉讼与破产程序的冲突

(一)纠纷管辖上的冲突:专门管辖与集中管辖

海事海商纠纷由海事法院专门管辖,而且也包括了针对船舶或者船载货物、船用燃油和物料而提出的财产保全、债权登记与受偿以及执行。即便地方人民法院在审理或执行案件过程中需扣押或拍卖船舶的,也应当委托海事法院执行。① 破产程序,由受理破产的地方人民法院集中管辖。② 海事海商纠纷专门管辖与破产案件集中管辖存在诸多冲突:一是海事法院是否受理破产案件;二是地方人民法院受理破产申请前已经由海事法院受理的海事海商纠纷案件,是否继续管辖;三是地方人民法院受理破产申请后,以破产企业为一方当事人的海事海商纠纷,管辖如何

---

① 《最高人民法院关于适用〈中华人民共和国海事诉讼特别程序法〉若干问题的解释》第十五条。
② 《企业破产法》第三条、第十九条、第二十一条、第四十八条;《最高人民法院关于适用〈中华人民共和国企业破产法〉若干问题的规定(二)》第四十七条第一款、第二款。

确定;四是债权登记与确认,财产保全以及执行案件,管辖如何衔接。

(二)审判程序上的冲突:个案审理与依附审判

海事海商纠纷审判,依《中华人民共和国海事诉讼特别程序法》(以下简称《海诉法》)、《中华人民共和国民事诉讼法》(以下简称《民诉法》)等规定保全、审理和执行。破产申请受理后,审判程序和裁判均受影响或限制。① 在海事海商纠纷审理过程中,一方当事人进入破产清算、重整或和解的,在审判程序上存在冲突:一是海事诉讼纠纷个案是否中止审理,如何中止;二是个案审理和裁判如何与破产程序衔接;三是此类海事海商纠纷裁判是普通的给付判决还是依附于破产程序,裁判是否赋予执行力,担保权如何裁判;四是裁判对利息如何计算,担保债务和主债务有无区别。

(三)保全与执行的冲突:海事保全与破产财产

我国《海诉法》对海事请求保全,尤其是船舶扣押与拍卖有详尽的规定。在破产程序中,债务人财产由管理人按照《中华人民共和国企业破产法》(以下简称《企业破产法》)规定进行管理并负责处置,排除了个案审理或执行中保全和处置债务人财产的做法。由于船舶的特殊性、流动性和国际性,船舶扣押与拍卖是最具特色的海事诉讼特别程序,也因此更容易与破产程序发生冲突。一是地方人民法院受理船企破产清算、重整或和解之前,海事法院已经扣押的船舶是否必须解除扣押;解除扣押的,已经发生的船舶保管等司法费用如何处理;债务人不支付船舶保管等司法费用的,海事法院能否为避免损失扩大而先行拍卖船舶。二是当事人能否基于船舶优先权、船舶留置权、船舶抵押权等担保物权,申请海事法院先行拍卖船舶。三是地方人民法院能否拍卖船舶;如果委托海事法院拍卖的,应由谁委托,如何启动;与船舶有关的债权人应向海事法院申请债权登记还是向管理人申报债权。四是在处置船舶过程中,能否适用船舶优先权催告程序。

(四)清偿制度上的冲突:优先权利与清偿顺序

海事诉讼中的债务清偿,主要涉及船舶拍卖价款和基金。破产清算中,债务人财产按照《企业破产法》第一百一十三条等规定清偿。海事诉讼和破产程序,各自规定了特殊的清偿制度和顺序,存在诸多冲突。一是《海诉法》规定的与被拍卖船舶有关的债权参与船舶拍卖价款分配,是否适用于破产财产清偿。二是《中华人民共和国海商法》(以下简称《海商法》)规定的船舶优先权受偿顺位,是否同样适

---

① 《企业破产法》第十六条、第十九条、第二十条、第七十五条、第九十二条、第一百二十四条;《最高人民法院关于适用〈中华人民共和国担保法〉若干问题的解释》第四十四条第一款、第二款。

用于破产财产清偿。三是责任人破产清算、重整或和解的，对海事赔偿责任限制以及基金如何影响。

二、海事诉讼与破产程序的衔接

(一) 纠纷管辖上的衔接：指定管辖

地方人民法院受理债务人破产申请后，针对债务人的民事纠纷，由该法院集中管辖，但海事海商纠纷可报请指定管辖。

1. 船企破产案件管辖

不少意见认为，基于特别法优先于普通法、专门管辖优先于普通管辖、公正与效率原则等许多因素考虑，船企破产由海事法院集中管辖更为适宜。① 《企业破产法》第三条规定："破产案件由债务人住所地人民法院管辖。"结合《最高人民法院关于适用〈中华人民共和国企业破产法〉若干问题的规定(二)》[以下简称《企业破产法司法解释(二)》]第四十七条有关受理破产案件的人民法院对海事纠纷可指定管辖以及《最高人民法院关于海事法院受理案件范围的若干规定》(以下简称《海事法院收案范围规定》)等，基本可以肯定海事法院不受理破产案件。唯一还有可能的，是上级人民法院认为确有必要，比如：单船公司破产、债务人财产主要系船舶、债权债务主要是海事债权债务等，由海事法院受理破产案件更为适宜的，指定海事法院受理船企破产案件。② 毕竟无论是《企业破产法》《民诉法》《海诉法》，还是《海事法院收案范围规定》，都未明确禁止海事法院受理破产案件。

2. 破产申请受理前海事海商纠纷管辖

《企业破产法》第二十条规定："人民法院受理破产申请后，已经开始而尚未终结的有关债务人的民事诉讼或者仲裁应当中止；在管理人接管债务人财产后，该诉讼或者仲裁继续进行。"据此，地方人民法院受理破产申请后，之前已经受理的有关该债务人的民事诉讼，在管理人接管债务人财产后，继续审理。但仍有一些问题需要明确：一是该条所指对案件"继续审理"，包括海事法院已经受理的海事案件。二是海事法院在管理人接管债务人财产后，恢复案件审理的同时，应告知诉讼当事人依法向管理人申报债权。

3. 破产申请受理后海事海商纠纷管辖

《企业破产法》第二十一条规定："人民法院受理破产申请后，有关债务人的民

---

① 向明华：《船舶司法拍卖客体探析》，载《法学》2009 年第 12 期。

② 依据仍然是《最高人民法院关于适用〈中华人民共和国企业破产法〉若干问题的规定(二)》第四十七条第三款以及《中华人民共和国民事诉讼法》第三十七条第一款。

事诉讼,只能向受理破产申请的法院提起。"同时,《企业破产法司法解释(二)》第四十七条第三款规定:"受理破产申请的人民法院,如对有关债务人的海事纠纷等案件不能行使管辖权的,可以依据《民诉法》第三十七条的规定,由上级人民法院指定管辖。"由此可见,地方人民法院受理债务人破产申请后,针对债务人提起的民事诉讼,由受理破产申请的法院集中管辖,但对于海事海商纠纷,可以报请上级法院指定管辖。这里有几个问题值得讨论。第一,《企业破产法司法解释(二)》第四十七条第三款所指的"海事纠纷"的范围,泛指海事法院审理和执行的各类海事海商纠纷,包括海事诉讼特别程序案件以及海事执行案件,其范围宜根据《海事法院收案范围规定》确定,既方便,也有依据。第二,尽管司法解释用了"可以"一词,但仍宜做"海事海商纠纷原则上指定海事法院管辖"的理解,与海事法院专门管辖制度相称,例外限于受理破产的地方人民法院或其上级法院认为没必要指定或者不方便指定等少数情形。第三,"上级法院"当指受理破产申请的地方人民法院和被指定管辖的海事法院的共同上级法院,通常情况下为债务人所在地高级人民法院,但由于不少海事法院都存在跨行政区域管辖问题,这样一来,其共同的上级法院便是最高人民法院,报请指定管辖多有不便。为简化报请指定管辖程序,在这种情况下,也可由债务人所在地高级人民法院直接商请对发生在本辖区的海事海商纠纷有管辖权并设立了海事法院的高级人民法院指定该海事法院管辖。而被指定的海事法院,应指对发生在债务人辖区的海事海商纠纷有管辖权的海事法院。第四,船企破产涉及海事海商纠纷不可避免,在实务中,应尽可能避免案件在法院之间反复移送。① 一方面,严格执行《企业破产法》第二十一条的规定:"地方人民法院已经受理债务人破产申请的,除非上级法院指定,否则海事法院不受理有关该债务人的民事诉讼。"海事法院不知道地方人民法院已经受理债务人破产申请而受理了有关该债务人的海事海商纠纷的,应告知受理破产申请的地方人民法院,由其决定是否报请上级人民法院指定管辖;受理破产申请的地方人民法院不报请指定管辖,或者上级人民法院经报请后认为没必要指定管辖的,海事法院可裁定驳回起诉,告知当事人向受理破产申请的地方人民法院申报债权或提起诉讼。另一方面,应当一并指定而不宜个案分别指定。地方人民法院受理船企破产申请后,可以视实际情况和需要,报请上级人民法院对与该船企有关的海事海商纠纷,一并指定债务人所在地海事法院或者有管辖权的海事法院管辖。

---

① 如宁波海事法院(2016)浙72民初2279号案。该案系船舶碰撞损害责任纠纷,被告浙江省海运集团温州海运有限公司系"浙海169"轮船舶经营人,起诉时间在温州中级人民法院受理该被告破产清算申请之后。被告提出管辖权异议,宁波海事法院一审裁定案件移送温州中级人民法院审理,温州中级人民法院认为其不具备审理船舶碰撞损害责任纠纷的条件,报请指定审理。浙江省高级人民法院二审裁定指令宁波海事法院审理该案。

4. 债权登记与确认、财产保全以及执行案件管辖

地方人民法院受理破产申请后,案件实行集中管辖,包括债权登记与确认、财产保全以及执行案件。一是海事法院裁定拍卖船舶或受理设立海事赔偿责任限制基金的,按照《海诉法》第一百十一条、一百十二条发布债权登记公告,债权人在公告期间就与被拍卖船舶或特定海事事故有关的债权,向管理人申报债权而不再向海事法院申请债权登记。① 二是破产程序实行集中清偿制度,个别清偿无效,排除了海事法院之后受理与该债务人有关的财产保全和执行案件的管辖权。② 执行案件中止执行后,地方人民法院裁定宣告债务人破产或裁定终止和解或重整程序的,海事法院应裁定终结执行程序。③

(二) 审判程序上的衔接:依附审判

当破产程序与债务人个案诉讼一并进行时,个案诉讼受制于破产程序,具有依附性。

1. 关于中止

《企业破产法》第二十条规定:"人民法院受理破产申请后,已经开始而尚未终结的有关债务人的民事诉讼或者仲裁应当中止;在管理人接管债务人财产后,该诉讼或者仲裁继续进行。"由于破产案件与海事海商纠纷分别在不同的法院审理,中止诉讼在相互衔接上仍有些问题需要澄清。第一,地方人民法院受理破产申请后,代表债务人参加诉讼等法律程序的职责转由债务人的管理人履行,属于《民事诉讼法》第一百五十条规定的法定中止情形,无论此类诉讼在哪个法院进行,包括海事法院,都应当裁定中止诉讼,等待管理人接管债务人财产。第二,管理人接管债务人财产后,案件继续审理的,应由管理人而不是原法定代表人代表债务人参加诉讼,履行诉讼职责,诉讼代理人也应当由管理人而非原法定代表人授权委托。④ 实务中那种不中止诉讼,甚至继续由原法定代表人代表债务人并委托代理人参加诉讼的做法,不符合《企业破产法》的规定。

2. 关于审理

由于地方人民法院正在审理债务人破产清算、重整或和解案件,海事海商纠纷个案的审理,应与之妥善衔接。第一,针对债务人提起的海事海商纠纷诉讼,债权申报并经债权人会议核查,已经受理破产申请的地方人民法院裁定确认的,海事法

---

① 《企业破产法》第四十八条。
② 《企业破产法》第十六条、第十九条。
③ 《最高人民法院关于执行案件移送破产审查若干问题的指导意见》第二十条。
④ 《企业破产法》第十三条、第二十五条。

院应当终止诉讼；对债权有异议的，由海事法院继续审理和裁判。① 至于终止诉讼的方式，可以由原告撤回起诉。原告不撤回起诉的，可以裁定驳回起诉或终结诉讼。本文认为在这种情况下，裁定终结诉讼更为妥当。原因在于，驳回起诉适用于立案后发现不符合起诉条件或者属于《民诉法》第一百二十四条规定的情形，②而终结诉讼适用于由于某种特别原因需要终结正在进行的诉讼程序，③道理与债务人清算的应裁定终结对债务人的执行一致。④ 第二，海事海商纠纷个案审理过程中，当事人不得向海事法院申请对债务人行使担保物权，但法律另有规定的除外（具体例外情形，容后文详述）；不得对债务人的财产采取保全措施；案件审理和裁判限于对债权或者对船舶或海域使用权等物权或其效力的确认，而不涉及对担保物的强制执行。

3. 关于裁判

（1）针对债权人与主债务人之间的裁判

地方人民法院受理债务人破产申请后，根据《企业破产法》第十六条的规定，个别清偿无效。因此，个案诉讼成为破产程序的一部分，原告的债权也成了破产债权。相应地，针对原、被告之间所做的裁判依附和服务于破产程序，性质上属于破产程序中对破产债权的确认判决，作为债权人参与债务人破产分配依据而不是作为债权人强制执行的依据。

（2）针对债权人与连带责任保证人之间的裁判

对此，实务存在较大分歧。本文认为应适用《企业破产法》第十六条、第九十二条第三款和《最高人民法院关于适用〈中华人民共和国担保法〉若干问题的解释》（以下简称《担保法解释》）第四十四条第一款的规定，对连带责任保证人做如下区分处理，更符合连带责任保证的本旨：对于同时受理破产清算、重整或和解的连带责任保证人，只做确认判决，即判决确认债权人对该连带债务人享有连带债权，而对于其他连带责任保证人，则做给付判决，即直接判决连带责任保证人向债权人清偿连带债务。⑤

4. 关于利息

《企业破产法》第四十六条第二款规定："附利息的债权自破产申请受理时起

---

① 《企业破产法》第二十条、第五十八条。

② 《最高人民法院关于适用〈中华人民共和国民事诉讼法〉的解释》第二百零八条第三款。

③ 常怡：《比较民事诉讼法》，中国政法大学出版社2002版，第467页。

④ 《最高人民法院关于适用〈中华人民共和国民事诉讼法〉的解释》第五百一十五条、《最高人民法院关于执行案件移送破产审查若干问题的指导意见》第二十条。

⑤ 最高人民法院（2010）民二终字第104号、浙江省高级人民法院（2016）浙民终字第147号。

停止计息。"问题在于:一是连带保证人的担保债务利息是否也停止计算? 二是债务人迟延履行期间的债务利息是否还应当计算?

(1)连带责任保证人担保债务利息

实务中,一般认为利息自破产申请受理时起停止计算的规定不仅适用于破产债务人,也同样适用于连带责任保证人。① 但仍存在争议,尤其判决连带责任保证人直接向债权人清偿的,依据《企业破产法》第九十二条第三款和《担保法解释》第四十四条第一款的规定,应持续计算利息,不受《企业破产法》第四十六条第二款的限制。

(2)债务人迟延履行期间债务利息

判决计算债务人迟延履行期间的债务利息,只适用于履行期确定的金钱给付判决。迟延履行期间债务利息计算也应区分主债务人与连带责任保证人,区别对待。主债务人的债务利息计算至法院裁定受理破产或重整申请之日止,不存在迟延履行期间债务利息计算的问题。对于连带责任保证人,无论按前述哪种做法,都承担直接清偿或继续清偿责任,应计算相应的迟延履行债务利息。

(三)保全与执行上的衔接:特别程序

破产程序与海事诉讼,实务中冲突最大莫过于财产保全,而且主要体现在船舶的扣押和拍卖上,必须统一认识,规范操作。

1.船舶保管费用

海事法院扣押船舶后,地方人民法院受理债务人破产申请,根据《企业破产法》第十九条的规定,保全措施应当解除,执行程序应当中止。但问题在于,船舶不同于其他财产,扣押期间会持续产生大量费用,如何处理? 尤其是在指定第三方看管并由第三方垫付相关费用的情况下,②特别是在长期扣押或者债务人重整迟迟没有结果的情况下,保管费用巨大,且持续发生,是否应在解除扣押前先行结算

---

① 宁波海事法院(2015)甬海法温商初字第34、35 号。
② 《最高人民法院关于扣押与拍卖船舶适用法律若干问题的规定》第七条规定:"船舶扣押期间由船舶所有人或光船承租人负责管理。""船舶所有人或光船承租人不履行船舶管理职责的,海事法院可委托第三人或者海事请求人代为管理,由此产生的费用由船舶所有人或光船承租人承担,或在拍卖船舶价款中优先拨付。"

船舶保管费用就成了一个两难的现实问题。① 本文认为，地方人民法院受理债务人破产申请后，管理人接管海事法院已经扣押的船舶前，应当先行结清或者妥善解决此前已经发生的船舶保管费用，既不支付也不提供担保且船舶不宜继续扣押的，可以拍卖船舶，清偿保管费用并提存或者移交其余价款。理由在于：第三方经海事法院指定看管船舶并垫付相关费用，系司法辅助行为，相关费用按《企业破产法》第四十三条规定，不属于破产债权，而是共益债务，应当随时清偿；在船舶未解除扣押前，仍适用《海诉法》第二十九条的规定，船舶扣押期满，未提供担保，且不宜继续扣押的，申请人可以申请拍卖船舶；船舶拍卖后，优先清偿船舶保管费用。

2. 船舶担保物权

破产程序中，担保权人能否对担保物行使担保物权，以及如何行使担保物权，本就存在争议。当破产程序和海事诉讼平行进行时，由于案件在不同的法院之间进行，更由于船舶担保物权有其特殊性，尤其是船舶优先权，争议就更大。争议的焦点在于：当事人能否行使船舶优先权、船舶留置权、船舶抵押权等担保物权，申请海事法院拍卖船舶。

（1）暂停行使担保物权限于重整

《企业破产法》第七十五条第一款规定："在重整期间，对债务人的特定财产享有的担保权暂停行使。但是，担保物有损坏或者价值明显减少的可能，足以危害担保权人权利的，担保权人可以向人民法院请求恢复行使担保权。"结合该法第九十六条第二款的规定，②可见，需要暂停行使担保物权限于重整程序，而不包括破产清算和和解程序。船舶担保物权亦然。

（2）暂停行使担保物权例外情形

重整程序中，暂停行使担保物权存在以下例外情形：第一，担保物由担保权人占有的担保物权。因债务人未占有担保物，且担保物可以通过清偿或者另行提供担保赎回，不需要停止对担保物权的行使。船舶优先权、船舶留置权，便是此类担保物权。第二，担保物交回债务人占有和管控便丧失担保效力的担保物权。船舶

---

① 宁波海事法院(2015)甬海法温民执字第 113 号。宁波海事法院于 2014 年 7 月应众船员的申请在温州港扣押了"盛安达 68"轮，并指定第三方看管；同年 12 月，广西钦州中院受理了船舶所有人的重整申请。管理人坚持要求宁波海事法院解除船舶扣押却不落实此前已经发生的船舶保管费用，船舶看管人则要求及时结算保管费用并处置船舶。经长时间协调、执行异议和复议，浙江省高级人民法院于 2016 年 5 月 26 日裁定驳回船舶所有人的复议申请，由宁波海事法院拍卖"盛安达 68"轮，船舶拍卖价款在清偿扣押、保管、评估、拍卖等强制执行费用后，移交管理人按破产程序统一管理分配。2016 年 7 月 27 日，"盛安达 68"轮拍卖成交。至此，该轮已被扣押长达 2 年，发生保管费用等 200 多万元。

② 该款规定："对债务人的特定财产享有担保权的权利人，自人民法院裁定和解之日起可以行使权利。"

留置权以占有船舶为前提,船舶优先权应通过扣押船舶行使,皆属于此类情形。第三,《企业破产法》第七十五条第一款后段规定的情形。该款规定,重整程序中,担保物有损坏或者价值明显减少的可能,足以危害担保权人权利的,担保权人可以请求恢复行使担保权。船舶不同于陆地上的财产,被扣押后,由于受折旧、保管、市场等因素影响,风险和费用都极高,该情形普遍存在。

(3)暂停行使不包括优先受偿权

担保物一旦变现,担保物权暂停行使的前提条件不复存在,应当优先清偿,不得挪为他用,而且变现款也不适用于提存。船舶担保物权的担保权人,对船舶价款具有优先受偿的权利,担保船舶已经变现的,应当优先清偿,不受重整程序中暂停担保权行使的限制。①

(4)行使担保物权变现担保船舶

一般理解,为行使担保物权而需要变现担保船舶的,只能通过管理人或者向受理破产申请的法院提出。但如果担保船舶尚处于海事法院保全之中,相关海事海商纠纷在海事法院审理或执行,与其先解除保全、移交船舶,再委托海事法院拍卖,还不如直接由海事法院拍卖更为便捷。本文认为:第一,鉴于船舶优先权应当通过扣押船舶行使,船舶留置权以占有船舶为前提,船舶优先权人或留置权人为行使船舶优先权和船舶留置权的,可以按照我国《海商法》和《海诉法》的规定,申请海事法院拍卖船舶;海事法院认为符合法律规定的,裁定拍卖船舶,但应当书面告知受理破产申请的地方人民法院和债务人的管理人。第二,船舶抵押权人为行使和实现船舶抵押权,申请海事法院拍卖船舶的,海事法院可以协商受理破产申请的地方人民法院,认为应当拍卖船舶或者在重整程序中无须停止船舶抵押权行使的,裁定拍卖船舶。

3. 委托拍卖船舶

海事海商纠纷由海事法院专门管辖,船舶扣押和拍卖具有专业性。地方人民法院受理债务人破产案件后,需要扣押、拍卖船舶的,应当委托海事法院具体实施。依据有两方面:一是《海诉法司法解释》第十五条有关执行中委托扣押拍卖船舶的规定;二是《企业破产法司法解释(二)》第四十七条有关特殊纠纷可指定管辖的规定。根据《企业破产法》第一百一十一条和第一百一十二条的规定,管理人可以对船舶进行变价,但管理人自行变现船舶的,应注意避免因船舶优先权未消灭而对买受人产生不利负担。实践中,受理破产申请的地方人民法院通常委托海事法院扣押和拍卖债务人船舶,但仍有一些问题需进一步明确和统一。一是此类船舶扣押

---

① 相关观点,参见王欣新教授 2016 年 11 月 20 日在第一届西南破产法论坛上的主题演讲——《企业重整中担保物权的行使与保障》。

和拍卖,性质上不是海事请求保全行为,而是对债务人财产的保全和变现行为;二是此类船舶扣押和拍卖并非基于当事人或者管理人的申请,而应由受理破产案件的地方人民法院委托海事法院进行;三是此类委托只是单项委托而非全案委托,限于扣押、拍卖船舶等具体事项;四是海事法院接受委托后,应当依照《民诉法》第一百五十四条和《海诉法司法解释》第十五条的规定做出船舶拍卖裁定;① 五是船舶拍卖价款列入债务人财产,相应地债权登记也应向破产管理人提出;六是船舶扣押和拍卖,依照《海诉法》规定;七是与被拍卖船舶有关的债权人提起的诉讼,属于海事海商纠纷的,可按《企业破产法司法解释(二)》第四十七条规定指定海事法院管辖,但此类诉讼不是《海诉法》规定的确权诉讼,而是破产程序中的债权确认诉讼。

4. 船舶优先权催告

根据我国《海商法》第二十六条和《海诉法》第一百二十条的规定,船舶转让时,受让人可以通过船舶优先权催告程序消灭船舶优先权。企业破产程序中,除委托海事法院司法拍卖船舶外,通过自行变卖+船舶优先权催告方式对船舶进行变价也未尝不可,即由受让人向海事法院申请船舶优先权催告,消灭可能附着的船舶优先权。但必须强调的是,不能采取受理破产法院司法拍卖+船舶优先权催告模式,原因在于,司法拍卖属于原始设定船舶所有权行为,买受人通过司法拍卖取得船舶所有权系原始取得,不适用于船舶优先权催告制度。

(四)债务清偿上的衔接:利益权衡

如何规定债权受偿顺序,属于立法价值取向和利益平衡问题,清偿制度上应做好衔接。

1. 与被拍卖船舶有关的债权

根据《海诉法》第一百一十一条的规定,只有与被拍卖船舶有关的债权才能申请债权登记并参与船舶拍卖价款的分配。由于债务人进入破产清算,船舶系债务人财产,与其他债务人财产无别,上述规定不适用。

2. 船舶优先权

认为船舶优先权作为法定担保物权,具有别除权性质,看法鲜有差异。② 分歧在于船舶优先权在破产清算中的受偿顺序,尤其是《海商法》第二十二条第一款第5项所列的船舶在营运中因侵权行为产生的财产赔偿请求与《企业破产法》第一百一十三条第一款第1项所列的职工工资、医疗等费用的受偿顺序。主要有三种观

---

① 由于拍卖不是基于当事人申请,而是基于法院委托,裁定不列当事人。

② 周支军:《论船舶优先权在破产程序中的地位》,载《新学术》2007 年第 5 期;向明华:《船舶司法拍卖客体探析》,载《法学杂志》2009 年第 12 期。

点:一是船舶优先权整体优先原则;二是排除船舶优先权原则,统一按《企业破产法》第一百零九条、第一百一十条和第一百一十三条等规定受偿;①三是混合优先原则,即将《企业破产法》第一百一十三条第一款第 1 项和第 2 项与《海商法》第二十二条第一款第 1 至 3 项规定结合起来,不区分船上和岸上,按同类债权同一顺序受偿。② 本文认为,《海商法》第二十五条第一款规定船舶优先权优先于留置权和抵押权受偿,而留置权和抵押权属于别除权,对特定的财产享有优先受偿的权利,不足受偿或者放弃优先受偿权利的,其债权才作为普通债权参与破产财产分配。按通常逻辑,船舶优先权应当先于其他破产优先权受偿,更先于普通债权受偿,而无论属于哪一种优先权项目,排除船舶优先权原则,以及混合优先原则,不符合现行法律规定,皆不可取。其实,上述观点从《企业破产法》第一百三十二条规定中也可以得到印证,即仅对该法公布之日前所欠的职工工资、医疗等费用,基于历史欠账,予以优先保护。

3. 海事赔偿责任限制及基金

海事赔偿责任限制是海上特殊法律制度。债务人破产清算,同时在海事诉讼中因特定海事事故行使海事赔偿责任限制抗辩或者设立基金,两者在程序和受偿制度上都存在差异。

(1)责任限制抗辩权利

债务人破产重组、和解或清算,为维护债权人共同利益,不影响其在海事诉讼中依照《海商法》的规定提出责任限制抗辩。

(2)责任限制基金设立

存在两种情况:一是地方人民法院受理破产申请之前,债务人已经在海事法院设立了责任限制基金;二是尚未设立责任限制基金,但依法可以申请设立基金。是否继续维持责任限制基金设立和基金案件的审理,以及是否申请设立责任限制基金,既是诉讼事务,也涉及债务人财产的管理与处分,根据《企业破产法》第二十五条的规定,应由管理人履行职责,从有利于债务人破产重整、和解或清算出发,做出决定。

---

① 孟强:《单船公司破产债权受偿顺序问题研究》,载《法学》2008 年第 2 期。
② 罗猛、李智渊:《船舶管理公司破产清算顺序初探》,载《经济研究导刊》2010 年第 11 期;金秀琴:《船舶管理公司破产债务的范围及种类辨析》,载《经济研究导刊》2010 年第 35 期。

（3）基金受偿与分配

债务人设立基金,系为与特定海事事故有关的全部限制性债权提供担保。在破产清算中,基金作为破产人的一项财产,属于《企业破产法》第一百零八条规范的"特定财产";基金所担保的债权,同样具有别除权性质。结合《海商法》和《海诉法》的相关规定,破产清算中,责任限制基金受偿可做如下处理:一是限制性债权的债权人未根据海事法院公告要求依照《海诉法》第一百一十二条规定在公告期间向管理人申报债权的,视为放弃债权,既不得参与基金受偿分配,也不得再参与破产财产受偿分配。二是限制性债权对责任限制基金,依照《企业破产法》第一百零九条规定优先受偿。三是限制性债权参与基金分配,根据《海商法》规定确定受偿顺序与方式。四是限制性债权在基金中未能完全受偿的,其未受偿的债权,不适用《企业破产法》第一百一十一条的规定,不得参与破产人破产财产的受偿分配。

三、代结论:思考与建议

(一)问题:各自为战,程序并行,冲突难免

破产程序与海事诉讼的冲突,或许在《企业破产法》《海诉法》制定的年代,及至《企业破产法》2006年修订时,未曾显现,甚至也未做预设。但随着近几年来造船和航运业相继步入低谷,船企破产此起彼伏,两者之间冲突层出,不断困扰着司法实务。

破产案件由地方人民法院审理,海事案件由海事法院专门管辖。两类案件相互纠缠,两个程序分头并进,两种审判却各自为战。由于船舶的流动性和国际性,海事海商纠纷的特殊性,海事法院的跨行政区域性,更加凸显出两种审判体制所带来的冲突。两种程序在不同法院分别进行,不同法院之间,共同的上级法院不同部门之间,甚至最高人民法院不同部门之间,个案协调十分困难,效率低下,确定性弱。程序设计上缺乏协调,法律规制上不能兼顾。企业破产法律制度强调自身的概括性和公平集中清偿理念,而海事海商法律制度突出自身的特殊性和技术性,当这两种各自独立的特别法律制度在个案中并行相遇,在案件管辖、审判、保全、执行、清偿等诸多方面的冲突,就势难避免。

(二)出路:完善立法,相互衔接,减少冲突

造船、航运企业破产进入频发、多发期,特别是"韩进海运"破产引起的许多问题,必须妥善加以应对。破产法律制度与海事海商法律制度各自独立,显然已经不适应社会经济发展形势。针对实务中频频遭遇的两种程序之间的冲突问题,有必要进行全面梳理,并加以分类和区别对待,着力解决船企破产案件与海事审判的衔接问题。当务之急,是在现有法律框架下,及时制定司法解释或者指导意见,减少

冲突,规范做法。在对两种程序冲突和衔接进行论述的基础上,本文提出《关于审理破产案件与海事案件相互衔接和法律适用的解释(建议稿)》(见附件),作为结论。

附件:

关于审理破产案件与海事案件相互衔接和法律适用的解释(建议稿)

一、管辖

第一条 债务人为单船公司,或者债务人主要财产是船舶或其他海上设施,或者债务人的主要债权债务是海事债权债务,上级人民法院认为有必要的,可以指定债务人所在地海事法院受理该债务人的破产案件。

指定海事法院受理债务人破产案件的,适用本解释的规定。

第二条 地方人民法院受理债务人破产申请后,已经开始而尚未终结的有关债务人的海事海商纠纷诉讼应当中止;在管理人接管债务人财产后,该诉讼继续进行,并告知当事人向管理人依法申报债权。

第三条 地方人民法院受理破产申请后,海事法院对当事人提起的有关债务人的诉讼,不予受理,但已经上级法院指定管辖的除外;已经受理的,告知受理破产申请的地方人民法院,由其决定是否报请上级人民法院指定管辖;受理破产申请的地方人民法院不报请指定管辖,或者上级人民法院经报请后认为没必要指定管辖的,海事法院可裁定驳回起诉,告知当事人向受理破产申请的人民法院申报债权或提起诉讼。

第四条 受理破产申请的地方人民法院,对有关债务人的海事海商纠纷,报请上级人民法院指定所在地海事法院或者有管辖权的海事法院管辖,上级法院认为没必要指定或者不方便指定的除外。

地方人民法院受理破产申请后,可以视实际情况和需要,报请上级人民法院对与债务人有关的海事海商纠纷,一并指定债务人所在地海事法院或者有管辖权的海事法院管辖。

第五条 地方人民法院受理破产申请后,债权人就与被拍卖船舶或者特定海事事故有关的债权,根据海事法院公告的要求依照《海事诉讼特别程序法》第一百一十一条、第一百一十二条规定,向管理人申报债权。

第六条 地方人民法院受理破产申请后,当事人向海事法院申请海事请求保全或者申请执行的,不予受理。

二、审判

第七条 管理人接管债务人财产后,海事海商纠纷继续审理的,由管理人代表债务人参加诉讼;管理人委托代理人参加诉讼的,依照《民诉法》和《企业破产法》

的规定办理授权委托手续。

第八条 海事债权经债权人会议核查,已经受理破产申请的地方人民法院裁定确认的,海事法院应当裁定终结诉讼;对债权有异议的,由海事法院继续审理和裁判。

第九条 地方人民法院已经受理债务人破产清算、重整或者和解的,海事法院在审理有关债务人的海事海商纠纷中,不对债务人的财产采取保全措施,也不判决对债务人行使担保物权,但法律另有规定的除外。

第十条 地方人民法院受理债务人破产申请后,海事法院对以债务人为被告的海事海商纠纷,经审理后,对债权及其担保物权做出确认或不确认的判决或裁定。

对于同时受理破产清算、重整或和解的连带责任保证人,应就债权人对该连带债务人是否享有连带债权做出确认或不确认的判决或裁定;对于其他连带责任保证人,应就连带责任保证人是否应向债权人清偿连带债务做出判决或裁定。

当事人达成和解协议的,按和解协议履行。

第十一条 地方人民法院受理债务人破产申请后,附利息的债权停止计息。

判决连带责任保证人向债权人承担清偿责任或者继续清偿责任,该保证人迟延履行的,适用《民诉法》第二百五十三条的规定。

三、保全与执行

第十二条 海事法院扣押债务人的船舶后,地方人民法院受理债务人破产申请,管理人要求将船舶作为债务人财产接管的,应当支付因扣押、保管船舶等已经发生的费用,或者提供可靠担保;既不支付费用,也不提供可靠担保,而船舶不宜继续扣押的,海事法院可以根据海事请求权人的申请,依照海事诉讼特别程序法的规定拍卖船舶,但应当书面告知受理破产申请的地方人民法院和管理人。

第十三条 船舶优先权人、船舶留置权人为行使船舶优先权和船舶留置权,申请海事法院拍卖船舶的,海事法院经审查认为符合海商法和海事诉讼特别程序法等规定的,裁定拍卖船舶,并书面告知受理破产申请的地方人民法院和债务人的管理人。

船舶抵押权人为行使和实现船舶抵押权,申请海事法院拍卖船舶的,海事法院可以协商受理破产申请的地方人民法院;地方人民法院认为应当拍卖抵押船舶,或者在重整程序中无须停止船舶抵押权行使的,由海事法院裁定拍卖船舶。

第十四条 地方人民法院受理破产申请后,扣押或拍卖船舶的,应当依照《最高人民法院关于适用〈中华人民共和国海事诉讼特别程序法〉若干问题的解释》第十五条规定委托海事法院执行。

海事法院接受委托后,应当做出裁定,依照海事诉讼特别程序法的规定扣押或拍卖船舶;裁定拍卖船舶的,应当同时发布公告,通知与船舶有关的债权人向管理人申报债权。

第十五条 债务人的管理人,可以依照《企业破产法》的规定,对船舶进行变价转让。

管理人变价转让船舶的,受让人可以依照海商法和海事诉讼特别程序法的规定,向海事法院申请船舶优先权催告。

第十六条 海事法院依照海事诉讼特别程序法的规定受理债权登记与受偿,不适用执行移送破产审查的规定。

海事法院执行的案件需移送破产审查的,依照《最高人民法院关于执行案件移送破产审查若干问题的指导意见》的规定,移送债务人所在地中级人民法院审查。

四、债务清偿

第十七条 债务人破产清算的,对船舶不享有担保权的债权人,按照《企业破产法》的规定受偿。

对债务人的船舶享有船舶优先权、船舶留置权、船舶抵押权的权利人,对该船舶享有优先受偿的权利,优先受偿的顺序依照海商法的规定确定。

第十八条 地方人民法院受理债务人破产申请的,不影响债务人在海事诉讼中依照法律规定提出海事赔偿责任限制抗辩。

第十九条 地方人民法院受理破产申请后,对正在进行的海事诉讼中是否设立或者继续设立海事赔偿责任限制基金,由管理人根据《企业破产法》的规定做出决定。

第二十条 地方人民法院受理债务人破产申请后,限制性债权的债权人在海事诉讼中未根据海事法院公告要求依照《海事诉讼特别秩序法》第一百一十二条规定向管理人申报债权的,视为放弃债权,不得参与责任限制基金或破产财产受偿分配。

限制性债权对责任限制基金,依照《企业破产法》第一百零九条规定优先受偿;限制性债权参与责任限制基金分配,依照《海商法》规定确定受偿顺序与方式。

限制性债权的债权人在责任限制基金中未能完全受偿的,其未受偿的债权,不适用《企业破产法》第一百一十条的规定,不参与破产人破产财产的受偿分配。

五、附则

第二十一条 本解释"海事海商纠纷"的范围,依照《最高人民法院关于海事法院受理案件范围的若干规定》确定。

本解释"上级人民法院",是指受理破产申请的地方人民法院与对海事海商纠纷有管辖权的海事法院的共同上级法院。

受理破产申请的地方人民法院所在省、市或自治区没有海事法院的,可以商请对发生在本辖区的海事海商纠纷有管辖权并设立了海事法院的高级人民法院指定管辖。

（获 2017 年上海航运法治论坛征文一等奖;原载于《中国海商法研究》2017 年第 2 期）

检察机关提起海洋环境民事公益诉讼问题研究

邬先江　　罗孝炳

【摘要】在我国,检察机关提起的海洋自然资源与生态环境损害赔偿公益诉讼还是一种新型的诉讼方式,理论研究的基础相对薄弱,研究样本不够丰富,对立法、司法的依赖程度较高。此类诉讼与海洋自然资源主管部门提起的海洋自然资源与生态环境损害赔偿诉讼,性质上均属于民事公益诉讼范畴,但是在起诉主体、公告发布时间、管辖依据、法律适用、刑民关系等方面存在明显差别。为推动海洋环境司法保护,建议修改海洋环境保护法和最高人民法院有关司法解释规定,明确检察机关提起海洋环境民事公益诉讼的法定情形,以及此类诉讼可适用《最高人民法院关于审理海洋自然资源与生态环境损害赔偿纠纷案件若干问题的规定》审理。

【关键词】海洋环境;民事公益诉讼;检察机关;修法建议

加强海洋自然资源与生态环境保护是海事司法的重中之重,也是检察公益诉讼领域的新热点和突破口之一。在此种共识下,我省法院受理了首例检察机关提起的海洋自然资源与生态环境民事公益诉讼。检察机关提起的此类公益诉讼与海洋环境监督管理部门提起的诉讼,在诉讼性质、诉讼资格以及法律适用方面存在哪些共性与差别,成为我们撰写本文所要研究的主要问题。

一、案情导入

2019年5月,某市人民检察院以非法收购、运输、出售海龟破坏海洋生态环境的15人为被告,向某海事法院提起3件民事公益诉讼,请求法院判令各被告公开赔礼道歉、承担生态修复补偿金并承担鉴定评估费,三案诉讼标的金额达600余万元。在起诉前,检察机关在当地报纸发布公告,公告期满后没有适格主体提起诉讼,故检察机关根据《中华人民共和国民事诉讼法》(以下简称《民诉法》)第五十五条第二款、《最高人民法院、最高人民检察院关于检察公益诉讼案件适用法律若干问题的解释》第十三条第二款和《最高人民法院关于审理海洋自然资源与生态环境损害赔偿纠纷案件若干问题的规定》第二条的规定提起民事公益诉讼。海事法院受理并进行了公开审理。开庭后不久,相关刑事案件经指定由海事法院试点审理。

二、法理分析

（一）就海洋自然资源与生态环境提起公益诉讼的诉讼性质

起诉权是权利人根据法律规定就受损权益寻求诉讼救济的权利。法律规定是形式要件，权益受损是内在要求。这一点在私益诉讼中比较明显，民事案件的原告必须对诉争标的有直接利害关系，否则其诉讼资格不合法，法院可以裁定驳回其起诉。相对于私益诉讼而言，现行公益诉讼制度的起诉人存在两类情形：第一类是国家主管部门、检察机关代表国家提起的公益诉讼以及由其衍生的行政公益诉讼；第二类是有关社会组织代表不确定的社会公众提起的公益诉讼。就海洋自然资源与生态环境而言，有的观点认为海洋自然资源损害赔偿诉讼是救济国家所有的自然资源损害的私益诉讼①，我们认为，在学理上有一定道理，但是与立法、司法实践不太相符，相关主管部门代表国家提起的民事诉讼仍然属于第一类公益诉讼。对此，最高人民法院民四庭负责人在《关于审理海洋自然资源与生态环境损害赔偿纠纷案件若干问题的规定的理解与适用》一文中指出，依法行使海洋环境监督管理权的机关提起的海洋自然资源与生态环境损害赔偿诉讼在性质上可以明确为民事公益诉讼②。从诉讼性质上来看，检察机关提起的民事公益诉讼与国家主管部门提起的民事公益诉讼是一致的。

（二）检察机关就海洋自然资源与生态环境提起公益诉讼的诉讼资格

1. 如定性为海洋自然资源与生态环境损害赔偿纠纷案件，则应当适用《最高人民法院关于审理海洋自然资源与生态环境损害赔偿纠纷案件若干问题的规定》，该规定第一条将该司法解释的适用范围确定为请求赔偿《中华人民共和国海洋环境保护法》（以下简称《海洋环境保护法》）。该法第八十九条第二款规定了海洋自然资源与生态环境损害，即第八十九条第二款规定："对破坏海洋生态、海洋水产资源、海洋保护区，给国家造成重大损失的，由依照本法规定行使海洋环境监督管理权的部门代表国家对责任者提出损害赔偿要求。"《最高人民法院关于审理海洋自然资源与生态环境损害赔偿纠纷案件若干问题的规定》第三条对起诉主体限定为"《海洋环境保护法》第五条规定的行使海洋环境监督管理权的机关"。因

---

① 竺效、梁晓敏：《论检察机关在涉海"公益维护"诉讼中的主体地位》，载《浙江工商大学学报》2018年第4期。

② 王淑梅、余晓汉：《〈关于审理海洋自然资源与生态环境损害赔偿纠纷案件若干问题的规定〉的理解与适用》，载《人民司法·应用》2018年第7期。

此,如果从法律、司法解释原文来理解,检察机关不能越俎代庖地提起海洋自然资源与生态环境损害赔偿纠纷;如果海洋环境监督管理部门不提起诉讼,可以发出检察建议以纠正不作为状态。

2. 如定性为普通的环境民事公益诉讼,根据《最高人民法院、最高人民检察院关于检察公益诉讼案件适用法律若干问题的解释》第十三条的规定,需要满足两个条件:(1)在履行职责中发现破坏生态环境和资源保护、损害社会公共利益的行为,拟提起公益诉讼并依法公告三十日。(2)公告期满,法律规定的机关和有关组织不提起诉讼。具体而言,检察机关在收到侦查机关移送公诉审查材料时发现海洋自然资源与生态环境遭受破坏,可以直接发布拟提起公益诉讼的公告,公告期间内没有法定机关和组织提起公益诉讼,则检察机关可以提起公益诉讼。我国《海洋环境保护法》没有授权公益组织可就海洋自然资源与生态环境提起公益诉讼①,故不起诉的主体仅指法定机关。

(三)不同主体就海洋资源与生态环境提起公益诉讼的法律适用

1. 海洋环境监督管理部门提起诉讼,适用《最高人民法院关于审理海洋自然资源与生态环境损害赔偿纠纷案件若干问题的规定》,由侵害行为发生地、损害结果地或者采取预防措施地海事法院管辖。不需要在起诉前发布公告,而是由法院在受理案件后发布公告,其他机关可以申请参加诉讼,也可以就其他类型损害分别提起诉讼。损害赔偿的范围包括预防措施费用、恢复费用、恢复期间损失和调查评估费用。

2. 检察机关提起诉讼,主要适用《最高人民法院、最高人民检察院关于检察公益诉讼案件适用法律若干问题的解释》和《最高人民法院关于审理环境民事公益诉讼案件适用法律若干问题的解释》。根据该两项司法解释的有关规定,案件由污染环境、破坏生态行为发生地、损害结果地或者被告住所地的中级以上人民法院管辖,也可以经最高人民法院批准,由省高级人民法院指定部分中级人民法院受理第一审环境民事公益诉讼案件。地级市人民检察院提起的第一审民事公益诉讼案件,由侵权行为地或者被告住所地中级人民法院管辖。人民检察院已履行诉前公告程序的,人民法院立案后不再进行公告。人民检察院对破坏生态环境和资源保护、食品药品安全领域侵害众多消费者合法权益等损害社会公共利益的犯罪行为

---

① 参见我国海事法院受理的首例社会组织提起的环境公益诉讼案——"中国生物多样性保护与绿色发展基金会诉康菲石油、中海油污染海洋环境案",笔者在中国裁判文书网和互联网均未找到该案结案文书,但是相关文章已经做了介绍,青岛海事法院裁判否定了公益组织在海洋环境公益诉讼的诉讼主体资格,并被《最高人民法院关于审理海洋自然资源与生态环境损害赔偿纠纷案件若干问题的规定》采纳。参见韩枫:《公益组织在海洋环境公益诉讼中的主体适格性案例评析》,载《世界海运》2018年第7期。

提起刑事公诉时,可以向人民法院一并提起附带民事公益诉讼,由人民法院同一审判组织审理。人民检察院提起的刑事附带民事公益诉讼案件由审理刑事案件的人民法院管辖。损害赔偿范围包括:原告为停止侵害、排除妨碍、消除危险采取合理预防、处置措施而发生的费用;生态环境修复费用;生态环境受到损害至恢复原状期间服务功能损失;检验、鉴定费用,合理的律师费以及为诉讼支出的其他合理费用。

3.对照比较结果。经对比发现,因起诉主体不同导致案件性质和适用的司法解释有明显差别,具体内容上,在诉前是否公告、是否由中级人民法院或海事法院管辖、是否需要报最高人民法院批准由省高级人民法院指定中级人民法院管辖一定区域和类型的第一审民事公益诉讼案件、是否适用刑事附带民事公益诉讼以及同一审判组织审理等方面存在明显差别,在损害赔偿范围上,对律师费和其他诉讼费用支出的规定也有所不同。

此外,对于船舶油污造成的海洋自然资源与生态环境损害赔偿纠纷,除人民法院审理案件时需要适用《最高人民法院关于审理船舶油污损害赔偿纠纷案件若干问题的规定》外,如果起诉主体是代表国家的海洋环境监督管理部门或检察机关①,同样可以从民事公益诉讼角度适用相关法律和司法解释规定。在实体处理上,如果油污责任方所属国家同样是《1969年国际油污损害民事责任公约》及其1992年议定书、《2001年国际燃油污染损害民事责任公约》的缔约国,依据《中华人民共和国民法通则》第一百四十二条第二款关于"中华人民共和国缔结或者参加的国际条约同中华人民共和国的民事法律有不同规定的,适用国际条约的规定,但中华人民共和国声明保留的条款除外"的规定,在国际条约与国内法不一致时,应当优先适用国际条约的规定。

三、实践思考

海事法院受理检察机关就海洋自然资源与生态环境损害提起的普通民事公益诉讼,可能面临如下问题:

第一,管辖权的问题。需要将海事法院解释为《最高人民法院、最高人民检察院关于检察公益诉讼案件适用法律若干问题的解释》第五条所指的中级人民法

---

① 需要说明的是,最高人民法院在制定关于审理船舶油污损害赔偿纠纷案件若干问题的规定时并未将检察机关作为起诉主体,但是油污是海洋环境污染的主要原因之一,应当考虑纳入检察公益诉讼制度范围。

院,且必须由市检察院提起诉讼,否则由区检察院提起诉讼,则只能由基层法院受理①。然而,根据全国人大常委会《关于在沿海港口城市设立海事法院的决定》和最高人民法院设立某海事法院的具体决定,海事法院与当地中级人民法院同级,上诉案件由高级人民法院管辖。因此,海事法院的级别显然不是基层法院。如果需要建立管辖权长效机制,则需要由省高级人民法院指定海事法院管辖全省、地级市人民检察院就海洋自然资源与生态环境损害提起的民事公益诉讼,并报最高人民法院批准同意。

第二,民刑协调问题。破坏海洋自然资源与生态环境的行为可能涉嫌刑事犯罪。为确保刑事审判与民事审判在事实认定、法律适用上的协调一致,《最高人民法院、最高人民检察院关于检察公益诉讼案件适用法律若干问题的解释》第二十条要求检察机关提起刑事公诉时,可以向人民法院一并提起附带民事公益诉讼,由人民法院同一审判组织审理。目前海事法院审理海事刑事案件尚处于个案试点阶段,管辖难度较大,对海上犯罪的侦查难度大、周期长,很可能出现民事公益诉讼与刑事案件在不同时间点进入诉讼以及由不同审判组织审理的情况。案件审理过程中,可能会出现刑民交叉经常遇到的问题,如刑事责任与民事责任在人身及财产方面的责任类型(民事责任的赔礼道歉、赔偿损失与自由刑、财产刑的关系),因果关系及损失认定等。

如果把检察机关就海洋自然资源与生态环境损害赔偿提起的诉讼理解为《最高人民法院关于审理海洋自然资源与生态环境损害赔偿纠纷案件若干问题的规定》所指案件,则当然可以解决海事法院专门管辖的问题,同时还需要解决如下问题:

问题之一,诉前程序需要理顺。检察机关的职权属性要求设立诉前程序控制滥诉的发生。② 法律明确规定了海洋环境监督管理部门对海洋自然资源与生态环境的监督保护职责,检察机关可以通过支持起诉、发送检察建议的方式,支持和监督主管部门履行诉讼义务,对这一点在法律依据和司法实践中均无异议。需要探讨的是,主管机关不愿提起海洋自然资源与生态环境损害赔偿纠纷,能否通过行政公益诉讼方式处理? 我们认为不适宜,因为起诉并非行政行为,而是司法行为范畴,法院不可能判决主管机关在一定期限内起诉,否则判决内容不具有可执行性。在法定机关已明确且不愿起诉的情况下,检察机关可以不经诉前公告,而是采取检

---

① 江苏省灌南县人民检察院曾就非法捕捞水产品罪向当地法院提起刑事附带民事公益诉讼,笔者在中国裁判文书网上搜索后未发现该案判决书。参见李润文:《全国海洋生态环境诉讼第一案:非法捕捞者被索赔 1.3 亿元》,载《中国青年报》2018 年 3 月 27 日版。

② 张锋:《检察环境公益诉讼之诉前程序研究》,载《政治与法律》2018 年第 11 期。

察建议或工作备忘方式固定法定机关不起诉的事实，直接向海事法院提起海洋自然资源与生态环境损害赔偿公益诉讼。

问题之二，民刑关系应当尽量协调。在作为前法、特别法的《最高人民法院关于审理海洋自然资源与生态环境损害赔偿纠纷案件若干问题的规定》中没有规定刑事案件与民事案件能否一并诉讼的情况下，应当适用作为后法、一般法的《最高人民法院、最高人民检察院关于检察公益诉讼案件适用法律若干问题的解释》第二十条。为受理检察机关提起的刑事附带民事公益诉讼，可在事先审查是否符合一并审理条件的基础上，先争取上级法院指定海事法院受理刑事案件，再告知检察机关一并起诉。

四、结语和建议

在我国，检察机关提起的海洋自然资源与生态环境损害赔偿公益诉讼还是一种新型的诉讼方式，理论研究的基础相对薄弱，研究样本不够丰富，对立法、司法的依赖程度较高。从司法解释层面来看，最高人民法院在制定审理海洋自然资源与生态环境损害赔偿纠纷案件的司法解释时，其背景是"全国海事法院自1985年至今受理行政机关针对重大油污事故提起海洋自然资源与生态损害索赔诉讼达百余件""全国海事审判系统经过长期审判实践，在海洋自然资源与生态损害索赔主体等各方面均积累了一套较为成熟的做法，需要总结提炼成正式的裁判规范"[①]，距离全国人大常委会于2015年7月1日发布《关于授权最高人民检察院在部分地区开展公益诉讼改革试点工作的决定》为时尚早，当时检察机关大多以支持海洋主管部门起诉的方式参与诉讼活动，所以没有把检察机关提起的公益诉讼纳入该司法解释条文。但是，《最高人民法院、最高人民检察院关于检察公益诉讼案件适用法律若干问题的解释》第二十七条规定，最高人民法院、最高人民检察院之前发布的司法解释和规范性文件与本解释不一致的，以本解释为准。该条并未把海洋自然资源与生态环境损害赔偿诉讼排除在检察机关民事公益诉讼的范围之外，为海事法院受理检察机关提起的民事公益诉讼提供了制度空间。检察机关作为法定的刑事案件审查与公诉机关、法律监督机关和公益诉讼提起人[②]，具备提起民事环境公益诉讼的先天优势和内在诉求，应当逐渐将之作为海洋自然资源与生态环境损害赔偿公益诉讼的起诉人。同时，不论是海洋自然资源，如海洋渔业资源，珍稀濒

---

① 王淑梅、余晓汉：《〈关于审理海洋自然资源与生态环境损害赔偿纠纷案件若干问题的规定〉的理解与适用》，载《人民司法·应用》2018年第7期。

② 除了2012年修订的《中华人民共和国民事诉讼法》第五十五条首次在立法上确立了民事公益诉讼制度，自2019年1月1日起施行的《中华人民共和国人民检察院组织法》第二十条规定，人民检察院行使下列职权：……（四）依照法律规定提起公益诉讼；……

危野生水生动植物,还是海洋生态环境,如持久性油类泄漏造成的生态灾害,都具有非常强的专业性,需要具有科学完备的资源管理体系与保护机制作为事后诉讼的基础支撑,因此,检察机关提起此类公益诉讼需要谨慎评估诉讼风险,积极探索和总结经验。同时,检察机关在推进公益诉讼的过程中可以针对证据收据存在的困难问题向有关主管部门发出建议,监督行政机关依法履职,共同维护国家海洋权益。此外,在浙江继续推进海事刑事审判试点工作背景下,对于检察机关履行公诉职责时发现民事公益诉讼线索需要提起诉讼的,原则上可以提起刑事附带民事公益诉讼,由海事法院同一审判组织审理。

关于海洋环保公益组织的诉讼资格,我们认为,立法和司法层面可以择时顺应环境公益诉讼发展趋势,允许在我国依法登记的海洋环境保护公益组织在海洋环境监督管理部门、检察机关均不提起公益诉讼的前提下,代表公共利益提起诉讼①。如此,可以完善公益诉讼的起诉梯队为海洋环境监督管理部门、检察机关和环保公益组织,防止发生无序多头起诉和无人起诉的极端情况。对于持久性油类泄漏造成的海洋自然资源与生态环境损害,往往涉及外轮,由环保组织提起公益诉讼有利于引导外方当事人依法平等参与诉讼,避免外方当事人形成起诉人集管理者、执法者、起诉人或者监督者、公诉人和起诉人等身份于一身,司法程序与结果公正性难以保证的偏见。

程序是实体之母。长远来看,对于海洋自然资源与生态环境损害赔偿有关的起诉资格,立法、司法上应当研究进一步扩大和畅通起诉渠道,而非"按部就班""依葫芦画瓢"。无论是海洋环境监督管理部门,还是检察机关或社会组织,诉的利益具有一致性,均是代表国家和公共利益起诉,法理上应当得到同等的法律规制。希望检察公益诉讼在海洋自然资源与生态环境领域得到更多关注和发展,形成有效机制。

最后,就相关法律、司法解释提出如下修订建议:

《海洋环境保护法》第八十九条第二款可修改为:对破坏海洋生态、海洋水产资源、海洋保护区,给国家造成重大损失的,依照本法规定行使海洋环境监督管理权的部门应当代表国家对责任者提出损害赔偿要求。海洋环境监督管理部门经检察机关发出建议后同意检察机关提起公益诉讼,或者在收到检察建议后三十日内未提起公益诉讼,检察机关可以代表国家提起公益诉讼。海洋环境保护公益组织在海洋环境监督管理部门、检察机关均未提起公益诉讼时,可以根据《民诉法》有

---

① 司法实践中,一般根据特别规定优先于一般规定适用的原则,否定环保组织有权提起海洋环境公益诉讼。有的案例以"倾倒涉案炉渣堆填滨海滩涂、湿地、红树林的行为,并不单纯破坏了海洋生态环境,同样破坏了陆地生态环境"为由,认为环保组织有权提起公益诉讼,参见(2017)粤民终 2635 号民事裁定书。

关规定提起公益诉讼。

《最高人民法院关于审理海洋自然资源与生态环境损害赔偿纠纷案件若干问题的规定》第三条可修改为：《海洋环境保护法》第五条规定的行使海洋环境监督管理权的机关，根据其职能分工，或者检察机关、海洋环境保护公益组织依据《海洋环境保护法》第八十九条第二款，提起海洋自然资源与生态环境损害赔偿诉讼，人民法院应予以受理。

《最高人民法院、最高人民检察院关于检察公益诉讼案件适用法律若干问题的解释》第十三条第二款可修改为：公告期满，法律规定的机关和有关组织不提起诉讼的，人民检察院可以向人民法院提起诉讼。对于海洋自然资源与生态环境损害，法律规定的行政机关在收到检察机关起诉建议后明确同意检察机关提起民事公益诉讼，或者在收到检察建议后三十日内未提起民事公益诉讼，检察机关在提起民事公益诉讼前无须发布公告。

（获浙江省法学会诉讼法学研究会 2019 年学术年会三等奖；原载于《浙江审判》2019 年第 10 期）

在建船舶所有权归属问题探析

——兼论建造合同约定的在建船舶所有权效力

孟云凤

【摘要】在建船舶所有权归属由建造合同约定,合同没有约定或约定不明,应当由法律规定为建造人所有;合同约定的在建船舶所有权与建造人占有船舶、所有权保留制度可能存在效力冲突,冲突的解决需要建立在建船舶的所有权预告登记制度;当建造合同约定在建船舶归订造人所有,合同双方按照约定可以向登记机构申请预告登记,未经登记的不得对抗第三人。

【关键词】在建船舶;所有权归属;效力冲突;预告登记

前言

根据《中华人民共和国海商法》(以下简称《海商法》)第三条有关船舶的界定,①在建船舶不属于《海商法》意义下所指船舶。有关在建船舶物权,现行《中华人民共和国物权法》(以下简称《物权法》)和《海商法》仅规定在建船舶的抵押权、留置权等担保物权,②对于在建船舶所有权本身及其归属问题,《物权法》和《海商法》并无明确规定。笔者注意到,司法实务中因在建船舶所有权归属问题产生争议的纠纷不在少数,近期《海商法》修订工作也已将"在建船舶物权"列为专门议题进行研究。③ 本文从司法实践出发,对在建船舶所有权归属及建造合同约定的所有权效力等问题提出自己的观点,旨在为《海商法》的修订提供参考意见。

---

① 《海商法》第三条规定:"本法所称船舶,是指海船和其他海上移动式装置,但是用于军事的、政府公务的船舶和20总吨以下的小型船艇除外。前款所称船舶,包括船舶属具。"

② 《物权法》第一百八十条和《海商法》第十四条规定:"在建船舶可以设定抵押";《海商法》第二十五条规定:"建造人可对其占有的在建船舶行使留置权。"

③ 交通运输部办公厅2018年3月发布的《海商法》修订草案征求意见稿在第二章"船舶物权"下专门有"建造中的船舶物权"一节内容。

一、在建船舶及其所有权辨析

(一)一物一权主义与在建船舶之形成

在建船舶是建造合同签订后,船舶建造完毕并交付订造人之前所有用于建造船舶的材料和部件的总和。[①] 根据物权理论的一物一权主义,所有权必须设定于一个独立物之上,而不能设定于数个物所构成的集合物上,但随着近代担保和融资制度的发展,为明确风险承担和简化法律关系,各国法律不得不承认在由不动产、动产、无线财产及债权组成的"财团"上设定所有权和抵押权,由此,在建造材料和设备之上成立单一的"在建船舶"应运而生,可见在建船舶是特定设备和材料的集合物,是被法律拟制的单一物。

(二)物的特定化与在建船舶所有权之形成

在建船舶系从无到有的动态过程形成,建造材料和设备特定化的时间节点即为在建船舶所有权之形成起点,有观点认为应以船舶基本成形,即船舶安放龙骨之日(或第一阶段重要日期确认之日)为在建船舶所有权形成的时间节点,在此之后即为在建船舶这一特定物。[②] 笔者认为,以龙骨安放之日或一个分段的完工之日作为在建船舶所有权形成之起点,虽具有较强的操作性,有利于权属的登记公示,也便于在建船舶所有权与其他独立物权间的界限划分,但将龙骨安放前或分段完工前的前期建造阶段所涉物料和设备排除于在建船舶所有权之外,与船舶建造实际不符,因为只要船舶建造开工之后,所有进场的材料和设备均已经特定化为待建船舶之备,无论最终船舶建造完工与否,所有进场的物料和设备均应属同一主体支配和处分。借鉴《1967 年建造中的船舶权利登记公约》第八条有关建造中的船舶权利范围的界定,[③]只要材料和设备同时满足"位于建造人的辖区内""已用标记或其他方法清楚地标明将要安装在船上",即应认为其已特定化为在建船舶所有权的一部分。然而司法实践中判断材料设备已经特定化抑或未特定化,确属难点,尤其是在建造人同时有多条船舶同时开工的情况下,法院只能以"谁主张,谁举

---

① 司玉琢:《中华人民共和国海商法问答》,人民交通出版社 1993 年版,第 18 页。
② 耿小宁、李善川、张洪川:《在建定制船舶作为特定物后具有不可替代性》,载《人民司法》2015 年第 22 期。
③ 《1967 年建造中的船舶权利登记公约》第八条规定:"国内法可以规定建造中的船舶上登记的各种权利应适用于位于船厂辖区内,并已用标志或其他方法清楚标明将要安装在该船上的材料、机器和设备。"

证"的标准来衡量。①

二、在建船舶所有权之归属原则

(一)约定原则

对于在建船舶所有权归属问题,学理上见仁见智。因在建船舶基于建造合同而生而灭,其所有权归属固然可由建造合同约定,然而若建造合同没有约定或约定不明时,在建船舶所有权归属如何确定,我国《海商法》或《物权法》均没有明确规定。主流的观点认为仍应依建造合同约定内容确定合同性质,最终以合同性质确定所有权归属。关于建造合同的性质,学界与实务界对这一问题的研讨由来已久,形成了以"买卖合同说""承揽合同说""混合合同说"等为代表的诸多学说,但迄今尚无最后定论。买卖合同说认为建造合同系买卖合同,在建船舶在交付之前所有权归属于建造人;"承揽合同说"认为建造合同属于承揽合同,在建船舶从开工始就归订造人所有;"混合合同说"则认为建造合同兼具买卖和承揽特征,该学说主张结合造船实践,按照合同解释规则,结合合同目的、合同有关条款所体现的权利义务特征等标准予以综合认定在建船舶所有权。

(二)法定原则

有观点认为虽然建造合同可以根据建造材料提供的主体不同而分别定性为承揽合同或买卖合同,但在建船舶所有权始终归于建造人。② 笔者赞同以上观点,因为建造合同本属无名合同,其内容必然包括建造材料采购和供应、建造工艺、工程的监督和管理、订造人款项支付及船舶交接等各个阶段的权利和义务,除非建造合同买卖或承揽的特征显而易见,否则一定要将建造合同归于合同法下的某一有名合同,不能完全反映船舶建造实际,且船舶的建造是一个动态的过程,纠纷可能产生于船舶建造的前端、中端和后端,而每个阶段订造人和建造人就已成形部分的投入和贡献有大有小,纠纷产生之时在建船舶可能仅是一堆尚未组装的物料,也可能是已具备交付条件的整船,如此,在建造合同未有明确约定的情况下,依据建造合同约定内容进而以合同性质判断在建船舶所有权归属,司法实践难以操作和把握,裁判尺度难以统一,而建造人始终系在建船舶的占有人,具有物权的公示公信力,

---

① 江苏舜天船舶发展有限公司诉南京亚豪船舶制造有限公司、南京东沛国际贸易集团有限公司船舶建造合同纠纷一案,法院即对同时在同一船厂建造的两艘在建船舶所有权进行了区分。具体参见湖北省高级人民法院(2015)鄂民四终字第00067号民事判决书。
② 林新华:《船舶建造合同中建造人的风险及防范》,载《重庆工商大学学报》(社会科学版)2011年第4期。

一旦法律规定建造合同没有约定或约定不明时在建船舶所有权归建造人所有,因该规定与承揽方式建造合同内容存在冲突,即可引导合同双方对所有权进行特别约定。故修订后的《海商法》应明确"除非当事人另有约定,在建船舶所有权归建造人所有"这一在建船舶所有权归属的法定原则,目前《海商法》修订征求意见稿即采纳此种观点。①

三、合同约定的在建船舶所有权与建造人占有船舶的效力冲突

(一)效力冲突的表现

建造合同对在建船舶所有权有明确约定,相关合同主体之间的权利义务便容易界定和判断,但合同约定的所有权对合同之外的第三人效力如何,却是近年来审判实务碰到比较多的疑难问题。由于建造合同的约定内容一般不为外界所知晓,第三人尤其是提供建造材料和设备的供应商,依据建造人对船舶占有事实而与建造人发生交易并产生利益期待,若合同并未约定在建船舶归建造人所有,此时供应商的期待利益将如何? 实践中可能的冲突表现为:建造合同约定在建船舶所有权归属订造人,但建造船舶的材料或设备由建造人采购,当建造人拖欠货款不付,供应商能否请求法院保全甚至处置在建船舶? 当法院认可合同约定的在建船舶所有权效力,而排除供应商对在建船舶的请求权时,在建造人无其他财产或陷于破产时,供应商的债权将如何实现?

(二)效力冲突的根源

根据物权占有理论,占有既是一种事实状态,也是一种权利外观。就动产而言,占有不仅具有推定占有人对动产有相关权利的功能,比如使用、收益、处分等,而且具有推定占有人为该动产所有权的效力,占有状态的推定效力主要体现为推定占有人以所有的意思,善意、和平及公然地占有动产。就在建船舶而言,建造人持续占用包括所有材料和设备在内的在建船舶,且订购材料和设备,供应商完全有理由相信在建船舶的所有人为建造人,供应商据此对建造人的资信产生信赖并与其发生交易。而建造合同之所以约定在建船舶归订造人所有,主要是因为材料和设备采购款来源于订造人支付的造船款,此时建造人占有船舶对外产生的权利外观与建造合同约定在建船舶归订造人所有产生效力冲突。

(三)效力冲突的处理及影响

对于前述案例,审判实务就供应商是否有权申请法院保全并处置在建船舶,法

① 《海商法》修订征求意见稿第四十三条第二款规定:"建造中船舶所有权由造船人享有,船舶建造合同对建造中船舶所有权另有约定或法律另有规定的情形除外。"

院一般首先依建造合同约定判断在建船舶所有权归属,进而确定是否可以处置在建船舶。[①] 一般而言,因订造人支付造船款对建造人享有的是交付船舶的物权请求权,而供应商对建造人享有的是债权请求权,在此种情形下供应商无权要求处置在建船舶而实现其债权。当然若订造人并未向建造人支付相应对价,即使建造合同约定在建船舶归订造人所有,因订造人享有的在建船舶所有权尚未成就,在此种情况下订造人试图以其对在建船舶享有约定的所有权而排除供应商对在建船舶的保全措施等,值得商榷。然而司法实践中订造人是否已经支付对价以及对价是否足额,很难判断和查实。对于供应商来说,其在交易时无法知晓建造合同对船舶所有权的约定内容,更无从判断订造人是否已经足额支付在建船舶的对价,供应商对建造人占有船舶而产生的信赖利益,往往因建造合同约定而使供应商的期待利益落空,我们不得不反思,当事人约定的在建船舶所有权在无任何公示形式(登记、占有)之下,其效力边界在哪里?

如果全然肯定建造合同约定的船舶所有权对外效力,必然会产生以下消极影响:第一,不排除订造人与建造人恶意通谋,将在建船舶约定为订造人所有,而由建造人购买材料和设备但拖欠货款不付,供应商起诉建造人并要求保全在建船舶时,订造人以其系在建船舶所有人为由对保全措施提出案外人异议;第二,极大地破坏了供应商对交易的预期,破坏了交易的安全性和稳定性,即使发生交易,交易双方也会为增加交易的安全性而附加保证、担保等条件,从而提高交易成本。

四、约定的在建船舶所有权与所有权保留制度的效力冲突

(一)效力冲突的表现

在船舶建造过程中,建造材料和设备的采购需要大量的资金,尤其是船舶主机等关键设备价格昂贵,订购和交货周期较长,为保障供应商货款如期回收又不影响购买方的资金融通,买卖双方通常在采购合同中约定所有权保留条款,但在建船舶设备买卖合同的所有权保留条款能否排除建造合同约定的所有权效力,抑或建造合同约定的在建船舶所有权能否对抗所有权保留条款下的买方取回权?实践中可能的冲突表现为:建造人与供应商在设备买卖合同中约定买方未按约支付价款,设备的所有权仍归卖方所有,供应商将主机交付给建造人甚至安装至船舶后,其未能

[①] 日照京华海运有限公司诉上海亿扬实业有限公司、台州越航船业有限公司案外人执行异议之诉一案以及台州市江都物资有限公司诉宁波市工艺品进出口有限公司、浙江航畅船舶制造有限公司、临海市成洲船业有限公司申请执行人执行异议之诉一案,法院均根据当事人的合同确认了在建船舶所有权的约定效力,具体参见宁波海事法院(2013)甬海法执异初字第 1 号和浙江省高级人民法院(2012)浙执异终字第 4 号民事判决书。

如期收回货款,而建造合同约定在建船舶归订造人所有,此时供应商能否主张对主机的所有权而行使取回权? 当法院认可建造合同约定的在建船舶所有人效力,否认供应商的取回权,在建造人无其他财产或陷于破产,供应商的债权如何实现?

(二)效力冲突的根源

根据《中华人民共和国合同法》第一百三十四条以及《买卖合同司法解释》第三十四条至第三十七条的规定,一般认为所有权保留制度是指买卖双方约定买卖合同生效后,出卖人之标的物所有权附条件地转移至买受人的制度,在买受人违约的情形下,出卖人享有取回标的物的权利。该制度的设定目的在于防止买受人在支付全部价款前,擅自处分标的物,导致出卖人债权难以实现,故从功能上看所有权保留制度具有担保的功能和效果,且出卖人对出卖物享有的是所有权而非担保物权,是自物权而非他物权,这种所有权不仅具有形式意义,也具有实质意义。① 此时出卖方因所有权保留条款享有的所有权与建造合同约定的所有权即存在效力上的冲突。

(三)效力冲突的处理及影响

对于前述冲突的处理,一般认为只要建造人支付的货款未达总价款的 75% 以上,供应商取回出卖物的条件即可成就。此时,在建船舶处于建造人控制之下,对于尚未安装至船舶的设备,订造人即使支付了相应的船舶建造款,其仍未实际占有船舶,订造人的所有权并不能对抗供应商的取回权,因为只要订造人未与建造人办理船舶交接,订造人对在建船舶享有的所有权即因未办理登记或已经交付而不能善意取得。对于已实际安装在船舶之上的设备等物,供应商的取回权行使是否存在障碍? 目前理论和司法实务中均以物权添附理论并运用添附规则确定添附物的归属,具体到建造船舶,一般认为船舶设备一旦安装至船舶之上,强行拆除不仅费用过高,且会对船舶整体价值产生重大影响,有关设备添附并附和到在建船舶后所有权即归于消灭,该设备归属于在建船舶所有权人所有。② 然而我国《物权法》并未规定添附制度,仅在《民法通则实施意见》第八十六条规定"非产权人在使用他人的财产上增添附属物……"该条有关添附的适用范围非常狭窄,其无法适用前述案情,也无法平衡三方主体利益,对于安装在船舶上的设备等,因设备本身价值

---

① 李永平:《所有权保留制度的比较法研究——我国立法、司法解释和学理上的所有权保留评述》,载《法学论坛》2013 年第 6 期。

② 舟山潍柴产品销售服务有限公司诉宁波市江北创源船舶物资有限公司、台州中洲船舶制造有限公司、宁波中洲华海国际贸易有限公司、章道华案外人执行异议之诉一案中,一、二审法院即认为机器设备安装至船舶并构成添附,否定了供应商的取回权,具体参见宁波海事法院(2016)浙 72 民初 2499 号民事判决书和浙江省高级人民法院(2017)浙民终 585 号民事判决书。

较大,且具有较强物理空间和使用性能的独立性,一味地认为设备安装到船舶之上即构成物的添附或附和,是否符合实际情况值得商榷,因为根据添附理论,添附物具有直观上难以区分或难以分离或如果一定要分离将耗资巨大或破坏添附物本身的特征,故对于安装到船舶之上的主机设备等,拆除的可行性与否应是法院否定供应商的取回权重点。

根据以上分析,认可所有权保留条款的效力,则否认了合同约定的在建船舶所有权,若一律否认所有权保留条款的效力,则不排除在建造人与订造人明知存在所有权保留条款的情形下做出有悖于该条款实现的所有权归属约定,达到损害第三人利益的目的,并破坏材料和设备供应商的交易预期和交易安全。

五、合同约定在建船舶归订造人所有的效力构建

(一)约定的所有权登记必要性

如前所述,在建船舶所有权归属首先由合同约定,如合同未有约定或约定不明,应当由法律规定为建造人所有。若建造合同约定在建船舶所有权订造人所有,因订造人并未占有船舶,其所有权未经登记而缺乏公示公信力,此时在建船舶所有权效力与其他制度的冲突难以调和,致使合同约定的在建船舶所有权受到诸多质疑和挑战,故约定的在建船舶所有权只有登记才具有公示公信力,经过登记的所有权才是绝对的对世物权。考虑到修订后的《海商法》将确立“建造合同未做约定或约定不明,在建船舶所有权归建造人所有”这一法定原则,若建造合同约定在建船舶所有权归建造人所有,则此约定内容与法律规定的所有权归属一致,且建造人具有占有船舶的事实,其对外效力不言而喻,故合同约定在建船舶归建造人所有并无所有权登记的必要性,本节所述约定的在建船舶所有权登记制度仅适用于合同约定在建船舶归订造人所有的情形。

(二)现行登记制度的状况

根据目前我国船舶登记条例的规定,在建船舶所有权登记仅需提供建造合同,但造船行业进行在建船舶所有权登记的案例少之又少。我们发现大部分情形下船舶建造相关方仅在有融资需求时才进行在建船舶的抵押融资登记。据统计,自2013年至2017年,舟山地区在建船舶抵押登记共57艘次,但无在建船舶所有权登记案例。现行在建船舶所有权登记制度无法推行,一方面,由于我国90%以上的船企是民营企业,船企经营模式缺乏规范管理,法律意识淡薄,众多船企不清楚、也不重视在建船舶所有权的登记,除部分接受国外订单的船舶建造有规范化格式合同外,常常建造合同文本并不规范,而且船舶建造过程中履约内容甚至履约主体变更频繁,导致在建船舶的所有权归属很难确定和明确。另一方面,由于在建船舶

的所有权内涵随着建造工程的进度持续变化和扩张,其所有权具有不同于单一物的恒定性和确定性,而在建船舶本身不但有形成的起始点,建造人在船舶完工后交付订造人或出售之后,其所有权即归于消灭,权利主体随之发生变更,故在建造船舶所有权自身所具有的扩张性和阶段性特质,所有权所及范围难以确定,也是我国现阶段在建船舶所有权登记制度难以开展的重要原因。

(三)预告登记制度的可行性

建造合同约定在建船舶归订造人所有的实质是建造人与订造人就尚未建造完工的船舶产权进行预先约定,因订造人未占有船舶,其依合同约定享有的所有权本质上属于对建造人未来交付船舶的请求权。我国《物权法》第二十条规定了不动产买卖的预告登记制度,①预告登记是一项请求权的保全制度,其可以理解为为保全一项以将来发生物权变动为目的的请求权的登记,②同时预告登记也是一种临时性的登记,其设立目的和效果符合建造合同约定在建船舶归订造人所有的效力要求,亦符合在建船舶所有权阶段性和扩张性的特征,经预告登记保全的请求权,不但可以对抗所有权人和其他物权人,也可以对抗任意第三人。为保护订造人对在建船舶所有权的请求权和期待权,将订造人对在建船舶所有权的请求权进行预告登记,赋予其物权的排他性和对抗效力,可以确保订造人将来取得在建船舶的所有权,同时任何第三人均可以通过查询登记了解在建船舶的情况,建造人违背预告登记内容的任何处分行为,或第三人因建造人占有船舶而信赖其为船舶所有权的期待利益均不能对抗预告登记内容。故预告登记制度契合在建船舶所有权的公示要求,有利于维护交易安全及保障各方利益,且与我国物权变动模式相适应,建立预告登记制度是确立合同约定在建船舶归订造人所有效力的有效路径。

我们注意到现行《物权法》下的预告登记仅适用于不动产,而在建船舶又不属于不动产范畴,虽然有观点认为《物权法》的预告登记制度可以直接适用于在建船舶,③但笔者认为在未有明确的司法解释规定《物权法》的预告登记制度可适用于在建船舶等特殊准动产时,有关在建船舶所有权预告登记及预告登记范围、效力等问题亟待修订后的《海商法》予以明确。

---

① 《物权法》第二条第一款规定:"当事人签订买卖房屋或者其他不动产物权的协议,为保障将来实现物权,按照约定可以向登记机构申请预告登记。预告登记后,未经预告登记的权利人同意,处分该不动产的,不发生物权效力。"
② 梁慧星:《中国物权法草案建议稿》,社会科学文献出版社2000年版,第168页。
③ 姚洪秀、凌吕华:《论〈物权法〉预备登记制度对在建船舶抵押的影响》,载《海大法律评论2008》,上海社会科学院出版社,第200页。

六、结论

在《海商法》修订中,有关在建船舶所有权归属及效力问题,应当制定如下两条规则:一、在建船舶所有权归属由建造合同约定,建造合同未有约定或约定不明的,在建船舶所有权归建造人所有;二、若建造合同约定在建船舶归订造人所有,合同双方按照约定可以向登记机构申请预告登记,未经登记的不得对抗第三人。

（获 2019 年浙江省法学会海商法学研究会年会论文一等奖）

关于外国法查明及适用问题的调查分析

——以宁波海事法院审判实践为例

胡建新　徐嘉婧　王连生　李书芹

【摘要】外国法的查明与适用是涉外司法审判实践中的重要问题之一,多年来相关法律制度虽不断完善,但在体系构建及实践运用方面仍然存在较多需要改进的地方。本文从宁波海事法院多年来的司法实践出发,从案例分析的角度,梳理、剖析了外国法查明及适用在审判中出现的各方面问题,并结合目前相关法律规范体系的现状,以及已经出现的扩展查明平台等配套体制建设方向,提出了完善外国法查明及适用制度的法律及实践建议。

【关键词】外国法查明;外国法适用;外国法查明平台构建

外国法的查明与适用是国际私法的基础理论问题,也是我国涉外司法审判实践的重要问题之一。一方面,海事法院审理的案件中涉外因素较多,会涉及当事人选择适用外国法或依法应当适用外国法的情形,在宁波海事法院受理的案件中,近年来有相当一部分需要查明外国法并适用的案件,但如何查明及查明不能的后果,是案件处理中面临的一个重要问题。另一方面,外国法的查明作为法院确定案件所应适用的准据法和依据该准据法做出判决的必经程序,还存在着诸多问题,包括对外国法查明的责任分配规定不够全面、外国法查明的途径规定不够明确、如何对外国法资料的采信做出选择等,如何解决这些问题,成为我们在审理案件中应当注意的事项。

一、我国法律关于外国法查明途径、责任分配及适用规范的历史沿革

1988 年最高人民法院《关于贯彻执行中华人民共和国民法通则若干问题的意见(试行)》[以下简称《民通意见(试行)》]第一百九十三条规定,对于应当适用的外国法律,可通过以下途径查明:(1)由当事人提供;(2)由与我国订立司法协助协定的缔约对方的中央机关提供;(3)由我国驻该国的使领馆提供;(4)由该国驻我国的使领馆提供;(5)由中外法律专家提供。该条规定首次在民商事领域对外国法查明途径问题上进行了细化,并涵盖了多项能查明外国法的方法,但是,在司法实践中,各法院的理解有差异,并没有充分发挥其作用,裁决结果有可能会截然不

同,反而给法官在审理具体案件时对由谁查明和提供外国法,导致了是否要穷尽该五种外国法查明途径方能认定外国法无法查明的疑惑。

关于外国法查明的责任方面,2005 年《第二次全国涉外商事海事审判工作会议纪要》第五十一条规定:"涉外商事纠纷案件应当适用的法律为外国法律时,由当事人提供或者证明该外国法律的相关内容。当事人可以通过法律专家、法律服务机构、行业自律性组织、国际组织、互联网等途径提供相关外国法律的成文法或者判令,亦可同时提供相关的法律著述、法律介绍资料、专家意见书等。当事人对提供外国法律确有困难的,可以申请人民法院依职权查明相关外国法律。"第五十三条规定:"外国法律的内容无法查明时,人民法院可以适用中华人民共和国法律。"一方面,该规定实际将外国法查明的举证责任分配给当事人,人民法院仅负有审查义务,毕竟在司法实践中,"案件需要适用外国法时,最需要、最熟悉、最了解该外国法的很可能是当事人,尤其是合同领域中外国法是由当事人选择的"[①]。另一方面,该规定仅以会议纪要形式出现,而非以法律或司法解释的形式出现,造成实践中处理结果的不同。

2007 年《最高人民法院关于审理涉外民事或商事合同纠纷案件法律适用若干问题的规定》第九条规定:"当事人选择或者变更选择合同争议应适用的法律为外国法律时,由当事人提供或者证明该外国法律的相关内容。人民法院根据最密切联系原则确定合同争议应适用的法律为外国法律时,可以依职权查明该外国法律,亦可以要求当事人提供或者证明该外国法律的内容。当事人和人民法院通过适当的途径均不能查明外国法律的内容的,人民法院可以适用中华人民共和国法律。"可以说,其就外国法的查明责任和外国法证明的确认问题都有了较为明确的态度,并延续了 2005 会议纪要的精神,即外国法的查明由当事人举证证明,但是该规定已于 2011 年 4 月 8 日废止。

2011 年 4 月 1 日施行的《中华人民共和国涉外民事关系法律适用法》(以下简称《涉外民事关系法律适用法》)第十条规定,涉外民事关系适用的外国法律,由人民法院、仲裁机构或者行政机关查明。当事人选择适用外国法律的,应当提供该国法律。不能查明外国法律或者该国法律没有规定的,适用中华人民共和国法律,对外国法查明确立了法院、仲裁机构、行政机关三种途径,较先前的《民通意见(试行)》的规定更贴合实际操作。该规定也在立法上首次明确了外国法查明责任的分配问题,解决了司法实践中当事人选择和适用外国法时,在由谁提供外国法的问题上由于缺乏清晰的规定而导致司法实践中由人民法院负责提供,或由当事人负责提供,或由人民法院或当事人共同负责提供的混乱状态。该法"构筑了以法院

---

① 杜新丽:《国际司法实务中的法律问题》,中信出版社 2005 年版,第 109 页。

等适用法律的机关依职权查明外国法为主导,当事人承担适当查明外国法义务的制度",①并就外国法查明不能的后果进行了规定,简单方便,易于操作。

自 2013 年 1 月 7 日起施行的《最高人民法院关于适用〈中华人民共和国涉外民事关系法律适用法〉若干问题的解释(一)》[以下简称《涉外民事关系法律适用法解释(一)》]就外国法无法查明的标准做出确定,其第十七条规定:"人民法院通过由当事人提供、已对中华人民共和国生效的国际条约规定的途径、中外法律专家提供等合理途径仍不能获得外国法律的,可以认定为不能查明外国法律。"根据《涉外民事关系法律适用法》第十条第一款的规定,"当事人应当提供外国法律,其在人民法院指定的合理期限内无正当理由未提供该外国法律的,可以认定为不能查明外国法律",该条内容实际系对《涉外民事关系法律适用法》第十条的细化,但其中似乎又对外国法查明的终结进行了限缩,即各方协议选择适用外国法的,当事人应当提供外国法,不能提供的视为外国法不能查明。

从上述司法解释、会议纪要、法律关于外国法查明及适用的规定不难看出,实践中对于外国法的查明责任存在一个发展变化过程,即逐步改变完全由当事人举证或完全由法官依职权查证的做法,而将查证外国法的责任在当事人与法官之间分配,更加合理,更有利于提高涉外民商事案件审判效率。

二、宁波海事法院近年来适用外国法审理案件数据及情况分析

宁波海事法院近年来审理的关于适用外国法案件数据统计如下表所示:

表 关于适用外国法案件数据统计

年度	涉外案件结案数	涉外案件判决结案数	适用外国法裁判数
2011	136	22	0
2012	245	59	4
2013	585	72	2
2014	241	131	1
2015	206	28	3
2016	376	135	1
2017	182	48	3
2018	205	108	0
合计	2 176	603	14

① 万鄂湘:《中华人民共和国涉外民事关系法律适用法条文理解与适用》,中国法制出版社 2011 年版,第 79 页。

（表格第二列所涉及的数据包含申请海事债权确权、申请海事强制令、申请诉前扣押船舶等）①

从上述近年来宁波海事法院受理的涉外案件判决结案数、适用外国法裁判数的统计来看，在涉外案件的审理过程中，关于外国法查明及适用的情形如下：（1）未约定适用的法律，各方在审理过程中均同意适用中国法，如（2011）甬海法商初字第 290、342 号，（2012）甬海法商初字第 335—341 号等案件；（2）有约定适用的法律，但各方为避免诉累，均同意适用中国法，如（2012）甬海法温商初字第 5 号②、（2013）甬海法商初字第 718 号、（2014）甬海法商初字第 321 号③等案件；（3）有约定适用的法律，各方均主张适用外国法，但因各方均未提供外国法或提供法律欠缺形式要件，法院未予采信并适用中国法，如（2011）甬海法商初字第 229 号④等案件；（4）有约定适用的法律，并提供了具体的法律依据，法院最终适用外国法。

宁波海事法院适用外国法审理的案件主要具有以下几方面特征：

1. 案件数量较少，案由类型较单一

近八年来宁波海事法院审理的涉外案件中，最终适用外国法进行裁判的仅有 14 件，且其中还包括有个别系列案件。与宁波海事法院总体的涉外案件受案数量相比，适用外国法审理的案件所占比例小，案件数量与年份总体受案数量变化（除 2018 年外，均呈逐年快速上升态势）也未成比例。

根据我国涉外民商事法律关系法律适用的立法沿革，意思自治原则即当事人选择纠纷适用准据法的领域越来越广，如已从合同扩展到侵权等领域。而宁波海事法院受理的涉外海事海商案件涉及外国法查明的案件均集中在合同类纠纷案件中，总体未出现侵权类型案件，且涉及案件的案由也较为单一。在宁波海事法院适用外国法审理案件中，仅出现了船舶抵押合同纠纷、海上货物运输合同纠纷、船舶营运借款合同纠纷、海事海商纠纷四类案由，且多数集中于海上货物运输合同纠纷。

---

① 所涉适用外国法裁判案件为（2012）甬海法温商初字第 266、267 号，（2012）甬海法商初字第 245 号，（2013）甬海法商初字第 635、636 号，（2014）甬海法商初字第 639 号，（2014）甬海法商初字第 827、828 号，（2014）甬海法事初字第 49 号等。

② 本案系集装箱租赁合同纠纷，合同虽约定适用英国法，但双方均明确表示放弃，并要求适用我国法律。

③ 本案系海上货物运输合同纠纷，提单虽约定适用伊朗法，但双方均明确表示放弃，并要求适用我国法律。

④ 本案系船舶抵押合同纠纷，原、被告均主张本案适用巴拿马法，但被告未提供相关巴拿马法律，原告所提供的巴拿马海商法复印件因真实性和合法性无法确认，难以采用。鉴于巴拿马相关法律难以查明，且本案合同签订抵押标的物在浙江宁波，根据最密切联系原则，本院认为本案应适用我国法律。

2.查明途径主要来源于当事人提供外国法

不论是早前的《民通意见(试行)》中规定的五条途径,还是《涉外民事关系法律适用法》第十条规定的“由人民法院、仲裁机构或者行政机关查明”,在宁波海事法院的司法实践中,上述查明途径均采用较少,绝大多数案件为查明外国法由当事人提供外国法,也出现过个别根据在国内出版的外国法律翻译书籍查明的案例,该模式实际可归类于由法律专家提供的途径,而由行政机关查明等途径几乎未在实践中使用过,究其原因不外乎是实际操作性不强,时间花费较长,能否查明的不确定因素较多,故为审判效率考虑,法院几乎不会采用。

3.适用外国法的案件多数适用该外国成文法律,判例法适用难度较大

在外国法查明所涉及的外国国家和地区方面,司法实践中已经出现的有英国、日本、委内瑞拉、伊朗、利比里亚等,而实际得到适用的外国法律均为成文法形式,如(2012)甬海法商初字第245号案根据原、被告签订的《船舶抵押协议》约定适用利比里亚法律,法院确认了原告提供的《利比里亚商事公司法案》《经修订的利比里亚海商法》以及《利比里亚海商法规》的相关条文。因成文法律查明难度较判例法大为降低,故适用外国成文法律的案件在适用外国法的案件中占有多数。

当案件涉及准据法为英美法系国家的法律时,则因所需适用的具体法律表现形式不同而有差异。当拟适用的英美法表现为成文法时,由于该种法律比较易于查明,实践中也比较倾向于会被采用。如,原告莫斯科考兰特有限公司与被告中国平安保险股份有限公司绍兴支公司、中国平安保险股份有限公司海上货物保险合同纠纷①一案中,法院根据法律适用规则最终确定适用的准据法为英国法律和惯例,即《英国1906年海上保险法》。当拟适用的法律表现为判例时,由于判例存在先后、效力位阶等原因,审查难度较大,该外国法被适用的概率大为降低。如(2012)甬海法温商初字第267号案,原告向两被告提供贷款,由两被告以各自所有的两艘船舶共同作为抵押担保。关于本案的法律适用查明,法院认为原告提供的英国律师法律意见书所载的英国法院有关部分判例及罗马条例、劳氏法律报告等资料难以确定是否系完整、准确的对英国法的理解,难以直接采用,法院亦无法查明,而涉案主合同和抵押合同虽约定适用英国法,但英国法并不排斥抵押权效力依船舶登记地法律规定确定,故对该案适用我国法律审理。

---

① (1999)甬海法商初字第209号案。

三、宁波海事法院查明及适用外国法案件审理情况——以案例分析为角度

(一)外国法查明责任的分配

根据《涉外民事关系法律适用法》第十条的规定,外国法的查明责任在一般情况下由人民法院、仲裁机构或者行政机关等机构承担,对于当事人选择适用外国法的,当事人应当提供该国法律。该规定较明确地划分了法院等机构与当事人之间对于外国法查明的责任。在司法实践中,如前文所总结的,由于案件基本为合同类纠纷,属于当事人选择适用外国法的情况占绝大多数,故基本上偏向由当事人主导外国法查明的局面,而由于当事人查明外国法的多种限制,多数案件因当事人未完成证明外国法的举证责任而未适用外国法,且认定的标准较严格,但多数判决对于未适用的理由表述简单。调研组在梳理案例中发现,不同法官对于查明责任的认识也存在差异,在一个海上货物运输合同纠纷中,原告委托被告承运一批混合五金废料自日本博多至浙江海门,被告作为承运人签发了正本提单,货物到达目的港后,收货人未凭正本提单即自被告的目的港代理处取走货物,原告以其持有涉案正本提单而未收到货款为由诉请判令被告赔偿货款损失,被告提供法律意见书,说明日本法律的规定,要求适用日本法律,法院未采纳提单背面条款对适用日本法律的约定,并认为被告对其主张适用的日本法律并未提供充分有效的证据。日本作为大陆法系国家,与我国在法律领域也多有交流,该国法律应不难查明,而该案被告提供的法律意见书中也提及了具体的日本法律,但判决书未对法律意见书的具体内容进行分析。对于当事人举证的认定,以及法院对当事人选择适用的外国法是否完全由当事人来承担举证义务方面裁判尺度较宽,同样针对日本法律关于无单放货的规定,(2013)甬海法商初字第635、636号两案则由法官自行查明了法律并适用,该案被告同样辩称日本法律对无记名提单需凭单放货的规定,但该案承办法官通过购买的书籍等资料查明了日本法的规定,根据《日本商法》第五百七十二条的规定,"制作有提单时,非凭提单不得处分所运输货物",因此被告作为承运人应承担无单放货的责任;对于货物的价格,根据《日本国际海上货物运输法》第十二条之二的规定,货物损害赔偿数额按货物应该卸离地、日期的现时市场价确定(或者根据能得到的商品交易价格确定),故以原告提供的与其收货人签订的销售合同为据,按此销售合同价格为准认定了货物的价格。该案虽然亦属于"当事人选择"适用外国法的情况,但在被告对其辩称的日本法内容未做任何提供的情况下,法院主动查明相关法律并适用,与前述案例相比,法官对于外国法查明责任并未以

当事人未提供而拒绝适用，但实践中法官主动查明外国法的情形仍较为少见，在未适用外国法的原因中，当事人未举证证明占据了几乎全部的比例。

（二）外国法查明的途径及方式

关于外国法查明的途径，本文第二部分对各法律文件已做了列明，然而在司法实践中，普遍使用的仍集中于当事人提供或通过中外法律专家提供，其余途径几乎未见在实践中采用，究其原因，自然主要在于审判效率，由当事人提供往往时间较快，且相关法律也规定了认定当事人提供法律的方式及标准，对案件的审理更为便利，而其余方式通常消耗大量时间且查明的效果往往存疑。

1. 当事人提供外国法

关于外国法查明的方式，在由当事人提供的情况下，司法实践中当事人最常使用的为提供当地律师的法律意见书，亦有提供外籍证人的证言并由该证人出庭陈述的情况，如在（2013）甬海法商初字第 507 号案中，被告对其辩称的根据委内瑞拉法律规定，必须将到港货物交付给港口当局，港口当局及海关均不要求凭正本提单放行货物，承运人对货物已经失去控制权这一事实，提供了律师法律意见及其附件，在开庭审理时，由一名委内瑞拉律师作为证人出庭陈述，证人在开庭时说明了其身份及教育背景，其系律师也担任教学工作，并陈述了委内瑞拉海商法、海关组织法、一般港口法相关法律对于承运人货物到达委内瑞拉后的相关放货规定。

2. 法院依职权查明外国法的途径

在由法官查明的情况下，目前已经使用过的途径包括查询法律翻译的书籍，以及通过互联网查询该国公开的法律条文等，但该种方式限于该外国法律为成文法，且法官必须在对该外国法律体系具有一定了解的情况下方能准确定位，使用该方式查明外国法比较典型的有前文提到的（2013）甬海法商初字第 635、636 号案，案件承办法官通过购买了日本商法的翻译书籍，查询到《日本商法》《日本国际海上货物运输法》的相关法律条文，依照这些条文的规定对承运人无单放货责任以及货物赔偿数额做了认定，而在采用相关法律条文前，为确认翻译文件的正确，更由掌握日语的合议庭成员通过日本相关网页搜索得到该法律的日文原文比对翻译，因此相关外国在其国家的网站上公布有该国法律条文，也能给通晓该国语言的法律使用者提供方便。通过公开出版物获取外国法资料的还有（1999）甬海法商初字第 209 号案，法院根据当事人选择的承保条件，认定本案适用英国法律和惯例，即《英国 1906 年海上保险法》。该法一者系成文法，二者国际影响力很大，而且英语在我国普及和使用率很高，中文翻译版本也比较成熟，易于查明和适用。在其他法院的司法实践中，还存在通过查阅相关法律专家著作的方式查明外国法的情况，天津市高级人民法院就在其审理的一个错误申请海事强制令损害赔偿纠纷案件中认为,在英国法下,《海上货物运输法》以及相关著作、判例均应适用,法院从公共网站获取了英国法律专家 John F Wilson 教授撰写的《海上货物运输》一书,从中国政法大学图书馆查阅了英国法律专家 Stephen Girvin 所著《海上货物运输》以及 Alan Abraham Mocatta 爵士、Michael J. Mustill 爵士和 Stewart C. Boyd 修订的《SCRUTTON 论租约与提单》两本法律著作,并认为上述著作来源于公共网站及高校图书馆,就涉案争议的留置权问题,上述著作均直接确定了英国法下船东对货物行使留置权的适用情形,可以作为英国法的相关内容审查留置权是否成立。

(三)对外国法的认定

1. 对当事人提供的外国法的认定

《涉外民事关系法律适用法解释(一)》第十八条对于法院审查确认当事人提供的外国法规定:"人民法院应当听取各方当事人对应当适用的外国法律的内容及其理解与适用的意见,当事人对该外国法律的内容及其理解与适用均无异议的,人民法院可以予以确认;当事人有异议的,由人民法院审查认定。"在司法实践中对于当事人提供的外国法,均作为当事人提供的证据在开庭审理时组织质证,如前文所述,当事人提供的外国法多以法律意见书的形式出现,该法律意见书的形式(是否经过公证认证)、出具人员的身份以及法律意见书对于外国法律的阐述程度等因素均对证据的采纳造成影响,当事人对法律意见书提出的异议还常见于认为系出具人对法律的理解,而不是法律本身。在前文提及的(2013)甬海法商初字第507 号案中,被告为其主张的委内瑞拉法律提供了法律意见书并由出具法律意见书的外籍证人出庭陈述,原告对此质证认为"首先,作为证人出庭的外籍律师的相关身份证明都未经过公证,由于该部分证据仅有西班牙语,被告没有提供中文和英文翻译,因此对原件内容都不清楚,也看不出其中陈述到了哪些内容,无法确认证人的身份,在证人的律师身份未经公证认证的情况下,证人出具的书面意见及在庭审中的陈述,均不能作为证据使用。其次,从内容来看,法律意见书中查询不到是哪一部法律、哪一条款规定到委内瑞拉港口的货物必须交付海关或者港口当局。交付货物,要么根据合同约定,要么根据法律规定,要么根据港口习惯,委内瑞拉法律规定这三种情况下把货物交付给收货人都是可以的,并没有必须交付给海关或港口的强制规定。最后,从法律意见书列举的法条中,可以看出货物到海关办理通关手续时要有正本提单,而不是说货物到达委内瑞拉指定的港口后可以无单放货",最终法院认为没有经过公证认证的有效证据证明出具法律意见的证人身份,对其法律意见书及庭审证词不予认定,可见法院对当事人举证证明外国法的程度也提出了较高标准的要求。当案件涉及适用的外国法为判例法时,则对当事人提供的法律意见书提出了更高要求,如(2012)甬海法温商初字第 266、267 号案,涉案抵押合同明确约定适用英国法并按照英国法解释,但法院认为原告提供英国律师法律意见不能确定其完整性和准确性,法院亦难以查明,最终适用了中华人民共和国法律。总体而言,实践中法律意见书的采纳率较低,限于法官对该外国法律了解的程度,对外国法所做的多数为针对法律意见书本身的形式审查,即材料及人员身份是否经过公证认证等程序以证明正当、合法性,以及材料的内容是否属于完整明确、逻辑周详的阐述。

2. 对依职权查明的外国法的认定

对于法院依职权查明的外国法,实践中采用类似法院依职权调取的证据的方式,向双方当事人出示,听取双方的意见后予以确认。由于所查明的外国法并不如一般证据,一般证据多数是对事实的反映,而外国法更具有概念性、学术性,法官受限于客观条件,并不能确保所查明的外国法是否真实、准确,故应通过听取双方当事人意见的方式,确保采用程序的正当性。综合宁波海事法院适用外国法的案例及天津高级人民法院的做法,均就查明的外国法内容听取当事人的意见,也将其作为适用理由在裁判文书中载明。如前述天津高级人民法院审理的错误申请海事强制令损害赔偿纠纷一案,上诉人以一审判决法律适用错误(即一审采纳港陆公司提供的英国法律书籍作为审查实体问题的法律依据)作为上诉理由之一提起上诉,在二审审理过程中,二审法院就其通过公开渠道查询的英国法内容听取了双方当事人的意见,并在裁判文书中详细载明了当事人的意见及二审法院的认证意见。

四、外国法查明、适用在司法实践中的现实困境及对策

(一)现实困境

结合宁波海事法院近年来关于外国法查明及适用案件的统计情况,以及相关法律规定的内容来看,在涉外案件的审理中,关于外国法查明及适用问题仍有诸多不足与障碍,针对 2011 年度至 2018 年度关于涉外案件的审理情况看,涉外案件判决结案数为 603 件,适用外国法裁判数仅为 14 件,占比 2.32%左右,这也表明在审理涉外民商事案件时基本以适用中国法律为主,真正适用外国法的情况较少。究其原因,当事人和法官似乎都想回避因查明外国法而带来的程序拖延和诉讼成本增加等实际问题。法律规则体系在面对当事人和法官的程序价值需求上的无所作为,造成对冲突规范强制适用的规避,即"对制度的制度化拒斥"(Institutionalised Evasion of Institutions)①。该现象背后的深层次原因也值得我们思考,对此简单归

---

① "对制度的制度化拒斥"(Institutionalised Evasion of Institutions)的提法可参见[美]罗伯特·K·默顿:《社会研究与社会政策》,林聚任等译,生活·读书·新知三联书店 2001 年版,第 86 页。

纳如下:

1. 当事人为避免诉累,同意适用中国法

《涉外民事关系法律适用法》第三条规定了"当事人依照法律规定可以明示选择涉外民事关系适用的法律",此后颁布的《涉外民事关系法律适用法解释(一)》第八条第一款也规定了"当事人在一审法庭辩论终结前协议选择或者变更选择适用的法律的,人民法院应予准许",即关于法律的选择在不违背公共秩序、强制性规定的情况下是以当事人意思自治为原则,而涉及外国法查明存在诸多困难抑或是实体处理上中国法与外国法并无不同,故当事人通常均同意适用中国法,该类案件在宁波海事法院审理的涉外案件中也占绝大多数的比例。实践中也有不少虽然当事人选择适用外国法,但是当事人自身最终因无法查明而主动要求适用我国法律进行审理的案例,如(2013)甬海法商初字第718号、(2014)甬海法商初字第321号两案,其所涉提单均载明适用伊朗法,但在案件审理期间,各方当事人为方便均同意适用中国法。

2. 现有的外国法查明方式与审判效率存在冲突

前文已提到,《涉外民事关系法律适用法》规定的几种查明途径与方法,实践中使用的主要为法院查明与当事人提供,但法院查明能够借助的平台有限,寻求外部机构意见也存在沟通机制不畅、反馈周期长、查明效果不理想等障碍,且与现阶段法院的审执效率相冲突,在法官面临大量办案压力与结案任务的现实情况下,再要求法官主动查明外国法几乎不可能,故在当事人提供的外国法未经法院确认,且法官经有限查询无法核实的情况下,通常不予采信。

3. 外国法查明存在困难,可查阅资料不多

首先,尽管我国与多国存在司法协助协定,但有的司法协定并未有明确相互提供法律的义务,即使有规定也仅为原则性规定,缺乏可操作性,且各法院各自为政,现阶段仍未有统一的部门对官方渠道进行外国法查明,难以总结经验成果,形成一个完整的数据库;其次,在查明外国法的过程中,所查明的相关外国法律不明确,或仅有几个条文,不能直接用以解决案件争议,各方当事人也可能并不熟悉相关外国法,部分案件中也很少存在不经推理而直接适用于案件争议的明确规定;最后,由于法系的不同,对于判例法国家,相当多的法律规范存于众多的判决中,审查存在困难,查明效果不理想。总体而言,涉及外国法适用案件的数量在整体上并不多,需要适用外国法的案件在涉及的国家、法律类别上存在较大差异,客观上也是一案一办,在小范围内较难形成类似数据库、案例汇编的汇总性材料可供他案参考。

4. 外国法查明不能的认定在司法实践中的异化

有观点认为,法院等机构不宜简单认定"不能查明",而是应该以勤勉的态度再做进一步的努力，或者积极引导当事人采取更为合适的法律查明手段，如果外国法仍然不明确，才可以终结外国法查明程序。①《涉外民事关系法律适用法》亦确立了原则上由法院依职权查明，当事人负有协助义务的应然状态，但无论是《最高人民法院关于适用〈中华人民共和国涉外民事关系法律适用法〉若干问题的解释（一）》的出台抑或是在司法实践的操作中都出现了变化，根据统计情况来看，宁波海事法院近年来受理并审结的（2012）甬海法温商初字第 266、267 号案（2013）甬海法商初字第 507—525 号等案件，其关于外国法查明的举证责任仍旧分配当事人一方，考虑到外国法查明的诸多困难，这也是法官通过互联网或者权威机构出版、审定的数据库等查询不能后的无奈之举。

5. 欠缺外国法查明的具体制度与规则

有关外国法查明与适用的制度及具体规则缺失，仅系原则性规定，法院经常以外国法无法查明而适用中国法。在涉外案件中出现更多的现象是，法官经常在审理期间向各方询问是否同意适用中国法，如果没有任何参与人援引冲突规范或外国法，中国法就会适用，正因为欠缺外国法查明的具体制度与规则，才在一定程度上造成了法官和当事人在规避外国法适用和查明上的"共谋"。

通过对上述因素的分析，尽管我国现阶段已对外国法查明做出相应的规定，但在实际运行中却与民事诉讼程序内在的经济效率等价值目标发生了冲突，而诉讼主体通过在司法实践中放弃冲突规范的强制适用在一定程度上软化了刚性的外国法查明方式。外国法查明运作中彰显出的"实然"状态使得我们有必要对在冲突法体系下确立查明方式的"应然"表达进行反思。

（二）对策建议

1. 积极构建外国法查明的平台

外国法查明是涉外诉讼的特有问题，关系国家司法形象，更有甚者可以影响外交关系，法官如何确定外国法的相关内容并正确适用是个难题，也是制约涉外民商事审判效率的瓶颈，应积极拓展外国法查明的途径，充分发挥"由中外法律专家提供"这一查明外国法途径的作用，建立中外法律专家库，着力打造外国法查明平台，并积极开展查明相关外国法的基础性、前瞻性工作，逐步推动将外国法查明等纳入区域经济合作体系。

2014 年，上海市高级人民法院与华东政法大学签署了外国法查明专项合作协议，并成立了华东政法大学外国法查明研究中心，宁波市中级人民法院亦与华东政

---

① 万鄂湘：《中华人民共和国涉外民事法律关系适用法条文理解与适用》，中国法制出版社 2011 年版，第 83 页。

法大学签订了合作协议,建立了涉外民商事审判中委托法律专家查明外国法机制,探索借助高校力量解决查询难题①。2015 年年初,最高人民法院民四庭与中国政法大学共同建立外国法查明研究基地并举行了揭牌仪式。同年 8 月 27 日,最高人民法院决定在深圳蓝海现代法律发展中心分别设立"最高人民法院港澳台和外国法律查明研究基地"和"最高人民法院港澳台和外国法律查明基地"。2017 年,上海海事法院、广州海事法院均与相关高校签订了外国法查明合作协议,上述合作均为拓宽外国法查明渠道做出了有益尝试,建议在未来进一步整合资源、数据共享,提高查明效率。

2. 建立外国法数据库查明外国法

当今社会已进入信息时代,网络技术渗透到生活、学习的各个方面,故可以参考我国已建立并运用广泛的论文资料库,整理各界力量,建立完善的外国法查明数据库,包括外国法律法规、公开的国外判例等,甚至可以包含国内判决中已适用外国法的判例,并建议与海商法大国(如英国、美国、加拿大等)开展进一步的合作与交流,扩大资料存储并保持更新。法院可以向相关基地集中反馈外国法查明的相关案例与信息。以此为在今后的涉外审判中查明外国法提供便利条件,该外国法数据库应当是开放的,既有利于法院便捷高效地查明外国法,同时也有利于当事人正确选择适用外国法。

3. 规范外国法提供形式,完善外国法查明方式

在司法实践中,如果当事人主张适用外国法通常会提供相关的法律意见书或具体法律条文,但其证据形式却存在瑕疵,例如:法律意见书未经公证,或者法律意见书出具人身份未经公证,引用的相关法律、判令无法查明等,故就提供外国法的形式而言,专家证人提供的法律意见书及当事人通过其他途径查明的外国法资料,应经该外国法所属国或所属地公证机关公证,确认其法律效力,并将公证文书及其相关附件提交我国驻该国的领事馆认证;经我国的有权机关翻译成中文,并由公证机关公证。经上述程序后向法院提交相应的中英文译本。通过司法协助、外交途径取得的资料,可对其程序是否符合司法协助协定进行质证。当事人有权向法庭提供专家证人出庭作证,即由熟悉该项外国法律的专家到庭,就涉及该项法律的有关问题提供意见,当事人双方可当庭对专家提供的意见进行质证。

4. 着力提高法官的法学综合素养

外国法之浩瀚繁多,法官不可能全部掌握,但扩大法官的知识面、提高其法学

① 据了解,按照该协议,宁波两级法院有需要,可通过市中级人民法院民六庭委托华东政法大学国际法研究中心进行外国法的查明,其在查明后要翻译并出具正式的查询意见书,按照协议,对于成文法,尽量在 1 个月内出具查明意见;对于判例法,则尽量在 3 个月内出具查明意见。

综合素养，不但对审理案件中实际适用外国法有所裨益，亦能拓宽视野，博采众长。故可由各级法院组织聘请有丰富涉外审判工作经验的法官或国内外知名法学院校、科研机构的专家学者进行相关培训、不定期讲座，在各省法官学院进行培训学习时亦可适当提高涉外商事审判在学习内容中所占比例，对实践中主要从事涉外民商事案件审判的法官进行定期的外国法或比较法的知识培训，通过对外国法或比较法的学习研究，对其体系及一般规则逐步地熟悉与了解。

5. 坚持法院依职权查明与当事人举证相结合

对于外国法的查明，应该采用法院依职权查明与当事人举证证明相结合的制度。在现阶段，最高人民法院可以根据各国的法律制度、与我国的司法协助关系等来具体区分法院与当事人之间对外国法查明的责任和查明的方法。例如与我国订立司法协助协定或共同加入司法协助公约国家的法律，法院应依据职权查明，而对于其他国家法律，当事人负有举证义务，毕竟对于与我国既没有司法协助关系，又没有建立外交关系的国家，两国间官方机构的接触相对较少，法院获得该国法律资料相对困难。在当事人负举证证明外国法责任的情况下，当事人不能证明的，法院可以根据《涉外民事关系法律适用法》第十条第二款，适用中华人民共和国法律。

五、结语

外国法的查明及适用是国际私法上的一项重要制度，是国际私法理论必须深入研究的课题。在当前的审判实践中，由于制度的不完善、审判效率的冲突、外国法查明的实际难度等原因，相当一部分应当适用外国法审理的案件未能依法查明并适用。在当前我国实施新一轮高水平对外开放、加强区域合作与经济交往、加快推进"一带一路"建设与海洋强国战略的背景下，作为建设中国特色社会主义法治体系和司法制度的重要基础性工作，加快构建并完善外国法查明及适用的法律体制，建立健全外国法查明的法律平台，并在审判实践中准确适用外国法，是未来我们应着眼的目标。

（原载于《中国海商法研究》2019 年第 1 期）

《新加坡调解公约》背景下对中国商事调解制度的思考

——对比《纽约公约》

许　晨

【摘要】《新加坡调解公约》就调解所产生的国际和解协议确立了一种可为法律、社会和经济等制度不同的国家和地区接受的框架,通过与《纽约公约》的比较,我们能看到该公约内容有其进步之处,如适用范围区别于仲裁和诉讼、执行机制相对简化、拒绝准予救济的理由更全面,总的来说,《新加坡调解公约》更注重条文的实用性和灵活性。我们可以预见,该公约的落地为亚洲乃至国际商事调解开创了光明的未来。该公约生效后,中国国内法必将面临与该公约在调解制度上的衔接问题,在某种程度上,该公约将倒逼中国商事调解制度的完善。

【关键词】《新加坡调解公约》;商事调解;和解协议;调解员

《联合国关于调解所产生的国际和解协议公约》(United Nations Convention on International Settlement Agreements Resulting from Mediation,亦称《新加坡调解公约》)于 2019 年 8 月 7 日在新加坡开放签署。目前该公约签署国家和地区达 52 个,中国已签署该公约(国家签署公约后仍需进行公约批准程序)。正如《新加坡调解公约》序言所说,调解将带来重大利好,减少因争议导致终止商业关系的情形,便利商业当事人管理国际交易,并节省司法行政费用。

一、制定《新加坡调解公约》的目的及意义

《新加坡调解公约》确立了关于以执行调解所产生的和解协议(Mediated Settlement Agreement)的国际制度,类似于《国际仲裁委员会关于承认和执行外国仲裁裁决的公约》(以下简称《纽约公约》),该公约处理外国仲裁裁决的承认和仲裁条款的执行问题。事实上,《新加坡调解公约》遵循《纽约公约》,其目的是成功促成国际商事调解,就像《纽约公约》在国际仲裁中所起的作用一样。

(一)建立具有国际约束力和包容性的独立法律框架

该公约的作用并不仅限于通过新设立的国际制度加强现行全球调解制度及其国际惯例,公约在这些目标上建立了新的、额外的国际法渊源——具有国际约束力

和包容性的独立法律框架。这一法律框架在范围上可能超过很多目前的国内调解法律制度。

此外，该公约将推翻国内调解制度与公约在适用范围上相抵触的规定。这个渐进式的效果需要所有签约者和使用者的国际尊重。这一效果与《维也纳条约法公约》第二十六、第二十七和第三十一条相呼应。根据该公约，国内条款应本着国际条约的精神加以解释。因此，该公约在范围上很可能使目前的国内调解制度成为今后国内和国际调解发展的主要推动力。

该公约与 2018 年《贸易法委员会国际商事调解和调解所产生的国际和解协议示范法》(以下简称《示范法》)同时起草这一事实也有利于公约目的的实现。虽然这两项文书是独立的，而且用途不同——第一种是法律渊源，第二种是一套准备作为国内法加以修改的文书，但是它们都有共同的精神和类似的规定。2018 年《示范法》无论是否被各国采纳或用作示范，都将有助于解释《新加坡调解公约》，进一步促进国际商事调解实践的统一。

(二)强化调解作为替代性争议解决的优势和可执行性

调解允许个人利益和情感的表达。无论调解结果如何，调解的形式都表明，每个相关方关心的利益都将得到认真听取和公平处理。有学者认为，调解比诉讼和仲裁程序更具宣泄性。① 成功的调解具有轻松、非正式的氛围，合作、非竞争的态度，在其他形式的争端解决中不一定会出现。同时，调解本身更具有保密性，使得调解各方更好地宣泄、表达真实意图。调解具有成本效益。虽然争议在调解中不能被完全解决，它又会增加一层成本，但是鉴于调解的速度和时间成本优势，万一调解成功了，该成本效益仍是优于其他争议解决方式压倒性的考虑。

调解具有很多优势，但目前国际商事争端运用调解方式解决的频率并没有像它的优势一样获得国际上的一致认可。有学者推测，尚未经历调解的各方不愿意尝试。相反，经历过调解的人更容易接受再次尝试。② 对调解效力持怀疑态度的人认为，调解取决于各方合作。通过法院执行替代性争议解决条款(Alternative Dispute Resolution,以下简称"ADR 条款")是不稳定的，而且缺乏直接执行调解产生的协议机制。虽然调解产生的协议与合同一样具有可执行性，但可能需要就和解协议提起诉讼，然后强制执行。这与根据《纽约公约》直接执行仲裁裁决不同。

---

① See Julie Barker, International Mediation—A Better Alternative for the Resolution of Commercial Disputes: Guidelines for a US. Negotiator Involved in an International Commercial Mediation with Mexicans, 19 Lo Y. L. A. INT'L & CO. L. J. 1, 18 (1996).

② See Harold I. Abramson, Time to Try Mediation of International Commercial Disputes,4 ILSA J. INT'L& CO. L. : INT'L Practitioner's NOTEBOOK 323, 324 (1998).

因此当事人考虑的是调解所达成的和解协议的可执行性。《新加坡调解公约》规定了当事人执行和解协议方面的关键权利和义务,遇到纠纷时,当事人可以选择请求执行和解协议或者选择援引和解协议进行抗辩。

（三）开创解决亚洲国际商事争端更光明的未来

《新加坡调解公约》具有影响亚洲国际争端解决的巨大潜力,调解历来被视为解决商业争端的重要工具。2011 年,国际争端预防与解决研究院进行了一项探索性调查,在 122 名被调查者中,有来自亚洲和平地区的律师,72% 的律师表示他们的公司对调解持积极态度(而仲裁为 69%),78% 的律师表示他们的公司或客户在过去三年中曾通过调解解决纠纷。①

近年来,亚洲许多国家和地区积极推动调解。其形式包括:(1)制定调解立法或法规。例如,2012 年《中华人民共和国民事诉讼法修正案》第一百二十二条采纳了"调解"原则;2012 年《马来西亚调解法》和 2017 年《新加坡调解法》都确立了适用调解的具体规则。(2)司法机关发布实践指南,鼓励律师和当事人尽早考虑和尝试调解,鼓励将案件移交调解。如,《新加坡最高人民法院实务指引》第 35C 段。(3)建立促进调解的体制和政策鼓励调解。2018 年,中国成立了国际商业专家委员会,通过调解等途径支持国际商业纠纷的解决。② 为加强中国香港调解的公众认可,中国香港调解专业协会于 2012 年成立,提供认可调解员的课程,由单一的专业机构进行训练。新加坡也有一个精心设计的商业调解生态系统:新加坡调解中心作为提供商业调解服务的机构,新加坡国际调解协会作为专业标准机构,以及新加坡国际争议解决学院作为研究机构和培训学院。③

尽管有这些积极的迹象,国际商业调解目前与国际商事仲裁相比仍然相对罕见。由新加坡法学院委托于 2016 年公布的一项调查显示,调查对象包括企业法务、律师和机关法律专业人员。新加坡和周边地区认为,71% 的人倾向于使用仲裁,24% 的诉讼倾向于单纯的调解,具有可执行性、可维护性、公平性是大多数人选

---

① International Institute for Conflict Prevention and Resolution, " Attitudes Toward ADR In the Asia-Pacific Region: A CPR Survey" (2011), online: CPRADR < https://www. cpradr. org/programs/interna-tional-initia-tives/asia/asia/_res/id = Attachments/index = 0/asia-pacific-survey. pdf >.

② "China Launches International Commercial Expert Committee" Xinhua (26 August 2018), online: Xinhua <http://www. xinhuanet. com/english/2018-08/26/c_137420632. htm>.

③ See George LIM, SC and Eunice CHUA, "Development of Mediation in Singapore" in George LIM, SC and Danny MCFADDEN, eds. , Mediation in Singapore: A Practical Guide, 2nd ed. (Singapore: Sweet and Max-well, 2017), 21.

择仲裁的主要因素。①

《新加坡调解公约》有可能以可执行性解决这些问题,并调动公众对调解的积极态度促进实际使用调解频率的提高。鉴于亚洲的争端数量有望随着东盟经济共同体、"一带一路"倡议和《跨太平洋伙伴关系全面和渐进协定》等多边贸易的增加而增加,亚洲的国际商业争端必须得以迅速解决,因此亚洲国家和地区的商事争端解决机构要对跨国调解和解协议有较高的认识和执行性。

与法院判决和仲裁裁决中的调解所产生和解协议的跨境执行相比,《新加坡调解公约》提出了一条更直接、更符合原则的道路,亚洲国家和地区关于执行外国判决、混合调解和合并仲裁的惯例各不相同。《新加坡调解公约》将责成主管部门执行来自不同国家和地区的和解协议,并限制它们拒绝执行的理由。《新加坡调解公约》为执行申请和规定强制执行的例外情况提供了一个简单的框架,亚洲各个国家和地区应广泛支持《新加坡调解公约》,开创解决亚洲争端的更光明未来。

二、《新加坡调解公约》较《纽约公约》的进步之处

(一)适用范围及形式要求

《新加坡调解公约》第一条第一款规定,该公约适用于由调解产生并由当事方以书面形式缔结的解决商事纠纷的协议……协议在订立时具有国际性。其中所用表述是"国际性"、"书面形式"和"商事纠纷"。与《纽约公约》相比,《新加坡调解公约》明确了争议应当具有"国际性"。第一条第一款中"国际性"以《示范法》第一条第四款为基础。其对于"国际性"的修改避免了国家和地区在决定是否给予救济时因缺少法律支撑而进退维谷的困境。

"书面"要求也基于实践和可操作性考虑,只要协议内容以任何形式记录,包括电子通信,如电子邮件,都满足"书面"的要求。不同于《新加坡调解公约》《纽约公约》采取的是传统书面形式而未采取电子通信方式,《联合国国际贸易法委员会国际商事仲裁示范法》肯定了口头形式的仲裁协议。所以《新加坡调解公约》其实是在《纽约公约》与《联合国国际贸易法委员会国际商事仲裁示范法》中采取了折中的方式,既没有完全固定于传统的书面形式,顺应当下电子信息技术普遍适用的态势,又避免了当事人口头形式调解产生任意性与不确定性。

---

① Singapore Academy of Law, "Study on Governing Law and Jurisdiction Choices in Cross-Border Transactions" (2016), online: CIArb < http://www.ciarb.org.sg/singapore-academy-of-law-study-on-governing-law-jurisdiction-choices-in-cross-border-transaction/ > .

(二)执行机制

《新加坡调解公约》并未规定特别的执行机制,仅就缔约方执行和解协议的条件做出了规定。该公约第三条第一款规定,各缔约方应按照其议事规则和本公约规定的条件执行和解协议。这符合《纽约公约》的规定。值得注意的是,《新加坡调解公约》比《欧盟关于民商事调解的2008/52/EC指令》(以下简称《欧盟指令》)走得更远,该指令在欧盟中并没有产生预期的使用调解解决争议的效果。《欧盟指令》第六条没有规定可执行性的程序,但从广义上规定了两个基本要求。首先,会员国必须确保当事方或其中一方在得到其他当事方明确同意后,申请执行调解产生的书面协议。其次,协议的内容不得违反该国法律,该国法律必须规定其可执行性。该条款的模糊性证明根据一般合同法原则可对调解产生的和解协议提起诉讼。如果一方当事人拒绝强制执行,若申请执行需要当事人明确同意,则可能产生问题。《新加坡调解公约》显然考虑了这一点,该公约不需要当事人的同意即可申请执行。此外,该规定限制了可能用来逃避强制执行的抗辩(见《新加坡调解公约》第五条)。

《新加坡调解公约》第三条第二款规定,缔约方应允许一方当事人按照本国或地区程序规则和公约规定的条件援用和解协议,以证明此事已经解决。该条款没有使用"承认"的表述,结合第三条第一款的规定,具体的执行方式由缔约方按照其程序规则确定,《新加坡调解公约》实际上将"承认和执行"作为一个行为,减少只"承认"不"执行"的可能性,增强"和解协议"的实际执行效果。

《新加坡调解公约》的优点之一就在于未指定一种执行机制,而是按照缔约方的程序规则来执行。《纽约公约》的经验表明,缺乏单一的执行机制并不妨碍有效执行。各缔约方在立法和实践上对执行的巨大分歧意味着规定单一的执行机制是不明智的,这可能会不利于国家对《新加坡调解公约》的广泛支持。在《新加坡调解公约》能够促进跨界商业争端的调解之前,它需要采取这种相对简化的执行机制。

(三)对依赖于和解协议的要求

《新加坡调解公约》要求和解协议具有确定性和可执行性。但同时也要避免过度规定或过分详细,使执行程序变得愈加复杂。该公约在形式要求上与《纽约公约》不同,《纽约公约》没有仲裁裁决的形式要求,《新加坡调解公约》则设置了形式要求的具体规定,因为和解协议可以在调解、谈判或其他非正式手段之后达成。《新加坡调解公约》第四条规定,当事人根据本公约依赖于和解协议,应向寻求救济所在公约当事方主管机关出具:(1)由各方当事人签署的和解协议;(2)显示和解协议产生于调解的证据,此类证据包括调解员在和解协议上的签名、调解员签署的表明进行了调解的文件、调解过程管理机构的证明或在缺乏前述所有情况下主管当局可以接受的任何其他证据。与先前的书面要求一样，通过电子通信满足了和解协议应由当事人签署或者在适用情况下应由调解员签署的要求。

值得注意的是，《新加坡调解公约》第四条没有详尽地规定调解产生的和解协议的证据。它提供了若干选择，同时让执行国家或地区的主管机关在无法获得所列证据的情况下接受其他证据。这种做法是有利的，因为它允许对可能达成解决协议的不同情况做出回应，例如，调解员可能不能或不愿意签署和解协议。鉴于世界各地提供调解服务的机构越来越多，将调解作为公认的证据类型之一的证明特别有用。

可以想象进一步的要求，例如，和解协议中的"选择加入"条款，要求各方在依赖和解协议之前证明对《新加坡调解公约》和跨境执行结果的认识。工作组认为这一规定可达到双重目的，既告知可能不知道和解协议具备可执行性的当事人，又提醒已经履行义务的当事人。这也符合调解中对当事人意思自治的重视。然而，有选择加入的要求可能违反《新加坡调解公约》的普适性，并产生允许申请执行的复杂性。例如，这可能导致在不同法域寻求强制执行的当事人之间出现不平衡，而和解协议可以在一个法域执行，而另一方则不能强制执行。在缔结和解协议时，当事方往往侧重于协定的实质性条款。更重要的是，"选择加入"可能违背双方当事人的期望，因为他们一般希望另一方当事人遵守和解协议并执行，而且，公约规定，一方当事人只有在和解协议的缔约方已同意时方可适用《新加坡调解公约》。

（四）拒绝准予救济的理由

拒绝准予救济的理由中大部分措辞是《纽约公约》第五条的翻版。但《新加坡调解公约》第五条对于和解协议的可执行性提出了更为细致的要求，如和解协议必须具有终局的约束力并且不能被随后修改、协议义务尚未履行、对协议义务必须表述清晰且能够被理解。例如，《新加坡调解公约》第五条第一款（a）至（c）项与《纽约公约》第五条第一款（a）和（e）项类似，该条涉及无能力订立仲裁协议或其他仲裁协议无效，以及仲裁裁决尚未对当事人具有约束力或被撤销或中止的；《新加坡调解公约》第五条第二款反映了《纽约公约》第五条第二款，该条允许被请求承认和执行地所在国或地区的主管机关依据该国家或地区法律，查明争议事项不能以仲裁解决的情形下，可以拒不承认和执行仲裁裁决；第五条第二款（d）项在《纽约公约》中没有同等条款，但这只是因为调解的独特性，和解协议可能作为排除或限制其可执行的条款。

此外，有趣的是，《新加坡调解公约》第五条第一款（e）项和（f）项，涉及严重违反适用于调解员或者调解的准则和向当事人披露就不会达成和解的情况。早先草案中提到调解员未能"维持对当事人的公平待遇"或披露"可能导致对其公正性或独立性的正当质疑"的情况。① 这些问题在工作组中引起了不同的意见。有些人认为,该类条款强调了调解和仲裁的区别,包括与调解中一方当事人进行私人沟通的做法,调解在仲裁中没有对应关系,且规范调解过程的程序规则有限,调解又具有保密性,意味着难以评估当事人是否受到公平对待。调解员无法将任何结果强加给当事方,调解是一个自愿程序,各方可随时自由退出,这一事实也促使一些意见认为,调解员很少披露可能影响调解员公正性或独立性的情况。一些人还争辩说,这类条款与一些现有抗辩理由重叠,而且调解员本就必须遵守和解协议条款和行为守则。有人担心,列入这类条款可能导致额外的争端,尤其这种调解员标准比较主观。然而,也有人认为,调解员在和解协议方面不能发挥作用,需要保留这些抗辩理由来确认其作用,即使证明一方当事人在这个过程中受到了不公平的待遇。如果当事人没有充分了解调解员,或者调解员存在不当行为,则应在执行阶段产生法律后果,因为调解与仲裁不同,调解无法对调解员的程序或行为提出质疑。

目前的《新加坡调解公约》以三种方式就这一问题达成妥协。首先,它将抗辩范围限制在调解员的不当行为或未披露对和解协议有直接影响的情况下。如果不披露,当事人不会达成和解协议。其次,它调整了抗辩表述,突出使用"严重"和"实质"等形容词引起的特殊情况。最后,它提供了适用调解员标准的说明性清单。虽然主管部门需要制定大量判例法或其他规定才能明确哪些行为会越界,但抗辩中使用的表述足以设置门槛。如果一方当事人没有签订和解协议,法院和其他主管机关依据现有证据则无法证明调解员是否存在不当行为。

三、关于完善《新加坡调解公约》背景下中国商事调解制度的思考

通过对《新加坡调解公约》与《纽约公约》的比较,我们能看到条文内容有其进步之处。如适用范围和调解主体区别于仲裁和诉讼,执行机制相对简化,拒绝准予救济的理由更全面,总的来说,《新加坡调解公约》更注重条文的实用性和灵活性。我们可以预见,该公约的落地为亚洲乃至国际商事调解开创了光明的未来,为调解所达成的和解协议的可执行性提供了更有力保障,进一步促进了经济全球化背景下的国际商事贸易往来。因此,有必要进一步完善中国商事调解制度,以做好公约与国内法在调解制度上的衔接。

---

① UNCITRAL, UNCITRAL Working Group Ⅱ, 65th Session, Settlement of Commercial Disputes— International Commercial Conciliation: Preparation of an Instrument on Enforcement of International Commercial Settlement Agreements Resulting from Conciliation, Note by the Secretariat, UNCITRAL, UN Doc. A/CN. 9/WG. Ⅱ/WP. 198 (2016), at para. 35.

（一）注重与国内立法规则的衔接

目前,中国商事调解立法体系尚未建立,国内作为独立程序的商事调解之规定寥寥无几,要与《新加坡调解公约》的规定进行衔接,使得他国的和解协议在中国得到执行,具体理解和适用条款就需要中国司法机关做出进一步详细的规定。

国家关于执行调解所产生的和解协议的做法主要分为三类:一是作为合同执行;二是经过司法确认程序转化为法院判决;①三是视为仲裁裁决或经过一定程序转化为仲裁裁决。② 而《新加坡调解公约》另辟蹊径,它创设的是一套直接执行调解和解协议的机制。就第一种做法而言,中国目前还没有相关国内立法,这会突破中国现有的对外国法院判决或仲裁裁决的承认程序,直接进入执行程序。第二种和第三种做法有《选择法院协议公约》和《纽约公约》的规定。如果《新加坡调解公约》生效,就可能存在两种模式的冲突:一种是直接执行和解协议;另一种是司法确认前置,经法院判决确认和解协议的可执行性。这种冲突正归结于中国目前缺乏一部完整的、系统的商事调解立法。

因此,一方面,中国要通过修改配套立法进行呼应,尤其是民事诉讼法与其司法解释上的修改。通过最高人民法院的司法解释对这些条款做进一步的衔接。例如,通过最高人民法院司法解释规定,对涉及国际商事纠纷所签订的和解协议做特别规定,可以适用《新加坡调解公约》向法院直接申请执行。同时,法院也可在《新加坡调解公约》第五条所规定的情形下拒绝救济。另一方面,中国要建立自己的商事调解法。这部商事调解法既适用于国内商事调解,也适用于国外商事调解。该法律在适用范围、调解事项、调解的保密性、经调解所达成的和解协议的可执行性、调解员的任职资格、拒绝予以救济的理由等都应进行详细具体的规定。

（二）细化调解主体的制度设计

《新加坡调解公约》中"调解"的定义应为调解员调解,同时也不排除相关机构的调解,若是机构进行调解,也必须有调解员的参与。《新加坡调解公约》的条款中没有出现"管理机构调解"的表述,而在第二条第三款中明确了调解员的参与。可见,在该公约下的调解应是以调解员为中心,管理机构为辅。

根据《中华人民共和国民事诉讼法》《中华人民共和国仲裁法》《中华人民共和国人民调解法》(以下分别简称《民诉法》《仲裁法》《调解法》),目前我国的调解制度分为三类:法院调解、仲裁调解及机构调解,其行政色彩较浓。司法机关也只认

---

① 中国最高人民法院司法解释规定,调解协议达成后,双方当事人认为有必要的,应当在调解协议生效之日起三十日内向调解组织所在地基层人民法院申请司法确认。
② 《仲裁法》第四十九条以及第五十一条。

可由人民法院、仲裁机构、人民调解委员会以机构名义做出的调解协议,对于通过人民调解委员会达成的调解协议,还需经法院司法确认后才具有强制执行力。[①]我国法律目前不认可个人或临时性机制对争议解决的效力。但有个值得关注的现象,近些年我国司法机关已经开始尝试将调解主体的范围扩大到律师和临时性机制。例如,允许律师作为调解员,以中立第三方的身份主持调解,协助当事人达成调解协议。自贸区内也积极讨论建立临时仲裁机制。

在调解主体方面,我国应进一步细化该制度设计。其一,设立专门的民间调解机构。例如海事海商纠纷中,海事法院充分利用货代诉调纠纷解决机制化解海上纠纷,通过货代协会和人民法院的特邀调解员的作用将纠纷就地化解,前期调解,充分发挥人民调解员的作用。在这方面,我们可以继续完善、引导设立专门专业的民间调解机构,选拔适格的人民调解员。其二,制定调解员的职业规范和道德守则。调解员能够利用他们的专业技巧,帮助纠纷当事人打破僵局,鼓励各方友好调解。在国际商事调解中,调解员充当着十分重要的角色,因此,对于调解员,应该保证其独立性、公正性、中立性,保证受过专业调解训练,且具备相关的专业知识。《新加坡调解公约》第五条第一款(e)项和(f)项规定了对调解员的执业操守和必要信息披露。因此,中国有必要参照《新加坡调解公约》的规定制定调解员的职业规范和道德准则。其三,允许设立调解培训机构。例如,《美洲商事仲裁和调解中心仲裁规则》(CAMCA)为以法律从业人员和商业领袖为重点的调解员制定"积极的教育和培训方案"。通过培训,仲裁员会实现分析个案,了解各方的纷争,为当事人联络沟通、消除情绪化的成分,协助当事人将重点放在潜在的可行解决方法上。培训机构通过教学、实践等手段对调解员展开培训,帮助调解员迅速进入角色,树立职业使命感,提高业务水平。其四,鼓励国家之间就调解所产生的和解协议签订双边或多边条约,对调解员的资质标准和选择进行约定。虽然我国对人民调解员和律师调解员都有资质要求,但是包括《新加坡调解公约》在内的国际公约无法对调解员制定统一的资质标准,执行地的主管机关更无法要求外国仲裁员、法官或调解员通过本国的相关资质考试,因此,需要在双边或多边协定中进行统一约定。同时,在选择调解员上,也可加以约定。根据比较法分析,共同调解是较好地选择仲裁员的方式,确保调解员的中立性,在调解各方中都选拔一位调解员,各方还可约定或指定一位其他国家的调解员,来帮助和解协议的顺利达成,保证调解员不存在严重违反规范的行为,减少执行国拒绝救济的机会。

---

① 参见温先涛:《〈新加坡公约〉与中国商事调解——与〈纽约公约〉〈选择法院协议公约〉相比较》,载《中国法律评论》2019 年第 1 期。

（三）重视国内对国际性和解协议的执行机制

我国加入《新加坡调解公约》必然会给司法工作带来冲击。为了让《新加坡调解公约》与法院长期的裁判思路相契合，有必要重视我国对和解协议的执行机制。

第一，在形式要件上，当事人提交给我国法院的申请执行文件必须符合法院的程序性要求。在该公约所规定的形式要求下，申请执行和解协议的主体还应向我国提供中文文本的和解协议、申请书、主体身份证明等文件以及按照我国调解收费标准进行费用的缴纳。

第二，确定执行的级别管辖与地域管辖法院。借鉴我国司法实践的情况，建议由当事人进行执行申请所在地的基层法院进行管辖，方便申请执行人进行权利救济，也可允许当事人在和解协议所涉事项关系最密切的法院选择管辖。《新加坡调解公约》第 1 条（b）款第 2 项执行和解协议没有提及与"争端所涉事项"关系最密切的国家，而是"和解协议所涉事项"关系最密切的国家。第二条第一款进一步规定了如果一方当事人有多个营业地，该如何确定有关营业地，并规定对于没有营业地的个人，以其惯常居所为准。该条与《示范法》第一条第五款相似。唯一的区别是，如果一方当事人有多个营业地，相关营业地由"与和解协议关系最密切的营业地"改为"与和解协议所解决的争端有密切关系的营业地"。和解协议可能是原合同中争议解决条款的一部分。中国可以在此基础上确定级别管辖和地域管辖。

第三，在实体要件上，明确执行或裁定驳回的条件，并完善相应的抗辩渠道。对于他国在我国法院未得到承认与执行的和解协议，应规定允许该方当事人通过诉讼进行上诉或是以向相关机构申请复议的方式进行抗辩。目前，对于当事人在涉外诉讼或仲裁中达成的和解协议转化成判决或裁决的，可按照我国 2017 年《民诉法》第二百八十一条和第二百八十三条规定，直接向被执行人住所地或者其财产所在地的中级人民法院申请承认和执行，但对于当事人在国外自行达成的和解协议在中国申请执行或寻求救济问题，尚无适用法。2011 年最高人民法院公布了一项针对国内调解的《关于人民调解协议司法确认程序的若干规定》，其中第七条列举了法院不予确认调解协议效力的 6 种情形，基本与《新加坡调解公约》第五条拒绝准予救济的理由相互涵盖。因此，中国应当充分考虑调解的"当事人自治性"，并根据《新加坡调解公约》的规定审查的实施细则，明确执行或裁定驳回的条件，并完善相应的抗辩渠道，对于特殊和解协议适当予以保留。

（2019 年 12 月获司法部调解理论研究人才培训基地、人民调解杂志社主办的"新时代调解高峰论坛"征文活动一等奖）

论海事审判中的善意取得问题

杨世民

【摘要】本文在考察善意取得制度的沿革、价值及构成要件的基础上,就海事司法实践中的各类船舶物权的善意取得问题,认为船舶所有权、船舶质权较难适用善意取得制度取得,船舶抵押权可适用善意取得制度取得。就留置权的善意取得问题,首先梳理了我国留置权规范的体系,认为合同法下的四类留置权及海商法下的船舶留置权无须适用善意取得制度即可成立;商事留置权则不能适用善意取得制度取得。

【关键词】善意取得;船舶所有权;船舶抵押权;留置权

引言

善意取得制度作为《中华人民共和国物权法》(以下简称《物权法》)中富有技术性的一项制度,其调整利益冲突之尖锐、构成要件之复杂、适用情形之多样,导致司法实践中适用该制度时面临相当的困惑。准确把握善意取得制度的构成要件,必须建立在深刻认识该制度的沿革及价值的基础上。而对善意取得制度构成要件的准确把握,则对海事审判实践具有重要作用。本文结合多家海事法院近年来做出的相关裁判,分析了船舶所有权、船舶抵押权、船舶质权可否适用该项制度取得;在对我国留置权规范体系进行梳理后,分析了《中华人民共和国合同法》(以下简称《合同法》)下的四类留置权及《中华人民共和国海商法》(以下简称《海商法》)下的船舶留置权的成立是否须适用该项制度,以及商事留置权可否适用该项制度取得。

一、善意取得制度的沿革、价值及构成要件

(一)善意取得制度的沿革

善意取得,亦称即时取得,谓动产让与人纵无让与之权利,以所有权之移转或

其他物权之设定为目的,善意受让该动产之占有者,取得其所有权或其他权利。①如德国法学家萨维尼教授所言:"法学的确不外是法律史。"考察善意取得制度的沿革,有助于我们透彻理解该制度的发展脉络,准确适用该制度。

1. 罗马法的规定

罗马法未确立善意取得制度,此自"发现我物之处,我得取回之"的法谚可略知一二。商品交易在罗马时期较为简单原始,对人们生活的重要性尚未凸显出来,人们普遍秉持"任何人均不能将大于其所有权的权利转让给他人"的理念。但罗马法规定善意受让人可主张时效取得,且取得时效期间仅为一年。该模式显然偏重于保护所有权。

2. 日耳曼法的规定

通说认为,善意取得制度滥觞于日耳曼法的"以手护手"原则,即所有人使他人占有其物的,只能请求该人返还,该人将物交第三人占有的,所有人不得要求第三人向其返还。原因在于日耳曼法上特有的占有与权利合一的 Gewere 观念,认为占有物者即享有权利,享有权利者亦应占有其物,享有权利者不占有其物时,权利效力随之减弱。该原则通过限制所有人的返还原物请求权,来实现保护占有的效果。应当说,日耳曼法的规定仅是对占有效力的强化,尚未进入保护交易安全的层面。

3. 近代法的规定

进入近代社会后,生产与消费发生分离,生产不再是为了满足自身需要,而是为了交换。商品生产遂快速发展,商业逐渐发达,商品交易日益频繁,继续奉行罗马法上所有权人可不受限制的追回其物的做法,对交易安全殊为不利,已不能与近代社会发展态势相匹配。于是日耳曼法追及权效力限制之原则逐渐抬头,一方面导入罗马法时效取得制度中善意之要件,因此赋予第三人取得所有权之效果,他方面把握占有公信力在交易安全中具有之保护作用,使第三人因信赖占有而从事交易行为者即能取得权利,近代之善意取得制度于焉产生,并相继为各国民法所采用。② 如《德国民法典》第九百三十二条,《瑞士民法典》第七百一十四条第二款、第九百三十三条,《日本民法典》第一百九十二条。如果我们将视线投向更长的历史维度,便可发现农业社会的运行方式决定其注重财产"静"的安全,因而难以产生善意取得制度;进入注重财产"动"的安全即交易安全的商业社会后,善意取得制度方有产生、成长的土壤。

---

① 史尚宽:《物权法论》,中国政法大学出版社 2000 年版,第 558 页。
② 谢在全:《民法物权论(上册)》,中国政法大学出版社 2011 年版,第 271 页。

需说明的是,上述立法例均规定善意取得制度仅适用于动产。而根据我国《物权法》第一百零六条,我国的善意取得制度的适用对象则包括动产和不动产。

(二)善意取得制度的价值

现代社会商品交易高度发达,商品交易频繁且重要,对效率及安全有着更高的要求,如规定转让人对标的物无处分权的交易受让人均不能取得所有权,受让人在交易前势必需殚精竭虑地调查让与人是否具有处分权,如此无疑会导致交易时间延长、交易成本增加,既影响效率,又不利于交易安全。就动产而言,占有仍为目前可能采取的有效公示方法,受让人基于对占有的合理信赖而从事的交易,法律应予以保护,否则交易活动无法正常进行。亦即善意取得与民法之表见代理等制度同,乃植根于信赖保护原则之权利外观原则或称为权利外观理论。① 善意取得制度的价值即在于此——保护交易安全,确认受让人取得标的物的所有权,但却是以牺牲原所有人所有权为代价的。然而,对所有权的保护,亦是法律的重要追求之一,不可过于偏重交易安全而忽视对所有权人合法权益的维护。就法律技术而言,动产善意取得制度在补让与人处分权之不足。就法律政策而言,则为所有权保护与交易安全两个基本原则的调和。② 故立法者须妥善设置善意取得的构成要件,以谋求此两大原则间的平衡。

(三)善意取得的构成要件

1. 转让人对标的物无处分权

我国《物权法》第一百零六条虽未将转让人对标的物无处分权列为善意取得的构成要件,但根据该条文义,转让人无权处分标的物实为适用善意取得制度的前提条件。如转让人具有标的物处分权,则其与受让人的交易为正常交易,无须借助善意取得制度弥补转让人无处分权这一瑕疵,故无该制度适用余地。与善意取得制度相关的"无权处分",仅指当公示状态与实际权属不一致时,动产的占有人或者不动产的登记名义人未经真正权利人同意而转让标的物的情形,其他情形下的"无权处分"不属于善意取得制度适用前提的"无权处分"。③ 此点在比较法上皆无不同。

① 谢在全:《民法物权论(上册)》,中国政法大学出版社 2011 年版,第 273 页。
② 王泽鉴:《民法物权》,北京大学出版社 2009 年版,第 470 页。
③ 王泽鉴:《债法原理(第一册)》,中国政法大学出版社 2001 年版,第 299-300 页。

2. 受让人受让时须为"善意"

(1)"善意"的判断标准——不知道且无重大过失

"善意"系善意取得制度的核心要件。对此，最高人民法院《关于适用〈中华人民共和国物权法〉若干问题的解释(一)》(以下简称《物权法解释一》)第十五条第一款予以明确:受让人受让不动产或者动产时，不知道转让人无处分权，且无重大过失的，应当认定受让人为善意。对"不知道"的理解通常无争议，对"重大过失"则有三种理解:"主观说"认为应以行为人的主观预见程度区分过失程度;"客观说"认为应以行为人的行为表现出的状况区分过失程度;"主客观结合说"认为重大过失首先是一种主观心理状态，但这种主观心理状态只能通过行为人的行为进行判断。"主客观结合说"较符合目前我国的审判实践……重大过失的行为人不仅需要主观上存在对他人的人身、财产以及交往上的漠不关心，客观上还需要给他人制造了巨大的风险，导致严重的损害或者违背了交易的基本规则。[①] 这就要求我们在实践中不仅要以正常人的认知水平做客观判断，还要结合受让人的主观因素做具体判断，如受让人从事某一行业经营多年，则应认定其从业经验丰富，对转让人是否具有处分权判断能力更强，从而课以其更高的注意义务。

(2)"善意"的判断时间——交付或登记之时

《物权法解释一》第十八条第一款规定:"〈物权法〉第一百零六条第一款第一项所称的'受让人受让该不动产或者动产时'，是指依法完成不动产转移登记或者动产交付之时。"该款规定中的动产交付指的是动产的现实交付。对于简易交付、指示交付，《物权法解释一》第十八条第二款做出规定，分别为转让动产法律行为生效时、转让返还原物请求权的协议生效时。明确"善意"的判断时间对司法实践具有重大意义:受让人交付前不知道且非因重大过失不知道转让人无处分权的，可认定为善意;受让人受让交付后知道转让人无处分权的，不影响其构成善意取得。

3. 以合理的价格转让

立法之所以将合理价格作为善意取得的独立要件，其立法目的有二:一是通过"合理价格"来限缩善意取得的途径应为交易行为，从而符合其制度本意;二是通过"合理价格"来判断受让人在受让时是否具备善意。[②] 善意取得制度旨在保护交易安全，故受让人须基于交易取得标的物的物权，且物权应以交易标的物本身为限，否则即超出善意取得制度的辐射范围。既为交易，则应有偿，无偿取得标的物者，不得以其构成善意取得对抗所有人，此结论自利益衡量角度亦可推出:善意取

---

① 杜万华:《最高人民法院物权法司法解释(一)理解与适用》，人民法院出版社 2016 年版，第 399-400 页。

② 杜万华:《最高人民法院物权法司法解释(一)理解与适用》，人民法院出版社 2016 年版，第 435 页。

得在保护交易安全的同时,还须调和与保护所有权间的矛盾冲突。失去标的物所有权者,相较于无偿取得标的物的受让人,其利益无疑更值得保护。另外,只要是合理的价格即可,是否实际支付及是否全部支付,则非考虑因素。就此要件,比较法上有一定分歧:《德国民法典》《瑞士民法典》等均未规定转让人与受让人须对标的物价格做出合理约定,此亦可反映出我国《物权法》对善意取得制度要求较严,更倾向于保护所有权。

4.动产已交付、不动产已登记

根据我国《物权法》第九条、第二十三条的规定,除非法律另有规定,不动产物权的设立、变更、转让和消灭,经登记方发生效力;动产物权的设立和转让,自交付时发生效力。故转让人与受让人须就标的物完成变更登记或交付,受让人方可成为标的物所有人,未经变更登记或交付的,标的物所有权不发生变动。

对于转让合同有效是否应作为善意取得的构成要件,理论界争议很大,物权法制订过程中对此问题的规定也曾有反复。我国《物权法解释一》第二十一条规定:"转让合同无效或者被撤销的,受让人不得根据我国《物权法》第一百零六条取得所有权。"司法解释起草者对此的解读是:转让合同有效并非善意取得的构成要件……但同时,囿于合同效力关涉国家、社会利益和公序良俗,对于合同无效是否一概均不影响善意取得亦不应做出非黑即白、非此即彼的结论。① 笔者认为,自合同无效或者被撤销的法律效果角度理解该规定可能更容易一些:转让合同无效或者被撤销,受让人丧失取得标的物所有权的依据,应向转让人返还标的物。善意取得可成为受让人对抗原所有人返还原物请求的理由,却不能成为其对抗转让人的理由,受让人与转让人间的权利义务关系应由转让合同调整。另外,即便转让合同无效或者被撤销,所有人也不必然取得要求受让人向其返还原物的权利,因其与转让人间可能还存在租赁、保管等合同关系,所有人在未解除与转让人间合同关系的情况下,似不得越过"债的法锁"直接自受让人处恢复占有。至于转让人无权处分应承担何种责任,则应按照所有人与转让人间的关系做出判断。

二、船舶物权的善意取得

(一)船舶所有权的善意取得

根据我国《物权法》第二十三条、第二十四条的规定,船舶作为特殊动产,以交付作为物权设立、转让的生效要件,登记为对抗要件。船舶买卖实践中,都要求进行船舶交付。在国际船舶买卖中通常使用的船舶买卖合同格式如挪威标准格式

---

① 杜万华:《最高人民法院物权法司法解释(一)理解与适用》,人民法院出版社 2016 年版,第 435 页。

（NSF93）及日本标准格式（NIPPONSLE 1999）中，都订有详细的船舶交接条款，包括船舶实物交接和文件交接。船舶正式交接之前甚至需要买受人派两位船员代表提前一个航次上船。船舶进行交接后，双方需签署船舶交接协议，以确认船舶完成交接，所有有关船舶的所有权、风险、责任转移至买方。① 基于船舶的物权变动模式及交易实践，适用善意取得制度取得船舶所有权的，须同时具备以下要件：（1）登记所有人不是实际所有人；（2）买受人自登记所有人处受让船舶；（3）买受人取得船舶的占有；（4）买受人须为"善意"且无重大过失。买受人自登记所有人处买受船舶，但未取得占有的，因未满足"动产已交付"要件而不符合善意取得的构成要件，无法取得船舶所有权。如受让人自实际所有人处取得船舶占有，则因实际所有人有权处分船舶，无须适用善意取得制度，当然，受让人肯在登记所有与实际所有不一致的情况下与实际所有人进行交易，办理船舶所有权转让手续必会得到登记所有人的配合，否则此类交易难以发生。适用善意取得制度取得船舶所有权，须同时具备对船舶登记信息的信赖利益及取得船舶占有两个要件，这在实践中极为少见，除非是登记所有人在合法占有船舶状态下将船舶交付给受让人。故司法实践中，鲜见因适用善意取得制度取得船舶所有权而产生的纠纷。

（二）船舶抵押权的善意取得

司法实践中，船舶登记所有与实际所有不一致情形并非个例，船舶挂靠情形下登记所有人未取得实际所有人同意，以船舶作为抵押物向银行借款的情况屡屡发生。此类纠纷进入司法程序后，实际所有人往往产生强烈对抗情绪，极不配合法院工作，宁波海事法院于 2017 年 9 月 12 日起实施的全国首例强制腾船，②便是为执行一起此类纠纷。对此问题，不少学者持否定意见：动产抵押权以登记为对抗要件，即使个案中已经办理了抵押登记，按照通说，该登记也不具有公信力，善意取得须受让人占有标的物（动产场合）或标的物已被登记在受让人名下（不动产及某些权利场合），否则，不发生善意取得的效力。既然如此，动产抵押权不会发生善意取得。③ 笔者认为，此观点值得商榷：船舶登记具有消极信赖利益，即在无相反证据可推翻登记信息的情况下，交易相对人可基于对登记信息的合理信赖与登记所有人进行交易。④ 且抵押权的最大优势在于抵押人无须转移占有，故债权人仅须

---

① 初北平、周瑾：《物权法确立的船舶无权制度解析》，载《人民司法》2007 年第 15 期。

② 参见"宁波海事法院全国首次强制'腾船'"，载 HYPERLINK "http://m.sohu.con/news/a/1915083_774627"，http://m.sohu.con/news/a/1915083_77462,2019 年 3 月 13 日访问。

③ 崔建远：《物权法》，中国人民大学出版社 2014 年版，第 438 页。

④ 关于船舶登记效力及船舶采登记对抗主义的理由，可参见杨世民：《船舶实际所有人可排除登记所有人的债权人——兼谈船舶所有权保护理念之重塑》，载《人民司法》2019 年第 7 期。

查询船舶登记信息,不必实际占有船舶,即可成立船舶抵押权。如按否定论观点,债权人不仅要查询船舶登记信息,还须实际占有船舶,既与动产抵押制度本质不符,又置船舶登记对抗效力于无用之地,较不可取。债权人与登记所有人签订的抵押合同生效后,船舶抵押权即在双方间产生,并可产生排除一般债权人的效力;办理抵押登记效力后,还可产生对抗善意第三人的效力。从实践角度讲,债权人基于对船舶登记信息的合理信赖而接受船舶抵押,嗣后该抵押权不被法院认可,则会出现无人接受船舶抵押的状况,对航运业的打击将是毁灭性的。当然,如实际所有人可举证证明债权人与登记所有人订立抵押协议时已知悉船舶登记所有与实际所有不一致,则债权人不符合"善意"要件,不能依据善意取得制度取得船舶抵押权。

(三)船舶质权的善意取得

传统民法理论认为,为解决物权公示问题,抵押权以不动产及相关权利为限,质权则以动产为限。日本民法均如此规定。但动产交由质权人占有,质押人即无法继续使用,从而不能获取收益,质权人则须承担妥善保管质押物的义务,对质押人、质权人均有不利之处。船舶通常价值较高,投入运营才可产生收益,所有人通常不愿以船舶质押;且船舶保管风险远高于普通动产,债权人也不愿接受船舶作为质押物。故实践中以船舶设定质押的情况较少,船舶质权的善意取得情况更是鲜见。但本院亦审理过此类案件,[①]不过此案船舶为帆船,缺乏登记部门,可视为普通动产,并非海商法意义上的船舶。

(四)以船舶为标的的留置权的善意取得

1. 我国留置权规范的体系梳理

我国《物权法》颁布后,船舶上不仅可成立船舶留置权,还可成立我国《物权法》第二百三十条意义上的民事留置权及第二百三十一条意义上的商事留置权。此三类以船舶为标的的留置权是否可适用善意取得制度取得,较为复杂。笔者认为,欲回答该问题,首先应对我国留置权规范进行体系梳理。

对于民事留置权与商事留置权之分,我国《物权法》已有明确规定,这里不再赘述。自法律体系角度,则可将留置权分为一般留置权与特别留置权:一般留置权,指大陆法系民法典所规定的留置权,在我国则特指《物权法》所规定的留置权;特别留置权种类较多,在我国主要包括《海商法》《合同法》等规定的留置权,限于海事法院受案范围,本文仅讨论《海商法》《合同法》下的留置权。做此区别的主要意义在于:两者的构成要件及适用的法律不同。

---

① 参见宁波海事法院(2017)浙72民初1629号民事判决书。

关于构成要件：根据我国《海商法》第二十五条的规定，作为船舶留置权标的物的船舶，并不要求债务人一定对船舶享有所有权；①根据《合同法》第二百六十四条、第三百一十五条、第三百八十条、第四百二十二条的规定，承揽人、承运人、保管人、行纪人亦无须关注物的所有权状况，即可就承揽报酬、运输费用、保管费用、居间费用对完成的工作成果、运输货物、保管物、委托物成立留置权。而《物权法》所规定的留置权，一般应以债务人所有为限，非债务人所有的，须借助善意取得制度治愈此瑕疵。另外，一些特别留置权无须债权人取得占有或债权与留置物存在牵连关系即可成立。关于法律适用：判断是否成立留置权时，首先应根据我国《海商法》《合同法》的规定判断是否构成该法意义上的留置权，不能成立《海商法》《合同法》意义上的留置权时，再依据《物权法》规定做出判断。

笔者认为，我国《海商法》《合同法》就留置权做出有别于《物权法》的规定，意在追求交易便捷与安全，并兼顾该几类合同运行的现实状况：实务中诸如光船租赁的情况大量存在，不可苛求修理人于修理前查明船舶权属方可进行修理，如交付修理者不是船舶所有人，则不能成立船舶留置权，则船舶修理经营活动无法正常开展。需说明的是，即便修理人明知船舶非交付修理者所有，其仍可成立船舶留置权，主要原因是修理行为增加或者保存了船舶价值，基于公平原则，《海商法》对此修理费债权给予特殊的保护。承揽人、承运人、保管人、行纪人无须判断工作成果、运输货物、保管物、委托物的所有权状况即可就相应债权成立留置权，亦是同理。也就是说，我国《海商法》《合同法》下的特殊留置权，在标的物不属债务人所有的情况下，无须借助善意取得制度即可成立。

2. 以船舶为标的的民事留置权的善意取得

以船舶为标的的民事留置权，即适用我国《物权法》第二百三十条规定成立的留置权。我国《物权法》下的留置权，强调的是合法取得标的物的占有及债权与标的物间的牵连关系。在登记所有与实际所有不一致的情况下，债权人只有自登记所有人处取得船舶的占有才符合"善意"要件，方可能成立善意取得，故较难适用善意取得制度成立此类留置权。

对于商事留置权善意取得的问题，争议很大，且实践中除船舶外，常还涉及集装箱，故单独作为一个问题来讨论。

三、商事留置权的善意取得问题

2018年年初爆发的洋浦中良海运有限公司（以下简称"中良公司"）停运事件中，争议较大的问题集中于就不属债务人所有的动产可否适用善意取得制度成立

---

① 司玉琢：《海商法专论》，中国人民大学出版社2007年版，第64页。

商事留置权。① 对此,笔者持否定意见,理由如下:

(一)商事留置权的标的物应限于债务人所有

1.自商事留置权的内在结构分析

根据我国《物权法》第二百三十条、第二百三十二条,民事留置权成立有四个要件:债务人不履行到期债务,债权人合法占有债务人的动产,债权人留置的动产与债权属于同一法律关系,债权人与债务人无不得留置动产的约定。根据该法第二百三十一条的规定,商事留置权取消了债权人留置的动产与债权属于同一法律关系这一要件,增加了债权人与债务人均须为企业的要件,即扩大了企业间留置权同一法律关系的范围。确立民事留置权的原因在于:由于物的占有人增加了标的物的价值,或者因标的物遭受了损害,在请求返还被占有物的人没有偿还得利或者赔偿损害前拒绝交付,依此间接敦促其清偿。② 其依据为公平原则。商事留置权则不同,扩大企业债权与占有物间同一法律关系的原因在于:因商人相互交易频繁,若必须证明每次交易所发生之债权与所占有之标的物有牵连关系,殊为不易。民法为加强商业上之信用,确保交易之迅速、安全,乃特别扩大牵连关系的范围,以促进工商之繁荣。③

由上可知,民事留置权所担保的债权与标的物具有直接联系,具有直接对物性。商事留置权所担保的债权则系基于一物产生,先通过该物与债务人建立联系,再通过债务人这一媒介与其所有的另一物建立联系,债权与留置物间并无直接联系。即商事留置权体现的是直接对人性、间接对物性。善意取得制度要求处分人对标的物无处分权,在留置权语境下为债务人对标的物无所有权。于此,商事留置权所要求的留置物属于债务人所有这一条件无法满足,故商事留置权不宜再适用善意取得制度取得。就此问题,《日本商法典》第五百二十一条有明确规定:"商人双方间商行为所产生的债权有清偿期时,在该债权被清偿之前,债权人可以留置基于与债务人商行为而由自己占有的债务人所有物或有价证券。但当事人间有特别的意思表示时,不在此限。"

2.自保护产权及维护利益平衡角度分析

作为效力最为完整的物权,所有权是用益物权、担保物权成立的基础,非有足

---

① 肯定意见可参见广州海事法院(2018)粤72民初862号民事判决书,崔建远:《物权法》,中国人民大学出版社2011年版(第2版),第576—579页,王利明:《物权法研究(下卷)》,中国人民大学出版社2016年(第4版),第1431页;否定意见可参见吴勇奇:《中良海运停运与港口企业留置权的行使》,载《中国港口》2018年第10期。

② [日]我妻荣:《新订担保物权法》,申政武、封涛、郑芙蓉译,中国法制出版社2008年版,第31页。

③ 谢在全:《民法物权论(下册)》,中国政法大学出版社2011年版,第1070页。

够充分正当理由,不得任意对他人的物加以限制,故不宜随意扩大商事留置权标的物范围。另外,留置权作为法定担保物权,具有直接支配标的物并排除他人干涉的效力,留置权人有权以留置物折价或者就拍卖、变卖价款优先受偿。按我国《物权法》第二百三十九条规定,同一动产上同时成立抵押权、质权及留置权的,留置权人还可优先受偿。故留置权的行使,对债务人、动产所有人均有影响,并会影响到动产抵押权人、质权人及动产所有人一般债权人的权益。民事留置权的基础是公平原则,商事留置权的基础是保持商人间的信用关系,使债权人可对非债务人所有的物成立商事留置权缺乏价值基础。认商事留置权可适用善意取得制度取得,使得非债务人所有的物上可再成立留置权,会导致上述各方利益失衡,有过度保护债权人之嫌。

(二)商事留置权是否符合善意取得构成要件

1. 从严审查"善意"要件

具体到中良公司涉案情况,根据我国《物权法解释一》第十五条第一款、第十八条第一款的规定,港口经营人取得集装箱的占有时,不知中良公司无处分权且无重大过失的,方可认定为"善意",才有可能适用善意取得制度。集装箱不同于一般动产,其上有特定编号,并喷涂有所属公司的名称,不可径行适用一般动产"占有推定所有"的规则。如中良公司已抗辩集装箱非其所有,法院应在要求其提供集装箱来源证据的同时,要求港口经营人提供喷涂有中良公司标识的集装箱照片等证据以证明中良公司对集装箱享有所有权。如港口经营人不能提供,则不宜认定其具有"善意"。

2. 不符合债权与标的物具有交易关系要件

善意取得制度规定于我国《物权法》第九章"所有权取得的特别规定",系物权变动原因之一,其他物权则参照适用该规定。前文已述,适用该制度的前提条件是针对具体物存在交易关系,此时方有须保护的市场交易这一对象,否则不能取得该物的物权。商事留置权的适用条件为债权与标的物无关,即债权非基于标的物产生(有关的话属民事留置权调整范围),与善意取得制度的上述构成要件完全冲突。故商事留置权不符合善意取得制度的适用条件。

以船舶为标的物的商事留置权,是否可适用善意取得制度取得,原理与集装箱相同,因船舶均有登记,其权属判断更为容易,此状况下的"善意"判断较集装箱更为轻松,故不再赘述。

四、结语

完善的法学理论,于司法实践中妥适运用之际,其魅力方得以展现。富有理论深度的善意取得制度亦不例外。在当前的海事司法实践中,仍须加强对船舶登记效力、我国《海商法》与《合同法》《物权法》等相关规定的配套衔接等基础性问题的研究,并结合对善意取得制度的准确理解,就围绕船舶、集装箱等产生的各类物权疑难复杂问题形成统一的裁判规则,给予相关市场主体明确的行为指引。

（获 2019 年浙江省法学会海商法学研究会年会论文二等奖）

海上应急处置与应急防备措施
法律性质及求偿路径分析

肖　琳

【摘要】在公私法融合的背景下,海事主管机关所采取的避免或减少环境污染损害的应急处置与应急防备措施,是公法行为和私法行为的竞合,具有维护公益和民事减损双重功能,应允许其选择通过行政程序或私法途径求偿。如果通过私法途径索赔,由于现行油污防治、残骸清除、海难救助三种制度之间存在交叉,应注意把握具有多重效果的应急措施的定性,分别认定是否构成油污损害赔偿中的清防污措施、清障措施或海难救助,从而适用不同的法律规范。

【关键词】应急处置;定性;清防污;海难救助

近期载有 10 余万吨凝析油的"桑吉"轮爆炸沉没,对周边海洋生态环境产生了严重影响。随着海洋经济的迅猛发展,石化类货物运输日益频繁,船舶的大型化、巨型化,船舶污染海洋的风险加大,今后或许还会发生比"桑吉"轮更严重的海难事故。作为海上安全最后一道防线的海事主管机关,在海难事故发生后采取的应急处置与应急防备措施,对控制、减轻海洋环境污染损害具有重要意义。由于理论上,海上应急处置与应急防备措施同时具有公法和私法属性;制度上,现行油污防治、海难救助和残骸清除制度存在交叉竞合;在实践中,海事主管机关具有多种身份,同一措施同时可能产生多种效果,该类措施属于行政行为,还是油污损害赔偿中的清防污措施,即预防措施,或海难救助,或其他,相关费用由谁索赔,按照何种路径索赔等,对此分歧较大,也对相关方的权利义务产生较大影响,有必要加以讨论。本文结合相关案例,通过细分和比较不同类型的应急处置与应急防备措施,旨在就措施定性提出可参考的标准,同时在现有制度框架下,就索赔主体与求偿路径进行分析,以期规范解决应急费用的索赔和责任,又不至于加重船方的负担,促进海事主管机关更好地履行法定职责。

一、问题的提出

发生或者可能发生重大船舶污染损害时,海事主管机关采取的应急处置与应急防备措施,是开展人员和财产搜救,消除和减少海洋污染的主要力量。以宁波海事法院为例,2013—2017 年受理的 34 件海难救助合同纠纷中,海事主管机关运用自有人力、物力采取应急处置与应急防备引发索赔的有 4 件,海事主管机关组织、协调下属事业单位或第三方社会力量开展应急作业的有 21 件,占比 73.53%。从审理实践看,海事主管机关就相关应急费用索赔时,有以下问题争议较大:

1. 措施定性

海事主管机关采取的应急措施属于公务行为还是民事行为? 在实践中,责任方往往抗辩此种措施属于公务行为,因海事主管机关的法定职责是负责辖区内重大水上交通事故、船舶重大污染事故处置及组织、指挥和协调等,相关费用属于正常的行政开支,不能向行政相对人收取费用或请求报酬,相关费用索赔无依据。此外,即使可以通过私法途径索赔,此种措施是构成海难救助,还是油污损害赔偿范围的清防污措施,或其他,对此认识不一。如宁波海事法院近五年来受理的 34 件海难救助合同纠纷中,判决结案有 15 件(其中 4 件尚未生效),一审判决认定构成救助的仅 3 件,剩余 12 件均被认为属于清防污措施,结案案由改为船舶污染损害责任纠纷。

2. 费用属性

该问题与应急措施的定性密切关联,无论是公务行为,还是海难救助,或清防污措施或其他,均属于不同性质的法律行为,分由不同的法律规范调整,费用补偿存在极大区别,直接影响到相关费用能否足额实现。如果将应急措施定性为公务行为,相关费用属公法下的缴纳义务,在行政法框架下求偿;如果定性为油污损害赔偿中的清防污措施,清防污费作为船舶营运过程中发生的损失,属于限制性海事债权;如果定性为海难救助,救助款项属于非限制性债权,且享有船舶优先权。

3. 索赔主体

索赔主体即由谁提起索赔。在实践中,海事主管机关采取的应急措施包括了一系列行为,既有海事主管机关直接运用自己的人力、物力进行的应急作业,也包括组织、协调下属事业单位或第三方社会力量开展的应急作业,后者增加了应急作业具体实施方这一主体。对此产生的争议是,在后者情形下,是由海事主管机关自己出面索赔,还是由具体作业实施方索赔,并不统一。在司法实践中,有观点[①]认为,依据《中华人民共和国行政强制法》(以下简称《行政强制法》)第五十条、第五十二条规定,此种应急作业属于行政强制中排除妨碍、恢复原状的代履行,海事主

---

① 参见武汉海事法院(2017)鄂 72 民初 985 号民事裁定书、湖北省高级人民法院(2018)鄂民终 664 号民事裁定书。

管机关为行政强制行为的具体实施人,只不过其将具体实施行为委托具体作业实施方代为履行,两者之间属于行政法下的委托和被委托关系,故具体作业实施方不能直接向责任方索赔,而应按照《防治船舶污染海洋环境管理条例》第四十条之规定,船舶和防治污染设施、设备、器材以及其他物资被征用或者征用后毁损、灭失的,由海事主管机关给予补偿。海事主管机关向具体作业实施方支付相关费用后,依据《行政强制法》第五十一条第二款之规定,要求当事人承担。

综上,海事主管机关采取的应急处置与应急防备措施属于何种性质,决定了受何部门法律的调整和规范,也决定了应急费用的法律属性、求偿途径、责任承担等。由于此种措施较为特殊,兼具了公法和私法属性,性质较为模糊,故准确梳理和分析其法律性质很有必要。

二、海上应急处置与应急防备措施的分类及定性

（一）概念及分类

根据《中华人民共和国海洋环境保护法》(以下简称《海洋环境保护法》)第七十一条、《中华人民共和国船舶污染海洋环境应急防备和应急处置管理规定》(以下简称《应急管理规定》)第二条第三款之规定,海上应急处置与应急防备是指,发生或者可能发生船舶重大污染损害时,海事主管机关所采取的为控制、减轻、消除海洋环境污染损害而采取的响应行动及相关准备工作。按照不同标准,海上应急处置与应急防备措施可做如下分类:

1. 按污染类型分类

根据污染类型,海上应急处置与应急防备措施可分为:针对油污的措施和针对其他污染的措施。此种分类的意义在于,《海洋环境保护法》第九十四条第(一)项规定:"海洋环境污染损害,是指直接或者间接地把物质或者能量引入海洋环境,产生损害海洋生物资源、危害人体健康、妨害渔业和海上其他合法活动、损害海水使用素质和减损环境质量等有害影响。"该规定界定的海洋环境污染损害范围较广,包括了任何类型船舶、任何类型物质对海洋环境的污染。海事主管机关采取的应急处置与应急防备措施不仅针对油污,还包括船载其他有毒有害物质等的污染。针对其他有毒有害物质所采取的应急措施,如果既不符合油污损害赔偿中清防污措施的要件,也不符合海难救助的要件,如何界定该措施性质及索赔路径较为棘手。如"港辉"轮与"建兴67"轮碰撞后,"建兴67"轮所载乙二醇泄漏,宁波海事局派遣了两艘公务船舶携带人员、设备、物质前往现场,但未实际进行清污作业,一审法院认为该案既不能适用油污损害赔偿相关规定,也不能定性为海难救助,亦不能构成无因管理,最后参照《中华人民共和国海商法》(以下简称《海商法》)第一百

九十二条的规定,对应急行为进行了适当补偿。①

2. 按直接作用对象及效果分类

根据海上应急处置与应急防备措施的直接作用对象及效果,可分为:一是直接作用于海洋环境而非船和货的措施,来消除或减轻环境污染,如喷洒消油剂、布设围油栏等;二是直接作用于船和货的措施,来间接控制或防止环境污染。如造成油污损害或者形成油污损害威胁的遇险船舶,对其受损油舱进行破口封堵、卸载或加固所载集装箱避免船舶沉没、破损货舱内油污水过驳、切割船舶水下外翻钢板防止船体断裂等。这些措施有时既对遇险船和货救援有利,又对防止或减轻污染损害有利,具有多重效果。此种分类的意义在于,对于具有多重效果的措施,如何区分是构成油污损害赔偿范围中的清防污措施,还是海难救助,还是其他。因该问题涉及不同制度的竞合,将在下文予以分析。

3. 按效果形态分类

根据海上应急处置与应急防备措施产生的效果有无物理形态,可分为:一是措施的效果"有形",如破口封堵、加固集装箱、喷洒消油剂、布设围油栏等;二是措施的效果"无形",如调遣清污物资到船、码头待命、守候。此种分类的意义在于,在海事主管机关仅采取了具有"无形效果"的措施时,能否主张救助报酬或清防污费用。仍以前述"港辉"轮与"建兴67"轮碰撞为例,该案中②,原告受宁波海事局指令采取应急措施,派遣了三艘船舶前往现场,后实际未进行清污作业,也未使用相关设备和材料,而是在附近锚泊待命,监视现场污染情况,同时另通知了一艘船舶在大榭码头待命。该案中,对上述应急措施是否构成海难救助争议较大。

笔者认为,上述问题涉及"危险"的判断及应急措施是否合理和必要,需结合具体案情考量,可参考以下标准:一是事前标准与科学标准相结合的原则。根据海事主管机关采取应急措施时掌握的事实,如溢油源的类型,溢出油的种类、多少、事故地点、原因、气象、海况等,并结合科学手段,如溢油漂移轨迹模拟及预测、船体安全风险评估、油污远程监测监控等,在当时当地情况下评估对辖区海洋环境可能造成的影响、规模及扩展趋向、范围,而非从事后调查的客观事实判断。二是鼓励救助的原则。从宽掌握"危险"的认定标准,以便及时进行救援,而不再判断是否存在环境污染危险或船舶危险,浪费宝贵的救援时间。由于海面污染随风流或洋流具有流动性和扩散性,如果等污染损害实际发生,再采取应急防备措施已来不及,相关防备措施在物理形态上可能并未直接减少或消除污染危险或船舶危险,但给

① 参见宁波海事法院(2015)甬海法商初字第641号民事判决书,该案二审中达成调解,确认相关费用为海难救助费用。

② 参见宁波海事法院(2015)甬海法商初字第640号民事判决书。

了被救援方以信心和勇气①,故做好应急防备仍具有积极意义。

4. 按实施阶段分类

根据海上应急处置与应急防备措施的实施阶段,可分为:一是为应急作业做相关准备或伴随的辅助行为,如调遣清污物资到船、码头待命、现场守护、清污船伴航等;二是直接实施污染清理或处置的行为,如油污围控、投放收油机收油等。这种分类与按措施效果分类近似,分类的意义在于,对于直接实施污染清理或处置的行为,海事主管机关可以主张相关费用一般无异议。但对于海事主管机关为应急作业做相关准备或伴随的辅助行为,哪些可以索赔,存有争议。比如污染事故发生后,委托第三方对漏油量进行计算、对海面溢油样进行比对等,应急行动结束后才出具相关报告,对减轻或消除污染损害没有帮助。在司法实践中,有的人认为此措施属于海事主管机关的调查取证行为,海事主管机关对此产生的费用不能索赔。对于海事主管机关采取的不直接作用于污染损害,但与应急行动紧密相关,对避免或减少污染损害有积极效果或帮助的措施,如委托第三方对受损船舶进港的安全性及溢油的可能性进行评估、对卸载期间船舶安全性进行监控、对油污飘散轨迹和范围开展模拟预测、安排卫星跟踪监测等,海事主管机关索赔相关费用具有合理性。

(二)定性分歧根源及启示

1. 应急措施性质的模糊是公法私法化的必然反映

采取海上应急处置与应急防备措施的主体系海事主管机关,即公权力机关,承担着公法上的特殊职责。即使应急作业具体由海事主管机关下属事业单位或第三方社会力量实施,此种措施仍是由海事主管机关组织、协调,具有明显的公权力色彩。根据法律法规的特别授权,在情势紧迫时,海事主管机关有权强制采取避免或者减少污染损害的应急措施,无须征得事故船方的同意,一般也未与事故船方达成合意或签订协议②,事故船方不得不接受该应急活动的安排。此种应急措施客观上具有双重功能:一方面,减轻或消除了海洋环境污染损害,具有维护海上交通安全或海洋生态环境等公共利益的功能;另一方面,间接使得事故船方避免或减少了船、货损失及环境损害赔偿责任,具有民事减损的功能。结合 20 世纪以来公私法融合的大背景,应急措施具有的双重功能,是公法行为(行政行为)和私法行为(民事减损)在行为目的、效果等方面的竞合③,也使得海事主管机关采取此种措施时

---

① 刘刚仿:《海难救助法初论》,对外经济贸易大学出版社 2014 年版,第 71 页。
② 实践中不排除事故船方与海事主管机关或具体应急作业实施方先达成合意或签订协议的情形。
③ 龙玉兰:《强制清污应具备的法定条件及清污费用的性质》,载《中国海商法年刊》2008 年第 18 卷。

具有行政主体和民事主体双重面目,难以对其准确定性。

启示:在公私法融合的背景下,应急措施的公法属性不影响相关费用的民事责任承担。按照之前的相关规定,为避免或减少海洋环境污染损害,海事主管机关采取的相关应急措施费用属于行政责任。如 1983 年的《海洋环境保护法》第四十一条①规定:"造成或可能造成海洋环境污染损害的,有关主管部门可以责令限期治理,缴纳排污费,支付清除污染费用";《中华人民共和国防止船舶污染海域管理条例》(已失效)第三十九条规定:"造成海洋环境污染损害的船舶,港务监督可以责令其支付消除污染费。"这也是应急措施被认为应定性为行政行为的依据。但自2000 年开始施行的《海洋环境保护法》,区分了造成海洋环境污染损害的行政责任和民事责任,第七十三条规定的是行政责任,"凡违反本法有关规定,有下列行为之一的,由依照本法规定行使海洋环境监督管理权的部门责令限期改正,并处以罚款";第九十条②规定的是民事责任,"造成海洋环境污染损害的责任者,应当排除危害,并赔偿损失"。按照主流观点,主管机关采取的强制应急清污措施,费用性质属于民事责任。《第二次全国涉外商事海事审判工作会议纪要》第一百四十五条也明确规定,国家海事行政主管部门或其他企事业单位为防止或减轻油污损害而支出的费用,包括清污费用,可直接向油污责任人提起诉讼。③ 此外,自 2018 年1 月 15 日起施行的《最高人民法院关于审理海洋自然资源与生态环境损害赔偿纠纷案件若干问题的规定》进一步明确了海事主管机关可通过诉讼途径要求责任人就应急费用承担民事责任的问题。该司法解释第七条规定:"海洋自然资源与生态环境损失赔偿范围包括预防措施费用,即为减轻或者防止海洋环境污染、生态恶化、自然资源减少所采取合理应急处置措施而发生的费用。"结合该解释第三条、第六条之规定,海事主管机关作为行使海洋环境监督管理权的机关,根据其职能分工提起海洋自然资源与生态环境损害赔偿诉讼,法院应予受理。其请求造成海洋自然资源与生态环境损害的责任者承担赔偿损失等民事责任的,法院应根据诉讼请求及具体案情,合理判定责任者承担民事责任。

---

① 1983 年的《海洋环境保护法》第四十一条规定:"凡违反本法,造成或可能造成海洋环境污染损害的,本法第五条规定的有关主管部门可以责令限期治理,缴纳排污费,支付清除污染费用,赔偿国家损失;并可以给予警告或罚款。当事人不服的,可以在收到决定书之日起十五日内,向人民法院起诉;期满不起诉又不履行的,由有关主管部门申请人民法院强制执行。"

② 2017 年 11 月 5 日起施行的新《海洋环境保护法》第八十九条规定:"造成海洋环境污染损害的责任者,应当排除危害,并赔偿损失;完全由于第三者的故意或者过失,造成海洋环境污染损害的,由第三者排除危害,并承担赔偿责任。对破坏海洋生态、海洋水产资源、海洋保护区,给国家造成重大损失的,由依照本法规定行使海洋环境监督管理权的部门代表国家对责任者提出损害赔偿要求。"

③ 司玉琢:《沿海运输船舶油污损害赔偿若干法律问题研究》,载《中国对外贸易》2002 年第 6 期。

2. 现行制度竞合导致应急措施性质难以把握

我国现行油污防治、海难救助、残骸清除三种制度之间的界限并不是十分清晰，在海事主管机关采取的应急措施具有多重效果时，三者之间存在竞合可能。

(1) 清防污措施与海难救助的竞合

船舶污染事故一般系由搁浅、碰撞、爆炸等海难事故引起，故救助作业往往是保护海洋环境、减少污染损害的第一道防线。如果海事主管机关采取的应急处置与应急防备措施，客观上既救助了危险中的船或货，又防止或减轻了油污损害，如前面提到的，造成油污损害或者形成油污损害威胁的遇险船舶，对其受损油舱进行破口封堵、卸载或加固所载集装箱避免船舶沉没、破损货舱内油污水过驳、切割船舶水下外翻钢板防止船体断裂等，则同时形成救助法律关系与油污损害赔偿法律关系，由此产生的救助费用与清防污费用，分别属于救助合同与油污侵权，在法律适用、支付主体、保险与基金保障上均有所不同，如何区分两类费用较为棘手。《最高人民法院关于审理船舶油污损害赔偿纠纷案件若干问题的规定》第十一条借鉴了 1992 年国际油污基金组织的《索赔手册》及国际赔偿实践，规定了划分救助费用与清防污费用的初始目的和双重目的标准[①]。从该条内容看，其采用的是"行为目的"定性原则，即以行为人所采取的行为或措施的目的作为衡量依据，来划分救助作业与清防污措施[②]。从可操作性看，该条规定较为简单抽象，行为人目的的识别较为主观，司法实践难以查明和判断，客观上分摊比例如何确定也会引发争议。此外，根据《海洋环境保护法》第七十一条、《应急管理规定》第二条第三款之规定，海事主管机关采取应急处置和应急防备措施主要是为了控制、减轻、消除船舶造成的海洋环境污染。但根据《中华人民共和国安全生产法》第八十二条、《中华人民共和国突发事件应对法》第四十八条之规定，事故发生后，海事主管机关负有组织和参与事故救援的义务，目的既有避免或者减少对环境造成的危害，还包括减少人员伤亡和财产损失。故海事主管机关在采取应急作业时，很难判断其作业开始时的主要目的，或主要动因是救助遇险船舶、其他财产，还是防止、减轻油污损害。

启示：应急作业开始时的主要目的，或主要动因，虽然难以把握，但是从国外实践来看，仍有以下因素可以借鉴：一是应急作业时污染危险是否已消除。如"Tarpenbek"油轮索赔案中，该轮因与他船相撞倾覆，即将发生严重油污损害危险，油轮所有人为了从油轮中转移石油，与救助方订立救助合同。后救助很成功，没有石油

---

① 司玉琢：《沿海运输船舶油污损害赔偿若干法律问题研究》，载《中国对外贸易》2002 年第 6 期。

② 曲涛：《清污行动中预防措施费用与救助作业费用的认定与划分》，载《中国海商法研究》2013 年第 3 期。

溢出,随后救助方翻正油轮残骸并拖带至鹿特丹。该案中,订立救助合同的主要目的在于避免污染,并无争议,但自石油从油轮中完全转移时起,污染危险已消除,故之后的翻正油轮残骸及拖带至鹿特丹的费用,不属于清防污费用。二是替代措施的费用。如"Portfield"油轮索赔案中,该轮于 1990 年 11 月 5 日在威尔士一码头泊位沉没,约一半燃油溢出,油轮所有人转移了油舱中的剩余石油,至 11 月 11 日才打捞油轮。油轮所有人认为,如果仅仅为了救助财产,可以用极低的费用在几小时内完成,故相关措施属于防污措施。该观点后来得到支持,约三分之二的费用作为防污费用①。

(2)残骸清除措施与清防污措施的竞合

残骸清除有强制性打捞清除和非强制性(商业)打捞清除之分,此种竞合往往发生在强制性打捞清除的情况下,即当残骸影响海上交通安全、海洋环境等公共利益时,如果船舶所有人未履行打捞清除义务,海事主管机关可自行或委托其他机构进行打捞清除。自 2017 年 2 月 11 日起对我国生效的《2007 年内罗毕国际船舶残骸清除公约》,虽然仅适用于具有涉外因素的专属经济区的残骸清除,范围有限(需要进行清除或能够清除的残骸往往位于内水或领海),但公约对"残骸""危害""清除"的定义较广。按照该公约,"残骸"既包括船舶,也包括船载货物和船上其他物品,具体为:海上事故发生后沉没或搁浅的船舶;沉没或搁浅船舶的任一部分,包括当时或曾经在该船上的任何物品;从船上落入海中并在海上搁浅、沉没或漂浮的任何物品;在尚未为救助处于危险中的船舶或任何财产而采取有效措施的情况下,即将或合理预期会沉没或搁浅的船舶。"危害"指需要进行残骸清除的情况或威胁,不仅指航行危险或障碍,还包括海洋环境污染危害。"清除"指对残骸所造成的危害进行任何形式的预防、减轻或消除。按照上述定义,残骸清除既包括传统意义上的打捞清障措施,也包括清防污措施。如海事主管机关采取的以避免和预防油污损害为目的应急措施,如抽取和燃烧剩油、喷洒消油剂和吸油剂、布设围油栏等典型清防污措施均可视为残骸清除②。

启示:《2007 年内罗毕国际船舶残骸清除公约》规定,船舶所有人为残骸清除费用的赔偿责任主体,归责原则为无过错责任原则,相关费用索赔可直接向船舶残骸清偿责任保险人或财务保证人提出,由于海事主管机关采取的应急处置和应急防备措施具有综合性的特征,往往包括残骸清除与油污防治一系列行为,海事主管机关自己对应急措施的性质也无准确认识,为了避免费用计算的复杂和不确定性,

① 徐国平:《船舶油污损害赔偿法律制度研究》,北京大学出版社 2006 年版,第 87 页。
② 夏亮:《船源油污强制清除制度下海事主管机关的法律地位——以公私法之协调为中心》,载《河北法学》2017 年第 11 期。

原则上，法院应尊重海事主管机关诉因的选择，允许其就同一应急行动产生的费用一并索赔。如"NOBEL"轮碰撞沉没后，燃油溢出，海事主管机关就其采取的溢油清除、设置警戒标识、沉船打捞清除等应急处置措施一并向法院索赔，并得以准许①。需要注意的是，油轮装载的非持久性燃油或者非油轮装载的燃油造成油污损害的，适用海商法关于海事赔偿责任限制的规定，不仅责任限额上适用，而且在海事请求的限制性与非限制性上也同样适用②。根据《最高人民法院关于审理船舶油污损害赔偿纠纷案件若干问题的规定》第二十条之规定，此类污染损害中，与打捞清障措施竞合的部分清防污费用，如对沉没、搁浅、遇难船舶采取起浮、清除或者使之无害措施而发生的费用，属于非限制性债权。

（3）海难救助与残骸清除的竞合

《2007 年内罗毕国际船舶残骸清除公约》第十一条第二款对海难救助与残骸清除竞合时的法律适用做了安排，即：只要依据该公约采取的行为被其他国际公约和国内法认定为海难救助，该公约就不再适用③。笔者认为，该安排不仅适用于公约规定的范围，即具有涉外因素的专属经济区的残骸清除，对于非涉外因素的，及内水和领海的残骸清除，如果与海难救助竞合时，亦可予以借鉴。司法实践中，争议较大的问题集中在"沉船"打捞是否属于海难救助，《1989 年国际救助公约》和《海商法》均无明确规定，各地裁判尺度并不统一。如"大通海 001"轮倾覆沉没后，原告按照海事主管机关指令对该轮进行了打捞。对该沉船打捞的性质，一审法院认为，根据法律规定，海难救助的标的包括遇险的船舶和其他财产，沉船亦可列入海难救助的标的范围，原告与船东自始至终未就沉船打捞事宜达成过合意，双方间不符合打捞合同的特征，原告在海事主管机关指令下从事的应急抢险行为，不仅是维护航运安全，也是为了使沉船的价值得以获救，故该打捞行为构成海难救助④。但在"东运 419"轮案中，一审法院认为该轮沉没及集装箱落海对事故发生地及附近海域的航行安全和海洋环境保护产生很大威胁，海事主管机关根据《中华人民共和国海上交通安全法》第四十条之规定，责令船东限期清障打捞沉船和落海集装箱，在船东拒不全面履行打捞义务的情况下，海事主管机关组织原告等单位进行打捞和清污工作，并不是为了使沉船及落海集装箱的价值得以获救，而是为

---

① 参见宁波海事法院(2009)甬海法事初字第 31 号民事判决书。

② 刘寿杰、余晓汉:《关于审理船舶油污损害赔偿纠纷案件若干问题的规定的理解与适用》,载《人民法司法》2011 年第 17 期。

③ 夏亮:《船源油污强制清除制度下海事主管机关的法律地位——以公私法之协调为中心》,载《河北法学》2017 年第 11 期。

④ 一审:宁波海事法院(2014)甬海法商初字第 420 号;二审:浙江省高级人民法院(2014)浙海终字第 147 号。二审中双方当事人就沉船打捞是否构成救助并未上诉。

了消除沉船及落海集装箱可能给航行安全带来的危害及沉船泄漏的燃油对海洋环境造成的损害,因此该案不属于海难救助纠纷,而属于强制打捞及清除油污纠纷①。

启示:沉船打捞属于海难救助还是残骸清除的问题,实质在于"沉船"是否属于海难救助标的范围。认为"沉船"不属于海难救助标的的理由为,船舶沉没后,其在海里的状态已经稳定下来,船舶价值并不面临减少或灭失的紧迫危险,因此对沉船打捞不构成典型意义上的海难救助②。但是即便船舶沉入海底,其价值仍存在减少和灭失的危险,如海水侵蚀,船舶和货物进一步漂移,还存在被人偷偷打捞或被盗的危险,因此不能说船舶沉入海里就没有紧迫的危险③。根据英国的相关判例,沉船即便不能航行,但只要沉船所有人没有放弃救助,救助仍有希望且起浮后经过修理可以适用于航行,则仍然属于海难救助标的的"船舶"范围④,笔者认为具有一定的借鉴意义。此外,在我国法律上,如果沉船、漂浮船、搁浅船、沉物和漂浮物等不构成《海商法》第三条中所称的船舶,只要是非永久地和非有意地依附于岸线,均可以构成《海商法》第一百七十二条所定义的财产,可以构成海难救助的标的⑤。

三、海上应急处置和应急防备费用的求偿路径及索赔主体

(一)求偿路径

研究海上应急处置和应急防备措施性质的主要意义,在于解决应急费用的求偿路径及责任承担问题,该问题与应急措施的性质密切关联。如前所述,在公私法融合的背景下,应急措施是公法行为和私法行为的竞合,具有维护公益和民事减损双重功能,也使得海事主管机关具有行政主体和民事主体双面性。如同违约与侵权竞合时,受害人可择诉一样,应急措施的功能竞合应允许海事主管机关选择索赔程序,即选择通过海事诉讼途径索赔,或通过行政程序求偿相关费用⑥。

需要注意的是,如果海事主管机关选择通过行政程序求偿,可以绕开赔偿责任限制,但如果责任方因同一行为应承担民事责任和行政责任的,如果财产不足以支付,根据《中华人民共和国民法典》第一百八十七条的规定,应优先用于承担民事

---

① 参见广州海事法院(2002)广海法初字第 106 号民事判决书。
② 金正佳:《海商法案例与评析》,中山大学出版社 2004 年版,第 406 页。
③ 刘刚仿:《海难救助法初论》,对外经济贸易大学出版社 2014 年版,第 166 页。
④ 同③,第 90 页。
⑤ 王欣:《海上救助打捞法律适用问题研究》,载《大连海事大学学报》(社会科学版)2017 年第 2 期。
⑥ 龙玉兰:《强制清污应具备的法定条件及清污费用的性质》,载《中国海商法年刊》2008 年第 18 卷。

责任,故通过行政程序求偿,在责任方财产不足时,则存在一定风险,且行政命令在域外的承认和执行也比较困难。从实践来看,海事主管机关选择此种途径求偿的较少。如果通过海事诉讼途径求偿,若应急措施认定为油污损害赔偿中的清防污措施,费用据实计算,不适用"无效果、无报酬"原则,但责任方有权享受海事赔偿责任限制,清防污费用不能得到全面受偿;如果认定为残骸清除措施,对于装载持久性油类的油轮而言,相关残骸清除费用与清防污费用一样,均属于限制性债权,但是为了避免油轮装载的非持久性燃油和非油轮装载的燃油造成损害而采取的残骸清除措施,相关费用属于非限制性债权;如果认定为海难救助,救助报酬享有船舶优先权且责任方不能享受责任限制,但金额通常以获救财产价值为限,可能高于也可能低于实际发生的费用①。

(二)索赔主体

该问题主要发生在通过诉讼途径索赔相关应急措施费用时。笔者认为,在审查应急费用的索赔主体资格时,原则上应采取开放的态度,按"谁支付费用、谁索赔"处理。需要注意的是,由于海难污染事故发生后,海事主管机关组织的参与应急作业的船舶及人员较多,如宁波海事法院审理的"佛罗里达"轮系列案中,索赔主体既有海事局、救助局、打捞局,还有航标处、测绘处、清污公司等,故让所有参与人员及单位向责任方主张权利,势必增加诉讼成本,浪费社会资源,应允许海事主管机关作为主管单位和组织者代位行使权利,避免减少讼累。青岛海事法院审理的"韩进哥德堡"轮与"畅通"轮碰撞事故引发的海上保险合同纠纷一案中②,亦采取此种观点。需要注意的是,在海事主管机关组织第三方社会力量采取的应急措施,构成海难救助时,此时救助人应为具体作业实施方,有权获得救助报酬的应为具体作业实施方,海事主管机关此时主要起协调指挥作用,无权主张救助报酬③。

（获 2019 年浙江省第九届海洋经济发展法治论坛二等奖）

---

① 夏亮:《船源油污强制清除制度下海事主管机关的法律地位——以公私法之协调为中心》,载《河北法学》2017 年第 11 期。

② 参见青岛海事法院(2011)青海法海商初字第 187 号民事判决书、山东省高级人民法院(2014)鲁民四终字第 107 号民事判决书。

③ 同①。

渔业捕捞权行政补偿的法律救济

吴胜顺

【摘要】渔业捕捞权和海域使用权都属于用益物权,但前者不具有排他性,而后者具有排他性。行政机关在捕捞许可证记载的同一场所,将海域使用权批准给他人使用,排斥或者限制了渔业捕捞权行使,损害渔业捕捞权人权利或者权益的,渔业捕捞权人有权获得补偿。渔业捕捞权人提起行政补偿诉讼,除需要具备行政诉讼一般要件外,还需要根据此类行政补偿案件的特点,满足不同诉讼类型的一些特别要件。

【关键词】用益物权;渔业捕捞权;海域使用权;行政补偿

渔业捕捞权和海域使用权都是经行政主管部门依法审批并取得相应权利的行政许可,同时也都是我国法律明确规定的用益物权,但前者不具有排他性,而后者具有排他性。当两者在同一海域存在时,便会出现用益物权上的冲突。行政机关在捕捞许可证记载的同一场所将海域使用权批准给他人使用,排斥或者限制了渔业捕捞权行使,对渔业捕捞权人如何进行法律救济,是个值得讨论的问题。本文从实际案例入手,从行政补偿的视角对相关问题进行分析。

一、据以研究的案例

(一)基本案情

郑某系"浙普渔 011599"船所有人,该船取得了(浙普)船捕(2015)HY-100084 号渔业捕捞许可证,船籍港普陀,作业场所本县 A 类渔区。因国电舟山普陀 6 号海上风电场 2 区工程建设及运行,国电电力浙江舟山海上风电开发有限公司(甲方,简称"风电公司")与浙江舟山群岛新区六横管理委员会(乙方,简称"六横管委会")签订《国电舟山普陀 6 号海上风电场 2 区工程涉海海域渔业政策补偿费用协议书》,约定由甲方向乙方支付包括涉海海域渔船、渔民损失和乙方工作经费在内共计 1 500 万元,由乙方负责落实各项政策补偿。随后,六横镇人民政府对小型渔船生产情况进行了调查,召开由各渔船管理服务站站长、涉渔村(社)主要负责人等参加的会议,确定补偿办法及具体每船的补偿金额。郑某的补偿款确定为 20.16 万元,已汇入渔业股份经济合作社账户并由其具体发放,但郑某未领取。2016 年 12 月 15 日,浙江省舟山市人民政府根据风电公司海域使用申请,做出舟海权通〔2016〕5 号《海域使用权批准通知书》,批准该公司位于普陀区横岛东南侧海域的国电舟山普陀 6 号海上风电场 2 区工程用海,面积为 270.6 020 公顷,为透水构筑物和海底电缆管道用海(工业用海——电力工业用海),期限为 30 年。郑某于 2017 年 12 月 6 日向浙江省舟山市中级人民法院提起诉讼,请求判决确认舟山市人民政府做出的舟海权通〔2016〕5 号《海域使用权批准通知书》对国电舟山普陀 6 号海上风电场 2 区工程项目的海域使用批准行为违法,被一、二审裁定驳回起诉。2019 年 4 月 17 日,郑某向六横管委会提出履职申请,要求就海上风电项目对渔业捕捞权造成的影响与其签订补偿安置协议,履行补偿安置义务。后郑某提起诉讼,认为六横管委会无视其合法权益,迟迟不签订补偿协议、履行补偿义务,侵犯了其自主生产经营权,请求判令六横管委会支付各项补偿费用共 128.92 万元。

(二)法院裁判

宁波海事法院经审理认为,本案的争议焦点为郑某的损失是否由六横管委会所造成,以及六横管委会是否负有法定的行政补偿义务。郑某的渔业捕捞权受到风电公司实施海上风电场工程建设项目的影响,依法享有获得补偿的权利,但本案中并不能因此认定六横管委会负有行政补偿职责。第一,从现行的行政法律法规来看,并未规定新区管理委员会一级管理机构对其行政区域范围内风力发电项目造成的渔业捕捞权损害负有补偿责任。六横管委会之所以向各渔船所有人发放补偿款,来源于其与风电公司的协议约定,而非法律规定的职权或义务,六横管委会亦不可能通过与风电公司这一市场主体签订的协议而创设一项行政管理职权。故六横管委会向渔船所有人发放补偿款的行为,并不是行使行政权力、履行行政管理职责的行为。第二,在行政补偿制度中,公民、法人或者其他组织所遭受的损害由合法的行政行为引起,补偿责任也应由做出该行政行为的行政机关承担。本案中无任何证据显示损害由六横管委会实施的任何行政行为所引起,六横管委会分配补偿款的行为并非造成郑某损失的行政行为,补偿费用也由风电公司而非六横管委会承担,故不满足行政补偿的基本条件。第三,风电公司与六横管委会签订有关协议,由六横管委会对补偿款进行分配,六横管委会确实有恰当地分配从风电公司处获得补偿款的权力。但是,该行为并非行政行为,六横管委会在分配过程中确定郑某的补偿款数额为 20.16 万元,并未设立行政法上的法律关系,对郑某不具有直接约束力和强制力。因此,六横管委会并不具有对因海上风电项目引起的损失进行行政补偿的法定职责,郑某要求其履行行政补偿义务,缺乏事实和法律依据。一审法院遂裁定驳回郑某的起诉。宣判后,郑某不服,提起上诉。

浙江省高级人民法院经审理认为,对于行政赔偿、补偿案件,原告应当对行政行为造成的损害提供证据。郑某以六横管委会与风电公司签订过《涉海海域渔业政策补偿费用协议书》为由,即主张六横管委会对其负有法定补偿义务,法律依据不足。郑某称,风电项目严重影响了其渔业捕捞权,致使其丧失了基本的生活保障,造成了128.92万元的直接损失,但其所提供的在案证据,既无法印证确有其主张的桩及网数量,亦无法印证涉案渔船及船上设备工具因风电项目被毁损或无法使用,同样不能印证其因风电开发项目而不能继续从事捕捞作业,遂裁定驳回上诉,维持原裁定。①

(三)值得研究的问题

本案系渔业捕捞权行政补偿争议。郑某前后提起两个诉讼,先是请求确认舟山市人民政府对风电公司海域使用权批准行为违法,被一、二审裁定驳回起诉后,再转而对六横管委会提起诉讼,请求六横管委会做出行政补偿决定、履行补偿义务。从法律上看,海域使用权和渔业捕捞权都属于用益物权,在海洋开发利用过程中,随着有偿用海制度的不断完善,在沿海传统捕捞海域,海域使用权与渔业捕捞权的冲突和矛盾经常发生。② 本案值得研究的问题有二:一是当渔业捕捞权受到合法的海域使用权妨害时,渔业捕捞权人是否有权请求行政补偿;二是渔业捕捞权人如何进行法律救济。

二、渔业捕捞权行政补偿

(一)行政补偿

行政补偿是国家通过行政主体基于社会公共利益的需要,在管理国家和社会公共事务的过程中,因合法行使公权力的行为以及该行为的附随效果而致公民、法人或者其他社会组织的合法财产及合法权益遭受特别损害,以公平原则并通过正当程序对所遭受的损害给予补偿的法律制度。③ 行政补偿有以下几方面的法律特征:一是必须以合法的行政行为为前提;二是以无义务的特定人所受的特别损害为要件;三是以损害的实际存在为基础,并且损失的发生必须与合法的行政行为有因

---

① 宁波海事法院(2019)浙72行初7号、浙江省高级人民法院(2019)浙行终1599号郑某诉浙江舟山群岛新区六横管理委员会履行行政补偿法定职责案。
② 该案同时涉及100多户渔民,大部分渔民签署了补偿协议,并领取了补偿款,但仍有部分渔民不同意补偿方案,其中与郑某同时提起诉讼的共有4名渔民。
③ 胡建森:《行政法学》(第四版),法律出版社2015年版,第727页。

果关系；四是属于国家通过行政主体对行政相对人的补偿。① 行政补偿既是一种法律制度，也是一种行政行为。行政补偿协议属于行政协议的一种，行政主体做出的行政补偿决定则是一种单方行政决定，两者都属于行政行为的范畴，均具有可诉性。从补偿主体上看，行政补偿通常发生在征收征用等行政管理领域，本质上是一种国家责任，但在现实生活中，往往由行政机关代表国家处理具体事务，也由该行政机关代表国家承担行政补偿责任。根据我国目前的法律制度，行政补偿主体通常与做出行政征收征用决定等行政行为主体一致，即谁做出行政行为就由谁实施补偿。从补偿依据上看，行政补偿是对行政相对人合法私人财产或合法权益被剥夺的一种弥补，因此必须有严格的法律法规依据。世界上大多数国家以宪法和法律直接加以规定，我国也是如此，如《中华人民共和国宪法》《中华人民共和国物权法》（以下简称《物权法》）《中华人民共和国土地管理法》《中华人民共和国海域使用管理法》（以下简称《海域使用管理法》）以及诸多涉及征收、征用、拆迁、安置等方面的法律法规。从补偿范围上看，适用于所有征收征用等行为，包括动产和不动产，财产所有权、使用权和用益物权，也包括财产和财产性权益，直接损害与间接损害。从损害原因上看，既包括合法行政行为直接造成的损害，也包括该合法行政行为随附效果导致的损害。从救济方式上看，相对人对行政补偿行为不服的，有权申请行政复议或提起行政诉讼，但要遵循"行政先行处理"原则；当事人对行政机关做出的行政补偿决定不服的，或者对行政机关不依法履行、未按照约定履行或者违法变更、解除行政补偿协议的，也可以申请行政复议和提起行政诉讼。

（二）渔业捕捞权的行政补偿

1. 渔业捕捞权及其性质

渔业捕捞实行许可证制度。《中华人民共和国渔业法》（以下简称《渔业法》）第二十五条规定，从事捕捞作业的单位和个人，必须按照捕捞许可证关于作业类型、场所、时限、渔具数量和捕捞限额的规定进行作业，并遵守国家有关保护渔业资源的规定。当事人依法取得捕捞许可证后，即具有了按证书记载内容和要求在特定场所从事渔业捕捞的权利，该项权利即为渔业捕捞权。关于渔业捕捞权的性质，《中华人民共和国民法典》（以下简称《民法典》）第三百二十八条和第三百二十九条分别规定了海域使用权和捕捞权等用益物权，但仔细分析，两者在权能和对世效力上存在着相当大的差别，海域使用权作为典型的用益物权，具有排他性，而渔业捕捞权则不然。渔业捕捞权是对自然状态的海洋生物资源予以获取和收益的权利，属于自然资源使用权的一种，一般情况下，行使渔业捕捞权不需要也不能对特

---

① 胡建森：《行政法学》（第四版），法律出版社2015年版，第714-715页。

定海域进行排他性使用,故理论上也有认为渔业捕捞权是传统民法上的一种人役权,与地役权相类似,只是不以需役地为前提。① 渔业捕捞权包含有特定海域场所的内容,同时不具有排他性,而海域使用权具有排他性,两者存在于同一海域时,便会发生不同用益物权之间的冲突。本案中,风电公司进行风电项目施工,出于安全原因,相关作业渔船被当地政府通告告知不要在周边海域从事生产作业活动,郑某在同一海域上的渔业捕捞权现实上已经受到了风电公司海域使用权的影响。

2. 渔业捕捞权补偿的依据

我国《渔业法》未具体规定渔业捕捞权行政补偿,《海域使用管理法》第三十条规定,因公共利益或者国家安全的需要,在海域使用权期满前提前收回的,对海域使用权人应当给予相应的补偿,但该条不适用于渔业捕捞权。《中华人民共和国行政许可法》第八条第二款规定:"行政许可所依据的法律法规、规章修改或者废止,或者准予行政许可所依据的客观情况发生重大变化的,为了公共利益的需要,行政机关可以依法变更或者撤回已经生效的行政许可。由此给公民、法人或者其他组织造成财产损失的,行政机关应当依法给予补偿。"但就本案情形,变更或者限制渔业捕捞权人捕捞场所的行政行为并非批准捕捞许可的行政机关做出。我国《民法典》第三百二十七条对用益物权补偿问题做了统一规定:"因不动产或动产被征收、征用致使用益物权消灭或者影响用益物权行使的,用益物权人有权依照本法第一百四十三条、第二百四十五条的规定获得相应补偿。"根据该条规定,渔业捕捞权补偿发生的情形有两类:一是因被征收、征用导致渔业捕捞权消灭;二是因征收、征用影响渔业捕捞权行使,如行政机关因公共利益或者安全需要临时征用渔船而影响捕捞作业。但如本案情形中,并无行政机关做出任何征收、征用决定,那么,渔业捕捞权人是否有权获得行政补偿? 笔者认为:第一,海域属国家所有,所有权主体单一,并且实行有偿使用制度,行政机关依法将特定海域使用权批准给申请人,并不需要先行征收、征用该特定海域,至于批准海域使用权的行政行为本身是否合法,属于另外一个问题。第二,行政机关将特定海域批准给海域使用权人做排他性使用,在场所上排斥或限制了渔业捕捞权人在同一海域上的捕捞作业,渔业捕捞权的行使势必受到影响,因此受到的损害有权得到弥补。第三,对《民法典》第三百二十七条和第二百四十三条、第二百四十五条做上下文解释,第三百二十七条对用益物权的法律保护做了概括性规定,用益物权人损害补偿的范围应理解为不限于第二百四十三条、第二百四十五条规定的征收、征用。第四,从行政补偿发展

---

① 关涛:《海域使用权问题研究》,载《河南省政法管理干部学院学报》2004年第3期。

过程和趋势看,我国的行政补偿法律制度已日趋完善,补偿的范围也越来越广。①如《中华人民共和国水法》第三十五条、②《中华人民共和国矿产资源法》第三十六条、③《中华人民共和国水生野生动物保护实施条例》第十条规定的补偿,④都不限于征收、征用。由此可见,行政机关审批海域使用权的行政行为,虽不属于《民法典》第二百四十三条、第二百四十五条规定的征收、征用,但该行政行为在捕捞作业场所上确实排斥或限制了同一海域渔业捕捞权的行使,渔业捕捞权人对因此遭受的损害有权获得补偿。此类行政补偿,属于前文所指的行政机关合法行使公权力行为附随效果而致行政相对人合法权益遭受损害产生的行政补偿。具体到本案,舟山市人民政府将涉案海域使用权批准给风电公司使用,该行政行为压缩了郑某的捕捞作业场所,影响了其渔业捕捞权的行使,应予以相应补偿。

三、渔业捕捞权行政补偿法律救济

(一)渔业捕捞权损害救济方式

渔业捕捞权属于用益物权,根据我国《民法典》相关规定,在受到侵害或受有损害时,有权获得物权保护。从救济内容上看,一是在归属、内容发生争议时,请求确认权利(第二百三十四条);二是在被他人无权占有时,请求返还(第二百三十五条);三是在受到或可能受到妨害时,请求排除妨害或者消除危险(第三百二十六条);四是受到侵害造成损害的,请求损害赔偿或者承担其他民事责任(第二百三十八条);五是在被征收、征用时,请求补偿(第二百四十三条、第二百四十五条)。从救济途径上看,包括和解、调解、仲裁、诉讼等(第二百三十三条)。从责任方式上看,包括民事责任和其他责任(第二百三十九条)。具体到本案,可以从民法和行政法两个层面的救济上进行分析。

1.民法上的救济

风电公司取得涉案海域使用权后,该海域使用权与郑某的渔业捕捞权在场所

---

① 2004年国务院制定的《全面推进依法行政实施纲要》规定:"非因法定事由并经法定程序,行政机关不得撤销、变更已经生效的行政决定;因国家利益、公共利益或者其他法定事由需要撤回或者变更行政决定的,应当依照法定权限和程序进行,并对行政管理相对人因此而受到的财产损失予以补偿。"

② 该条规定:"从事工程建设,占用农业灌溉水源、灌溉工程设施,或者对原有灌溉用水、供水水源有不利影响的,建设单位应当采取相应的补救措施;造成损失的,依法给予补偿。"

③ 该条规定:"国务院和国务院有关主管部门批准开办的矿山企业矿区范围内已有的集体矿山企业,应当关闭或者到指定的其他地点开采,由矿山建设单位给予合理的补偿。"

④ 该条规定:"因保护国家重点保护和地方重点保护的水生野生动物受到损失的,可以向当地人民政府渔业行政主管部门提出补偿要求。经调查属实并确实需要补偿的,由当地人民政府按照省、自治区、直辖市人民政府有关规定给予补偿。"

上发生用益物权冲突。从形式上看,渔业捕捞权取得在前,海域使用权审批在后,风电公司的海域使用权限制和影响了郑某的渔业捕捞权行使,构成对渔业捕捞权的妨害,双方均属于民事主体,按我国《物权法》第三十二条的规定:"可以协商解决损失弥补问题,法律自当不予限制。"本案中,双方并未通过直接协商的方式解决,而是由六横管委会统一与风电公司签订协议,风电公司支付补偿款,再由六横管委会通过一定的程序,将补偿款按一定标准发放给相关渔业捕捞权人,这并不会改变风电公司与郑某之间因用益物权发生冲突而引起的民事法律关系,无论结果如何,都属于民法上的救济。但是否郑某能以用益物权受到妨害或侵害对风电公司提起民事诉讼,要求风电公司直接向其赔偿损失,却是未必。原因在于用益物权人请求物权保护,要求排除妨害、消除危险、赔偿损失或者承担其他民事责任,必须以相对人的妨害或损害行为非法或不正当为前提,如果妨害或损害有法定或约定事由,权利人则有容忍的义务。① 基于行政行为的效力先定性,风电公司经舟山市人民政府批准合法取得涉案海域使用权,即便确实构成对同一海域渔业捕捞权的妨害或损害,因具有法定事由,且海域使用权在性质上具有排他性,风电公司因此对郑某并不承担物权侵权损害赔偿责任。由此可见,在同一海域上当渔业捕捞权与海域使用权并存时,渔业捕捞权人对之后合法取得权利的海域使用权人请求民法上的权利救济是有限的。此外,即便是双方直接协商,或者是以其他方式协商解决了损害弥补,由于行政补偿以行政相对人存在实际损失为基础,渔业捕捞权人也不得再就该部分损失重复主张行政补偿。

2. 行政法上的救济

渔业捕捞权人认为其权利因行政机关海域使用权批准行为而受到妨害或损害,要求补偿损失,可以通过行政法途径进行救济,实体法上的依据仍然是我国《民法典》关于物权保护的规定。

(1)对行政机关海域使用权批准行为提起撤销或者确认违法之诉

前案郑某诉舟山市人民政府请求确认舟海权通〔2016〕5号《海域使用权批准通知书》对国电舟山普陀6号海上风电场2区工程项目的海域使用批准行为违法一案,便是如此。至于起诉是否符合条件,本文不做讨论。从渔业捕捞权人的角度讲,一旦海域使用权批准行为被撤销或者被确认违法,风电公司的海域使用权将失去正当合法的依据,进而排除海域使用权对渔业捕捞权的妨害,这也是我国《民法典》第二百三十六条赋予物权人请求排除妨害或者消除危险的物权保护的权利。

---

① 最高人民法院物权法研究小组:《〈中华人民共和国物权法〉条文理解与适用》,人民法院出版社2007年版,第142页。

（2）对行政机关提起行政补偿诉讼

渔业捕捞权人容忍同一海域上另一项用益物权即海域使用权的存在，但其权利或权益因行政机关合法行为而遭受损害，可以要求行政机关予以相应补偿，其法律依据是我国《民法典》第三百二十七条和第二百四十三条、第二百四十五条的规定。这种情况下的行政补偿诉讼，分不同情形还可以细化为三种方式：一是渔业捕捞权人要求行政机关履行行政补偿法定职责，做出行政补偿决定、签订补偿协议，本案即如此；二是认为行政机关做出的行政补偿决定违法，要求撤销或者变更；三是认为行政机关未依法履行、未按照约定履行或者违法变更、解除行政补偿协议而提起行政协议之诉。

（二）渔业捕捞权行政补偿诉讼要件

如前所述，无论是对行政机关做出的行政补偿决定，还是对行政补偿协议本身，行政相对人提起的诉讼都属于行政诉讼，需要符合《中华人民共和国行政诉讼法》（以下简称《行政诉讼法》）第二十五条、第四十九条规定的一般起诉条件，至少包括：原告与该行政补偿行为有利害关系；有明确的被告；有具体的诉讼请求和事实根据；未超过法定起诉期限。除此之外，渔业捕捞权人提起行政补偿诉讼，还需要根据此类行政补偿的特点，满足不同诉讼类型的一些特别要件。

1. 提起要求行政机关履行行政补偿法定职责诉讼，应提供已向被告提出申请的证据

根据我国《行政诉讼法》第三十八条第一款的规定，在起诉被告不履行法定职责的案件中，原告应当提供其向被告提出申请的证据。本案已经查明，郑某在提起本案诉讼之前已经向六横管委会提出申请，符合该前置要件。

2. 适格的行政补偿主体

行政补偿主体一般与做出行政征收、征用等行政行为的行政主体一致，即谁做出行政行为，就由谁实施补偿。本案中，六横管委会不是风电公司海域使用权批准机关，也不是收回或限制郑某捕捞许可证记载的捕捞场所的机关，更不是行政补偿主体。至于其基于与风电公司签订协议，统一领取相关补偿款再分配给各渔业捕捞权人，不是行政法意义上的行政补偿行为。

3. 有能够证明损害实际存在，且与行政机关的合法行政行为有因果关系的证据

根据《行政诉讼法》第三十八条第二款的规定，在行政补偿案件中，原告应对行政行为造成的损害提供证据。郑某一方面拒不领取经六横管委会分配的补偿款；另一方面要求六横管委会履行支付共计128.92万元损失的行政补偿义务，而

未提供有关损害及其因果关系的证据,即使其起诉的行政补偿主体正确,也不满足请求行政补偿的要件。

四、结语

行政机关在捕捞许可证记载的同一场所,将海域使用权批准给他人使用,排斥或者限制了渔业捕捞权行使,损害了渔业捕捞权人权利或者权益,虽非征收、征用引起,渔业捕捞权人仍有获得物权保护的救济权利。这种权利救济,既可以是民法上的救济,也可以是行政法上的救济,但基于依法审批的海域使用权具有合法性和排他性,渔业捕捞权人在民法上的权利救济是有限的,而行政法上的权利救济即行政补偿请求则应遵循"谁行为、谁补偿"的原则,同时要满足此情形下行政补偿的相应条件。

渔业捕捞权作为用益物权的一种,不具有排他性,当与具有排他性的海域使用权在空间场所上发生冲突时,无论是《海域使用管理法》还是《渔业法》,都未对两者之间的权利顺序做出安排,也未对渔业捕捞权因行政机关除征收、征用以外的其他合法行政行为遭受损害时的行政补偿做出直接规定。因此,除我国《民法典》第三百二十七条、第二百四十三条和第二百四十五条为渔业捕捞权提供物权上的保护外,《海域使用管理法》和《渔业法》也应当为渔业捕捞权提供更加直接、更加完善的行政法上的保护,合理弥补渔业捕捞权人因行政机关合法行为造成的损害,并衔接好两种用益物权之间的关系。

(获全国法院系统 2020 年度优秀案例分析评选活动优秀奖;原载于《世界海运》2022 年第 3 期)

《中华人民共和国海事诉讼特别程序法》海事赔偿责任限制程序的重塑与修改

姚妮娜

【摘要】简要介绍了海事赔偿责任限制制度在国际层面以及中国的立法趋势，梳理了在中国、英国、美国行使该制度的程序和国际海事委员会为协调各国程序而制定的指导意见，然后对比三个国家的程序设计、结合中国司法实务中凸显出的问题，详细剖析了中国海事赔偿责任限制程序立法中存在的漏洞和缺陷，并针对这些漏洞和缺陷提出了修改建议。最后，尝试提出海事赔偿责任限制程序规定法律建议稿。

【关键词】海事赔偿责任限制；责任限制之诉；责任限制基金

海事赔偿责任限制是指在发生重大海损事故时，责任人根据法律的规定，将自己的赔偿责任限制在一定范围内的法律制度。这项制度无论是在海运国际公约中，还是在各国海商法中，都占据着重要地位。中国虽未加入任何有关海事赔偿责任限制的国际公约，但《中华人民共和国海商法》（以下简称《海商法》）第十一章海事赔偿责任限制的条款基本上引用了《1976年海事赔偿责任限制公约》（以下简称《1976年公约》）的主要原则和实质内容。

国际上关于海事赔偿责任限制的三个重要公约都只规定了该项制度的实体内容，都将行使该制度的程序规定交由各国国内立法解决。《中华人民共和国海事诉讼特别程序法》（以下简称《海诉法》）于1999年年末公布，碍于当时国内涉及海事赔偿责任限制的案件寥寥无几，鲜有司法实践经验可供参考，对公约的理解又存在偏差，过于强调海事赔偿责任限制基金的作用，因此，《海诉法》用第九章专章规定了"设立海事赔偿责任限制基金"，而关于海事赔偿责任限制的债权登记、债权审查程序、基金分配的内容却又和司法拍卖船舶相关的债权登记、审查及受偿合并规定在第十章中，这使得中国海事赔偿责任限制程序制度从一开始就在框架上存在不系统、不完善，着重点错位的问题。而之后于2003年公布的《最高人民法院关于适用〈中华人民共和国海事诉讼特别程序法〉若干问题的解释》以及2010年出台的《最高人民法院关于审理海事赔偿责任限制相关纠纷案件的若干规定》（以下简称《责任限制规定》）虽进一步规定了海事赔偿责任限制程序的相关事项，但只是对《海诉法》下该项制度的漏洞进行修补和完善,难以重新构建系统、完善、协调的海事赔偿责任限制程序规则。正因为前述问题,中国司法实务中行使该项制度时存在诸多矛盾和问题,需要我们认真思考和妥善解决。

一、海事赔偿责任限制制度的发展

(一)国际层面海事赔偿责任限制制度的发展

海事赔偿责任限制制度有悠久的历史,初衷是为了鼓励海商贸易。现代海事赔偿责任限制制度是在英国法的基础上发展而来的。自 20 世纪初开始,非政府间国际组织国际海事委员会(CMI)和联合国下属的政府间国际组织国际海事组织(IMO)为寻求海商法国际统一做出了巨大努力,制定了关于海事赔偿责任限制的三个公约,分别是《1924 年关于统一海运船舶所有人责任限制若干法律规定的国际公约》(以下简称《1924 年公约》)、《1957 年海船所有人责任限制国际公约》(以下简称《1957 年公约》)和《1976 年海事赔偿责任限制公约》(以下简称《1976 年公约》)①。IMO 制定的《1976 年公约》后被《〈1976 年海事赔偿责任限制公约〉1996 年议定书》(以下简称《1996 年议定书》)所修订,《1996 年议定书》受到了较为广泛的接受②。尽管如此,IMO 的成员中多数尚未加入《1996 年议定书》,这些成员要么仍然适用先前的公约,要么在其国内法中就海事赔偿责任限制制度制定了其他规定或者根本没有相关规定。

这些规定责任限制的公约都将调整海事赔偿责任限制的程序规定交由各国国内立法解决。就这些已加入上述公约的国家而言,调整基金设立、分配的规定以及与海事赔偿责任限制相关的程序规定都由基金设立地的国内立法调整,但各国立法又不尽相同。为促进各国间海商法领域责任限制程序制度的协调,CMI 开展了多次调研,收集各国就调整海事赔偿责任限制所做的程序立法例,以及实践中存在的问题③。2008 年,CMI 制订了《责任限制程序规则指南》(简称《指南》)④,意在

---

① 《1924 年公约》和《1957 年公约》是由 CMI 制定的。现在,条约已转由政府间组织,特别是联合国框架下的政府间组织制定。《1976 年公约》是由 IMO 制定的。

② 较之《1976 年公约》,《1996 年议定书》下的责任限额提高了平均 250%。该限额被 2012 年的新限额规定进一步提高了 51%。通过《1996 年议定书》的默示同意程序,2012 年新的限额规定已于 2015 年 6 月生效。英国自 2016 年 11 月 30 日起适用 2012 年新的限额,中国香港地区自 2017 年 12 月 4 日起适用该新限额。

③ Limitation Liability Substantive List of Issues with NMLAs Responses, http://comitemaritime. org/work/limitation-of-liability/.

④ Guidelines in respect of Procedural Rules Relating to Limitation of Liability in Maritime Law drafted by CMI, http://www. comitemaritime. org/Limitation-of-Liability/0,27144,114432,00. html.

提供指引，为各国修订其调整海事赔偿责任限制的国内程序立法提供参考。

（二）中国关于海事赔偿责任限制制度的立法

中国没有加入《1976 年公约》，但是《海商法》第十一章海事赔偿责任限制的条款基本上引用了《1976 年公约》的主要原则和实质内容。中国将责任限制制度分为国际、沿海和内河责任限制三个体系。《海商法》下的责任限额规定仅调整 300 总吨及以上的承担国际货物和旅客运输的船舶。从事中国港口间沿海运输的船舶的赔偿责任限额由原交通部颁布的两个规定调整，即《关于不满 300 总吨船舶及沿海运输、沿海作业船舶海事赔偿限额的规定》和《中华人民共和国港口间海上旅客运输赔偿责任限额规定》，前者调整不满 300 总吨的船舶，以及从事沿海运输和沿海作业的船舶，后者规定的是中国港口间海上旅客运输赔偿责任限额，这两个规定适用的原则与《海商法》规定的相同，唯一的区别在于责任限额①。内河船舶船东的责任受《中华人民共和国合同法》调整②，船东无权享受责任限制。笔者仅讨论受《海商法》调整的责任限制的程序问题。

如前言部分所述，中国调整海事赔偿责任限制的程序规定有《海诉法》及其司法解释，以及《责任限制规定》，但是这些程序规定存在较多缺陷，致使司法实务中存在诸多问题和争议。

二、中、英、美三国行使海事赔偿责任限制的程序梳理及 CMI 的指导意见

（一）中国行使海事赔偿责任限制的程序

1. 主张责任限制的方式

在中国，责任人有两种方式主张责任限制：一种为集中行使，即在有管辖权的海事法院申请设立责任限制基金，效力及于所有限制性债权；另一种为个案行使，即在海事索赔诉讼中提出责任限制抗辩，效力只及于该特定案件的限制性债权。③

2. 以集中行使方式行使海事赔偿责任限制权利的流程

笔者对以集中行使方式即设立基金行使海事赔偿责任限制的具体程序绘制流

---

① 对进行沿海运输的船舶提起的人身伤亡或非人身伤亡的赔偿请求限额，按相同吨位的从事国际运输的船舶的限额的 50%计算。

② 国内水路运输原本由《国内水路货物运输规则》调整，但该规则已于 2016 年 5 月 30 日被废止。中国正在进行《海商法》的修订，在此过程中，就是否应把水路运输规则写入《海商法》引起了较多讨论。

③ 值得注意的是，根据《海诉法》第一百零一条的规定，"船舶造成油污损害的，船舶所有人及其责任保险人或者提供财务保证的其他人为取得法律规定的责任限制的权利，应当向海事法院设立油污损害的海事赔偿责任限制基金"，即油污损害案件中行使海事赔偿责任限制的，应当设立基金，即只能集中行使。

程如图 1 所示。

结合图 1,笔者对在中国以集中行使方式行使海事赔偿责任限制的程序从三个方面进行了梳理。

第一,设立基金环节。责任人需根据《海诉法》选择适当的海事法院提出设立基金的申请,海事法院受理申请后,通知已知的债权人并发布公告通知未知的债权人,已知债权人自收到通知之日起 7 日内,未知的债权人自公告之日起 30 日内可对设立基金申请提出异议,异议期满后,海事法院做出准予或不准予设立基金的裁定,该裁定可被上诉。经过一审或二审裁定最终准予设立基金的,责任人应于 3 日内设立基金,至此基金方设立完成,责任人可申请释放被扣押的财产。

第二,债权登记和审查环节。海事法院公告设立基金申请的同时会公告通知债权人对因同一海事事故产生的索赔自公告之日起 60 内申请债权登记。待设立基金的申请被准予且责任人实际设立了基金后,海事法院对债权登记进行审查,准予登记的,债权人应于 7 日内提起确权诉讼。确权诉讼程序适用一审终审制,不得上诉,但债权人对责任人是否享有海事赔偿责任限制权利有异议或当事人对船舶碰撞责任比例有异议的案件,适用二审终审制。

第三,基金分配环节。所有债权经审理并确认后,海事法院召开债权人会议,协商责任限制基金分配方案。债权人会议达成受偿协议的,海事法院裁定认可并按照协议分配基金。协商不成的,海事法院根据各债权比例分配基金。

(二)英国行使海事赔偿责任限制的程序①

1. 立法

英国是《1996 年议定书》的缔约国。关于海事赔偿责任限制的规定经《1995年英国商船法》转化而在英国适用。英国的民事诉讼规则和诉讼指引规定了相关程序规则,其中第六十一章是调整海事诉讼的程序规则。

---

① 英国采用海事赔偿责任限制制度已有一百多年的历史,英国是《1996 年议定书》的成员国且现代海事赔偿责任限制制度是在英国法的基础上发展而来,世界上其他航运大国也大多受英国法的影响,故笔者选取英国作为研究对象,分析海事赔偿责任限制在英国的实施程序。

```
                    ┌─────────────────┐
                    │    申请设立基金    │
                    └─────────────────┘
                           │ 7天之内
            ┌──────────────┴──────────────────┐
            ▼                                  ▼
    ┌───────────────┐              ┌──────────────────────┐
    │  通知已知债权人  │              │ 公告：基金申请、债权登记  │
    └───────────────┘              └──────────────────────┘
         │ 7天之内        │ 30天之内                      │ 60天之内
         ▼               ▼                              │
    ┌──────────────────────┐                           │
    │    债权人提交抗辩         │                           │
    └──────────────────────┘                           │
              │ 15天之内                                 │
              ▼                                         │
    ┌──────────────────────────┐                       │
    │  法院出具裁定允许或驳回申请     │                       │
    └──────────────────────────┘                       │
    ┌ ─ ─ ─│─7天之内─ ─ ─ ─ ─ ─ ─ ┐                      │
    │      ▼                     │     ┌─────────────┐ │
    │ ┌──────────────┐           │     │   申报债权     │◄┘
    │ │  该裁定可被上诉  │           │     └─────────────┘
    │ └──────────────┘           │            │
    │      │ 15天之内             │            │
    │      ▼                     │            │
    │ ┌──────────────┐           │            │
    │ │ 裁定（二审终审）  │           │            │
    │ └──────────────┘           │            │
    └ ─ ─ ─│─3天之内─ ─ ─ ─ ─ ─ ─ ┘            │
           ▼                                  ▼
  ┌──────────────────────┐      ┌──────────────────────┐
  │ 若基金最终设立，释放被扣    │      │ 若基金未设立，终结债权     │
  │ 财产，准予债权登记         │      │ 登记程序，退还申请费       │
  └──────────────────────┘      └──────────────────────┘
           │
           ▼
  ┌──────────────────────┐
  │    提起确权诉讼           │
  └──────────────────────┘
     ┌─────────┼────────────────────┐
     ▼         ▼                    ▼
┌──────────┐ ┌──────────────┐  ┌─ ─ ─ ─ ─ ─ ─ ─ ─ ─ ─ ─ ┐
│若提供生效判  │ │若提供其他证据、  │  │ ┌──────────────────┐ │
│决、判定确认 │ │判决确认或驳回， │→│ │涉及对是否享有责任限制、│ │
│          │ │一审终审        │  │ │碰撞责任比例有争议的， │ │
└──────────┘ └──────────────┘  │ │适用二审终审制       │ │
                     │         │ └──────────────────┘ │
                     │         │        │             │
                     │         │        ▼             │
                     │         │ ┌──────────────┐     │
                     │         │ │  判决可被上诉   │     │
                     │         │ └──────────────┘     │
                     │         └ ─ ─ ─ ─ ─ ─ ─ ─ ─ ─ ─ ┘
                     ▼
            ┌──────────────┐
            │   债权人会议    │
            └──────────────┘
         ┌──────┴──────────┐
         ▼                 ▼
  ┌──────────────┐  ┌──────────────────┐
  │根据协商方案分配基金│  │根据各债权比率分配基金  │
  └──────────────┘  └──────────────────┘
```

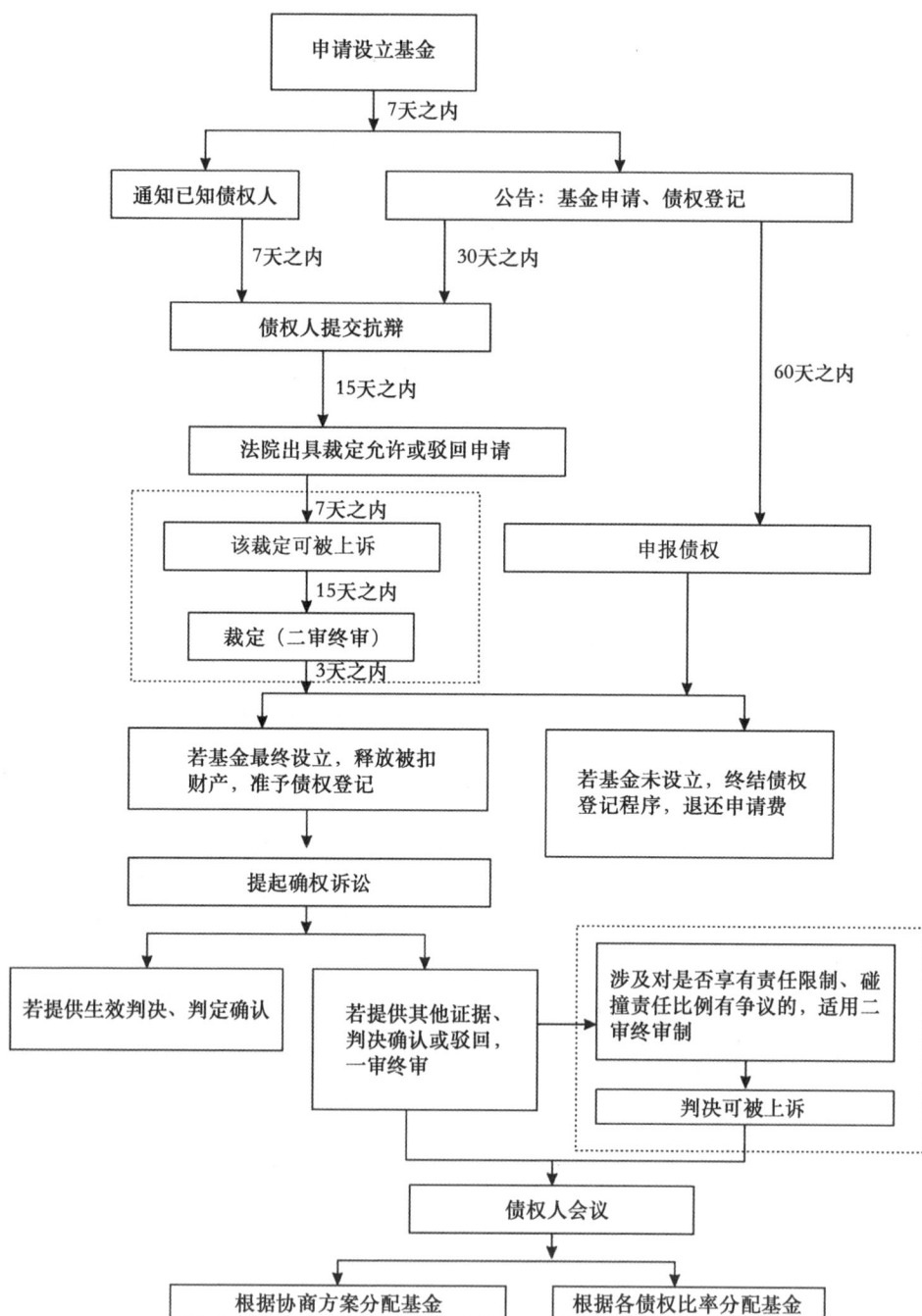

图 1 中国行使海事赔偿责任限制程序流程图

2. 主张责任限制的方式

在英国,责任人也有两种方式主张责任限制权利:一种为集中行使,即提起专门的责任限制之诉,效力及于所有限制性债权;另一种为个案行使,即在普通海事索赔诉讼中提出责任限制抗辩,效力只及于该案的限制性债权。

3. 以集中行使方式行使海事赔偿责任限制权利的流程

笔者对以集中行使方式即以提起单独的责任限制之诉行使海事赔偿责任限制的具体程序绘制流程如图 2 所示①。

结合图 2,笔者对在英国以集中行使方式行使海事赔偿责任限制的程序从三个方面进行了梳理。

第一,独立的责任限制之诉。责任人可向英国高等法院后座分院海事法庭提起一个独立的诉讼主张限制责任,集中所有限制性债权索赔诉讼。

第二,债权申报和审查。英国高等法院先对责任人是否有权享受责任限制做出快速的初步预判,但这个判决是临时性的,再通知债权人进行申报及对责任人是否有权享受责任限制提异议,最后法院进行实体审查(包括对责任人是否享受责任限制权利及债权的实体审查)。

第三,受偿程序(基金分配)。英国法下,责任人主张海事赔偿责任限制的,并不必然要设立基金,责任人可以设立基金,也可以选择以其他方式支付赔偿。英国高等法院根据三个层次分配基金或用于赔偿的款项:一是若各个当事人能达成一致意见,则全部按比例分配;二是就部分无争议的债权,就其所占所有债权的比例进行分配;三是对个别有争议的债权,经审核后,进行分配,若基金用于赔偿的款项有剩余,则对之前已分配的无争议的债权进行平衡支付。

(三) 美国行使海事赔偿责任限制的程序②

1. 立法

美国没有加入任何关于海事赔偿责任限制的公约。关于责任限制问题由《1851 年责任限制法》调整③,《联邦民事诉讼补充规则 F》规定了相关程序性规定。

---

① 此流程图是参考英国的民事诉讼规则和诉讼指引,以及由各国海商法协会提供的对 CMI 的赔偿责任限制的问卷调查的回复而制作的。

② 美国虽未加入关于该制度的任何公约,但制定了独立的相关国内法律,采用海事赔偿责任限制制度也有逾百年的历史,故笔者也选取美国作为研究对象,分析海事赔偿责任限制在美国的实施程序。

③ 原本规定在 46 U.S.C app. §183(1984),自 2010 年 2 月 1 日起在 46 U.S.C. §§30501-30512。

设立基金并不是强制性的，若设立基金后可申请释放被扣财产

提起限制之诉

28天之内，债权人可承认限制之诉或提出抗辩，或就管辖权提异议

责任人拟申请概括性责任限制判决，于期满7日内申请召开案件管理会议

申请限定性责任限制判决

出具概括性责任限制判决

驳回简易判决（概括责任限制判决）的申请，指示另外的方案

分配基金

公告：判决、确定债权申报、驳回判决的期限

可被上诉

债权人申报债权或对判决提异议

上诉期限期满7日内，海事司法常务官召开案件管理会议

待所有债权审查后，制定方案分配基金或款项

若债权人能达成一致意见，分配基金或款项

海事司法常务或法官逐个对有争议的债权进行审理

先支付无争议的债权，根据其占所有诉称债权的比率

审理完毕后，分配基金或款项

平衡支付

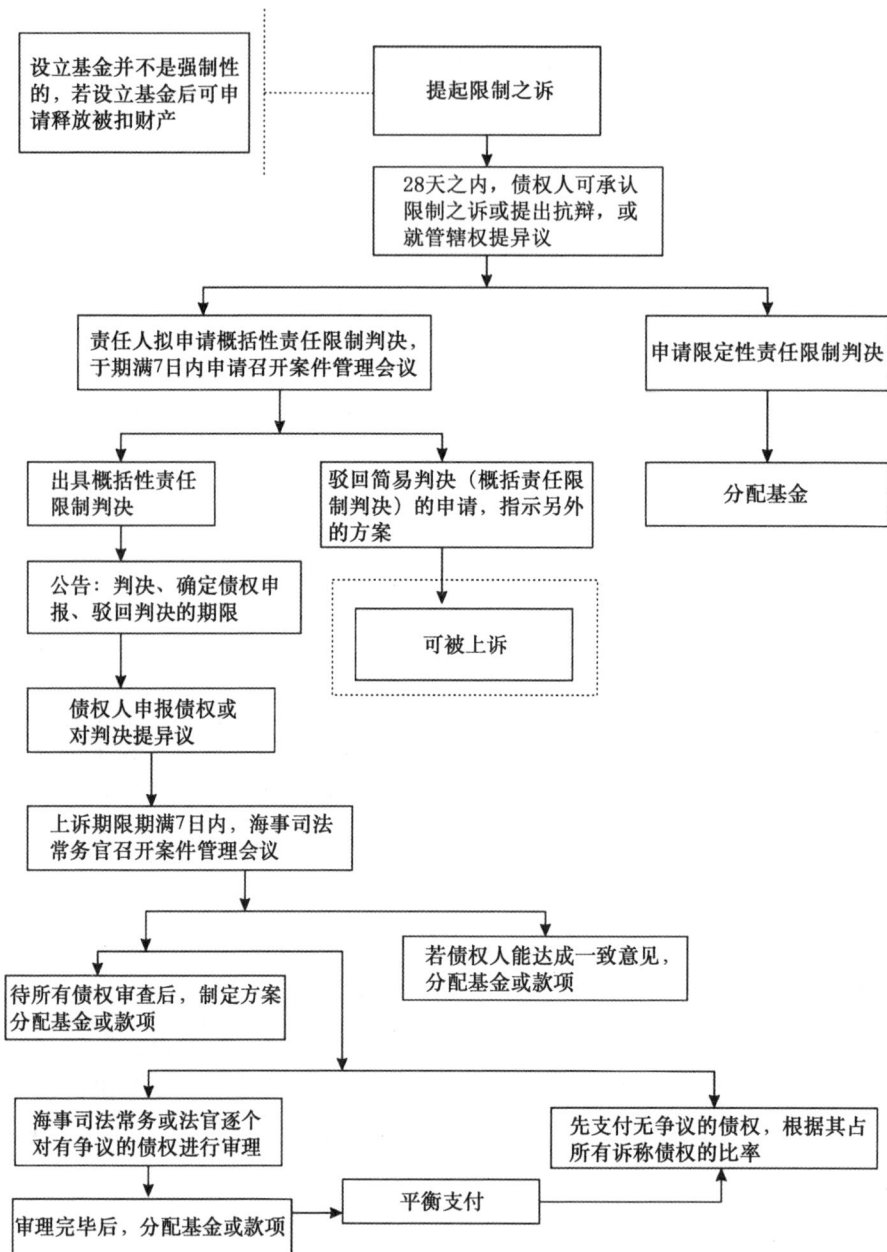

图 2　英国行使海事赔偿责任限制程序流程图

2. 主张责任限制的方式

在美国,责任人也有两种方式主张责任限制:一种为集中行使,即在联邦地区法院提起免责或限制责任之诉,效力及于所有限制性债权;另一种为个案行使,即索赔方在联邦地区法院或州法院提起的海事索赔诉讼中提出责任限制抗辩,效力只及于该特定案件的限制性债权。

3. 以集中行使方式行使海事赔偿责任限制权利的流程

笔者对以集中行使方式即提起免责或限制责任之诉行使海事赔偿责任限制的具体程序绘制流程如图3所示①。

结合图3,笔者对在美国以集中行使方式行使海事赔偿责任限制的程序从三个方面进行了梳理。

第一,独立的免责或限制之诉。在收到首个索赔之日起6个月内,责任人可向有管辖权的联邦地区法院提供相当于基金数额的保证金或担保即基金,并提起一个独立的诉讼主张免责或者限制权利,设立基金是提起免责或限制之诉的前提条件。

第二,合并审理。联邦地区法院在审查了责任人提供的基金和免责或限制之诉的申请后,认为符合要求的,将出具禁令,在其他法院进行的关于同一海事事故的限制性债权诉讼中止,释放被扣财产或船舶,并通知所有限制性债权人到受理免责或限制之诉的联邦地区法院诉讼,将因同一次海事事故产生的所有限制性债权诉讼合并到一个案件审理。若索赔方订立符合联邦地区法院要求的海事管辖例外条款,经申请,可在州法院审理赔偿责任事宜,但是对责任限制权利的审查由联邦地区法院管辖。

第三,基金分配。由联邦地区法院按照确定的各债权比例分配基金。

(四) 对 CMI 制订的《指南》的要点梳理

为促进各国间海商法领域责任限制程序制度的协调,CMI 开展了多次调研,收集各国就调整海事赔偿责任限制所做的程序立法例以及实践中存在的问题,并于2008 年制定了《指南》,现重点梳理其对基金设立和责任限制程序的倾向性建议②。

---

① 此流程图是在参考如下资料基础上制作:46 U. S. C. §§30501-30512,《联邦民事诉讼补充规则F》,美国杜兰大学 Robert Force 教授著写的《海商法》第130-144 页,美国法院最近的判决,以及美国律所发布的相关信息。

② 《关于海事法责任限制程序规则的指南》,李海译,载《中国海商法年刊》2009 年第1-2 期。

```
┌─────────────────────┐         ┌─────────────────────┐
│ 缴纳保证金或将利益   │         │ 收到索赔之日起6个    │
│ 转让给指定托管人     │         │ 月内提限制之诉       │
└─────────────────────┘         └─────────────────────┘
            │                               │
            └───────────────┬───────────────┘
                            ▼
        ┌───────────────────────────────────────┐
        │ 出具禁令诉讼中止、释放船舶，出具通知   │
        │ 所有债权人到联邦区法院提起诉讼         │
        └───────────────────────────────────────┘
                            │
                            ▼
        ┌───────────────────────────┐
        │ 责任人将通知送达已知       │
        │ 债权人，并安排公告         │          ┌───────────────────────┐
        └───────────────────────────┘          ┆ 三个例外情形，联邦     ┆
                    │                           ┆ 区法院主动放弃对限     ┆
                    ▼                           ┆ 制之诉的管辖权         ┆
        ┌───────────────────────────┐           ┆                       ┆
        │ 提案期：可针对诉讼中止、合并│ ┄┄┄┄┄▶  └───────────────────────┘
        │ 审理提案、可申报债权信息、可│
        │ 对免责或限制责任主张提异议  │
        └───────────────────────────┘
                    │
        ┌───────────┴───────────────────────┐
        │                                    ▼
        │                    ┌───────────────────────────┐
        │                    │ 若债权人提出撤销中止，     │
        │                    │ 联邦区法院做出裁判，该     │
        │                    │ 裁判可被上诉               │
        │                    └───────────────────────────┘
        │                         │                │
        │            ┌────────────┘                ▼
        │            ▼                 ┌───────────────────────┐
┌───────────────────────┐ ┌──────────┐│ 若约定符合要求、撤销   │
│ 责任人将所有债权信息送 │ │若撤销中止││ 中止提案被允许，可在   │
│ 达每位债权人、所有债权 │◀│提案被驳回,││ 州法院继续审理责任事   │
│ 将在一个程序中审查、法 │ │所有案件合││ 宜，但限制事宜仍在联   │
│ 院的决定（命令、判决） │ │并审理    ││ 邦区法院审理           │
│ 可被上诉               │ └──────────┘└───────────────────────┘
└───────────────────────┘                        │
        │                                         ▼
        ▼                 ┌──────────┐ ┌───────────────────────┐
┌───────────────────────┐│需放弃裁决的既│ │ 在州法院有权适用       │
│ 若限制成立，按         ││判力，只能在基│◀│ 陪审团制度、裁决       │
│ 比例分配基金           │◀│金中受偿  │ │ 可被上诉               │
└───────────────────────┘└──────────┘ └───────────────────────┘
```

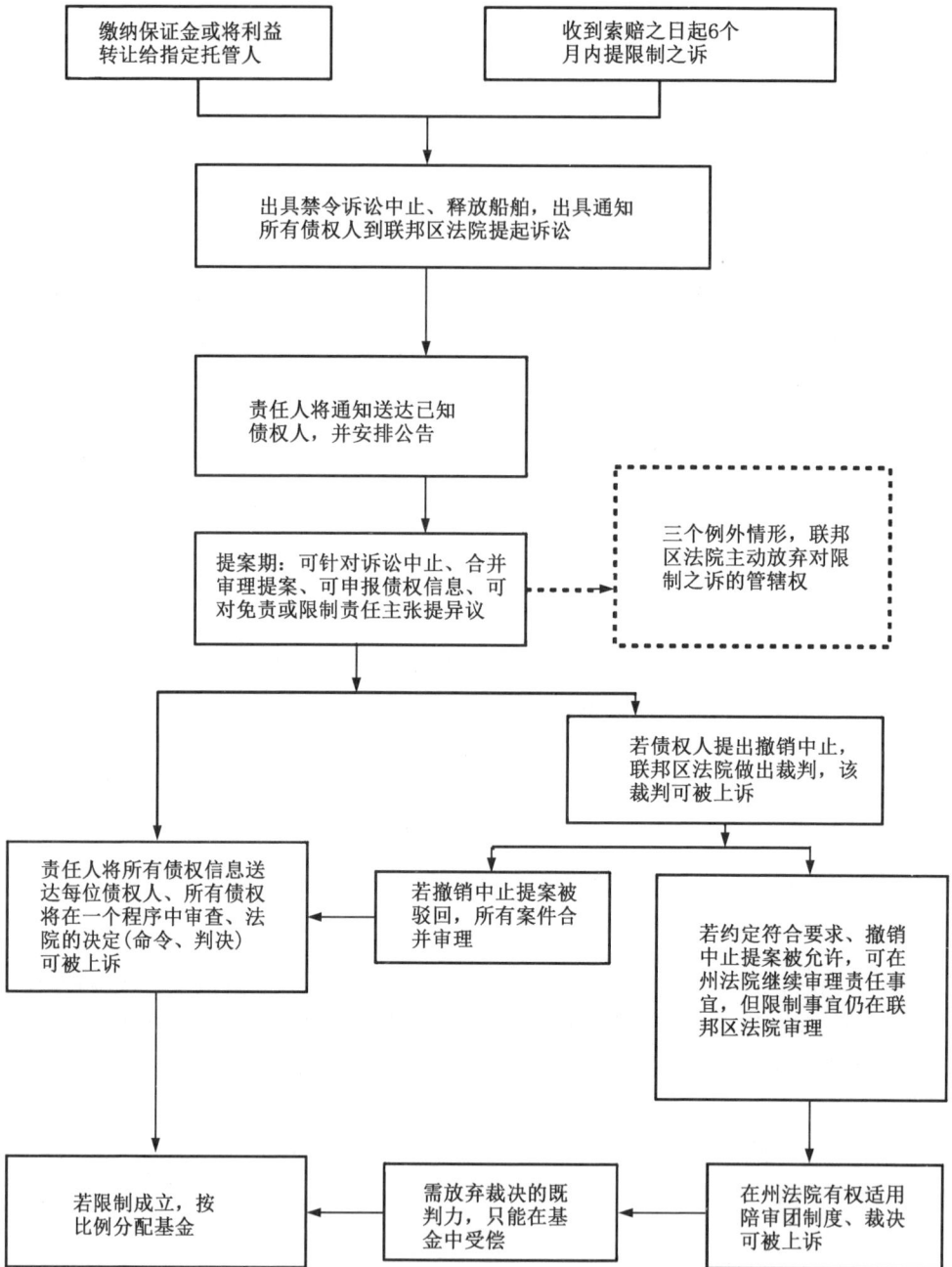

图 3 美国行使海事赔偿责任限制程序流程图

第一,关于基金设立程序。《指南》建议各国应在其国内法中为基金的设立规定一个快捷的程序,在责任人按要求设立好基金后,最好以法院决定的形式确认基金设立这一事实,以利于基金的设立在其他国家得到承认。

第二,关于责任限制程序。《指南》未对如何开展责任限制程序做详细阐述,究竟是在未决案件中以抗辩形式提出还是以独立的责任之诉的形式提出,留待各国国内法规定。但是,《指南》对几个重要时限提出了建议。如,责任限制可在未决程序中被援引,但须以受诉法院的程序规则所允许的时间为限;索赔人参加责任限制程序的时间不得在索赔人收到已设立基金的通知之前开始;以及就责任人享受责任限制的权利提出异议的时限。

从对《指南》的梳理可概括出如下要点:基金设立程序必须是便利的、快捷的;若集中行使责任限制权利的,索赔人应在收到责任人已设立基金的通知后,再参加到责任限制程序中来。这对我们审视和修订中国的海事赔偿责任限制程序规范具有积极作用。

三、比较分析《海诉法》海事赔偿责任限制程序的缺陷

(一)程序体系不完整

中国法并未构建一个行使海事赔偿责任限制的完整的程序体系。在《海诉法》立法之初,立法者对公约的理解存在偏差,过于强调海事赔偿责任限制基金的作用,因此用第九章专章规定了关于责任限制基金设立的程序,而关于海事赔偿责任限制债权登记、债权审查程序、基金分配等却都规定在《海诉法》第十章。但第十章并非专为调整赔偿责任限制问题而设置,司法拍卖船舶相关的债权登记、审查及受偿问题也适用该章规定,而海事赔偿责任限制和司法拍卖船舶又是两个完全不同的概念,把这两个完全不同的法律程序的规则规定在同一章节,无论是从体例设计上还是从法律规定本身看,都显得不恰当、不协调。因此,笔者建议设置独立的章节调整关于海事赔偿责任限制的所有程序问题,包括基金设立、债权登记、债权审查、基金分配等程序。

(二)责任限制程序缺失

与英、美两国的法律相似,中国法律也赋予责任人两种方式主张其责任限制权利,其中一种方式是集中行使。如前所述,在英、美程序立法中,以集中行使方式行使海事赔偿责任限制权利的,责任人可以提起独立的责任限制之诉,进而将就同一海事事故产生的索赔集中到一个法院中解决。而中国程序立法中,《海诉法》第九章规定了设立基金的程序,却未对责任人如何进行责任限制的程序做出规定,《责任限制规定》进一步明确,责任人主张责任限制权利的,只能在海事索赔诉讼中以

抗辩形式提出。即，无论责任人采取哪种方式主张责任限制权利，其都只能在诉讼中被动地以抗辩的形式去提出。进一步说，即便是海事事故发生后，海事请求人尚未诉至法院时，责任人根据预判决定采用集中行使方式对所有限制性债权主张责任限制，其也不能主动去主张责任限制权利，责任人必须待到诉讼中以被动的抗辩形式去提出，其可以申请设立基金，但申请设立基金程序仅解决了基金的设立的问题，基金仅被作为一个连接点将相关海事请求集中到同一个海事法院，但不代表责任人主张了责任限制权利，责任人仍然需待到诉讼中以被动的抗辩形式去提出责任限制权利。中国理论界和实务界大多认为，《海诉法》把基金设立视为海事赔偿责任限制的一个非常重要、必不可少的环节，而恰恰对集中行使责任限制这一实为海事赔偿责任限制中最核心、最关键的环节的程序设计却没有规定，这被认为是一个立法漏洞，给司法实践带来较多不确定和混乱。

（三）责任限制基金程序问题突出

1. 基金作为前提的必要性

如前文所述，针对以集中方式行使海事赔偿责任限制权利中是否需要设立基金这一问题，英、美两国采取的是截然相反的态度。英国法由当事人自由选择是否设立基金、对设立基金的时间节点也没有严格要求；而美国法则规定责任人提供符合要求的保证金或担保即基金是审查限制之诉的前提。在中国以集中方式行使海事赔偿责任限制权利的，必须要设立基金，但并未要求责任人在提起设立基金申请之前，提供相当于基金的保证或担保。在中国法下，基金被用作将相关索赔集中到受理基金设立申请的海事法院的连接点，海事法院受理设立基金的申请后，会通知已知的债权人并发出公告通知不特定的债权人提异议，并通知相关海事请求人向受理设立基金申请的海事法院申报债权。但是实务中会出现，设立基金的申请获得海事法院的准许后，责任人破产或改变决定不设立基金了，但是相关海事请求人已经向海事法院申报了债权，如宁波海事法院受理的广西新闻航海运有限责任公司申请设立基金案[（2015）甬海法限字第6号]，法院准许设立基金后，申请人因破产最终无力以现金方式设立基金，也无法从保险公司获取设立基金的担保，导致已经债权登记的系列案件被裁定终结登记程序。这种情形下，海事法院需将该批债权登记系列案裁定终结登记程序，这不仅仅是对司法资源的浪费，更会造成当事人特别是债权人的诉累。因此，笔者认为，为保证恰当的诉讼程序不陷于混乱或者被耽搁，且保证债权人最终能获得赔偿，可以借鉴美国法的做法。

2. 基金设立程序复杂且费时

根据相关国际公约的规定，责任人设立基金主要有如下几个目的：一是使被扣船舶或财产快速释放，且免于在其他公约缔约国因同一事由再次被扣船；二是使所有因同一次海事事故产生的诉讼尽可能集中到同一个法院审理,以免去其到各个法院应诉之累;三是通过将索赔案件集中到一个法院审理,以实现"一次事故,一个限额"的目的①。英美两国法下,基金设立程序简单快捷,责任人只要提供符合基金数额的保证金或担保即可。CMI 的《指南》也建议各国应在其国内法中为基金的设立规定一个快捷的程序。然而,中国的基金设立程序却复杂且费时。结合前述流程图 1,在中国,设立基金的申请需通知已知的债权人,还需发布公告通知潜在的未知债权人,公告期为 30 天,公告期届满后,法院于 15 天内裁定是否准许设立基金,该裁定还需等待 7 天的上诉期,若没有债权人对裁定提起上诉,裁定方能生效。即便法院以最快的速度审理并准许基金设立的申请,这个过程至少耗时40 天,而若债权人对裁定提起上诉,虽然二审法院应在 15 天内做出最终裁定,但将实务中一审、二审法院间法律文书流转所费的时间计算入内,这个过程常常耗时数月。正因为目前中国基金设立程序复杂且耗时,实务中可能导致出现如下几个问题:第一,责任人设立基金以实现快速释放被扣船舶的目的基本落空,实务中责任人往往等不及基金设立完成但又因经营需要急需释放被扣船舶,只能在申请设立基金的同时,另外提供一份担保使被扣船舶先得到释放,待基金设立好之后,再申请法院返还担保;第二,基金设立耗时过长,待基金设立好后,索赔诉讼在各法院可能已经审理完毕,基金作为连接点实现集中诉讼的功能同样被大打折扣。因此,中国的基金设立程序问题十分突出,笔者建议立法者重新审视基金在海事赔偿责任限制中的作用,全面修改设立基金相关的规定。

(四)债权登记程序和基金设立程序重叠

债权登记程序和基金设立程序重叠是中国海事赔偿责任限制程序立法中的一个较大问题。结合流程图 1 看,海事法院受理设立基金的申请后,会通知已知的债权人及公告通知不特定的债权人提异议,同时通知相关海事请求人向受理设立基金申请的海事法院申报债权,债权人应于公告公布之日起 60 天内向法院申报债权,尽管此时设立基金的申请还未被法院批准,笔者不解在此时就要进行债权登记的意义何在? 如前文已论述的,在获得法院准许后责任人破产或改变决定不设立基金了,法院将不得不将该批债权登记系列案裁定终结登记程序,这不仅仅是对司法资源的浪费,更会造成当事人特别是债权人的诉累。CMI 在对各国程序立法和司法实践做了详尽调研后,针对索赔人参加责任限制之诉的时间提出的建议是:索赔人参加责任限制程序的时限不得在索赔人收到已设立基金的通知之前开始。因此,笔者建议,应将基金设立程序和债权登记程序分离,债权登记程序应在基金设

---

① 邬先江:《海事赔偿责任限制权利之行使》,载《国际法研究》2015 年第 4 期。

立完成后开始。

（五）债权确权程序"一审终审"制未必能实现高效厘清债权尽快分配基金的初衷

我国《海诉法》规定，在责任限制诉讼中，确权诉讼实行一审终审制，这与普通的海事诉讼案件实行二审终审制不同，探究立法背后的考量，笔者推测可能是为了高效厘清债权尽快分配基金，使得海事事故债权人尽快受偿。笔者认为，处理重大海损事故导致的群体诉讼，尽快分配基金使债权人受偿固然重要，但必须建立在对案件的公正正确审理、充分保障当事人的各项救济权利的基础之上，责任限制诉讼中的海事确权诉讼包含审查海事债权的真实性、数额以及是否有权参与基金分配，关系到债权人和责任人之间的权利义务的分配，该类案件可能会较复杂、争议性较大，适用一审终审制是否恰当值得商榷。再者，2010年颁布的《责任限制规定》又规定，若当事人在确权诉讼中提出责任人无权限制赔偿责任，或需判定碰撞船舶过失程度比例的，则该案适用二审终审制，一审法院判决可上诉至高院。那么，在因同一海事事故而提起的确权诉讼中，只要有一个债权人对责任人的限制赔偿权利进行挑战或者对船舶碰撞责任比例存在争议，那么该案就存在被上诉的可能。导致的结果是：同一批系列海事赔偿责任限制案件中，对其中部分债权的审理适用一审终审制，而对另一部分债权的审理却适用二审终审制，法院如何进行基金分配？是将已确认的债权进行先行分配，还是从待所有债权都确定后再统一进行分配？这给基金分配程序带来问题。综上，无论是从公正正确审理案件角度，还是各从程序的统一协调角度考虑，都应该适用二审终审制审理海事赔偿责任限制的确权诉讼。

（六）确权诉讼中对非限制性债权的处理机制缺失

若债权明显不属于限制性债权的，法院应不予受理其债权申报。但有些案件复杂，难以在债权申报阶段识别债权是非限制性债权的，或在确权诉讼过程中经审理查明债权或部分债权不属于限制性债权的，就这些非限制性债权应如何处理，中国法律没有明确规定。在司法实践中，设立基金的海事法院往往是驳回债权人非限制性债权的主张，指示其就非限制性债权去有管辖权的海事法院重新提起诉讼。笔者认为，这种处理方式过于僵化，也给诉讼当事人造成诉累。笔者建议应当引入恰当的对非限制性债权的处理机制。

（七）债权人会议程序难以发挥有效作用

《海诉法》将债权人会议环节设计在所有的债权都已经审核之后，即在海事法院将各项债权进行审核、确认之后，才召开债权人会议。甚至在实务中，往往是在债权分配方案已经制作好后,债权人可能存在异议时,法院才召开债权人会议,而若法官认为债权分配方案各方都无异议,没有必要召开债权人会议时,法院就不会召开债权人会议。可见,在中国司法实务中,债权人会议环节的作用并未有效开发和使用,仅成为一个需要解决分配异议时才使用的环节。而反观英国的案件管理会议的时间设置,分别是在责任人申请限制性债权判决之后或债权人申报债权之后,且法院对责任人的申请或债权人的申请进行实际审查之前,在这个时间节点召开会议,让当事人充分发表意见、全局了解案情,进而衡量利弊、理性选择后续是以和解还是法院审理方式解决争议,以实现当事人意思自治原则与责任限制体制所要求的快速、集中的原则之间的平衡与妥协。鉴此,笔者建议重新审视债权人会议的价值和时间设置,将其设计为一个有效解决争议的机制。

(八)丧失责任限制权利的后续问题未做规定

公约、大多数国家(包括中国)都未对丧失责任限制权利的后续问题进行规定,但各国法院确有驳回责任人主张责任限制权利的案例①②。责任人的责任限制权利的主张被驳回后,摆在立法者面前的问题主要有两方面:一方面是已经设立的基金怎么处理;另一方面是还在审理中的海事赔偿诉讼程序怎么处理。《指南》对丧失责任限制权利的后续问题提出了指导意见,笔者认为可结合中国司法实践、吸收《指南》的精神,完善《海商法》海事赔偿责任限制章节。

(九)事务性工作未合理分配

在中国,法院承担了诉讼过程中法律文书送达、公告、证据转呈等所有的事务性工作。在设立基金的海事赔偿责任限制诉讼当中,法院需要承担的事务性工作包括:需将责任人的设立基金的申请及证据送达给所有已知债权人;就申请设立基金及债权登记安排公告,就申报的债权按法律规定进行登记;需将进行确权诉讼的债权的法律文书送达给责任人,并将责任人的抗辩意见送达给债权人;拟定基金分

---

① 中国打破海事赔偿责任限制的案例包括:毛雪波 v 陈伟 & 嵊泗县江山海运有限公司(2016)最高法民申 1487 号。英国打破海事赔偿责任限制的案例包括:The Atlantik Confidence [2016] EWHC 2412 (Admlty),法官 Judge MR. Justice TEARE 驳回了船东的限制责任诉请;另外还有一个案子据称是极有可能打破责任限制,Margolle and Another v. Delta Maritime Co. Ltd., and Others (the "Saint Jacques II" and "Guidermes") [2002] EWHC 2452 (Admlty.),法官 Mr. Justice Gross 驳回了船东的请求以简易判决形式出具责任限制判决的上诉申请,尽管他认为应在经过完整审判程序后才能决定船东是否有权享有责任限制,他个人认为索赔人极有可能成功打破船东的责任限制,遗憾的是笔者未能找到该案的最终处理结果。美国打破海事赔偿责任限制的案例较多,杨良宜先生于 1999 年由大连海事大学出版社出版的《海事法》第 171 页载明,在美国自1973 年至 1976 年间,在 19 个报道案例中仅有 4 个案例成功限制责任,在 1976 年至 1981 年间,在 28 个报道案例中仅有 11 个案例成功限制责任。

② 杨良宜:《海事法》,大连海事大学出版社 1999 年版,第 171 页。

配方案等。法院这样大包大揽地承担一个诉讼案件从立案开始至结案的所有事务性工作，在中华人民共和国成立初期，由于国内专业法律人士匮乏，社会诚信制度及各项规范体系尚未健全，为最大限度便利当事人诉讼，尚可理解。今天，这个制度的弊端已然凸显，各法院案多人少、法官及法官助理疲于应付繁杂的事务性工作、不能全力以赴专注审与判的现实困境已经成为当前不可忽视的问题。正在进行的司法改革，采取员额法官、法官助理和书记员搭配的团队模式，让法官专注审与判，正是借鉴西方法院的模式，确实达到了让法官坐堂问案、拍板定案的目的。但是能进入员额法官序列的仅占原法官总量的 30% 左右，然而案件总量并未减少，甚至随着社会经济的日益发展与活跃而呈现逐年增多的趋势，据此推算，每一个员额法官平均要承办的案件数量约是司法改革前的 3 倍，办案压力巨大。反观英、美的法律设置，皆是在制度上就将事务性工作进行分流。比如：英国的诉讼指引规定，责任人需将其限制之诉的法律文书送达给已知债权人，安排公告，基金分配方案一般是由经各方同意或经法院确认占最大份额的债权人负责准备；美国的《联邦民事诉讼补充规则 F》规定，责任人需将联邦地区法院的就债权登记的通知送达给所有已知债权人并安排公告，提案期届满后，将每个债权人的具体索赔信息送达给每个债权人。笔者建议，中国海商海事领域是最与国际接轨的法律领域，近几十年来的司法实践也培育了大批高素质的法律从业人士，借此《海商法》修订、《海诉法》相应调整之际，应借鉴英、美国家的立法，将事务性工作进行合理分流，也让诉讼当事人有机会积极参与到诉讼程序各个环节中，承担部分其力所能及的事务性工作，提高诉讼效率，形成良性循环，最终实现提高审判质量、提升司法公信力的目标。

四、重构海事赔偿责任限制程序制度的设想和建议

（一）在《海诉法》中设置专门章节重构海事赔偿责任限制程序制度

重建海事赔偿责任限制程序制度框架，设立专门的章节规范海事赔偿责任限制，内容包括提出责任限制的形式、管辖、独立的责任限制之诉、债权申报、债权审查和异议审查、基金分配，以及丧失责任限制权利后续程序等。

（二）引入独立的责任限制之诉程序，设置提起独立的责任限制之诉的前提和期限

规定责任人可有两种行权方式：一是个案行使，责任人在索赔案件中提出责任限制权利的抗辩、效力仅及于涉案限制性债权人；二是集中行使，责任人可提起独立的责任限制之诉、效力及于所有限制性债权。提起独立的责任限制的，必须以提供相当于责任限额及利息即基金的保证金或担保为前提，且必须最晚于收到因该

事故产生的第一个索赔诉讼传票之日起两个月之内提出。这一建议借鉴了美国法的做法,规定了一个基金前置机制,能有效避免当前司法实践中准许设立基金后,责任人不提供或不能提供相当于基金数额的现金或担保所导致的混乱局面;又规定了一个责任人集中行使海事赔偿责任限制的合理期限,避免了待多起索赔诉讼在多个海事法院提起并审理后责任人才提出集中行使责任限制、各法院再将相关索赔案件移送至受理独立责任限制之诉的法院的复杂局面。

(三)简化基金设立程序

规定申请人缴纳了保证金且提交了限制之诉申请后,法院应初步迅速审查申请人是否适格以及基金数额,无须审查其他事项且无须让索赔人参与到此程序中。若符合规定,法院则出具裁定,命令因同一事故引起的限制性的海事索赔诉讼案件中止,确认基金设立,释放被扣财产,通知债权人在规定期限内将债权申报给基金设立法院及责任人。

(四)取消一审终审制确权诉讼

取消确权诉讼一审终审制,对责任限制和债权审查的审理适用二审终审制。如前所述,无论是从公正、正确审理案件角度,还是从各程序的统一协调角度考虑,都应该适用二审终审制审理海事赔偿责任限制的确权诉讼。

(五)引入恰当的对非限制性债权的处理机制

债权经申报后,经审理查明债权或部分债权不属于限制性债权的,相较于指示债权人就其非限制性的债权或部分债权另行向有管辖权的法院提起诉讼,在责任人和债权人均对管辖权无异议的情况下,设立基金的法院更应就限制性债权部分和非限制性债权部分都做出裁决,且赋予非限制性债权既判力,债权人可直接就该裁决对责任人的其他财产(除基金外)申请执行。上一条修改建议已提议对责任限制和债权审查的审理适用二审终审制,更消除了基金设立地法院在一案中同时就限制性债权和非限制性债权进行审理可能面临的审级制度不同的障碍,因为在当前法律框架下,对限制性债权的确权诉讼适用一审终审制,而非限制性债权应属于普通海事诉讼适用二审终审制。

(六)强化债权人会议职能

充分发挥债权人会议的作用,在责任人将所有债权申报送达给每一位债权人之后、在债权审查程序之前,可召开一次债权人会议,对责任人是否有权享受责任限制、各债权是否属于限制性债权、各限制性债权的金额,以及分配比例和分配顺序等事项进行协商。若责任人及各债权人就责任人能否有权享受责任限制、各债权数额达成协商,则可直接根据该一致意见分配基金。若对责任人能否有权享受责任限制无异议,但对部分债权不能达成一致意见的,对其中无争议的债权,法院可直接进行确认,对有争议的债权,法院可决定以个案审理或合并审理的方式进行审理,各项纠纷经审理确定后,法院再按比例分配基金。这一设计的目标是尽可能给予理性的当事人自主解决纠纷的机会,实现和解结案、节约司法资源。

(七)增加责任限制权利丧失后的未决诉讼的处理和基金分配程序

针对丧失责任限制权利的后续问题,应当用责任限制权利未丧失时同样的方式和程序继续推进,基金仍被保留、对各债权的审查程序继续进行直至就各债权的真实性及数额形成判决或达成协商一致,之后根据判决或协商分配基金。各索赔人应有权根据法院的裁决直接对责任人的其他财产主张权利并就未受偿的债权对责任人的其他财产申请执行。

(八)引入当事人承担案件事务性工作的机制

让当事人积极参与到诉讼程序中,指示责任人通知已知债权人并公告债权申报的具体事宜,债权人需向责任人和法院分别提交债权申报信息及证据,在申报期限到期后,责任人将所有债权申请信息及证据汇总并送达给每一位债权人,使得各债权人能全面掌握所有债权情况,为法院召开债权人会议打下基础。这一规定可以将事务性工作合理分配给当事人,一定程度上化解当前我国法院案多人少、法官疲于应付事务性工作而难以全力以赴专注法律的现实困境。

五、结论——《海诉法》第九章立法修改建议

笔者通过比较研究中国、英国、美国的制度设置,借鉴英、美两国的一些成熟做法,CMI 制定的《指南》的指导意见,探讨重构海事赔偿责任限制程序制度。笔者尝试提出《海诉法》海事赔偿责任限制程序修改建议稿,作为本文结论和附件。

附:《海诉法》海事赔偿责任限制程序修改建议稿
一、提出责任限制的形式

第一条　船舶所有人、承租人、经营人、救助人、保险人在发生海事事故后,依法申请责任限制的,可在相关海事纠纷中提出海事赔偿责任限制的抗辩,效力仅限于该案的海事请求。海事赔偿责任限制抗辩必须在一审判决做出前提出,在二审、再审期间提出的,人民法院不予支持。

第二条　船舶所有人、承租人、经营人、救助人、保险人在发生海事事故后,依法申请责任限制的,可向受理相关海事纠纷的海事法院提起独立的责任限制之诉,效力及于因此次海事事故产生的所有限制性债权。责任人提起独立的责任限制之

诉必须同时满足两个条件：一是提供相当于责任限额及自事故发生之日起至提起独立的责任限制之诉之日后30日止的利息的保证金或担保；二是最迟不晚于自收到因海事事故产生的第一个索赔诉讼传票之日起60日内提出。

第三条 责任人未提出海事赔偿责任限制抗辩的，海事法院不应主动适用海商法关于海事赔偿责任限制的规定进行裁判。

二、管辖

第四条 责任人在未收到任何因海事事故产生的索赔诉讼之前提起独立的责任限制之诉的，应当向事故发生地、合同履行地或者船舶扣押地海事法院提出。

第五条 海事事故发生在中华人民共和国领域外的，船舶发生事故后进入中华人民共和国领域内的第一到达港视为事故发生地。

第六条 相关海事纠纷由不同海事法院受理后，责任人提起独立的责任限制之诉的，应当依据诉讼管辖协议向有管辖权的海事法院提出；当事人之间未订立诉讼管辖协议的，向最先立案的海事法院提出。

三、独立的责任限制之诉

第七条 责任人向海事法院申请独立的责任限制之诉，应当提交书面申请。申请书应当载明申请独立的责任限制之诉的理由，诚实陈述事故发生的经过及原因，担保金或担保的数额，以及已知的利害关系人的名称、地址和通信方式，收到因同一海事事故产生的第一个索赔诉讼传票的日期，并附上有关证据。

第八条 海事法院在受理独立的责任限制之诉后，应对责任人的资格、保证金或担保的数额及形式进行审查，并于责任限制之诉的申请提起之日起30日内做出准予或不准予的裁定。

第九条 若裁定准予责任人的责任限制主张的，应裁定：因同一海事事故对该责任人提起的所有限制性债权性质的索赔诉讼应中止，责任人提交的保证金或担保自裁定出具日起转化为海事赔偿责任限制基金，因同一海事事故向责任人提出请求的任何限制性债权人不得就该项索赔对设立或以其名义设立基金的人的任何财产行使任何权利，已冻结或扣押的财产应当立即解扣或释放。

四、债权申报

第十条 责任人的独立的责任限制之诉被准予后，海事法院应当通知责任人通过报纸或其他新闻媒体发布连续三日的公告。如果涉及的船舶是可以航行于国际航线的，公告应当通过对外发行的报纸或者其他新闻媒体进行发布。

公告包括下列内容：

(1)责任人的名称；

(2)申请独立的责任限制之诉的事实和理由；

(3)海事赔偿责任限制基金的数额及形式；

(4)办理债权申报事项；

(5)需要告知的其他事项。

第十一条 利害关系人若对责任人的责任限制主张或海事赔偿责任限制基金有异议的,应于公告之日起 30 日内,以书面形式向海事法院提出,但异议不影响海事法院做出的准许责任人责任限制主张的裁定的执行。

第十二条 债权人应当于公告之日起 30 日内就同一海事事故有关的限制性债权进行债权申报。逾期不申报的,视为放弃债权。

第十三条 债权人向海事法院申报债权的,应当分别向责任人和受理独立的责任限制之诉的海事法院各提交一份书面申请,并提供有关债权证据。

债权证据,包括证明债权的具有法律效力的判决书、裁定书、调解书、仲裁裁决书和公证债权文书,以及其他证明具有海事请求的证据材料。

本条规定的判决书、裁决书、调解书和仲裁裁决书是指我国国内的判决书、裁定书、调解书和仲裁裁决书。对于债权人提供的国外的判决书、裁定书、调解书和仲裁裁决书,适用《民事诉讼法》第二百八十一条、第二百八十二条和第二百八十三条规定的程序审查。

第十四条 在债权申报期限届满 7 日内,责任人应将收到的所有债权人的索赔申请及证据送达给每一个债权人。

第十五条 在债权申报前,债权人已就限制性债权向受理独立的责任限制之诉的海事法院以外的海事法院起诉的,受理案件的海事法院应当将案件移送至受理独立的责任限制之诉的海事法院一并审理。

第十六条 因同一海事事故对该责任人提起的所有限制性债权性质的索赔应向受理独立的责任限制之诉的海事法院提起诉讼,但当事人之间订有诉讼管辖协议或者仲裁协议的除外。

第十七条 当事人之间订有诉讼管辖协议或者仲裁协议的,就限制性债权性质的索赔仍应参照本章规定向受理独立的责任限制之诉的海事法院进行债权申报并接受其基金分配安排。

第十八条 债权人就非限制性债权申报债权的,受理独立的责任限制之诉的海事法院应不予受理,并告知其向具有管辖权的海事法院起诉。

五、债权审查和异议审查

第十九条 债权申报期限届满15 日后,海事法院应当向责任人、所有申报债权的债权人发出债权人会议通知,组织召开债权人会议。

第二十条 债权人会议可对责任人是否享有海事赔偿责任限制权利、各限制性债权数额、基金分配等进行协商。

若各方能达成一致意见,签订受偿协议。受偿协议经海事法院裁定认可后即具有法律效力,可按协议内容直接分配基金。

若各方对责任人有权享受责任限制无异议,但对部分债权不能达成一致意见的,则对其中无争议的债权,海事法院可直接进行确认;对有争议的债权,海事法院可决定以个案审理或合并审理的方式进行审理;各项债权经审理确定后,海事法院可按比例直接分配基金。

若各方对责任人是否有权享受责任限制及各债权人的债权均有异议,则海事法院可决定以个案审理或合并审理的方式进行审理。

第二十一条 当事人对海事法院就债权审查及异议审查所做的判决或裁定不服的,可提起上诉。

第二十二条 基金设立地海事法院经审理查明债权人申报的债权中,部分债权不属于限制性债权的,在责任人和债权人对管辖权均无异议的情况下,可就限制性债权部分和非限制性债权部分都做出裁决,且在裁判文书中明确,就经确认的非限制性债权,债权人可直接依据该裁决对责任人的其他财产(除基金外)申请执行。

六、基金分配

第二十三条 债权经确认后,除非各债权人另有协议,基金应在各债权人间按比例分配。

第二十四条 限制性债权参与海事赔偿责任限制基金分配后,债权人就未实际清偿部分债权再次申请执行或另行起诉的,人民法院不予支持。

第二十五条 应由责任人承担的保全费用、各项诉讼费用,不应在基金中扣除,应由责任人另行支付。

七、海事赔偿责任限制权利丧失后的程序

第二十六条 经海事法院审查后,责任人丧失海事赔偿责任限制权利的,基金不退还给责任人,海事法院应参照本章规定对各债权进行审查,做出裁决,并根据裁决确认的各项债权按比例分配基金。各债权人就未受偿部分债权可向责任人的其他财产直接主张权利。

(获 2020 年第二十八届全国海审会二等奖)

国际突发公共卫生事件下海运货物的应急征用

李婉婷

【摘要】海运是国际货物运输最重要的渠道之一，但随着国际突发公共卫生事件等非常规事件的爆发，海运货物的财产权与主权国家的应急征用权之间形成了一定的紧张关系。这一紧急征用的法理基础来源于国家的"紧急自卫说"，是"自然权利"理论中"个人自卫权"在国家领域的派生，而其宪法基础则导源于宪法中对"紧急状态"的规范。从国际、国内两个维度考察，尽管已经初步形成了突发公共卫生事件应急征用的法律体系，但在征用体系内部依旧存在补偿主体不明确、补偿原则和标准模糊、程序缺位、补偿资金来源不稳定等问题。在制度建构中，应当确立"谁征用、谁补偿"的责任主体原则，以公正补偿和市价补偿为标准，建构应急征用和补偿的正当程序，保障补偿资金的来源，以此平衡海运货物的财产权与主权国家的应急征用权之间的协调性。

【关键词】突发公共卫生事件；应急征用；海运货物

一、引言

世界卫生组织（WHO）于 2020 年 1 月 30 日晚宣布，将新冠病毒疫情列为国际关注的突发公共卫生事件（Public Health Emergency of International Concern，PHEIC）。随着疫情在全球的蔓延，生产链、供应链和社会价值链等不断遭受重创，尽管多国持续提升防疫机制，但防疫物资依旧供不应求。海运是国际货物运输的主要形式，囿于正常的市场交易已无法满足物资需求，波兰、菲律宾、越南、印度等国对载有 H39S-3 聚丙烯产品、呼吸机等防疫物资的船舶（不论国籍）在其本国港口停靠、装卸货作业等采取了限制措施，部分措施几近于征用或者征收。

从法学意义上讲，应急征用是指在发生或将要发生自然灾害、公共卫生事件等突发紧急情况时，出于对公共安全、社会秩序等公共利益的需要，政府依法强制取得行政相对人财产、劳务或生产能力等的占有或使用权，并在事后返还或由政府对损失进行补偿的具体行政行为。①而国际突发公共卫生事件下海运货物的应急征用,其法律本质是为了应对国内的紧急情况,强行限制或者剥夺海运货物的使用权,实践中通常存在征用或者征用转征收(实际上达到了与征收一致的效果)两种情形。然而目前学界对此的关注却存在一定程度的空缺:一方面,我国学界对"行政应急"②或者"风险行政"③的研究起步较晚,"行政应急原则"的内涵和适用相对较为粗糙,尽管我国于2007年8月颁布了《中华人民共和国突发事件应对法》(以下简称《突发事件应对法》),从框架上确立了应对突发公共事件的法律结构,但总体上还远远没有深入到每个具体领域;另一方面,海运货物的应急征用又缺乏必要的国际法视角,尽管存在部分研究关涉国际财产的征用或征收,④但对于国际突发公共卫生事件这一特殊的背景却缺乏必要的关切。因此本文试图回答在国际突发公共卫生事件这一非常态秩序下,一国对海运货物进行应急征用的国际法和国内法呈现出何种样态,在理论上如何对其证成,在制度建构上又当如何进行完善。

二、突发公共卫生事件中应急征用的基本法律体系

(一)突发公共卫生事件中应急征用的国际法律体系

从征收征用权的一般关系和传统理论来看,两者同根同源,征收乃"征用权走得更远"的结果,对于国际突发公共卫生事件中的应急征用,通常也包含着征用转征收的意涵,因此,从国际法角度梳理和剖析应急征用的一般理论和条约规范事实上与征收有着紧密联系,下文对征收理论和条款的梳理也存在互通之处。

伴随着主权国家征收权力的确立,国际法对征收的规制主要体现为对国家实施征收的范围和条件的限制,并通过三个层次的规定来完成这一目标:第一个层次是在国际条约中对"受保护的投资"做出充分且详尽的定义,并不断扩张不受征收或需要补偿的财产范围。第二个层次是国际条约对征收所做的定义,征收的定义解决的是征收是否发生的问题,决定了政府行为的最终性质和结果。当前的国际

---

① 刘浪、李俭:《非常规突发事件应急征用补偿机制》,载《北京理工大学学报》(社会科学版),2012年第4期。

② 事实上,早在20世纪80年代末,龚祥瑞、罗豪才等学者就提出"行政应急性原则"是现代行政法治原则的重要组成部分,但是直至2003年"非典"疫情防控期间政府采取了大量的"于法无据"或者"形式违法"的行为,才驱使学者们逐渐意识到问题的严重性。对行政应急性原则的长期忽略,直接影响到我国行政应急法制的建设工作,导致了我国应急法制建设的落后局面。参见龚祥瑞、陈国尧:《行政应变性原则》,载《法学杂志》1986年第6期;刘莘:《行政应急性原则的基础理念》,载《法学杂志》2012年第9期。

③ 代表性论文如赵鹏:《知识与合法性:风险社会的行政法治原理》,载《行政法学研究》2011年第4期;王贵松:《风险行政的组织法构造》,载《法商研究》2016年第6期;金自宁:《风险社会中的给付行政与法治》,载《国家行政学院学报》2008年第2期。

④ 江清云:《国际财产征收中的若干法律问题》,载《同济大学学报》(社会科学版)2008年第6期。

条约虽似乎并不愿意给征收下一个清晰而完整的定义，但不断扩张征收内涵和外延的趋势是显而易见的，伴随间接征收或类似征收概念的出现，国家在实施对外资管理方面的权力空间一再受到挤压。第三个层次则是对征收条件的规定。这些条件的设定首先可以限制征收的实施，同时也往往决定了征收的合法性。尽管目前众多的国际条约在"征收四要件"方面已基本达成了一致，但在仲裁实践中的认定却屡屡发生争议，并在实践中逐渐衍生出细化的规则。

鉴于确认国家征收权力的重要性，包括联合国在内的许多国际组织在其制定的国际法文件对征收问题做出了规定。联合国《自然资源永久主权宣言》(the UN Declaration on Permanent Sovereignty over Natural Resources) 第四条规定：国有化、征收或者征用应当以公认的、相比单纯的本国或外国个人或私人利益更为重要的公共事业、社会安全或者国家利益等理由为依据。在这种情况下，采取该项措施以行使其主权的国家应当根据本国现行的法规以及国际法，对财产所有人给予适当的补偿。该决议成为第一个宣布主权国家在满足相应的条件下具有对外国投资征收的主权权力并获得众多国家支持的国际法文件，甚至在实践中被视为是适用于征收问题的国际习惯法。联合国《建立国际经济新秩序的行动纲领》(the New International Economic Order) 第四条第五款规定："每一个国家对本国的自然资源以及一切经济活动拥有完整的、永久的主权。为了保护这些资源，各国都有权采取适合本国情况的各种措施，对本国的资源及其开发事宜加以有效的控制管理，包括有权实行国有化或把所有权转移给本国国民。这种权力是国家享有完整主权的一种体现。任何国家都不应遭受经济、政治或其他任何形式的胁迫，阻挠它自由地、充分地行使这一不容剥夺的权利。"联合国《各国经济权利与义务宪章》(the Charter of Economic Rights and Duties of States) 第二条第二款 c 项规定："将外国财产的所有权国有化、征收或者转移时，应由采取此种措施的国家给予适当的补偿，要考虑到它的有关法律和法规以及该国认为有关的一切情况。因补偿问题引起的任何争议均应由实施国有化的国家的法院依照其国内法加以解决，除非有关各国自由地并相互同意根据各国主权平等并依照自由选择方法的原则寻求其他的和平解决方法。"该规定基本延续了《自然资源永久主权宣言》的风格。

随着人员和资金全球流动的日益频繁，国际社会普遍意识到管理国际贸易的重要性，但基于商事贸易的灵活性，世界银行、经济合作与发展组织(Organization for Economic Co-operation and Development, OECD)和联合国分别制定带有普遍性和平衡性的征收标准均失败，故而，关于征收的法律问题以国际习惯法、双边投资协定(BITs)和区域贸易协定(RTAs)来解决。1991 年 1 月 1 日正式生效的《北美自由贸易协定》(North American Free Trade Agreement, NAFTA)第 1110 条"征收与补偿"是区域贸易协定中关于征收规定的基准和典范。该条第 1 款规定："任何缔约国不得直接或间接国有化或征收在其境内另一缔约国投资者之投资,或者对该投资采取相当于国有化或征收之措施。除非:(a)出于公共目的;(b)在非歧视的基础上进行;(c)遵守法律和第 1105 款(公平与公正待遇)规定的正当程序要求;以及(d)按照本条第 2-6 款的规定进行补偿。"而 1959 年德国与巴基斯坦签订的世界上第一个现代意义上的双边投资协定,也对征收予以规定,即"任一缔约国的国民或公司在另一缔约国领土内的投资不得被征收,除非是为了公共利益并伴有补偿,补偿应与投资受到的影响相当",该条约在随后的双边投资协定中不断完善革新,呈现出征收内涵与外延不断扩张的趋势。

国际司法实践亦是国际征收规则原则确立的重要组成部分。最早关于征收的国际司法实践来源于国际常设法院(PCIJ),而晚近关于征收的仲裁实践则主要来源于根据 BITs 的争端解决条款而提起的仲裁裁决以及国内法院判决。①这些征收案例的争议焦点或是侧重于投资者的投资利益而忽略东道国的公共利益,或是以量化方式通过东道国公共利益与投资者利益"比例"判定是否构成征收。但核心都在于对征收要素中的公共利益这一目的要件与补偿标准及计算方法这一补偿要件的探讨。②

梳理国际条约及相关司法实践,可见征收四要件的存在已经被大部分的投资条约所确认,但却鲜有对每一个要件的具体释义以及在实践中理解和适用的相关论述。总体而言,公共利益是外资征收的目的要件,也是一个不易界定的弹性术语;遵循正当程序是征收的程序要件,但其含义在国际法上并没有统一的规定,内容也并不确定,因此征收所必须遵循的所谓正当程序还是以实行征收的国家的国内法规定的法律程序为准;非歧视原则是征收的实施要件,其在整个四要件当中的重要性正日益凸显出来,不但已经成为判断公共利益要件的辅助标准,且因为内容相对确定已经成为投资者和仲裁庭在提起和认定征收时首选的"突破口";"赫尔原则"③已经成为国际条约中泛化的征收补偿标准,但对于何为充分、及时、有效,特别是如何适用"公平市场价值"来计算征收补偿的数额却没有明确的规定和实践。

(二)突发公共卫生事件应急征用的国内法律体系

面对国际突发公共卫生事件,海运货物的应急征用涉及一体两面,一面是国际

---

① 主要包括伊朗-美国求偿仲裁庭、国际投资争端解决中心(ICSID)、NAFTA、欧洲人权法院的征收仲裁实践。

② Joesph J. Lazzarotti: Public Use or Public Abuse, 68 UMKC L. Rev. (1999).

③ 赫尔原则,即全部赔偿原则。由美国国务卿科德尔·赫尔(Cordel Hull)于 1938 年提出,认为实行国有化的国家有义务以"充分(adequate)、有效(effective)、及时(prompt)"的方式对财产被国有化的外国投资者支付全部赔偿。这一原则是以私有财产不可侵犯为基础,以保护既得权益和反对不当得利为法律依据。

法问题,另一面也涉及复杂的国内法问题。就国内法而言,国际突发公共卫生事件下海运货物的应急征用属于"应急法律体系"的范畴,对于这一立法命题,我国的起步相对较晚,直到 2003 年"非典"疫情之后,我国才开启了应急法律体系的建设。经过十余年的立法建设,我国突发公共卫生事件的法律体系初步形成,而应急征用的规范也在宪法、法律、行政法规、地方性法规等中有所体现。

首先,从宪法层面而言,《中华人民共和国宪法》(以下简称《宪法》)是我国的根本大法,规定了公民最基本的权利义务,明确保障"公民的合法的私有财产不受侵犯",但同时也在第十三条为应急征用提供了宪法依据,规定当"国家为了公共利益的需要,可以依照法律规定对公民的私有财产实行征收或者征用并给予补偿"。

其次,在狭义的法律层面,主要由《中华人民共和国物权法》(以下简称《物权法》)、《突发事件应对法》、《中华人民共和国传染病防治法》(以下简称《传染病防治法》)等三部法律对突发公共卫生事件中的应急征用做出了规定。其中《物权法》第四十四条①、《突发事件应对法》第十二条针对抢险、救灾等突发事件的紧急需要,赋予了行政机关"征用单位、个人的不动产或者动产"的权力,同时规定了"返还"或者"补偿"的义务。《传染病防治法》是专门"预防、控制和消除传染病的发生与流行,保障人体健康和公共卫生"的法律,早在 1989 年就已经颁布实施,2003 年"非典"疫情防控期间采取的应急征用手段主要源于该法的规定。然而当时该法仅在第二十五条规定了政府可以"临时征用房屋、交通工具",并未对补偿做出任何规定。直到 2004 年第十届全国人民代表大会常务委员会第十一次会议审议通过了新的《传染病防治法》,才在第四十五条中规定:"传染病暴发、流行时,根据传染病疫情控制的需要,国务院有权在全国范围或者跨省、自治区、直辖市范围内,县级以上地方人民政府有权在本行政区域内紧急调集人员或者调用储备物资,临时征用房屋、交通工具以及相关设施、设备。紧急调集人员的,应当按照规定给予合理报酬。临时征用房屋、交通工具以及相关设施、设备的,应当依法给予补偿;能返还的,应当及时返还。"2013 年该法进行了进一步修订,但关于应急征用的规定一直沿用至今。

最后,在行政法规层面,最主要的规范来自《突发公共卫生事件应急条例》,但是该条例并未对应急征用做出规定。国务院各部委也就突发公共卫生事件的应对制定了《结核病防治管理办法》《医院感染管理办法》等规定,但是对于应急征用的

---

① 《民法典》第二百四十五条已将该条修改为:"因抢险救灾、疫情防控等紧急需要,依照法律规定的权限和程序可以征用组织、个人的不动产或者动产。被征用的不动产或者动产使用后,应当返还被征用人。组织、个人的不动产或者动产被征用或者征用后毁损、灭失的,应当给予补偿。"

规定也较少。相较而言,地方人大和地方政府根据上位法制定了大量的地方性法规和地方政府规章。如上海市、云南省、江西省、河北省、安徽省、甘肃省等地方人大制定了相应的"办法"或者"条例",四川省、江苏省、南京市、太原市等政府也制定了各类"规定""办法"等规范突发公共卫生事件中的应急征用行为。可以说,我国已经初步形成了一个数量繁多、体系相对完备的公共卫生应急法律体系,但是对于应急征用的规定显然还存在精细化的完善空间。突发公共卫生事件应急征用的主要国内法见下表。

表　突发公共卫生事件应急征用的主要国内法

序号	名称	相关核心内容
1	《宪法》	第十三条:公民的合法的私有财产不受侵犯。国家依照法律规定保护公民的私有财产权和继承权。国家为了公共利益的需要,可以依照法律规定对公民的私有财产实行征收或者征用并给予补偿。
2	《物权法》	第四十四条:因抢险、救灾等紧急需要,依照法律规定的权限和程序可以征用单位、个人的不动产或者动产。被征用的不动产或者动产使用后,应当返还被征用人。单位、个人的不动产或者动产被征用或者征用后毁损、灭失的,应当给予补偿。
3	《突发事件应对法》	第十二条:有关人民政府及其部门为应对突发事件,可以征用单位和个人的财产。被征用的财产在使用完毕或者突发事件应急处置工作结束后,应当及时返还。财产被征用或者征用后毁损、灭失的,应当给予补偿。
4	《传染病防治法》	第四十五条:传染病暴发、流行时,根据传染病疫情控制的需要,国务院有权在全国范围或者跨省、自治区、直辖市范围内,县级以上地方人民政府有权在本行政区域内紧急调集人员或者调用储备物资,临时征用房屋、交通工具以及相关设施、设备。紧急调集人员的,应当按照规定给予合理报酬。临时征用房屋、交通工具以及相关设施、设备的,应当依法给予补偿;能返还的,应当及时返还。
5	《突发公共卫生事件应急条例》	并未对应急征用做出规定。

(三)海运货物应急征用的基本法律关系

在国际海运货物的应急征用法律关系中,尽管存在一定的复杂性和特殊性,但是依据传统的法学理论,依旧可以划分为法律关系主体、法律关系客体、法律关系内容等基本要素,进而一般性地概括出基本条件。

第一,法律关系的主体。突发公共卫生事件中应急征用的法律关系主体包括征用者和被征用者。海运货物并非本国公民、组织的财产，因此在征用的主体方面需要格外慎重。《突发事件应对法》笼统地规定了"有关人民政府及其部门"可以在符合规定的情况下成为应急征用的主体，但是并没有对行政机关的具体行政级别和具体部门做出规定；《传染病防治法》作为突发事件应对领域的专门法，将征用的主体限定于国务院和县级以上人民政府，两者的区别在于后者仅限于本辖区内，而前者可在全国范围内跨省行使征用权。被征用者主要是被征用海运货物的所有者或者从属权利者，可以是个人、集体或者单位。

第二，法律关系的客体。突发公共卫生事件中应急征用法律关系的客体指的是法律主体之间权利义务所指向的对象。传统法学理论认为行政征用的客体限于财产，也即动产和不动产两大类，但是随着对财产和财产权理解的扩张，服务和劳务也成了征用的对象。但是就本文的研究范畴而言，法律关系的客体即为被征用的海运货物。

第三，法律关系的内容。突发公共卫生事件中应急征用法律关系的内容是指法律主体享有的权利和应当履行的义务。就征用主体而言，行政征用权是其根本职权，包括行政命令、制裁、监督、强制执行等，但同时又必须履行补偿的义务，在征用过程中必须严格遵守法定程序、接受监督。对于被征用人而言，主要权利为补偿请求权、知情权，而主要义务为服从、配合、协助。

第四，应急征用的基本法律条件。从上述基本法律关系的分析可以归纳出突发公共卫生事件中应急征用的基本条件：首先，必须是基于"传染病疫情控制的需要"；其次，主体为国务院或者县级以上政府；再次，必须在权限范围内；最后，必须支付合理报酬或者补偿。

三、国际突发公共卫生事件下海运货物应急征用的法理基础

国际突发公共卫生事件下海运货物的应急征用其法律本质是为了应对国内的紧急情况，强制限制或者剥夺海运货物的使用权，实践中通常存在征用或者征用转征收两种情形。这种限制或者剥夺尽管也属于广义上的公共利益的结果延伸，但严格意义上讲并不等同于日常管理状态下出于公共利益的需要而对财产权的限制或者剥夺，而是行政应急原则下对行政紧急权的行使，其理论基础来源于国家的"紧急自卫说"，或者"国家自卫权"，是"自然权利"理论中"个人自卫权"在国家领域的派生，而其宪法基础则导源于宪法中对"紧急状态"的规范。

根据自然法学的观点，个人自卫权是与生俱来的自然权利，自我保存乃神圣不可侵犯的自然法则，并且所有自然权利的出发点都是保全自己的生命。① 为了克

---

① ［英］霍布斯：《利维坦》，黎思复、黎延弼译，商务印书馆1996年版，第97-98页。

服自然状态下充满危险的无序状况,人们便缔结契约,让渡自己的部分权利,缔结国家。同时,自卫权作为一种最高权利被保留,并形成了最基本的自卫法则,"我享有那以毁灭来威胁我的东西的权利,这是合理和正当的。"①这种"个人自卫权"在实定法上的直接体现便是正当防卫权和紧急避险权,而国家作为政治共同体,其自卫权既是本身享有的"自然权利"的一部分,也是缔结社会契约时每个成员委托形成的结果。② 首先,尽管国家内的成员之间因社会契约而受一定规则的统治,但是国家作为一个整体,与非成员之间仍然处于自然状态,因此同样享有整体的自卫权,从形式逻辑上可以理解为个人自卫权的集合,这是国家作为一个共同体而享有的自卫权。其次,人们让渡自己的权利形成国家这一特殊的集合体,希望国家能够保护各成员的生命、自由和财产,但国家行使这一职能的前提是要首先实现自我保存,因此个人将部分自卫权让渡给了国家。

国家自卫权经过长时间的演变发展出了对外和对内两种关系,前者诸如利用武力排除外来侵略,后者诸如在应对自然灾害、公共卫生等突发事件时动用国家紧急权力对公民的基本权利做出必要的限制,对国家的建制进行必要的调整。从某种意义上讲,这种国家自卫权具有超越实定法的属性,即使现行法律没有规定相应的应对措施,国家依然可以采取各种紧急措施应对突发事件。③当然,从法治和权力运行的基本保障考量,用宪法和法律规范行政紧急权在世界各国的实定法中已然十分普遍,此时的行政紧急权不仅具有"自然法"意义上的合理性,更具有实地法上的"合宪性"和"合法性"。如日本、德国、土耳其等均在宪法中规定了紧急状态制度或者紧急状态的宣布程序与期限,美国、加拿大、俄罗斯、澳大利亚等则通过制定统一的紧急状态法对行政紧急权力予以规范。而我国则在《宪法》《戒严法》《突发事件应对法》等法律文本中对紧急状态和行政紧急权力的行使进行了规范。④

四、海运货物应急征用的主要缺陷与变革逻辑

(一)海运货物应急征用的主要缺陷

第一,补偿主体不明确,财产权的保障缺乏指向性。补偿主体是被征用人在遭

---

① [英]约翰·洛克:《政府论》(下篇),叶启芳、瞿菊农译,商务印书馆1997年版,第12页。
② 戚建刚:《法治国家架构下的行政紧急权力》,北京大学出版社2008年版,第72页。
③ 同③,第73页。
④ 需要指出的是,我国1982年的《宪法》规定了戒严制度,但是并未规定紧急状态制度,直到2004年的宪法修正案才将"戒严"修改为"紧急状态"。但是这种紧急状态是由非战争因素引起的,对于由战争因素引起的紧急状态应根据《宪法》《国防法》《兵役法》《国防交通条例》等法律法规进行处理。

受财产"侵害"时寻求补偿的对象，然而在现行法律中却并未明确规定补偿主体，这一问题在国际财产中的应急征用显得更为突出，因为对于海运货物的应急征用主要依据货物属地国的国内法，而我国国内法对于这一问题的规定却极其模糊。例如在《突发事件应对法》中，仅将其笼统地概括为"有关人民政府及其部门"，《传染病防治法》则将所有"县级以上人民政府"视为补偿主体，在其他突发事件应对的法律法规中，还有诸如"相关人民政府""处置事件人民政府"等表述。然而在实践中，疫情的防控具有很强的跨区域性，对海运货物的应急征用牵扯到大量的部门，对哪一级政府可以对该国际货物实施应急征用也不明确，由此，补偿主体在法律上也显得十分模糊。

第二，补偿原则和标准模糊，财产权的保障缺乏明确性。公平补偿是任何行政征用都必须遵循的基本原则，《民法典》虽明确了公平、合理的补偿原则，《突发事件应对法》，抑或《传染病防治法》，均没有对征用的补偿原则和标准做出明确的规定。也正是因为如此，在地方性法规或者规章中，出现了诸如"合理补偿""按征用时的市场价格给予补偿""相应补偿""依有关规定补偿"等各种杂乱无章的表述，而在补偿标准上，通常突出"应急""象征性补偿"居多。①可见，在补偿这一问题上，由于没有统一的规范，行政机关行使了较大的自由裁量权，被征用者的财产保障在各地表现出较大的差异性，而海运货物的补偿牵涉国际法，各个港口和地区的差异会造成财产权保障的不平衡，因此关于补偿原则和标准的问题有必要进行慎重考量。

第三，应急征用和补偿程序缺位，财产权的保障缺乏程序性。首先，应急征用在法律层面缺乏一定的程序性规范，对于应急征用的财产应当通过何种审批程序、是否需要出具征用单据、是否需要登记造册、是否需要先行估价、是否可以先行征用后补手续等问题均没有明确规定。与此相关的是，由于缺乏应急征用的程序性规定，在很多情况下缺乏一定的凭证，导致补偿程序也陷入混乱之中。有不少地方甚至采取"申请-审批"式，由行政相对人提出申请才能获得补偿，同时对于补偿标准的确定程序、申请程序、补偿的期限等并无统一明确的法律规范。应急征用与补偿程序的法律缺位严重影响了"程序正义"，使得被征用者的财产权缺乏程序性保障，在"非典"疫情防控期间类似的事件频发，但至今仍然存在较大的完善空间。②

第四，应急征用补偿资金来源不稳定，财产权的保障缺乏有效性。资金保障对突发事件的应对意义重大。事实上，无论是《预算法》还是《突发事件应对法》或者

---

① 杜仪方：《何为禽流感中扑杀行为的"合理"补偿——兼论风险规制与行政补偿标准的新发展》，载《行政法学研究》2016年第3期。

② 赵颖：《论公共应急行政补偿——以范围和程序为主》，载《理论与改革》2012年第1期。

《传染病防治法》，均对应对突发事件的经费做出了规定，但是一个值得注意的现象是，规定的内容仅涉及传染病"预防、控制、监督"等工作，并未明确提及"补偿"，而资金的来源则通常依赖于政府预算，渠道狭窄，数量上也并不能完全满足《预算法》1%的下限规定。

(二)海运货物应急征用的变革逻辑

第一，明确突发公共卫生事件应急征用中的补偿主体，落实权责一致原则。如上所述，疫情防控中应急征用权行使的合法主体为"县级以上人民政府"，由于我国公共权力所有者与行使者的二元分离、制度规定与权力运行的轨道偏差，权责背离十分普遍，而责任政治建设又是国家治理现代化的重要内容，因此，确立"谁征用、谁补偿"的原则显得十分必要，而对于海运货物的应急征用权也应当赋予"县级以上人民政府"。这一原则征用补偿的义务主体，也相对合理地划分了县、市、省级政府的补偿责任。当征用的海运物资用于县域范围内时，县级政府行使征用权并通过县级财政予以补偿；当应急征用的物资进行流通，跨县域使用之时，此时的补偿责任由上级政府承担。这样做可以减轻县级人民政府的负担，也可以较为合理地实现应急资源的有效配置。当然，对于贫困县等特殊地区，应当通过转移支付的形式落实征用补偿，但就法律关系而言，补偿主体依旧是行使征用权的主体。[①]

第二，确立公正补偿的原则和市价补偿的标准。我国行政补偿制度最大的问题就在于标准过低，且不够精细化，这一点在征用领域体现得尤为明显。一方面由于"公共利益-私人利益"之间的微妙关系，让立法者在价值倾向上更注重前者；另一方面我国的立法技术、市场化程度、法治环境等均存在较大的完善空间。但是现代法学理论与法治发展告诉我们，财产权的社会义务与征用或者征收有着本质区别，国家虽然可以为了公共利益的需要征用财产，但也必须以公正补偿为前提，而按市场价进行补偿是最公平合理的方式，也即要让财产像"未被征用"一样。[②] 具体而言，对于因为使用而导致折旧的，应当补偿折旧部分；对于可以恢复原状的，应当采取合理措施恢复原状；对于无法恢复原状或者灭失的，应当按照市场价格进行补偿。另外，对于类似口罩等一次性使用的产品，尽管法律仅规定了"应急征用"，但事实上已经构成了"征收"，此时也应当按照市场价值进行补偿。[③]

第三，建构应急征用和补偿的正当程序。行政程序的正当性是衡量行政行为

---

① 王敬波：《略论政府应急征用法律制度的完善》，载《行政法学研究》2011 年第 4 期。

② Frank I. Michelman, Property, Utility, and Fairness: Comments on the Ethical Foundations of "Just Compensation" Law, 80 HARV. L. REV. (1967).

③ 薛峰等：《疫情防控应急征用的法律风险与合法性规制》，载《法律适用》2020 年第 6 期。

合法性的重要标准,对于应急征用而言,则是规范征用权合法行使,落实财产权有效保障的重要因素。改变应急征用"重实体轻程序"现状的核心在于细化征用和补偿的流程,尤其是注重信息的公开。对于应急征用程序而言,应该出具征用通知书、填写征用清单、告知救济途径和期限、告知解除征用和进行补偿的信息等。其中在通知书中应当用多种语言载明征用单位名称、地址、联系方式、执行人员姓名、征用用途、征用时间以及征用财产的名称、数量、型号等内容。上述内容应当统一制定相应的格式,登记造册,当然,情况特别紧急时,可以依法先行征用,事后及时补办手续。对于应急征用的补偿程序而言,解除征用后应当根据财产的具体情况做出不同的处理。首先应当下达相应的"解除征用告知书",告知相关财产的使用状况、补偿的方式、补偿的时间、相应的估价、返还财产的时间,以及无法达成一致补偿意见的救济途径等。同时应当公示受偿人员名单、受偿方案等内容,接受社会监督。

第四,保障突发公共卫生事件应急征用补偿的资金来源。目前经费来源不稳定的主要原因在于预算不足且来源渠道单一。经费是最核心、最基础的保障,即使明确了责任主体、建构了补偿标准、执行了正当程序,倘若没有充足的资金进行补偿,行政相对人的财产权保障也只是空中楼阁。因此应当从两方面入手:一方面提高应急经费的预算比例,同时在经费中设立专项资金作为应急征用补偿款,并逐年提高额度;另一方面拓宽资金来源渠道,号召企业和个人捐款,同时加大上级政府对下级政府的转移支付力度。

五、结论

国际海洋货物运输作为国际货物运输最重要的渠道之一,在促进国际贸易、强化国际分工等领域发挥了极为重要的作用。但是随着国际突发公共卫生事件等非常规事件的爆发,海运货物的财产权与主权国家的应急征用权之间形成了一定的紧张关系。无论是从国际法体系抑或我国的国内法体系来看,对于应急征用的规范均较为笼统和原则,因此在未来的制度建构中一方面要加强国际法与国内法之间的制度衔接;另一方面也要重点完善国内应急征用的法律制度,明确应急征用中的补偿主体,确立公正补偿的原则和市价补偿的标准,建构应急征用和补偿的正当程序,保障突发公共卫生事件应急征用补偿的资金来源。最后需要强调的是,完善应急征用法律制度的目的不是论证应急征用的合法性,从法理上赋予其正当性,而是通过对程序、标准、条件等的严格设定,控制国家征用权的过度行使,平衡海运货物的财产权与主权国家的应急征用权之间的协调性。

(获 2020 年浙江省法学会海商法学研究会年会论文一等奖)

试论海事刑事审判制度的程序构建

——以海事刑事审判公诉程序为切入点

夏淇波　马钦媛

【摘要】海事刑事审判改革是海事法院"三审合一"改革的重要内容,自2017年宁波海事法院首次审理刑事案件以来,海事刑事审判改革正式从理论走向实务。近年来越来越多的海事刑事案件的成功审理验证了海事法院管辖刑事案件的可行性,但也遇到了很多实务操作上的问题,如:公诉机关的选择,二审法院的明确,检察机关之间的程序衔接,等等。本文以海事刑事审判公诉程序的重构与衔接为切入点,在分析现有海事刑事审判工作基础上,讨论海事刑事审判制度构建中需解决的案件范围、程序衔接和路径选择问题,并为推进改革工作,巩固改革成果提出相应建议。

【关键词】海事刑事;公诉程序;制度构建

2017年2月21日,最高人民法院办公厅《关于指定宁波海事法院作为海事刑事案件管辖试点法院审理了宁波"5·7"涉外海上交通肇事案的复函》(以下简称《指定管辖试点法院复函》)正式开启宁波海事法院"三审合一"改革的序幕。2017年8月,宁波海事法院成功审理了宁波"5·7"涉外海上交通肇事案,成为全国首例涉外海事刑事案件,为海事刑事审判制度的持续性探索迈出具有里程碑意义的第一步。近年来,海事刑事改革快速推进,并在诸多海事刑事案件的成功审理中得以不断验证。审判实践证明,海事刑事案件专门管辖具有可行性。在改革进行的同时,海事刑事审判也遇到了理论和实践中的难题,尤其在海事法院与检察院公诉程序衔接上,需要重新设计构建。

一、海事刑事审判制度的程序探索

(一)海事刑事审判的初始阶段

海事法院审理海事刑事案件起始缺乏程序规范,最高司法机关亦未出台相关工作意见对海事刑事案件的诉讼问题做出规范。2012年及2018年修订的《中华人民共和国刑事诉讼法》(以下简称《刑事诉讼法》)虽为海事法院审理刑事案件提供了可能，但也没有具体的程序规定。自 2017 年宁波海事法院审理全国第一个海事刑事案件开始一直到 2020 年，海事法院审理海事刑事案件都来源于最高人民法院和省高院的指定管辖。如上文所述宁波"5·7"涉外海上交通肇事案即为最高人民法院和浙江省高院指定管辖，这种个案指定的模式并不能作为规范程序形成制度，且复杂烦琐，仅为权宜做法。

(二)海事刑事审判的发展现状

在积累了多起海事刑事案件的成功审判经验后，2020 年，海事法院的海事刑事改革开始提速扩展。海事法院与市级检察院关于海事刑事案件的审理和移送以会议纪要形式形成初步的规范。在海事刑事案件范围尚未明确之前，将部分类案确定为海事法院管辖范围，并形成相对固定的公诉、衔接和联络流程，简化每案报请指定的烦琐程序，有利于形成机制，提高办案效率，扩大影响力，加快海事刑事审判改革步伐。这也是海事刑事审判的现行模式，但终归缺少法定管辖权依据，仍需每案报省高院指定管辖。如 2020 年 9 月，宁波海事法院与宁波市检察院联合印发的《关于海事刑事案件审理试点工作机制的纪要》；2021 年 9 月，宁波海事法院与舟山市检察院联合印发的《关于加强协作配合推动海事审判与海洋检察工作高质量发展的纪要》(以下简称《海事审判与海洋检察工作纪要》)。

二、海事刑事审判制度的程序困境——以公诉程序的衔接为切入点

作为一项自上而下推动的司法改革活动，海事刑事审判改革以指定管辖作为开始，之前并未经过充分的审判实践验证。海事法院作为专门法院，其设立之初相关机构架构和审级制度并未针对刑事案件审判设计。故在海事法院审判职能向海事刑事探索延伸过程中不可避免地遭遇公诉程序衔接上的现实困境。

(一)公诉机关的选择

根据 2007 年最高人民法院、最高人民检察院、公安部联合印发的《关于办理海上发生的违法犯罪案件的有关问题的通知》第四条规定："人民检察院提起公诉的海上犯罪案件，同级人民法院依法审判。"海事法院实行跨行政区划管辖，对应的同级检察院并非法院所在地一家，而是对应全省甚至省外管辖区域内的同级检察院，如宁波海事法院管辖海域对应省内七家地市级检察院，大连海事法院辖区内对应五家市级检察院，武汉海事法院更是对应省内外六家地市级检察院。如何选择对应的公诉机关即是海事刑事审判面临的第一道难题：是统一由海事法院所在地的市级检察院作为公诉机关，还是案件发生地市级检察院作为公诉机关？当前法律无明文规定。

(二)二审法院的确定

对于检察院提起抗诉或者被告人提起上诉的刑事案件,涉及二审法院的确定。如果海事法院管辖区域内只有一家高级人民法院,二审法院就十分明确。如宁波海事法院审理的海事刑事案件,被告人不服判决的,应当向浙江省高级人民法院提起上诉。如果海事法院管辖区域范围内有两家以上高级人民法院的,正如上文所述大连海事法院和武汉海事法院,管辖区域皆有多家高院,理论上可能出现二审法院的确定问题。若以海事法院所在地高级人民法院作为二审法院,则检察院将面临跨省抗诉的难题;若以刑事案件发生地高级人民法院作为二审法院,则将发生外省高院替代本省高院对海事法院实行审判监督权的程序困境。

(三)检侦机关的程序衔接

海事法院在审级上属中院级别,对应的公诉机关应为市级检察院。但海警机构、公安机关、海关缉私局等基层执法单位对应的基层检察院并不能直接向海事法院提起公诉,而应由基层检察院向市级检察院报请提级,再由市级检察院向海事法院提起公诉或者由设区市检察院直接提级提起公诉。一方面,在海事刑事案件尚无明确定义和范围的情况下,这样的程序衔接将导致大量原本由基层检察院向基层法院提起公诉的案件,提级到市级检察院向海事法院提起公诉,使市级检察院的公诉案件以及海事法院受理的海事刑事案件大幅度增加。另一方面,若无明确法律规定或文件指导,基层检察院难以判断需要提及的刑事案件,故海事刑事案件的范围确定对于检察院之间的工作衔接具有重要现实意义,也是海事刑事案件进入海事法院的首要条件。

三、海事刑事审判制度的程序设计

(一)海事刑事案件的范围界定

概念是程序设计的基础。明确了"海事刑事"的定义,才能明确海事法院受理刑事案件以及公诉机关向海事法院提起公诉案件的范围,避免管辖权冲突。最高人民法院办公厅《指定管辖试点法院复函》虽使用了"海事刑事案件"的提法,但并未对海事刑事案件的内涵与外延予以明确。学界和实务界对此展开了诸多讨论。

观点一:对海事刑事案件予以描述性定义。有学者提出"海事犯罪行为是指与海事活动相关的、危害有关海上运输的各种海事关系和秩序以及相关联的其他社会关系和秩序的、为国际条约规范和国内刑法所禁止的、应当承担刑事责任接受处罚的行为"①；在海事刑事审判探索起步阶段，这种界定方式无法予以精确量化和周延案件范围，亦产生理解模糊和分歧。

观点二：采取发生地的界定标准。有学者将海事刑事案件定义为在我国具有管辖权的海域内的海水表面、水体及水下的底土所发生的各类刑事案件。② 也有学者进一步提出，逐步将所有发生于海上的刑事案件交由海事法院管辖。③ 该界定方式有利于鉴别区分海事刑事案件类型，管辖较为明确，但缺点也很明显。首先，这样的界定标准将大量一般刑事案件引入海事法院管辖范围，忽略了海事刑事案件的特殊性和专业性，与海事法院发挥专业优势利于海事刑事审判的初衷不符。其次，这样的界定标准将导致海事刑事案件的标准泛化，使市级检察院和海事法院面临极大的办案压力。最后，这种以发生地为标准的界定方式，有其固有的界定难题，比如：持续性犯罪中犯罪行为地发生转化，犯罪行为地有多个，犯罪行为地和结果发生地不同，等等。

观点三：将海事刑事案件限定为与海事法院原管辖案件相关联的犯罪案件。有学者认为："海事刑事案件应当是与海事法院管辖的民事案件与行政案件相关联的犯罪案件，而不是发生在海上（包括通海水域）、与船舶有关联的所有刑事案件。如船舶碰撞纠纷由海事法院管辖，则船舶碰撞所构成的犯罪案件应由海事法院审判更为有利。"④还有学者将海事刑事案件进一步缩小为几类特定案件的关联刑事案件，使界定标准更加明确，认为海事刑事案件的范围应界定为与海事法院管辖受理的海事侵权纠纷、海商合同纠纷、海洋行政、海洋执行等与海商事诉讼相关联的有关刑事案件。⑤ 该类型界定方式范围仍过于宽泛，具体范围以及"相关联"的标准和解释也有待学术界和实务界进一步探讨，且该界定方式未充分考虑特殊情况，没有为个别类型刑事案件的审理留有余地和可能。

笔者认为，海事刑事案件宜以海事法院管辖的特定案件类型相关联的刑事案件为基础，再从根据实际需要增加个别类型案件为辅的方式予以确定。在我国现有的海事法院审级制度和审判架构下，海事刑事案件不宜泛化，主体应限定在"与原管辖案件相关联"这一框架下，避免与其他法院的管辖冲突和海事法院现有海

---

① 张颉：《海事法院享有刑事管辖权之必要性探析》，中华人民共和国天津海事法院 http://tjhsfy. Chinacourt. org/article/detail/2016/12/id/2391557. shtml. 2021 年 9 月 20 日访问。

② 马方：《国家海洋战略背景下涉海刑事案件专门管辖的几点思考》，载《人民法院报》2016 年 1 月 29 日。

③ 曹兴国：《海事刑事案件管辖改革与涉海刑事立法完善——基于海事法院刑事司法第一案展开》，载《中国海商法研究》2017 年第 4 期。

④ 吴勇奇、刘啸晨：《海事刑事诉讼的专门管辖——以宁波海事法院试点审判的海事刑事案件为切入点》，载《人民司法》2019 年第 25 期。

⑤ 邵海凤：《海事刑事案件诉讼管辖权问题研究》，载《中国检察官》2020 年第 24 期。

事刑事审判力量不足的现实难题,另以列举方式或留白兜底方式,为其他类型刑事案件审理提供依据。故笔者试将海事刑事案件界定为与海事法院管辖受理的海事侵权纠纷、合同纠纷、海事海商纠纷、海事行政纠纷等案件相关联的刑事案件,以及拒执犯罪、虚假诉讼犯罪、涉海走私犯罪、破坏海洋生态环境和资源犯罪等相关刑事案件。笔者提出的界定范围仅提供思路,即在确定边界的基础上,尽可能落实到具体罪名。上文所述《关于海事刑事案件审理试点工作机制的纪要》和《海事审判与海洋检察工作纪要》也都采取了类似做法。

(二)海事刑事案件公诉程序的路线选择

如前文所述,海事法院与检察院之间公诉程序的对接是海事刑事审判需要解决的首要难题。根据 2020 年 2 月 28 日最高人民法院、最高人民检察院和中国海警局联合发布的《关于海上刑事案件管辖等有关问题的通知》第四条的规定,"人民检察院对于海警机构移送起诉的海上刑事案件,按照刑事诉讼法、司法解释以及本通知的有关规定进行审查后,认为应当由其他人民检察院起诉的,应当将案件移送有管辖权的人民检察院",对于是否属于"应当由其他人民检察院起诉",检察院可以根据自身的"认为"自主判断。这种留白式的规定也给学术界和实务界带来了正反两种观点的争论。

观点一是以海事法院为中心,配置其本部所在地市级检察院为辖区内统一公诉机关。若采纳该观点意见,首先,不同地区的市级检察院之间移送衔接程序和沟通工作难度较大,尤其是跨省移送和协调工作程序复杂;其次,会产生案件工作量承接消化问题。面对辖区内甚至辖区外多个地区汇至而来的海事刑事案件,市级检察院的配套司法资源相对不足。最后,作为案件移出方则可能产生为他人作嫁衣之顾虑,积极性易受收结案政策导向影响。

观点二是以公诉机关为中心,对接辖区内海事审判机构。认为海事刑事案件应由案发地市级检察院作为公诉机关,海事法院可指定其本部审判庭或其派出法庭进行审理。① 该方案虽然能避免案件移送问题,但面临异地公诉甚至跨省公诉问题。尽管如此,笔者仍持第二种观点,理由如下:

理由一,改革阻力和难度相对较小,便于改革工作的顺利推进。上述两种方案都需要公诉程序上的大动作改革。既然如此,则采取"两害相权取其轻"的思路,宜以最小变动、最小阻力、最经济有效的方式推进改革工作的顺利开展。在观点一方案中,海事法院对应其所在地市级检察院,沟通交流较多,工作衔接顺畅,但其他地区检察院则需要对接辖区外的异地检察院,案件移送涉及包括各自上级单位在

---

① 邵海凤:《海事刑事案件诉讼管辖权问题研究》,载《中国检察官》2020 年第 24 期。

内的多家单位,协调沟通成本和程序改革难度大幅增加,且容易产生互相推诿、调查取证难度加大等问题,不利于具体的审判工作开展,背离了改革初衷;相反,观点二的方案对于海事法院和市级检察院两者而言,相互都是各自辖区内的对应机关,在程序衔接和沟通协调上可以由当事单位一对一平级对接,形成纪要或者制度后报各自上级单位备案或同意即可。

理由二,便于检察院的工作开展。一是有利于促进海事诉讼检察业务开展,促进海事诉讼检察监督工作在有据可依下及早谋划、有序推进;二是有利于检侦协作、形成合力。《关于海上刑事案件管辖等有关问题的通知》第六条规定:"海警机构办理刑事案件应当主动接受检察机关监督,与检察机关建立信息共享平台,定期向检察机关通报行政执法与刑事司法衔接,刑事立案、破案,采取强制措施等情况。"根据《中华人民共和国海警法》第三十八条,海警机构办理其辖区内的海上刑事案件,依照《刑事诉讼法》和该法有关规定行使侦查权、采取侦查措施和刑事强制措施。海事刑事案件由案发地市级检察院作为公诉机关,可便于公诉机关与辖区内侦查机关联系沟通和工作对接;三是有利于减少讼累、节约成本。海事法院派出机构在全省范围乃至跨省的分布设置便于海事刑事案件当事人就近诉讼、减少诉讼成本。

理由三,实践中得到成功验证。2019年9月,浙江省舟山市检察院就三起海龟案向宁波海事法院提起民事公益诉讼,其中一起涉海龟刑事案件,宁波海事法院事先取得了浙江省高级法院的指定管辖之后交由其地处舟山的自由贸易试验区海事法庭进行审理,从而开创了海事案件案发海域所在地市级检察院跨区域诉讼的先例。该批案件判决生效后,于2020年4月被最高人民检察院评为破坏海洋野生动物资源保护民事公益诉讼典型案例。如前文所述,双方签订的《海事审判与海洋检察工作纪要》,明确舟山市检察院可就七类刑事案件向宁波海事法院提起公诉,另可就生态环境和资源保护、食品药品安全、英烈保护、未成年人保护等特定领域损害国家利益和社会公共利益的行为向宁波海事法院提起公益诉讼,形成了相对固定和规范的工作机制。

(三)海事刑事案件审级管理制度的改革设想

海事刑事案件审级管理制度的设计影响检察院行使审判监督权和被告人的上诉权,其问题的实质在于如何确定海事刑事案件的二审法院。对此,可分两方面进行讨论。

一是在现有审级管理制度下的选择。海事刑事案件二审法院理论上存在多个高院的选择。笔者认为,在无特别规定的情况下,应遵从现有审级管理制度,即以海事法院现有上级法院为海事刑事案件的二审法院。学术界对此并无过多讨论,实务中尚无案件进入二审程序进行审理,故对此不再展开。

二是改革现有审级管理制度后的当然选择。有观点认为,海事案件目前存在"一审专门、二审不专门"的问题。故建议设立一两个海事高级法院,由其负责审理重大海事案件的一审案件及一审海事法院的上诉案件,并统一对各海事法院审判工作予以监督和指导,从而建立完整的海事专门法院体系。① 还有观点认为,"不仅要设立海事高级法院,还要设立最高人民法院海事审判庭,构建海事专门法院体系,对进一步强化海事司法的专业性,更好地整合海事司法资源、统一海事司法的裁判尺度具有重要意义"。②

笔者认为,目前尚不具备设立海事高级法院和最高人民法院海事审判庭的条件和必要性。从海事审判制度建立至今,海事法院对应的高院,以及最高人民法院民四庭审理了大量上诉而来的海事海商案件,在海事审判制度建立初期的这种"一审专门、二审不专门"的现象随着海事审判经验的不断积累呈现逐渐减少的趋势,且目前除海事海商案件二审集中由高级人民法院民四庭(或民三庭)审理外,行政、刑事二审均由高院行政庭、刑庭或环资庭(涉环资类行政庭、刑事庭)审理,高院关于这些案件类型的审判经验和专业程度比海事法院无疑更高,且随着近年来诉源治理的不断深入开展,包括海事法院在内的各级法院案件量都已出现不同程度的减少,高院作为二审法院完全有能力应对现有的海事海商案件。更重要的一点是中国建立二级专门法院,尤其是脱离省、自治区、市级党委直接领导及人大监督,由最高人民法院直接监督的海事高级法院,在法律上还无具体规定,在实践中亦无先例。③

四、关于海事刑事审判制度构建的立法路径与展望

海事刑事审判制度的构建最终需要立法层面的确立。结合中国立法传统和域外立法实践,涉海刑事立法的完善有两条路径可供选择:一是参照英国、俄罗斯、法国等国的做法,在未来《中华人民共和国海商法》(以下简称《海商法》)等涉海立法的修订中吸收相应的刑事条款,以附属刑法的方式对相关刑事立法需求做出回应;二是在未来《中华人民共和国刑法》(以下简称《刑法》)的修改中对涉海刑事立法的缺陷进行完善。上述路径的选择涉及刑法领域早已存在的有关刑事立法模

---

① 参见司玉琢:《保障海洋发展战略 改革完善中国特色的海事司法管辖制度》,载《中国海商法研究》2015年第2期。

② 参见张文广:《改革和完善我国海事审判制度的几点建议》,载《中国海洋大学学报》(社会科学版)2017年第2期。

③ 李国光:《海事司法公正的立法和制度保障——〈中华人民共和国海事诉讼特别程序法〉实施十周年回顾与展望》,载《中国海商法年刊》2010年第4期。

式的不同见解,即刑法规范在法典模式外可以适当分散规定于其他法律中,还是严格集中统一规定于刑法典中。① 笔者倾向于后者,从民法法典化的立法方向,目前的刑事立法实践来看,将刑事条款集中统一规定于刑法典应是立法主流,且《海商法》属于私法范畴,若附属刑事条款,引入公法规范,其性质无疑会发生变化,甚至《海商法》这一名称都可能需要修改,正如德国学者基尔克所言:"公法和私法的区别,是今日整个法律秩序的基础。"在《海商法》中设置刑事条款,导致同部法律中刑民条款混合,甚至可能发生刑事、行政、民事条款的混合,似有不伦不类之嫌,也未见有非此不可的充分理由。

无论立法路径如何选择,对于初生的海事刑事审判而言,第一步是如何推动其走向立法。展望海事刑事审判的未来,在理论和实践探索中尚有许多不确定因素,改革的星星之火虽可燎原,但也应注意保存培育和促进引导。笔者建议,为加快改革步伐,巩固改革成果,海事法院可主动收集整理总结自改革以来海事刑事案件的成功审理经验,形成报告或改革方案,积极汇报给最高人民法院,并经最高人民法院向全国人大提案,修改完善我国《海商法》《海诉法》及相应司法解释,从立法层面正式明确海事法院审理刑事案件的范围、程序和相应的审级管理制度。

(原载于《浙江审判》2021 年第 5 期)

---

① 曹兴国:《海事刑事案件管辖改革与涉海刑事立法完善——基于海事法院刑事司法第一案展开》,载《中国海商法研究》2017 年第 4 期。

涉外诉讼中当事人远程视频举证机制研究

——以海事司法相关实践探索为视角

吕辉志

【摘要】互联网与移动通信技术的飞速发展深刻影响着人类生产生活的方方面面,发达的网络技术使得人类的活动范围可以超越时空的限制,拓展了人类的认知范围。"互联网"+"司法"的头脑风暴也催生出了新的行为模式。本文通过案例引出远程视频举证在涉外海事审判案件中的实践,探索后疫情时代,如何通过信息技术解决制约涉外司法审判的,为这一探索建章立制。

本文第一部分以一则案例引出我国海事法院远程视频举证上已有的司法实践经验,分析远程视频举证制度的特点及现实意义;第二部分分析远程视频举证性质及合法性问题,将其与法院从国外调取证据行为进行分析比较,明确远程视频进行举证行为性质属于当事人举证,与法院取证截然不同,同时分析远程视频举证行为存在的证据形式和举证方式的合法性问题;第三部分基于上述分析提出构建远程视频举证制度建议,涉外诉讼中远程视频举证制度构建建议:宏观上,以立法确立该举证机制的基本原则,并建议在与相关国家签订条约及合作协议时,加入允许两国民商事主体在经贸文化交流过程中,以远程视频的方式举证并接受对方国家法庭的相关询问,堵塞可能因此引发的外交争议;微观上,区分言辞类证据、物证和现场勘验、视听资料和电子数据验真三种不同的证据形式,加强信息技术运用,设定远程视频举证具体规则;在技术保障上,确保所形成的电子数据安全可靠。

【关键词】涉外诉讼;远程视频;举证;电子数据;证据形式

引言

新冠肺炎疫情在世界各地的蔓延给脆弱的外贸复苏带来了不稳定因素,与之相关的矛盾纠纷伴随着航运成本的高涨在不断积累。在此背景下,涉外纠纷如何获取域外证据、查明案件事实成为摆在司法机关面前的难题。在这个问题上面,笔者办理了一起疫情防控期间海上货物运输合同纠纷无单放货案件,案件一审裁判之后双方服判息诉,取得了良好的法律效果和社会效果。这起案件也令笔者思考在全球化、数字化浪潮下,域外证据的获取方式可否有更为高效便捷的第三条道路,为解决域外证据获取难题,切实保障相关当事人的合法权益提供新的路径。

一、海事司法中跨国远程视频举证实践及其启示

(一)新冠疫情下远程视频举证案例详情

原告 A 公司于 2020 年 1 月末出口一批咖啡机至法国,委托 B 公司代为办理出口货运事宜,C 公司(中国香港公司)作为无船承运人签发提单,涉案货物拼装于集装箱内。涉案集装箱于 2020 年 3 月初到达目的港后已卸空并重新流转。原告 A 公司因未收到货款尾款,于 2020 年 5 月末以无单放货致使其无法收回货款为由,起诉至宁波海事法院,案号(2020)浙 72 民初 768 号。A 公司诉请 B、C 公司承担连带赔偿货物损失近 24 万元人民币。在案件审理过程中,B 公司出庭应诉并积极沟通 C 公司及目的港代理,在 2020 年 7—8 月份法国疫情仍然严重、公证认证无望的情况下,笔者借鉴已有的做法,在 A 公司同意的情况下,要求 B 公司通过其渠道联系目的港代理,远程视频查证货物现状。经过被告 B 公司的努力,在庭审当天,笔者主持 A、B 公司共同通过远程视频连线(以苹果手机 FACETIME 通话形式进行),就货物究竟是否已被放行进行现场勘查:在 A、B 公司当场指令下,目的港代理首先对仓库所在位置周边状况、公司标识等进行展示,并当场打开另一部手机进行定位,确认其人员及货物在目的港代理仓库位置属实;接着,目的港代理工作人员根据指令先从左右角度展示货物堆放的总体情况,随后将涉案货物逐一拖出,对货物包装外观、数量进行清点,并在 A 公司法定代表人指令下随机抽取其中一箱货物进行开箱验货,在事实面前,A 公司法定代表人确认涉案货物完好,目前仍堆放于目的港代理仓库中。宁波海事法院对此进行全程录音、录像并存放入卷。因 C 公司实际未出庭应诉,A、B 公司双方庭外和解未果。本案在庭审后不久做出判决,认定涉案货物并未被无单放货,A 公司并未丧失货权,不存在经济损失,宁波海事法院判决驳回 A 公司诉请。案件判决之后,原、被告双方未上诉,一审判决生效。

(二)远程视频举证在涉外海事司法中的探索实践

笔者撰文之时,以在线跨国取证作为关键字,进行了检索。早在 2016 年 9 月,上海海事法院在一起涉外海上货物运输合同纠纷案件的庭审中,首次利用微信视频的方式,夜间与巴西远程连线,当庭进行跨国取证并确认案件的重要事实,取得良好效果①。笔者经搜索中国裁判文书网,未见该案判决书,但发现有庭审之后的

---

① 参见《上海海事法院利用微信视频跨国取证》,载《人民法院报》2016 年 9 月 25 日第四版。

撤诉裁定,申请撤诉理由为与被告达成和解①。2018年6月,上海海事法院在一起海上货物运输合同纠纷案件中,通过自主研发的系统对当事人提交的存储于境外服务器的电子邮件进行电子证据展示,并当庭进行质证②,当事人对真实性予以确认③。2019年10月29日,青岛海事法院在一起涉外海上货物运输合同纠纷中,通过远程视频现场展示涉案货物在以色列的存放状况,合议庭和双方当事人就相关问题直接向现场工作人员进行了询问,货物是否已完成交付、货款是否已经收回等关键事实得到确认,为案件公正高效裁判打下了坚实的基础。经检索中国裁判文书网,亦未见该案判决书,但有2019年11月末发出的解除冻结民事裁定书,解除冻结事由为双方以调解结案。④ 北海海事法院近日在一起船舶碰撞案件中,使用微信视频的方式让身在国外的证人——一名中国公民以远程视频的方式出庭作证。应当说,随着中国法院信息化建设水平的不断提高,远程视频庭审、通过在线跨国视频方式进行举证将会越来越多。

(三)远程视频举证制度的特点及现实意义

通过上述案例,不难发现远程视频举证制度有以下三个特点:

1. 以在线视频方式替代传统的公证认证模式和烦琐耗时的跨国司法协助取证模式,办案效率提高。2. 案件关键事实得以及时查明。经过远程视频取证货物具体下落在案件中均得到了确认,为案件的调解及裁判奠定了坚实的基础。3. 案件审判效果极好,在事实确认的基础上,双方和解或判决的效率极高,败诉方服判息诉较好,其中三件案件以双方和解,被告履行债务方式结案,真正实现案结事了。而随着移动微法院、线上庭审等智慧法院技术不断迭代升级并逐步推广,通过远程视频方式进行举证将在涉外案件审判中成为一种新常态。

二、对远程视频举证性质及合法性问题的思考

(一)远程视频举证的性质:与法院域外取证的比较

目前,根据《中华人民共和国民事诉讼法》(以下简称《民诉法》)第六十四条

① 参见中国裁判文书网《韩乐比奇贸易有限公司与开亚国际物流(上海)有限公司海上货物运输合同纠纷一审民事裁定书》案号(2016)沪72民初2040号,2016年11月8日做出,2021年7月17日访问。
② 参见《上海海事法院启用在线智能海事诉讼系统 助力智慧海事法院建设》,https://baijiahao.baidu.com/s? id=1603253395873978757&wfr=spider&for=pc,2021年7月17日访问。
③ 参见中国裁判文书网《原告法国兴业银行新加坡分行(SocieteGenerale,SingaporeBranch)与被告上海鼎衡船务有限责任公司海上货物运输合同纠纷一案一审民事判决书》,案号(2018)沪72民初618号,2018年8月21日做出,该案被告二审后撤回上诉,一审判决生效,2021年7月17日访问。
④ 参见中国裁判文书网《沂水县金鹏木业有限公司、上海汇进国际物流有限公司海上、通海水域货物运输合同纠纷一审民事裁定书》,案号(2019)鲁72民初1212号,2021年7月25日访问。

的规定,当事人对自己提出的主张,有责任提供证据。反驳对方主张的,也应当提供证据或说明理由。法院仅在当事人及其诉讼代理人因客观原因不能自行收集的证据,或者人民法院认为审理案件需要的证据的情况下调查收集。我国民事诉讼中的证据制度采取当事人主义为主、法官职权主义为辅的举证制度。

在我国涉外诉讼司法实践中,依上述证据制度,绝大多数涉外案件中需要查明的域外事实的证据,均为当事人自主提供。此外,依照我国《民诉法》第四编关于涉外民事诉讼规则,当事人申请法院域外取证的,因司法主权原则的关系,需根据我国加入的 1970 年《关于从国外调取民事或商事证据的公约》(Conventions of 18 March 1970 on the Taking of Evidence Abroad in Civil or Commercial Matters,以下简称《海牙取证公约》或《公约》)或与他国缔结的司法协助条约,按照司法协助程序,通过中央机关层层转递至外国当地主管机关代为收集、调查在域外存在的与案件有关的证据。根据旧的民事诉讼证据规则的规定,凡是形成于域外的证据均需要进行公证认证;通过司法协助途径申请域外取证存在着程序复杂、周期长、效果不明显的问题,加之法院对于涉外案件的统计口径、审限制度等规定,导致当事人不会选择也不愿选择这一制度。因此,涉外案件诉讼的公正性和效率性受此影响颇深。值得庆幸的是,凡域外证据必公证认证的制度无法适应我国国际贸易和对外交往日益频繁的实际,最高人民法院已对该规则进行了相应的修改,将需要公证认证的证据材料限定在了公文书证、涉及身份关系的证据材料这两大类,从规则上为域外产生制度进行松绑。

那么,通过远程视频进行举证的行为,其从性质上属于当事人举证抑或是法院司法取证行为吗? 针对这一问题,有观点认为,用远程视频的方式询问位于境外的证人,依据各国的国内立法或司法实践或有关的双边司法协助条约或国际公约,涉嫌侵犯他国的司法主权[1]。但也有观点认为,当事人自主提供的证据因为不涉及各国司法机关的合作问题,自然没有必要在公约中加以规定[2]。笔者赞同后一种观点。理由是远程视频举证的行为,其发起者在于案件当事人,对案件相关证据事实进行展示的是案件当事人,并非当事人申请通过司法协助的方式进行取证,其主导权仍在于当事人,因此仍属于当事人自行举证的范畴。在《海牙取证公约》或双边条约规定下,法院域外取证的行为,涉及与域外司法机关沟通合作问题。法院的取证行为代表一国行使的司法主权行为,而在缺乏治外法权依据的情况下,该种行为即是对另一国家司法主权的侵犯。基于司法主权的原因,各国妥协达成了海牙

---

[1] 参见《用微信视频跨国取证的形式是否合法?》,https://www.sohu.com/a/116792561_515070,2021年7月18日访问。

[2] 陈力:《海牙取证公约在我国涉外民商事审判中的适用》,载《东方法学》2010年第1期。

取证公约,规制法院域外取证行为。因此,当事人通过远程视频举证的行为并不在海牙取证公约的调整范围。正确认识远程视频举证行为性质,才能避免在构建远程视频举证制度时落入错误认识的陷阱。尽管如此,对于远程视频举证行为的合法性,仍然需要结合司法实践做出妥当的规定,避免因此在对外关系上引起不必要的纷争,如何规避这个问题将在下文进行论述。

(二)远程视频举证合法性问题思考

与其他新生事物一样,远程视频举证作为信息化产物必然存在合法性的疑问。作为涉外审判中举证制度中的一种新做法,如何解决其合法性问题,是确保该做法发挥最佳效果的前提条件。在当事人自行通过远程视频方式举证可能与司法协助取证冲突,有违反对方国家司法主权嫌疑并不难存在的情况下,远程视频举证的合法性问题,主要集中在证据形式和证据来源合法性两个方面。

1.关于证据形式合法性的疑问

我国《民诉法》规定有八种证据形式,从形式要件上不同形式的证据需要满足法律规定的要件。以单位提供的书证为例,除了需要加盖公章之外,还需要单位负责人证明;勘验笔录需要有勘验人员、见证人员、当事人在笔录中签字确认。对证据形式的要求,其目的在于确保证据的真实性。而以远程视频方式对处于域外的证据进行举证,其证据形式实质上应归入上述八种类别中,但因法庭以全程录音、录像的方式固定实况,最终该录音、录像形成视听资料的形式留存于案卷卷宗。在实行电子卷宗归档的情况下,根据《最高人民法院关于适用中华人民共和国民事诉讼法的解释》(以下简称《民诉法解释》)第一百一十六条第三款的规定,远程视频形成的全程录音、录像,成为存储于电子介质中的影像资料,适用电子数据的相关规定。

在证据形式要件上,远程视频举证主要适用在当事人陈述、物证、证人证言、视听资料及电子数据的验证、勘验等。关于书证,其中公文书证及涉及身份关系的证据仍应按照证据规则规定的方式进行提交,而其他书证远程视频展示上并不优于其他电子传输途径,远程视频举证方式并无过多的适用余地。鉴定意见并不存在境外机构进行司法鉴定的问题,自然无须讨论,因此,目前需要研究的就是当事人陈述、物证、证人证言及电子数据、视听资料的验证,而涉及勘验事项,若以远程视频形式进行,最终在法庭形成的全程录音、录像其作用等同于勘验笔录,但在形式上仍需有固定要件确保该勘验的真实准确。以证人证言、当事人陈述为例,在验证有关人员身份真实,证人保证或宣誓其所作陈述真实的情况下,这些言辞在真实性上与本人到法庭现场作证并无差别,不仅方便了证人、当事人,对证人而言也可以一定程度上排除外界干扰,而且在全球旅行受限的大背景下,具有重大的现实意义。而对于针对电子数据、视听资料，因技术的进步，使得这些证据具有被篡改的风险，因此，使用远程视频举证并不能完全确保证据真实，因此，需要在适用根据技术的特点加以一定的限制，确保真实。因此，笔者认为在一定条件下，通过远程视频进行的域外举证在证据形式的合法性上并不存在问题，关键在于需要在制度上设置"防火墙"。

2. 关于取证方式合法性问题

根据《民诉法解释》第一百零六条的规定，"以严重侵害他人合法权益、违反法律禁止性规定或者严重违背公序良俗的方法形成或者获取的证据，不得作为认定案件事实的根据"，在已有的司法实践中，通过远程视频方式对位于境外的货物、电子数据、中国公民进行调查取证，并不侵犯他人的合法权益，这些行为实际上仍然为民事主体在自己的权利范围之内所行使的私行为。以无单放货案为例，其所查验的货物为原告托运至国外的货物，货物未清关之前，其仍为该货物的所有权人。即便经过远程视频勘验，该货物实际非属原告托运货物，该行为并不实际侵害他人权益，而在外国相关方同意配合一方当事人举证的情况下，该种在线跨国视频举证行为并不严重违背公序良俗。但是该种举证方法在实际操作中仍应注意以符合我国及域外国家或地区法律的形式进行。

三、涉外诉讼中远程视频举证制度构建建议

（一）宏观上以立法形式认可该举证方式，确立当事人主义基本原则

远程视频举证作为法院信息化建设时代的一个产物，首先应当通过渐进式的改革试点、立法的形式，在诉讼规则上肯定远程视频举证的合法性。针对此种举证方式，为避免因法院过多指令域外主体向法庭提供所要求的证据，形成一国司法行为产生域外效力享有治外法权，引发不必要的外交上的纷争，应坚持当事人主义基本原则，由负有举证责任的一方当事人自行进行与域外一方的沟通协调。我国法院在这个过程中，仅作为庭审的指挥者和记录者，维持双方举证质证的次序，在适当的情况下对有关当事人进行适当的释明，确保此种举证行为不违反我国和域外法律的禁止性规定。

同时，基于我国与"一带一路"国家之间各类贸易的不断发展，"一带一路"沿线国家加入该倡议的积极性不断提高，我国与各国间的经贸文化交流不断加深，建议外交及商务部门在进行有关民商事司法协助条约或有关多边条约制定的过程中，顺应时代变革，从法治保障我国企业"走出去"，扩大中国司法管辖影响力的角度出发，在条约中增加有关允许两国民商事主体在经贸文化交流过程中，以远程视频的方式接受对方国家法庭的相关民事证据调查，堵塞可能因此引发的外交争议。

(二)区分不同种类证据,设定远程视频举证具体规则

如前文论述,远程视频举证方式并非适用于我国《民诉法》规定的八种证据,在适用上其应当排除书证、鉴定意见。基于不同种类证据的不同特性,在使用远程视频进行举证上,应根据不同的特性设置具体的规则:

1.言辞类证据

言辞类证据包含当事人陈述和证人证言。在证人证言里面,除了知晓案情的自然人之外,在涉外诉讼中涉及专业问题时,时常有专家证人。对于言辞类证据,首先需要核实陈述主体的身份。对于当事人和证人,若为中国籍公民在境外的,基于目前的移动微法院技术,通过人脸识别验证,在这方面并不存在问题。我们也可以看到这样的运用在司法实践中已经相当普遍。而对于外国自然人,以往出庭的外国人均是留存其护照等身份证件。但在域外,就存在"我如何证明是我"的问题。在此种情况下,笔者认为应通过提交外国自然人身份证件及证人以本国法制下宣誓方式宣誓保证,增强证言的形式严肃性。在技术条件具备的情况下,通过类似电子签名的方式留存该证人签字确认。同时,在该远程视频中加强人脸识别技术的运用,确保伪装技术在远程视频上无生存余地。

2.物证与现场勘验

在海事法院已有的远程视频举证的司法实践中,涉及海上货物运输无单放货案件的,均是以远程视频方式在目的港验证货物尚在控制之下。针对这种操作,笔者在此前将其认定为一种远程的在线勘验,其所涉及的是货物的同一认定。因此,在这类案件中可能会存在物证及现场勘验的记录同时并存的现象。但是在涉外审判中,随着我国涉外基建项目增多,与之相关联的涉及建设工程的争议,若双方约定在国内进行诉讼的,或者是某些材料在使用过程中出现质量上问题时,所涉及的诉讼就涉及现场的勘验及物证的提取。针对这种情况,笔者认为应当通过数字赋能,在远程视频举证中扩大新技术的使用,包含3D扫描技术进行物证的扫描存档、5G通信技术运用,扩大传输速率,提高传输质量,保障勘验的同步性。

3.视听资料和电子数据验真

随着电脑技术的发展,视听资料和电子数据极易遭受篡改,因此,通过远程视频进行验真也只能是针对存储于电子介质中的原始数据。比如,某段国外拍摄的视频资料在拍摄完成之后,其留存于拍摄手机,未进行复制、传输的情况下,可以核对该资料的真实性。而对于电子数据,比如上海海事法院在审理过程中对于国外的电子邮件原件进行验证,如果该邮件存在公共服务器上,通过登录邮箱打开具体电子邮件进行内容核对,其真实性较高,而如果是自有的服务器,在现有技术下,邮

件内容仍然存在被篡改的风险,在证明力上较弱。因此,对待视听资料和电子数据的验真,应当结合技术的特点防范可能产生的证据篡改。

(三)在技术保障上,确保所形成的电子数据安全可靠

目前,以浙江法院为例,在全域数字法院改革的大潮之下,无纸化办案已经成为常态。除去如权利凭证等重要纸质材料之外,电子卷宗已完全取代纸质卷宗,庭审形成的视听资料都全部转化为电子数据。因此,从数据的安全角度讲,除了物理上确保其安全,不受灾变影响致数据丢失之外,在技术上应探索将区块链技术运用到相关电子数据中,避免后台修改数据无据可查。

四、结语

举证问题是民商事诉讼的核心问题。远程视频举证方式是互联网时代下当事人突破举证空间限制,自行获取域外证据的一项重要举措。作为首先采纳并逐步推广运用该种举证方式的专门法院,在今后的涉外海事海商审判中相信会有更多的涉外案件中当事人循此路径提交涉外案件证据。笔者乐见这一制度能够成为服务和保障我国进出口贸易和"一带一路"倡议的有效措施,让更多的当事人不因域外证据获取难题而导致维权困难。对该机制的思考更多地基于司法实践,受理论水平和实践经验局限,对问题的分析深度应有不足。笔者不揣浅陋,撰写此文,冀望能抛砖引玉,共同促进这一新生事物的成长,为涉外诉讼注入更多的数字元素、中国智慧。

(获 2021 年中国法学会审判管理分会主办的审管理论专委会征文奖)

精品案例篇

巴润摩托车有限公司诉美顺国际货运有限公司海上货物运输合同纠纷案

——运用不方便法院原则拒绝行使涉外运输合同纠纷案件的管辖权

【裁判要旨】

一、不方便法院原则,系受理案件的法院享有管辖权,但不方便审理而拒绝行使管辖权,这是各国处理涉外民事案件管辖权的一个重要原则。

二、《中华人民共和国民事诉讼法》(以下简称《民诉法》)和《中华人民共和国海事诉讼特别程序法》(以下简称《海诉法》)均赋予我国法院对涉外案件享有宽泛的管辖权,但法律没有对不方便法院原则做出规定。本案尝试依据我国《民诉法》的立法精神,运用不方便法院原则而拒绝行使管辖权。

【案情索引】

一审:宁波海事法院(2008)甬海法商初字第 275 号(2009 年 2 月 10 日)。

二审:浙江省高级人民法院(2009)浙辖终字第 81 号(2009 年 5 月 5 日)。

【案情】

原告:Baron Motorcycles,INC.(巴润摩托车有限公司,系美国注册公司)。

被告:Awell Logistics Group,INC.(美顺国际货运有限公司,系美国注册公司)。

2006 年 7 月,原告巴润摩托车有限公司从春风控股集团有限公司的外贸代理人 FREEDMOTOR COMPANY LIMITED 处购买一批摩托车及配件等,并由 FREEDMOTOR COMPANY LIMITED 委托被告美顺国际货运有限公司办理上述货物从中国宁波到美国迈阿密的海运事宜。被告于同年 7 月 29 日接收货物后,向春风控股集团有限公司签发了原告为收货人的记名提单。

原告以其凭正本提单向被告提货,但被告始终不予交付货物为由,于 2008 年 10 月 9 日向本院提起诉讼,要求被告交付提单项下货物或赔偿货款。

被告美顺国际货运有限公司在提交答辩状期间对管辖权提出异议,认为原、被告都是美国公司,提单按美国法律制作并由被告签发,诉称的事件发生在美国,诉讼标的也在美国,与美国的联系最密切,故应由美国法院管辖,要求驳回被告在本院的诉讼。另外，被告还提出原告起诉已过一年的法定诉讼时效的抗辩。对此，原告还认为，原、被告在交涉过程中，被告一直表示货物在其仓库，可以去提货，表示被告同意履行义务，不能再以诉讼时效届满抗辩。

【审判】

宁波海事法院经审理认为：管辖争议系诉讼程序问题，适用法院地法，故本案管辖争议应依据中华人民共和国法律进行审查。依据《民诉法》第二百四十一条的规定，涉案货物是在我国宁波港装运，本院对该案件具有管辖权，但是宁波海事法院系不方便法院，理由有：一是原、被告双方均系美国注册的公司，案件的审理不涉及我国公民、法人或者其他组织的利益；二是原、被告没有约定选择宁波海事法院管辖的协议，且本案争议不属于我国法院专属管辖；三是案件争议的主要事实，即被告是否在目的港无单放货，不在我国境内发生，从证据的公证、认证和证明程序，对可能适用的美国法律的熟悉程度及其查明，裁判等法律文书的承认和执行，以及案件审理的效率等方面考虑，本院受理本案非常不便利；四是涉案货物交付地及无单放货争议事实的发生地在美国，美国当地法院对本案享有管辖权，且审理该案件更加方便，更有利于原、被告参加庭审，证人出庭，证据收集和出示，裁判文书的承认和执行等。综上，本案在美国当地法院受理，对双方当事人参加诉讼都较为便利，且不会损害原告方的合法权益，故被告提出的管辖异议成立。

原告不服一审裁定，向浙江省高级人民法院提起上诉称：法院只能依据法律来认定是否有管辖权，没有权利认定管辖权的"方便"与"不方便"，一审法院以"不方便"管辖为由，驳回原告起诉，于法无据，请求撤销原审裁定，指定宁波海事法院管辖。

浙江省高级人民法院经审理认为：根据原告的诉称和提供的证据材料，本案系货物运输合同纠纷。虽然宁波海事法院作为装货地法院对本案有管辖权，但是本案双方当事人均系美国公司，争议的主要事实即无单放货并非发生在我国境内，双方当事人也未协议选择我国法院管辖，且案件不属于我国法院专属管辖范围，案件存在不方便管辖因素，原审法院依据不方便法院原则驳回原告的起诉并无不当。驳回上诉，维持原裁定。

【评析】

本案的争议是宁波海事法院应否拒绝行使管辖权，即可否适用不方便法院原则问题。

一、不方便法院原则的含义

不方便法院原则（Doctrine of Forum Non-conveniens），也称为"非方便法院原则"或"不便管辖原则"，是指在涉外民事诉讼中，当原告向某国法院提起诉讼时，如被告认为他在该国应诉得不到公正对待,可以该国法院为不方便法院为由,要求中止诉讼;而受诉法院根据当事人的申请,综合考虑由其受理该案件或者在其他国家(或者地区)进行诉讼,对当事人更为方便和公正,运用自由裁量权,决定拒绝当事人的申请或者放弃行使管辖权。简言之,不方便法院原则,是以别国法院比自身审理更为方便为由而放弃司法管辖权。该原则的目的就是便利所有当事人以及正义的维护,要求当事人到更为适当的法院诉讼,可以限制过于宽泛的管辖权,解决管辖权的僵硬性问题,防止挑选法院及减轻法院负担,避免矛盾的判决等。该原则起源于大陆法系的苏格兰,发展成熟于普通法系国家。英、美国家等盛行"长臂管辖"原则,使得适用不方便法院原则有了更为强烈的客观需要。

二、不方便法院原则的适用条件

对于不方便法院原则的适用条件,各国的法院做法不一。一般地,法院在适用不方便法院原则时会从公共利益因素和私人利益因素两方面来审查。其公共利益因素包括:(1)法院地的便利;(2)可供选择的法院地;(3)当地争议由当地法院解决所具有的利益;(4)相关国家的公共利益;(5)适用准据法的问题。其私人利益因素包括:(1)原告选择法院地的一般权利;(2)当事人取证来源的简便;(3)证人出庭的机会及费用;(4)当事人的依据;(5)所有其他使审判容易、快速、节省的现实问题,诸如强制执行法院地判决的可能性、原告在本法院地提起诉讼的动因(是挑选法院还是干扰被告)等。对此,还没有统一的国际公约来调整,不过,有关国际民商事管辖权和外国判决的承认与执行问题的海牙公约草案就采纳了美国代表团向海牙国际私法会议提出建议,第22条规定"拒绝管辖的例外情况"的基本条件:(1)法院必须是不具有本公约规定的专属管辖;(2)案件必须是涉及"例外情形";(3)受理法院行使管辖权处理案件是明显的不适当;(4)另一国家的法院具有管辖权;(5)该法院是处理争议的明显更为适当法院。法院还应特别考虑:(1)当事人惯常居所而产生的任何不便;(2)证据的性质和所在地,包括文件和证人,以及获取这些证据的程序;(3)可适用的期限或规定的期间;(4)法院关于该问题的任何决定得到承认与执行的可能性。

三、本案适用不方便法院原则的适当性

虽然不方便法院原则是国际私法中确定管辖权的一项重要原则,但是由于我国法律没有规定,对于我国法院可否适用不方便法院原则拒绝行使管辖权问题,赞成者有之,抨击者亦有之,褒贬不一。总的来说,我国理论界赞成我国法院适用不方便法院原则的占多数。另外,《中华人民共和国国际私法示范法》(第6稿)第五十一条也规定:"对本法规定中华人民共和国法院享有管辖权的诉讼,如中华人民

共和国法院认为实际行使管辖权对当事人及案件的审理均极不方便,且有其他法院对该诉讼的审理更为方便时,经被告申请,可以决定不行使管辖权。"

不方便法院原则最本质的功能即为实现诉讼公正与效率,是对原告挑选法院的限制,是对被告权利的保护,是对程序滥用的制止。这是与我国人民法院在 21 世纪的公正与效率的主题相一致的。在我国司法实践中,已经有个别案件适用了不方便法院原则拒绝行使管辖权,最高人民法院并没有加以反对。最高人民法院关于印发《第二次全国涉外商事海事审判工作会议纪要》的通知(法发〔2005〕26 号)第十一条明确规定:我国法院在审理涉外商事纠纷案件过程中,如发现案件存在不方便管辖的因素,可以根据"不方便法院原则"裁定驳回原告的起诉。"不方便法院原则"的适用应符合下列条件:(1)被告提出适用"不方便法院原则"的请求,或者提出管辖异议而受诉法院认为可以考虑适用"不方便法院原则";(2)受理案件的我国法院对案件享有管辖权;(3)当事人之间不存在选择我国法院管辖的协议;(4)案件不属于我国法院专属管辖;(5)案件不涉及我国公民、法人或者其他组织的利益;(6)案件争议发生的主要事实不在我国境内且不适用我国法律,我国法院若受理案件,则在认定事实和适用法律方面存在重大困难;(7)外国法院对案件享有管辖权且审理该案件更加方便。

可见,在我国适用不方便法院原则,理论和司法解释上均不存在障碍。就本案而言,虽然提单项下货物由我国宁波港出运,根据《民诉法》第三十条的规定,宁波海事法院享有管辖权。但是,被告在答辩期内提出了管辖权异议,原告(收货人)、被告(承运人)均为美国公司,争议所涉提单由被告签发,是否无单放货的争议事实发生在美国,美国法院对案件享有管辖权且审理案件更加方便。本案存在的这些不便审理的因素,完全符合《第二次全国涉外商事海事审判工作会议纪要》对适用不方便法院原则的规定,故本案适用不方便法院原则,拒绝行使管辖权是适当的。反之,如果本案不能适用不方便法院原则,由宁波海事法院继续审理则可能会带来诸多不便。主要有:一是适用法律困难。本案是否要适用美国法?如果法院决定适用美国法,则查明相关的美国法有困难。二是域外送达司法文书困难。虽然本案诉状是通过原告提供的电子邮件送达,被告也提出了管辖异议,如果开庭传票也通过电子邮件发送,被告不来出庭,送达效力有问题,法院难以就此缺席裁判,如果根据《海牙送达公约》送达,则至少需一年时间。三是当事人参加诉讼极不便利。争议事实和原、被告均在美国,要到中国诉讼,诉讼成本增加,尤其被告要出庭抗辩非常不便。四是无单放货的争议查明困难。本案原告主张被告无单放货,而被告认为货物还在目的港,是原告没有去提货。因此,本案对无单放货事实的查明是关键所在,但由于该事实发生在美国,双方当事人提交的证据都必须经公证认证,且必须全部翻译成中文,如果有证人也都是在美国,证人出庭不便。五是裁判文书的承认和执行困难。我国与美国还没有就裁判文书的承认和执行达成双边协议,即使宁波海事法院对本案进行了审理并做出判决,也难以到美国申请执行。另外,在我国目前人多案少矛盾突出的情形下,我国法院还对此类不涉及我国公民、法人利益的双方均为外国公司的案件行使管辖权,也极大地浪费了我国有限的司法资源。

综上所述,本案适用不方便法院原则,驳回原告的起诉,是正确的。

编写人　苗　青　邬先江

[原载于浙江省高级人民法院《案例指导》2010(2)]

宁波天然国际贸易有限公司诉天津泛艺国际货运代理服务有限公司宁波分公司海上货运代理合同违约赔偿纠纷案

——对货运代理人延误船期造成出口配额交易损失的认定

【裁判要旨】

一、货运代理人未按期出运货物，导致委托人出口配额损失，具有一定过错，应承担相应赔偿责任。

二、我国法律法规明确禁止买卖出口许可证，但出口配额可以由商务部重新分配或在其指定的转让平台合法转让。当事人从市场上购买出口配额所支出的费用，不能作为索赔依据，应按商务部招标价格计算其损失。

【案情索引】

一审：宁波海事法院(2008)甬海法商初字第 301 号(2009 年 4 月 13 日)。

二审：浙江省高级人民法院(2009)浙海终字第 73 号(2009 年 8 月 18 日)。

【案情】

原告(上诉人)：宁波天然国际贸易有限公司(以下简称"天然公司")。

被告(被上诉人)：天津泛艺国际货运代理服务有限公司宁波分公司(以下简称"泛艺分公司")。

2007 年 8 月 18 日，天然公司与案外人嘉利国际贸易有限公司(以下简称"嘉利公司")签订出口代理合同，双方约定由天然公司代理嘉利公司出口商品。同年 12 月，天然公司委托泛艺分公司出运三个集装箱输美 338/339 纺织品货物，装货港为宁波，卸货港为美国西雅图。天然公司根据泛艺分公司提供的船期信息，要求泛艺分公司安排于同年 12 月 28 日开航的"Tian Rong V.475N"航次出运。泛艺分公司以无船承运人 UPS Ocean Freight Serices,Inc. 的代理人名义，向实际承运人商船三井有限公司的订舱代理宁波致远国际货运有限公司订舱。后因已订舱的"Tian Rong"轮发生故障，船公司于同年 12 月 29 日通知泛艺分公司，但泛艺分公司没有及时转告天然公司。上述三个集装箱于 2008 年 1 月 5 日转至"Mingzhou8

V.476N"航次出运。涉案货物使用了 2007 年的出口配额进行出口报关,实际未在 2007 年 12 月 31 日之前出运。经货物买受人要求,天然公司又使用了受让的 2008 年出口配额。

天然公司认为泛艺分公司行为构成违约,遂诉请法院判令泛艺分公司赔偿其出口配额损失 683 334.60 元人民币及逾期付款利息。

泛艺分公司答辩称:一、泛艺分公司乃涉案货物无船承运人的代理,实际承运人为商船三井有限公司,涉案货物的船名航次"Tian Rong V.475N"乃泛艺分公司根据天然公司的指示所定,后因该船舶出现故障而取消该航次,并将所有货物整体转至"Mingzhou8 V.476N"出运。之后,泛艺分公司作为无船承运人的代理,根据商船三井有限公司签发的海运单向天然公司签发了船名航次为"Mingzhou8 V.476N"的无船承运人提单,故泛艺分公司对此并无过错;二、天然公司在出口报关时已使用完其相关出口配额;三、根据《货物出口许可证管理办法》第七条、第三十九条之规定,出口许可证不得买卖,天然公司并不存在出口配额损失。请求法院驳回天然公司起诉。

【审判】

宁波海事法院经审理认为:

一、关于天然公司、泛艺分公司之间的法律关系问题

泛艺分公司接受天然公司委托,为天然公司货物出运向承运人订舱,可认定泛艺分公司系天然公司的海上货运代理人;而泛艺分公司又以无船承运人代理人的名义,向实际承运人的代理人订舱,并向天然公司签发无船承运人提单,亦可认定泛艺分公司系无船承运人的代理人。因此,本案中,泛艺分公司对于天然公司具有货运代理人和无船承运人的代理人的双重身份,天然公司有权以货运代理合同关系对泛艺分公司提起诉讼,双方之间的货运代理合同关系应予以确认。天然公司与嘉利公司系外贸代理关系,嘉利公司已声明将该权利转让给天然公司,故天然公司有权向泛艺分公司主张。

二、关于泛艺分公司是否违约的问题

泛艺分公司接受天然公司委托,向天然公司提供船公司航线船期资料,然后根据天然公司的托单要求,以无船承运人代理人名义向实际承运人的订舱代理订舱,船名与航次为天然公司所要求的"Tian Rong V.475N",预期开航日期为 2007 年 12 月 28 日,至此并不存在代理过错。然而,由于"Tian Rong"轮出现故障,已装船的涉案货物没有于 2007 年 12 月 28 日如期出运,泛艺分公司作为代理人于 2007 年 12 月 29 日才得知以上事实后,没有及时向天然公司履行通知/告知义务,而顺由

实际承运人将涉案货物于 2008 年 1 月 5 日转至"Mingzhou8 V.476N"出运。从本案的实际情况分析，即使泛艺分公司及时向天然公司履行了上述通知义务，天然公司也不能证明其可采取其他措施确保涉案货物于 2007 年 12 月 31 日之前（2007年出口配额失效前）出运，但是泛艺分公司无法证明这种可能性完全不存在，故泛艺分公司作为代理人对货物未能于 2007 年 12 月 31 日之前出运存在一定的过错。

三、关于天然公司有否损失及泛艺分公司应否承担赔偿责任的问题

天然公司诉称因泛艺分公司没有及时出运涉案货物而导致其 2007 年、2008年的出口配额损失（包括出口配额竞标损失），泛艺分公司应承担赔偿责任。涉案货物以 2007 年的出口配额报关但没有在 2007 年 12 月 31 日之前出运，又实际使用了 2008 年的出口配额，表明涉案货物因出运延期而多使用了一次出口配额，对此造成的合理损失应予以确认。对于天然公司两次从市场上购买出口配额支付683 334.60 元人民币，2003 年《中华人民共和国行政许可法》（以下简称《行政许可法》）第八十条第（一）项等法律法规均明确规定，禁止买卖出口许可证（包括出口配额许可）。但中标方在一定条件下可以将其出口配额转让给其他企业，并可以收取为竞标出口配额而支付的投标金，但中标方不能以高出投标金转让或买卖出口配额从中获取不法利益。天然公司主张其涉案出口配额所支付的损失，应以投标价格每打 7 元人民币计算损失，共 6 739 打，计 47 173 元人民币。综合考虑本案查明的事实，泛艺分公司作为货运代理人的过错较轻，且造成涉案出口配额损失的原因有一定特殊性，故天然公司的出口配额损失酌情保护 1 万元人民币。综上，依照《中华人民共和国民事诉讼法》第六十四条第一款、《中华人民共和国合同法》（以下简称《合同法》）第七十条、第四百零六条的规定，判决泛艺分公司赔偿天然公司出口配额损失 1 万元人民币。

一审判决后，泛艺分公司不服，向浙江省高级人民法院提起上诉。

天然公司上诉称：一、一审判决部分事实认定不清。根据规定，天然公司 2007年未实际出运的 6 739 打配额不能计入 2008 年可投标数量，因此将导致该公司在2008 年配额投标量的相应减少，从而造成损失。二、一审判决认定以投标价格每打 7 元人民币计算损失的依据不足。天然公司从市场购买出口配额支付了341 667.30 元，系因 2007 年配额作废，该价格符合市场行情，也不违反法律规定。三、一审判决认定泛艺分公司作为货运代理人过错较轻仅承担部分赔偿责任依据不足。泛艺分公司作为货运代理人违约造成天然公司本案配额损失，理应承担全部过错责任。请求二审法院撤销原判，改判泛艺分公司赔偿人民币 683 334.60 元及逾期利息。

泛艺分公司答辩称：一、泛艺分公司接到延期通知后，及时通知了天然公司，已

尽到义务。二、一审判决认定配额每打 7 元不准确,因为在转让平台上无法确定交易价格,商业发票也无法确认是否合理。三、天然公司主张损失包括 2007 年未出运的损失和 2008 年购买的损失,不能成立,只能产生一笔损失,其称 2007 年损失必然导致 2008 年损失也没有依据。四、天然公司主张以每打 7.14 美元计算配额损失不能成立。五、本案中船期延期并非泛艺分公司可以预见,在原定航次无法开航情况下更换航次,泛艺分公司也没有过错,更不应承担全部责任。请求二审法院驳回上诉,维持原判。

双方当事人对原判决查明的基本事实无异议,二审法院予以确认。

浙江省高级人民法院经审理认为:

一、关于天然公司在本案中的损失数额

涉案货物多使用了一次出口配额,相应经济损失应以一次配额据以计算。但根据《行政许可法》《中华人民共和国对外贸易法》等法律法规的明确规定,出口许可证(包括出口配额许可)禁止买卖。涉案货物为输美 338/339 纺织品,而 2007 年、2008 年输美 338/339 纺织品商务部招标价每打均为 7 元人民币。因此,天然公司在本案中的配额损失应以每打 7 元人民币的投标价格计算,共计 47 173 元人民币。

二、关于泛艺分公司应否承担天然公司的全部损失

泛艺分公司作为货运代理人,系有偿委托合同的受托人。其虽根据天然公司的指示与要求预订了"Tian Rong V. 475N"2007 年 12 月 28 日的航次,但预订航次因船舶故障而被承运人取消,是造成本案配额损失的主要原因。泛艺分公司在 12 月 29 日得知这一情况后,并未及时通知/告知天然公司,有违货运代理人的谨慎处理义务,对本案中天然公司经济损失的产生存在一定过错,应当承担相应责任。原判法院根据本案事实,酌情确定泛艺分公司赔偿天然公司出口配额损失 10 000 元人民币,属于裁量权的运用,本院予以确认。

综上,浙江省高级人民法院认为原判认定事实清楚,适用法律正确,依法判决驳回上诉,维持原判。

【评析】

根据我国《合同法》第四百零六条的规定,有偿的委托合同,因受托人的过错给委托人造成损失的,委托人可以要求赔偿损失。即,有偿委托合同的受托人承担的是一种过错责任。作为委托合同关系下的一项专业服务项目,随着物流服务范围的不断扩大,货运代理人从事货运代理的具体事项越来越广泛。作为仅赚取运费差价的货运代理人而言,由于代理范围的扩展和不断细化,可能面对更多关于代

理过错的追责。如何识别货运代理人在具体代理行为中的过错责任,对辨析委托合同法律关系的根本属性,正确运用归责原则来判明责任,具有十分重要的意义。

一、货运代理人的主观状态是确定过错责任的基础

从合同权利义务的具体内容来看,本案中的货运代理人提供船期信息,并根据委托人的船期要求向承运人订舱,表明其以实际订舱行为对委托人做出了按期出运货物的承诺。该承诺构成货运代理合同的一项内容,成为货运代理事项之一,理应由货运代理人按约如期完成。若未能完成,就构成违约,但该违约并不必然导致货运代理人的赔偿责任。确立货运代理人的赔偿责任原则,最基本的是要判定货运代理人在具体从事代理事项过程中的主观状态。

除了通常的认定标准外,由于货运代理人对物流环节具有较为专业的熟识,掌握着足够充分的信息资源,对具体代理行为更应具有清醒的主观意识,其对于船期重要性的主观认识水平也应适当高于一般人的通常认识标准。本案中,作为货运代理人的泛艺分公司按照委托人天然公司的要求,赶在 2007 年年末前向承运人提出订舱要求,着手实施自己做出的承诺。然而,当承运人于 2007 年 12 月 29 日通知泛艺分公司船舶发生故障而不能出运时,泛艺分公司却未将此紧急情况及时转告给天然公司,致使委托人的货物未能赶在年末前出运。就告知的重要性来说,虽然此时已距离年末仅 2 天,重新向其他承运人订舱可能存在困难,但却不能排除天然公司采取相应措施的可能性,因此该告知对委托人来讲十分重要。泛艺分公司作为受托人,未尽到按委托人指示处理委托事务,在情况紧急时,及时和委托人取得联系的基本义务。故至此,可以认定泛艺分公司在代理过程中具有过错。

二、因果关系是货运代理人承担过错责任的条件

一般地,货运代理人的不少代理事项非其主观所能独立完成,往往需要其他主体的协助配合,有些还会受制于某些客观因素的制约。本案中泛艺分公司做出的船期承诺,就属于非其所能自主控制的不确定情形。因为一旦承运人调整船期,或者某段时期船期较为紧张,或者如本案中船舶出现故障不能营运,货运代理人的承诺就完全有可能无法兑现,从而造成对委托人的违约。可以说,货运代理人对于诸如船期等的轻易承诺,很可能形成对己不利的"地雷"条款。

从本案货物未能按期出运的结果看,主要是由于船舶发生故障,承运人不得不临时调整船期的客观原因所引起,是因果关系中的主要原因。但泛艺分公司未及时转告委托人,使得理论上委托人在 2007 年内转订其他航次出运的可能性丧失,也是损害结果发生的次要原因。就此而言,泛艺分公司理应承担一定的赔偿责任。根据我国《合同法司法解释(二)》第二十六条的规定,当合同一方当事人的义务履

行受到客观情况的影响,只有该客观情况的发生属当事人在订立合同时无法预见,也不属于商业风险时,当事人一方才可以请求人民法院变更或解除合同。货运代理过程中的船期延误是谨慎勤勉的货运代理人应预见到的客观形势的变化,不能以情势变更为由完全解除自身的承诺责任和其他合同义务。

除此之外,国家相关外贸、财政政策的调整是否属于可以免责的不可抗力或情势变更情形,审判实践中也时常发生这样的争辩。货运代理人通常认为,国家政策的调整可构成不可抗力。如退税率即将降低的政策出台后,一度造成运费上涨、舱位紧张,也会导致船期延误甚至订舱不着;本案中美国调整对华纺织品出口政策,使得出口配额较为稀缺,产生较高的交易价值,等等。这些因素均非货运代理人所能主观控制。而海事审判实务通常认为,国家相关政策的变化、调整,不属货运代理人不能预见、不能避免并不能克服的不可抗力。另外,国家外贸政策的变化,也是市场供求关系变化的需要,是市场运作和合同履行过程中时常发生的宏观控制,故也不属于代理人在接受委托订立合同时所无法预见的情势变更情形。因此,无论客观事件如何发展变化,除非国家提出明确的可予适用的变通方式,任何包括国家相关政策调整在内的客观因素,均不构成不可抗力或情势变更。为此,货运代理人在接受委托时,应预先做好理性估计,不能在事后再强调客观因素,以摆脱自己在判断、决策上错误的责任。

三、防止或减轻损害结果的发生是双方当事人应尽的减损义务

委托合同是一份具有实践性的服务合同,在合同的履行方式上也不同于其他形式的合同。一般合同的义务方,除非双方另行补充或变更约定,否则其合同履行方式往往是确定不可变更的。如买卖合同的出卖人负有按期交付商品的义务,而买受方则应按约支付货款。运输合同的承运人负有安全运送货物或旅客至约定地点的义务等。而委托合同的受托方处理委托事务的过程中,往往可能受到客观事物发展变化的制约,故对委托事务的评判并不简单在于结果的唯一性或绝对化,而是在于对委托事务处理或对变更委托事项措施的妥善与否。尤其是,货运代理人不能听任违约结果的发生而不作为。

首先,受托人应提前告知。当某项代理事项因某客观因素的主导作用而未能完成,如国家外贸、财政政策的变更,造成船期紧张,而未能按期订舱出运。此时,货运代理人应将该情况明确告知委托人,便于委托人及时调整或做出新的决策。其次,受托人应努力克服客观困难。在客观情况发生时,受托人是否积极采取相应措施十分关键。尤其在委托人做出新的委托要约而受托人予以承诺时,受托人更应该及时弥补,以免造成或扩大委托人的损失。最后,受托人应不具有主观故意。如果货运代理人在代理订舱过程中懈于职责,延迟订舱,恰好正赶上航运市场客观

情况发生变化，就完全可以认定货运代理人对此具有主观过错。

本案中，泛艺分公司显然并未采取过任何补救措施，导致了损害结果的进一步发生。

四、对损害结果的合理预见决定赔偿责任的具体额度

本案天然公司诉称船期延误造成其出口配额的交易损失，该损失是否是泛艺分公司能够预见或应该预见的？这就涉及对货运代理人过错行为所致损失结果的认定问题。

在今年国家取消纺织品出口数量及许可证管理之前，出口配额一直是我国纺织品出口企业的重要生计。在配额年代里，外贸公司的出口配额都是预先申请并做预先计划的，多使用一次配额就可能会造成其今后的一次出口面临无配额的状态。本案天然公司诉称由于货物未能在 2008 年前出运，而使其计划外多使用了2008 年的出口配额，其主张配额损失的依据是其向市场购买出口配额的价格。根据 2003 年《行政许可法》第八十条第（一）项等法律法规明确规定，出口许可证（包括出口配额许可）禁止买卖，但允许在一定条件下转让出口配额，并可以收取一定额度的投标金，但不得从中获取不法利益。可见，纺织品出口配额可以在一定条件下转让，但只能通过商务部指定的平台转让。天然公司从市场高价购买配额的方式，显然违反了该行政法的规定。不过，违反行政法规并不因此表明天然公司就没有损失存在，对天然公司具体损失数额的认定，既有一个举证责任的分配问题，也有一个对损失合理性的评判要求。

严格从举证责任角度分析，天然公司必须举证证明因其货物未能赶在 2008 年前出运，而超计划提前使用了 2008 年的配额，且该配额属该年度整体限额内。同时，天然公司还必须证明其 2008 年的纺织品出口外贸不会因故有任何取消的可能性，从而其另行从市场招标取得出口配额是必要和必需的。对于损失合理性的认定问题，我国《合同法》第一百一十三条规定："当事人一方不履行合同义务或者履行合同义务不符合约定，给对方造成损失的，损失赔偿额应当相当于因违约所造成的损失，包括合同履行后可以获得的利益，但不得超过违反合同一方订立合同时预见到或者应当预见到的因违反合同可能造成的损失。"从行业认知角度看，货运代理人可以预见的是如果委托人未按船期出运货物，可能违反了贸易合同或信用证的要求，从而导致对贸易对方的违约损失。作为贸易一方，天然公司如何使用自己的出口配额，跨年度使用配额是否需要重新购买新配额，实非货运代理人所能预料。何况，本案中的天然公司并未在委托泛艺分公司订舱时明确告知泛艺分公司其要求在 2007 年年末前订舱出运的具体原因。故对于泛艺分公司来讲，出口配额的损失并非属于货运代理人应该或可以预见的损失。

　　而无论如何,本案泛艺分公司的损失仍是客观存在的。本案判决没有对天然公司的诉请做出全额保护,而是从造成涉案出口配额损失的特殊原因出发,参照同期市场的出口配额招标价格酌情做出认定,既考虑了损失预见性问题,也充分符合当时市场对纺织品出口配额的即时行情。

　　综上,诸如此类追诉货运代理过错的纠纷案中,面对货运代理人在合同义务上不尽妥善的行为,常会引发一系列较难解决的过错责任和损失认定问题。本案配额损失争议是其中一例,另外还有退税损失、市场跌价损失等。此类损失在因果关系和可预见性方面也较值得研究,其中由于与国家相关政策调整有一定关联,更增加了在责任分配及损失认定等方面的难度。原判法院根据本案的事实,在综合考虑的基础上,酌情确定泛艺分公司赔偿天然公司出口配额损失 10 000 元,是对法官裁量权的适当运用,二审法院对此也予以了认可。

编写人　史红萍

　　[原载于《人民法院案例选》,中国法制出版社,2010 年第 1 辑(总第 71 辑);并载于《案例指导》,中国法制出版社,2010 年第 2 期]

宁波市镇海满洋船务有限公司与
金运船舶香港有限公司、台州大创金属有限公司
海难救助合同纠纷案

【裁判要旨】

海难救助是《中华人民共和国海商法》（以下简称《海商法》）特有的法律制度，有其独特的构成要件。合同救助是最常见的海难救助形式。遇险船船长或船舶所有人有代表货物所有人签约的法定代理权。对船货处于危险时的救助报价，如当事人存在争议，应委托评估，以防显失公平。救助报酬实行"无效果、无报酬"原则，并由各被救助方分摊。

【案情索引】

一审：宁波海事法院（2009）甬海法商初字第 423 号（2010 年 11 月 22 日）。

【案情】

原告：宁波市镇海满洋船务有限公司（以下简称"满洋公司"）。

被告：金运船舶香港有限公司（以下简称"金运公司"）。

被告：台州大创金属有限公司（以下简称"大创公司"）。

"奕泰"轮为金运公司所有。2009 年 8 月 25 日，该轮装载收货人大创公司的 1 008.14 吨废五金，从韩国仁川港运往中国海门港。货物报关单记载，货物单价为 C & F580 美元/吨。2009 年 8 月 27 日 17 时 54 分，"奕泰"轮航行至嵊泗海域时触礁，船员采取自救措施脱浅成功，并恢复航行。当日 21 时，船舶右倾逐渐增加，至次日凌晨 3 时，船舶右倾开始严重，并有覆没危险。6 时 10 分，右舷被海水浸没，倾斜速度加快，船长经金运公司同意后，在象山鹤浦南田岛附近冲滩成功，并向舟山及宁波海事部门报告。

2009 年 8 月 29 日 16 时，满洋公司接到宁波海事局通知，要求对"奕泰"轮施救。满洋公司了解情况后，陆续调遣抓斗船、清油船（"象渔供 369""象渔供 379"）、驳船（"浙椒机 1019""浙椒机 952"）、起重船（"苏运集 1"）、供电船、抛锚船、交通船、拖轮（"满洋 6""满洋 7""东舟拖 9""甬港拖 21"）等船舶前往事故现

场展开救助。8月30日,金运公司致函满洋公司确认救助并要求做防油污处理,又在此前后三次对满洋公司提出的不同船舶与设备的救助报价做了确认。2009年8月31日16时船上货物清理至"浙椒机1019"和"浙椒机952"两轮上。两轮先驶到宁波白峰码头停靠,后驶往台州海门港。在大创公司提供担保后,满洋公司于9月20日将货物交付给大创公司。经理货,获救货物为964.12吨。"奕泰"轮则于9月3日获救,于同日7时40分被拖带至宁波滨海船舶修造有限公司码头停靠。当日中午,金运公司总经理丛文华等人在满洋公司制作的、记载相关救助船舶和设备作业时间的《每日使用汇报》上签字确认,宁波海事局象山海事处批注"情况属实"。在救助过程中,满洋公司还使用围油栏和消油剂做了防油污处理。2009年12月13日,金运公司经满洋公司同意,以人民币144万元的价格将"奕泰"轮出售。

因金运公司和大创公司未支付救助报酬,满洋公司诉至宁波海事法院,请求判令:1. 金运公司向满洋公司支付救助款项人民币4 314 141元及自2009年9月4日起至判决确定之日止按银行同期贷款利率计算的利息;2. 大创公司按货物获救价值占全部获救财产价值的比例向满洋公司支付救助款项及自2009年9月4日起至判决确定之日止按银行同期贷款利率计算的利息;3. 大创公司向满洋公司支付货物保管费用人民币1 123 200元;4. 两被告承担本案诉讼费用。

金运公司答辩称:一、满洋公司乘人之危,有关施救船舶、设备使用费率报价明显过高,显失公平,金运公司在紧迫的情况下不得已确认报价;二、满洋公司所称有关施救船舶、设备的使用时间,没有相应的航海日志等原始记录,也没有说明这些船舶、设备的具体用途,且所主张的救助时间存在虚假、夸大的地方,经广州衡准保险公估有限公司评估,合理的救助费用仅为人民币586 465元;三、满洋公司所称的货物保管费,是货物获救后发生的,不属于救助费用,不应当向金运公司主张,而应单独向货物所有人主张;四、满洋公司所称的救助费用,属于共同海损的一部分,应当由船、货两方共同分摊。

大创公司除认同金运公司的第一、二点答辩意见外,还辩称:一、满洋公司在救助货物的过程中,将14吨货物据为己有,此部分货物价值应从大创公司应承担的救助报酬中冲抵,并应作为法院确定救助报酬时考虑的一个因素;二、大创公司应按实际获救的货物价值占船舶价值的比例承担合理的救助费用;三、满洋公司要求从救助行为终结之日起开始计算救助款项的利息没有事实与法律依据,利息请求即便成立,也只能从满洋公司向法院正式提出诉讼请求之日开始起算;四、满洋公司主张大创公司承担货物保管费用人民币1 123 200元,缺乏证据。综上,请求法院驳回满洋公司不当的诉讼请求。

在审理过程中,法院委托浙江海安发展保险公估有限公司(以下简称"海安公估公司"）对救助报酬和货物获救后的保管费用进行了评估。

【审判】

宁波海事法院认为,满洋公司与金运公司、大创公司对本案纠纷的法律适用未产生争议,在庭审中均引用中华人民共和国法律来支持各自的主张,因此,视为各方当事人均默认本案适用中华人民共和国法律。

满洋公司于 2009 年 8 月 29 日接到宁波海事部门通知后对"奕泰"轮进行救助,次日金运公司确认救助并提出防油污要求,因此,满洋公司与金运公司就救助"奕泰"轮达成合意。此合同依法成立,应确认有效。同时,依照我国《海商法》第一百七十五条第二款的规定,遇险船舶的船长或者船舶所有人有权代表船上财产所有人订立救助合同,因此该救助合同对"奕泰"轮所载货物的货主大创公司也具有约束力。

满洋公司成功地救助了"奕泰"轮及 964.12 吨货物,取得了较好的救助效果,依照我国《海商法》第一百七十九条的规定,有权取得报酬,两被告对此均无异议。争议主要在于如何计算满洋公司应得的救助报酬和货物获救后的保管费用。对此,法院经审理,分析如下:

一、关于各救助项目的单价

满洋公司根据救助报价确认函来主张救助单价,两被告则认为金运公司是在情况危急的情况下不得已才确认显失公平的报价。法院考虑到金运公司确认报价时,救助尚未进行或正在进行中,为防止显失公平,应大创公司的申请,委托海安公估公司对单价进行了评估。经将评估结果与满洋公司的报价对比,法院发现多数报价与评估结果一致,但仍有部分项目的报价明显高于评估结果,因此,依照我国《海商法》第一百七十六条第(二)项的规定,法院采纳了评估意见。此外,由于"浙椒机 952""浙椒机 1019"两轮的营运证已过期,法院根据海安公估公司庭审时关于如果两轮的营运证已过期,则每轮在货物保管期间的租金应从 2 万元/天减为1.5 万元/天的意见,将保管费单价减至 1.5 万元/天,减少幅度为 25%。相应地,两轮在救助期间的救助报酬也减少 25%,由 2 万元/台班减为 1.5 万元/台班。

二、关于救助时间

满洋公司主要依据《每日使用汇报》主张各项救助行为开始与结束的时间,大创公司则认为《每日使用汇报》所记载的救助时间存在虚假,并提出证据予以抗辩。因法院委托评估时尚未开庭调查事实,故评估时计算救助报酬暂以《每日使用汇报》记载的时间为准,但允许两被告提供原始证据推翻《每日使用汇报》记载的救助作业时间,法院在查证后对救助工作量予以修正,并据此修正救助报酬。

1. 关于救助开始的时间

满洋公司依据《每日使用汇报》,主张相关施救船舶最早开始施救的时间是2009年8月29日19时,大创公司则以2009年8月30日满洋公司制定的《施救方案》所记载的救助起始时间(2009年8月30日3时)为依据,认为救助最早开始于2009年8月30日3时。经质证,各方当事人对《施救方案》均无异议,因此法院采纳大创公司的主张,评估报告中相关船舶开始施救时间凡早于2009年8月30日3时的均调整为2009年8月30日3时。

2. 关于结束对"奕泰"轮救助的时间

满洋公司依据《每日使用汇报》,主张救助结束的时间为2009年9月3日12时。但在庭前质证时,各方当事人对救助结束于2009年9月3日7时40分的事实均无异议,故法院认为对"奕泰"轮救助结束时间应以此为准。为便于计算,法院按四舍五入认定为2009年9月3日8时。

3. 货物获救时间

满洋公司依据《每日使用汇报》,将用于对货物施救并装载获救货物的"浙椒机1019""浙椒机952"两条过驳船的施救结束时间计算至2009年9月3日12时。金运公司依据满洋公司在货物获救后发给金运公司及宁波海事局的传真,主张货物于2009年8月31日16时即清理完毕,之后不再需要驳船参与救助。因各方当事人对传真的真实性没有异议,故法院采信金运公司的主张,货物获救时间应以2009年8月31日16时为准,两艘过驳船的救助时间计至此时为止。

4. "苏运集1号"起重船结束救助的时间

满洋公司依据《每日使用汇报》,主张该轮救助时间从2009年8月30日5时计算至9月3日12时。金运公司依据满洋公司在货物获救后所发传真,主张货物获救后即不再需要"苏运集1号"起重船。法院经审理认为,根据施救方案和满洋公司关于救助过程的说明,"苏运集1号"起重船是用于起吊切割下来的舱盖板,以便清理货物,故货物在2009年8月31日16时清理完毕后,不再需要该轮参与救助,金运公司的抗辩有理,"苏运集1号"起重船施救结束时间以2009年8月31日16时为准。

5. "甬港拖21号"轮(5 200马力)的救助时间

满洋公司依据《每日使用汇报》,主张该轮救助时间从2009年9月1日22时计算至9月2日24时。金运公司则认为原告在2009年9月2日前未安排5 200马力拖轮。法院经审理认为,根据满洋公司在救助过程中所发的传真,"甬港拖21号"轮参与救助的时间与《每日使用汇报》的记录基本一致,故对金运公司的抗辩不予采信。

根据上述分析,法院对各救助船舶和设备开始与结束救助的时间进行了调整,并据此对评估报告计算的救助报酬做了修正,经核算最终确认救助报酬总计为2 097 447元人民币。

三、关于货物保管费用

关于"浙椒机1019""浙椒机952"两轮保管货物的时间,法院认为满洋公司明确主张16天保管期,未超过实际保管天数,故对此主张予以支持。单价则采纳海安公估公司的意见,即15 000元人民币/天/艘,据此,加上17%的管理费和税金后保管费总计为561 600元人民币(15 000元人民币/天/艘×2艘×16天×1.17)。此项保管费仅为货物保管而发生,应由货物所有人即大创公司承担。

四、关于救助报酬分摊

根据我国《海商法》第一百八十三条的规定,两被告应按照"奕泰"轮与货物各自的获救价值占全部获救价值的比例承担救助报酬。

1. 全部获救价值

(1)"奕泰"轮获救价值

该轮获救后以144万元人民币出售给案外人,本案三方当事人同意以此价作为该轮的获救价值,法院予以采信。

(2)货物获救价值

依照我国《海商法》第一百八十一条的规定,货物的获救价值是指获救后的估计价值或者实际出卖的收入,扣除有关税款和海关、检疫、检验费用以及进行卸载、保管、估价、出卖而产生的费用后的价值。但是本案中各方当事人均未申请对货物获救后的价值进行评估,也没有提供证据证明获救货物出卖后的收入及相关费用,法院经征得各方当事人同意,采用货物的进口单价作为计算货物价值的依据,按照货物获救当日(2009年8月31日)的美元兑人民币汇率中间价折合成人民币,共计为580美元/吨×964.12吨×6.83≈3 819 265元人民币。此款扣除本案中已查明的保管费用561 600元人民币即为货物的获救价值3 257 665元人民币。

(3)全部获救价值

1 440 000元人民币+3 257 665元人民币=4 697 665元人民币。

2. 船货双方各自分摊的救助报酬

(1)"奕泰"轮分摊的救助报酬

2 097 447元人民币×[(1 440 000元人民币÷4 697 665元人民币)×100%]≈

642 941 元人民币。

（2）货物分摊的救助报酬

2 097 447 元人民币×[（3 257 665 元人民币÷4 697 665 元人民币）×100%]≈1 454 506 元人民币。

上述船货双方应分摊的救助报酬未超过船货各自的获救价值，法院予以保护。

五、本案的其他争议

法院认为，满洋公司关于计算救助报酬利息的起止时间与利率合理，予以支持。大创公司关于计息应从满洋公司提出变更诉讼请求之日开始起算利息的主张，不予采信。

金运公司辩称满洋公司所诉的救助费用，属于共同海损的一部分，应当由船、货两方共同分摊。法院认为共同海损分摊与本案海难救助分属不同的法律关系，不在本案审理范围之内，故对此项抗辩不予支持。

大创公司辩称满洋公司将 14 吨获救货物据为己有，但未提供充分证据证明，满洋公司称在救助过程中不可避免地有一小部分货物落入海中，法院认为满洋公司的陈述合理，故大创公司的此项抗辩不予采信。

综上，宁波海事法院认为，满洋公司救助"奕泰"轮及船上货物取得较好效果，金运公司和大创公司应依照法律规定支付救助报酬。满洋公司诉讼请求有理之部分，应予以保护；证据与理由不足之部分，应予驳回。依照《海商法》第一百七十五条、第一百七十六条、第一百七十九条、第一百八十条、第一百八十一条第一款、第一百八十三条，《中华人民共和国合同法》第一百零七条，《中华人民共和国民事诉讼法》（以下简称《民诉法》）第六十四条第一款、第二百三十五条的规定，判决如下：

一、被告金运船舶香港有限公司（JIN YUN SHIPPING CO., LIMITED）于本判决生效后十日内支付原告宁波市镇海满洋船务有限公司救助报酬 642 941 元人民币及利息；

二、被告台州大创金属有限公司于本判决生效后十日内支付原告宁波市镇海满洋船务有限公司救助报酬 1 454 506 元人民币及利息；

上述两项中的利息均按同期银行贷款利率从 2009 年 9 月 4 日计至本判决确定的履行之日止；

三、被告台州大创金属有限公司于本判决生效后十日内支付原告宁波市镇海满洋船务有限公司货物保管费用 561 600 元人民币；

四、驳回原告宁波市镇海满洋船务有限公司的其他诉讼请求。

如果未按本判决指定的期限履行给付金钱义务，应当依照《民诉法》第二百二十九条之规定,加倍支付迟延履行期间的债务利息。

宣判后,满洋公司和大创公司提起上诉,但在二审期间,又均将上诉撤回。

【评析】

海难救助是我国《海商法》特有的法律制度,它是指在海上或者与海相通的可航水域对遇险的船舶、其他财产进行救助的行为。海难救助所导致的诉讼,虽然数量并不多,但是海难救助制度是海商法的有机组成部分,对于鼓励航海、维护海上航行安全具有重要意义,因此仍应对其加强研究。本案是一起较为典型的海难救助合同纠纷,本文结合案情对海难救助的若干问题做简要分析。

一、海难救助的成立要件

构成一项海难救助法律关系,救助人据以获得救助报酬,应具备四个独特的要件。

(一)救助标的必须是法律认可的海上财产

海难救助的标的限于海上船舶和其他财产。根据我国《海商法》第一百七十二条的规定,海难救助中的船舶指《海商法》第三条所称的船舶和与其发生救助关系的任何其他非用于军事的或者政府公务的船艇。财产则指非永久地和非有意地依附于岸线的任何财产,包括有风险的运费。在考虑救助标的时有几个问题应引起注意:

第一,救助标的不包括人命。救助人命被视为一项义务,有关国际公约和多数国家的法律都做出如此规定,我国《海商法》也不例外。至于救助人命后可否获得报酬,有绝对承认说和相对承认说两种观点。它们的区别主要在于"绝对承认说"认为人命救助成功后救助人可以就此单独请求报酬,"相对承认说"则主张人命救助报酬应以成功救助了船舶和其他海上财产为条件,单纯人命获救不得请求报酬。目前,多数国家的立法采取了"相对承认说",仅有英国等极少数国家采取了"绝对承认说"。我国《海商法》第一百八十五条采取的也是"相对承认说",规定救助人命的,不得对获救人员请求报酬,但是有权从救助船舶或者其他财产、防止或者减少环境污染损害的救助方获得的救助款项中获得合理的份额。

第二,海上财产必须是法律承认可以作为救助标的,才能成立海难救助。例如,海上已经就位投入使用的固定式、浮动式平台和移动式近海钻井装置,虽然在一般的概念中仍属于海上财产,但对这些财产的救助并不适用《海商法》中关于海难救助的相关规定。

第三,海洋环境也不是救助标的。但是,为了鼓励救助人对构成环境污染损害的船舶或其他财产进行救助,各国海商法和有关国际公约都规定了特别补偿制度。

(二)救助标的必须处于危险之中

这是构成海难救助的另一要件,此处的危险可以从以下几个方面来考虑。

第一,危险发生的地点应当是海上或与海相通的可航水域。因此,在内陆湖所遇到的危险,船舶在船厂进行修理或尚在船坞建造时发生了危险(比如爆炸或火灾),都不属于海难救助所指的危险。船舶在海岸码头靠泊作业时发生的危险,例如因触碰码头而进水、卸货时发生侧倾,等等,应当属于海难危险。

第二,危险必须是真正的。这是指根据当时所处的环境,危险已经形成,而不是主观臆断的。但危险不必是现实的,只要根据情形可以合理地认为,如不采取措施,势必不可避免地出现,就可以认为存在危险。例如,船舶搁浅于泥质海底,本可候潮脱浅,但台风临近,如不及时起浮,势为所害,危险即可认为不可避免。判断是否存在危险也与危险的严重程度无关,危险程度不高,同样可以构成救助的条件,只不过救助措施应以合理为限。

第三,不考虑危险的起因。危险不论是意外事故如碰撞,还是自然灾害如台风,抑或是船舶或货物本身所具有的潜在缺陷,甚至是被救助方人员的过失或故意所造成,都不影响海难救助的构成。

(三)当事人须出于自愿

自愿对救助人而言,指是否施救由其自主决定。自愿的法律性质是自主的意思表示,它可以采取书面形式,也可以采取口头形式,甚至可以是行为。此外,救助方应当没有法定的或者约定的救助义务,否则其行为不能视为出于自愿。典型的例子是船舶发生碰撞后,当事船的船员对本船和被碰船的救助。

应当注意的是,自愿这一要件不但要求救助方是自愿的,也要求被救助方接受救助是自愿的①。如果被救助方明确、合理地拒绝救助,救助方仍进行救助的,则不能请求救助报酬,我国《海商法》第一百八十六条对此做了规定,但对弃船和对被救助方态度不明的救助,可以请求报酬。此处的"合理"主要依据当时的情况和公共利益进行判断。不救助则会产生重大环境损害或影响航道安全的,遇险方的拒绝不能视为合理。救助行将成功,遇险方出于拒付报酬的目的而拒绝继续救助的,也不能视为合理。

从鼓励救助出发,属于同一船舶所有人的船舶之间进行救助,应视为符合自愿要求,而不认为是救助方的法定义务。

---

① 强制救助除外,它规定在我国《海上交通安全法》中,本文所涉仅为商业救助。

(四)救助行为要有效果

这是救助人请求救助报酬的构成要件,即国际上通行的"无效果、无报酬"原则。我国《海商法》也做了同样的规定。为鼓励救助,也为保护海洋环境,现代海商法设有特别补偿制度,但是特别补偿不是救助报酬,它并未改变"无效果、无报酬"原则。关于如何理解财产救助的效果,通常可以考虑以下几点:

第一,救助效果不要求救起全部财产,部分财产获救也构成救助效果。

第二,救助效果指一次救助行为的最终效果。如果在救助过程中曾达成阶段性的救助效果,但救助标的在送至安全地点之前仍然灭失,则不能认定为有救助效果。例如,船舶搁浅后,救助人使其成功脱浅,但在拖往安全港口的途中沉没,就不能认定为有救助效果。

第三,救助效果可以是有形的,也可以是无形的,但必须是实质性的,也即救助行为对最终救助效果具有实质性贡献。例如:守护遇险船,随时提供必要的帮助,降低海难危险程度,直至其脱离危险。

第四,应当注意间接效果与直接效果的区分。如何判断间接效果取决于不同情况。船舶发生火灾,第一次灭火没有成功,第二次灭火成功,则第一次灭火可视为是间接效果,第二次灭火可视为直接效果,计算报酬时一并考虑。但是如果第一次灭火失败即放弃救助,则应认为没有达到救助效果,救助人不能请求报酬。

上述四个构成要件,本案中完全符合。"奕泰"轮装载货物在海上航行时触礁遇险,不得不冲滩搁浅,若不及时施救,势必遭受更大损失;施救与接受救助都出于当事人自愿;经过努力,最终"奕泰"轮和大部分船载货物获救,取得较好的救助效果。因此,救助人满洋公司有权获得救助报酬。

二、海难救助合同

合同救助是从纯救助发展而来的。所谓"纯救助",是指遇险方未曾请求,而救助方自行救助,实行"无效果、无报酬"原则。我国《海商法》虽然没有使用"纯救助"一词,但是根据第一百八十六条第(二)项的规定,仍然承认纯救助。合同救助则指救助方依照其与被救助方签订救助协议进行救助,也实行"无效果、无报酬"原则,它目前已成为最主要的救助形式。此外,在传统的海商法中,还存在雇佣救助。对于这类救助是否属于合同救助仍存在争议。肯定观点认为,雇佣救助符合我国《海商法》关于合同救助的规定,应当列入合同救助①。否定观点认为,雇佣救

---

① 胡正良:《海事法》,北京大学出版社 2009 年版,第 105 页。

助应当属于海上服务合同①。目前,否定观点是通说。

(一) 救助合同的形式

救助合同是非要式合同,救助方与被救助方就海难救助达成一致,不论是口头还是书面,都成立救助合同。它可以在救助作业进行前、进行中,甚至救助结束后的适当时间内订立。如果救助时没有订立合同,而在结束后订立合同,实际上是被救助方对原本是纯救助的救助行为进行事后追认。

(二) 遇险船船长或船舶所有人的法定代理权

我国《海商法》第一百七十五条规定了两项法定代理权。一是船长有权代表遇险船舶的所有人或船上财产的所有人订立救助合同。这一般是没有异议的,因为船长通常是船舶所有人的雇员。二是遇险船船长或船舶所有人有权代表船上财产的所有人订立救助合同。类似的条款也见于1989年《救助公约》和相关的救助格式合同。

当船舶与船上财产处于险境时,船长或船舶所有人的代理权自无异议。但是当险情过后,船长或船舶所有人对某些救助文件的确认是否仍可以约束财产所有人,情况比较复杂,较易产生争议。以本案为例,货物所有人大创公司对其受"奕泰"轮船舶所有人在船、货处于险境时签订的救助合同的约束没有异议,但是对于救助结束后金运公司确认的、记载有关救助船舶与设备使用情况的《每日使用汇报》,则从内容真实性至文件本身的合法性均存在异议,认为:1.《每日使用汇报》系救助结束补签; 2. 大创公司的人员也曾在救助现场,为什么当时没有让大创公司的人员签字确认?

大创公司意图彻底否定《每日使用汇报》的效力,但其观点很难成立。《每日使用汇报》作为救助结束后船舶所有人金运公司对救助工作量的确认,可视为救助合同的补充组成部分,对其形式上的合法性不应有异议。而且《每日使用汇报》记载的是救助工作量,满洋公司于救助结束后制作并要求金运公司确认是正常的。相反,要求救助人满洋公司一边救助,一边记录工作量并即时请求被救助人进行确认,既不现实,也不合理。但是,《每日使用汇报》毕竟是救助结束后由满洋公司单方制作并由金运公司的代表签字确认,作为与救助具有密切利害关系的货物所有人,大创公司有权对《每日使用汇报》进行核实,因此允许其举证证明《每日使用汇报》记载的救助工作量有不实之处,对于那些有证据证明不实的救助时间,应当修正。不过,不能彻底否定《每日使用汇报》的效力,对于那些没有证据证明不实的

---

① 司玉琢:《海商法》,法律出版社2003年版,第262页。

记录,法院仍应采信。

(三)救助合同的撤销与变更

海难救助合同多数是在船舶和船上财产处于危险的情况下所订立的,遇险方处于不利的谈判地位,甚至不得已接受救助方提出的各种要求。因此,为防止显失公平,保护遇险方的正当权利,有必要对救助合同的撤销和变更做出明确的规定。

我国《海商法》第一百七十六条规定了变更救助合同的两种情形:1.合同在不正当的或者危险情况的影响下订立,合同条款显失公平的;2.根据合同支付的救助款项明显过高或者低于实际提供的救助服务的。1989年《救助公约》第七条也有类似规定。所不同的是,公约还规定了合同撤销,我国《海商法》则没有。

实践中,当事人之间最易产生争议的合同条款之一就是救助单价。救助单价通常由双方商定。但是,被救助人常在事后以报价显失公平,其之所以接受是因为当时被救船舶或船上财产正处于危险之中,以此为由提出抗辩。此时,法院或仲裁机构应当对救助方的报价是否显失公平进行判断(通常借助评估),如果确实显失公平,则应对单价进行变更。本案金运公司和大创公司均提出了救助单价显失公平的抗辩。考虑到满洋公司是在救助开始前和救助过程中陆续报价,此时船舶与货物正处于危险之中,为了防止出现显失公平的情况,法院委托海安公估公司做了评估,并基于评估意见对一部分明显偏高的救助项目单价做了变更。

三、救助报酬

救助报酬是依据约定、法律或习惯,给予救助人的经济性回报。

(一)确定救助报酬的基本原则

现代海商法在确定救助报酬时,通常遵循以下几个原则:

1.鼓励海难救助

在英美法中,鼓励海难救助被称为确定救助报酬的"首要准则[①]",我国《海商法》第一百八十条也明确规定确定救助报酬应体现对救助的鼓励,1989年《救助公约》则在开首语中强调了这一原则。之所以把对海难救助的鼓励作为确定报酬的第一原则,是因为海难救助具有极大的风险,如不加以鼓励,恐无人愿意从事。正因法律鼓励海难救助,所以一旦救助成功,救助人获利通常很丰厚。在本案的审理中,大创公司认为海安公估公司所评估的救助报酬依旧过高,但海安公估公司的评估人在庭审中明确陈述,海难救助报酬应高出普通海上作业报酬一倍以上。而在

---

① 胡正良:《海事法》,北京大学出版社2009年版,第136页。

海难救助业中,人们也用一句俗话来形容救助报酬丰厚的特点,即"三年不开张,开张吃三年"。

2.鼓励保护海洋环境

保护海洋环境越来越受到国际社会的重视。基于此,我国《海商法》将鼓励保护海洋环境作为考虑确定救助报酬的一个重要因素,同时,还借鉴1989年《救助公约》,对构成环境污染损害危险的船舶或者船上货物进行的救助,依照"有高就高,不足补差;无酬保底,有效奖励"的方针对救助人所能获得的特别补偿做了规定。

3.无效果、无报酬

这项原则是指救助方对遇险船舶和其他财产的救助,取得效果的,有权获得救助报酬;未取得效果的,无权获得救助报酬。这是目前国际上广泛认可的确定的海难救助报酬的一个重要原则,也是海难救助最著名的一个特征。

4.救助报酬不得超过获救价值

此项原则将救助报酬限定在获救价值之内。如果救助报酬超出获救价值,则救助对于被救助方在经济上变得毫无意义,因此要求被救助方支付超出获救价值的救助报酬,有失公平。

5.救助人如有过错,报酬应当减少或取消

我国《海商法》第一百八十七条对此做了规定,其目的是促使救助方在救助过程中保持诚信和应有的谨慎。应注意的是,取消或酌减救助方的救助报酬,不要求欺诈或不诚实行为一定产生损害后果,也不影响被救助方就救助方的过错造成的损失向救助方索赔的权利。

(二)确定救助报酬应当考虑的因素

我国《海商法》第一百八十条用列举的方法规定了确定救助报酬时应当综合考虑的各种因素。所列举的项目涵盖了获救价值,海洋环境保护,救助成效,危险的性质与程度,救助的技能和努力,救助方的成本与损失,救助方所冒的责任风险和其他风险,救助的及时性,救助船舶和其他设备的可用性和使用情况,救助设备的备用状况、效能和设备的价值等十个方面。《海商法》列出这些因素,并不意味着确定每起救助报酬都必须对每一个因素进行考虑。法院应当从某一起救助作业的具体情况出发,对相关的因素给予充分的考虑。同时,根据具体案情,应当考虑的因素也不限于这十项,在此之外,对确定救助报酬有影响的其他因素,也应予以充分关注。还应注意的是,十项因素在法条中的先后排列,并不意味着优先性,这里的排列没有先后之分,而是在确定报酬时应当综合考虑。

（三）救助报酬的分摊与分配

1. 救助报酬的分摊

救助报酬的金额，应当由获救的船舶和其他财产的各所有人，按照船舶和其他各项财产各自的获救价值占全部获救价值的比例承担，各被救助方之间不承担连带责任。本案中，法院的判决非常清晰地体现了这一点。

2. 救助报酬的分配

参加同一救助作业的各救助方的救助报酬，应当根据我国《海商法》第一百八十条规定的标准，由各方协商确定；协商不成的，可以提请受理争议的法院判决或者经各方协议提请仲裁机构裁决。

在救助作业中救助人命的救助方，对获救人员不得请求酬金，但是有权从救助船舶或者其他财产、防止或者减少环境污染损害的救助方获得的救助款项中，获得合理的份额。

编写人　李　锋

（原载于《人民法院案例选》，中国法制出版社，2012 年第 1 期）

邵俊欧与舟山市鼎衡造船有限公司、
上海鼎衡船务有限责任公司船舶碰撞损害责任纠纷案

——试航中船舶碰撞责任主体的认定

【裁判要旨】

试航中船舶的碰撞责任主体应为船舶建造方,三船碰撞,判断是一起还是两起碰撞事故,其标准应看是否构成紧迫局面,有无时间避免,确定碰撞责任时应将另一船方追加为被告,否则损害其利益。

【案情索引】

一审:宁波海事法院(2011)甬海法舟事初字第 24 号(2011 年 12 月 23 日)。

二审:浙江省高级人民法院(2012)浙海终字第 31 号(2012 年 5 月 16 日)。

【案情】

原告(系被上诉人):邵俊欧。

被告(系上诉人):舟山市鼎衡造船有限公司(以下简称"舟山鼎衡公司")。

被告:上海鼎衡船务有限责任公司(以下简称"上海鼎衡公司")。

原告邵俊欧起诉称:2010 年 4 月 19 日 1200 时左右,原告所有的"浙象 988"轮与被告所有的在建船舶"鼎衡 9"轮在宁波海域发生碰撞,随后在 1202 时左右,"浙象 988"轮又与"舟海油 9"轮发生碰撞,造成"浙象 988"轮和船上所载 5 000 吨黄沙沉没,船上 4 名船员失踪,本次事故导致原告各项损失高达 2 000 万元左右。原告认为,在涉案事故中,"鼎衡 9"轮存在未谨慎选择锚泊位置、疏忽瞭望、未对危险局面事先做出警示等方面的过错,导致三船相撞且"浙象 988"轮沉没,"鼎衡 9"轮为建造中的试航船舶,两被告分别系该轮临时登记经营人和船舶所有人,应对原告损失承担 20%的连带赔偿责任,原告遂诉至本院,请求判令两被告连带赔偿原告损失 400 万元,并承担本案诉讼费用。

两被告共同答辩称:"鼎衡 9"轮在试航发生碰撞事故时,该轮尚未交付给被告上海鼎衡公司,其不是该轮船东,不应承担连带赔偿责任;即使应承担赔偿责任,也依法享有海事赔偿责任限制。"鼎衡 9"轮在谨慎选择锚地抛锚后已经采取一切警戒措施,"浙象 988"轮系与"舟海油 9"轮发生碰撞后沉没,且原告损失已经自"舟海油9"轮相关方得到赔偿,其再要求两被告承担相关损失系重复索赔,如果原告已经从船舶保险人处获得赔偿,则原告的诉讼主体不适格,故请求法院驳回原告的诉讼请求。

一审法院经审理查明:2010 年 4 月 18 日,"浙象 988"轮从福州装载约 5 000 吨黄沙驶往乍浦。4 月 19 日上午 10 时左右,该轮航行至牛鼻山水道北端西磨盘附近水域。约 1125 时,海面起雾,能见度约 1 海里,并继续降低,"浙象 988"轮已出双峿门北口,航速为 11 余节,但该轮没有按规定鸣放雾号、备车和加派瞭望人员,也未能开启航行灯。此时"鼎衡 9"轮由于浓雾交通管制,在佛渡水道北部圆山岛东部抛锚,抛锚后驾驶台留有相关人员值班。1144 时,从定海开航南下的"舟海油 9"轮通过洋小猫岛正西约 0.5 海里处,航速约 5.7 节,此时海面能见距离不足 1 海里,该轮二副没有按规定鸣放雾号、备车和加派瞭望人员,也没有通知船长上驾驶台,主机处于"前进三"状态。约 1150 时,"浙象 988"轮在雷达屏幕上发现"鼎衡 9"轮的回波,位于本船接近船首方向,距离约 2.0 海里处,但没有采取任何避让措施。1158 时,"鼎衡 9"轮二副通过雷达发现当时距离该轮约 0.3 海里的"浙象 988"轮正驶近,他没有向船长报告,也没有采取警告、避让等措施。约 1200 时,"浙象 988"轮驾驶台左侧舷灯部位船体及救生艇架与"鼎衡 9"轮船首偏左处发生碰撞,碰撞位置在 29°51′.9N,122°08′.2E(概位)。1201 时,"舟海油 9"轮二副在雷达上发现"浙象 988"轮回波横在本轮船首方向,距离不足 0.3 海里,随即下令"左满舵"。约 1201.5 时,"浙象 988"轮首次用视觉观察到距本船数十米的"舟海油 9"轮。约 1202 时,"浙象 988"轮左舷第一货舱前部与"舟海油 9"轮船舷发生碰撞。约 1204 时,"浙象 988"轮船长下弃船令,并指令大副发求救信号。随即"浙象 988"轮沉没,海图水深约 60 米。船上 14 名全体船员落水,后 10 人被救,4 人失踪。

2011 年 4 月 14 日,原告与南通市航务工程有限公司镇海分公司签订《沉船清障施工合同》,约定后者对"浙象 988"轮沉船清障打捞,清障完毕后,原告支付清障费 200 万元。同年 4 月 26 日,"浙象 988"轮死者船员家属与象山明福航运有限公司在象山县鹤浦镇人民调解委员会的主持下达成调解协议,约定:象山明福航运有限公司(乙方)一次性赔偿 4 名死者船员家属(甲方)共计 228 万元,该协议双方签字盖印后生效,协议履行后双方均无涉,甲方不能再向任何方提出索赔,该权利归乙方所有,原告邵俊欧代表乙方在该协议上签字确认,后 4 名死者家属均收到上述款项。2011 年 6 月 15 日,海事部门出具《水上交通事故调查报告》,认定"浙象 988"轮和"舟海油 9"轮应对该两轮的碰撞事故承担同等责任;"浙象 988"轮应对其与锚泊船"鼎衡 9"轮碰撞事故承担主要责任,"鼎衡 9"轮应对此承担次要责任。

另查明:"浙象 988"轮系原告所有,登记船舶经营人为象山明福航运有限公司。该轮于 2009 年度向太平洋保险公司投保,保单载明船舶保险价值和保险金额均为 1 600 万元。根据"鼎衡 9"轮船舶所有权登记证书的记载:被告舟山鼎衡公司于 2011 年 4 月 28 日建造该轮完毕;次日,被告舟山鼎衡公司取得该轮所有权。此外,被告舟山鼎衡公司系该轮试航期间的登记经营人。2011 年 7 月 9 日,原告就涉案碰撞事故纠纷将舟山海光海运有限公司、舟山市鼎衡造船有限公司诉至本院,因"舟海油 9"轮享有责任限制,原告以其与被告舟山海光海运有限公司达成和解协议并已履行完毕,且保留对被告舟山鼎衡公司的诉权为由,向本院申请撤诉并得以准许。

【审判】

宁波海事法院经审理认为,本案系船舶碰撞引起的损害赔偿纠纷。"浙象988"轮在与"鼎衡 9"轮发生碰撞后约 2 分钟,即与"舟海油 9"轮发生碰撞,致使"浙象 988"轮沉没。在船员惊慌且前后碰撞事故的间隔时间如此短促的情况下,大多数船员在其正常水平和操作船艺下,通常无法避免在此之后船舶碰撞事故的发生,因此,前后三船碰撞具有因果关系,系连环碰撞。两被告认为系同两次独立碰撞事故的抗辩,因证据与理由不足,本院不予采信。根据《中华人民共和国海商法》(以下简称《海商法》)第一百六十九条第二款的规定,船舶发生碰撞,碰撞的船舶互有过失的,对碰撞造成的船舶及其他财产损失,各船按照过失程度的比例负赔偿责任。"浙象 988"轮和"舟海油 9"轮在雾中航行时,均未能按照《1972 年国际海上避碰规则》的规定保持正规瞭望、未采用安全航速并正确判断两船之间业已形成的碰撞危险、未及早采取避免碰撞的行动,同时也违反了《中华人民共和国海船船员值班规则》有关能见度不良水域航行、锚泊值班的相关规定,上述两船的共同过失是导致"浙象 988"轮和"舟海油 9"轮构成紧迫危险、终致发生碰撞的直接原因,两轮过失相当,应负对等责任。"浙象 988"轮在雾中航行期间,未保持正规瞭望,未及早地发现并判明与锚泊船"鼎衡 9"之间的碰撞危险,未能采用安全航速航行并及早采取有效的避让行动,此是导致"浙象 988"轮与锚泊船"鼎衡 9"轮发生碰撞的主要原因。"鼎衡 9"轮锚泊位置选择不符合良好船艺要求,锚泊值班期间未能严密注视临近本船过往船舶的动态,并及早判明是否与本船构成碰撞危险,在对方临近本船时,也未能使用有效手段给予必要的提醒和警告,此是导致"浙象988"轮与锚泊船"鼎衡 9"轮发生碰撞的次要原因。两被告虽辩称,船舶碰撞事故调查报告对船舶碰撞事故的记载与事实不符,"鼎衡 9"轮锚泊合理,且已采取相应警戒措施,但对此未能提供相应证据予以证明,且对该报告本身的真实合法性无异议,故其该项抗辩证据不足,本院不予采信。综上,本院认定"浙象 988"轮、"舟海油 9"轮和"鼎衡 9"轮在本次船舶碰撞事故中的过失责任比例分别为 45%、45%和 10%。

原告根据"浙象988"轮于2009年度的船舶保险单对船舶保险价值的记载，主张该轮价值为1 600万元，两被告对此不予认可；本院认为，本次船舶碰撞事故发生之日距离该保单出具之日已近一年时间，"浙象988"轮在此期间必然产生船舶折旧损失，且船舶价值随市场价格风险而波动，故综合考虑船舶折旧损失、市场行情以及事故发生当时当地同类船舶的市场价格，综合确认该轮价值为1 200万元。对于原告主张的"浙象988"沉船清障费用，两被告无异议，本院予以确认。涉案调解协议上载明的乙方虽为象山明福航运有限公司，但该公司仅系"浙象988"轮的登记经营人，原告系该轮船舶所有权人，在该协议已签字确认，死者家属均已收到相应赔偿款的情况下，赔偿金额共计228万元也基本合理，该协议亦明确载明在此之后，船员死者家属不能再向任何方提出索赔；此外，两被告也未能证明保险公司已就涉案事故对原告进行过理赔，原告对此亦不予认可，故两被告认为原告主体存在瑕疵，系重复索赔的抗辩，证据与理由不足，本院不予采信。综上，原告在本次船舶碰撞事故中共遭受各项损失共计1 628万元。

被告舟山鼎衡公司系"鼎衡9"轮的船舶建造方，在试航期间实际占有控制该轮，且该轮的临时船舶国籍证书亦登记其为该轮的船舶经营人，"鼎衡9"轮系在试航期间与"浙象988"轮发生碰撞，故被告舟山鼎衡公司应对原告在本次船舶碰撞事故中遭受的损失承担赔偿责任。原告未能证明被告上海鼎衡公司在碰撞事故发生时已实际控制占有"鼎衡9"轮，该轮的船舶所有权登记证书亦载明，该被告在事故发生之后才取得该轮的船舶所有权，原告也未向本院主张该轮的船舶优先权，故其要求被告上海鼎衡公司作为该轮船舶所有权人对涉案碰撞事故承担损害赔偿责任的诉请，因证据与理由不足，本院不予采信。结合本院确认的原告损失及"鼎衡9"轮在本次碰撞事故中应承担的责任比例，被告舟山鼎衡公司应赔偿原告损失共计162.8万元，其未超过两被告主张的海事赔偿责任限额。原告与"舟海油9"轮的相关责任方就该轮在本次碰撞事故中应对原告承担的赔偿责任达成和解协议并实际履行，系其自身权利的合法处分，并未侵害两被告合法权利，亦未构成重复索赔。综上，原告的部分诉请证据与理由充分，本院予以保护。宁波海事法院依照《海商法》第一百六十九条第一款，《中华人民共和国民事诉讼法》(以下简称《民诉法》)第六十四条第一款的规定，判决：一、被告舟山市鼎衡造船有限公司于本判决生效后十日内支付原告邵俊欧赔偿款162.8万元；二、驳回原告邵俊欧的其他诉讼请求。

一审宣判后，舟山鼎衡公司不服，提起上诉。二审法院经审理认为，对原判查明的事实予以确认。本案二审争议焦点在于：一、舟山鼎衡公司是否对涉案船舶碰撞事故承担民事责任。在本案中，"浙象988"轮与"鼎衡9"轮发生碰撞约2分钟后，即与"舟海油9"轮发生碰撞，导致"浙象988"轮沉没。两次碰撞不仅在时间上具有连续性,而且在间隔时间如此短暂及船员处于惊慌状态下,要通过正常船艺避免第二次碰撞事故的发生,已无可能。原审据此判决认定前后三船碰撞具有因果关系,系连环碰撞正确。"鼎衡9"轮作为锚泊船,虽然其在锚泊期间开启了自动雾笛等,但该轮二副在锚泊值班期间未能严密注视临近本船过往船舶的动态,并及早判明是否与本船有碰撞危险,当通过雷达发现"浙象988"轮临近本船时,未能采取有效手段给予必要的提醒和警告,同时,该轮船长在选择入锚点时不够谨慎,没有注意避开航道,不符合良好船艺要求,因此,"鼎衡9"轮对案涉船舶碰撞事故的发生亦应承担相应的民事责任,原审判决"鼎衡9"轮承担10%的民事责任并无不当。舟山鼎衡公司认为其对案涉船舶碰撞事故不应承担民事责任的上诉理由不能成立,不予采信。至于舟山鼎衡公司认为邵俊欧提供的证据案例选集中的 AIS 图中有明显被涂抹的问题,经查,原审判决并未将邵俊欧提供的该案例选集作为定案依据,故舟山鼎衡公司的该上诉理由亦不成立,本院不予采信。二、原审判决程序是否违法。经查,上海鼎衡公司在原审庭审时向原审法院申请追加案外人"舟海油9"轮船舶所有人或光船承租人为被告参加本案诉讼。原审法院经审查后对上海鼎衡公司的申请不予准许,当庭予以告知并说明了理由,同时明确如只为查明事实申请,可以要求相关人员出庭作证。上海鼎衡公司未提出异议,其亦未就此提出上诉。而舟山鼎衡公司在原审时并未向法院申请追加申请人。因此,舟山鼎衡公司认为原审法院对其要求追加当事人的申请不予准许是不当的理由,本院不予采信。虽然原审判决在未追加"舟海油9"轮为本案当事人的情况下,确认"舟海油9"轮对案涉船舶碰撞事故承担45%的民事责任存在瑕疵,但是根据前述,这对"鼎衡9"轮在案涉船舶碰撞事故中应承担的责任并无影响。综上,原审判决认定事实清楚,虽然程序上存在瑕疵,但实体处理并无不妥。舟山鼎衡公司的上诉理由不能成立,不予采信。依照我国《民诉法》第一百三十条、第一百五十三条第一款第(一)项之规定,依法判决驳回上诉,维持原判。

【评析】

本案涉及三个法律问题:一是三船相撞中如何判断系一次碰撞还是两次碰撞;二是在建船舶在试航过程中发生碰撞的责任主体问题;三是在三船相撞情形中,如确定三船比例时应否追加第三方船舶作为被告,否则是否损害其实体权益。

一、三船相撞中如何判断系一次碰撞还是两次碰撞

有这样一个案例,2003 年 3 月 23 日 2400 时,宏图航运公司所属的"宝贝星"轮驶往上海港龙吴码头准许卸货。24 日 0725 时,两艘驳船"汇龙 208"轮和"怀远货 0848"轮在"宝贝星"轮船首前发生碰撞,随即与"宝贝星"轮发生碰撞。碰撞发生后,"宝贝星"轮采取半速前进、停车、全速倒车的指令,导致船舶失去控制,船首

向浦东方向偏移。此时，"宝贝星"轮才命令"海港 18 号"轮从左侧顶船首，但未奏效。0730 时许，"宝贝星"轮碰撞了中海修理船厂的码头以及停泊在码头的在修船舶"TAIS"轮、"沪闽航油 38"轮、"皖郎溪挂 0387"轮以及归中海修理船厂所有的一艘方驳。同时，"宝贝星"轮左舷舱壁受损，所装的煤炭大量泻入江中。中海修理船厂起诉宏图航运公司，要求其赔偿码头修理费、营运损失、船舶修理费等相关损失。宏图航运公司认为，其之所以碰撞中海修理的码头，是由于"汇龙 208"轮与其所属的"宝贝星"轮碰撞导致，就本案碰撞中所造成的损失，其已在另案中向"汇龙 208"轮提起诉讼，且经上海海事法院、上海市高级人民法院终审确定"汇龙 208"轮对本案中宏图航运所属的"宝贝星"轮碰撞中海修理的码头所产生的损失，应承担 60%的责任。因此，宏图航运公司请求法院判令其在本案中只承担 40%的赔偿责任。

一审法院经审理认为，本案是船舶触碰码头损害赔偿纠纷，船舶是移动物，码头为岸边固定设施，码头岸边泊位上的船舶也处于正常靠泊状态。在此情形下，宏图航运公司所属的"宝贝星"轮触碰了中海修理的码头和正常靠泊的船舶，宏图航运公司理应承担全部责任。至于其所称导致涉案碰撞事故，是由于"汇龙 208"轮与其所属的"宝贝星"轮碰撞引起，因"汇龙 208"轮不是本案中的当事人，且其在本案中无法行使抗辩权利的情况下，本院无法直接判令其在本案中承担责任。在本案中，宏图航运公司所属的"宝贝星"轮在与"汇龙 208"轮发生碰撞后，再触碰中海修理的码头，时间间隔了 5 分钟，在此期间，"宝贝星"轮又有三次用车操作，在与"汇龙 208"轮发生碰撞后，没有继续采取碰撞前的船舶制动措施，而是采取了半速前进、停车、全速倒车等前后矛盾的指令，导致船舶失控，因此，宏图航运公司的"宝贝星"轮碰撞中海修理的码头与之前发生的"宝贝星"轮和"汇龙 208"轮之间的碰撞是两次碰撞，两者虽有一定关联，但没有必然的因果关系，故不属于我国《海商法》第一百六十九条第二款所指的一次碰撞或一次碰撞直接导致的连环碰撞。又鉴于宏图航运公司已就本案中所产生的损失在另案中向"汇龙 208"轮提起诉讼，其在本案中承担责任后，完全可以依据另案判决中所确定的责任比例向"汇龙 208"轮进行追索。因此，宏图航运公司关于要求法院按另案中所确定的责任比例直接判令宏图航运公司对本案中中海修理所产生的损失承担 40%的责任缺乏依据，对其不予支持。最终判令宏图航运公司赔偿中海修理相关损失。宏图航运公司不服，提起上诉，后二审判决维持原判①。

在上述两个案例中，同样是三船碰撞，但对相关损失的承担，则存在较大出入，其根本原因还是在于碰撞原因力的认定，也即系一次碰撞还是相互独立的两次碰

---

① 参见上海市高级人民法院(2006)沪高民四(海)终字第 72 号民事判决书。

撞。审判实务中,这也常成为双方争议的焦点之一。我国《海商法》第一百六十九条规定,船舶发生碰撞,碰撞的船舶互有过失的,对碰撞造成的船舶及其他财产损失,各船按照过失程度的比例负赔偿责任。该规定所称的"碰撞"是指一次碰撞或者一次碰撞直接导致的连环碰撞。

在案例 1 中,"浙象 988"轮与"鼎衡 9"轮发生碰撞约 2 分钟后,即与"舟海油9"轮发生碰撞,导致"浙象 988"轮沉没。虽然"浙象 988"轮与"舟海油 9"轮发生碰撞系导致"浙象 988"轮沉没的主要原因,但是"浙象 988"轮与"舟海油 9"轮发生碰撞的角度接近直角,"浙象 988"轮左舷第一货舱前部与"舟海油 9"轮船首发生碰撞。而在该次碰撞前"鼎衡 9"轮与"浙象 988"轮驾驶台左侧舷灯部位船体及救生艇架发生碰撞,前后两次碰撞时间约为 2 分钟,两次碰撞不仅在时间上具有连续性,而且在间隔时间如此短暂及船员处于惊慌状态下,要通过正常船艺避免第二次碰撞事故的发生,已无可能。因此,前后三船碰撞具有因果关系,系连环碰撞正确。

在案例 2 中,宏图航运所属的"宝贝星"轮在与"汇龙 208"轮发生碰撞后,再触碰中海修理的码头,时间间隔了 5 分钟,在此期间,"宝贝星"轮又有三次用车操作,在与"汇龙 208"轮发生碰撞后,没有继续采取碰撞前的船舶制动措施,而采取了半速前进、停车、全速倒车等前后矛盾的指令,导致船舶失控,故"宝贝星"轮碰撞中海修理的码头与之前发生的"宝贝星"轮和"汇龙 208"轮之间的碰撞是两次碰撞,两者虽有一定关联,但没有必然的因果关系。

通过分析上述两个案例的异同,我们可以总结得出判断一次碰撞还是两次碰撞的标准,主要有两点:一是时间上有无连续性;二是两次碰撞之间有无存在因果关系。如果第一次碰撞并未造成后续的紧迫局面,或虽造成紧迫局面,但通过良好的船艺和谨慎的处置是可以避免的,却仍再次碰撞他船或码头等其他设施的,则再次碰撞与前次碰撞即为两次独立的碰撞。因为在后者情况下,两次碰撞没有因果关系,另一方在此并无过错和介入,其与第二次碰撞的因果关系已经中断,故无须承担相应赔偿责任。

二、试航中船舶的碰撞责任主体问题

在船舶碰撞案件中,对于应由何方承担赔偿责任,司法实务中的裁判标准存在一定出入。2008 年 4 月 28 日,最高人民法院颁布了《关于审理船舶碰撞纠纷案件若干问题的规定》,其第四条明确规定:"船舶碰撞产生的赔偿责任由船舶所有人承担,碰撞船舶在光船租赁期间并经依法登记的,由光船承租人承担。"该司法解释出台后,确实为审理船舶碰撞纠纷案件提供了裁判标准。但是在海商理论和审判实务界,仍有不同学者和审判人员对其持保留意见,各海事法院仍有不同裁判做法。船舶在试航过程中发生碰撞,应由何方承担赔偿责任,曾有不同观点。一种观点认为,根据最高人民法院颁布《关于审理船舶碰撞纠纷案件若干问题的规定》第四条的规定,应由船舶所有权人承担赔偿责任。在案例一中,一种观点认为应向海事行政部门调取船舶建造合同,查阅双方对于在建船舶所有权归属的约定;另一种观点则对此持保留意见,认为根据"谁控制,谁承担风险"原则,既然船舶在试航过程中仍在船厂控制之下,则在试航过程中产生的风险应由船厂承担。笔者同意第二种观点。根据风险控制成本理论,由距离风险最近的人承担风险,有助于其为了自身利益最大化,尽量去防范风险,由此产生的风险成本也是最小的,否则将有可能引发道德风险,对其控制下的物体放任不管,最终让他人承担风险损失也有失公平。当然,如果受损方主张船舶优先权,鉴于其系法定的担保物权,因船舶碰撞产生的海事请求具有追及效力,可以追及事故发生后取得船舶所有权的船东,从这个角度讲,船东作为担保物权人仍应承担法定的风险。

三、判定责任比例时,能否直接认定他船的碰撞责任

对比案例1和2,在认定案外碰撞船舶的责任时存在出入,案例1直接认定三船的责任比例,而案例2则认为,因他船并非本案当事人,且其在本案中无法行使抗辩权利的情况下,无法判令他船承担相应责任。作为案例1中一审案件的承办法官,笔者赞同案例2的观点,在未追加"舟海油9"轮为本案当事人的情况下,确认"舟海油9"轮对案涉船舶碰撞事故承担45%的过失责任,剥夺了"舟海油9"轮相应的民事诉讼权利。只有平等有效的保护当事人行使诉讼权利,才能确保案件的正确处理。具体在该案件的审理中,之所以直接认定"舟海油9"轮的碰撞责任比例,主要基于其船东与原告均明确表示双方之间的本次碰撞纠纷已完全解决,其无须参加本案诉讼。为慎重起见,当初由原告与"舟海油9"轮相关方出具书面情况说明,或许更为妥当。

编写人　张建生

(原载于《中国海事审判(2013)》,广东人民出版社,2014年4月第1版)

浙江世航乍浦港口有限公司诉
上海凯润船务有限公司等海难救助合同纠纷案

——以卸货作业方式实施的海难救助有权获得救助报酬

【裁判要旨】

一、以卸货作业方式实施的海难救助,是常见的海难救助方法之一。判断是否属于海难救助,关键在于是否符合海难救助的构成要件,而不取决于实施救助的方式。

二、救助人在其作业区内以卸货作业方式实施的海难救助,在确定救助报酬时,应扣除救助人正常装卸作业的费用。

【案情索引】

一审:宁波海事法院(2011)甬海法事初字第 63 号(2013 年 1 月 30 日)。

二审:浙江省高级人民法院(2013)浙海终字第 41 号(2013 年 7 月 17 日)。

【案情】

原告:浙江世航乍浦港口有限公司(以下简称"世航公司")。

被告:上海凯润船务有限公司(以下简称"凯润公司")。

被告:韩伟。

被告:逸盛大化石化有限公司(以下简称"逸盛公司")。

原告世航公司系乍浦港一期码头 1 号、2 号泊位的合法经营管理人。"锦兴海"轮为散货船,长 96.9 米,宽 15.8 米,深 7.4 米,2 992 总吨,属被告凯润公司、韩伟所有,原、被告确认该轮价值 2 000 万元。被告逸盛公司系"锦兴海"轮装载 PTA 货物的所有人,原、被告确认该批货物价值 42 051 611.5 元。"顶盛 12"轮为散货船,长 158 米,宽 24 米,深 13.2 米,13 794 总吨。

2011 年 8 月 28 日,"顶盛 12"轮装载 22 298 吨煤炭由秦皇岛开航,8 月 31 日抵达嘉兴港陈山锚地抛锚,同日该轮船长接到码头调度通知拟靠三期码头。因在航行过程中操作不当,"顶盛 12"轮球鼻艏碰撞靠泊在乍浦一期码头的"锦兴海"轮右舷第一货舱位置,导致"锦兴海"轮船首左舷侧、舷梯、货舱舱壁、船尾碰撞码头。事故发生几分钟后,"锦兴海"轮船长发现船首右边压载舱冒水、船体倾斜角度变大、甲板开始上水,遂通过 VHF 11 报嘉兴交管后,宣布了弃船,人员撤离到码头。事故发生后,根据嘉兴海事局的指令,原告世航公司于 2011 年 8 月 31 日至 9 月 3 日对"锦兴海"轮船、货进行救助,并救助成功,产生额外停泊费、设备费、人工费、抢险辅助作业费及停产损失等共计 320 031.1 元。

2011 年 12 月 21 日,原告世航公司以在海事部门的统一调度下对"锦兴海"轮及其船载货物进行抢险救助并获得成功为由向宁波海事法院提起诉讼,请求法院按照船舶和货物的获救价值比例,判令被告凯润公司、韩伟支付救助报酬 55.5 万元,被告逸盛公司支付救助报酬 194.5 万元,合计 250 万元。

被告凯润公司、韩伟答辩称:一、原、被告不存在救助合同;二、救助费用没有依据。

被告逸盛公司答辩称:一、原告所称的抢险行为不构成救助,无权主张救助报酬;二、即使构成救助,其主张费用也不合理。

【审判】

宁波海事法院一审认为:尽管双方未签订书面救助合同,但嘉兴海事局的情况说明载明碰撞事故造成"锦兴海"轮受损并有倾覆危险,可能妨碍通航安全,船载 PTA 货物沉没可能对海洋环境造成严重污染,原告根据海事局的指令对"锦兴海"轮船、货进行救助,原告和三被告构成事实上的救助合同关系。原告救助行为有效果,根据《中华人民共和国海商法》(以下简称《海商法》)第一百九十二条的规定,原告有权享受救助报酬。根据我国《海商法》第一百八十条第一款的规定,确定本案救助报酬应考虑以下几项因素:1. 船舶和货物的获救价值合计 62 051 611.5 元;2. 事故发生后,"锦兴海"轮船员弃船,船舶有倾覆危险,原告的救助行为使得船舶、货物脱离危险;3. 船载货物系化工品,因救助使得该化工品未对海洋环境造成影响;4. 原告在救助过程中支出的费用及损失合计 320 031.1 元;5. 原告在海事局的指令下进行救助,具备及时性;6. 原告运用良好救助技能,救助有效。综合考虑各项因素,为鼓励救助行为,本院确定原告应得的救助报酬为 1 500 000 元。根据我国《海商法》第一百八十三条的规定,船、货双方应按照获救价值比例分摊救助报酬。船方应承担 32.23% 计 483 450 元,货方应承担 67.77% 计 1 016 550 元。综上,原告诉请有理部分,本院予以支持。依照《海商法》第一百七十九条、第一百八十条、第一百八十三条,《中华人民共和国民事诉讼法》第六十四条第一款之规定,经审判委员会讨论,判决如下:

一、被告上海凯润船务有限公司、韩伟于本判决生效后十日内支付原告浙江世航乍浦港口有限公司救助报酬 483 450 元;

二、被告逸盛大化石化有限公司于本判决生效后十日内支付原告浙江世航乍浦港口有限公司救助报酬 1 016 550 元;

三、驳回原告浙江世航乍浦港口有限公司的其余诉讼请求。

三被告不服一审判决,向浙江省高级人民法院提出上诉。在二审审理过程中,三上诉人以涉案各方已达成庭外和解为由,向二审法院申请撤回上诉。二审法院裁定予以准许。

【评析】

海难救助是我国《海商法》所特有的一种法律制度。海难救助又称海上救助,是指在海上或者与海相通的可航水域,对遇险的船舶和其他财产包括运费,由外来力量对其进行救助的行为。实施救助行为的外来力量可以是从事救助工作的专业救助人,也可以是过往船只或者其他人。本案系原告在其作业区实施的救助,因此,容易与正常装卸作业混同。而在确定救助报酬时,还得扣除原告正常装卸作业的费用。这就是本案的特殊之处。

一、本案海难救助的成立

判断海难救助法律关系是否成立,应从如下要件进行考虑:

(一)被救物必须是法律所承认的标的。根据我国《海商法》的规定,除用于军事和政府公务外的船舶,以及其他财产,包括运费,可以成为救助的标的。涉案"锦兴海"轮系商业运输船舶,属法定的救助标的。

(二)被救物处于危险之中。本案"锦兴海"轮被"顶盛12"轮碰撞后,导致船首左舷侧、舷梯、货舱舱壁、船尾碰撞码头,继而产生船首右边压载舱冒水、船体倾斜角度变大、甲板开始上水的险情。如不施救,船舶就有倾覆危险。据此,船长通过VHF 11报嘉兴交管后,宣布了弃船。嘉兴海事局的情况说明,也表明"锦兴海"轮受损并有倾覆危险,可能妨碍通航安全,船载货物沉没还可能对海洋环境造成严重污染。这一系列情况说明,"锦兴海"轮当时处于危险之中。

(三)救助行为是自愿的行为。自愿原则是海难救助构成要件之一。这一原则对救助方来说,在对救助标的实施救助时,其作为或不作为完全出于自愿,救助成功了,有权获得报酬;不救则不承担任何责任。这一原则对被救助方来说,不仅有请求救助的权利,而且还有禁止救助的权利。按照我国《海商法》的规定,被救助方在行使禁止救助权利时,必须有"明确的和合理的拒绝"。从本案来看,当原告接到嘉兴海事局的指令后,没有拒绝救助的意思表示,并积极实施救助行为,完全符合自愿救助的原则;而作为船舶和货物所有人的各被告,包括船长,均没有明确的拒绝救助的意思表示,表明其自愿接受救助。故本案符合自愿救助原则。

(四)获得救助效果。就救助报酬的请求权而言,海难救助只具备上述三个要件还不够,尚需以船舶或货物的全部或部分获救为条件,这就是国际公约和各国海商法普遍接受的"无效果、无报酬"原则。本案救助不但取得了效果,而且防止了海洋环境污染，因此，原告有权从被告处获得救助报酬。但"无效果、无报酬"原则并不适用对构成环境污染损害危险的船舶或者船上货物进行的救助。为了防止或减轻海洋环境污染，鼓励救助方救助可能或已经造成海洋环境损害的船舶，《海商法》规定实施这种救助的，不管是否取得效果，救助人均有权获得特别补偿。

二、本案海难救助的形式

海难救助的形式可分为：

（一）纯救助。它是指船舶遇难后，未曾向救助方请求援助，救助方自行救助的行为。如果救助获得成功，救助方有权获得救助报酬。该救助形式，救助方与被救助方之间无须签订任何救助协议。

（二）合同救助。它是指根据以"无效果、无报酬"为原则而订立的救助协议所进行的救助行为。

（三）雇佣救助。雇佣救助又称实际费用救助，传统海商法也视其为合同救助的一种形式。这种救助以救助方所使用的人力和设备按时计付报酬。有时当事方约定，如救助成功，或在约定期限内成功，则按比例增加若干救助费。

（四）国家主管当局从事或控制的救助。国家主管当局从事或控制的救助，更多的是从维护公共安全和公共利益层面而实施的救助行为，既有别于纯救助，也有别于合同救助。

从本案原告参与救助的情况看，其是根据嘉兴海事局的指令而对"锦兴海"轮实施救助的，而嘉兴海事局考虑到"锦兴海"轮受损后有倾覆危险，可能妨碍通航安全，船载货物沉没还可能对海洋环境造成严重污染等因素，按其职能对"锦兴海"轮的海难救助进行指挥和控制，这种救助形式，符合国家主管当局从事或控制的救助形式。根据我国《海商法》第一百九十二条关于"国家有关主管机关从事或者控制的救助作业，救助方有权享受本章规定的关于救助作业的权利与补偿"的规定，原告有权获得救助报酬。

三、本案的救助方式

本案原告采取的是以卸货方式对"锦兴海"轮进行救助，本案被告因此认为原告的行为属于卸货作业而非海难救助。本案以卸货方式进行救助，与正常卸货作业相比，有很大区别。

（一）作业的危险性不同。正常卸货作业，船舶安全稳定，而涉案船舶破损进水，船体倾斜，随时有倾覆的危险，这大大增加了卸货的危险性。

（二）作业的效率不同。本案货物正常卸货，只需 24 小时，事故发生后，由于作业内容、作业难度和作业危险性增加，因此，额外增加了三天作业时间。

（三）投入的设备不同。正常卸货作业，无须用到水泵，而救助作业，则需要使用水泵排出进入船体内的海水等。

（四）投入的人力不同。本案救助卸货，原告投入了比正常卸货作业多得多的人力，以保证各方面工作的协调开展。

（五）作业计划不同。本案由于救助卸货时间的增加，从而影响了其他四艘船舶靠泊作业的计划。

事实上，在海上发生的海难事故，许多都是采用卸货方式进行救助的。判断是否为海难救助，要看是否符合海难救助的构成要件，而不取决于救助的方式。因此，本案原告以卸货作业方式实施救助，有权获得救助报酬。

四、本案正常作业费用的扣除

本案之所以容易与正常装卸作业相混淆，就是因为"锦兴海"轮当时正靠泊在一期码头准备卸货作业。这种情况下所实施的救助，与那种没有卸货计划而采取卸货方式进行的救助，还是有所区别的。其区别在于：本案完成救助的同时，也完成了正常的卸货作业。因此，在确定本案救助报酬时，应扣除救助人正常装卸作业的费用。

就本案来看，费用扣除情况如下：（1）事故发生后抢险卸货时间从8月31日至9月3日，扣除原、被告确认的正常卸货时间约24小时，因救助而产生的额外卸货时间为3天，所产生的额外停泊费为14 472元；（2）因碰撞事故导致船、货处于危险状态，卸货作业存在一定困难及风险，合理的抢险辅助作业费应保护，但原、被告确认的正常卸货费每吨19元已经清结，应予扣除，故抢险辅助作业费认定为31 678.1元；（3）本案认定的人员、设备费用，均是因抢险救助而另行雇用的人员、租用和报废的设备费用，而不包括正常作业人员、设备的费用。

编写人　吴勇奇

（原载于《人民司法·案例》2014年第16期；并载于《案例指导》，中国法制出版社，2014第2期）

香港东盛航运有限公司诉中国平安财产保险股份有限公司浙江分公司海上保险合同纠纷案

——对船舶一切险未约定的保险价值的认定

【裁判要旨】

一、投保人无明显故意未填写保险价值时,专业的保险人有义务进行初步审核并加以确定。船舶保险单未约定保险价值,应以保险责任开始时的船舶价值为保险价值,具体可参考船舶此前在其他保险公司的承保情况、投保前后的资产评估报告以及同期类似船舶的市场交易价格。

二、船舶因航行途中横浪航行致货物移位和右倾沉没,风浪为气象因素和一般条件,货物移位是船舶沉没的直接原因,船员的疏忽行为是事故近因,事故损失属于本案船舶险一切险的责任范围。保险人不能举证证明船舶沉没属除外责任的,应当承担保险责任。

三、被保险人因调遣他船替代沉没船舶履行租船合同发生的租金收益损失,不属保险单约定的赔偿范围,保险人有权拒绝赔偿。

【案情索引】

一审:宁波海事法院(2013)甬海法商初字第 563 号(2014 年 5 月 20 日)。

二审:浙江省高级人民法院(2014)浙海终字第 82 号(2014 年 10 月 17 日)。

【案情】

原告(被上诉人):香港东盛航运有限公司(Hongkong Dongsheng Shipping Limited)(以下简称"东盛公司")。

被告(上诉人):中国平安财产保险股份有限公司浙江分公司(以下简称"平安财保浙江分公司")。

"东盛(Dongsheng)"轮曾用名"舟山 18",为柬埔寨籍钢质散货船,总长 86.2 米,型宽 13.2 米,型深 6.7 米,2 157 总吨,属香港东盛航运有限公司所有。2011 年 12 月,东盛公司就"东盛"轮向中国平安财产保险股份有限公司浙江分公司投保船舶险一切险,投保险单上"保险价值"一栏未填。平安财保浙江分公司于 12 月 28 日签发保险单,保险单编号为 11209601900021903924,载明保险责任从 2012

年1月1日0时起至2012年12月31日24时止,承保险别为船舶险一切险,保险金额1 000万元,保费85 000元,"保险价值"一栏空白未填;每次事故绝对免赔额为人民币5万元或损失金额的10%,两者以高者为准,全损免赔为保险金额的10%。保险单背面所附的《中国平安财产保险股份有限公司船舶保险条款》第十条约定:全损1.保险船舶发生严重损毁或者严重损害不能恢复原状,或者被保险人不可避免地丧失该船舶,作为实际全损,按保险金额赔偿。东盛公司按约支付了保费。2012年12月9日,"东盛"轮到达韩国当今港,于12:55时开始装货,12月10日21:40时完货,装船用钢板2 398.911吨;12月11日00:50时上引航员,02:50时引航员下船,该轮按计划航线驶往烟台。当时气象海况较好,偏北风5~6级,浪高2米,航向285°,航速7节,船舶横浪航行。15:40时左右,"东盛"轮航行至37°16.88′N,124°20′E,由于船舶横浪航行,船舶左右摇摆,致使货物突然发生移位,造成船舶右倾35°,右甲板通气管淹没,船舶立即改向0°顶浪微速航行,并报告公司及附近船舶请求救助。随着海水逐渐浸没"东盛"轮右甲板通气管,威胁船员生命,船长被迫下令弃船。18:10时,全体船员被路过的"海至达"轮救起,"东盛"轮沉没。东盛公司向平安财保浙江分公司报告了海上遇险情况并提出保险理赔请求,平安财保浙江分公司于2013年1月18日表示需对事故原因做进一步调查,后于2013年6月13日正式通知东盛公司,因涉案事故不属于保险责任范围,对该索赔予以拒赔。东盛公司向法院提起本案诉讼,请求判令平安财保浙江分公司赔偿船舶全损保险赔款1 000万元、因其未及时核定保险标的损失造成的营运损失195.3万元(自2013年1月13日至2013年6月14日)以及上述本金1 195.3万元自2013年1月13日算至判决之日的银行企业同期贷款利息。

【审判】

宁波海事法院经审理认为,关于涉案沉船事故发生的原因及责任,东盛公司要求平安财保浙江分公司承担保险责任的理由有两点:其一为"东盛"轮遇到了恶劣天气,遭遇了不可预测的较大涌浪;其二为船员疏忽行为,分别属于保险单背面条款第一条第(一)项之"2.搁浅、碰撞、触碰任何固定或浮动物体或者其他物体或者其他海上灾害"以及"7-(4)船长、船员和引航员、修船人员及租船人的疏忽行为"。就第一点理由,2012年12月11日当天气象海况较好,偏北风5~6级,浪高2米,也没有任何证据显示有较大的涌浪,故东盛公司称当时的气象条件构成"其他海上灾害"证据不足,不予支持。就第二点理由,涉案事故是由于船舶横浪航行,船舶左右摇摆,致使货物突然发生移位,造成船舶右倾所致。该货物移位的发生,既可能是因为装船时钢板捆扎不当所引起,也可能是船长、船员在驾船时长期横浪航行,船舶遭受长时间左右摇晃所致,不管是哪一个原因或兼两个原因,都可归因于保险单条款中的"7-(4)船长、船员和引航员、修船人员及租船人的疏忽行为",且该种疏忽行为不是由于被保险人、船东或管理人未恪尽职守所致,不属于"被保险人在船舶开航时知道或应该知道装载不妥此种不适航"及"被保险人及其代表的疏忽或故意行为"等保险人享有的除外责任,因此,该院认定涉案事故属于保险责任范围之内的事故,保险人应当予以赔偿。

关于保险赔偿的数额,船舶的保险价值是指保险责任开始时的船舶的价值,包括船壳、机器、设备的价值,以及船上燃料、物料、索具、给养、淡水的价值和保险费的总和。平安财保浙江分公司提供的船舶评估报告的估价基准日为 2011 年 12 月 11 日,即涉案事故发生之日,不是保险责任开始时的价值,不能认定为船舶的保险价值。根据《中华人民共和国海商法》(以下简称《海商法》)的规定,海上保险合同的内容应包括保险人名称、被保险人名称、保险标的、保险价值等要素。平安财保浙江分公司作为专业的保险人,理应对上述各合同必备要素进行全面审核并加以确定,涉案保险单亦为平安财保浙江分公司方的格式文本,缺少保险价值一栏未填,应作对平安财保浙江分公司方不利的解释。根据东盛公司提供的"东盛"轮 2010、2011 年度的保险单、船舶估价报告以及同类船舶的市场价格等因素,认定该轮保险责任开始时的价值即保险价值为 1 000 万元。由于保险单约定了全损免赔额为损失金额的 10%,故该免赔额 100 万元应在赔偿款中扣除。东盛公司所主张的另一项请求即因平安财保浙江分公司未及时核定保险标的损失造成东盛公司的营运损失 195.3 万元,并非涉案船舶沉没事故所导致的直接损失,不属于保险单约定的赔偿范围,且法律规定保险人赔偿保险事故造成的损失,以保险金额为限,故对该项损失不予保护。但按法律规定,保险人应及时赔付东盛公司的损失,故对于自平安财保浙江分公司应当进行理赔之日以来的利息损失,应予保护,酌定该利息起算日为涉案保险事故发生后两个月即 2012 年 2 月 11 日。综上,依据《中华人民共和国合同法》第四十一条、第一百零七条,《海商法》第二百一十七条、第二百一十九条、第二百三十七条、第二百三十八条的规定,于 2014 年 5 月 20 日判决:一、平安财保浙江分公司于本判决生效后十日内支付东盛公司保险赔款 900 万元,并支付该款自 2012 年 2 月 11 日至判决确定的履行之日止按中国人民银行同期贷款基准利率计算的利息;二、驳回东盛公司的其余诉讼请求。

平安财保浙江分公司不服该判决,向浙江省高级人民法院提起上诉,该院于 2014 年 10 月 17 日做出(2014)浙海终字第 82 号民事判决,结果为:驳回上诉,维持原判。

【评析】

近年来,由于保险单未约定保险价值、船舶价值在事故发生时有较大下跌引发的所谓"超额保险"的现象有所增多,本案透过表象依法认定保险价值应当以保险责任开始时为准,对于督促保险人审慎核实保险价值、规范船舶保险业务有较强的典型示范效应。

一、船舶保险价值未约定,应以保险责任开始时的船舶价值为准,具体可参照此前承保金额和船舶投保前后的价值以及同期类似船舶的交易价格认定

在船舶保险合同中,船舶价值是合同的主要内容之一,一般在合同中要做出明确约定。其法律意义在于:因船舶保险价值低于、等于或高于船舶保险金额而出现超额保险、足额保险和不足额保险三种形态,其中超额保险因违反损失填补原则,根据《中华人民共和国保险法》(以下简称《保险法》)第五十五条和《海商法》第二百二十条的规定,超过船舶价值部分的保险金额无效,保险人无须赔偿。东盛公司委托他人投保时未填写保险价值,平安财保浙江分公司在签发保险单时划掉了这一栏,表明双方对船舶的保险价值没有进行协商和约定。从双方提交的评估报告来看,"东盛"轮在投保和沉没时的价值相差450万元左右,如以2012年12月11日船舶沉没时的实际价值作为保险价值,则涉案船舶保险为超额保险,保险人仅按照保险价值赔付。

对于保险价值未约定的处理,《保险法》和《海商法》有不同规定。前者以保险事故发生时的保险标的实际价值为准,后者以保险责任开始时的船舶价值为准。对此,我国《保险法》在2009年修订后的第一百八十四条明确规定,海上保险适用海商法的有关规定,体现了海上保险纠纷尽量适用海商法解决的导向。据此,生效裁判适用我国《海商法》第二百一十九条第二款以保险责任开始时的船舶价值为保险价值,法律适用正确。

对于"保险责任开始时的船舶价值",可以基于被保险人的合理预期、保险人的过错以及同期同类型船舶的交易价格综合确定,并非一律要予以司法鉴定或评估。从东盛公司前两年在其他保险公司投保的保险单来看,"东盛"轮的船舶价值均为1 000万元,东盛公司投保时虽未填写保险价值,但以2012年7月1日为评估基准日的该船评估报告认定裸船价值为943.2万元,与1 000万元的船舶保险金额相当,故东盛公司可以形成船舶价值即为保险金额1 000万元的合理预期。在投保人未申报保险金额时,平安财保浙江分公司负有督促、通知的附随义务,要求投保人填写并进行适当审核,必要时可以委托第三方进行评估,以合理确定船舶的保险价值。我国《海商法》第二百一十九条第二款规定,在保险人与被保险人未约定保险价值时,船舶保险以保险责任开始时的船舶价值(包括船壳、机器、设备的价值,以及船上燃料、物料、索具、给养、淡水的价值和保险费)作为保险价值。此时,保险责任期间发生的船舶价值大幅下降并不影响船舶的全损理赔,客观上引导保险人在承保阶段就注重调查和评估船舶在承保前和保险期间内的价值。平安财

保浙江分公司疏于审核,且按照 1 000 万元保险金额计收保险费,在保险单所附《中国平安财产保险股份有限公司船舶保险条款》第十条第(二)款第 1 项明确记载全损或推定全损时按保险金额赔偿,后又在诉讼中坚持认为以船舶沉没之日的价值计算保险赔偿款,与法律事理相悖,依法不予支持。

二、船舶沉没的直接原因和事故近因分属事实认定和责任承担

双方对船舶沉没的事实和经过并无争议,对沉没原因有较大争议,船员证言陈述均指向涌浪。对有无长期横浪航行,生效裁判结合航向为西偏北 285°,气象为偏北风以及船长“在事故发生后调整了航向,降速顶浪航行”的陈述予以认定,并最终认定船舶沉没的原因为:由于船舶长期横浪航行,船舶左右摇摆,致使货物突然发生移位,造成船舶右倾 35°,右甲板通气管淹没,船舶立即改向 0°顶浪微速航行,随后船长弃船,船舶沉没。由上可知,货物突然发生移位是造成保险事故的直接原因,而货物发生移位则是装船时钢板捆扎不当、船舶横浪航行驾驶不当中的一个或两个原因导致,这两个原因均符合保险单条款中第一条第(一)款第 7-(4)项的“船长、船员和引航员、修船人员及租船人的疏忽行为”,即船上人员的疏忽行为造成船舶沉没才是认定保险人是否承担保险责任的近因。近因虽为法学研究与保险实务所常用,但何为近因,往往难以做出准确界定。为避免主观臆断和确保逻辑周延,生效裁判没有判定到底是钢板捆扎还是驾驶不当构成船上人员疏忽这一近因的主要内容。仅就文字而言,证据及事实部分对钢板捆扎没有详述,而是着重认定船舶自东向西横浪航行,航向为西偏北 285°,气象为偏北风,事发前的降速顶浪航行等事实。可见,船长驾驶过失对于船舶最终沉没发挥了最主要、最直接的作用,钢板捆扎则处于从属性、补充性的地位。

三、租金收益损失不属于一切险的责任范围

关于平安财保浙江分公司未及时核定保险标的损失造成的营运损失,实为东盛公司调遣他船替代沉没船舶履行租船合同发生的租金收益损失 195.3 万元。对于租金损失,保险单及所附的《中国平安财产保险股份有限公司船舶保险条款》均未做约定,其与涉案保险并无直接关联。就法理而言,财产保险仅对约定的保险事故造成的约定损失负责补偿,从而控制总的承保风险和保险费负担。《中国平安财产保险股份有限公司船舶保险条款》有类似规定,第一条第(二)款一切险在第 1 项碰撞责任中保险不赔偿(1)-b“保险船舶所载的货物或财物或其所承诺的责任”、(1)-e“任何固定的、浮动的物体以及其他物体的延迟或丧失使用的间接费用”,仅赔偿保险船舶碰撞引起被保险人应负的法律赔偿责任。除约定损失外,保险合同对于被保险人为防止或减少保险标的损失(属于保险责任范围)而付出的

合理费用,保险人应当予以赔付。本案中船舶已经沉没,东盛公司派遣其他船舶替代履行租船合同,并非对保险船舶面临沉没风险时的减损行为,保险人可以拒绝赔偿。

编写人　陈晓明　罗孝炳

（获"促公正·法官梦"第二届全国青年法官优秀案例评选活动特等奖;原载于《人民法院案例选》,中国法制出版社,2015年第2辑）

舟山市海利远洋渔业有限公司等与"雪曼斯"（SNOWMASS）轮海事请求保全扣押船舶案

——执行中妥善处理外籍船员及船员遗体回国事宜

【裁判要旨】

扣押外轮后船东弃船时，应积极发扬国际人道主义精神，妥善协调处理外籍船员回国事宜。特别针对船员遗体回国情形，在法律没有明确规定时，可在《中华人民共和国海事诉讼特别程序法》规定的船舶优先权范围内，将政府部门安排外籍船员遗体回国而垫付的医疗费、殡仪馆存放费及遗体火化费等纳入船员遣返费用中优先受偿。

【案情索引】

宁波海事法院（2010）甬海法舟保字第 00001 号民事裁定（2009 年 12 月 29 日）。

【案情】

"雪曼斯"（SNOWMASS）轮系俄罗斯籍远洋运输船，原登记所有人为东风航运代理有限公司（EASTWIND SHIPPING AGENCIES SA），登记光船租赁人为斯马特航运代理有限公司（SMART SHIPPING AGENCY LTD.）。2009 年 11 月，该轮自阿根廷外大西洋西南海域承运一批冷冻鱿鱼到达舟山港后，货物解冻变质受损。货主上海和顺渔业有限公司、舟山市海利远洋渔业有限公司、舟山新吉利远洋渔业有限公司因该轮冷冻设备故障导致其托运的冷冻鱿鱼严重受损，于 2009 年 12 月 29 日向宁波海事法院申请扣押停泊于舟山港马峙锚地的"雪曼斯"轮，要求船方提供 300 万元担保。该院于同日受理后做出准予扣船裁定及扣船命令，于当日向"雪曼斯"轮船长送达了法律文书，将"雪曼斯"轮扣押。之后"雪曼斯"轮船东一直未提供担保。货主于 2010 年 1 月 29 日提起诉讼，诉前扣船转为诉讼中扣船。该院将立案受理情况通过船长告知了"雪曼斯"轮，但船东一直未出面。由于船舶被扣押后船东未向船员提供充足资金，该轮主机和部分辅机发生故障，船上供电供暖设备无法正常运行，导致"雪曼斯"轮上 15 名俄罗斯籍船员基本生活无法得到保障，船长被迫于春节前夕向俄罗斯驻中国使领馆求助，此后舟山市外侨办转发俄罗斯驻上海总领事馆的函件,请求协调解决存放在杭州殡仪馆的该轮上因病死亡的一名船员遗体回国事宜。

【审判】

宁波海事法院对扣船申请及相关证据材料进行审查后依法裁定扣押停泊于舟山港马峙锚地的"雪曼斯"轮,并责令"雪曼斯"轮船东向法院提供300万元或其他可靠担保。之后,通过多种途径与船东取得联系,经与船代公司沟通后得知该轮船东已在美国破产,现由破产管理人接管,因忙于破产事务无暇顾及涉案纠纷。对于船舶扣押后出现的船东弃船、外籍船员困顿无助的情况,该院采取了以下措施:第一,安排船员春节期间的食宿,船舶由该院协调看船公司负责看管;第二,由该院垫付上述船员的遣返费,在做好船舶交接后,立刻安排船员回国;第三,因该轮支出费用不断增加,通知原告追加提供更加充足的担保;第四,要求"雪曼斯"轮船东在一定期限内答复处理船舶,逾期不处理的将由法院依法拍卖船舶,款项由法院保留,待案件审理完毕后处理拍卖款。之后登轮组织该轮15名船员完成船舶交接事宜并领取相应遣返费。因船东拒不出面处理该船,宁波海事法院依原告方申请,裁定拍卖该轮,并准许为处理"雪曼斯"轮一名外籍船员遗体回国产生的医疗费、殡仪馆存放费及遗体火化等费用合计158 002.18元作为船员遣返费用在船舶拍卖款中优先拨付。

【评析】

在扣押外轮后船东弃船的情形下,如何妥善处理外籍船员特别是船员遗体回国等相关事宜,我国法律和相关法规没有明确的规定。宁波海事法院发扬国际人道主义精神,在外籍船员困顿无助时安排船员春节期间的食宿,及时垫付了遣返费用,并协调船舶代理公司安排船员回国。此外,要求协调解决该轮上因病死亡的船员遗体回国系来自俄罗斯驻上海总领事馆的函件,该事件能否妥善处理已关系到两国的外交。宁波海事法院高度重视,安排专庭专人与有关部门密切联系协调,审理该案的合议庭也及时对遗体回国的相关费用如何受偿进行了评议,在我国《海诉法》规定的船舶优先权范围内,将此种情形下由政府部门垫付的外籍船员遗体回国产生的医疗费、殡仪馆存放费及遗体火化费等纳入船员遣返费用,免去了相关部门对处理遗体产生的大量费用无法受偿的担心。此次事件得以快速妥善解决,不仅赢得了船员们的信任,也获得了舟山市政府、舟山市外侨办、海事局等部门的一致好评,在国际舞台上有力地彰显了宁波海事法院法官司法为民的人文情怀,宁波海事法院也从中积累了宝贵经验。该院收到舟山市外侨办的感谢函:"此涉外事件涉及人数多、处理难度大、国际影响面广……此类涉外事件的处置连外交部都颇感棘手。我们感谢贵院领导识法律大体,顾国际形象大局,及时给予涉外案件处理的创新思路,既维护了我国的法律尊严,又体现了我国国际人道主义精神,既维护了我国企业的合法权益，又帮助了俄罗斯总领馆的公民领事保护工作。俄罗斯驻沪总领事馆为此专门照会表示感谢，同时得到外交部和省有关部门和领导的高度评价。"此封感谢信是对宁波海事法院妥善处理该事件的高度认可，该院在今后的涉外案件处理中将进一步创新工作思路，树立我国法院良好的国际形象。

编写人　李贤达

（获评全国海事法院船舶扣押与拍卖十大典型案例；原载于《人民法院报》2015 年 3 月 1 日；并载于《案例指导》，中国法制出版社，2015 年第 4 期）

玉环县兴合物资回收有限公司与中国人民财产保险股份有限公司玉环支公司海上保险合同纠纷案

【裁判要旨】

一、预约保险是海上或水路货物运输领域一种常见的保险形式,其核心特征在于"一揽子"投保和自动承保两个方面,法律属性上表现为总量合同或预约合同,以总量合同为主。

二、保险法上的近因是导致保险事故发生的最直接、最有效、起决定或主导作用的法律上的原因,而非时间或空间上与保险事故最接近的原因或条件。对保险事故近因的确定应当遵循"纵横交错"的识别规则,从纵向与横向两个角度进行全面探求。

三、合同中的"霸王条款"是阻碍平等市场主体公平交易与市场经济发育的一大痼疾,实务中如何准确识别"霸王条款"是一个需要往复揣度的现实问题,需要合理界定和准确把握它的两大核心特征——显失公平与强制接受。

【案情索引】

一审:宁波海事法院(2012)甬海法台商初字第 57 号民事判决书(2012 年 5 月 28 日)。

二审:浙江省高级人民法院(2012)浙海终字第 75 号民事裁定书(2012 年 8 月 23 日)。

【案情】

原告(上诉人):玉环县兴合物资回收有限公司。

被告(被上诉人):中国人民财产保险股份有限公司玉环支公司。

2010 年,原告因与张家港保税区荣德贸易有限公司协议出售废钢,向被告投保货物运输预约保险,并在投保单及所附国内水路货物运输保险条款(2009 版)(以下简称"水险条款")一并加盖公章予以确认。该投保单上载明:保险标的为回收物资,总保险金额为 40 000 000 元,费率 2‰,保险费 80 000 元;适用条款为国内水路货物运输保险条款(2009 版),承保险别为基本险;单笔最大限额:水路运输累计事故的最高赔偿限额为人民币 300 000 元整；每次事故免赔额率 8 000 元或绝对免赔率 10% 两者取高，火灾在原特约条款基础上增加 30%；特别约定：1. 船舶所有人、船舶经营人为福建人或船舶注册登记地、检验地为福建的船舶承运的货物和总吨 300 吨以下船舶承运的货物不负责赔偿；2. 货物运输的途耗按中国人民财产保险股份有限公司货物运输保险实务中各类货物途耗率参照执行；船龄超过 20 年以上不负保险责任；投保人声明：保险人已向本人提供并详细介绍了本保险所适用的条款，并对其中免除保险人责任的条款（包括但不限于责任免除、投保人与被保险人义务、赔偿处理、其他事项等），以及本保险合同中付费约定和特别约定的内容向本人做了明确说明，本人已充分理解并接受上述内容，同意以此作为订立保险合同的依据，自愿投保本保险。水险条款中第六条"基本险"载明：由于下列保险事故造成保险货物的损失和费用，保险人依照本条款约定负责赔偿：（一）因火灾、爆炸、雷电、冰雹、暴风、暴雨、洪水、海啸、崖崩、突发性滑坡、泥石流；（二）船舶发生碰撞、搁浅、触礁、桥梁码头坍塌；（三）因以上两款所致船舶沉没失踪；（四）在装货、卸货或转载时因意外事故造成的损失；（五）按国家规定或一般惯例应承担的共同海损的牺牲、分摊和救助费用；（六）在发生上述灾害事故时，因纷乱造成货物的散失以及因施救或保护货物所支付的直接合理的费用。2010 年 6 月 8 日，被告向原告出具货物运输预约保险单（编号 PYAE201033100500000010）及所附水险条款各一份，其上加盖有被告承保业务专用章。该预约保险单上载明：被保险人为原告，投保险别为国内水路货物运输预约险，适用条款为水路基本险；费率 0.2%，保费一次性结算；保险期限自 2010 年 6 月 9 日 0 时起至 2011 年 6 月 8 日 24 时止。保险单上所载保险标的、总保险金额、特别约定等其他主要内容与上述投保单基本一致。2010 年 6 月 10 日，原告向被告交纳保险费 80 000 元。2010 年 11 月 23 日至 24 日，原告将价值 2 946 024.79 元、总重 964.461 吨的废钢运至玉环分水山码头，过磅后统一装上案外人孔金云所有、台州市江南海运有限公司经营的"安泉州 23"轮发往江苏张家港沙钢码头。2010 年 11 月 25 日上午 9 时 39 分左右，"安泉州 23"轮航行至浙江舟山亮门水域时倾覆沉没，涉案 964.461 吨废钢随船灭失。事故发生后，原告通过电话向被告口头报案，被告接案后派员进行了实地调查，搜集了涉案货损事故的部分相关资料。2011 年 4 月 26 日，浙江舟山海事局就该起海事事故做出《水上交通事故调查报告》，认定本起事故是由于货物积载不当、未封舱绑扎，当船舶受急流影响右倾后发生货物移位；且船长对航经该水域风险估计不足，操纵不当，最终导致船舶快速倾覆沉没的责任事故。2011 年 12 月 19 日，原告向被告发出《关于再次要求理赔"安泉州 23 号"废钢铁沉船事故损失的报告》，以被告迟迟未做理赔结论为由，要求被告在 2011 年 12 月 25 日前理赔原告货物损失 2 724 717 元（根据保险条款按总价值 3 027 463.41 元最高免赔率 10% 计算）。

被告收悉后未及时做出书面回复。2012 年 2 月 15 日,被告向原告发出拒赔通知书,其上载明:关于原告因 2010 年 11 月 25 日发生的"安泉州 23"轮沉船事故导致的货损(保单号为 PYAE201033100500000010,报案号为 RYDS201033100000111097),根据保险条款及原告提供的索赔材料,核定如下:该次事故不属于保险责任范围,不予赔偿。2012 年 2 月 25 日,原、被告达成协议,约定将涉案保险合同项下发生的一切争议提交宁波海事法院以诉讼方式解决。2012 年 3 月 5 日,原告向宁波海事法院提起诉讼。

【审判】

宁波海事法院经审理认为:本案系海上货物保险合同纠纷。原、被告签订的涉案货物运输预约保险合同系双方真实意思表示,依法应当认定有效,涉案投保单、保险单及所附水险条款均为涉案保险合同的组成部分,双方之间的权利与义务受涉案保险合同约束。本案中原告向被告投保水路货物运输基本险,水险条款对该险别的保险事故范围做了列明式表述,未包含涉案货损事故,对由此造成的涉案货物损失被告无须承担赔偿责任。相应地,对原告提出的因迟延理赔造成的经济损失被告亦无须赔付。原告主张水险条款系霸王条款,证据与理由不足,不予采信。综上,原告诉请判令被告立即支付保险赔偿款 2 724 717 元及迟延理赔给原告造成的经济损失 213 070 元,欠缺事实与法律依据,不予支持。依照《中华人民共和国海商法》(以下简称《海商法》)第二百一十六条、《中华人民共和国民事诉讼法》第六十四条第一款的规定,判决如下:

驳回原告玉环县兴合物资回收有限公司的诉讼请求。

一审判决做出后,原告不服,提起上诉,后又撤回上诉。

【评析】

本案的争议焦点集中在所应适用的保险条款的确定以及涉案货物损失是否属于被告的保险责任范围两个方面。一审判决基于对"水险条款""水陆险条款""转载"等关键字词的文义解释,结合中国人民财产保险股份有限公司发布的相关保险条款概况与合同目的,尽可能客观、合理地确定本案应当适用的保险条款为中国人民财产保险股份有限公司水路货物运输保险条款(2009 年版)而非国内水路、陆路货物运输保险条款(2009 年版),进而认定原告诉请的涉案货物损失不属于被告承保的保险责任范围,被告无须承担赔偿责任。除上述争议焦点外,本案还涉及预约保险的法律属性、保险事故近因的确定、"霸王条款"的识别等方面的问题,就此做以简要评述:

一、预约保险的法律属性

本案中原告向被告投保的险别为国内水路货物运输预约险(水路基本险),被告向原告签发的保险单为货物运输预约保险单，据此可认定原、被告之间的法律关系为货物运输预约保险合同关系。在立法层面，《中华人民共和国保险法》（以下简称《保险法》）、《中华人民共和国合同法》（以下简称《合同法》）及相关司法解释并未规定预约保险的相关内容，《海商法》第十二章"海上保险合同"第二百三十一条至第二百三十三条则概括性地规定了海上货物运输预约保险合同的订立场景、保险单证的签发和被保险人的即时通知义务，适用范围有限，导致目前我国预约保险业务普遍面临无法可依的局面，影响整个保险行业的有序发展，需要完善。基于上述立法现状，法理上一般将预约保险或预约保险合同定义为约定了承保标的物的范围，并且凡属于合同约定范围内的货物均自风险开始时自动承保的一种长期保险总合同。[1] 预约保险通常发生在海上或水路货物运输与货物仓储领域，其核心特征在于"一揽子"投保和自动承保两个方面，最大优势在于能够节省保险人与被保险人的交易成本，提高双方交易效率，并在保险费收支方面实现利益均衡。

从定义与核心特征上看，预约保险合同应当属于一种总量合同，涵盖了承保标的物范围内各批次货物保险分合同，表现出一般与特殊、整体与部分的辩证关系，并一体适用相同的法律规范与规则。不过，也有观点将预约保险合同视为一种预约合同，认为预约保险合同中货物的名称、数量、载运船舶等要件尚不明确，当事人只是达成了将来针对某船货物订立保险合同的意向，其在性质上应属于预约合同，被保险人在货物装船出运后向保险人申报时保险人所签发的保险单即为本约或称本合同。上述两种学说的主要差异集中在合同效力的认定上。具体言之，在总量合同理论之下，预约保险合同的生效可以产生保险赔偿或违约责任的法律效果，具体的保险赔偿条件按日后保险人针对预约承保的各批次货物签发的保险单的补充内容确定，且被保险货物出险后被保险人善意补充申报投保有效，反映出预约保险较之一般保险具有的特殊性，而这种特殊性也能够通过保险合同的溯及力理论得到合理的解释。相对而言，在预约合同理论之下，预约保险合同只是要求双方按照合同中的条件在将来签订保险合同，不能直接产生保险赔偿的法律效果，保险事故损害赔偿须按照日后签订的保险合同确定，但可以产生合理信赖关系基础上的缔约过失责任，且被保险货物出险后被保险人补充申报投保无效，因为法律规定对已发生损失的保险标的不允许投保。[2] 综上，将预约保险合同的法律属性确定为总量合同抑或预约合同会产生截然不同的法律效果，但在合同得到完全履行的条件下二者并无实质差别。本案中被告向原告出具的货物运输预约保险单的内容

---

① 英国判例法中将预约保险合同划分为任意型、义务型和任意/义务型三类，英国《1906年海上保险法》（MIA1906）第29条规定的浮动保险单属于义务型预约保险合同。参见袁绍春：《预约保险合同相关法律问题》，载《中国海商法年刊》（2002年），第236页。

② 参见初北平：《海上货物预约保险合同条款的合理性阐释》，载《理论界》2006年第6期。

较为详尽,包含保险标的、总保险金额、险别、保险费率、付费方式、保险期限等一系列细节及特别约定条款,具备典型的可履行特征,应定性为总量合同。这也完全符合我国当前预约保险业务的总体发展态势。①

二、保险事故近因的确定

近因原则是保险法领域确定因果关系和保险责任的一项重要原则,基本含义是保险人承保的保险风险须构成保险事故发生的"近因",否则保险人无须承担保险责任。所谓"近因",一般认为是导致结果发生的最直接、最有效、起决定或主导作用的法律上的原因,而非时间或空间上最接近的原因或条件,法理上称作最近因果关系说,意指原因力上最为接近,同条件说、相当因果关系说相对。② 相应地,保险法上的近因是指导致保险事故发生的最直接、最有效、起决定或主导作用的法律上的原因。然而,由于客观世界因果联系的普遍性与复杂性,多因一果、多因多果等情形极为常见,保险实务或司法实践中要准确认定保险事故的近因并非易事。对于复杂逻辑条件下保险近因的确定问题,有学者从纵向与横向两个角度确立了不同于传统的近因探求方法:③

1. 在纵向探求上,应视前因与后因是否承保风险、未承保风险或除外风险及二者之间的牵连关系而做区别对待。在前因为承保风险的情形下,若后因是前因的自然结果,则以前因为近因,保险人应当承担保险责任;若后因是前因的可能结果且为承保风险或未承保风险,则前因仍为近因,保险人亦须承担保险责任,但若后因为除外风险,则以后因为近因,保险人无须负责。在前因为未承保风险或除外风险的情形下,若后因是前因的自然结果,不论后因为承保风险、未承保风险或除外风险,均以前因为近因,保险人不承担保险责任;若后因是前因的可能结果且同样为未承保风险或除外风险,保险人当然无须承担保险责任,若为承保风险,则后因为近因,保险人需要负责;若前一除外风险与后一承保风险之间没有自然的或可能的联系,承保风险是新介入的原因,则承保风险为近因,保险人仍需负责。

2. 在横向探求上,应视各原因是否承保风险、未承保风险或除外风险及彼此相互依存抑或相互独立而定。在各原因同时发生并相互依存的情形下,通常以"除

---

① 中国太平洋财产保险股份有限公司制作的"货运险预约保险单"范本包含了保险标的、保险价值、保险金额、保险期限、险别、保险费率、保费结算方式、免赔率、投保条件、运输工具与路线等诸多事项,具备可履行性和总量合同特征。中国人民保险集团股份有限公司"国内货物运输预约保险协议书"范本的基本内容也是有关合同当事人具体权利义务的约定,法律属性上更近似于总量合同。

② 参见王雁冰、张影:《保险事故近因的确定》,载《人民司法》2011年第10期;陈萌、林晓君、黄宗琴:《保险责任中近因原则的适用》,载《人民司法》2011年第10期。

③ 参见梁鹏:《保险法近因论》,载《环球法律评论》2006年第5期。

外风险>承保风险>未承保风险"的顺位确定保险近因。在各原因相互独立的情形下,承保风险为近因,保险责任依据损失比例确定,但当承保风险所造成的损失不能从总损失中分离时,则按照造成损失的原因数平均承担,确保公平。

在此基础上,该学者主张对保险事故近因的探寻应当采用原则性与灵活性相结合的原则,即横向和纵向的探求标准是原则性,"常识标准"是灵活性。

上述学说以"纵横交错"为特点,较为全面地分析和阐释了保险近因的一般识别规则,对相关理论研究和实践探索具有鲜明的参考价值。[①] 以本案为例,损害后果无疑是原告遭受的海运货物损失,而造成这一损害后果的原因或条件则有多项且相互牵连,包括货物积载不当、未封舱绑扎、急流、货物移位、船长对航经该水域风险估计不足、操纵不当、船舶倾覆沉没等,属于典型的多因多果情形,如何在繁冗的因果关系链条中合理确定涉案保险事故的近因着实需要慎重考量。本案中,货物积载不当、未封舱绑扎、急流、船长对航经该水域风险估计不足、操纵不当共同造成了船舶右倾和货物移位的结果,而货物移位与操纵不当又在一定程度上加剧了船舶倾覆的进度,最终导致船舶沉没和货损事故的发生。显然,货损结果的直接原因是船舶沉没,而船舶沉没的直接原因是货物移位与操纵不当,参照上述理论,货物移位与操纵不当同船舶沉没分别构成了前因与后因,二者之间属于纵向的可能而非自然的因果关系,船舶沉没为货损事故的近因。尽管船舶沉没属于被告向原告签发的涉案货物运输预约保险单中记载的第三项列明风险,但该项列明风险同时对船舶沉没的直接原因进行了明确限定,未包含货物移位与操纵不当的情况,被告作为保险人当然无须承担相应的保险赔偿责任。

明确保险法上的近因的基本含义与识别规则只是实践中客观、合理确定保险事故近因的前提和基础,在具体的实务操作过程中尚需立足个案情况并着眼案件的法律效果与社会效果灵活把握,综合认定。

三、"霸王条款"的识别

"霸王条款"一词是一个带有浓厚的负面感情色彩的民间称谓,泛指合同领域特别是格式合同中存在的各种对一方当事人显失公平且免予协商,具有强制接受意味的合同条款,是阻碍平等市场主体公平交易与市场经济发育的一大痼疾。"霸王条款"并非法律上的概念,目前没有与之直接对应的法律依据,唯有《合同法》上的"格式条款"概念与之相近,不过二者并非同义语,只是在逻辑上存在着交

---

① 另有学者区分单一原因造成的损失和多种原因造成的损失两种不同情形探讨了保险事故近因的确定问题,将其中多种原因造成的损失划分为多种原因同时发生、连续发生和间断发生三种情况做了较为细致的讨论,与上述"纵横交错"学说在本质上相通。参见李玉泉:《保险法》,法律出版社 2003 年版,第 95-96 页。

又关系,前者着眼于内容,后者侧重于形式。我国《合同法》第三十九条和第四十条分别规定了格式条款的含义与无效情形。根据上述规定,格式条款是当事人为了重复使用而预先拟定,并在订立合同时未与对方协商的条款,①其中提供格式条款一方免除自身责任、加重对方责任、排除对方主要权利的格式条款无效,可视为"霸王条款"的一种表现形式。《中华人民共和国劳动合同法》(以下简称《劳动合同法》)第二十六条第一款第(二)项也明确规定用人单位免除自己的法定责任、排除劳动者权利的劳动合同无效或部分无效,亦属"霸王条款"一类。"霸王条款"违背了我国《合同法》第三条、第五条确立的平等原则与公平原则,属于无效条款,受损害的一方当事人可以向人民法院或仲裁机构申请确认此类条款无效,自始不具有法律约束力。然而,实务中如何准确识别"霸王条款"却是一个需要往复揣度的现实问题。笔者以为,要妥善解决这一问题,需要从合理界定和准确把握"霸王条款"的核心特征入手并以此为参照:

1.显失公平。"霸王条款"的基本内容应当显失公平,即对拟定此类条款的一方当事人明显有利而明显不利于另一方,这是认定"霸王条款"的首要因素。② 一项相对公允的条款符合各方当事人的利益预期,不属于"霸王条款"。

2.强制接受。此处的"强制"仅具有相对的意义,是缔约自由的大背景下对当事人意思自治的"强制",可称之为免予协商,大致包括如下两种情形:①相对方没有合理机会与拟定此类条款的一方就条款内容进行平等协商,或者接受,或者离开;②因当事人实力、地位或经验等方面的差异,事实上的平等协商不可能实现。这是认定"霸王条款"的关键因素,也是其中"霸王"一词的要义。若相对方在缔约过程中对一项内容显失公平的条款能够独立、自主地提出自己的意见并就此与拟定条款的一方展开平等协商,不存在压迫或强制,则不论协商的结果如何,均应排除不法性而认定条款有效。

显失公平与强制接受是"霸王条款"的两大核心特征,缺一不可。纵观本案,原告主张涉案水险条款系"霸王条款",理由是被告未向原告解释说明哪些事故不属于保险责任范围的问题。显然,原告的主张无法成立,其理由所指向的问题并非是否存在"霸王条款",而是被告作为保险人对免除或者限制其责任的条款是否依

---

① 确切地说,当事人订立格式条款或格式合同时,因双方实力与地位的不对等,相对方往往无法与提供格式条款的一方就格式合同中的个别条款进行协商,提供格式条款的一方通常也不会给予相对方与之合理协商的机会,英文中形象地描述为"take it, or leave it"。从此种意义上讲,"未与对方协商"的表述并不严谨,更改为"免予协商"可能更加贴切。

② 有学者将显失公平的构成要件划分为三个方面:双方当事人的权利义务明显不对等;这种不对等违反公平原则,超过了法律允许的限度;受害人是在缺乏经验或紧迫的情况下订立的合同。参见崔建远:《合同法》,法律出版社2003年版,第79页。关于显失公平的判断问题,另可参见笔者撰写的《合同显失公平之辨析》一文,载《海事司法论坛》2011年第2期。

法妥善履行了合理提示与说明义务。涉案水险条款属于典型的格式条款,具有强制接受的基本特征,但是否显失公平须由原告举证证明,而原告始终未履行相应的举证责任,其主张自然无法得到法律的支持。涉案水险条款中对被告不负赔偿责任的各种情形均以加粗字体着重记明,涉案投保单上亦载明被告已向原告履行了必要的提示和说明义务,原告并在该投保单与水险条款上一并加盖公章予以确认,被告在庭审中亦述称已向原告做口头告知,结合原、被告之间有关货运保险业务往来的历史资料中包含的水路货物运输保险条款所载保险责任范围与免责事项同涉案水险条款的记载基本一致的情况,一审判决认定涉案水险条款合法有效应该是正确的。

编写人　林　申

（原载于《涉外商事海事审判》2015 年第 4 期）

义乌市堆正进出口有限公司诉现代商船株式会社
海上货物运输合同纠纷案

——出口货物在外国陆运区段遭盗抢的责任认定

【裁判要旨】

外贸合同与海上货物运输合同原则上相对独立,货物风险依据外贸合同转移,不影响提单记载的托运人依据海上货物运输合同关系主张货物控制权。多式联运下,托运人不能证明已申报货物价值,应当承担调整该区段运输方式有关法律规定的不利后果。

【案情索引】

一审:(2014)甬海法商初字第 639 号。

【案情】

原告:义乌市堆正进出口有限公司(以下简称"堆正公司")。

被告:现代商船株式会社 (Hyundai Merchant Marine CO., LTK)(以下简称"商船会社")。

2013 年,堆正公司接到一笔外贸订单,即向外商提供各类服装共计 137 000 件,总额为 236 640 美元,贸易方式为 FOB 宁波,收款方式为 T/T,交货期为 2013 年 9 月 2 日,装船期为 9 月 5 日。此后,堆正公司分别向厂家下订单购货。随后,堆正公司委托货运代理人向商船会社订舱,涉案集装箱于 2013 年 9 月 5 日在宁波港装船运输。原、被告双方均称涉案运输未签发过纸质提单,但据双方均确认的提单复印件显示,涉案提单系记名提单,托运人为堆正公司,承运人为商船会社,船名航次为"WAN HAI 517"第 002E 航次,装货港为中国宁波港,卸货港为墨西哥曼萨尼约(MANZANILLO),交货地为墨西哥城,交货方式为 CY/DR 即堆场到门,四类货物为女用无缝紧身裤、裤子、衬衫、背心,共计 274 件、18 696 千克、68 立方米,货物品名之下为运输方式"火车加汽车"(RAIL PLUS TRUCK),集装箱号为 SEGU4328933。上述货物于 2013 年 9 月 18 日分两票报关出运,两份报关单所载船名航次、提单号、成交方式等均一致,即 FOB 贸易。货物出运到港后,2013 年 11 月 20 日 19 时商船会社方集卡司机马丁·阿吉雷·莫拉雷斯(MARTIN AGUIRRE

MORALES)向当地警方报案称,当日9时20分在阿兹卡波特萨尔科市巴里亚科工业区西146号处,其所驾卡车连同集装箱被持械劫走。关于所称劫案最终是否破获,特别是涉案货物的最终下落及动态,原、被告均未有主张及证明。堆正公司遂以涉案货物在商船会社责任期间内丢失致其客商无法取得货物为由,提起本案诉讼,请求判令商船会社赔偿其货物损失232 000美元、海运费人民币23 955.43元及两款延期支付违约金。

商船会社答辩称:在FOB交易下,货物的风险在其装船后即转移给买方;涉案提单为记名提单,堆正公司诉称买方曾尝试提货未成功,说明提单早已流转给买方,提单项下的货物权利也已流转给买方,故堆正公司对诉称的货物灭失无诉权。涉案货物已运抵目的地,承运人的责任已终止,其后被抢与商船会社无涉。即使堆正公司有权索赔,商船会社也有权要求适用货物灭失区段的法律、享有相应的责任限制。

【审判】

宁波海事法院经审理认为,本案商船会社为韩国企业,涉案货物系在至交货地墨西哥合众国墨西哥城的陆运途中被盗抢,故本案属涉外案件。本案原、被告分属涉案货物的托运人和承运人,根据《中华人民共和国涉外民事关系法律适用法》(以下简称《涉外民事关系法律适用法》)第八条的规定,原、被告间依法成立海上货物运输合同关系。涉案运输的启运港为中国宁波港,位于本院辖区,故本院对本案享有管辖权。关于本案的整体法律适用,商船会社主张适用墨西哥合众国法律,但未主张并证明双方已协议选择适用墨西哥合众国法律,也未提供相应外国法文本,且堆正公司系我国企业,涉案运输的始发地是中国宁波港,商船会社系经我国交通运输主管部门核准的国际班轮业务经营人,我国与原、被告间的海上货物运输合同有最密切的联系,故根据《涉外民事关系法律适用法》第十条、第四十一条的规定,本案应当适用中华人民共和国法律。本案原、被告之间的海上货物运输合同合法有效,双方均应依法履行。堆正公司作为涉案货运的托运人,在运输合同中依法享有货物控制权及相应的合法权益,涉案货物在交付收货人前被盗抢,侵害了堆正公司的货物控制权及相应的合法权益,堆正公司诉请商船会社赔偿货款损失,合法有理,应予支持。商船会社未签发纸质提单,也未主张并证明货物被盗抢前收货人向其提货所提交的据以判断适格收货人的凭据。对于原、被告间相对独立完整的海上货物运输合同而言,商船会社未主张并证明适用于该合同的相关法律有规定,或该合同当事人间明确约定"货物过船舷则托运人对货物即无权益",在托运人依据海上货物运输合同享有货物控制权的运输法律框架下,对于承、托双方权利与义务的调整,商船会社亦未主张并证明有将相关贸易约定或术语引入进本案海上货物运输合同解释的衡平需要,故商船会社该项抗辩无事实与法律依据,不予采纳。双方当事人均确认涉案货物采取"火车加汽车"的多式联运方式,涉案货物系在运抵交货地的墨西哥合众国墨西哥城的陆运途中被盗抢,根据《中华人民共和国海商法》(以下简称《海商法》)第四十六条、第一百零三条、第一百零四条、第一百零五条的规定,商船会社作为承运人及该多式联运的经营人应当负赔偿责任,但其赔偿责任和限额应适用调整该陆运区段的有关法律规定。对此,商船会社所提交的经公证、认证的法律意见书中指出,应适用墨西哥合众国 1993 年 12 月 22 日公布的《道路、桥梁和联邦汽车运输法》(最终修订版于 2014 年 6 月 4 日公布)。该法第六部分"责任"第二章(货物汽车运输的责任)中第 66 条第 5 项规定:"提供货物汽车运输服务的许可持有者,作为所运输的货物或产品的丢失和损毁的责任人,责任期间从收货起至交付到收货人,除下列情况:……当服务使用者没有申报货物的价值,责任将被限制在每吨墨西哥联邦区现行的 15 天的最低工资,若不足一吨则按比例"。据同份法律意见书及所附相关材料显示,2013 年墨西哥城的日最低工资为 64.76 比索,2013 年 11 月比索的汇率为 1 美元等于 13.05 比索,堆正公司未主张并证明其在货物装运前已申报货物价值并在提单中载明,根据涉案提单所载货物重量为 18 696 千克,商船会社可限制其赔偿责任数额为 1 391.67 美元,且根据我国《海商法》第五十五条、五十六条规定的意旨,堆正公司诉请的运费损失亦应包含在该限额数额内。综上,对堆正公司诉请合法有理部分予以支持,判决商船会社赔偿堆正公司货物损失 1 391.67 美元及该款相应利息,驳回堆正公司的其他诉讼请求。

【评析】

FOB 贸易术语是我国外贸出口企业主要采用的外贸方式。在"走出去"战略影响下,我国中小外贸企业纷纷大力开拓新兴经济体国家市场,承受着外方市场诚信、安全秩序以及目的港政策等多重风险。本案通过依法审理,对法律关系主体认定准确,认为在涉外海商合同纠纷中判定原告有无权利起诉被告,一般可以遵循法律关系性质—法院管辖的依据—认定法律关系的准据法—原告诉称法律关系能否确认的四个步骤。裁判说理上,突出了两个裁判导向:一是明确 FOB 贸易方式下货物所有权流转与托运人行使海上货物运输合同框架下的权利并无排斥关系,除非承运人证明贸易合同有关条款已并入到运输合同,或者收货人已向其主张权利;二是明确多式联运经营人在货物价值未申报时,可以按照我国《海商法》规定指向的运输区段相应法律享受责任限制。原本价值 232 000 美元的货物,最后只能得到千余美元赔偿,这为广大中小外贸企业敲响了警钟,务必要求承运人签发提单并要求在提单、内陆运单等单证上记载货物价值。

一、审查涉外海商合同纠纷中原告诉权的四个步骤

依据《涉外民事关系法律适用法》第八条，涉外民事关系的定性，适用法院地法律，即我国法律。双方对于存在提单证明的海上货物运输合同关系且本院对案件有管辖权并无异议，故可认定涉案纠纷为含有海运区段的国际多式联运的涉外海上货物运输合同纠纷，本院有权管辖本案，恕不赘述。

关于准据法，依据《涉外民事关系法律适用法》第四十一条，双方并未书面协议选择合同适用的法律，适用履行义务最能体现该合同特征的一方当事人经常居所地法律或者其他与该合同有最密切联系的法律。涉案合同的最主要义务是保管货物，义务人商船会社系韩国企业，经常居住地并非合同履行地，将之作为准据法的取得依据与最密切联系原则不符。商船会社虽主张适用墨西哥合众国法律，但未提供相应的法律文本。此时，是否应当借助外国法查明途径，履行查明墨西哥合众国关于涉外海上货物运输合同的职责，不应一概而论。本院认定我国法律为与本案有最密切联系的法律，综合考虑了堆正公司为我国企业、商船会社系经我国交通运输主管部门核准的国际班轮业务经营人、双方对于中国法律较为熟悉、减轻诉累、审理便利以及不影响最终责任判定等因素，为纠纷的公正审理提供了法律基础。关于法律关系的主体，因双方未签订书面的海上货物合同，故法律关系的判定应当依据《海商法》第四十一条关于海上货物运输合同的定义、第四十二条关于托运人的定义、第七十一条关于提单作为海上货物运输合同证明以及第一百零二条关于多式联运合同定义等规定。虽然双方确认未签发纸质提单，但均确认提单复印件的真实性，据其记载，可以认定堆正公司为涉案四票货物的托运人，商船会社为承运人，双方存在提单证明的含海运、陆运方式的海上货物运输合同关系，堆正公司作为托运人，有权以货物在承运期间丢失为由要求商船会社承担赔偿责任。

二、FOB 贸易方式下货物风险转移，原则上不影响托运人行使海上货物运输合同框架下的权利

堆正公司以 FOB 方式出口货物到墨西哥，依据 FOB 贸易方式的一般原理，堆正公司在宁波港船上交货即可，货物过船舷则货物所有权及货物在运输期间的风险、权利均由国外买家承担。但是从合同关系的角度，基于贸易合同的货物所有权转移与基于海上货物运输合同的托运人权利义务，原则上相互独立。堆正公司与商船会社并未签订海上货物运输合同或以其他方式商定货物出运后，堆正公司行使托运人权利的限制条件，也未在提单中记载"货物过船舷则托运人对货物即无权益"，故从合同角度，不能得出堆正公司无权行使托运人权利的结论。

从法律规定来看，堆正公司有权要求商船会社承担赔偿责任。我国《海商法》

第一百零三条规定:"多式联运经营人对多式联运货物的责任期间,自接收货物时起至交付货物时止";第一百零四条规定:"多式联运经营人负责履行或者组织履行多式联运合同,并对全程运输负责。"虽然《海商法》第七十一条规定了"提单中载明的向记名人交付货物,构成承运人据以交付货物的保证。国外买方有权依据涉案记名提单的记载要求现代商船公司交付货物并承担货物灭失、交付不能的法律责任",但是,国外买方并无义务提起此项诉讼,商船会社也不能证明该项诉讼已经或必然发生。此时,如果要求堆正公司通过涉外买卖合同纠纷向国外买方主张权利、国外买方继而通过多式联运合同纠纷要求商船会社赔偿,看似合理,却并不符合公平和效率原则,将大大增加托运人、收货人等合同权利人的维权成本,不应予以提倡,而是尽量在海上货物运输合同法律框架内妥善解决因承运人责任引发的货损赔偿纠纷。

三、承运人对多式联运的某区段货物损失的责任及限额,依据我国《海商法》指向的陆运区段所在地相应法律认定

根据我国《海商法》第一百零四条的规定,多式联运经营人对全程运输负责,其与各区段承运人对相互之间责任的约定,不得影响多式联运经营人对全程运输所承担的责任。商船会社在提单记载中承诺的交货方式为堆场到门,应当就货物在陆上运输至收货人仓库前发生的货物灭失向托运人承担赔偿责任。关于赔偿责任的计算标准与限额,我国《海商法》第一百零五条规定:"货物的灭失或者损坏发生于多式联运的某一运输区段的,多式联运经营人的赔偿责任和责任限额,适用调整该区段运输方式的有关法律规定。"该区段运输发生于墨西哥,应当适用墨西哥合众国法律。对此,商船会社向法院提交了经过当地公证和我国使领馆认证的法律意见书,可以证明墨西哥合众国于1993年12月22日公布的《道路、桥梁和联邦汽车运输法》(最终修订版于2014年6月4日公布)为调整该国陆路运输的法律,可以作为认定承运人责任及其限额的依据。据此,宁波海事法院根据2013年11月美元与比索的汇率乘以提单记载的货物重量,确定商船会社的赔偿责任数额为1 391.67美元,该限额包括运费和保险损失,是合理的。

编写人　张继林　罗孝炳

(原载于《人民司法·案例》2016第11期)

阮领方诉平潭中邦海运有限公司、余学强等船舶买卖合同纠纷案

——应以交易习惯、任意性规定及补充解释填补合同漏洞

【裁判要旨】

合同应对某事项做出约定却未约定，为合同漏洞。对因合同漏洞产生的纠纷，法官不能以自己的评价标准取代当事人的价值决定，较为妥当的做法是遵循以下路径加以填补：首先，按《中华人民共和国合同法》（以下简称《合同法》）第六十一条的规定，以交易习惯填补；其次，有名合同适用合同法分则部分的相应任意性规定填补，分则部分无相应规定时适用合同法总则部分的任意性规定，即第六十二条填补，无名合同可类推适用最相近似的有名合同的任意性规定；最后，适用诚实信用原则进行补充解释。通过填补合同漏洞，为当事人创设行为规范，明确双方权利义务，据以做出公平合理裁判。

【案情索引】

一审：宁波海事法院（2016）浙72民初1637号（2017年10月30日）。

二审：浙江省高级人民法院（2017）浙民终867号（2018年3月19日）。

再审：最高人民法院（2018）最高法民申5375号（2018年11月19日）。

【案情】

原告（上诉人、再审申请人）阮领方诉称：判令五被告共同支付购船款935.5万元及相应利息。

被告（被上诉人、再审被申请人）平潭中邦海运有限公司（以下简称"中邦公司"）、潍坊浩航船务有限公司（以下简称"浩航公司"）、余学强、余学能、隋卫国辩称：案涉协议书主体与案涉船舶买卖合同主体不同，协议书关于阮领方船舶股份价款的约定，远高于船舶买卖合同的约定；协议书附加了阮领方、罗友德须以其共有房产提供抵押担保的条件，阮领方、罗友德未依约提供担保，故协议书无效，应按船舶买卖合同确定阮领方船舶股份价款。

法院经审理查明："五星洲19"轮于2014年4月15日建成，原由阮领方及其他四人共有，阮领方享有30%的股份。2016年4月23日，浩航公司作为借款人，阮领方及其夫罗友德作为担保人，余学强、余学能、隋卫国、中邦公司作为反担保

人,签订反担保合同,约定:浩航公司因中邦公司购买"五星洲19"轮需要,须向潍坊银行盛世支行(以下简称"盛世支行")申请贷款,要求阮领方、罗友德向该行提供抵押担保。余学强、余学能、隋卫国、中邦公司共同向阮领方、罗友德提供以下反担保:1. 合同签订后三日内,由余学能支付罗友德保证金300万元;2. 余学强、余学能、隋卫国、中邦公司承担连带保证责任。如浩航公司按时偿还贷款本息,中邦公司有权以上述300万元保证金,抵消其拖欠阮领方的1 317万元船舶股份转让款等。同年4月25日,余学能支付罗友德300万元。次日,阮领方、罗友德与盛世支行签订抵押合同,以二人共有房产为浩航公司向该行的借款提供最高额抵押担保,并于同日办理抵押登记。

2016年4月29日,阮领方等五人与中邦公司签订船舶买卖合同,约定:"五星洲19"轮售价2 718万元;中邦公司三日内支付定金500万元;申办船舶所有权注销过户手续前或当天,中邦公司支付剩余船款2 218万元等。中邦公司于同年5月23日取得"五星洲19"轮的所有权。阮领方30%的船舶股份对应的定金及剩余船舶价款,中邦公司未支付。

2016年5月4日,阮领方与五被告签订协议书,约定:船舶买卖合同载明的2 718万元的约定,不适用于阮领方;阮领方享有的30%股份,系按4 390万元价格转让,中邦公司向阮领方购买该30%股份的实际价款为1 317万元。应阮领方指示,余学能支付他人63.5万元,五被告尚欠阮领方购船款1 253.5万元。"五星洲19"轮过户至中邦公司后,五被告须于2016年5月31日前,以该轮为抵押物向盛世支行借款2 000万元,并将借款首先用于归还该支行的1 200万元房屋抵押借款及利息,其余800万元贷款至少须偿还阮领方400万元;五被告另须于该日前付清所欠阮领方全部船款,否则自2016年6月1日起按欠款金额以月利率2%计收逾期利息。

2016年5月22日,五被告与阮领方、罗友德签订解除反担保合同协议,约定:因盛世支行未向浩航公司发放1 200万元贷款,经协商,各方已自愿解除借款合同及抵押合同,并于2016年5月18日办理抵押权注销手续。解除反担保合同,余学能支付罗友德的300万元保证金,转为中邦公司支付阮领方的购船款。

后中邦公司、余学强等拒绝支付剩余船款,双方纠纷成讼。

【审判】

宁波海事法院经审理认为:阮领方与中邦公司、余学强等五被告均系完全民事行为能力人,中邦公司未举证证明案涉协议书存在意思表示不真实情况,亦未证明该协议书存在《合同法》第五十二条规定的无效情形,依法应认定有效。该协议书虽约定阮领方船舶股份实际价款为1 317万元,但结合案涉反担保合同、解除反担保合同协议,可看出阮领方与五被告间的船舶买卖行为系连贯的过程、整体的交易。在已存在案涉船舶买卖合同的情况下，五被告仍同意支付阮领方远高于该合同约定的船舶股份价款，原因在于阮领方、罗友德在浩航公司向银行借款购买案涉船时，以其房产提供抵押担保，并因此承受如浩航公司不能按期还本付息该房产将罹于被依法处置以清偿银行债权的风险；罗友德庭审中亦确认该情况。协议书约定的阮领方船舶股份价款为 1 317 万元，与按船舶买卖合同计算的价款为 815.4 万元间的差额为 501.6 万元，应视为阮领方、罗友德为浩航公司实际提供担保的对价。因盛世支行未向浩航公司发放借款，阮领方、罗友德并未实际承受其房产可能被依法处置的风险，阮领方按 1317 万元主张船舶股份价款的基础已丧失。阮领方按此金额主张，显有悖于《合同法》规定的诚实信用原则。故阮领方船舶股份价款应为 815.4 万元，扣除余学能代为支付的 63.5 万元及 300 万元保证金，五被告还应支付阮领方 451.9 万元。最终判令五被告共同支付阮领方购船款 451.9 万元及相应利息，驳回阮领方其余诉讼请求。宣判后，阮领方提起上诉。浙江省高级人民法院于 2018 年 3 月 19 日做出（2017）浙民终 867 号民事判决，驳回上诉，维持原判。阮领方不服，向最高人民法院申请再审。最高人民法院经审查认为，阮领方的再审申请不符合《中华人民共和国民事诉讼法》第二百条第二项、第六项规定的情形，于 2018 年 11 月 19 日做出（2018）最高法民申 5375 号民事裁定，驳回其再审申请。

【评析】

本案争议在于阮领方的船舶所有权份额价款应按协议书抑或船舶买卖合同确定，按协议书为 1 317 万元，按船舶买卖合同则为 815.4 万元。结合反担保合同、解除反担保合同，可知阮领方有权主张 1 317 万元的基础，是与罗友德实际承担以两人共有房产为浩航公司向盛世支行借款提供担保的风险。因盛世支行未向浩航公司发放借款，阮领方、罗友德并未实际承担该风险。此时，其船舶股份价款如何确定？有意见认为，可适用《合同法》第一百二十五条第一款规定的文义解释、体系解释、历史解释、交易习惯解释、目的解释等合同解释方法，探求当事人真实意思后做出裁判。本案实则难以适用该规定，该款调整的是当事人对合同条款存在不同理解的情况，本案中当事人对合同条款并无不同理解，争议在于阮领方、罗友德并未实际承担担保风险，是否仍有权按协议书主张 1 317 万元的船舶股份价款。本案的根本争议在于出现了合同漏洞——各方本应就阮领方、罗友德未实际承担担保风险时，阮领方船舶股份价款应如何确定这一情况做出约定却未做约定。

在契约履行过程中常会发生关于某种事项，依其契约规范计划应规定而未规定，如清偿时、清偿地、运送费用负担等，学说上称为契约漏洞。① 合同漏洞的产

---

① 王泽鉴：《民法总则》，北京大学出版社 2009 年版，第 389 页。

生,可能是在做出表示时尚未出现这一问题;可能是当事人在做出表示时不知道问题的存在;可能是当事人忽略了本来必须制定的规则;可能是当事人错误地认识法律行为规则所涉及的客观事实;也可能是现实情况在法律行为完成之后发生变化。① 此为自法规范学角度做出的分析。自法经济学角度分析,则为:盖因出于现实生活中,预测未来的困难及其所耗费的成本,以及缔约双方协商的成本皆不可能为零,使得缔约者必须在"交易成本"及"合同完整度"之间做出取舍。② 出现合同漏洞即应填补,以正确处理因此产生的纠纷。然而,私法领域奉行"意思自治"原则,除当事人达成一致的意思表示对双方具有拘束力外,其不受任何非法外来干涉。这对法官提出了近乎苛刻的要求:既要尽力填补合同漏洞,正确做出裁判,又不能逾越当事人的意思表示,侵蚀意思自治原则。较为妥当的方法是尽量还原当事人的意思,并以客观化规则加以填补,为当事人创设行为规范,明确双方权利义务,进而做出裁判。故对本案合同漏洞,我们遵循了以下填补路径:

一、以交易习惯填补

按照《合同法》第六十一条、第六十二条的规定,交易习惯可用以填补合同漏洞,在填补顺序上并优先于任意性规定。与立法者基于对典型合同中权利义务的分配考量而预设的任意性规定相比,交易习惯作为商事主体在长期交易中逐步自发形成的规范,被用以调整商事主体间利益冲突时,更接近当事人的意思,给意思自治原则带来的冲击更小。交易习惯效力的展开,未必通过其法律性格的承认,经由契约行为的解释,交易习惯已被纳入契约的规范中,成为规范具体契约关系的行为规范,当有争议时,并得以约束法官,从而成为裁判规范。③《最高人民法院关于适用〈中华人民共和国合同法〉若干问题的解释(二)》第六条对交易习惯的界定,亦强调交易习惯的主观因素,当事人双方经常使用的习惯做法,以及在交易行为当地或者某一领域、某一行业通常采用并为交易对方订立合同时所知道或者应当知道的做法,才可被认定为交易习惯。故以交易习惯作为填补合同漏洞的首选规则,理由正当充分,唯主张存在交易习惯一方应承担举证责任。

就本案合同漏洞,五被告不能举证证明存在相关交易习惯,故此填补规则难以适用,只得转向与合同当事人意思存在一定距离但客观性较强的任意性规定。

---

① [德]维尔纳·弗卢梅:《法律行为论》,迟颖译,法律出版社 2013 年版,第 379 页。

② Richard A. Posner, "The Law and Economics of Contract Interpretation", 83 Texas Law Review 1581, 1583 (2005). 转引自王文宇:《合同解释三部曲——比较法观点》,载《中国法律评论》2016 年第 1 期。

③ 陈自强:《整合中之契约》,北京大学出版社 2013 年版,第 217～218 页。转引自樊涛:《我国民商事司法中的交易习惯》,载《法律适用》2014 年第 2 期。

二、以任意性规定填补

以当事人可否以自身意志排除法律规范的适用为标准,可将法律规范分为强制性规定与任意性规定。当事人的约定,优先于任意性规定调整双方间的权利义务;但因当事人未做约定而出现合同漏洞时,任意性规定便可起到补充当事人意思的作用。合同当事人一般只规定那些他们能想到的事项。如果履行合同还需另有一些规定,或者发生了阻碍合同执行的情况,那该怎么办呢? 为解决这类问题,法律制定有补充当事人之间合同约定的规定,它们只在当事人没有另做约定的范围内才适用。① 例如:《合同法》第一百五十九条、第一百六十条、第一百六十一条,即分别为关于买卖合同价款、价款支付地点、价款支付时间的任意性规定,当事人对这些合同要素未做约定时,应适用上述规定予以填补。除了补充当事人意思之外,任意规定就法经济学角度而言,亦有提升交易效率、合同完整度的目的,其乃系立法者针对若干交易上经常发生之典型合同类型,就其认为有待规范事项,将自己置身于合同当事人的立场,斟酌合同目的与当事人利益状态、基于公平利益之衡量,就其认为凡一般理性当事人应会为如此约定之事项,订为条文,于合同有漏洞时适用该条文,以节省当事人预测未来、规划权利义务关系之成本。② 任意性规定作为法律对私法自治的达成予以助力的规则,用以填补合同漏洞客观性较强,易于把握,此系其最大优势。

《合同法》"买卖合同"一章中的任意性规定,系立法者对买卖合同中可能出现的漏洞预设的填补规则,本案系船舶买卖合同纠纷,自应首先适用"买卖合同"一章的任意性规定。买卖合同作为最为典型的有名合同,《合同法》对之做出的规定可谓周详备至,相应的任意性规定亦较为完备,常见的合同漏洞以该章的任意性规定已可填补的。如以该章任意性规定仍无法填补,还可适用《合同法》第六十二条的规定,对质量、价款或者报酬、履行地点、履行期限、履行方式、履行费用等合同漏洞进行填补。同理,其他有名合同中出现的合同漏洞,以任意性规定填补时也应遵循上述填补顺序。就无名合同中出现的合同漏洞,则可类推适用最相近似的有名合同中的任意性规定填补,无相关规定时再适用《合同法》第六十二条填补。

遗憾的是,本案合同漏洞如何填补,在《合同法》"买卖合同"一章未发现相关任意性规定,亦不能以《合同法》第六十二条的规定填补,不得不转向主观色彩较强的填补途径——补充解释。

---

① [德]卡尔·拉伦茨:《德国民法通论(上册)》,王晓晔等译,法律出版社 2003 年版,第 42 页。
② 王文宇:《合同解释三部曲——比较法观点》,载《中国法律评论》2016 年第一期。

三、进行补充解释

补充的契约解释,指对契约的客观规范内容加以解释,以填补契约的漏洞。其所解释者,系当事人所创设的契约规范整体,其所补充者,为契约的个别事项。① 当事人虽未就漏洞事项做出约定,但按照法的精神及法律原则等可自当事人行为整体过程及其行为目的中,推出双方正常情况下应如何约定。补充解释针对的是整体的行为,被补充的则是单个的意思表示。至于具体填补规则,德国帝国法院在一个判决中给出了答案:"在合同漏洞的填补中,涉及的不是对当事人合同意思的补充,而始终只是对合同的补充,是法官对下列东西的创制和创造:对于那种已经发生的,但未被预料到的情况,根据交易中诚实信用的准则,根据合同中对拟被实施的事项表达的意思的准则,认为对当事人应当是正确的东西。"② 从逻辑学原理讲,相对于规则,原则具有内涵小、外延大的特征,解释空间更大。诚实信用原则亦不例外,作为合同法的基本原则及民法的"帝王条款",须借助法官的价值判断才能发挥填补合同漏洞的作用。然而,法官在此过程不能恣意做出解释,其仍须受到为社会大众普遍接受的标准、理念等客观因素的限制。一个法官如果打算将他自己的行为癖好或信仰癖好作为生活规则强加给这个社区的话,那么他就错了。……他有义务服从人们已经接受的这个社区的标准,服从这个时期的道德风气。③

本案中,阮领方先后与中邦公司、余学强等人签订船舶买卖合同、反担保合同、协议书、解除反担保合同,这些合同显然不能割裂开来作为各自独立的合同,而应作为连贯的交易整体。在此交易整体中,因疏忽或者合同订立后客观情况发生变化,甚至处于强势地位的一方刻意不就阮领方、罗友德未实际承担担保风险时船舶股份价款应如何确定这一重大事项做出约定时,法官不能拒绝裁判。适用诚实信用原则,以客观化的社会大众普遍接受的价值准则对该合同漏洞进行填补,为当事人创设行为规范,推出阮领方无权主张 1 317 万元而只能主张 815.4 万元的结论,据以确定双方权利义务,进而做出公平合理裁判,便是我们的最佳选择。

编写人 杨世民

(原载于《人民司法》2019 年第 11 期)

---

① 王泽鉴:《债法原理》,北京大学出版社 2013 年版,第 224 页。
② 转引自[德]卡尔·拉伦茨:《法律行为解释之方法——兼论意思表示理论》,范雪飞、吴训祥译,法律出版社 2018 年版,第 97 页。
③ [美]本杰明·卡多佐:《司法过程的性质》,苏力译,商务印书馆 1997 年版,第 64~65 页。

温州海事局申请认定财产无主案

——认定海上财产无主程序价值及其制度完善

【裁判要旨】

一、行政机关在海上执法过程中,对于查获或获救的无人认领的船舶及其船载货物,可以根据《中华人民共和国海事诉讼特别程序法》(以下简称《海诉法》)第九条规定向海事法院申请认定财产无主。

二、公告认领阶段,无人认领的船舶及其船载货物不宜长期保管的,申请人可以根据我国《海诉法》第二十九条或第四十七条规定,申请提前拍卖处置。

【案情索引】

一审:宁波海事法院(2016)浙72民特728号(2017年12月25日)。

【案情】

2016年10月20日,温州海事局接到报警,在瓯越大桥下游发现一艘船舶搁浅。经查,该船装载有燃料油,无证书或标识,也无船员在船。经救助,温州海事局于当天将船舶脱浅后转移至船坞内,船上油品转驳存放。经进一步调查,未找到该船船东或船员,遇险船舶也无任何证书或身份标识,船舶所有权情况无法证实,也无任何人主张权利。温州海事局遂向宁波海事法院申请认定财产无主。

【审判】

宁波海事法院立案受理后,发出财产认领公告。因认定财产无主公告期为1年,船舶及船载油品长期存放,将持续发生保管费用,造成财产贬损,温州海事局申请提前拍卖无名船舶及船载油品,保留所得款项。宁波海事法院裁定予以准许,无名船舶及油品各以人民币10.7万元和62.4万元拍卖成交。涉案无名船舶由买受人买受后,在温州海事局的监督下被拆解处理。经审查核实,发出财产认领公告满一年无人认领的,判决认定财产无主,收归国家或者集体所有。依照《中华人民共和国民事诉讼法》(以下简称《民诉法》)第一百九十二条规定,做出上述判决。

宁波海事法院于2017年12月25日做出(2016)浙72民特728号民事判决:温州海事局于2016年10月20日发现搁浅在温州瓯越大桥下游潜坝并于次日经

救助脱浅的无名船舶 1 艘及船载油品 169 吨为无主财产,拍卖所得价款合计 731 000 元在扣除公告、评估以及为保存、拍卖该无名船舶及船载油品产生的费用后,余款收归国家所有。

本判决为终审判决,现已生效。

【评析】

申请认定财产无主,属于《民诉法》规定的特别程序,是指公民、法人或者其他组织向人民法院申请,通过法定程序将某项所有人归属不明或者所有人不存在的财产认定为无主财产,并判决归国家或者集体所有。①《海诉法》第九条规定,当事人申请认定海上财产无主,向财产所在地海事法院提出。但《海诉法》并未对认定海上财产无主案件的审理程序做出专门规定,审判中也鲜有实践。结合本案,梳理海上财产无主现象及其处置方式,分析不同处置方式各自存在的法律问题,从实践和理论两个方面阐明认定海上财产无主程序在清理、取缔"三无"船舶海上执法行动中的可行性、适用范围及其法治价值,建议在海事诉讼特别程序法中增设认定海上财产无主案件审理程序。

一、问题提出:"三无"船舶治理背景下的路径选择

(一)海上财产无主现象

海上财产无主,是指船舶、货物等海上财产处于没有所有人或者所有人不明的状态。本文所讨论的是另一种原因引起的海上财产无主现象,包括海关、海警、海事、渔业、公安在内等国家相关职能部门在清理、取缔从事海上非法行为的"三无"船舶过程中,查获、救助的船舶或货物无人认领。"三无"船舶从事海上非法活动由来已久,早在 1994 年 10 月 16 日,国务院就做出批复,同意农业部、公安部、交通部、国家工商行政管理局、海关总署发布实施《关于清理、取缔"三无"船舶的通告》(简称"国务院 1994 年批复"),②对无船名船号、无船舶证书、无船籍港的"三无"船舶予以清理、取缔,没收并拆解。但时至今日,"三无"船舶仍旧大量存在,③而执法环境却已时过境迁,如何在新的法治背景下妥善处置无人认领的"三无"船舶及其船载货物,依然存在许多争议和困惑。

---

① 最高人民法院民事案件案由规定课题组:《最高人民法院民事案件案由规定理解与适用》,人民法院出版社 2011 年修订版,第 540 页。

② 国函〔1994〕111 号。

③ 浙江省从 2014 年 5 月至 2015 年 3 月,仅涉渔"三无"船舶就取缔了 11 350 艘。参见《浙江取缔涉渔三无船舶万余艘》,载《法制日报》2015 年 4 月 6 日。

（二）海上财产无主处置方式

对于清理、取缔过程中查获或经救助脱险的无人认领的"三无"船舶及其船载货物，绝大部分以行政决定方式予以没收，极少数通过申请海事法院认定海上财产无主方式处理。

1. 行政决定方式

（1）执法依据

国家层面包括《中华人民共和国渔业法》《中华人民共和国渔业船舶检验条例》《中华人民共和国内河交通安全条例》、"国务院1994年批复"、农业部《关于实施〈清理取缔"三无"船舶通告〉有关事项的通知》①《全国打私办关于进一步加强成品油走私综合治理工作的通知》②等。地方层面包括地方性法规，如《浙江省渔港渔业管理条例》，以及其他文件，如《浙江渔场"一打三整治"专项执法行动实施方案》《舟山市"三无""非法改装"船舶联合鉴定工作指南（试行）》③。在行政相对人不明确或者暂时不能确定的情况下，没收并拆解无人认领的"三无"船舶最直接的执法依据，20多年来一直是"国务院1994年批复"。

（2）执法主体

根据"国务院1994年批复"，可以没收"三无"船舶的执法主体包括公安、渔政渔监、海关、港监等港口、海上执法部门，上述行政机关虽经多次整合，但仍存在多头执法的问题。浙江沿海各地区目前主要采取综合执法模式，设立由各相关行政机关参与的专门机构开展这项工作。④ 如舟山市成立"三无""非法改装"船舶联合鉴定工作小组，以市政府反走私办为组长单位，舟山海事局、市港航局、市海洋与渔业局，⑤各县（区）政府和功能区管委会为成员单位。

（3）财产处置

"国务院1994年批复"关于"三无"船舶的处置，主要措施为：禁止离港，一律予以没收、就地拆解，对船主处以罚款。执法过程中，为了确定是否属于"三无"船舶，一般采取成立联合鉴定工作小组对查获的船舶进行鉴定的做法；⑥对于所有人

---

① 〔1994〕农渔发21号。

② 全打〔2017〕6号。

③ 舟反走私办〔2018〕13号。

④ 如舟山市成立"三无""非法改装"船舶联合鉴定工作小组，市反走私办为组长单位，舟山市港航局、舟山海事局、舟山市海洋与渔业局，各县（区）政府和功能区管委会为成员单位。

⑤ 海洋与渔业局经本轮机构改革后，相关行政职能转归自然资源、农业农村等部门。

⑥ 同③。

不明的"三无"船舶,发出认领公告,期满无人认领的,进行评估拍卖,①并在拍卖成交后上缴价款。

2. 申请认定海上财产无主方式

(1)程序法依据

根据《民诉法》第十五章"特别程序"(主要是该章第五节"认定财产无主案件")的规定,由申请人向财产所在地海事法院提出申请,海事法院发出为期一年的财产认领公告;期满无人认领的,判决海上财产无主,收归国家所有。公告期间,船舶或船载货物不宜保管,申请人申请提前拍卖的,参照《海诉法》相关规定处理。

(2)申请人和处置机关

申请人为查获或救助所有人不明的"三无"船舶及其船载货物的执法机关,或者对"三无"船舶及其船载货物进行管理的公民、法人或其他组织;受理海上财产无主案件的海事法院按照法律规定的程序对案件进行审理,并对海上财产进行处置。

(3)财产处置

为避免海上财产贬值和保管费用持续产生,海事法院可根据申请人的申请,参照《海诉法》有关强制拍卖船舶和船载货物的相关规定,在财产认领公告期间提前拍卖海上财产,保留拍卖所得价款。

二、程序价值:依法行政背景下的财产处置

前述两种处理方式,法律依据不同,财产处置主体、程序也各不相同。

(一)行政机关直接没收"三无"船舶存在的问题

对于"三无"船舶的没收,无论在实体上还是程序上都存在一些问题,行政执法中主要表现在以下几方面:

1. 法律依据缺陷

清理、取缔以及没收"三无"船舶及其船载货物,视不同阶段和行为,可能构成行政强制措施中扣押财产或者行政处罚中的没收财产。② 根据《中华人民共和国行政强制法》(简称《行政强制法》)和《中华人民共和国行政处罚法》(简称《行政处罚法》),扣押、没收财产应当由法律或者行政法规规定。国务院 1994 年批复,

---

① 据了解,认领公告与拍卖公告期限各地做法不同,为加速处置进程,有规定为各 15 天的,舟山市的做法便是如此。

② 最高人民法院行政强制法研究小组:《〈中华人民共和国行政强制法〉条文理解与适用》,人民法院出版社 2011 年版,第 69 页。

在《中华人民共和国立法法》(简称《立法法》)施行之后,能否再作为行政法规适用便成了疑问。客观上,行政机关没收、拆解"三无"船舶丧失了充分的上位法依据。

2. 处置程序缺失

财产所有权是民法上最重要的物权,也是公民、法人或者其他组织的一项基本权利,其设定、变更和消灭具有法定性。《民诉法》对认定财产无主程序的启动、认定机关、公告期间、错误救济等都做了十分严格的规定。反观以行政决定方式没收所有人不明的"三无"船舶及其船载货物,处置程序有所缺失。表现在:行政机关以公告认领的方式确定财产权属缺乏法律依据;公告认领的性质不明,缺乏救济手段;在无法律法规规定的前提下,公告期限的确定不严谨;处置程序欠缺正当性,难以保障利害关系的陈述申辩权。最高人民法院在审理中国建设银行厦门分行诉上海市工商行政管理局黄浦分局无主财产上缴财政一案中,①对于行政机关以公告认领方式将查获的物品予以拍卖并上缴财政的做法在司法上做了否定性评价。

3. 行政诉讼风险

由于法律依据缺陷和处置程序缺失等原因,没收无人认领的"三无"船舶及其船载货物始终面临着行政诉讼的风险。② 船舶所有权人可能会在处置程序中或处置完毕后提出异议。如 2018 年 11 月,某市在开展海上联合执法行动中,在某船厂发现一艘改装油轮,无法确认所有权人,遂对油轮予以扣留。经公告无人认领后,遂委托评估、拍卖。拍卖成交后船舶移交的前一日,有人提出该船系其购置,购买前船舶即已改装过,船舶整改后将办理登记,不属于"三无"船舶。③ 此种情况下,一旦有人提出所有权主张,行政机关难以对船舶及其船载货物所有权争议做出处理,相关行政程序也因缺乏依据而进退两难。如若当事人进一步提出行政诉讼,行政机关将更加被动。

(二)申请认定海上财产无主程序价值

将《民诉法》关于认定财产无主案件的规定和《海诉法》关于拍卖船舶和船载货物的程序性规定,合并适用到清理、取缔"三无"船舶执法行动中去,无论在理论上还是实践上,都具有可行性。

---

① 最高人民法院(2013)行提字第 7 号。
② 根据中国判文书网相关数据,2012—2017 年,全国各地法院共受理涉渔"三无"船舶争议 68 起,包括行政诉讼 48 起,提起行政赔偿案件 20 起。转引自裴兆斌、解姝:《涉渔"三无"船舶没收法律问题及其制度完善》,载《沈阳农业大学学报》(社会科学版)2018 年 01 期。
③ 现该船舶已暂停移交给买受人,案件尚在处理中。

1. 审判实践中的可行性

本案依据《海诉法》规定妥善处理了无人认领的"三无"船舶及船载油品,以个案审判的方式展现了认定海上财产无主程序的法治价值。

(1)为依法及时处置无人认领船舶及其船载货物提供了一条可行路径

该案发生期间前后,温州水域发现多艘无人认领船舶,既有无名船舶,也有中国台湾籍船舶,装载油品或冷冻食品,发生险情后,无人主张,无人管控。海事部门进行了救助和应急处置。该案妥善审理,为有效解决无人认领、无人管控船舶及其船载货物处置难、保管难、费用风险大等问题,提供了一条可行的司法途径。①

(2)为打击海上非法行为提供了可借鉴、可复制的司法保障手段

该案通过申请认定海上财产无主,提前处置无人认领船舶及其船载货物,并在执法部门监督下拆解船舶,一方面有效避免了直接予以没收带来的法律风险;另一方面堵住了船舶和货物因难以处置而再次流入市场进行海上非法活动的漏洞。

(3)及时处置无主财产避免了保管费用不断增多和风险持续增大

船舶以及船载油品或冻品等货物,保管困难,费用和风险均非其他财产可比,长期不加处置,待一年公告期满,财产很可能已入不敷出,加重了财政负担。该案根据《海诉法》第三章第二节"船舶扣押与拍卖"、第三节"船载货物的扣押与拍卖"的做法,在公告期间裁定提前拍卖船舶及其船载油品,有效防止了损失和风险持续增大。

2. 法律理由上的可行性

以行政决定方式没收"三无"船舶,和通过认定海上财产无主程序处置所有人不明的船舶及其船载货物,前者属于行政程序,后者属于民事程序。通过申请认定海上财产无主处置行政执法中查获或者经救助脱险的所有人不明的"三无"船舶及其船载货物,是否适宜,利弊如何,可值论证。

(1)法律依据

行政机关依法打击海上非法行为,清理、取缔"三无"船舶,既是法律赋予的行政权力,也是行政职责。在行政法律依据缺乏或者不明确的情况下,可以适用《民诉法》的相关规定,以便更加恰当地正确行使行政职责。行政诉讼脱胎于民事诉讼,且部分行政法律规范仍存在对于未尽事宜准用民事法律规定的情形②,可见,

---

① 宁波海事法院对这两类无人认领船舶及其船载货物分别以申请认定财产无主和海上无因管理提起诉讼区别对待:对于无名船舶,可申请认定海上财产无主;对于有船名和船舶资料的台湾籍船舶,已经发生费用的,依海上无因管理提起诉讼,诉讼中查明属于套牌的无主船的,再按认定海上财产无主处理。这一做法,已被《浙江海事局 宁波海事法院2016年度联席会议纪要》采纳。

② 《行政诉讼法》第一百零一条,《行政处罚法》第四十条,《行政强制法》第三十八条。

适用民事法律规范解决执法中的问题并不与行政执法的基本理念相矛盾。通过申请认定海上财产无主进行处置,并非无法可依。

(2)适用范围

申请认定海上财产无主程序适用于所有人不明的各类船舶及其船载货物或者其他海上财产,而不问船舶及其船载货物的来源。因此,对于行政机关在清理、取缔"三无"船舶执法过程中,通过申请认定海上财产无主进行处理的情形可以做如下区分:第一,对于所有人确定的"三无"船舶,不适用该程序;第二,对于所有人不明的"三无"船舶,可以适用该程序;第三,对于所有人不明的船载货物或者其他海上财产,适用该程序,而不适用"国务院 1994 年批复"。

(3)处置效果

通过申请认定海上财产无主,可以达到如下处置效果:一是符合《民诉法》和《海诉法》规定,法律依据和程序依据更加充分。二是从受理申请,发出认领公告,提前拍卖船舶或船载货物,判决财产无主并收归国家或集体所有,到拍卖价款处分,能够一步到位,可谓殊途同归。三是依法赋予当事人救济权利,更加符合法治要求。法律规定的认定财产无主程序,赋予当事人两次救济的机会,一次是在公告期间内认领财产,①再一次是在诉讼时效期间内向人民法院对财产提出请求,要求撤销原判决。② 四是依照《海诉法》规定,船舶及其船载货物不宜继续保管的,可以提前拍卖,弥补了《民诉法》在这方面规定的欠缺,与以行政决定处置方式相比较,效率上足以保障。

三、制度构建:《海诉法》修改背景下的程序完善

海上财产往往具有价值大、风险高、保管困难的特点。《民诉法》规定的认定财产无主程序显然不能专门顾及海上财产存在的这些问题,而《海诉法》及相关司法解释只规定了认定海上财产无主案件由海事法院受理,也未对相应的审判程序做出具体规定。完善相关程序制度,具有必要性。

(一)明确申请人主体范围

《民诉法》第一百九十一条仅规定申请认定财产无主,由公民、法人或者其他组织向财产所在地基层人民法院提出;《海诉法》第九条规定,当事人申请认定海上财产无主的,向财产所在地海事法院提出。两者都未明确申请人的具体范围。一般认为,上述申请人当指与该项海上财产有利害关系的人。由于财产所有权处

---

① 《最高人民法院关于适用〈中华人民共和国民事诉讼法〉的解释》第三百五十条。
② 《民诉法》第一百九十三条。

于不明状态,申请人的权利义务无法表现为其与财产所有人之间的关系,而只能体现在其基于对该项海上财产的某些权利或义务所形成的利害关系,并因此需要及时消灭财产所有权不定状态,以便尽快实现权利或者解除义务。进而言之,上述利害关系人当指因某种原因暂时占有或者管理所有人不明的海上财产的人,包括公民、法人或者其他组织,也包括接受委托而对海上财产进行管理的公民、法人或者其他组织。具体到题述行政机关在清理、取缔"三无"船舶执法过程中,就查获或者救助的船舶及其船载货物向海事法院申请认定海上财产无主的,申请人主要有两类:一类是具有海上行政管理和执法权的执法机关;另一类是按照执法机关要求或接受委托而参与救助、保管、处置所有人不明的船舶及其船载货物的公民、法人或者其他组织。有多个利害关系人的,任何一个都可以向海事法院提出申请。

(二)明确可以提前拍卖财产

《民诉法》规定的认定财产无主程序,属于特别程序,原则上不得在公告期间内提前处置财产,否则既与该程序设立的目的不符,也容易损及财产所有人的合法利益。但船舶及其船载货物不同于其他一般财产,长期保管存放,费用大,风险高,安全隐患多,财产贬值快,而认领公告期间为一年,两者难以很好兼顾。可以参照的法律或者司法解释规定主要有两方面:一是《最高人民法院关于适用〈中华人民共和国民事诉讼法〉的解释》第一百五十三条;[①]二是《海诉法》第二十九条和第四十七条,[②]本案便是根据该两条规定提前拍卖船舶及其船载油品的。两者都是针对财产保全而做出的规定,与认定海上财产无主程序中及时处置海上财产具有高度相似性,加以移植,符合物尽其用的社会功能和立法目的。从保护当事人合法权益角度看,拍卖船舶或者船载货物的法律效果仅限于财产形态发生变化,将船舶或船载货物转化为金钱,并未使原财产所有人的所有权归于消灭。两害相权取其轻,在认定海上财产无主程序中,明确申请人在一定条件下可以申请提前拍卖海上财产是必要的。

(三)明确费用申报范围

根据《海诉法》第三十二条和第一百一十一条的规定,海事法院拍卖船舶,应

---

① 该条规定:"人民法院对季节性商品、鲜活、易腐烂变质以及其他长期保存的物品采取保全措施时,可以责令当事人及时处理,由人民法院保存价款;必要时,人民法院可予以变卖,保存价款。"

② 《海诉法》第二十九条规定:"船舶扣押期届满,被请求人不提供担保,而且船舶不宜继续扣押的,海事请求人可以在提起诉讼或者申请仲裁后,向扣押船舶的海事法院申请拍卖船舶。"第四十七条规定:"船载货物扣押期间届满,被请求人不提供担保,而且货物不宜继续扣押的,海事请求人可以在提起诉讼或者申请仲裁后,向扣押船载货物的海事法院申请拍卖货物。""对无法保管、不易保管或者保管费用可能超过其价值的物品,海事请求人可以申请提前拍卖。"

当发出债权登记公告,与被拍卖船舶有关的债权人应当在公告期间向海事法院申请债权登记;公告期届满不登记的,视为放弃在本次拍卖船舶价款中受偿的权利。认定海上财产无主程序中拍卖所有人不明的船舶,是否应当进行债权登记,笔者认为,按照现行法律规定,公告通知债权人进行债权登记缺乏依据,而且即使准许登记也由于债务人不明确而无相应的审理程序。但对所有人不明的海上财产具有权利义务关系的利害关系人,是基于某种原因而对该项财产实施了管理的人,本身都具有申请认定海上财产无主的权利,其因管理海上财产而发生的费用,自当有权从该项财产或拍卖价款中取得。因此,在认定海上财产无主程序中,设立费用申报制度仍属必要,但其范围应限于因管理该项海上财产而发生的必要费用。申报期限可参照法律关于船舶优先权催告期间规定为 60 日。①

(四)明确拍卖价款处分

所有人不明的海上财产拍卖后,尤其是在公告期间内提前拍卖的,对于拍卖所得价款的处分,以下两点有必要加以明确:一是保管等相关费用应先行受偿。因管理海上财产而产生的费用,本质上是一种物上请求权,管理人自当有权从该项海上财产拍卖价款中先行受偿。至于法律上的理由,可以根据留置权理论加以解释。立法上的依据可以参考《中华人民共和国海商法》(以下简称《海商法》)第二十四条②和《海诉法》第一百一十九条第二款。③ 二是管理、拍卖海上财产所支付的费用的拨付和上缴国库问题应由法院决定。考虑到案件由海事法院审理,且司法权属于最后的救济权,相关费用是否真实合法,是否必要合理,应当由海事法院审查决定,而不能交由行政机关处分。至于上缴国库,无论人民法院还是行政机关,都负有该项职责,可由海事法院根据实际情况确定自行上缴或者交由行政机关上缴。

四、结论:综合治理背景下的权益保护

依法行政是建设法治政府的一项重要内容。行政机关在清理、取缔"三无"船舶执法行动中,可以充分利用《民诉法》和《海诉法》规定的认定财产无主程序,将对所有人不明的"三无"船舶及其船载货物的认定和处置纳入司法程序中去,既有法可依,也可以避免错误执法和行政诉讼风险。同时通过修改和完善《海诉法》,增设一节关于认定海上财产无主案件的审理程序,发挥特别程序法的优势作用,共

---

① 《海商法》第二十六条,《海诉法》第一百二十四条。
② 该条规定:"因行使船舶优先权产生的诉讼费用,保存、拍卖船舶和分配船舶价款产生的费用,以及为海事请求人的共同利益而支付的其他费用,应当从船舶拍卖所得价款中先行拨付。"
③ 该款规定:"分配船舶价款时,应当由责任人承担的诉讼费用,为保存、拍卖船舶和分配船舶价款产生的费用,以及为债权人的共同利益支付的其他费用,应当从船舶价款中先行拨付。"

同妥善解决海上执法过程中遇到的难题,充分保护公民、法人和其他组织的合法权益。

编写人　吴胜顺　张建生

（入选 2017 年度全国海事审判典型案例;并获全国法院系统 2018 年度优秀案例分析评选活动三等奖）

陈朝青不服中国海监渔政宁波支队渔业行政处罚与行政赔偿案

——未依法取得捕捞许可证擅自进行捕捞情节严重的认定

【裁判要旨】

渔船上虽未查获渔获物,但船上携带禁渔期内禁止随船携带的网具、冰等捕捞作业工具及用品的,应认定具有捕捞准备行为,属于捕捞行为。渔船所有人同时具有未依法取得捕捞许可证、买卖捕捞许可证、标写其他合法渔船船名、渔船与船舶检验证书不符等违法情形的,可根据《最高人民法院关于审理发生在我国管辖海域相关案件若干问题的规定（二）》[以下简称《审理我国管辖海域案件规定（二）》]第十条的规定,认定为"未依法取得捕捞许可证擅自进行捕捞情节严重",进而适用《中华人民共和国渔业法》（以下简称《渔业法》）第四十一条对船舶所有人处以没收船舶的行政处罚。

【案情索引】

一审:宁波海事法院(2018)浙72行初2号(2018年7月6日)。

二审:浙江省高级人民法院(2018)浙行终1135号(2019年7月22日)。

【案情】

原告陈朝青起诉称:中国海监渔政宁波支队（以下简称"渔政宁波支队"）认定其"船上带流刺网和冰,系捕捞的准备实施阶段,属于渔业捕捞活动",证据不足;适用农业部《渔业捕捞许可证管理规定》对捕捞活动进行解释,认定陈朝青行为系捕捞从而对其进行处罚,属法律适用错误。请求撤销行政处罚决定、返还渔船及网具并赔偿损失。

被告渔政宁波支队辩称:经核查,陈朝青存在未依法取得捕捞许可证、冒用船名、禁渔期内从事捕捞活动、捕捞许可证属无效证书、所持捕捞许可证的持证人非陈朝青本人、船舶与检验证书不符等违法行为,其做出的行政处罚决定,事实清楚、证据确凿、适用法律正确。

法院经审理查明:渔政宁波支队于2017年7月16日做出甬海渔（渔业）罚〔2016〕B-103号行政处罚决定,认定:陈朝青未依法取得捕捞许可证从事捕捞;擅自涂刷"浙宁渔43007"船名;于2016年6月8日在镇海区附近海域停靠时被查获时,该船携带流刺网网具 139 顶,船舱内装载 35 吨冰,其行为系捕捞的准备实施阶段,属于渔业捕捞活动;该船提供的"赣榆渔 14515"船捕捞许可证未取得国家下达的船网工具控制指标,属无效证书;该船与其提供的船舶检验证书所载相关数据不符,属无有效渔业船舶检验证书;所持捕捞许可证的持证人非陈朝青本人,陈朝青与持证人私下买卖捕捞许可证。上述行为违反了《渔业法》第二十三条,《渔业捕捞许可管理规定》第十六条、第四十条第二项,《渔业港航监督行政处罚规定》第十六条第一项、第四项等规定。依据《渔业法》第四十一条,结合《宁波市行政处罚自由裁量权行使规则》《浙江省海洋与渔业行政处罚裁量基准》规定,对陈朝青罚款 50 000 元,没收陈朝青所有的涉渔"三无"船舶 1 艘、流刺网网具 139 顶。

【审判】

宁波海事法院于 2018 年 7 月 6 日做出(2018)浙 72 行初 2 号行政判决:驳回原告陈朝青的诉讼请求。陈朝青不服原审判决,提起上诉。浙江省高级人民法院于 2019 年 7 月 22 日做出(2018)浙行终 1135 号行政判决:驳回上诉,维持原判。

【评析】

本案案情较为清楚,案涉渔船被查获时配备有流刺网网具、冰等捕捞生产作业工具,陈朝青另具有未依法取得捕捞许可证、买卖捕捞许可证、标写其他合法渔船船名等违法情形,案涉渔船与船舶检验证书亦不相符。本案关键争议在于,在未查获渔获物的情况下,可否认定陈朝青从事捕捞,以及可否将其行为认定为"未依法取得捕捞许可证擅自进行捕捞情节严重"。

一、捕捞行为的认定问题

1. 自参照规章角度分析

《中华人民共和国行政诉讼法》(以下简称《行政诉讼法》)第六十三条第三款规定:"人民法院审理行政案件,参照规章。""参照规章"的含义:一是人民法院认为行政机关根据规章做出的行政行为是合法的,应当肯定其效力,并据此对行政行为的合法性做出评价;二是对不符合法律、行政法规的规章,不予适用,而应当适用法律和行政法规。① 判断规章是否可参照,须审查两点:第一,是否与法律、行政法规冲突,与法律、行政法规明显抵触的规章规定,不得选择适用;另外,地方政府规章与地方性法规冲突的,亦不得选择适用。第二,规章的制定和发布是否符合法定程序,《规章制定程序条例》就此做出详尽规定,可作为审查依据。原农业部《渔业捕捞许可管理规定》第四十条第一项(该规定于 2018 年再次修订,修改后为第五

---

① 《行政诉讼法及司法解释关联理解与适用》编委会:《行政诉讼法及司法解释关联理解与适用》,中国法制出版社 2018 年版,第 631 页。

十五条第一项)规定："本规定有关用语的定义如下：渔业捕捞活动——捕捞或准备捕捞水生生物资源的行为，以及为这种行为提供支持和服务的各种活动。娱乐性游钓或在尚未养殖、管理的滩涂手工采集水产品的除外。"经审查，未发现该条规定与法律、行政法规冲突，且《渔业捕捞许可管理规定》系原农业部通过法定程序制定并公布，故合法有效，可作为法律依据加以适用。

涉案渔船上虽未查获渔获物，但该船在禁渔期内随船携带有网具及冰，显已做好捕捞准备活动，可认定为捕捞准备行为，属于捕捞行为。

2. 自行政处罚目的角度分析

当前，我国渔业资源接近枯竭，近海几乎无渔可捕，其中违法违规捕捞猖獗是一个重要原因，使用"绝户网"、禁渔期内实施捕捞等违法犯罪行为对我国渔业资源的可持续发展带来严重危害。为此，2014 年 12 月 24 日修订的《浙江省渔业管理条例》第四十八条规定："在禁渔期，渔业船舶和个人不得随船携带禁渔期禁止作业的渔具。任何单位和个人不得向无船名号、无船籍港、无渔业船舶证书的渔船和禁渔期内违禁作业的渔船供油、供冰，不得代冻、收购、销售、转载违禁渔获物。"案涉渔船被查获时处于禁渔期，根据上述规定，不得携带流刺网，不得携带用以储藏渔获物的冰，据此可认定陈朝青具有进行捕捞的意图且已着手实施捕捞准备活动。渔业捕捞是一个过程，包括捕捞准备行为及捕捞实施行为，捕捞准备行为系捕捞实施行为的必经阶段，两者密不可分。《行政处罚法》第六条规定："实施行政处罚应当坚持处罚与教育相结合，教育公民、法人或者其他组织自觉守法。"即行政处罚的目的并不限于对违法行为进行事后惩戒，更重在保障行政机关有效实施行政管理，维护公共利益和社会秩序，通过实施行政处罚实现教育及预防违法的作用。另外，渔业执法多数在水上进行，执法环境显著区别于陆上，调查取证难度较大，不能苛求渔业执法机关当场查获非法捕捞行为时才可进行处罚。自维护公共利益和社会秩序角度出发，考虑到渔业资源亟须加强保护这一迫切需要以及水上执法调查取证难度较大等现实因素，通过实施行政处罚将违法行为遏制在捕捞准备阶段，更有利于保护海洋渔业资源。自此角度分析，亦应将陈朝青涉案行为认定为捕捞准备行为，进而认定为捕捞行为。

二、未依法取得捕捞许可证擅自进行捕捞情节严重的认定问题

根据《渔业法》第二十三条的规定，国家对捕捞业实行捕捞许可证制度，且捕捞许可证不得买卖、出租和以其他形式转让。陈朝青虽向原船舶所有人购买了涉案渔船，但其未向渔业主管部门申请办理捕捞许可证书，按照相关法律规定其亦无法取得该船捕捞许可证书，故其涉案行为应认定为《渔业法》第四十一条规定的"未依法取得捕捞许可证擅自进行捕捞"。关于是否属于该条所规定的"情节严

重"，争议较大，本案审理过程中即有观点认为，参照刑法关于既遂犯与预备犯的原理，陈朝青既尚未实际捕捞，对其处以没收渔船的行政处罚过于严厉，故渔政宁波支队没收其渔船不当。该观点忽视了我国渔业资源几近枯竭的严峻形势，对未取得捕捞许可证擅自实施捕捞行为的危害性认识不足。为保护海洋生态环境、促进海洋渔业可持续发展，中共浙江省委、浙江省人民政府积极部署开展"一打三整治"活动，即从 2014 年开始，用三年左右时间，在沿海组织开展以严厉打击涉渔"三无"船舶及其他各类非法行为、整治"船证不符"捕捞渔船和渔运船、整治禁用渔具、整治海洋环境污染等为主要内容的"一打三整治"专项执法行动。农业农村部（原农业部）自 2017 年以来连续多年在全国部署开展"中国渔政亮剑系列专项执法行动"，严厉查处非法捕捞等违反渔业法律法规行为。最高人民法院于 2016 年发布《审理我国管辖海域案件规定二》，就涉及海洋水产资源的行政违法及犯罪行为的"情节严重"做出了解释性规定，对相关部门严厉打击非法捕捞违法犯罪行为给予有力支持，其中第十条规定的便是未依法取得捕捞许可证擅自进行捕捞认定"情节严重"须考虑的情形。具体包括八项例示性规定和一项兜底性规定，分别是：1. 未依法取得渔业船舶检验证书或渔业船舶登记证书；2. 故意遮挡、涂改船名、船籍港；3. 标写伪造、变造的渔业船舶船名、船籍港，或者使用伪造、变造的渔业船舶证书；4. 标写其他合法渔业船舶的船名、船籍港或者使用其他渔业船舶证书；5. 非法安装挖捕珊瑚等国家重点保护水生野生动物设施；6. 使用相关法律法规、规章禁用的方法实施捕捞；7. 非法捕捞水产品、非法捕捞有重要经济价值的水生动物苗种、怀卵亲体或者在水产种质资源保护区内捕捞水产品，数量或价值较大；8. 禁渔区、禁渔期实施捕捞；9. 其他严重违法捕捞行为的情形。本案中，陈朝青标写其他合法渔业船舶船名、禁渔期内捕捞，并具有买卖捕捞许可证、船舶与检验证书不符等违法行为，其禁渔期内进行捕捞的主观意图非常明显；且其违法行为发生于浙江省"一打三整治"期间，如不从严惩处，无异于放纵违法捕捞行为，社会效果不佳。综合考量以上因素，可将陈朝青涉案行为认定为未依法取得捕捞许可证擅自从事捕捞情节严重，从而根据《渔业法》第四十一条对其处以没收渔船的行政处罚。

编写人 杨世民

（获 2019 年全国海事审判典型案例）

中国人民财产保险股份有限公司上海市分公司诉海三租赁有限公司等海上货物运输合同纠纷案

——提单持有人下的承运人识别规则

【裁判要旨】

提单流转至托运人之外的第三人手中,提单持有人仅能凭提单的记载识别唯一的"提单承运人",对提单持有人来说,不存在《中华人民共和国海商法》(以下简称《海商法》)第四十二条下的"承运人"或"实际承运人"。

【案情索引】

宁波海事法院(2015)甬海法商初字第810号(2017年5月2日)。

【案情】

原告:原告中国人民财产保险股份有限公司上海市分公司(以下简称"财保上海公司")。

被告:海三租赁有限公司(以下简称"海三公司")。

被告:山东海运股份有限公司(以下简称"山东海运公司")。

2014年6月,宝矿国际贸易有限公司(以下简称"宝矿公司")进口一批古埃巴标准粉铁矿,CFR价格为95.9美元/干吨。2014年6月28日,前述货物装载"山东华章"轮,GEM SHIPPING LTD.作为该轮船长的代理,签发了编号为01的康金94版租约提单。该提单记载,托运人为巴西淡水河谷公司,收货人凭指示,装货港为巴西古埃巴岛港,卸货港为中国主要港口,货物湿重为104 305吨。该轮同一航次还载有编号为02号提单的相同货物72 533湿吨,02号提单内容除货物数量外与01号提单相同。2014年8月,"山东华章"轮抵达舟山港并于12日卸货完毕(01号提单),经嵊泗出入境检验检疫局8月15日检验,所卸货物湿重为102 586吨,含水8.92%。该轮此后续行至上海港,在该港卸货72 519湿吨(02号提单)。因载运的货物含水、渗水,该轮按照固体散装货物信息表的记载和提示,在航行中不断排出货物运输途中析出的污水,并以电邮方式通知利益相关人,至2014年8月6日,全船货物析水并排除1 485.94吨。原告作为涉案货物(01号提单)的保险人,于 2015 年 3 月 25 日向被保险人、收货人宝矿公司支付了保险赔偿金 33 856.96 美元(已扣除 5‰的损耗)后,提起本案诉讼。宝矿公司亦为 02 号提单项下货物的收货人。

"山东华章"轮于 2014 年 3 月 5 日在中国香港注册,登记所有人为海三公司,代表人为中国烟台航运有限公司,2014 年 3 月 5 日光租给宏太海运公司(HONG-TAI SHIPPING S. A.)(中国香港注册公司),租期至 2024 年 3 月 4 日。

【审判】

宁波海事法院经审理认为:本案应按各方当事人庭审中的合意适用我国相关法律规定。根据各方诉辩意见,本案争议的焦点问题有二:一是原、被告之间的法律关系,被告是否适格;二是原告主张的短货事实是否成立。

一是关于原、被告之间的法律关系。原告支付保险赔款、代位收货人宝矿公司提起本案诉讼所据的基础法律关系是海上货物运输合同关系。根据本案事实,涉案 01 号提单是租约提单,所载托运人也非宝矿公司,故宝矿公司不是该提单所证明的涉案运输合同关系的托运人,原告主张被告海三公司为契约承运人、山东海运公司为实际承运人,无事实依据与法律依据。宝矿公司作为涉案提单的持有人,其与承运人的权利义务关系应据涉案提单的规定确定。涉案提单系由他人代理承运船舶"山东华章"轮船长签发,根据我国《海商法》第七十二条第二款的规定,该提单应视为代表承运人签发。"山东华章"轮的登记所有人虽为海三公司,但所涉期间该轮光船租赁给他人,根据船舶营运、船员配备的一般经验,原告主张海三公司为该提单所示的承运人、山东海运公司实际参与或掌控运输而为实际承运人,证据与理由均不充分,本院不予采纳。原告申请追加宏太海运公司为本案共同被告,无事实与法律依据,本院不予准许。

二是关于涉案货物是否短量。根据 01、02 号提单记载,"山东华章"轮涉案航次共装载古埃巴标准粉铁矿 176 838 湿吨(01 号提单 104 305 吨、02 号提单 72 533 吨),分别在舟山、上海卸货 102 586 湿吨和 72 519 湿吨,扣除运输途中排除货物析出污水 1 485.94 吨,全船装、卸货数量的差额远远低于大宗散货运输所允许的合理损耗,且该航次所载货物的收货人统一,无进一步区分两次卸货的溢、短量问题,原告的保险代位求偿权源自宝矿国际贸易有限公司,其主张货物短量无事实依据。故法院依法驳回了原告的诉讼请求。上审宣判后,双方均未上诉。

【评析】

本案的审查重点在于涉案承运人的识别。

实务中正确识别承运人具有十分重要的意义,当货方遭受了货损,只有迅速而正确地识别承运人,才能不因告错对象而错失诉讼时效,作为船舶相关方(所有人或租船人),只有清楚自己是不是承运人,才能有效抗辩货主的索赔。审判中正确识别海上货物运输承运人既是一个老生常谈的问题，又是一个复杂且较有争议的问题。因海上货物运输一般分为班轮运输和租船运输，在班轮运输下，托运人或收货人都没有就货物签订租船合同，托运人、收货人、承运人三方法律关系通过提单连接，此种提单项下的承运人（以下简称"提单承运人"）识别比较简单，具体如何通过提单的记载识别"提单承运人"后文将详述。在租船运输下，因托运人或收货人与船东（船舶所有人、光租人、期租人）订有租约（通常是航次租船合同），同时货物的运输又签发了提单（提单可能并入了租约条款），而提单的签发人可能是船舶所有人、光租人、期租人或前述航次租船合同项下的出租人，在租船合同与提单并存的情形下，识别承运人较为复杂和困难。

一、提单持有人如何识别承运人

正确识别租船运输下的承运人，我们需要先厘清我国《海商法》第四十二条下"承运人""实际承运人"及《海商法》第七十二条、七十八条下"提单承运人"的概念。根据我国《海商法》第四十二条的定义："承运人"是指……与托运人订立海上货物运输合同的人；"实际承运人"是指接受承运人委托，从事货物运输或者部分运输的人，包括接受转委托从事此项运输的其他人；"托运人"是指……与承运人订立海上货物运输合同的人或……将货物交给与海上货物运输合同有关的承运人的人。由此可见，我国《海商法》第四十二条下的"承运人"与"托运人"相伴而生，此"承运人"也被称为"契约承运人"，"实际承运人"又与"承运人"相伴而生（两者之间是委托与被委托的关系），故"实际承运人"也是与"托运人"相伴而生的，也就是说只有"托运人"才能向"承运人"或"实际承运人"主张权利，《海商法》第六十条有关承运人与实际承运人的责任也必然只针对"托运人"而言。而根据《海商法》第七十八条的规定，提单持有人与承运人的权利义务关系依提单确定，当提单流转至托运人之外的第三人手中，只能凭提单的记载内容识别"提单承运人"，此时的"提单承运人"是唯一的，且不存在我国《海商法》第四十二条项下的"承运人"或"实际承运人"，但当提单并未流转，提单持有人又是航次租船合同的承租人时（通常为提单记载的托运人），其既可依提单为据识别提单项下的"提单承运人"，向"提单承运人"主张权利①，又可依航次租船合同，识别航次租船合同项下的承运人，向出租人主张权利。对于承租人是否可依据航次租船合同的同时向出

---

① 浙江省高级人民法院在"皇家橄榄石"一案中肯定了提单持有人同时是航次租船合同的承租人时，有权选择以提单为据向"提单承运人"主张权利，并不一定要以航次租船合同为诉由向出租人主张权利，详见（2014）浙海终字第 61 号民事判决书。

租人和实际承运人主张权利,理论上尚存争议。[①] 笔者认为,我国《海商法》虽在海上货物运输合同一章专门就航次租船合同做出特别规定,但不是航次租船合同相对方的实际承运人是否要向承租人承担责任,海商法并未明确,故在实际承运人的适用范围和责任范围未明确的前提下,突破传统的合同相对性理论将实际承运人制度适用于航次租船合同有所不妥。以上有关提单持有人识别承运人的规则可用下图来概括:

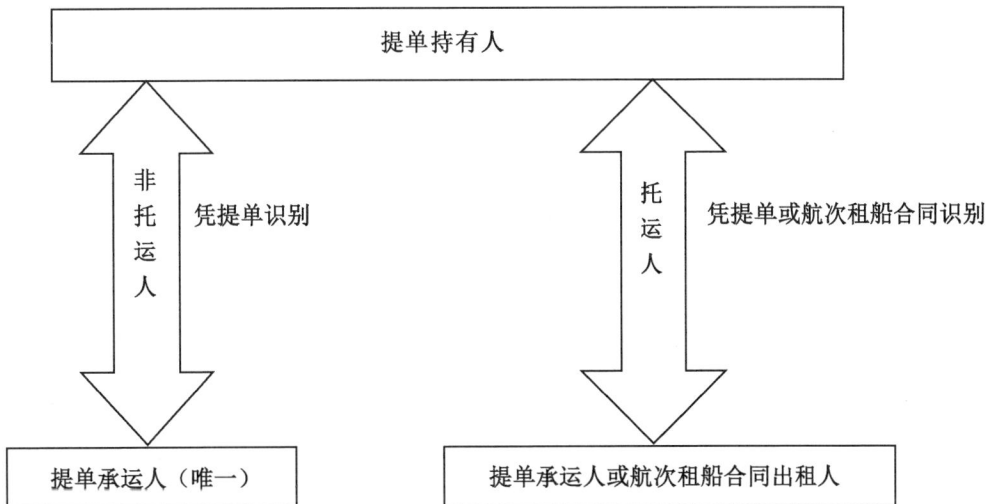

本案原告保险理赔后从宝矿公司取得提单,而宝矿公司系涉案货物的收货人和提单持有人,并非提单记载的托运人,故于宝矿公司来说,涉案货物承运人只能依据提单记载来确定,且只能有唯一的"提单承运人",本案原告起诉两个被告要求其分别承担承运人和实际承运人的责任,明显混淆了海商法上的多个承运人概念。本案原告在意识到识别承运人错误后,再向法院提出追加船舶光租人为时已晚,因涉案船舶光租人不是本案的必要共同被告,原告申请追加船舶光租人为被告理由不成立。

二、如何识别"提单承运人"

对于"提单承运人"的具体身份,我们通常根据提单正面抬头印制的船公司名

[①] 最高人民法院在"桐城"轮再审案中以合同相对性为由否定了承租人向航次租船合同出租人之外的实际承运人主张权利,详见(2011)民提字第 16 号民事判决书。对此判决,学界有不同的看法,详见《中国海商法研究》2013 年第 1 期,郑蕾、钱舒鸿《实际承运人制度在航次租船合同中的适用》一文。

称、提单右下角的签发内容以及提单的背面记载结合起来识别"提单承运人"，但由于航运实践中的提单五花八门，往往出现前述三处记载的内容相互矛盾，这就造成"提单承运人"的识别困难，司法实践中一般以提单正面右下角的签发内容为识别承运人的关键点，该处的内容通常为"某某签发"或"某某作为某某的代理签发"，此处的签发人或被代理人即被识别为"提单承运人"，此处的"提单承运人"可以是船舶所有人、光租人或租船人（二船东、三船东或四船东），如提单记载为"某某代理船长签发"，根据我国《海商法》第七十二条的规定，以及船舶营运、船员配备的一般经验，这种船长提单我们一般将船舶所有人识别为承运人，如船舶存在光租，则船舶光租人是"提单承运人"。本案提单右下角记载由 GEM SHIPPING LTD. 作为"山东华章"轮船长的代理签发，在查明"山东华章"轮存在光租情形下，该轮的光租人应被识别为涉案"提单承运人"。此外，当提单存在租约的有效并入情形时，除遵循前述识别规则外，"提单承运人"还要结合并入的租约内容识别，然而司法实践中极大部分案件均因并入的租约合同不明确而被认定为租约并入无效。

本案在查明原告识别承运人错误之后，即可驳回原告起诉，但因已对涉案货物是否有短量进行了实质性审查，可以确定涉案货物短量系运输过程排水原因造成，且宝矿公司系同一航次中另一提单相同货物的收货人，全船装、卸货数量的差额远远低于大宗散货运输所允许的合理损耗，出于节约诉讼资源考虑，本案从实体上以驳回原告诉讼请求结案。

编写人　孟云凤

（原载于《中国航务周刊》2019 年第 49 期）

东方晟龙执行案件

——全国首例海上强制卸货移载执行案

【案情索引】

审判:(2016)浙 72 民初 1828 号。

执行:(2017)浙 72 执 1342 号。

【案情】

申请执行人:GMA 石榴石有限公司(以下简称"GMA 公司")。

被执行人:一帆国际海运有限公司(以下简称"一帆公司")。

第三人:安顺船务有限公司。

2016 年 5 月,一帆公司承租"东方晟龙(Oriental Dragon)"轮装有 24 006 吨石榴石,从澳大利业运往阿联酋。途中,一帆公司因其他纠纷,担心在目的港被扣船,擅自将这艘船扣留在台州玉环市的大麦屿港,拒绝交付货物,而且漫天要价。同年 6 月,宁波海事法院根据货方 GMA 公司申请,扣押"东方晟龙"轮。后案件进入诉讼程序。宁波海事法院审理后判令一帆公司向 GMA 公司交付 24 006 吨石榴石。

【审判】

2017 年 9 月,该案件进入执行程序。执行过程中,很多自称是这艘船的小股东的当地居民主张,当时参与融资造船,现在血本无归,谁登船卸货就要同归于尽,而且他们还在船上放了煤气瓶意图抗拒执行,给执法维稳造成巨大压力。法院多次组织各方协调,但差距大,对抗激烈。由于货物数量多,在大麦屿港找不到堆放场所,如果移泊到舟山港卸货则要花费 800 多万元,没有谁愿意承担这笔费用。经过多次讨论,最终决定在海上进行过驳卸货作业,由二程船过驳后直接运往目的港。

2018 年 12 月 27 日,宁波海事法院组织 20 余名干警,联合当地公安、海事等多个部门登轮验货,"中国蓝"新媒体向全国直播。台州市市长张晓强为此专门做出批示,台州市委政法委组织玉环市政法委、公安局、海事处、气象局等 23 家单位,先后召开了十多次专题协调会,海事部门组织专家对卸货方案进行论证。

从 2019 年 4 月 22 日到 4 月 28 日,通过动用 200 多名执法力量、3 艘海巡艇、8

艘作业船舶,经过 8 天 7 夜连续卸货作业,最终"自豪"轮成功地把价值 4 000 多万元的 24 006 吨石榴石驶离大麦屿港。GMA 公司专程向宁波海事法院送来锦旗表示感谢。至此,该案圆满执行完毕。

【评析】

本案系全国首例法院联合多家单位成功实施海上强制卸货移载的案例。本次执行难度大、牵扯面广,宁波海事法院精心安排,周密部署,做好预案,积极争取地方人民政府及公安、海事等部门的支持,最后执行标的全部执行到位,取得了较好的法律效果与社会效果。其主要亮点有:

(1)有效保护外方合法权益,创造良好营商环境

本案货方 GMA 公司位于澳大利亚,中间转租人分别是美国和希腊公司,强制卸货成功,在国际上影响较好。

(2)多部门联动,啃下硬骨头

本案执行维稳压力大,由于石榴石呈粉末状,不能见风见雨,海上过驳卸货难度大,面对这件骨头案,法院主动寻求支持,23 家单位在政法委协调下行动一致,配合默契,形成强大工作合力。

(3)彰显了中国法院执法力度

这次执行活动通过"中国蓝"新媒体直播和中央电视台《法治天下》栏目专题报道,特别是在切实解决"执行难"的大背景下,起到很好的普法宣传作用。

本案执行程序合法规范,实体处理公正到位,一系列相关的大型执法行动为全国海事法院处理类似船舶问题积累了经验。

编写人　陈高扬

（获评 2019 年度人民法院十大执行案件）

主权荣誉公司申请设立油污损害赔偿责任限制基金案

——当事人申请设立油污损害赔偿责任限制基金的处理

【裁判要旨】

申请人因其所有的船舶发生碰撞事故泄漏大量持久性货油对中国海洋环境造成损害,根据《1992 年国际油污损害民事责任公约》(以下简称《1992 年油污责任公约)的规定向我国海事法院申请设立油污损害赔偿责任限制基金,只要其申请符合国际公约和我国法律的规定,海事法院必须依法准予设立。

【案情索引】

一审:宁波海事法院(2019)浙 72 民特 212 号,2019 年 5 月 31 日裁定。

【案情】

申请人:主权荣誉公司(Dominion Glory S. A.)。

巴拿马籍主权荣誉公司所有的"佐罗(EL ZORRO)"轮系马绍尔群岛籍油类/化学品运输船,8 539 总吨,涉案航次从韩国大山港运载 4 978.767 公吨油品至中国乍浦港。2018 年 12 月 24 日,"佐罗"轮在中国乍浦港陈山锚地锚泊等待靠泊卸货期间,被起锚过程中的新加坡籍"埃林顿(ELLINGTON)"轮碰撞,造成"佐罗"轮右舷 6 号货舱破损,所载 SHELL-500N 基础油泄漏,船长报称泄漏 400 吨左右。事故发生后,嘉兴海事局在第一时间赶赴事故现场进行查勘,并立即启动应急预案,同时指示嘉兴市洁洋环保服务有限公司等单位进行海上应急清污作业。

SHELL-500N 基础油系高度精炼的矿物油,用于生产涂料、清洁剂和润滑油等,属于持久性油类。截至提出申请时,主权荣誉公司已经赔付和提供担保合计4 889.5 万元人民币及 900 万美元。

2019 年 3 月 20 日,主权荣誉公司就前述碰撞事故而产生的油污损害赔偿责任,向宁波海事法院申请设立 6743109 特别提款权的油污损害赔偿责任限制基金,并提供了"佐罗"轮永久船籍登记证书、国际吨位证书、船长声明、可能对第三方的赔偿责任及利害关系人名单等证据材料。

【审判】

宁波海事法院认为,本案事故为涉外船舶泄油事故,泄油船舶船旗国、泄油船舶所有人所属国及泄油事故发生地国均属《1992 年油污责任公约》成员国,且事故船舶运载并泄漏的是持久性油类,泄漏数量较大,面临巨额索赔,有权依照相关法律规定申请设立油污损害赔偿责任限制基金,进而取得法律规定的责任限制权利,遂予以立案受理,并根据《中华人民共和国海商法》(以下简称《海商法》)第二百零八条第二项;《1992 年油污责任公约》第一条第 1、3、4、5、6、7、8 款;第二条(a)(i)项,第三条第 1 款,第五条第 1、3、10 款,第 9 款(a)项;《中华人民共和国海事诉讼特别程序法》(以下简称《海诉法》)第一百零一条第二款、第三款,第一百零六条第三款,《最高人民法院关于审理船舶油污损害赔偿纠纷案件若干问题的规定》(以下简称《油污损害司法解释》)第二条第一款,第五条第一款,第九条,第二十一条,第二十二条,第二十八条;《最高人民法院关于适用〈中华人民共和国海事诉讼特别程序法〉若干问题的解释》(以下简称《海诉法司法解释》)第八十四条;《最高人民法院关于审理海事赔偿责任限制相关纠纷案件的若干规定》(以下简称《海事赔偿责任限制司法解释》)第二十一条第二款之规定做出下述裁定:

一、准许主权荣誉公司提出的设立油污损害赔偿责任限制基金的申请;

二、"佐罗"轮油污损害赔偿责任限制基金数额为 6743109 特别提款权,应按基金设立之日特别提款权兑人民币汇率折算成人民币;

三、申请人主权荣誉公司应在本裁定生效之日起三日内以人民币或者本院认可的担保设立油污损害赔偿责任限制基金,以担保方式设立基金的,担保数额为基金数额及其基金设立期间的利息(按中国人民银行确定的金融机构同期一年期贷款基准利率计算)。逾期不设立基金的,按自动撤回申请处理。

做出裁定之前,宁波海事法院已根据相关法律规定,向已知的利害关系人发出告知受理设立油污损害赔偿责任限制基金申请通知书,并发出公告,告知与本次事故油污损害有关的利害关系人,如对主权荣誉公司主张限制油污损害赔偿责任有异议的,应在指定的期限内向该院提出书面异议,并告知不管是否提出异议,都要在最后一次公告发布之日起六十日内就本次事故产生的属于《油污损害司法解释》第九条规定的可以限制赔偿责任的海事请求,向该院申请债权登记。逾期不登记的,视为放弃债权。

裁定做出后,主权荣誉公司因提供基金担保的时间不够而向浙江省高级人民法院提出上诉,并于 2019 年 7 月 1 日申请撤回了上诉。上述民事裁定书发生法律效力后,主权荣誉公司于同年 7 月 12 日向宁波海事法院提交了基金担保,设立了油污损害赔偿责任限制基金。

【评析】

经上网检索和向其他海事法院了解①,该案系全国海事法院受理的首例外国当事人根据《1992 年油污责任公约》的规定,向我国海事法院申请设立油污损害赔偿责任限制基金的案件。该案的办理充分展现了我国司法机关履行国际公约义务、平等保护境内外当事人合法权益的大国担当,并为全国海事法院办理此类案件提供了文书与经验借鉴。

与各海事法院经常办理的申请设立海事赔偿责任限制基金案件相比,该案具有如下特点:

(一) 程序适用不同

首先是案件管辖不同。根据《海诉法》第一百零二条及《海事诉讼特别程序法司法解释》第八十条之规定,当事人在起诉前申请设立海事赔偿责任限制基金的,应当向事故发生地、合同履行地或者船舶扣押地海事法院提出。海事事故发生在中华人民共和国领域外的,船舶发生事故后进入中华人民共和国领域内的第一到达港,视为事故发生地。而根据《油污损害司法解释》第二条之规定,当事人就油轮装载持久性油类造成的油污损害提起诉讼、申请设立油污损害赔偿责任限制基金,由船舶油污事故发生地海事法院管辖。船舶油污事故发生在中华人民共和国领域外,对中华人民共和国领域和管辖的其他海域造成油污损害或者形成油污损害威胁,当事人就船舶油污事故造成的损害提起诉讼、申请设立油污损害赔偿责任限制基金,由油污损害结果地或者采取预防油污措施地海事法院管辖。本案因船舶油污事故发生在我国浙江海域,故宁波海事法院成为唯一有权受理本案的海事法院。

其次是程序规定不同。关于设立基金程序,《海诉法》第九章名为设立海事赔偿责任限制基金,但第一百零一条却规定了海事赔偿责任限制基金和油污损害赔偿责任限制基金两种基金的设立。然而,从具体内容看,第九章的一些条款显然只适用于设立海事赔偿责任限制基金,而不适用于设立油污损害赔偿责任限制基金,

---

① 检索和了解显示,全国海事法院审理过不少船舶油污损害赔偿纠纷案件,其中包括清防污费用纠纷案件,仅广州海事法院于 1999 年 10 月受理过一起国内航线运输船舶当事人根据《1969 年国际油污损害民事责任公约》和《1976 年议定书》的规定申请设立油污损害赔偿责任限制基金案件,但从未受理过外国当事人根据《1992 年油污责任公约》的规定,向我国海事法院申请设立油污损害赔偿责任限制基金的案件。参见余晓汉:《1969 年国际油污损害民事责任公约》应适用于我国船舶在国内航线上发生的油污损害——中国船舶燃料供应福建有限公司因在国内航线运输船舶碰撞致漏油申请按《1969 年国际油污损害民事责任公约》设立油污损害赔偿责任限制基金案,载《人民法院案例选》2002 年第 1 辑。根据《海诉法》和相关司法解释的规定,以及最高人民法院〔2008〕民四他字第 20 号"关于非航行国际航线的我国船舶在我国海域造成油污损害的民事赔偿责任适用法律问题的请示的答复",该案已不具有参考、借鉴作用。

如第一百零六条、第一百零七条的规定。因此，《油污损害司法解释》第二十八条规定："对油轮装载持久性油类造成的油污损害，船舶所有人、船舶油污损害责任保险人或者财务保证人申请设立油污损害赔偿责任限制基金、受损害人申请债权登记与受偿，本规定没有规定的，适用《海诉法》及相关司法解释的规定。"根据该条规定，当事人申请设立油污损害赔偿责任限制基金，应优先适用《油污损害司法解释》的规定，《油污损害司法解释》没有规定的，才适用《海诉法》及相关司法解释的规定。

（二）设立基金的基础不同

首先是针对的损害不同。根据《1992 年油污责任公约》第一条第五款、《油污损害司法解释》第五条之规定，油轮装载持久性油类造成油污损害的，必须设立油污损害赔偿责任限制基金，无论该种油类是在船上作为货物运输还是在船上的燃料舱中。而船舶发生事故造成其他损害，包括油轮装载的非持久性燃油或者是非油轮装载的燃油造成油污损害，①以及从事沿海运输的油轮装载持久性油类造成油污损害，则可以依照海商法关于海事赔偿责任限制的规定设立海事赔偿责任限制基金。本案"佐罗"轮因泄漏持久性货油造成油污损害，因此申请人必须设立油污损害赔偿责任限制基金。

其次是限制赔偿责任的前提不同。根据我国《海商法》第二百一十三条、第二百一十四条之规定，责任人要求依照海商法的规定限制赔偿责任的，可以在有管辖权的法院设立海事赔偿责任限制基金。责任人没有申请设立海事赔偿责任限制基金的，不影响其海事赔偿责任限制的权利。而根据《1992 年油污责任公约》第五条第三款、第六条第一款，《油污损害司法解释》第二十一条、第二十四条之规定，船舶所有人等为了取得油污损害赔偿责任限制的权利，应当设立油污损害赔偿责任限制基金，否则船舶所有人等不享有油污损害赔偿责任限制的权利。据此，本案申请人为取得油污损害赔偿责任限制的权利，必须申请设立油污损害赔偿责任限制基金。

（三）相关当事人不同

首先是申请人的范围不同。根据我国《海商法》第二百零四条、第二百零五条、第二百零六条之规定，设立海事赔偿责任限制基金的申请人范围为船舶所有人、救助人、船舶承租人、船舶经营人、对海事请求承担责任的保险人。而根据

---

① 《2001 年燃油污染责任公约》没有规定专门的燃油污染损害赔偿责任限额和专属的燃油污染损害赔偿责任限制基金，仅指向适用《1976 海事赔偿责任限制公约》或公约参加国的国内法。因此，燃油污染损害赔偿责任限制在性质上属于一般的海事赔偿责任限制。

《1992 年油污责任公约》第五条第三款、第七条第八款,《油污损害司法解释》第二十一条之规定,设立油污损害赔偿责任限制基金的申请人范围为船舶所有人、船舶油污责任保险人、船舶油污责任财务保证人。本案的申请人即法律规定的船舶所有人。

其次是利害关系人的界定不同。根据《海诉法》第一百零五条、第一百零六条、第一百一十二条之规定,申请设立海事赔偿责任限制基金的利害关系人,系与特定场合发生的海事事故有关的债权人,包括油轮装载的非持久性燃油或者非油轮装载的燃油造成油污损害的受损害人,以及从事沿海运输的油轮装载持久性油类造成油污损害的受损害人。而根据《油污损害司法解释》第九条、第二十五条之规定,申请设立油污损害赔偿责任限制基金的利害关系人,系油轮装载持久性油类造成油污损害的受损害人,即油污损害赔偿的债权人。显然,本案的利害关系人并不包括"埃林顿"轮的所有人,因为"埃林顿"轮的损害不属于油污损害。

(四)基金计算不同

首先是责任限额不同。根据《海商法》第二百零七条及相关规定,当事人在发生海事事故后,就特定的海事赔偿请求,包括油轮装载的非持久性燃油或者非油轮装载的燃油造成油污损害的赔偿请求,以及从事沿海运输的油轮装载持久性油类造成油污损害的赔偿请求,可以根据《海商法》第二百二十条、第二百二十一条规定的赔偿限额,申请设立海事赔偿责任限制基金。而根据《油污损害赔偿司法解释》第五条的规定,从事国际运输的油轮装载持久性油类造成油污损害的,应依照《1992 年油污责任公约》第五条第一款规定的赔偿限额,申请设立油污损害赔偿责任限制基金。

其次是基金确定不同。根据《海诉法》第一百零八条、《海事赔偿责任限制司法解释》第二十条之规定,海事赔偿责任限制基金的数额,为海事赔偿责任限额及自事故发生之日起至基金设立之日止的利息。以担保方式设立基金的,担保数额为基金数额及其在基金设立期间的利息。海事赔偿责任限制基金应当以人民币设立,其数额按法院准予设立基金的裁定生效之日的特别提款权对人民币的换算办法计算。而根据《1992 年油污责任公约》第五条第三款、第九款(a)项、《油污损害司法解释》第二十一条之规定,油污损害赔偿责任限制基金以现金方式设立的,基金数额为《1992 年油污责任公约》规定的赔偿限额。以担保方式设立基金的,担保数额为基金数额及其在基金设立期间的利息。基金数额须根据基金设立之日该国货币相对于特别提款权的价值折算成该国货币。

(五)异议提出及其处理不同

首先是提出异议的效果不同。根据《海诉法》第一百零六条之规定,利害关系人对责任人申请设立海事赔偿责任限制基金有异议的,可以提出书面异议,海事法院收到异议后应当进行审查并在十五日内做出裁定。异议成立的,裁定驳回申请人的申请;异议不成立的,裁定准予申请人设立海事赔偿责任限制基金。当事人对裁定不服的,还可以提起上诉。责任人设立责任限制基金以后,向责任人提出请求的任何人,不得对责任人的任何财产行使任何权利;责任人的船舶或者其他财产已经被扣押,或者责任人已经提交抵押物的,法院应当及时下令释放或者退还。而根据《油污损害司法解释》第二十二条、第二十三条、第二十四条之规定,利害关系人对船舶所有人等主张油污损害赔偿责任限制有异议的,应当在《海诉法》第一百零六条第一款规定的异议期内提出书面异议,但提出该异议不影响基金的设立。利害关系人没有在异议期内提出异议,油污损害赔偿责任限制基金设立后,海事法院应当解除对船舶所有人的财产采取的保全措施或者发还为解除或避免保全措施而提供的担保。利害关系人在异议期内提出异议的,油污损害赔偿责任限制基金设立后,海事法院在认定船舶所有人等有权限制赔偿责任的裁决生效后,应当解除对船舶所有人的财产采取的保全措施或者发还为解除或避免保全措施而提供的担保。

其次是对异议的处理不同。根据《海诉法》第一百零六条、《海事诉讼特别程序法司法解释》第八十三条之规定,海事法院对申请设立海事赔偿责任限制基金的利害关系人提出异议的审查,仅限于对设立基金申请人主体资格、事故所涉及的债权性质和申请设立基金的数额进行审查,并做出是否准予设立基金的裁定。至于申请人是否享有海事赔偿责任限制的权利,还需通过实体审理确定。而根据《油污损害司法解释》第二十二条、第二十五条之规定,利害关系人对申请设立油污损害赔偿责任限制基金提出的异议,限于船舶所有人等是否有权限制赔偿责任。该异议的提出不影响基金的设立。至于申请人是否有权限制油污损害赔偿责任,需在受损害人提起诉讼时解决。据此,尽管本案异议期尚未届满,宁波海事法院仍可做出准予设立油污损害赔偿责任限制基金的裁定。

最后是做出裁定的时间不同。根据《海诉法》第一百零六条、《海事赔偿责任限制司法解释》第五条之规定,当事人申请设立海事赔偿责任限制基金的,海事法院应当在最后一次公告发布之日起三十日后、四十五日内做出是否准予设立基金的裁定。而根据《油污损害司法解释》第二十二条之规定,当事人申请设立油污损害赔偿责任限制基金的,海事法院即可在合理的工作时间内做出准予设立基金的裁定。鉴于准予设立基金裁定书中需要写明发出多次公告的具体起止时间,故海事法院通常会在最后一次公告发出后的合理工作时间内做出裁定。

(六)债权登记及基金分配不同

首先是登记的债权范围不同。根据《海诉法》第一百一十二条之规定,海事法院受理设立海事赔偿责任限制基金的公告发布后，债权人应当在公告期间就与在特定场合发生的海事事故有关的债权申请登记，包括油轮装载的非持久性燃油或者非油轮装载的燃油造成油污损害所形成的债权，以及从事沿海运输的油轮装载持久性油类造成油污损害所形成的债权。而根据《油污损害司法解释》第二十六条之规定，对油轮装载持久性油类造成的油污损害，受损害人没能在规定的债权登记期间申请债权登记的，视为放弃在油污损害赔偿责任限制基金中受偿的权利。根据《油污损害司法解释》第九条的规定，船舶油污损害的赔偿范围包括：（1）为防止或者减轻船舶油污损害采取预防措施所发生的费用，以及预防措施造成的进一步灭失或者损害；（2）船舶油污事故造成该船舶之外的财产损害以及由此引起的收入损失；（3）因油污造成环境损害所引起的收入损失；（4）对受污染的环境已采取或将要采取合理恢复措施的费用。本案债权登记的范围，即上述船舶油污损害赔偿范围内的债权，并不包括"佐罗"轮因碰撞所造成的其他财产损害赔偿。

　　其次是基金的分配顺序不同。根据《海商法》第二百一十条的规定，海事赔偿责任限制基金包含人身伤亡赔偿责任限额和非人身伤亡赔偿责任限额两部分，当人身伤亡赔偿责任限额不足以支付全部人身伤亡的赔偿请求时，其差额应当与非人身伤亡的赔偿请求并列，从非人身伤亡赔偿责任限额中按比例受偿；在不影响上述关于人身伤亡赔偿请求清偿的情况下，就港口工程、港池、航道和助航设施的损害提出的赔偿请求，应当较其他非人身伤亡赔偿请求优先受偿。而根据《1992年油污责任公约》第五条第四款关于"该项基金须在索赔人之间按其确定的索赔额比例分配"，以及《油污损害司法解释》第二十七条关于"油污损害赔偿责任限制基金不足以清偿有关油污损害的，应根据确认的赔偿数额依法按比例分配"之规定，所有油污损害赔偿项目，一律按比例分配。据此，本案所有油污损害赔偿，一律按比例参与油污损害赔偿责任限制基金的分配。

　　最后是责任人的代位受偿权不同。根据《1992年油污责任公约》第五条第五款、第八款，《油污损害司法解释》第二十九条、第三十条之规定，在油污损害赔偿责任限制基金分配以前，船舶所有人、船舶油污损害责任保险人或者财务保证人，已先行赔付油污损害的，可以书面申请从基金中代位受偿，代位受偿限于赔付的范围，并不超过接受赔付的人依法可获得的赔偿数额；船舶所有人为主动防止、减轻油污损害而支出的合理费用或者所做的合理牺牲，请求参与油污损害赔偿责任限制基金分配的，法院应予支持，比照该解释第二十九条第二款、第三款的规定处理。据此，本案申请人在油污损害赔偿责任限制基金设立后，就其先行赔付的款项，以及为防止、减轻油污损害而支出的合理费用或者所做的合理牺牲，享有代位参与基金分配的权利。《1976年海事赔偿责任限制公约》虽有类似的代位受偿权规定，但我国没有加入该公约，我国《海商法》关于海事赔偿责任限制的立法在借鉴该公约时,也没有引入代位受偿权的相关规定。因此,在海事赔偿责任限制基金的分配中,不存在代位受偿的问题。

综上,鉴于最高人民法院编制的《海事诉讼文书样式》中并无专门针对设立油污损害赔偿责任限制基金的裁定书等文书样式,我们可参照受理设立海事赔偿责任限制基金申请通知书、公告及准予设立海事赔偿责任限制基金民事裁定书的样式来制作,并将上述不同点体现在相关法律文书之中。

编写人　吴勇奇

（获全国法院系统 2019 年度优秀案例分析评选活动优秀奖;原载于《人民法院案例选》,人民法院出版社,2020 年第 4 辑）

舟山市人民检察院诉沈大勇、姜国康等海事海商纠纷公益诉讼案

——探索发挥海事法院保障海洋环境资源的海事审判职能

【裁判要旨】

海洋自然资源和生态环境的公益诉讼案件中,侵权行为的认定需突破传统侵权客体的固有限制,从侵权责任法的法律功能来扩张解释被侵害权益的外延,认定侵害公共利益的行为亦构成侵权;生态修复补偿金的计算标准需综合考量海洋自然资源和生态环境的社会、经济、研究、遗传等多方面的价值,在公正合理范围内确定赔偿金额。

【案情索引】

一审:宁波海事法院(2019)浙72民初810号(2019年11月19日)。

二审:浙江省高级人民法院(2020)浙民终158号(2020年3月20日)。

【案情】

2018年10月,沈大勇为非法获利,在各个码头收购海龟。10月18日凌晨,刘涛从西码头渔船上收购4只蠵龟(2只亲体,2只幼体)转售给沈大勇,由姜国康驾驶其所有的浙LS3319小货车运输至停靠在东港十八罗汉附近的沈大勇所有的浙L68359货车上。10月18日晚,沈大勇所有的浙L68359货车在普陀区东港街道芦花塔岭下路边被普陀区公安分局查获,当场扣押海龟107只。舟山市公安局普陀区分局分别委托南京师范大学司法鉴定中心和浙江海洋大学对查获的动物进行鉴定,明确涉案动物为蠵龟(Caretta caretta)105只和绿海龟(Chelonia mydas)2只,均为国家二级保护动物,案涉海龟总价值为3 123 600元。

舟山市人民检察院在《检察日报》进行了公告,公告期满后没有适格主体向人民法院提起诉讼,经报请浙江省人民检察院批准同意,向本院提起民事公益诉讼,请求:1. 判令各被告公开赔礼道歉;2. 判令被告沈大勇对3 123 600元生态修复补偿金承担赔偿责任,被告姜国康、刘涛对其中的69 600元生态修复补偿金承担连带赔偿责任;3. 判令各被告承担鉴定评估费5 012.5元。审理中,舟山市人民检察院申请撤回了第3项诉讼请求。

被告沈大勇答辩称：一、对起诉人诉称的事实、案件侦破经过、现场查获的海龟数量107只无异议；二、对起诉人要求公开赔礼道歉的诉请无异议，对自己的犯罪行为对国家利益造成的后果愿意悔罪，愿意公开赔礼道歉；三、沈大勇并非是造成海龟死亡的直接责任者，不应当承担赔偿责任；海龟的捕捞和死亡与沈大勇的收购、出售行为不具有直接因果关系，因此要求沈大勇直接承担赔偿责任不符合侵权责任法的规定；即使需承担赔偿责任，对赔偿金额的确定亦有异议。本案鉴定机构和鉴定人员并无价格鉴定的资质，而且鉴定过程中适用的法律依据已过期。综上，起诉人要求沈大勇承担生态修复补偿金的赔偿责任没有法律依据，应予以驳回。

被告姜国康答辩称：一、对姜国康在本案中参与帮助沈大勇运输4只海龟的事实无异议；二、本案中，姜国康只是负责运输海龟，运输时海龟已经死亡，故运输行为与海龟死亡的损害后果之间不存在直接的因果关系，根据侵权责任法的相关规定，不应由姜国康承担相应的赔偿责任；退一步讲，即使三被告需承担赔偿责任，也应区分各侵权人之间的主次责任，明确责任分摊比例，各自承担按份责任；三、在姜国康构成侵权行为的前提下，对起诉人要求公开道歉并无异议，但对69 600元的赔偿责任、浙江海洋大学的鉴定资质、鉴定依据和鉴定结论和鉴定费用有异议。

被告刘涛答辩称：一、对本案中刘涛收购4只已经死亡的国家二级保护动物海龟的事实无异议；二、现有证据无法证明刘涛收购的海龟种类是蠵龟还是绿海龟，起诉人以蠵龟的价格标准要求刘涛承担赔偿责任不合理；三、关于海龟价格的鉴定，对鉴定机构和鉴定人员的资质，以及鉴定价格都有异议；四、刘涛在从事海龟运输行为时，海龟已经死亡，对海洋生态环境的破坏已经形成，损害结果在此之前已经发生，刘涛对造成海龟死亡、生态环境破坏的后果不应该承担责任；五、即使刘涛需要承担赔偿责任，最多承担的是过错责任，过错责任还应区分同案被告、捕捞者的责任。

法院经审理查明并认定如下事实：2018年10月18日凌晨，刘涛从西码头渔船上收购4只海龟转售给沈大勇，姜国康驾驶其所有的小货车将该4只海龟运送至停靠在东港十八罗汉附近的沈大勇所有的货车上。10月18日晚，沈大勇所有的该货车在普陀区东港街道芦花塔岭下路边被普陀区公安分局查获，当场扣押海龟107只。

2018年10月29日，舟山市公安局普陀区分局委托南京师范大学司法鉴定中心对上述查获海龟的种类及保护级别进行鉴定，该鉴定中心于2018年11月8日出具司法鉴定意见书，鉴定意见为：涉案动物有两种，分别为绿海龟2只和蠵龟105只，均为国家二级保护动物。2018年11月6日，舟山市公安局普陀区分局委托浙江海洋大学对查获的107只海龟所属种类进行鉴定，并判断价值。浙江海洋大学指派赵盛龙、陈健进行鉴定并于2018年11月21日出具检验鉴定证书，鉴定结果为:1. 107 只样品中有 105 只蠵龟,2 只绿海龟,均属于国家二级保护动物。2. 105 只蠵龟样品中,有 103 只为亲体,2 只为幼体;2 只绿海龟均为亲体。此次案件涉及所有海龟总价值为 3 123 600 元。

【审判】

宁波海事法院认为:本案为海事海商纠纷公益诉讼,围绕各方的诉辩主张,对本案争议焦点归纳评析如下:

一、浙江海洋大学出具的检验鉴定证书的证明力问题

根据中华人民共和国农业部第 2607 号公告,浙江海洋大学是经农业部批准的可以从事《国家重点保护野生动物名录》《国家重点保护野生植物名录(第一批)》《〈濒危野生动植物种国际贸易公约〉附录》中水生野生动植物种及其制品的鉴定工作的科研教学单位,它的推荐鉴定类群包括鲸目、海龟科、棱皮龟等,故浙江海洋大学具有鉴定海龟的资质而且对涉案海龟物种及价值的鉴定均属于浙江海洋大学的鉴定范围。浙江海洋大学经过正规的程序选任符合条件的人员担任鉴定人员,这种选任程序亦属于学校的惯常做法,并无不妥,故本案鉴定人员赵盛龙和陈健具有鉴定资质,且涉案检验鉴定证书中关于海龟种类及保护级别的结论与南京师范大学司法鉴定中心出具的鉴定意见一致,本院予以认定;涉案海龟亲幼体的鉴定是根据"SEA TURTLES OF THE WORLD"做出,合法合理,本院亦予以认定。

涉案检验鉴定证书中关于海龟价值的认定主要是依据《农业部关于确定野生动物案件中水生野生动物及其产品价值有关问题的通知》(农渔发〔2002〕22 号)和《国家计委、财政部关于水生野生动物资源保护费收费标准及其有关事项的通知》(计价格〔2000〕393 号)两个文件。农渔发〔2002〕22 号文件仍有效,计价格〔2000〕393 号文件虽已废止,但在农业农村部回函海关总署的答复意见中也明确在新的相关规定出台前,仍然可以沿用计价格〔2000〕393 号文件规定的核算办法对水生野生动物及其制品的价值进行核算,故检验鉴定证书依据上述两个文件对涉案海龟的价值予以认定,合法有据,本院予以认定。

二、生态修复补偿金的认定问题

首先,农业部出台的关于水生野生动物价值标准的认定是在采用物种濒危原则、自身价值原则、物种等同原则和可操作性原则的基础上,综合考虑了水生野生动物物种经济、研究、生态、社会、遗传资源等各方面的价值而得出的计算方法,国家二级保护动物的价值按该动物物种资源保护费的 6 倍计算。生态修复补偿金,应是野生动物资源和海洋生态环境修复所需的费用,本案中所认定的海龟价值均应归属于此,故舟山市人民检察院按照海龟的价值来确定生态修复补偿金的金额

并无不妥；其次，农渔发〔2002〕22 号文件制定的目的是保护野生动物，严厉打击违法犯罪行为，合理确定野生动物案件中水生野生动物及其产品的价值，该文件并未明确表明所涉及的计算标准只适用于刑事案件，对违法犯罪行为人追究民事赔偿责任也是打击违法犯罪行为的具体举措，故本案中三被告赔偿金额的认定可以按照农渔发〔2002〕22 号文件中关于二级保护水生野生动物价值的计算标准予以认定。经计算，本案所涉生态修复补偿金的总金额为 3 123 600 元。

关于姜国康、刘涛所涉 4 只海龟，沈大勇在公安机关制作的讯问笔录中已明确供述当天凌晨收购了 5 只海龟，其中 1 只青龟是活的，因不值钱所以放生了，另外 4 只是黄色的。他还在供述中描述了两种海龟的颜色、花纹、形态、重量等具体区别。在舟山市人民检察院制作的讯问笔录中再次明确收购 5 只海龟，其中放生 1 只青龟，另外 4 只是黄色的，2 只比较大，2 只比较小。姜国康在公安机关制作的讯问笔录中也描述了两种海龟的具体区别，与沈大勇的描述基本一致。由此可知，蠵龟和绿海龟从表面特征上看存在明显区别，不同的种类会影响具体的收购价格，沈大勇长期从事收购、出售海龟，在海龟种类的辨别上应该具有高于普通人的辨识水平，而且姜国康关于两种海龟外形的描述与沈大勇的描述一致，故两被告关于该 4 只黄色的海龟的描述应该是准确的，该种黄色的海龟即指蠵龟。涉案 105 只蠵龟中，103 只为亲体，2 只为幼体，在没有证据证明上述 4 只蠵龟中亲、幼体具体数量的情况下，舟山市人民检察院从海龟重量和被告利益出发主张 2 只为亲体，2 只为幼体，亦属合理，故姜国康、刘涛应按照 4 只蠵龟（亲、幼体各 2 只）的标准承担赔偿责任。

三、三被告承担民事赔偿责任的请求权基础及责任承担方式

根据本案诉讼请求和理由，三被告承担赔偿责任的请求权基础为侵权，故应适用侵权责任法关于侵权责任的构成要件进行分析。首先，海龟属于国家二级保护动物，三被告进行非法收购、运输、出售，其行为违反了《中华人民共和国野生动物保护法》（以下简称《野生动物保护法》）的相关规定，具有违法性；其次，海龟是水生野生动物资源库和海洋生态环境的重要组成部分，海龟的灭失必将对水生野生动物资源造成损害，对海洋生态环境造成破坏。虽然海龟从大海中被捕捞上来后，对海洋生态环境的破坏即已产生，但是没有收购就没有出售，没有出售就没有捕捞，没有运输，收购、出售的交易环节则无法完成，捕捞、收购、运输、出售是一条完整的市场链条，正是因为存在后续的收购、运输、出售行为能给捕捞者带来收益，才会助长捕捞行为，也会使捕捞者不将误捕的海龟放生而将其作为财物出卖，故三被告的行为与野生动物资源和海洋生态环境的损害均存在因果关系；再次，三被告各自的行为共同促成了损害结果的发生，在具体的行为上相互协作、相互配合，从收

购、运输到出售,环环相扣;最后,三被告在各环节的具体行为中也都明知自己交易或运输的对象,并有意地去促成,在主观上具有共同故意,因此三被告的行为符合《中华人民共和国侵权责任法》(以下简称《侵权责任法》)第八条的规定,构成共同侵权,应承担连带责任。

宁波海事法院于 2019 年 11 月 19 日做出(2019)浙 72 民初 810 号民事判决,判决如下:一、被告沈大勇、姜国康、刘涛于本判决生效之日起十日内在舟山市市级媒体上公开赔礼道歉(赔礼道歉内容应先报本院审核)。逾期不履行,本院将在舟山市市级媒体上公布判决书的主要内容,相应费用由被告沈大勇、姜国康、刘涛共同负担;二、被告沈大勇对 3 123 600 元生态修复补偿金承担赔偿责任,被告姜国康、刘涛对上述 3 123 600 元生态修复补偿金中的 69 600 元承担连带赔偿责任。前述款项均于本判决生效之日起十日内履行完毕。

宣判后,被告沈大勇提出上诉。浙江省高级人民法院于 2020 年 3 月 20 日做出(2020)浙民终 158 号民事裁定,裁定如下:本案按上诉人沈大勇自动撤回上诉处理。一审判决自本裁定书送达之日起发生法律效力。

【评析】

一、本案管辖权的确定

《最高人民法院关于审理海洋自然资源与生态环境损害赔偿纠纷案件若干问题的规定》第二条规定:"在海上或者沿海陆域内从事活动,对中华人民共和国管辖海域内海洋自然资源与生态环境造成损害,由此提起的海洋自然资源与生态环境损害赔偿诉讼,由损害行为发生地、损害结果地或者采取预防措施地海事法院管辖。"本案损害结果地在浙江舟山,属于宁波海事法院管辖范围,故宁波海事法院依法具有管辖权。

另外,本案公益诉讼起诉人为舟山市人民检察院,根据《最高人民法院、最高人民检察院关于检察公益诉讼案件适用法律若干问题的解释》第五条第一款的规定:"市(分、州)人民检察院提起的第一审民事公益诉讼案件,由侵权行为地或者被告住所地中级人民法院管辖。"本案由宁波海事法院管辖正好也符合了两高司法解释关于第一审民事公益诉讼案件级别管辖的规定。

二、三被告构成共同侵权行为的认定

(一)侵权行为的认定

侵权行为,指因不法侵害他人的权益,依法律规定,应对所生损害负赔偿责任

的行为。①《侵权责任法》第六条第一款规定："行为人因过错侵害他人民事权益，应当承担侵权责任。"由此可知，一般侵权责任的构成要件有四个，即过错、违法行为、因果关系、损害结果。

在过错和违法行为方面，本案中，三被告明知海龟属于国家二级保护动物，仍进行非法收购、运输、出售的行为，违反了《野生动物保护法》的相关规定，三被告的行为具有违法性且主观上有过错。

损害是所有侵权损害赔偿的必备要件，没有损害则没有赔偿。从广义上理解，损害是指行为人的行为对受害人造成的不利益状态，它既包括财产损失，也包括非财产损失。②《侵权责任法》规定，侵害民事权益，应当依法承担侵权责任。民事权益包括民事权利和民事利益，《侵权责任法》③采取了具体列举和一般概括相结合的规范方式对其要保护的民事权利进行了界定，而对其要保护的民事利益的确定，法律只采取了概括规范方式，对于能受保护的民事利益没有明确的指示。本案中，海洋自然资源与生态环境的损害无法归入法律所列举的民事权利中，法律上也尚未有关于该损害所涉具体权利的明确定义。但是，海洋自然资源与生态环境与每个公民的生存息息相关，海洋自然资源与生态环境受损关乎每个公民的利益，从这个角度来讲，海龟灭失造成海洋自然资源与生态环境的损害，侵害的是公共利益，该种利益理应纳入受侵权责任法保护的民事利益范畴。换言之，公共利益也应该受到《侵权责任法》的保护，故本案中，损害结果的构成要件得以具备。

因果关系，即违法行为与损害结果之间的关联性，即引起与被引起的关系。在司法实践中，对于因果关系的界定，应该根据具体案件情况做出判断。本案中，海龟的灭失直接造成海洋自然资源与生态环境的损害，而造成海龟灭失的直接原因即是捕捞者的捕捞行为。从分工上看，三被告从事的分别是收购、运输、出售海龟的行为，与海龟的灭失并无直接的因果关系，但是，从市场交易链条上看，捕捞、收购、运输、出售环环相扣，任何一环都不可或缺，没有买卖就没有伤害，正是因为有利可图，所以才会助长捕捞者的捕捞行为，导致海龟滥捕滥杀，海洋自然资源不断枯竭，生态环境不断恶化，这是完整的因果链条，故从该角度认定三被告的违法行为与海洋自然资源和生态环境的损害后果之间均存在因果关系并无不妥。

综上，三被告的侵权行为符合一般侵权责任的四要件，三被告应就其侵权行为承担相应的责任。笔者认为，本案在认定三被告的侵权行为时，对侵权客体的认定

---

① 王泽鉴：《侵权行为法》，中国政法大学出版社 2001 年版，第 59 页。

② 王利明：《侵权责任法研究（第二版）》（上卷），中国人民大学出版社 2016 年版，第 308 页。

③ 《侵权责任法》第二条第二款规定："本法所称民事权益，包括生命权、健康权、姓名权、名誉权、荣誉权、肖像权、隐私权、婚姻自主权、监护权、所有权、用益物权、担保物权、著作权、专利权、商标专用权、发现权、股权、继承权等人身、财产权益。"

突破了传统意义上的具体对象,扩张了侵权责任法的保护范围,但是随着社会的不断发展,侵权责任法中列举的各项具体权利无法涵盖各种新情况,对侵权责任法上的民事权益做扩大解释也符合侵权责任法的法律功能和发展趋势。

(二)共同侵权行为的认定

共同侵权行为除了需具备一般侵权责任的构成要件外,还需要符合一些特别要件,包括加害主体的复数性、加害行为的协作性、主观意思的共同性、损害结果的统一性。本案中,三被告在侵权行为中的分工各不相同,但在具体的行为上相互协作、相互配合,共同促成了同一损害结果的发生,而且三被告在各自环节的行为中也都是明知自己交易或运输的为海龟,并有意去促成交易的达成,在主观上具有共同故意。因此,三被告的侵权行为除了符合一般侵权责任的构成要件外,也符合共同侵权责任的特别构成要件,构成共同侵权,根据《侵权责任法》第八条的规定,"二人以上共同实施侵权行为,造成他人损害的,应当承担连带责任",三被告应就其侵权行为承担连带责任。

三、本案的实践探索和典型意义

本案在准确把握和运用法律规则的基础上,在认定三被告的侵权行为时,对侵权客体的认定突破了传统意义上的具体对象,将侵权客体认定为野生动物资源和海洋生态环境,且从完整的市场交易链条的角度论证了三被告的收购、运输、出售行为与野生动物资源和海洋生态环境的破坏之间均具有因果关系;另一方面,关于生态修复补偿金计算标准的认定。国家二级保护动物的价值按该动物物种资源保护费的 6 倍计算,本案直接依据该标准来确定生态修复补偿金的计算标准,对于保护野生动物,严厉打击破坏海洋资源和生态环境的违法犯罪行为具有重要意义,也反映了标准制定的初衷和本意,具有合理性。

本案是全国海事法院受理的第一起涉海龟的民事公益诉讼案件,也是海事法院对涉海民事公益诉讼和刑事附带民事案件的全新实践探索,在配合公安、检察院和政府部门打击破坏野生动物资源和海洋生态环境违法行为的同时,充分发挥了海事法院在保障海洋环境资源工作中的海事审判职能,在社会上起到了良好的警示教育的作用。

编写人　夏淇波　刘　红

[获全国法院系统 2020 年度优秀案例分析评选活动二等奖;获评 2020 年全省法院十篇最佳案例分析;原载于《案例指导》,中国法制出版社,2021 年第 3 期(总第 54 期)]

利比里亚籍"奥维乐蒙(Avlemon)"轮
船员劳务合同纠纷系列案

——船员横遭弃船孤悬海外 法院高效维权助力归家

【裁判要旨】

船员劳务合同依法有效成立后,雇主应按约及时支付船员工资、伙食费、遣返费等费用。船员遭船东弃船后,船舶代理机构等出于人道主义垫付的食宿费用,认可相应债权及其船舶优先权性质有利于鼓励相关单位垫付费用及时保障船员权益。

【案情索引】

一审:宁波海事法院(2018)浙 72 民初 510－519、579－581 号(2018 年 6月 26 日)。

【案情】

原告:科列斯尼克·亚罗斯拉夫(Kolesnyk Laroslav)等 13 名乌克兰籍船员。

被告:阿若艾尼亚海运公司(Aroania Maritime S. A.)、奥维乐蒙娜斯航运公司(Avlemonas Shipping Co.)。

"奥维乐蒙"轮登记所有权人为奥维乐蒙娜斯航运公司,船舶管理人/商业经营人为阿若艾尼亚海运公司。2015 年 11 月 8 日,该轮驶至位于中国浙江省舟山市的太平洋公司进行修理。同年 11 月 17 日,根据案外人因特吉斯有限公司(IN-TERGIS CO., LTD.)的申请,本院做出(2015)甬海法舟保字第 37 号民事裁定,扣押了停泊在太平洋公司码头修理的"奥维乐蒙"轮。2016 年年初该轮修理完毕后,太平洋公司通知被告阿若艾尼亚海运公司结算付款,但未果。太平洋公司遂于同年 9 月 21 日向本院申请扣押"奥维乐蒙"轮,本院于同日做出(2016)浙 72 财保 53号民事裁定予以准许。同年 10 月 8 日太平洋公司向中国海事仲裁委员会提起仲裁,请求阿若艾尼亚海运公司支付船舶修理费等,案件编号为 MA20160022。中国海事仲裁委员会于 2018 年 1 月 21 日给出仲裁裁决书,裁决阿若艾尼亚海运公司向太平洋公司支付船舶修理费、停泊服务费和配套服务费等 1 575 188 美元及相应利息,并确认太平洋公司的上述债权对"奥维乐蒙"轮享有船舶留置权。仲裁裁决书生效后,太平洋公司向本院申请强制执行,本院立(2018)浙72执139号案予以执行。因两被告未提供担保,该轮自2015年11月17日起一直被本院扣押。

船舶停靠在太平洋公司修理期间,阿若艾尼亚海运公司与13名船员签订船员雇佣合同,雇佣该13名船员到"奥维乐蒙"轮担任船长等职务。雇佣合同约定适用一般条款,并对工资标准、计算方式做出了约定。自2017年12月末开始,由于两被告不再提供船舶物资,"奥维乐蒙"轮断水、断电,船员生活无法得到保障。"奥维乐蒙"轮代理舟山市凯际船舶代理有限公司、舟山实华船务代理有限责任公司等安排原告入住宾馆并垫付食宿费计人民币15 686.59元,该垫付款项可视为原告的借款,由原告提出主张。2018年4月8日,法院做出(2018)浙72执139号执行裁定,决定拍卖"奥维乐蒙"轮,并于同年4月25日到该轮办理船员遣返交接等手续。部分当时在船船员于当日离船,经上海浦东机场乘坐飞机回国,产生遣返费计人民币16 044.43元。在拍卖"奥维乐蒙"轮的债权登记期间,原告于2018年6月13日就上述与拍卖船舶有关的债权向本院申请债权登记。

在拍卖"奥维乐蒙"轮的债权登记期间,原告于2018年6月13日就上述与拍卖船舶有关的债权向本院申请债权登记。

【审判】

宁波海事法院于2018年6月26日做出(2018)浙72民初510-519、579-581号民事判决:1.阿若艾尼亚海运公司支付13名船员欠付的工资及利息;2.13名船员就上述债权对奥维乐蒙娜斯航运公司所有的"奥维乐蒙"轮享有船舶优先权,有权在该轮拍卖款中优先受偿。

【评析】

该批系列案的妥善办理彰显了海事法院维护保障船员等弱势群体合法权益、平等保护中外当事人合法权益及履行国际海事劳工公约等国际公约的担当。具体而言,典型意义有三:

一、严格适用冲突规范确定涉外民事关系的准据法

该批案件涉及两个法律问题的准据法适用问题:一是船员劳务合同关系的法律适用,二是船舶优先权的法律适用。就船舶优先权的法律适用,《中华人民共和国海商法》第二百七十二条已有明确规定,即"船舶优先权,适用受理案件的法院所在地法律"。

关于船员劳务合同关系的法律适用,首先涉及的是法律关系定性,即属于劳动争议还是属于合同争议,法律关系定性的不同导致适用的冲突规范不同。如认定双方当事人之间的争议属于劳动争议,依据《中华人民共和国涉外民事关系法律适用法》(以下简称《涉外民事关系法律适用法》)第四条、第四十三条及《最高人

民法院关于适用〈中华人民共和国涉外民事关系法律适用法〉若干问题的解释（一）》（以下简称《涉外民事关系法律适用法司法解释一》）第十条第一款之规定，即"有下列情形之一，涉及中华人民共和国社会公共利益、当事人不能通过约定排除适用、无须通过冲突规范指引而直接适用于涉外民事关系的法律、行政法规的规定，人民法院应当认定为涉外民事关系法律适用法第四条规定的强制性规定：（一）涉及劳动者权益保护的……"，及"劳动合同，适用劳动者工作地法律……"，则应当适用的准据法为劳动者工作地法律。如认定属于合同争议，则应依据《涉外民事关系法律适用法》第四十一条之规定，即"当事人可以协议选择合同适用的法律。当事人没有选择的，适用履行义务最能体现该合同特征的一方当事人经常居所地法律或者其他与该合同有最密切联系的法律"，确定应当适用的法律。

在我国劳动司法实践中，劳动者与劳动力使用方产生纠纷后，常会就具有劳动力交换内容的协议是劳务合同还是劳动合同产生争议。理论界虽然认识各有不同，但基本上存在以下核心区别点的共性认识：（1）主体资格不同。劳动合同的主体一方是企业、个体经济组织、民办非企业单位等组织，即用人单位，另一方则是劳动者个人；劳务合同的主体双方当事人可以同时都是法人、组织、公民。（2）主体性质及其关系不同。劳动合同的双方主体间存在着经济关系，还存在着人身关系，即行政隶属关系，劳动者除提供劳动之外，还要接受用人单位的管理，服从其安排，遵守其规章制度等，成为用人单位的内部职工。但劳务合同的双方主体之间存在经济关系，彼此之间不存在行政隶属关系，劳动者提供劳务服务，用人单位支付劳务报酬，各自独立、地位平等。（3）雇主的义务不同。为了保护劳动者的合法权益，《中华人民共和国劳动法》给用人单位强制性地规定了许多义务，如必须为劳动者缴纳养老保险、医疗保险、失业保险、工伤保险、生育保险，用人单位支付劳动者工资不得低于政府规定的当地最低工资标准等，这些必须履行的法定义务，不得协商变更。劳务合同的雇主一般没有上述义务，双方可以自由约定上述内容。① 对比以上区别，涉案船员雇佣合同符合劳动合同的特点，故根据涉外民事关系冲突规范的有关规定，应适用劳动者工作地法律。

关于劳动者工作地的认定，通常理解包含船旗国或者劳动者实际工作地等。因实践中很多船舶均为方便旗船舶，登记在利比里亚、巴拿马等国家，相应船旗国与船东或者船员劳务合同缺乏实际连接点，且在法律查明上存在困难。在该批案件中，法院认为，涉案船舶于2015年11月17日起被法院扣押于中国浙江舟山港，两被告负责船舶看管，13名船员受雇到舟山为两被告履行看管船舶义务，故工作

---

① 最高人民法院民事案件案由规定课题组，《最高人民法院民事案件案由规定理解与适用（2011年修订版）》，第200页。

地认定为在我国领域内应适用中华人民共和国法律。但值得注意的是,该批系列案关于劳动者工作地的解释仅为针对特定具体案情下的考量,即船员受雇期间所服务的船舶长期停靠在船厂进行修理,而在大多数案例下,船舶随着运输全球范围内移动,船员实际服务地难于识别。此外,该批系列案的争讼焦点仅涉及拖欠的工资、食宿、遣返费用偿付问题,不涉及社会保险福利等劳动者权益的保护,即仅涉及合同法的适用,而不涉及劳动法的适用,且13名船员亦主动选择适用中国法。

二、认可船代等第三方代垫船员工资等费用后,由船员以自己的名义起诉并主张船舶优先权

自2017年12月末开始,由于船东及经营人不再提供船舶物资,"奥维乐蒙"轮断水、断电,船员生活无法得到保障。"奥维乐蒙"轮船舶代理公司安排船员入住宾馆并垫付食宿费用。船舶代理公司垫付的该部分食宿费用,在该批次案件中系由船员作为借款人并以本人名义提出主张,法院经审查后予以保护。

实践中,海事法院船舶扣押后,由于船舶拍卖变现耗时较长,为使船员尽早拿到被拖欠的工资,切实维护社会稳定,由抵押权人、政府基层组织、渔业协会等垫付船员工资的做法经常出现。值得探讨的是,船代能否以自己的名义起诉并获得船舶优先权保护。浙江省高级人民法院基于《船员劳务纠纷若干疑难问题解答》(浙高法民四〔2016〕3号)第十三条认为,"对于垫付主体能否在垫付后直接向法院主张船舶优先权,应当区分情况进行处理:船员从抵押权人处拿到垫付的工资后,船员向雇主或用工单位要求给付工资的请求权并未消灭,为便于查明案件事实,仍应由船员出面向雇主或用工单位主张给付工资和船舶优先权,垫付人可以作为船员的代理人参加诉讼和参与分配。政府基层组织或其授权的渔业协会等出于当地维稳考虑,先行垫付船员工资,船员将其工资请求权转让给垫付人的,可允许该垫付人直接参与诉讼主张船舶优先权"。笔者认为,第三方如船舶代理公司、船舶保赔协会等主体出于人道主义考虑代垫船员工资、医疗、遣返费用等费用,应当予以支持;为避免诉累或从诉讼便利的角度,第三方自行提起诉讼并主张船舶优先权的,亦应当按船员本人提出诉请的方式予以保护。

三、能动司法,善用先予执行程序保障涉民生债权的实现

涉案判决做出时,"奥维乐蒙"轮已成功拍卖,卖船款亦已汇入法院执行款账户。但因两被告即船舶所有人、船舶经营人(雇佣合同相对人)下落不明,需通过公告方式送达判决书,根据《中华人民共和国民事诉讼法》(以下简称《民诉法》)的规定,原告至少需要等4个月才能取得生效判决,如遇两被告提出上诉,则需要更久。该批船员在受雇期间,因船东及经营人拖欠费用致使"奥维乐蒙"轮断水、

断电,基本生计已遭遇很大困窘,工资拖欠时间最长者逾一年,船员情绪极不稳定。船员代理律师向法院提出先予执行申请并提供相应担保,法院在依法审查后,认为符合我国《民诉法》有关规定,依法裁定予以准许。

此外,在涉案船员工资判决生效后,仍有涉及该船其他海事债权的案件在审理进程中,如严格依照《民诉法》及《海诉法》相关规定,则需要等到申请债权登记的所有债权相关案件均做出生效裁判文书后才能进入船舶拍卖款分配程序。以"奥维乐蒙"轮为例,该批船员工资债权判决书生效时间为 2019 年 10 月 31 日,而涉及该船拍卖款分配的关联案件裁判文书最晚生效时间为 2020 年 4 月 1 日,再加上执行分配相关程序所需时间,该批船员则需要多等近一年以上才能够完全实现其工资债权。由于等待造成的效率降低既无实质必要,又不利于船员权益的有效保护。笔者认为,对于生效判决确认有优先受偿性质的债权,可在保护其他可能有优先受偿地位的债权人的可能利益的前提下,对船舶拍卖款提前予以分配。

编写人　李书芹

（获评 2020 年最高人民法院维护船员合法权益典型案例）

吴泽淼、姚兰香诉启邦萨那加有限公司（FSL SANAGA LIMITED）、倪君仪海上人身损害责任纠纷案

——统一人身伤亡赔偿标准，保障遇难船员家属权益

【裁判要旨】

根据《中华人民共和国侵权责任法》（以下简称《侵权责任法》）第十七条的规定，"因同一侵权行为造成多人死亡的，可以以相同数额确定死亡赔偿金"，船舶碰撞事故导致多名船员遇难，受害人户籍性质不同，在未有特殊情况排除该条适用的情况下，应对受害人家属以城镇标准确定死亡赔偿金的主张予以支持。

【案情索引】

一审：宁波海事法院（2016）浙72民初910号（2016年11月24日）。

【案情】

原告：吴泽淼、姚兰香。

被告：启邦萨那加有限公司（FSL SANAGA LIMITED）、倪君仪。

吴泽淼、姚兰香诉称：2015年7月14日，启邦萨那加有限公司（FSL SANAGA LIMITED）所属的"FS SANAGA"轮由南向北航经宁波象山附近海域时，因严重航行过错碰撞吴泽淼、姚兰香家属吴忠景从事捕捞生产的"浙三渔00011"轮，事发后"FS SANAGA"轮逃离现场，导致"浙三渔00011"轮当场沉没，吴忠景与其他共14名船员全部遇难。事故发生后，经海事主管机关查证，"FS SANAGA"轮为碰撞事故肇事船，同时认定"FS SANAGA"轮存在肇事逃逸情节，事后启邦萨那加有限公司向吴泽淼、姚兰香提供了1 000 000元担保，"浙三渔00011"轮所有人为倪君仪。

吴泽淼、姚兰香认为，因两船碰撞导致其家属吴忠景遇难，启邦萨那加有限公司、倪君仪理应就吴泽淼、姚兰香诉请的损失承担连带责任，请求判令：启邦萨那加有限公司、倪君仪连带赔偿死亡赔偿金874 280元，丧葬费25 731.5元，被扶养人生活费214 773元，交通、住宿、误工费20 000元，随身财物损失10 000元，精神损害抚慰金80 000元，扣除启邦萨那加有限公司已支付的250 000元，合计974 784.5元，并支付该款自2016年1月1日起至实际付清日止按照中国人民银行同期贷款利率计算的利息。

启邦萨那加有限公司辩称：一、遇难死亡船员对涉案人身伤亡事故损害的发生有一定过错，应当适用过失相抵原则减轻启邦萨那加有限公司的赔偿责任；二、吴泽淼、姚兰香诉请的各项赔偿金额不符合法律及司法解释的相关规定，明显偏高。

倪君仪辩称，对于14名遇难船员在其所有的"浙三渔00011"轮工作以及"浙三渔00011"轮与"FS SANAGA"轮碰撞的事实无异议，对于吴泽淼、姚兰香关于启邦萨那加有限公司、倪君仪承担连带责任的主张无异议。

法院审理查明："FS SANAGA"轮系利比里亚籍集装箱船，船长171.99米，17 294总吨，所有人为启邦萨那加有限公司，"浙三渔00011"轮系国内捕捞船，船长31.5米，159总吨，所有人为被告倪君仪。2015年7月14日0245时左右，"FS SANAGA"轮从上海驶往厦门途中，在宁波象山沿海北渔山灯桩东北约24海里附近水域与中国三门籍渔船"浙三渔00011"轮发生碰撞，碰撞地点概位29°13′1N/122°32′2E。碰撞发生后，"FS SANAGA"轮未采取减速、停车等措施，驶离事发现场。"浙三渔00011"轮沉没，船上14人中9人死亡，5人失踪。吴忠景系事故当时"浙三渔00011"轮随船船员。

2015年8月18日，中国再保险（集团）股份有限公司作为担保人为启邦萨那加有限公司向吴忠景等7名遇难人员家属出具担保函，确认在不超过7 000 000元的范围内承担担保责任。8月25日，上海瀛泰（宁波）律师事务所代表"FS SANAGA"轮向北京大成（宁波）律师事务所支付3 500 000元，该款按照每位受害人250 000元的标准在14名遇难船员家属中分配。2015年10月14日下午，"浙三渔00011"轮被打捞出水，同时打捞出死者吴忠景尸体。事故发生后，中国海事局成立调查组依法对事故进行了调查，并形成调查报告。2016年1月19日，宁波海事局据此做出水上交通事故责任认定书，认定涉案碰撞事故属两船互有过失引起的责任事故。"FS SANAGA"轮肇事后逃逸，应承担主要责任，"浙三渔00011"轮应承担次要责任。

另查明，涉案事故发生之时，吴忠景年满26周岁，吴泽淼年满56周岁，姚兰香年满50周岁。涉案同一事故受害人张德山为城镇户籍。对吴泽淼、姚兰香主张的损失数额，经依法核定，各项损失合计975 011.5元。

【审判】

宁波海事法院经审理认为，本案系海上人身损害责任纠纷，侵权行为发生地为中国浙江海域，根据《中华人民共和国民事诉讼法》第二百六十五条的规定，宁波海事法院对本案具有管辖权，并依法适用中华人民共和国法律。吴泽淼、姚兰香作为吴忠景的第一顺位继承人，有权就涉案事故造成的吴忠景人身损害向侵权人主张相应损失。启邦萨那加有限公司关于死者吴忠景对涉案人身伤亡事故的发生存在过错，应当适用过失相抵原则减轻被告赔偿责任的抗辩。该院认为，雇员在从事雇佣活动中对损害的发生有过错的,其过失应视为雇主的过失,启邦萨那加有限公司辩称的船员过错应属"浙三渔00011"轮的船方过错,与死者吴忠景无关,不予采信。关于死亡赔偿金计算标准问题,根据《侵权责任法》第十七条的规定,"因同一侵权行为造成多人死亡的,可以以相同数额确定死亡赔偿金",涉案事故导致14名船员遇难,且未有特殊情况排除该条的适用,故对于吴泽淼、姚兰香以城镇标准计算死亡赔偿金的主张予以保护。

吴忠景因"FS SANAGA"轮与"浙三渔00011"轮碰撞事故遇难,两船互有过失,依据《中华人民共和国海商法》第一百六十九条第三款的规定,启邦萨那加有限公司、倪君仪作为"FS SANAGA"轮、"浙三渔00011"轮所有人应就吴泽淼、姚兰香主张的损失负连带赔偿责任,故吴泽淼、姚兰香要求启邦萨那加有限公司、倪君仪连带赔偿涉案损失符合法律规定,予以支持。根据前述认定的人身损害赔偿款损失,扣除启邦萨那加有限公司已支付的250 000元,启邦萨那加有限公司、倪君仪尚应连带支付725 011.5元。宁波海事法院判决如下:一、启邦萨那加有限公司、倪君仪于本判决生效后十日内支付吴泽淼、姚兰香丧葬费、家属交通、住宿、误工费、船员随身财物损失、死亡赔偿金、精神损害抚慰金等合计725 011.5元及利息(以25 000元为本金,自2016年1月1日起按照中国人民银行同期贷款利率计算至实际履行日止);二、驳回吴泽淼、姚兰香其余诉讼请求。

宣判后,各方当事人均未上诉。

【评析】

本案争议焦点在于损失标准的认定,即死亡赔偿金应采用农村标准还是城镇标准。涉案船舶碰撞事故造成包括吴泽淼、姚兰香家属吴忠景在内的共计14名船员遇难。除本案外,其余13名受害人家属均诉至法院,且另案中有一名受害人户籍信息因行政区划调整已从农业家庭户变更为居民家庭户,该案中适用城镇标准计算死亡赔偿金自不必言,而其余案件包括本案在内应适用城镇标准还是农村标准计算死亡赔偿金则存在较大争议。

一、从法律解释的角度理解

死亡赔偿金的性质为对受害人因侵权行为造成的收入减少的损失赔偿,从法理上讲不同收入标准的受害人死亡后其亲属所能主张的死亡赔偿金是不同的,但是《侵权责任法》第十七条规定,因同一侵权行为造成多人死亡的,可以以相同数额确定死亡赔偿金。根据最高人民法院侵权责任法研究小组编著的理解与适用,本条修改的重点在于,"因为众多被害人在同一事故中的死亡,可以不考虑受害人年龄、收入、居住在城镇还是乡村等个体差异因素,适用同一标准确定死亡赔偿金数额"。本案中适用的难度在于因同一事故造成的多人遇难的情况下,仅有一名城镇受害人，引发"一拖十三"的合理性问题，且加重侵权人的负担，以及对以后类似案件裁判尺度的影响。但从法律文义解释的角度而言，《侵权责任法》第十七条中"可以"一词的解释，应当作原则性的理解，即没有特殊情况的，均应当适用数额相同的赔偿标准，在确定死亡赔偿金数额时，原则上就高不就低，按照个体赔偿数额较高的标准确定死亡赔偿金。

二、社会城乡一体化的应有之义

诚如最高人民法院侵权责任法研究小组编著的理解与适用中所言，"多个受害人在同一侵权事件中死亡，像矿难、车祸、火灾、空难、沉船、建筑物倒塌等，再适用不同的标准进行赔偿，不仅在结果上难以接受，更是对普通民众朴素的法感情的极大挑战"。城乡二元的人身损害赔偿标准因特殊历史时期的客观条件造成，但随着城乡一体化、城乡居民互动等出现的新情况，适用同一标准确定各项赔偿标准也将成为司法趋势。本案中，因船舶碰撞事故导致 14 名船员遇难，其中一人为城镇户籍，结合《侵权责任法》第十七条的规定，"因同一侵权行为造成多人死亡的，可以以相同数额确定死亡赔偿金"，且未有特殊情况排除该条的适用，故 13 名农村户籍遇难船员家属主张按照城镇标准计算死亡赔偿金合理，法院也应予以保护。现阶段，各地"改革人身损害赔偿制度，统一城乡居民赔偿标准"试点不断推进，人身损害赔偿标准将逐步统一，体现权利平等、以人为本的理念，也标志着时代的不断进步。

宁波海事法院根据《侵权责任法》第十七条的规定，符合中央提出的改革人身损害赔偿制度、统一城乡居民赔偿标准的精神，最终判决支持 13 名农村户籍遇难船员家属诉请按照城镇标准计算死亡赔偿金的主张。在海事审判领域探索人身损害赔偿标准的统一，有利于进一步推进权利平等、以人为本的裁判理念，案件宣判后，各方均未上诉，启邦萨那加有限公司也在先期已对十四案赔付 350 万元的基础上，按照生效判决赔付剩余损失合计 1 166 余万元，本案的处理取得较好的社会效果与法律效果，彰显宁波海事法院发挥海事司法职能，依法保护船员合法权益的鲜明立场。该案也入选 2020 年度最高人民法院维护船员合法权益典型案例。

编写人　王连生

（获评 2020 年最高人民法院维护船员合法权益典型案例）

赵金定申请民事侵权纠纷司法救助案

——充分运用司法救助制度弘扬社会正义，
展现民生关怀

【裁判要旨】

当事人因民事侵权行为造成人身伤害，无法通过诉讼获得赔偿，受害人陷入生活困境，向人民法院提出国家司法救助申请的，人民法院应当予以救助。

【案情索引】

（2019）浙72司救执2号。

【案情】

救助申请人赵金定系"浙洞渔86012"船的船主。2015年6月30日，赵金定在出海捕捞返航途中，发现"浙洞渔运10209"船情况异常，赵金定遂携带船员倪芬荣登上"浙洞渔运10209"船查看，发现该船的船主赵秀松、船员潘建荣昏倒在船舱内，两人施以援手期间，随后也因硫化氢中毒先后昏迷在船舱。当晚四人被他人发现送到医院抢救，倪芬荣经抢救无效于同年7月3日死亡。赵金定在医院尚未苏醒期间，经温州市洞头区鹿西乡人民调解委员会主持，赵金定家属与倪芬荣家属就倪芬荣死亡赔偿事宜达成调解协议，约定向倪芬荣家属赔偿损失共45万元。为进行赔偿，赵金定以其所有的"浙洞渔86012"船变卖款和相应油价补助款冲抵了20万元赔偿给倪芬荣家属。后赵金定将"浙洞渔运10209"船所有人赵秀松起诉至宁波海事法院，宁波海事法院于2017年1月17日做出判决，赵秀松应补偿赵金定人身损害各项损失29万元，并补偿赵金定因其雇员倪芬荣人身损害赔偿导致的经济损失20.5万元。判决生效后，赵金定向法院申请强制执行。后双方当事人达成和解方案，但因赵秀松缺乏一次性履行能力，该和解方案约定的履行期限较长，赵秀松尚未履行完毕。且赵金定本人现年已62岁，因涉案硫化氢中毒导致三级残疾，基本丧失劳动能力，无经济来源，其妻子陈安妹现年56岁，从事小贩工作，收入微薄，家庭生活困难，即使赵秀松按和解协议履行完毕，赵金定所得赔偿款项也难以弥补造成的损失，故赵金定向宁波海事法院申请国家司法救助。

【审判】

经审理,申请救助人赵金定因见义勇为救助他人身患残疾,基本丧失劳动能力,又因雇员倪芬荣死亡赔偿事宜遭受较大损失,家庭生活陷入困境,虽已与侵权人达成和解协议,但因履行期限较长,补偿款难以在短时间内全部到位,即使到位亦不能填补其损失。其损失虽然通过案件的审判与执行,但仍难以获得赔偿,符合《最高人民法院关于加强和规范人民法院国家司法救助工作的意见》规定的救助情形和救助条件,且赵金定不顾个人安危积极救助他船中毒船员的行为和精神应予肯定和褒扬。为弘扬社会正气,鼓励善行,应按《人民法院国家司法救助案件办理程序规定(试行)》《浙江省司法救助实施办法》的相关规定,给予申请人赵金定司法救助金 5 万元。

【评析】

建立健全国家司法救助制度是党的十八届三中全会做出的重大部署。开展国家司法救助是中国特色社会主义司法制度的内在要求,是改善民生、健全社会保障体系的重要组成部分。对符合条件的当事人积极进行司法救助,不仅是向社会传递司法温暖的重要途径,也是人民法院审判工作的重要组成部分,更能彰显党和政府的民生关怀,有利于实现社会公平正义,促进社会和谐稳定,维护司法的权威和公信。

宁波海事法院通过本案积极为困难群众排忧解难,悉心指导申请救助人申请国家司法救助,既缓解了救助申请人的生活困难,又褒扬了见义勇为者的善举;既实现了司法救助制度"扶危济困、救急救难"的目的,又体现了司法机关的人文关怀,传递了社会主义核心价值观正能量。

编写人　李　刚

(获评 2020 年最高人民法院第二届全国法院司法救助典型案例)

何某重大责任事故案

——船舶海上重大责任事故罪认定

【裁判要旨】

船舶海上重大责任事故犯罪与陆上其他重大责任事故犯罪既有共性,也有特殊性,在事故调查和案件审查过程中,应当准确确定两类不同的犯罪主体。在认定船舶海上重大责任事故罪时,必须区分罪与非罪的界限,区别自然事故和技术事故。船舶海上重大责任事故罪和海上交通肇事罪属于一般与特殊的关系,两者在主体、客体、事故类型、具体过失行为方面存在差异,应当恰当地加以区分,准确定罪量刑。

【案情索引】

一审:宁波海事法院(2021)浙72刑初8号(2021年4月27日)。

【案情】

公诉机关:浙江省宁波市人民检察院。

被告人:何某。

宁波海事法院经审理查明:"凯旋工999"轮所有人系安庆鼎鑫船务工程有限公司(以下简称"鼎鑫公司")。2018年12月4日,鼎鑫公司与台州市鼎盛船务工程有限公司(以下简称"鼎盛公司")签订船舶租赁合同,将"凯旋工999"轮出租给鼎盛公司。2018年12月5日,鼎盛公司与被告人何某签订光租船舶租赁协议书,约定将"凯旋工999"轮出租给何某用于沿海运输,期限为2018年12月5日至2019年12月4日,双方于2018年12月14日办理船舶交接手续。后何某作为"凯旋工999"轮实际经营管理人,雇佣船员并从事海上运输作业。

2019年2月21日,被告人何某指示船长罗某兵驾驶"凯旋工999"轮至浙江象山白沙湾工地码头装载石料。当日2210时左右,"凯旋工999"轮离泊,船体呈左右平衡尾倾状态。2330时左右,罗某兵发现该轮尾倾增大,吃水明显增大,机舱右侧顶板和外板间出现少量漏水,从机舱前舱壁中间位置距主甲板约30厘米的电缆孔有水流入机舱,遂采用移动水泵排水,但未见效,船舶持续进水,处于危险状态。次日0120时左右,在罗某兵的要求下,业务员林某生通过电话向何某报告船舶情况,何某要求确保人员安全,并联系宁波市龙佰矿业有限公司(以下简称"龙佰公司")码头请求帮助抢卸货物。0250时左右,"凯旋工999"轮驶抵龙佰公司码头前沿水域。0315时左右,"凯旋工999"轮船首搁浅,尾倾进一步增大,4名船员撤离上岸。0345时左右,船尾快速下沉,船头上翘,船体向左侧翻倒扣海面,船上8人落水,其中6人获救,大副潘某死亡,水手王某苗失踪(于2019年7月25日被宁波海事法院判决宣告死亡)。事故造成船舶打捞费、修理费、车辆损失等直接经济损失人民币600余万元。经宁波穿山海事处调查认定,上述事故系单方责任事故,"凯旋工999"轮承担事故的全部责任,何某未落实安全管理责任,未根据相关规定建立安全管理体系对"凯旋工999"轮实施安全管理,未对船员实施岗前培训、职责熟悉,未督促船上开展救生、弃船等应急演练;在船舶遇险后,未能保持船岸之间的有效联系,未能为船方提供专业有效的岸基支持,违反了《中华人民共和国航运公司安全与防污染管理规定》规定,对事故负有管理责任。事故发生后,相关民事赔偿此前已经调解,何某与潘某、王某苗家属达成和解协议,潘某、王某苗家属收到相应赔偿款,并出具对何某的谅解书。2019年11月27日,何某主动到宁波海警局投案,并如实供述了犯罪事实。

公诉机关以何某的行为构成重大责任事故罪,向宁波海事法院提起公诉。何某的辩护人提出:1.何某主动投案自首,积极弥补损失,已取得遇难者家属的谅解。2.何某无刑事犯罪记录,并非累犯,无主观恶性,与事故关联程度较低。3.何某自愿认罪认罚,已签署认罪认罚具结书。请求依法从轻处罚,并适用缓刑。

【审判】

宁波海事法院经审理认为:被告人何某作为"凯旋工999"轮的实际经营管理人,也是对"凯旋工999"轮负有组织、指挥、管理职责的实际控制人,在生产、作业中违反有关安全管理的规定,因而发生安全事故,造成一人死亡、一人失踪和直接经济损失人民币600余万元的后果,并负事故主要责任,情节特别恶劣,其行为已构成重大责任事故罪,应依法予以惩处。宁波市人民检察院指控的罪名成立,应依法追究被告人何某的刑事责任。何某犯罪以后自动投案,并如实供述自己的罪行,系自首,依法可以从轻处罚。案发后,遇难者近亲属已获赔偿,何某取得被害人近亲属谅解,可酌情从轻处罚。何某如实供述犯罪事实,认可指控的罪行,愿意接受处罚,可以从宽处罚。根据何某的犯罪事实、情节和悔罪表现,可对其适用缓刑。公诉机关的量刑建议适当,予以采纳。何某及其辩护人提出的相关合理辩护意见及请求,予以采纳。

宁波海事法院于2021年4月27日做出(2021)浙72刑初8号刑事判决:被告人何某犯重大责任事故罪,判处有期徒刑三年,缓刑四年。

一审宣判后,被告人何某未提起上诉,宁波市人民检察院也未抗诉,判决已发生效力。

【评析】

重大责任事故罪,是指在生产、作业中违反有关安全管理的规定,因而发生重大伤亡事故或者造成其他严重后果的行为。船舶从事海上运输生产作业,违反安全管理规定,因而发生事故构成犯罪的,应当依照《中华人民共和国刑法》(以下简称《刑法》)第一百三十四条第一款规定追究行为人的刑事责任。一方面,由于经营模式、生产作业、事故损害等均存在较大差异,船舶海上重大责任事故犯罪与陆上其他重大责任事故犯罪既有共性,也有其特殊性。另一方面,船舶海上重大责任事故犯罪和海上交通肇事犯罪,都是违反安全管理规定危害公共安全的犯罪,也都是典型的海事刑事案件,有许多共性,也存在差异,同时还可能构成竞合。本案是宁波海事法院作为全国首家试点审理海事刑事案件的海事法院受理的第一起重大责任事故罪案件,从海事审判的视角,从实体和程序两方面,加强典型海事刑事案例研究,对于丰富海事刑事审判理论与实践,推进海事审判"三合一"制度改革,无不裨益。

一、船舶海上重大责任事故罪犯罪主体的认定

根据《最高人民法院、最高人民检察院关于办理危害生产安全刑事案件适用法律若干问题的解释》(以下简称《危害生产安全刑事案件解释》)第一条的规定,《刑法》第一百三十四条第一款规定的重大责任事故罪的行为主体为自然人,包括对生产、作业负有组织、指挥或者管理职责的负责人、管理人员、实际控制人、投资人等人员,以及直接从事生产、作业的人员。据此,船舶海上重大责任事故犯罪主体,主要有两类:第一类是对船舶运输生产作业负有组织、指挥、管理职责的人员,如船舶所有人、船舶经营人、船舶管理人、船舶承租人的负责人、管理人员、实际控制人、投资人等。习惯上往往将船舶所有人、经营人、光船承租人不加区分地统称为"船东",但由于船舶经营模式极其多样,船舶所有与经营相分离现象十分普遍,在刑事个案中以"船东"直接冠称,显然不够明确与具体,也难以精确确定犯罪主体。而船舶租赁,航运中存在光船租赁、定期租船和航次租船的不同做法,只有在光船租赁的情形下,船员由承租人配备,承租人才对船舶运输生产作业具有组织、指挥、管理的权利,光船承租人的相关人员才负有依照有关安全管理规定管理船舶的职责,也才可能成为重大责任事故罪的行为主体,一般而言,不包括其他两种租船方式。第二类是直接从事船舶运输生产作业的人员,主要是船员,也可能包括为船舶提供修理、装卸作业等人员。至于船长,由于其身份的特殊性,既可能对事故发生负有管理责任,也可能对事故发生负有直接责任,因此船长成为第一类和第二类行为主体,均有可能。

重大责任事故犯罪是过失犯罪，我国刑法理论认为过失犯罪不构成共同犯，因此船舶在海上运输生产作业中发生事故是否构成犯罪、是否应处以刑罚、对哪些人或者哪个人处以刑罚，以及如何处罚，需视具体行为人的具体行为是否触犯了《刑法》第一百三十四条第一款的规定，即该行为人在船舶运输生产作业中违反了有关安全管理规定，因而发生重大伤亡事故或者造成其他严重后果。船舶发生海上事故后，无论是与本案一样的船舶自沉，还是碰撞、触碰事故，通常而言，先由政府或海事、渔业等职能部门依法对事故进行调查，查明事故原因、判明事故责任，并形成事故调查报告、做出责任认定。《最高人民法院关于适用〈中华人民共和国刑事诉讼法〉的解释》第一百零一条规定，事故调查报告在刑事诉讼中可以作为证据使用，经法庭查证属实，可以作为定案的依据。①《危害生产安全刑事案件解释》以死亡1人、重伤3人或者造成直接经济损失100万元作为一般入罪标准，而对第二档法定刑的条件采用了"事故后果+责任大小"的规定方式，即事故后果达到一定程度，行为人又对事故承担主要责任的，方可处以第二档法定刑。船舶海上重大责任事故往往存在多个原因行为，根据《最高人民法院关于进一步加强危害生产安全刑事案件审判工作的意见》第八条的规定，确定行为人罪责时，应当在区分直接原因与间接原因的同时，根据原因行为在引发事故中所具作用的大小，分清主要原因与次要原因，确认主要责任和次要责任。对于前述第一类主体，如其对重大生产安全事故发生起决定性、关键性作用的，应当承担主要责任；对于其中负有安全生产管理、监督职责的工作人员，应根据其岗位职责、履职依据、履职时间等，综合考察工作职责、监管条件、履职能力、履职情况等，合理确定罪责。而对于第二类主体，即使事故调查认定其为直接责任人，也应当综合考虑各种因素，不能简单地将直接责任等同于主要责任。由此可见，船舶海上重大责任事故案件中，事故调查报告及其责任认定不仅是事故调查机关决定是否将案件移送司法机关处理的依据，②也是司法机关在刑事诉讼中对行为人进行定罪量刑的重要证据和认定依据。进而言之，鉴于船舶海上重大责任事故行为主体的特定性，事故调查机关以及司法机关，包括侦查、审查起诉和审判机关，必须审慎调查和审查，查明事故原因及其与危害结果之间的因果关系，分清事故主、次责任，准确确定责任主体及其范围，正确区分主体类型是第一类还是第二类，既不扩大范围，也避免出现遗漏。

本案中，何某是"凯旋工999"轮的光船租船转租的承租人，船员由其配备，船舶由其实际经营管理，是对船舶运输生产、作业负有组织、管理职责的实际控制人，

---

① 《最高人民法院关于进一步加强危害生产安全刑事案件审判工作的意见》第六条也规定："审理危害生产安全刑事案件，政府或相关职能部门依法对事故原因、损失大小、责任划分做出的调查认定，经庭审质证后，结合其他证据，可作为责任认定的依据。"

② 参见交通运输部海事局《海事管理机构移送违法案件程序规定》。

属于前文所指的第一类行为主体。从事故原因角度看，海事管理机构调查查明，何某未落实安全管理责任，未根据相关规定建立安全管理体系对"凯旋工999"轮实施安全管理，未对船员实施岗前培训、职责熟悉，未督促船上开展救生、弃船等应急演练；在船舶遇险后，未能保持船岸之间的有效联系，未能为船方提供专业有效的岸基支持，违反了《中华人民共和国航运公司安全与防污染管理规定》。从事故责任角度看，事故调查认定涉案事故系单方责任事故，"凯旋工999"轮承担事故的全部责任，何某作为船舶运输生产、作业负有组织、管理职责的实际控制人，其行为对事故发生起着决定性、关键性的作用，应确定为事故主要责任人，负事故主要责任。故辩护人关于何某行为与事故关联度不高的辩护意见，判决未予采纳。

二、船舶海上重大责任事故罪罪责的确定

重大责任事故罪是我国刑法中的企业事故犯罪，属于业务过失犯罪。海上运输生产作业活动自古以来就具有高风险性，船舶发生海上事故，通常会涉及民事责任和行政责任，但并非都会涉及刑事责任问题。在认定船舶海上重大责任事故罪时，必须区分罪与非罪的界限。根据《刑法》第一百三十四条规定，船舶海上重大责任事故罪的主客观构成要件为：行为人违反有关船舶安全管理的规定；发生海上重大伤亡事故或造成其他严重后果；行为与危害后果之间具有因果关系。换言之，海上重大伤亡事故或其他严重后果不是由于行为人违反有关船舶安全管理规定造成的，则不构成重大责任事故罪。从事故原因看，实务中主要是将船舶海上重大责任事故与自然事故、技术事故相区分，①进而正确区分船舶海上重大责任事故罪与非罪的界限。

（一）船舶海上重大责任事故与海上自然事故的区分

自然事故由自然原因引起，不依人的意志转移，也非人力所能控制，故行为人与由于各种自然原因所引起的事故以及所造成的损害结果，客观上没有因果关系，主观上没有罪过，不应承担刑事责任。② 海上自然事故按是否预见危害结果，还可以进一步分为两种情形：一是海上意外事件引起的自然事故，如海啸等突袭性天气变化，③行为人对于危害结果没有预见，在当时情况下也不可能预见。二是不可抗力引起的海上自然事故，行为人对于危害结果已经预见，但在当时情况下不可避免，如船舶避台抗台过程中发生的事故。在罪与非罪问题上，在区分船舶海上重大

---

① 海上交通事故统计中，将此类事故按"事件"对待，如"东方之星"号客轮翻沉事件。
② 陈兴良：《重大责任事故罪研究（上）》，载《检察日报》2001年10月16日第3版。
③ "东方之星"号客轮翻沉事件调查报告认定，"东方之星"号客轮翻沉事件是一起由突发罕见的强对流天气（飑线伴有下击暴流）带来的强风暴雨袭击导致的特别重大灾难性事件。

责任事故与海上自然事故的时候,应当根据重大责任事故罪构成要件进行考察:
(1)主观认识,视行为人是否存在主观过失。如果事故是由于海上自然因素的意外事件或不可抗力引起,超出了行为人的意志,行为人不具有主观过失,属于意外事件与不可抗力,不构成犯罪。随着航海技术的发展,对海上自然事故及其危害结果,可预见性已大大提高。以台风为例,如果行为人违反有关船舶安全管理的规定,未接收天气预报,未采取有效的防台措施,并因此发生事故的,由于其行为本身就具有违章性,则不属于不能预见、不能避免的情形,行为人仍有可能构成重大责任事故罪。(2)客观方面,视行为人是否存在违反有关船舶安全管理规定的违章行为。海上事故往往伴随着多种原因而发生,既有自然因素,如天气、海况,也有技术因素,如船舶机器设备故障,更有人为因素,如管理和操纵不当,等等。违反有关船舶安全管理规定,造成重大伤亡事故或其他严重后果,是船舶海上重大责任事故罪的客观要件,海上自然因素引起的事故,如果行为人没有违反有关船舶安全管理规定的行为,就可以排除重大责任事故。(3)因果关系,视危害结果是否由行为人违章行为造成。重大责任事故罪,既是行政犯,也是过失犯、结果犯,《刑法》第一百三十四条第一款"因而"一词,强调了行为与危害后果之间的因果关系。海上事故是由多种原因造成的,应当根据各种原因因素在引发事故中所具作用的大小,①排除行为人违反有关船舶安全管理规定以外的其他因素,并依因果关系确定行为人罪责。概而言之,造成海上重大损害结果的,并非都属于重大责任事故。只有在排除自然事故的情况下,根据行为人的主观与客观情况,才能认定其行为是否构成重大责任事故罪。船舶海上重大责任事故与海上自然事故的区分,是罪与非罪的区分。涉案"凯旋工999"轮自沉事故,从调查情况看,不存在恶劣天气、海况等自然因素,故无此区分的必要。

（二）船舶海上重大责任事故与技术事故的区分

技术事故是指因技术设备条件不良而发生的事故。技术事故具有不可避免性,故不具有刑法上的非难性。船舶在海上从事运输生产作业,发生技术故障十分常见,如舵机失灵、主机故障导致船舶失控,等等。但并非所有船舶设备原因引起的海上事故都是技术事故。法律、规章对船舶安全管理有严格的要求,如对船公司的体系管理要求、对船舶检验的要求、对船员资质的要求、对航行值班的要求,等等。如果违反有关船舶安全管理规定,比如船舶未按规定持有有效检验证书的,导致船舶设备出现障碍,进而造成重大事故的,仍应以重大责任事故罪论处。只有事

---

① 《最高人民法院关于进一步加强危害生产安全刑事案件审判工作的意见》规定:"8.多个原因行为导致生产安全事故发生的,在区分直接原因与间接原因的同时,应当根据原因行为在引发事故中所具作用的大小,分清主要原因与次要原因,确认主要责任和次要责任,合理确定罪责。"

故是由船舶设备原因引起并且是在不能预见或者不能避免的情况下发生,才能确定为技术事故,进而排除重大责任事故罪。涉案"凯旋工 999"轮自沉事故,表面上看系机舱舱壁漏水导致船舶进水并随后翻沉,但事故调查发现,何某存在一系列违反船舶安全管理规定的行为,对事故发生负有安全管理责任,不属于技术事故。

三、船舶海上重大责任事故罪与海上交通肇事罪的区分

《刑法》第一百三十三条交通肇事罪以及相关司法解释,更多的是从机动车交通肇事的角度进行规定的,以往有关重大责任事故罪与交通肇事罪关系问题的讨论也大多集中在机动车事故上,较少涉及船舶海上事故。

(一)机动车重大责任事故罪与交通肇事罪

关于机动车重大责任事故罪与交通肇事罪之间的关系,一般认为两者之间是一般与特殊的关系,即交通肇事罪虽是一种独立的罪名,但其内涵在重大责任事故罪里仍可包涵。[①] 首先,交通肇事罪的主体同样可以构成重大责任事故罪的主体;其次,交通肇事罪在客观方面也是表现为违反规章制度,因而过失地发生重大事故,造成严重损失,与重大责任事故罪的客观表现一致。随着私家车普及化,交通肇事罪的犯罪主体由特殊转变成了一般,交通肇事罪虽然包含了部分企业事故犯罪,但大量的是一般过失犯罪,由此,机动车重大责任事故罪与交通肇事罪之间一般与特殊的关系也发生了变化。"重大责任事故罪与交通肇事罪之间具有法条竞合的关系,属于独立竞合,即普通法与特别法之间的竞合。"[②]关于两者之间的区别:一是所侵犯的直接客体不同,违反的规章制度不同。前者是违反有关安全管理规定,后者是违反交通运输管理法规。二是事故发生的场所不同。根据相关司法解释的规定,在公共交通管理范围内,因违反交通运输规章制度,发生重大事故,按交通肇事罪处理;在公共交通管理范围外发生的,分别依照《刑法》第一百三十四条、第一百三十五条、第二百三十三条等定重大责任事故罪、重大劳动安全事故罪、过失致人死亡罪等。[③] 对于在厂矿、学校或者其他单位内发生的机动车肇事,到底是定重大责任事故罪还是交通肇事罪,存在场所论与业务论之争,[④]前述司法解释显然采用了场所论的立场。

---

① 陈兴良:《重大责任事故罪研究(上)》,载《检察日报》2001 年 10 月 16 日第 3 版。
② 陈兴良:《重大责任事故罪研究(上)》,载《检察日报》2001 年 10 月 16 日第 3 版。
③ 《最高人民法院关于审理交通肇事刑事案件具体应用法律若干问题的解释》(法释〔2000〕33 号)第八条、第九条。
④ 陈兴良:《重大责任事故罪研究(上)》,载《检察日报》2001 年 10 月 16 日第 3 版。

（二）船舶海上重大责任事故罪与海上交通肇事罪

如前所述，船舶海上重大责任事故犯罪与其他陆上重大责任事故犯罪之间，既有共性，也有特殊性；船舶海上交通肇事犯罪与机动车交通肇事犯罪之间，也是如此。这也使得船舶海上重大责任事故罪与海上交通肇事罪之间的关系更显复杂，更需要在实践中加以正确区分。可以明确的是，船舶海上重大责任事故罪和海上交通肇事罪各属于刑法分则规定的重大责任事故罪和交通肇事罪的具体类型，两者之间一般与特殊关系以及构成法条竞合关系，并无二致。只是由于船舶未如机动车那样越来越多地为个人所有，犯罪主体一般化的趋势并不明显，无论是船舶海上重大责任还是海上交通肇事，除少量个体小型船舶事故外，大多仍具有企业事故性质。此外，由于船舶不同于机动车，海上航行也迥异于道路交通，船舶运输生产作业海域在绝大多数情形下都属于公共交通管理水域，以是否属于公共交通管理范围对两罪之间进行区分的"场所论"原理，对于海上事故并无太多适用的余地。

1. 船舶海上重大责任事故罪与海上交通肇事罪的区别

（1）主体

前者通常是对船舶负有控制、经营、管理职责的人，即前文所述的第一类主体；后者通常是船员，类似于重大责任事故罪第二类主体。[1] 同时，也正如前文所述，由于船长对船舶负有管理责任，不排除成为船舶海上重大责任事故罪的犯罪主体。此外，第一类主体在某些情况下，如指使肇事船逃逸以及指使、强令他人违章航行，也可以成为海上交通肇事罪的犯罪主体。[2]

（2）客体

前者是有关船舶安全管理的规定，包括法律法规、规章等对船公司、船舶、船员各方面管理的规定，如本案事故引用的《中华人民共和国航运公司安全与防污染管理规定》；后者是海上交通运输法规，如《1972年国际海上避碰规则》《中华人民共和国海船船员值班规则》等。实务中，在许多情形下，两者如何明确区分却并不容易，也难有清晰的界限，如《中华人民共和国海上交通安全法》。

---

[1] 参见《最高人民检察院案例指导性第97号——夏某某等人重大责任事故罪》。该指导性案例认为，具有营运性质的交通运输活动中，行为人既违反交通运输法规，也违反其他安全管理规定，发生重大事故的，一般可按照重大责任事故罪认定。交通运输活动的负责人、投资人等负有安全监管职责的人员违反有关安全管理规定，造成重大事故的，应认定为重大责任事故罪；驾驶人员等一线运输人员违反交通运输法规造成事故发生的，应认定为交通肇事罪。

[2] 《最高人民法院关于审理交通肇事刑事案件具体应用法律若干问题的解释》（法释〔2000〕33号）第五条、第七条。

（3）定罪量刑

《刑法》第一百三十四条第一款规定的重大责任事故罪与第一百三十三条规定的交通肇事罪十分相似，但通过比较相应的司法解释，可以清楚地看出，两者在入罪标准和具体量刑上仍存在一定差异，限于篇幅，本文不做详细分析。

（4）事故类型

交通运输部《水上交通事故统计办法（2021年修订）》将水上交通事故分为十类进行统计：碰撞、搁浅、触礁、触碰、浪损、火灾、爆炸、风灾、自沉，操作性污染，以及其他引起人员伤亡、直接经济损失或者水域环境污染的水上交通事故。除最后一项属于兜底外，前五项即碰撞、搁浅、触礁、触碰和浪损，往往与船舶航行操纵有关，造成严重后果的，多数情况下行为人（主要是船员）将构成交通肇事罪；火灾、爆炸以及风灾，可能属于意外事件，也可能是安全事故，构成犯罪的，通常是重大责任事故罪；船舶自沉，违反船舶安全管理规定或海上交通运输法规的情形都有可能，需视实际情况确定。

（5）具体过失行为

在排除自然事故和技术事故后，对于人为因素引起的船舶海上事故，从具体过失行为上分析，还可以分为两类：一是经营、管理船舶过程中的过失行为，可以简称为管船过失，重大责任事故罪中第一类主体的过失行为，都属于这一类。二是船舶航行操纵过程中的过失行为，可以简称为操船过失，主体通常是船员，其行为直接违反了船舶航行相关规定。船舶发生海上事故构成犯罪的，一般而言，前者应以重大责任事故罪论处，后者则应以交通肇事罪论处。

2. 船舶海上重大责任事故罪与海上交通肇事罪的区分

（1）法律依据

区分船舶海上重大责任事故罪与海上交通肇事罪的法律依据，是《刑法》第一百三十四条第一款和第一百三十三条对相应罪状的规定，以及相应司法解释对法律适用的具体解释。

（2）区分方法

如前所述，以具体过失行为即管船过失和操船过失进行区分，已经综合考虑了犯罪主体、犯罪客体以及事故具体原因，与船舶经营管理、航行操纵相对应，既符合不同罪名犯罪构成，也方便实务中进行区分，可作为首先考虑的因素。仍不能区分的，可结合事故类型以及犯罪主、客体等因素进行分析判断。涉案何某对船舶管理负有过失责任，故以重大责任事故罪论处。

（3）竞合处理

首先，船舶海上重大责任事故罪与海上交通肇事罪构成法条竞合；其次，正如前文所述，船长往往兼有船舶管理和航行操纵的双重职责，存在主体竞合；最后，在船舶碰撞等情形下，碰撞船舶双方具体过失不同，涉及责任划分，可能存在责任竞合或聚合。对于这些问题，必须具体分析。同一行为人在同一海上事故中既违反船舶安全管理规定，又违反海上交通法规，构成法条竞合的，由于两者系一般与特殊的关系，应根据特别法优于普通法原则按交通肇事罪定罪处罚。① 在重大责任事故罪中，船长既可能是第一类主体，也可能是第二类主体，应根据其具体过失行为进行定罪量刑。② 对于船舶碰撞等因双方过失发生事故造成严重后果的，也应根据各自的具体过失行为分别进行定罪量刑。最典型的例子便是，海船与内河船在海上发生碰撞，造成严重后果，如果海船对碰撞负主要责任，海船一方的行为人应以交通肇事罪论处；内河船一方由于违法超航区航行，如果不构成交通肇事罪而构成重大责任事故罪的，应依重大责任事故罪追究行为人的刑事责任，构成法条竞合的，按交通肇事罪处罚。

四、结语

船舶海上重大责任事故或交通肇事犯罪与陆上其他重大责任事故或机动车交通肇事犯罪既有共性，也有特殊性。

船舶海上重大责任事故罪存在两类犯罪主体，即对船舶运输生产作业负有组织、指挥、管理职责的人员和直接从事船舶运输生产作业的人员，事故调查机关和司法机关必须审慎调查与审查，准确确定事故责任主体及其范围。

海上活动自古以来就具有高风险性，事故往往伴随着多种原因而发生，在认定船舶海上重大责任事故罪时，必须区分罪与非罪的界限，区别重大责任事故与自然事故和技术事故。

船舶海上重大责任事故罪和海上交通肇事罪之间，有许多共性，属于一般与特殊的关系，但两者在主体、客体、事故类型、具体过失行为以及定罪量刑方面都存在差异。司法实务中应当恰当加以区分，以刑法规定为依据，以具体过失行为作为首先考虑的因素，恰当处理好竞合问题，准确定罪量刑。

编写人　吴胜顺　马　娟

（获评中国法院 2022 年度案例；原载于《世界海运》2021 年第 11 期）

---

① 王平：《刑法总则前沿问题研究》，中国政法大学出版社 2021 年版，第 414 页。
② 参见《最高人民法院关于进一步加强危害生产安全刑事案件审判工作的意见》第八条。

裁判文书篇

【裁判要旨】

一、承运人在履行海上货物运输合同的交货义务时,应当按照清洁提单关于货物的记载进行交货。即使承运人以装港空距报告证明其实际接收的货物或装船的货物与清洁提单记载不符,收货人仍有权依据《中华人民共和国海商法》(以下简称《海商法》)第七十七条的规定,按照提单记载内容向承运人提取货物。

二、原油贸易合同和运输单证中没有约定装、卸港的交接计量方法,实际交接时采用了流量计计量、岸罐计量和油舱空距计量等多种不同的计量方式。在此情形下,收货人以卸货港岸罐计量证书的记载与提单记载不符主张货物短少,但其提供的岸罐计量数据发生在承运人的责任期间之外,也不能提供其他有效证据证明原油短少发生在承运人责任期间,承运人以装卸港船舱空距报告和干舱报告与提单相符进行抗辩的,原油实际交付的数量可以依据船舱空距报告和干舱报告确认。收货人提供的计量岸罐重量证书,除非经承运人同意,否则不具有证明原油交货数量的效力。

中华人民共和国宁波海事法院
民事判决书

(2003)甬海商初字第 353 号

原告:中国人民财产保险股份有限公司北京市直属支公司(原中国人民保险公司北京市直属支公司)。住所地:中华人民共和国北京市西直门南大街 2 号成铭大厦 3A 层。

负责人:杨斌,该公司副总经理。

原告委托代理人(特别授权代理):陈致平,北京仁和海事咨询服务有限公司海事顾问,住北京市海淀区。

被告:铜河海运有限公司(Copper River Maritime Inc.)。住所地:Espanay Calle Elvira Mendez Street, Bankboston Building, 16th Floor, Panama City, Republic of Panama。

被告:寰宇船务企业有限公司(Pan Cosmos Shipping & Enterprises Co. Ltd.)。住所地:Room 3213-3214 32nd Floor Hongkong Plaza 188 Connaught Road West, Hongkong。

两被告委托代理人(特别授权代理):沈祥满,广东敬海律师事务所律师。

原告中国人民财产保险股份有限公司北京市直属支公司为与被告铜河海运有限公司、寰宇船务企业有限公司海上货物运输合同代位求偿纠纷一案,于2003年5月12日向本院起诉,本院于同日受理后,依法组成合议庭,于2004年2月12日、4月9日、6月18日公开开庭进行了审理。原告委托代理人陈致平、两被告委托代理人(特别授权代理)沈祥满到庭参加诉讼。本案现已审理终结。

原告中国人民财产保险股份有限公司北京市直属支公司诉称:2002年5月7日,原告承保中国国际石油化工联合有限责任公司进口的28 835MT辛塔原油装于"喜鹊"轮自印度尼西亚辛塔运至中国舟山,被告签发了CINTA-2607清洁提单。"喜鹊"轮于2002年5月15日驶抵目的港卸货,并于5月17日卸货完毕。中华人民共和国浙江出入境检验局检验检疫技术中心(以下简称CCIQ)对货物进行了检验并出具了70200YJ25号重量证书,证实"喜鹊"轮实际卸货28 339.606吨,比提单数量短少495.394吨。原告根据保险合同约定,对被保险人所遭受的相关损失进行保险赔付,支付保险赔偿金共计USD 67 497.62,并依法取得了代位求偿权。被告签发了清洁提单对货物进行承运而未能全部完好交付提单所载货物,应当对因此而造成的原告的上述经济损失承担赔偿责任。请求判令两被告支付货物损失USD 67 497.62及利息USD 674.98。在庭审中,由于被保险人实际支付货款时货物减价,原告请求两被告支付货物损失也减少为USD 65 802.40。

原告为支持其诉讼请求,向本院提交了如下证据:证据1.提单,证明货物运输合同的内容及货物数量;证据2.2002年5月13日的商业发票复印件和原件各一份,证明涉案货物的CIF价格;证据3.货款支付凭证、贸易合同,进一步证明货物价格;证据4.CCIQ重量证书及附页、卸油管线状况检查确认表,证明"喜鹊"轮的卸货数量为28 339.606MT;证据5.保险单,证明本案货物运输保险合同的内容;证据6.收据和权益转让书,证明被保险人已确认收到保险赔款;证据7.保险赔款汇付凭证及被保险人出具的收款确认清单,证明原告已支付了保险赔款,依法取得代位求偿权;证据8.船舶保赔协会出具的担保函,证明涉案船舶所有人为铜河海运有限公司及该船未被光租的情况;证据9.中国人民保险公司人保党发〔2000〕46号和中国保监会保监〔2003〕117号批复、原告营业执照副本复印件,证明原告主体变更情况;证据10.装货港货物数量证书,证明在装货港是依据岸上数据确定货物重量,并签发提单;证据11.CCIQ的船、岸数量对照表,证明船舶的经验系数为1.003 12,表明船舶的测量数据偏大,应该进行修正,同时说明卸货时油温偏低,很可能导致货油挂壁而造成货物没有完全卸下;证据12.他案船舶经验系数表,说明船舶经验系数是由船测数字与岸上数量相比的比例。

两被告辩称:原告所称货差的计算是依据岸罐数字,所称货差即使存在也是发生在被告的责任期间之外。我国《海商法》第四十六条规定："承运人对非集装箱装运的货物的责任期间,是指从货物装上船时起至卸下船时止,货物处于承运人掌管之下的全部期间。"在本案中,铜河海运有限公司作为"喜鹊"轮的登记船东,已根据海上货物运输合同于2002年5月15日将货物完好运抵目的港,货物于5月17日全部卸下,已履行完毕合同义务。因此,根据上述法律规定,本案中判断是否发生货差的标准应该是比较货物在目的港卸下承运船舶之时的数量与提单记载的货物数量是否一致,而不是与货物卸下承运船舶之后在岸罐储存时的数量相比较。在本案中,原告所依赖的索赔依据是CCIQ的重量证书,但该重量证书的数据是根据岙山油库C-05计量罐前后测得的液体深度计算得出的,即根据货物卸下承运船舶之后在岸罐的数据做出的,其反映的货差即使存在,也显然超过了承运人的责任期间,不应承担任何责任。根据2002年5月15日"喜鹊"轮在目的港做出的油舱空距报告,卸货之前船上货物的总量为28 693.417MT,CCIQ检验人员也在该报告上签字确认,与提单所记载的货物总量28 835MT相近,其误差在国际海上油运业惯例允许的范围内。而根据船方于2002年5月17日1340时出具的干舱报告表明,装载本案货物的各油舱已无任何货油残留,且该干舱报告已经收货人代表何伟签字确认。据此,短货事实根本不存在。综上,请求驳回原告的诉讼请求。

另,被告寰宇船务企业有限公司书面辩称:根据原告所提交的由"喜鹊"轮船长签发的提单并没有记载我司系提单项下的承运人,将经营和管理船舶的国有企业定性为船舶经营人并要求其承担相应的责任,也不适用于根据我国香港特别行政区法律成立的我司企业,且我国《海商法》没有任何规定在海上货物运输合同下船舶经营人的地位应当与承运人的地位一致、必须与承运人一样承担法律所规定的义务。综上,我司既不是本案的登记船东,又不能根据法律确定我司为本案货物承运人地位,因此起诉我司没有任何事实和法律依据。

两被告为支持其辩称提交了如下证据:证据1."喜鹊"轮涉案油舱目的港卸货前的空距报告、干舱报告,证明"喜鹊"轮在卸货前经CCIQ检验人员和收货人代表何伟签字确认,涉案各油舱已无原油残留,船上卸下货物为28 693.417MT,不存在短货事实;证据2.中国船级社盖章确认的"喜鹊"轮货油舱计算表,证明油舱空距报告中所记载的货物容量计算依据;证据3."喜鹊"轮大副欧阳春辉的证词,证明该航次在装卸过程中及航行期间的相关事实;证据4.装货港的空距报告,说明实装原油28 680.549MT。

经当庭质证,对于原告提供的证据,两被告认为证据1、4、5、6、8、9、10、11、12,真实性无异议,本院予以认定。对证据2,两被告认为本案一份买卖合同,相对应也只能有一份发票,而原告提交了同一签发日期的两份不同发票,其解释对发票的总金额及单价做出减少的修改系外汇管制等原因,并根据修改之后发票金额向卖方支付了货款,付款总金额与其提交的付款凭证一致,但无修改系外汇管制等原因的相关证据佐证,且起诉时提交的发票复印件记载的合同号与买卖合同的编号不符,因此两份发票均不能作为定案证据;本院认为对原告起诉时提供的发票系复印件,未提供该复印件的原件,且记载的合同号与买卖合同的编号不符,实际付款并非依据该发票复印件的金额和单价,修改的原因无证据佐证,故对该发票复印件不予认定,认定经修改后的发票原件。对证据3,两被告认为货款支付凭证系复印件,没有银行盖章确认,不予认可,对合同无异议;本院认为货款支付凭证与商业发票原件能相互印证,并由被保险人盖章予以确认,故予以认定。对证据7,两被告认为汇款申请书及汇汇证实书中的收款人与被保险人不一致,赔款支付给卖方与本案无关联性,收到赔款确认清单系被保险人单方确认;本院认为该证据与双方无异议的证据6能相互印证,故予以认定。

对于两被告提供的证据,原告经质证认为证据1、4真实性均无异议,但证据1并不能证明已将所有货物卸离船舶交付给原告;本院认为,对证据1、4真实性予以认定,至于证据1中被告用于证明船载货物实际卸下的数量,应结合其他证据经综合分析认定。对证据2,原告认为系在香港形成,应办理认证手续;本院认为,该证据虽未在香港进行认证,但该证据原经中国船级社检验复查确认并由其在证据上盖章,予以认定。对证据3,原告认为证人未出庭作证,签字是否是其本人亲笔所签无法确认,对其陈述的内容有异议;本院认为,大副欧阳春辉的证词内容系打字形成,形式上有缺陷,证人未出庭作证,且原告对签名是否是其本人亲笔所签表示无法确认和对内容有异议,故不予认定。

基于上述认定证据,本院确认如下事实:2002年4月25日,中国国际石油化工联合公司为进口28 835MT辛塔原油与联合石化亚洲有限公司签订买卖合同一份(合同号:02XM2SU710A033HK-C),约定:原油数量为210 000桶(允许误差±5%)、价格USD 26.239/桶 CIF中国舟山;付款方式为签单后30天电汇支付;所附单证为发票、提单、数量证书、空距报告等。同年5月6日,该票货物由原告予以承保,保险单约定:被保险人为中国国际石油化工联合公司、保险货物为辛塔原油28 835MT、保险金额为USD 5 541 676.80。5月6日至7日,该批货物在印度尼西亚辛塔港装于"喜鹊"轮的1舱左中右翼、3舱和Slop舱左右翼、5舱中油舱。7日,该轮船长依据装货港发货人与检验公司采用流量计计量的数量证书签发了CIN-TA-2607清洁提单,提单载明60°F时净重211 200桶/28 835MT。同日,装货港TNN检验公司会同码头负责人、大副三方出具该批原油装船后的船舶空距报告,该报告记载实装货物为60°F时净量210 286.282桶/28 680.549MT,比提单少154.451MT。该轮于5月15日驶抵舟山目的港,但收货人与承运人就货物交接的计量方法事前未进行约定、卸货前双方又未能协商一致。卸货时收货人委托CCIQ

对从船上输入岙山油库 C-05 计量岸罐的数量进行鉴定;同时该轮大副会同 CCIQ 检验人员又制作抬头为寰宇船务有限公司的油舱空距报告,该报告载明卸前原油数量 60°F 时净重 21016 桶/28 693.417MT、比提单少 141.583MT、比装货港空距报告多 12.868MT。该轮自 15 日起至 17 日止该票货物卸货完毕,大副又会同 CCIQ 检验人员、收货人代表共同签署了抬头为寰宇船务有限公司的干舱报告。5 月 21 日,CCIQ 出具了重量证书,载明:根据输入岙山油库 C-05 计量岸罐前后测得的液体深度按计量表,参照液温、密度和水进行相应校正,计算所输入油品重量为 28 339.606MT、计 206 506 桶,比提单记载的重量少 495.394MT。尔后,贸易合同约定的价格因故减价,卖方开具落款时间为 5 月 13 日的发票载明:原油数量为 211 200 桶、计 28 835MT、价格 USD 25.580/桶 CIF 中国舟山、总金额 USD 5 402 496。6 月 5 日,中国国际石油化工联合公司向联合石化亚洲有限公司支付货款 USD 5 402 496,比合同价少付 USD 139 180.80。同年 12 月 27 日,原告仍依据 CCIQ 重量证书与提单记载的重量差额、保险单的约定的单价、扣除 5‰ 自然损耗率向被保险人支付了赔偿款 USD 67 497.62。2003 年 1 月 6 日,被保险人向原告出具了权益转让书。同年 3 月 7 日,由北英保赔协会向原告出具 USD 80 000 保函,并确认该轮所有人为铜河海运有限公司,涉案航次未以光船租赁方式出租,但实际该轮由寰宇船务企业有限公司管理、经营。原告因向两被告索赔未果,遂诉至本院。

另查明,中国人民保险公司北京市直属支公司已于 2003 年 12 月 19 日依法将名称变更为中国人民财产保险股份有限公司北京市直属支公司。

本院认为,原告依据保险合同的约定已实际向被保险人支付了保险赔款,依法取得了收货人凭提单针对承运人的代位求偿权。本案提单未约定管辖条款,涉案船舶目的港卸货地在中国舟山港,根据《中华人民共和国民事诉讼法》(以下简称《民诉法》)第二十八条的规定,故本院具有管辖权。原告提起代位求偿权所依据油轮提单虽载明:如果因装、卸港所在地区实行 1936 年 4 月 16 日通过的美国海上货物运输法或 1924 年 8 月 25 日海牙规则而提单也应受该法案或规则的约束等,但原告因卸货中货物短少提起的涉外诉讼,原、被告双方在庭审诉辩中均引用我国《海商法》,根据《海商法》第二百六十九条的规定,当事人可以选择合同适用的法律,故本案应以我国《海商法》作为准据法。"喜鹊"轮涉案航次由船长代表船东签发提单,第一被告船东为承运人,而"喜鹊"轮实际由第二被告经营、管理,故第二被告应确认为实际承运人,据此,两被告的主体资格适格。针对本案争议的焦点,本院分析认定如下:

一、提单记载的原油数量是否约束被告？

原告认为,提单记载的货物数量应当约束两被告。本案的提单为清洁提单,本案提单所载货物数量虽然是装货港岸上流量计的计量数量,但是与被告在装货港制作的空距报告上的数据不符,装货港的空距报告被约定为卖方应当提供的单证之一,原告已经提供证据证明收货人按提单所载货物数量全额付款,对收货人以及取得代位求偿权的原告而言,提单所载内容对两被告均具有约束力。因此,被告主张装港的空距报告应当约束收货人并无法律或事实依据。

两被告认为,原告没有权利要求承运人在目的港依据提单记载货物重量(28 835MT)交付货物。(一)提单只是证明承运人在装货港收到货物数量的初步证据,并非绝对证据。原告提供的货物贸易合同约定,装货港的油舱空距报告应由卖方作为收取货款的单证之一;装港空距报告是经装货港码头经理、船方大副和检验人员三方签字认可,因此该报告对收货人、承运人应有约束力;从该油舱空距报告的内容看,计算货物重量需要考虑的相关因素,如船舶经验系数、原货舱残留量、自由水、油温等均通过相关的公式调整,所以该报告最后所得出的船舶实际从岸上接收并装载的在 60 °F 下货物总量为 28 680.549MT 是准确的;(二)事实上原告已经知道或者应该知道提单记载货物数量与装港的空距报告所记载重量之间的差距,而且没有提出任何异议,仍然付款赎回提单和上述装港空距报告,这一行为实际上表明原告已承认及接受了其中的重量差额;(三)特别是原告起诉时所附的证据 2 商业发票复印件载明单价为 USD 26.239/桶、折 USD 192.186/MT,总价为 USD 5 541 676.80,该单价与原告提供的贸易合同约定的单价是一致的,也正是原告提出索赔的货物单价;而原告在质证时提供的商业发票原件却显示,货物单价更改为 USD 25.580/桶,折 USD 187.36/MT;原告提交的货款支付凭证表明,收货人支付的货款总金额为 USD 5 402 496,而非其修改前的发票金额 USD 5 541 676.80,差额为 USD 139 180.80,但原告却没有提供任何证据证明货物单价的更改原因。综上,收货人在向货物卖方支付货款时,已知道货物数量少于提单数量,故没有按照提单货物重量 28 835MT 付款。按照实际付款金额 USD 5 402 496 及原合同价 USD 192.186/MT 计算,收货人付款的货物数量实际为 28 110.768MT,少于提单数量 724.232MT,收货人已丧失了依据提单上记载货物重量要求承运人在目的港交付的权利,装港的空距报告应当约束收货人。

本院认为,承运人必须按提单记载的原油数量交付给收货人。根据我国《海商法》第七十五条的规定,提单中有关货物状况的资料是由托运人提供的,承运人知道或有合理根据怀疑其接收或装船的货物状况与提单记载不符或无法核对时,可在提单上做出批注。提单一经批注,便在一定程度上起否定提单记载的作用,承运人可在其批注的项目和范围内免除责任。提单未做批注的,具有一定的证据效力。提单上有关货物的记载事项,在托运人和承运人之间构成初步证据;而承运人向包括收货人在内的善意第三人提出与提单所载状况不同的证据,不予承认,则构成最终证据。因此承运人对善意受让提单包括收货人在内的第三人所提出的关于其实际接收或装船的货物与提单记载状况不同的证据不予承认,承运人须按提单记载状况交付货物,如果承运人交付的货物与提单记载不符,承运人应负相应的责任。善意受让提单的人,有理由信赖其要取得的货物就是提单记载的货物,这是提单物权凭证的性质决定的。据此,即使本案承运人有装港空距报告证明实际接收的货物或装船的货物与提单记载不符(但数量证书、发票与提单记载数量相符),收货人仍有权按照提单记载向承运人提取货物。被告主张装港的空距报告应当约束收货人并无法律依据,承运人必须按提单记载的数量交付货物。

二、承运人的责任期间,原油卸离船舶时是否实际短少,其判断的依据是卸货港的油舱空距报告和干舱报告,还是 CCIQ 从船上卸入岙山油库 C-05 计量岸罐所出具的重量证书?

原告认为,确定本案货物卸货数量的依据应当是 CCIQ 重量证书,两被告并应承担赔偿责任。(一)本案船方与货方之间几乎没有出现过约定计量方式的情形,在装、卸两港做空距测量是承运船的大副的例行工作,是船方的单方面行为;制作人并不具备检验人的资质。即使该报告有货方或其检验人员的签字,但签字人通常只认可其空距与温度。因此,油舱空距报告不是独立的检验证书,不能作为认定装、卸货数量的依据,在诉讼中只能作为参考。(二)被告的油舱空距报告系船舶到港数量,不能证明船舶卸货数量,根据船舶使用年限及建造的因素,船上的数量与卸货数量存在差异,本案的船舶经验系数是 1.003 12,这表明船测数量偏大;油轮的卸货由于油温等关系,通常会造成挂壁,本案的卸货温度偏低,很可能造成了船舶未将全部货物卸下的原因。(三)被告提供的干舱报告只是对有关油舱进行查证(虽然法院查证另一票货物没有溢卸),但其他舱没有查证,也没有证实已经完全卸到岸上,不能得出卸货数量。(四)CCIQ 查证的计量岸罐能代表该票货物卸入数量。通过查核岸罐接收数量方式来查实船舶卸货数量是 CCIQ 目前所普遍采用的散装液货数量检验方法,CCIQ 是国家法定检验机构,其查证的进出口货物数量是国家征税的基本依据。在本案中,通过原、被告双方的举证,本案货物自岙山基地泊位至计量岸罐的输油管线在卸货前、后保持全满,所有相关阀门在卸货期间均处于正常的工作状态。也就是说,本案货物在卸货过程中没有货物被留在输油线中,也不存在货物串罐的情形,因此计量岸罐所接收的货物数量就是该航次所卸货物的数量。(五)采用岸罐计量方式查证卸货数量与要求船方承担在岸上发生的货物短量是两个完全不同的概念,被告以承运人的责任期间到"交付货物时为止"而主张岸罐计量结果不能约束承运人显然偷换概念。CCIQ 重量证书即表示承运人卸离船舶交付的货物数量,故承运人应对卸入计量岸罐的货物短少负赔偿责任。综上,船方仅提供空距报告、干舱报告并不足以证明该轮的卸货数量,而CCIQ 查证的计量岸罐接收数量能够代表所卸货物数量。因此,确定本案货物卸货数量的依据应当是 CCIQ 重量证书,本案货物短少数量应当确定为 495.394MT。

两被告认为,船方向收货人实际已交付货物的重量应以卸货港油舱空距报告和干舱报告的 28 693.417MT 为准,原告所依据的 CCIQ 重量证书其货差即使存在也是发生在被告的责任期间之外。(一)卸货港的油舱空距报告和干舱报告上CCIQ 检验人员也签字做出了确认,因此该报告反映的卸前货物的总量是真实的,CCIQ 检验员在签字确认时注明"For Ullage & Temp. Only",因为只有空距和油温是确定货物总量的两个可变因素,油舱所载货物数量根据测量得到的空距数据、油温、自由水等相关因素,按照被告提供该轮货油舱计算表,即可计算出卸货之前船上该票货物在 60 °F 下的总量为 28 693.417 公吨。又根据《干舱报告》油舱在卸货作业完成后已无任何货油残留,各舱已卸净。(二)原告提出根据 CCIQ 的意见,卸货时油温应该不低于 48.8 ℃,而船舶实际卸货时的油温低于上述标准,从而造成货油可能挂壁无法全部卸清,导致货物短少,该主张没有依据。首先,在原告提供证据 11 的 CCIQ 的船、岸数量对照表中注明是"可能导致卸货后在舱壁或管壁上产生油垢",并非原告所解释的"将导致"。也就是说,该现象有发生的可能性,并非必然性;同时又注明"Vessel Discharging Temp. 48.8 ℃",并不表明 CCIQ 认为货物卸货温度应该达到 48.8 ℃ 以上;即使 CCIQ 这样认为,也没有任何依据。因为,该批货油为 CINTA 原油,其倾点为 43 ℃,而卸货时各油舱的货油温度都超过了 43 ℃。但考虑到不同原油的性质,为防止原油卸货时在货舱挂壁,因此卸货时需要保持不同的油温。根据航运惯例,货物的收货人应该就卸货时该油温向船方提交书面卸货指令,否则船方只需按照通常经验进行操作。本案中,船方没有收到任何相关的指令,因此按照超过该票货物的倾点来保持油温并卸货,船方已尽妥善保管和卸载的义务。因此,即使有所称的油舱挂壁未能卸空现象,也应当由原告承担货物短少的责任。综上,承运船舶在卸货港卸货前所装载的 28 693.417 公吨已经全部卸至岸上,被告方的责任期间也同时终止。确定本案所称货差是否存在应当以装、卸两港的油舱空距报告为依据,两份油舱空距报告采用的是相同的测量方法,具有完全的可比性。而岸罐重量数据所采用的是与上述油舱空距报告完全不同的测量方法,因此不具有可比性。(三)原告所称货差即使存在,也是发生在被告的责任期间之外。根据我国《海商法》第四十六条的规定,"承运人对非集装箱装运的货物的责任期间,是指从货物装上船时起至卸下船时止,货物处于承运人掌管之下的全部期间",在本案中承运人已将货物完好运抵目的港,并全部卸下,至此,被告已履行完毕其在运输合同下的义务。原告根据货物卸下承运船舶之后在岸罐的数据做出的重量证书,其反映的货差即使存在,根据上述法律规定,被告对此也不应承担任何责任。

本院认为,(一)原、被告双方对非集装箱装运的货物的承运人责任期间并无争议。原告依据 CCIQ 重量证书系证明货物在岙山基地泊位卸离船舶时的重量,并非只证明输入计量岸罐所发生的货物短少数量。据此,被告认为货物卸下承运船舶之后在岸罐的数据货差即使存在,也不应承担责任的抗辩理由不能成立。(二)货物是否短少应依据提单记载的数量与卸港的空距报告、干舱报告的卸货数量之差予以确认。原油贸易、运输界对原油数量的交接计量通常采用流量计计量、油罐计量和油舱计量三种方式,但行业界并没有统一的要求,有时装、卸两港通常采用不同的计量方式,这对确认原油交接数量产生了一定难度。本案的关键问题是贸易合同和运输单证中均没有约定卸货港的交接计量方法,即在贸易合同中只要求卖方同时提供涉案货物的提单、数量证书和装货港的空距报告、发票等单证,而有关运输单证也没有约定卸货港交接的计量方法。本票货物交接时实际出现了流量计计量、油舱空距计量和岸罐计量三种不同的方法,即装货港发货人与检验公司采用流量计计量的数据确认净重,承运人据此签发提单;同时又由装货港检验人员会同码头负责人、大副三方共同制作了油舱空距报告确认净重;目的港卸货前收货人委托 CCIQ 对卸入计量岸罐前、后重量进行检验,同时承运人又会同 CCIQ 制作了空距报告。三种不同的货物交接计量方法,必然产生三种不同的检验结果。根据装、卸两港空距报告分析得出,装港空距报告记载的数字为 60 °F 时净量210 286.282 加仑桶/28 680.549MT,卸港空距报告记载的数字为 60 °F 时净量210 162 加仑桶/28 693.417MT,该两空距报告数字很接近,均由检验人员签字确认,说明装卸前后两港数量基本相等,运输途中没有出现承运人管货过错。又根据三方签字确认的干舱报告记载各油舱在卸货作业完成后已无任何货油残留,各舱已卸净,进一步证明了承运人已履行了交货义务,且卸港空距报告与提单记载的数量之差均在国际海上油运业惯例允许的 0.5% 范围之内。而 CCIQ 重量证书根据货物卸入计量岸罐前、后的深度数据计算得出,并非采用与装货港相同的流量计计量方法,CCIQ 重量鉴定系原告单方委托,该货物交接的计量方法和数据也未经承运人认可或签字确认。据此,经分析比较卸港空距报告、干舱报告和 CCIQ 重量证书可知,对于证明承运人交付货物数量的卸港空距报告、干舱报告比 CCIQ 重量证书具有更强的证明力及证据优势,本院无法确认货物短卸事实。故原告依据提单与 CCIQ 重量证书的差额主张货物短少的索赔理由和证据均不够充足。

综上,依照《海商法》第七十一条、第七十七条,《民诉法》第六十四条第一款、

第二百三十七条的规定,判决如下:

　　驳回原告中国人民财产保险股份有限公司北京市直属支公司的诉讼请求。

　　本案案件受理费人民币 21 208 元、调查取证费人民币 2 000 元,由原告负担。

　　如不服本判决,原告可在判决书送达之日起十五日内、两被告可在判决书送达之日起三十日内,向本院递交上诉状,并按对方当事人的人数提交副本,上诉于浙江省高级人民法院(在递交上诉状之日起七日内,预缴上诉案件受理费人民币 21 208 元,款汇浙江省省本级财政专户结算分户,开户银行:农业银行西湖支行,账号:398-00010104006575515001,逾期不缴,按自动撤回上诉处理)。

审 判 长　朱志庆

审 判 员　史红萍

审 判 员　李　锋

二○○四年七月二十七日

代书记员　殷孝明

（原载于《最高人民法院公报》2007 年第 7 期）

【裁判要旨】

一、在海上货物运输合同中,对托运人和承运人出于善意而由一方出具另一方接受的保函,双方均有履行之义务。但托运人出具保函,并不意味着可以免除或者减轻承运人运输合同项下妥善、谨慎地装载、搬移、积载、运输、保管、照料和卸载所运货物的义务;同时保函出具人的保证范围仅限于承运人未将大副收据的批注记载在提单上所产生的损失或责任,与此无关的损失不应由保函出具人承担。

二、基于同类多个原因造成同一结果的讼争事实,为减少当事人诉累,可以一次性处理当事人之间的两种法律关系纠纷。

宁波海事法院
民事判决书

(2012) 甬海法商初字第 40 号

原告:福州天恒船务有限公司。住所地:福建省福州市鼓楼区古田路 132 号福达大厦 4A 单元。

法定代表人:林斌,该公司董事长。

委托代理人:李皓,福建至理律师事务所律师。

委托代理人:李凌,福建至理律师事务所律师。

被告:宁波中盟钢铁有限公司。住所地:浙江省宁波市出口加工区扬子江北路 10 号。

法定代表人:林众志,该公司总经理。

委托代理人:王善良,北京市君泰律师事务所上海分所律师。

委托代理人:吴佳舟,北京市君泰律师事务所上海分所律师。

被告:远大国际(香港)有限公司(HONGKONG GRAND INTERNATIONAL CO., LTD.)。住所地:香港特别行政区九龙尖沙咀加连威老道 2-6 号爱宾商业大厦 1001-2 室。

法定代表人:金波,该公司董事长。

被告:远大物产集团有限公司(原名浙江远大进出口有限公司)。住所地:浙江省宁波市彩虹南路 16 号彩虹大厦 13-15 层。

法定代表人:金波,该公司董事长。

上述两被告委托代理人：童哲，浙江之海律师事务所律师。

原告福州天恒船务有限公司（以下简称"天恒船务公司"）为与被告宁波中盟钢铁有限公司（以下简称"中盟钢铁公司"）、远大国际（香港）有限公司（以下简称"远大国际公司"）、远大物产集团有限公司（以下简称"远大物产公司"）海上货物运输合同和海事担保纠纷一案，于2010年7月13日向厦门海事法院起诉，厦门海事法院于同日立案受理。2010年7月27日和8月24日，原告两次提出财产保全申请，分别请求冻结被告中盟钢铁公司、远大物产公司银行存款1 000万元和1 500万元，厦门海事法院分别于2010年7月28日和8月24日做出（2010）厦海法商初字第240号和第240-3号民事裁定，准许原告的财产保全申请，并据此分别保全了中盟钢铁公司的银行存款1 000万元和远大物产公司的1 500万元财产。厦门海事法院在审理本案过程中，三被告分别于2010年8月25日和9月1日对本案管辖权提出异议。被告中盟钢铁公司认为该案应移送宁波海事法院审理；被告远大物产公司和远大国际公司则认为涉案纠纷应提交仲裁或由英国高等法院管辖，请求驳回原告起诉。厦门海事法院于2010年10月20日做出（2010）厦海法商初字第240-4号民事裁定，驳回了三被告对本案管辖权提出的异议。三被告不服该裁定，向福建省高级人民法院提起上诉。福建省高级人民法院于2011年6月27日做出（2011）闽民终字第412号民事裁定，驳回三被告的上诉，维持原裁定。被告中盟钢铁公司、远大物产公司不服二审裁定，分别向最高人民法院申请再审，最高人民法院于2011年10月8日做出（2011）民申字第1213、1248号民事裁定，对本案予以提审。2011年11月16日，最高人民法院做出（2011）民提字第313号民事裁定：1. 撤销福建省高级人民法院（2011）闽民终字第412号民事裁定、厦门海事法院（2010）厦海法商初字第240-4号民事裁定；2. 本案由厦门海事法院移送宁波海事法院进行审理。本院于2012年1月9日立案受理后，依法组成合议庭，于2012年2月23日公开开庭审理了本案。原告天恒船务公司的法定代表人林斌及其委托代理人李皓、李凌，被告宁波中盟钢铁公司的委托代理人王善良，被告远大国际公司、远大物产公司的委托代理人童哲到庭参加诉讼。本案现已审理终结。

原告天恒船务公司起诉称：2008年，被告中盟钢铁公司向被告远大国际公司以及科勒发展有限公司（KING'S FAIR DEVELOPMENT LTD.）出售数批钢材供转售给土耳其客户。中盟钢铁公司将货物委托给原告管理的"东方财富"轮承运。原告在接收货物时发现货物表面状况有损坏，船舶责任保险人委托检验机构对货物外部状况做了检验，船方根据实际情况在大副收据上如实做了批注并拟将批注并入提单。然被告中盟钢铁公司为了获得清洁提单，称已经获得收货人的同意，并要求原告不将大副收据的批注并入提单，而签发清洁提单。基于对被告的信任，原告在中盟钢铁公司提供保函，并由被告远大国际公司和被告远大物产公司共同担保的前提下接受了该请求。然而当船舶到达目的港后,两家收货人以货损为由向土耳其法院申请扣押了"东方财富"轮,提出 9 875 007.46 美元的索赔,同时还分别要求提供 5 075 682.12 和 1 769 410.48 美元的担保。船舶被扣押后,为避免损失扩大,原告根据保函条款,要求三被告立即履行承诺的义务,无条件提供担保以释放船舶,但三被告互相推诿。为此,船舶在被扣押 143 天后被土耳其法院拍卖。原告认为,三被告拒绝履行承诺,致使船舶被长期扣押并最终被拍卖,给原告造成了巨大损失,故请求法院判令三被告赔偿原告因船舶被扣押 143 天而遭受的船期损失 3 575 000 美元并承担本案诉讼费用。2011 年 8 月 10 日,原告增加诉讼请求,要求判令三被告赔偿原告因船舶被拍卖所造成的损失 1 896 988 美元以及原告所承担的船舶拍卖费用 145 000 土耳其里拉,并由三被告按照中国人民银行规定的同期逾期还款利率支付自 2009 年 7 月 3 日起至实际付款日止的利息。

被告中盟钢铁公司未提交书面答辩,在庭审中辩称:一、原告不具有起诉的主体资格,因为"东方财富"轮属财富国际船务有限公司(以下简称"财富船务公司")所有,原告不具有以保函为由向被告要求赔偿损失的资格。二、到目前为止,原告并没有损失。即使该轮遭到损失,也不是原告的损失。三、即使原告有损失,该损失与签发清洁提单的保函并没有因果关系。"东方财富"轮船东遭受损失,是由于该轮绕航或者在海中停留给土耳其收货人造成了损失。这些损失与保函所载明的包装损坏没有因果关系。请求驳回原告的诉讼请求。

被告远大国际有限公司答辩称:一、原告索赔属于诉讼主体不符。原告是涉案船舶的管理人,承运人是船东财富船务公司。二、本案所涉纠纷不应在同一案件中审理,应驳回起诉,另行分案起诉。原告将不同的提单和不同的保函纠纷在同一案件中起诉并要求审理,显然忽视了合同相对性原则并混淆了法律关系。三、涉案船舶被扣押及被拍卖的原因及责任未最终确定,原告或船舶所有人、承运人索赔的前提条件尚未具备。原告主张的损失是由于涉案船舶被扣押、被拍卖所导致,但扣船是收货人的行为,收货人的行为是否正确、其扣船是否有合理理由或者其要求提供担保的数额是否合理,均需要经过审判或仲裁才能认定。如果收货人错误申请扣船,应由收货人承担赔偿责任,与托运人、担保人无关;如果扣船是基于承运人自身的原因,其后果只能由承运人自己承担;如果由于混合过错造成扣船损失的,则要审查过错与损失之间的因果关系。据被告所知,土耳其法院没有对此做出实体裁决;而船东与收货人之间的纠纷是否提交过仲裁也不得而知。四、本案所涉保函的性质决定它不是见索即付。保函所保证和承诺的内容是,按照请求人的请求签发提单而遭受的损失,并非承运人或船东在目的港遭受的任何损失,而且损失必须与签发提单之间有因果关系。该保函是一种履约的承诺,或是一种海事担保,而不是见索即无条件支付款项的银行保函。五、各被告最多只是对装船时货物检验报告中记载的不符点承担赔偿责任，其他损失与各被告的行为之间缺乏直接的因果关系。托运人和承运人的责任划分在装港接收货物时，托运人只对装船前的货物缺陷承担赔偿责任，远大国际有限公司作为担保人只对托运人应承担的赔偿承担保证责任。但原告对此没有完成举证责任。

被告远大物产有限公司未提交书面答辩，在庭审中除同意被告远大国际公司的答辩意见外，还补充辩称：在为编号为 OFNB02-06-08 的提单出具的保函上，远大物产有限公司仅是作为远大国际公司的代理人盖章，保函的请求人是远大国际公司，所以远大物产有限公司不是本案适格的被告。

原告天恒船务公司为支持其诉讼请求，在举证期限内，向本院提交了以下证据材料：

一、编号分别为 OFNB01-05、OFNB04-07 和 OFNB02-06-08 的提单各一份，用以证明原告按被告请求签发了清洁提单。三份提单的承运船为"东方财富"轮，装船日和提单签发日为 2008 年 10 月 13 日，宁波舟商国际船舶代理有限公司（以下简称"舟商船代公司"）代理船长签发；"OFNB01-05"号提单下的托运人为中盟钢铁公司，货物为 210 卷冷轧板，卸货港土耳其利马索尔；"OFNB04-07"号提单下的托运人为科勒发展有限公司，货物为 256 卷冷轧板，卸货港土耳其地利克里斯；"OFNB02-06-08"号提单下的托运人为科勒发展有限公司，货物为 310 卷冷轧板，卸货港土耳其利马索尔。

二、三被告出具的保函及翻译件，用以证明三被告向原告出具了承诺函，但未履行承诺。各份保函均是出具给原告和"东方财富"轮船长，各份保函内容基本一致。中盟钢铁公司针对编号 OFNB01、OFNB05 的大副收据和"OFNB01-05"号提单分别出具保函，载明了大副收据的批注："1. 装运前所有货物均以篷布覆盖，存放在露天场地；2. 货物包装有沾污；3. 货物包装及打包带有部分生锈；4. 货物包装有轻微及部分刮痕/起皱/凹痕；5. 共计 68 卷货物打包带过松/2～6 件破损；6. 共计 21 卷货物的内径/外径以及包装封皮部分打开。"承诺并保证："1. 补偿你方、你方下属及代理因你方根据我方要求开出提单所可能承担的责任、损失、损害，或任何性质的费用，并保证你方不受损失；2. 在你方、你方下属及代理因你方根据我方要求开出提单而被起诉之时，应你方、你方下属及代理的要求，提供足够资金支持，以行使抗辩权利；3. 应你方要求，就你方、船长与/或船舶代理人或者你方的其他任何下属或任何性质的代理人因你方根据我方要求开出提单而可能遭受的任何损失或损害，向你方进行赔付；4. 如果，由于你方根据我方上述要求开出提单，本船或者本船的同一或关联的所有人、管理人、控制人名下的其他船舶或财产遭到逮捕或扣押，或者有被逮捕或扣押之威胁，或者对船舶的使用或运营有干扰（无论是通过对船舶过户登记进行冻结还是通过其他方式），应你方要求，我方将提供防止船舶扣押或逮捕,或解除船舶或财产扣押,或排除对船舶上述干扰所必需的保释或其他担保,并补偿你方因此种逮捕或扣押或逮捕或扣押之威胁或此种干扰而给你方带来的责任、损失、损害或费用,而不论此种逮捕或扣押或逮捕或扣押之威胁或此种干扰是否有正当理由;5.本保函下每一方所承担的责任均应是连带的,且不以你方先行起诉任何人为条件,不论该被起诉的人是否为本保函项下的当事人或负有责任的人;6.本保函应根据英国法进行解释,服从英国高等法院的管辖;7.本保函项下任何一方的责任在任何情况下均不得超过货物到岸价的200%。"远大国际公司针对编号 OFNB04、OFNB07、OFNB02、OFNB06、OFNB08 的大副收据和"OFNB04-07""OFNB02-06-08"号提单分别出具保函,除具体数字略有差异外,保函载明的批注内容、承诺保证事项均与中盟钢铁公司的保函相同。在远大国际公司为"OFNB02-06-08"号提单出具的保函上,于"For and on behalf of 远大国际公司"处加盖有浙江远大进出口公司公章。

三、两份租船确认书,原告用以证明船期损失为每天 25 000 美元。一份确认书由原告代表船东与金海安(香港)集团有限公司代表承租人签订;另一份由友馨航运有限公司代表船东与远大国际公司代表承租人签订,两份租船确认书内容相同,代表金海安(香港)集团有限公司和友馨航运有限公司签字的是同一人。

四、"东方财富"轮委托管理、经营协议书,由原告与船舶所有人财富船务公司签订,用以证明原告不仅是涉案船舶的管理人,还是船舶经营人,有权通过船舶进行收益。该协议第四条第五款规定:"原告有权在法律法规和行业规范内并在严格执行'SMS'前提下对船舶享有支配、使用、收益权;原告有权以自己的名义签署与该轮有关的航运合同,收取运费或租金,全权负责处理可能产生的相关滞期费、速遣费、港口费用等各种费用的收取及支出;船舶在合同规定期间营运所发生的经济纠纷和由此产生的法律责任由原告承担及处理。"第十条规定:"财富船务公司将其印章及账户一并交原告管理……"

五、土耳其法院根据申请人 ASSAN DEMIR VE SAC SAN. A. S. 和 TEZCAN GALVANIZLI YAPI ELEMANLARI SAN. VE TIC. A. S. 的申请,针对"东方财富"轮分别做出的扣船临时禁令以及法院致港口相关机关要求依裁定执行相关措施的通知,证明提单持有人申请法院于 2009 年 1 月 30 日在目的港扣押了涉案船舶。

六、土耳其法院的拍卖通知,用以证明"东方财富"轮于 2009 年 6 月 22 日被土耳其法院拍卖,拍卖所得为 1 250 000 土耳其里拉,拍卖费用为 145 000 土耳其里拉。

七、和解协议书,由"东方福州"轮所有人荣华国际船务有限公司、"东方财富"轮所有人财富船务公司、中盟钢铁公司、远大国际有限公司和原告五方于 2009 年 3 月 11 日在宁波签订,用以证明原告有两艘船舶遭扣押并拍卖,而被告根据保函规定已对其中"东方福州"轮的损失做出赔偿。

八、2009年5月20日航运在线网站的全国各地废钢价格汇总,用以证明涉案船舶拍卖价格低于废钢价格。

被告中盟钢铁公司为支持其答辩意见,在举证期限内,向本院提供了以下证据材料:

(一)"东方财富"轮登记证书,用以证明该轮的所有人是财富船务公司,原告不具备诉讼主体资格。

(二)财富船务公司的注册证书,证明该公司在香港依法登记。

(三)中盟钢铁公司与远大国际公司于2008年7月9日和11日签订的分别购买5 000吨、14 000吨冷轧钢卷合同及8月20日签订的补充合同,用以证明涉案货物运输的基础是该两公司之间的买卖合同关系。

(四)远大国际公司与友馨航运有限公司签订的航次租船合同,证明远大国际公司是涉案船舶的承租人。该证据与原告提供的相同。

(五)中盟钢铁公司出具的保函三份、"OFNB01-05"号提单一份,用以证明原告在中盟钢铁公司提供保函的情况下签发"OFNB01-05"号清洁提单,该保函无效且不涉及原告的权利义务。该部分证据与原告提供的相同,只是在翻译方面存在略微差异。

被告远大国际公司为支持其答辩意见,在举证期限内,向本院提供了以下证据材料:

1. "东方财富"轮登记证书,证明该轮在巴拿马登记的船舶状况,其所有人是财富船务公司。

2. 公司注册证书,用以证明涉案船舶船东及承运人财富船务公司是在香港登记注册的公司。

3. 租船确认书,与中盟钢铁公司证(四)相同,用以证明涉案船舶所有人是承运人。

4. 签发提单授权书,用以证明提单是船长/船东授权舟商船代公司签发。

5. 出口舱单,证明由船长和船代共同确认的涉案货物舱单上没有不良记载。

6. 原告于2008年11月7日所发传真、远大国际公司随后回复的两份传真,用以证明涉案船舶在装货一个月后,原告发函声称该轮仍在长江口,主机有故障须修理三个月,承租人对此十分惊讶,并要求派船检师登轮检验,但未获船方配合。

7. 财富船务公司2009年5月12日传真,证明该公司作为承运人已主张权利。

8. 土耳其法院判决书,用以证明涉案船舶在目的港被扣押后,收货人与承运人之间的纠纷未在土耳其进行审理,而应提交仲裁,同时目前仍未有仲裁结果,因此扣船是否存在过错、责任由谁承担尚未明确。

经当庭质证，对原告提供的证据，三被告分别就证据1和证据2中涉及自身的提单及保函的真实性予以确认，但被告远大国际公司和远大物产公司认为收货人申请扣船与"OFNB02-06-08"号提单没有关系；三被告对证据3中远大国际公司与友馨航运有限公司签订的租船确认书没有异议，但均表示对另一份租船确认书不清楚；三被告均认为证据4的真实性有问题，同时，中盟钢铁公司认为该证据反映的是委托关系，原告作为被委托人没有权利提起诉讼和索赔，而远大国际公司和远大物产公司也认为这是内部协议，对外不具有约束力；三被告对证据五、证据六和证据七的真实性没有异议，但对证据七的关联性都提出了异议，认为"东方福州"轮和涉案船舶的实际情况不同，远大国际公司和远大物产公司还认为，该协议反映了对外主张权利的是船舶所有权人；三被告对证据八的关联性提出异议，认为国内的废钢价格不等同于土耳其的废钢价格。对被告中盟钢铁公司提供的证据，远大国际公司和远大物产公司均无异议；原告对其证据（一）、证据（二）、证据（四）和证据（五）的真实性没有异议，但认为证据（二）与本案没有关联，认为证据（三）的真实性无法确定。对被告远大国际公司提供的证据，中盟钢铁公司均无异议；除证据7外，原告对远大国际公司其他证据的真实性予以确认，但认为证据2与本案没有关联、证据3和证据4不能证明原告没有诉讼权利，认为证据5和证据6所写的修理事实不存在，表示对证据7的真实性不能确定。

本院经审理认为：对原、被告各方在质证中确认真实的部分证据，本院应予认定。对当事人有异议的证据，本院认为，原告证据三中的两份租船确认书内容基本相同，且施奕青分别代表承租人和出租人签署该两份确认书，原告作为涉案船舶管理人的身份也在其他证据中得到证明，虽然原告与金海安（香港）集团有限公司签订的租船确认书为复印件，但与其他证据能够印证，因此，对其真实性予以确认；同样，原告证据四与保函、两份租船确认书、和解协议书等证据的相关内容相吻合，能反映原告实际经营和管理涉案船舶的事实，而三被告未提供相反证据，因此，对其真实性也予以认定；三被告对原告证据八的异议有理，本院对此证据不予采信；中盟钢铁公司证据（三）经合同双方当事人确认真实，且反映了涉案货物的买卖情况，本院予以认定；远大国际公司证据7的真实性无法确定，因此不予认定。就本院确认真实的所有证据能否证明当事人各自的诉讼主张，将在争议焦点评析中分别阐述。

本院根据各方当事人的陈述及本院确认的有效证据，认定下列事实：2008年7月9日和11日，被告中盟钢铁公司作为卖方与买方被告远大国际公司分别签订D01VA8024和D01VA8035号买卖合同，约定卖方向买方出售冷轧钢卷5 000吨和14 000吨，合同价分别为5 341 500美元和14 629 750美元。同年8月20日，买卖双方又签订D01VA8035买卖合同的补充协议，约定该合同项下的货价为

14 647 000 美元。2008 年 9 月 9 日,友馨航运有限公司代表船东与远大国际公司签订租船确认书,双方约定:船东为远大国际公司安排舱位,承载船舶为"东方财富"轮,货物及重量为 8 000 吨冷轧卷钢;装货港宁波北仑,卸货港为土耳其科贾埃利港(3 000 吨)、土耳其利马斯港(5 000 吨);运费每吨 103 美元,出租人不负责装卸货费用;如承租人不能完成装卸或提交单据,承租人应支付每天 25 000 美元的延迟费,不足一天的按比例计算;其他条款按照"金康租约 1994"执行;如果大副收据上有批注,则船东应根据托运人的保函签发清洁提单。同日,原告代表船东与金海安(香港)集团有限公司签订租船确认书,除运费为每吨 100 美元以及合同当事人不同外,其他条款与前述租船确认书相同。代表友馨航运有限公司和金海安(香港)集团有限公司签名的同是施奕青。"东方财富"轮国籍为巴拿马,属财富船务公司所有,该公司在中国香港注册。2008 年 10 月 13 日,租船确认书约定的货物在宁波北仑港装上"东方财富"轮,实载冷轧卷钢总重 10 249.985 公吨,大副收据对部分货物的包装瑕疵做了批注。中盟钢铁公司和远大国际公司向原告及该轮船长提供保函后,船代舟商船代公司代表船长签发了编号为"OFNB01-05""OFNB04-07""OFNB02-06-08"的清洁已装船提单。"OFNB01-05"号提单下的托运人为中盟钢铁公司,货物为 210 卷冷轧板、总重 3 039.095 公吨,卸货港为土耳其利马索尔;"OFNB04-07"号提单下的托运人为科勒发展有限公司,货物为 256 卷冷轧板、总重 2 090.94 公吨,卸货港为土耳其地利克里斯;"OFNB02-06-08"号提单下的托运人为科勒发展有限公司,货物为 310 卷冷轧板、总重 5 119.995 公吨,卸货港为土耳其利马索尔。该轮开航后,原告于 2008 年 11 月 7 日传真致三被告等,称该轮在长江口发现主机故障,等待备件需要约 3 个月。远大国际公司回复原告要求进行船检,原告未予安排。2009 年 1 月 29 日,"东方财富"轮抵达土耳其地利克里斯港,提单持有人 ASSAN DEMIR VE SAC SAN. A. S. 向土耳其法院申请临时禁令,请求扣押该轮,并要求船东/原告提供 1 769 410.48 美元担保,其申请理由是:"'东方财富'轮所承运的 256 卷冷轧板材于 2009 年 1 月 29 日最终到达目的港,比正常情况大为迟延;此时所应交付货物的通常期限已经届满;因此被请求人履行合同存在瑕疵;如果考虑到钢材市场的价格波动,货物价格自 1 月起到迟延交付日已经下跌 500 美元每吨;申请人因此价格波动遭受了损失;此等损失金额为 1 515 173.40 美元;且由于海关关税税率的变化,迟延交货还导致申请人支付了额外海关关税 204 237.08 美元;除此之外,部分货物在运输途中遭到毁损,加上这些损坏,申请人总的损失金额为 1 769 410.48 美元。"土耳其法院于 2009 年 1 月 30 日做出裁定,支持该提单持有人的请求,对"东方财富"轮实施扣船。同年 2 月 9 日,土耳其法院根据另一提单持有人 TEZCAN GALVANIZLI YAPI ELEMANLARI SAN. VE TIC. A. S. 的申请,针对"东方财富"轮做出扣船临时禁令,要求被申请人该轮船东、权利人、承运人提供 5 075 682.12 美元的担保,并于 2 月 10 日通知港口相关机关对该轮实施扣押;该裁决载明申请人的主张为:2008 年 9 月 13 日由中国宁波港出发前往 Limas 港的"东方财富"轮承运属于申请人的货物损坏,以及因迟延交货导致市场价格下跌;以及损失总额,指因货物损坏所造成的损失和因迟延到货导致的海关税损失,到目前为 5 075 682.12 美元。2009 年 3 月 11 日,"东方福州"轮船舶所有人荣华国际船务有限公司、"东方财富"轮船舶所有人财富船务公司、原告及中盟钢铁公司和远大国际公司在宁波经协商签订和解协议书,代表两轮船舶所有人签订协议的是原告法定代表人林斌。该协议对同在土耳其遭到扣押的"东方福州"轮损失的赔偿责任、赔偿金额、款项支付及追偿等问题做了约定,但就"东方财富"轮问题的处理未做出明确约定,协议第三条第三款约定:"除非有证据表明是由于'东方财富'轮装船前丙方(中盟钢铁公司)或丁方(远大国际公司)的原因导致货物损失而被收货人索赔且依法应由乙方(财富船务公司)及/或戊方(原告)或它们的代理人、管理人、经营人、承租人赔偿收货人并且乙方及/或戊方或它们的代理人、管理人、经营人、承租人已经实际赔付收货人的损失,乙方及/或戊方才有权要求丙方或丁方额外另行补偿,乙方及/或戊方赔付前应征询丙方和丁方的意见,不然,丙方和丁方有权拒付。"2009 年 6 月 22 日,土耳其法院根据"东方财富"轮船员的申请对该轮进行拍卖,拍卖所得为 1 250 000 土耳其里拉,拍卖相关费用为 145 000 土耳其里拉。此后,原、被告各方就"东方财富"轮被扣押及拍卖而发生的损失赔偿问题纠纷成讼。

本院认为:原告要求三被告履行涉案保函下的赔偿义务,并主张自己是涉案货物的承运人,因此各方当事人之间的纠纷涉及两种法律关系。中盟钢铁公司是"OFNB01-05"号提单下的托运人,并就该提单的签发出具保函,属于托运人自己为保证运输合同的履行而做出的承诺,该保函的内容仍属于涉案运输合同关系的范畴。原告与中盟钢铁公司之间的纠纷属于海上货物运输合同纠纷。而"OFNB04-07"和"OFNB02-06-08"号提单下的托运人均为科勒发展有限公司,远大国际公司为该两票提单的签发出具保函,系作为运输合同之外的第三人为托运人而出具的保函,属于《中华人民共和国担保法》第六条规定的保证;同样,远大物产公司也是运输合同之外的第三人,原告要求远大物产公司和远大国际公司承担保函下的赔偿责任,它们之间的纠纷应为海事担保纠纷。虽然涉案保函均约定保函根据英国法解释,但各方当事人在庭审中均主张本案适用中国法处理,因此本案适用中华人民共和国法律。

根据各方当事人的诉辩意见,本院对本案的争议焦点归纳并评析如下:

一、关于原告的主体资格问题

三被告主张，由于涉案船舶属于财富船务公司所有，原告是船舶管理人，不是承运人，也没有损失，不具有以保函为由向被告要求赔偿损失的资格。而本院认定的证据显示，原告不仅是涉案船舶的管理人，还是该船舶的经营人。在原告与船东的《委托管理、经营协议书》中约定，原告对船舶享有支配、使用、收益权，有权以自己的名义签署与该轮有关的航运合同、收取运费或租金，承担及处理船舶的经营风险等；涉案货物运输的租船确认书之一由原告出面签订；三被告的保函出具给原告；在船方与被告签订的和解协议书中，体现了原告在上述船舶管理、经营协议书中所应享有的权利。因此本院认为，原告是涉案运输合同的承运人，与涉案纠纷有直接的利害关系，是本案的适格当事人；三被告关于原告不适格的抗辩理由不足，本院不予采纳。

二、关于本案两种法律关系能否在一案中处理的问题

被告远大国际公司和远大物产公司主张，原告将不同的提单和不同的保函纠纷在同一案件中起诉并要求审理，显然忽视了合同相对性原则并混淆了法律关系，应驳回起诉，由原告另行分案起诉。本院认为：尽管涉案纠纷涉及不同的法律关系，各被告之间也没有承担连带责任的法律基础，但由于原告所主张的损失是基于两个提单持有人申请扣押船舶所引起，属于多因一果；按照原告的主张，提单持有人申请扣船，与三被告出具的所有保函都有关联，因此要求原告在起诉前将具体的保函与损失金额明确对应起来，确实存在不便。涉案提单项下的货物均载同一船舶、同一航次，如果原告所主张的理由成立，则各被告即应按照相应提单所载明的货物价值按份承担保函下的赔偿责任。为减少当事人诉累，本案基于同类原因、同一结果一次性处理当事人之间的两种法律关系纠纷并无不妥，但本案的案由则应确定为海上货物运输合同和海事担保纠纷。

三、关于涉案保函效力及被告远大物产公司是否为保函当事人的问题

三被告在诉讼过程中均提出涉案保函无效。关于该类保函的效力问题，1988年最高人民法院《关于保函是否具有法律效力问题的批复》中明确：海上货物运输的托运人为换取清洁提单而向承运人出具的保函，对收货人不具有约束力；对托运人和承运人出于善意而由一方出具另一方接受的保函，双方均有履行之义务。本案运输的货物是钢材，而这类货物的包装或外观在装船前常会存在一些瑕疵，无论是船方还是货方都会预见到这种情况。涉案的租船确认书也明确约定了这样的条

款:"如果大副收据上有任何批注,船东应凭托运人按船东保赔协会格式出具的保函签发清洁已装船提单。"本案货物装船时的所有大副收据中的批注均是货物包装及打包带的问题,在此情形下,承运人在被告出具保函后签发清洁提单,没有欺诈收货人的故意,因此涉案保函属于上述批复所称的善意保函,对保函的出具人具有约束力。被告远大物产公司辩称,在为"OFNB02-06-08"号提单出具的保函上,其只是作为远大国际公司的代理人盖章,因此不是本案适格被告。该份保函的抬头和落款的请求人均是远大国际公司,远大物产公司盖章的位置上有"For and on behalf of〔HONGKONG GRAND INTERNATIONAL CO.,LIMITED〕〔为并代表远大国际(香港)公司〕"的英语文字,除此之外,远大物产公司再没有出现在与本案相关的证据材料中,而有关租船确认书也系远大国际公司与船方签订,所以本院认为,不能凭上述一个公章即将远大物产公司视作涉案保函的出具人,远大物产公司该项抗辩理由成立,其不应承担涉案保函下的保证义务。

四、关于原告损失金额的问题

被告中盟钢铁公司认为原告没有损失,而被告远大国际公司和远大物产公司则认为原告未能证明装船时货物检验报告中记载的不符点所导致的具体赔偿金额。原告先后提出两部分诉讼请求,就增加的诉讼请求部分,原告不仅未在本院指定的预交期限内补交该部分诉请的案件受理费,而且至今仍未交纳;同时,原告在庭审后提交的代理词中也未再提及增加部分的诉讼请求,所以应视为原告已经自动撤回了该部分诉请,本院不再予以审理。原告主张的船期损失,其依据是从涉案船舶于 2008 年 1 月 30 日被扣押之日起至该轮被拍卖日止,共计扣押了 143 天,按租船确认书约定的延迟费每天 25 000 美元计算,金额为 3 575 000 美元。本院认为:无可否认,船舶被扣押期间,船东或船舶经营人必然遭受船期损失,但原告直接以延迟费率来计算该项损失理由不足。本案中的租船确认书本质上是航次租船合同,其中约定的延迟费即为滞期费,其性质是指承租人对于超出规定的或合理的装船或卸货时间的延误而同意支付的"约定违约金",滞期费不以出租人遭受损害为前提,也不论出租人实际遭受的损失是高于还是低于此金额。滞期费条款的效力只约束航次租船合同当事人或已并入该合同的提单当事人,且适用的范围是超过约定装卸时间的延迟期间,而原告所主张的船期损失期间与装卸时间无关,索赔的对象和理由也不是航次租船合同下的违约方和违约事实,所以,原告关于船期损失的计算方法不应得到支持。涉案船舶扣押期间的损失应参照同类船舶在当时定期租船市场上的租金及必要的维持费用来进行确定,但原告并未提交这方面的相关证据。因此,原告主张的损失金额,证据不足,不予保护。

五、关于被告是否应对涉案船舶被扣押承担赔偿责任的问题

就以保函换清洁提单与涉案船舶在目的港被收货人申请扣押之间是否存在因果关系，是本案当事人争议的关键问题。从当事人之间的和解协议书中也可以看出，这个问题在原、被告之间已争论日久。原告提交的证据显示，收货人申请扣船的理由是：货物到港比正常情况大为迟延，使收货人受到价格波动的损失，且部分货物在运输途中遭到毁损。本案运输合同的履行情况是，涉案货物于 2008 年 10 月 13 日装船，直至 2009 年 1 月 29 日才到目的港，历时超过 3 个半月，原告没有给出这属于符合合同约定的正常航行的合理解释，也没有提供有关承运人已尽到合理速遣默示义务的证据材料，甚至不能提供涉案船舶该航次的航海日志记录。相反，被告远大国际公司提供证据证明，货物装船后近一个月，该轮仍在长江口滞留。另外，大副收据及保函所批注或记载的货物包装缺陷与收货人所主张的货物遭到毁损之间存在明显差异。正如原告自己主张，涉案保函是善意出具的，不存在欺诈收货人的故意，结合大副收据所实际批注的内容，涉案货物在装船时本质上应是完好的；同时，原告未提供证据证明货物在卸货港交付给收货人时的实际状况，不能证明货物是否遭受毁损，也不能排除毁损发生于运输途中。被告出具保函，不意味着承运人可以不履行运输合同下应尽的妥善地、谨慎地装载、搬移、积载、运输、保管、照料和卸载所运货物的义务。被告的保证范围在保函中已明确写明，只与承运人不将大副收据的批注记载在提单上所产生的损失或责任有关，而现有证据则显示，收货人申请扣船的原因与承运人的实际运输过程及管货责任有关，却无法证明目的港法院根据收货人的申请扣押船舶属于涉案保函所保证的内容。所以本院认为，三被告的相关抗辩有理，应予采纳；原告主张三被告应根据保函承担赔偿责任，证据不足，不应支持。

综上，原告天恒船务公司的现有证据不能证明其诉讼请求成立，即使在本院指定的补充举证的期限届满后，仍未补充证据。故本院认为，原告诉请证据不足，应予驳回。依照《中华人民共和国民事诉讼法》第六十四条第一款的规定，判决如下：

驳回原告福州天恒船务有限公司的诉讼请求。

本案案件受理费为 162 993 元，由原告福州天恒船务有限公司负担。

如不服本判决，原告福州天恒船务有限公司、被告宁波中盟钢铁公司和远大物产公司可在判决书送达之日起十五日内，被告远大国际公司可在判决书送达之日起三十日内，向本院递交上诉状，并按对方当事人的人数提供副本，上诉于浙江省高级人民法院［上诉案件受理费 162 993 元，（具体金额由浙江省高级人民法院确定，多余部分以后退还）应在提交上诉状时预交。上诉期届满后七日内仍未交纳

的,按自动撤回上诉处理。款汇浙江省财政厅非税收入结算分户,账号:398000101040006575-515001,开户行:农业银行西湖支行]。

审　判　长　胡建新
审　判　员　张继林
代理审判员　孟云凤
二〇一二年四月九日
代 书 记 员　郑　　静

【裁判要旨】

一艘工程船由于承建方的原因致使其所有权归属存在争议,造成船舶登记所有人与占有人分离。占有人将该工程船挂靠登记到一公司名下,并与一修船公司签订修船合同,在修理过程中,该工程船被原登记所有人强行从修船公司拖走,修船公司未收取分文修理费。在此情况下,修船公司对该工程船虽丧失占有,但仍享有占有权利,其船舶留置权并未消灭。

宁波海事法院
民事判决书

（2014）甬海法台商初字第 88 号

原告:台州市园山船务工程有限公司。住所地:浙江省台州市椒江区前所街道小园山。（组织机构代码 68557107-5）

法定代表人:尤炳灵,该公司执行董事。

委托代理人:许军,该公司商务经理。

委托代理人:应以文,浙江安天律师事务所律师。

被告:舟山市安达船务有限公司。住所地:浙江省舟山市定海环南街道盘峙村。（组织机构代码 763910803）

法定代表人:徐胜军,该公司执行董事。

被告:舟山宏浚港口工程有限公司。住所地:浙江省普陀区沈家门街道菜市路 185 号财富商务楼 1003 室。（组织机构代码 68998445-9）

法定代表人:张鸿均,该公司总经理。

委托代理人:潘游,浙江合创律师事务所律师。

委托代理人:钟明,浙江合创律师事务所律师。

原告台州市园山船务工程有限公司（以下简称"园山公司"）为与被告舟山市安达船务有限公司（以下简称"安达公司"）、舟山宏浚港口工程有限公司（以下简称"宏浚公司"）船舶修理合同纠纷一案,于 2014 年 7 月 1 日向本院起诉,本院于 7 月 3 日受理后,依法组成合议庭,于 2014 年 8 月 21 日、10 月 28 日公开开庭进行了审理。原告园山公司的委托代理人许军、应以文,被告安达公司的法定代表人徐胜军,被告宏浚公司的委托代理人潘游到庭参加诉讼。本案现已审理终结。

　　原告园山公司起诉称:2012 年 10 月 10 日,园山公司与安达公司签订了一份《船舶修理合同》(以下简称《修船合同》),约定:由园山公司为安达公司修理一艘挂靠登记在海南洋浦祥和渔港航道疏浚工程有限公司(以下简称"祥和公司")名下的船名为"琼洋浦 F8132"的工程船;将根据现场实际情况共同约定的修理项目为修理工程范围;价格按《国内民用船舶修理价格表》92 黄版本 $K = 1.2$ 结合双方确定的特定标准(详见附后);修理总周期暂定 150 天(其中坞期 7 天),预定自 2012 年 10 月 13 日起至 2013 年 3 月 13 日止;付款方式为甲方(即安达公司)在接到乙方(即园山公司)结算协议并确认无误后,一次性付清;若任何一方违约,违约方应赔偿另一方因此造成的一切损失费用,包括律师费、交通费、调查费,等等。合同签订后,园山公司于 2012 年 10 月 13 日开始对系泊在园山公司码头的"琼洋浦 F8132"船进行修理。同年 12 月 21 日凌晨 3 至 4 时许,宏浚公司组织的 20 余人手持铁棍、钢管、刀具,开着一艘拖船来到园山公司码头,以暴力或威胁等手段将系泊在园山公司码头的"琼洋浦 F8132"船强行拖走,致使园山公司无法继续履行涉案修船合同。当日,园山公司以在修的"琼洋浦 F8132"船被盗抢为由,向台州市公安局椒江分局前所边防派出所(以下简称"前所边防所")报案。经前所边防所立案调查后,园山公司才获悉:安达公司委托其修理的"琼洋浦 F8132"船的所有权原登记在宏浚公司名下,且办理了抵押权人为中国建设银行股份有限公司宁波镇海支行(以下简称"宁波镇海建行")的船舶抵押权登记;由于安达公司与宏浚公司存在船舶所有权纠纷等原因,签订涉案修船合同时,该船由安达公司实际控制、占有,并由安达公司挂靠登记在祥和公司名下。2012 年 12 月 24 日,园山公司与安达公司共同对船舶修理费用进行结算,并以签署"琼洋浦 F8132 结算单"的方式,确认已完工部分的船舶修理费总价款为人民币 2 369 875 元。但安达公司至今未向园山公司支付任何修理费。综上所述,园山公司与安达公司签订的修船合同,不违反法律和行政法规有关效力的强制性规定,属于有效合同。安达公司应按修船合同的约定,向园山公司履行支付修理费的义务。"琼洋浦 F8132"船目前虽已被宏浚公司拖回并占有,但园山公司为该船舶进行修理所增加的价值,仍存在于"琼洋浦 F8132"(即"宏浚 1")船。依据法律规定,园山公司对经过修理并登记在宏浚公司名下的涉案船舶"宏浚 1"船依法享有留置权,并以该船舶折价或者以拍卖、变卖该船舶的价款优先受偿。园山公司为维护其合法权益,特提起诉讼,请求判令:一、安达公司向园山公司支付船舶修理费 2 369 875 元,以及其自 2012 年 12 月 24 日至生效判决确定的支付之日按中国人民银行同期贷款基准利率计算的逾期付款利息;二、园山公司对宏浚公司所有的"宏浚 1"船在前项款项范围内享有留置权,并有权以该船舶折价或者以拍卖、变卖该船舶的价款优先受偿。

　　被告安达公司答辩称:一、2012 年 10 月 10 日安达公司与园山公司签订修船合同属实，涉案船舶于同月 13 日移泊至园山公司码头，同月 14 日进园山公司船坞修理，经过 7 天驻坞修理后再靠泊园山公司码头修理，至 12 月 21 日凌晨被宏浚公司强行抢走；二、由于涉案船舶被宏浚公司强行抢走，安达公司与园山公司就涉案船舶已修理项目的修理费进行结算，共计修理费 2 369 875 元，本次修理所产生的增值都体现在宏浚公司所有的"宏浚 1"船上，故修理费应由宏浚公司负担，不应由安达公司承担。请求驳回园山公司对安达公司的诉讼请求。

被告宏浚公司答辩称：一、宏浚公司不是修船合同的当事人，园山公司也未就船舶修理费向宏浚公司主张权利，而留置权是一种债的担保，园山公司与宏浚公司无任何债权债务关系，不存在针对宏浚公司而主张留置权的问题，宏浚公司并非适格被告；二、留置权是一种法定权利，并不是通过约定或者通过法院判决来实现的，园山公司想通过法院判决以得到对宏浚公司所有的"宏浚 1"船的留置权，不符合法律规定；三、依据《中华人民共和国海商法》（以下简称《海商法》）第二十五条第二款的规定，园山公司已未实际占有"宏浚 1"船，园山公司主张的船舶留置权已消灭；四、退一步说，即使留置权成立，涉案船舶修理系园山公司与安达公司恶意串通，园山公司提起诉讼，存在企图侵害宏浚公司利益的恶意诉讼或虚假诉讼。请求驳回园山公司对宏浚公司的诉讼请求。

原告园山公司为支持其诉讼请求，举证如下：

1. 园山公司企业法人营业执照以及安达公司、宏浚公司在册的公司基本情况，拟证明园山公司、安达公司、宏浚公司的经营范围均已经工商部门核准登记。

2. 修船合同和渔业船舶登记证书、吨位证书、安全证书，拟证明安达公司为委托园山公司修理"琼洋浦 F8132"船，于 2012 年 10 月 10 日与园山公司签订修船合同，约定了修船工程的计价标准、工程期限、质量保证、修理费支付、违约责任等，还向园山公司提交了待修船舶的权属、检验等证书。

3. 园山公司修理项目工程验收单、园山公司工程结算单，拟证明园山公司按约定对涉案船舶进行修理，至 2012 年 12 月 21 日凌晨涉案船舶被宏浚公司强行拖走，园山公司就已修理项目与安达公司进行核实并结算，安达公司应付的修理费为 2 369 875 元。

4. 涉案船舶经园山公司修理并系泊在园山公司码头时的照片，拟证明园山公司按修船合同的约定，对涉案船舶进行了大部分的修理，船舶的外观质量状况明显改善。

5.《要求从速立案查处园山公司内"琼洋浦 F8132"船被盗抢事件之报告》《立案决定书》《撤销案件决定书》，拟证明 2012 年 12 月 21 日凌晨宏浚公司以暴力、威胁手段对园山公司正在修理的涉案船舶实施盗抢，侵犯了园山公司应享有的船舶留置权，当日，园山公司向前所边防所请求保护，前所边防所予以立案侦查，后发现行为人的行为尚不构成犯罪,依法决定撤销此案等。

6. 前所边防所对印尼籍船员 INDRA LAMAKASUSA、BURHAN 的询问笔录,两船员陈述:2012 年 12 月 21 日凌晨 3 时许,在 KISA MARU NO. 25 船(以下简称"25号船")上睡觉时被很响的声音惊醒,发现一艘拖船停在旁边,从那拖船上下来 20人左右,部分人上园山公司码头割缆绳,其中 6 人爬到 25 号船上,有的持铁棍、有的带着刀,要他们二人去驾驶室,摔坏他们二人的手电筒,把他们二人手机的 SIM卡取出,然后用拖船将停泊在码头的相连接的绞吸工程船、25 号船、快艇一起拖走,大概过了一个小时,当拖到椒江二桥位置时,那 6 人爬上绞吸工程船,然后让他们二人回去,他们二人就开回 25 号船并拖着快艇回到码头,那些人拖着绞吸工程船往洋面方向驶去。拟证明宏浚公司组织 20 余人,以暴力、威胁等手段对园山公司正在修理的涉案船舶实施盗抢,该非法行为已侵犯园山公司对涉案船舶的留置权。

7. 前所边防所对叶再金、乐晓波、徐胜军、林谦峰的询问笔录,叶再金陈述:2012 年 10 月由安达公司拖来的委托园山公司修理的一艘绞吸工程船,于 12 月 21日凌晨被一艘拖船拖走,当时拖船上有 20 余人,持着铁棍和刀,这艘工程船当时尚在修理;乐晓波陈述:这艘工程船原是安达公司要舟山市定海海礁船舶修造有限责任公司(以下简称"海礁公司")打造的,因海礁公司与浙江恒宇造船有限公司(以下简称"恒宇公司")有合作关系,就把该船舶放在恒宇公司打造,待完工时恒宇公司将该船舶卖给了宏浚公司,当时海礁公司把该船舶拖回来交给安达公司,2012年 10 月安达公司拖来该船舶委托园山公司修理,该船舶存在所有权争执而被法院判决过,听说该船舶在园山公司被拖走,故过来做笔录;徐胜军陈述:2012 年 10 月中下旬将"琼洋浦 F8132"船拖到园山公司修理,当时已与园山公司订立修船合同,约定修理费按实际修理项目验收单结算,12 月 21 日早上,园山公司打电话过来称船不见了,因在外出差今天(即 12 月 23 日)才赶到台州,"琼洋浦 F8132"的船名是2012 年 1 月委托祥和公司在海南办的,是安达公司出资建造的,对这艘船的所有权是有争议的,另外还有一艘船名叫"宏浚 1";林谦峰陈述:宏浚公司委托恒宇公司建造的船舶于 2010 年建成,船名为"宏浚 1",后被海礁公司控制,宏浚公司一直派人在寻找,2012 年 12 月从园山公司拖回该船舶。拟证明涉案船舶的所有权归属问题存在争议,后来园山公司接受安达公司的委托修理涉案船舶,在修理过程中,被宏浚公司派人持械强行拖走,宏浚公司的非法行为侵犯了原告对涉案船舶的留置权。

8. 宏浚公司于 2012 年 12 月 28 日向前所边防所出具的《关于"宏浚 1"轮相关情况的说明》、宁波镇海建行于 2013 年 1 月 7 日向前所边防所出具的《关于"宏浚1"船舶的情况说明》,拟证明 2012 年 12 月 21 日宏浚公司以暴力、威胁手段将园山公司正在修理的船舶强行拖走，其非法行为侵犯了园山公司对涉案船舶的留置权。

9.船舶所有权登记证书、抵押权登记证书、国籍证书，拟证明涉案船舶"宏浚1"船于2011年1月15日建成，同月21日进行船舶所有权登记，登记所有权人系宏浚公司，同月24日进行抵押权登记，抵押权人系宁波镇海建行等。

经庭审质证，对证据1，安达公司、宏浚公司均无异议；对证据2、3，安达公司无异议，宏浚公司有异议，并称其真实性无法核实；对证据4，安达公司无异议，宏浚公司仅认可照片上的船舶是"宏浚1"船，但认为不能证明该船舶经园山公司修理的工作量；对证据5，安达公司无异议，宏浚公司对报告中就本次事件的描述无异议，但认为宏浚公司拿回自己的船舶，其行为并非如报告中所描述的属于违法犯罪事件；对证据6，安达公司无异议，宏浚公司认为不能证明园山公司的待证事实。对证据7，安达公司对真实性无异议，但认为林谦峰的陈述与事实不符，宏浚公司对真实性无异议，但认为不能证明园山公司的待证事实；对证据8，安达公司对情况说明中的部分内容不予认可，宏浚公司对真实性无异议，但认为不能证明园山公司的待证事实。对证据9，安达公司对真实性无异议，但认为2011年1月15日船舶未完全建成，按常规是不能进行所有权登记的，宏浚公司无异议。

被告安达公司为支持其抗辩意见，出示涉案船舶未修理前的照片16张，拟证明涉案船舶未被拖到园山公司修理之前停泊在舟山的浙江盘峙船舶修造有限公司码头的状况。经庭审质证，园山公司无异议，并认为通过比对能够反映出涉案船舶修理前与修理后的明显区别，可以印证园山公司与安达公司之间存在着修船合同关系；宏浚公司认为该组照片与本案无关联，不能证明安达公司的待证事实。

被告宏浚公司为支持其抗辩意见，举证如下：

（1）舟山市普陀区人民法院（2012）舟普商初字第38号民事判决书，拟证明宏浚公司才是涉案船舶的所有权人；

（2）申请财产保全与要求公安机关立案侦查的申请书，拟证明宏浚公司在没有实际占有涉案船舶且不知道船舶的具体位置时，想申请法院依法扣押或通过公安机关调查处理，由于申请人未提供担保，法院未做出扣押裁定，公安机关也以法院已判决为由，未予立案。

经庭审质证，对证据（1），园山公司对真实性无异议，但认为该判决主文是驳回海礁公司的诉讼请求，没有确认涉案船舶所有人是宏浚公司；安达公司对真实性无异议，但认为该案是海礁公司起诉的，对该判决不予认可，涉案船舶是海礁公司交给安达公司的。对证据（2），园山公司认为系复印件，不能证明已向当地法院申请扣船、向公安机关申请调查处理，再说申请扣船也应向当地海事法院提出；安达公司认为宏浚公司知道涉案船舶停泊的位置，只是当时停泊的位置海域不宽，无法实施强行拖走而已，当地政府与法院都知道这艘船是有争议的。

本院经审查认为:证据1,可以反映原、被告的经营范围已经工商部门核准登记,安达公司、宏浚公司均无异议,应确认其证明力。证据2,可以反映安达公司为修理涉案船舶,于2012年10月10日与园山公司订立修船合同,向园山公司提交了该船的权属、检验等证书,基于合同双方当事人均认可订立修船合同是其真实意思的表示,故对证据2的证明力予以确认。证据3、4,可以反映涉案船舶于2012年10月13日到达园山公司码头,次日开始驻坞修理,驻坞修理7天后靠泊园山公司码头继续进行修理,截至同年12月21日涉案船舶被宏浚公司强行拖走,园山公司就其已修理项目的费用,与委托方安达公司进行了结算,计修理费2 369 875元,宏浚公司对证据4船舶照片系"宏浚1"船无异议,故对证据3、4的证明力予以确认。宏浚公司对证据2、3、4的真实性等持有异议,并称涉案船舶修理系园山公司与安达公司恶意串通,但未提供相应的证据予以佐证,故对此不予采信。证据5、6、7、8、9,可以反映2012年12月21日凌晨,停泊在园山公司码头尚在修理的涉案船舶被20余人持械强行拖走,园山公司向前所边防所报案,经前所边防所立案侦查,涉案船舶先由宏浚公司办理所有权、抵押权登记,由于该船舶存在权属纠纷,后被安达公司实际掌控并挂靠登记在祥和公司名下,于2012年10月13日被安达公司交由园山公司修理,在园山公司修理期间,被宏浚公司强行拖走,宏浚公司也承认派人拖回涉案船舶,基于宏浚公司拖回登记其为所有人的涉案船舶,前所边防所对行为人的刑事责任不予追究等情节,这五组证据来源于前所边防所的侦查卷宗,应予以确认。安达公司出示的16张照片,从照片所示船舶的外观形状、内部结构以及照片上(其中1张)写有"洋浦"两字,再与园山公司提供的照片(即证据4)进行比对,可以证明该16张照片所显示的船舶就是涉案船舶修理前的船舶状况,能印证涉案船舶已经园山公司修理过。证据(1)系生效的法律文书,应予以确认,从该文书的本院认为部分可以反映宏浚公司是涉案船舶的所有人。证据(2)系宏浚公司为涉案船舶欲向当地法院或公安机关寻求保护的材料复印件,基于该材料形成的时间等无法确定,且无相应的后续结果,故不予认定。

根据上述认定的证据,结合原、被告庭审陈述,本院认定案件事实如下:

2012年10月10日,安达公司为委托园山公司修理一艘挂靠登记在祥和公司名下的涉案船舶(船名为"琼洋浦F8132"),与园山公司订立了一份修船合同,约定将根据现场实际情况共同约定的修理项目为修理工程范围,价格按《国内民用船舶修理价格表》92黄本K=1.2结合双方确定的特定标准,92黄本和特定标准没有的按92黄本补充本K=1.2,最终费用按实际完成修理项目验收单结算,修理总周期暂定150天(其中坞期7天),预定自2012年10月13日至2013年3月13日,修理所需材料由园山公司负责按市场价供应,须在船舶修理项目单中明确,双方签署最终的修理费结算协议作为结算依据,园山公司根据结算协议开具税务发票,安达公司将修理费一次性汇入园山公司指定账户,若任何一方违约,违约方应赔偿另一方因此造成的一切损失费用(包括律师费、交通费、调查费等),如安达公司有意违约,园山公司对该船舶有留置权。

2012年10月13日,安达公司将涉案船舶移泊至园山公司码头。次日上午,园山公司将涉案船舶拖入该公司的1号船坞,按约开始为期7日的驻坞维修,主要修理项目有:船体外板、海底门、矩形绞吸管臂架的冲洗、除锈和油漆;船体外板水线、水尺的弹正和描写;船体外板防腐锌块的拆装换新;原随船遗留构件拆除;艉部主、付立桩定位和抱箍门开关试验;艉锚防撞架新制、装焊、打磨和油漆以及部分甲板工程。同月20日,园山公司将涉案船舶拖出船坞并靠泊至该公司1号码头继续维修,直至同年12月20日,其间的主要修理项目有:船舶主平台、二平台、生活区甲板的除锈和油漆;上层建筑外板、走道、栏杆、扒杆、小吊座等除锈和油漆;排烟管、风机风帽、甲板小舱口、艏艉缆机、绞缆机、艏龙门架等设备的除锈和油漆;机舱、船员房间、厨房、餐厅、驾驶室、会议室等生活办公场所及物品的清洁、砂磨、揩灰和油漆;吊桥门架维修平台、居住甲板钢桩托架工作平台、尾部主副钢桩门架工作平台、罗径甲板液压绞车基座、锚托架、双联带缆桩、导缆孔、吸壁梯、艉部甲板拖钩、机舱过道、膨胀水箱、集控室花铁板、主甲板两舷橡胶靠垫等制作和安装。

2012年12月21日凌晨3时许,有20余人手持铁棍、钢管、刀具,开着一艘拖船到园山公司1号码头,强行将系泊在园山公司码头的涉案船舶拖走。当日,园山公司以涉案船舶被盗抢为由,向前所边防所报警。前所边防所于2013年1月4日决定对"椒江1221琼洋浦F8132被盗窃案"立案侦查,根据侦查材料反映:安达公司委托园山公司修理的涉案船舶,最初登记在宏浚公司名下,船名为"宏浚1",宏浚公司为银行贷款于2011年1月24日办理抵押权登记;涉案船舶的所有权归属因各种原因存在纠纷,2012年1月安达公司将已先行占有、控制的涉案船舶挂靠登记到祥和公司名下,取名为"琼洋浦F8132";2012年10月10日安达公司委托园山公司修理涉案船舶,并订立涉案修船合同,在园山公司按约修理涉案船舶期间,宏浚公司于同年12月21日凌晨,组织20余人持械强行拖走涉案船舶;2013年4月15日,前所边防所以"椒江1221琼洋浦F8132被盗窃案"行为人不构成犯罪为由,决定撤销此案。

2012年12月24日,园山公司与安达公司对涉案船舶已修理项目的费用进行结算,确认修理费为2 369 875元。安达公司以涉案船舶已被宏浚公司强行拖走并占有为由,至今未付上述修理费。

本院认为:本案系船舶修理合同法律关系,园山公司与安达公司就涉案船舶签订的修船合同,是双方当事人真实意思的表示,并不违反法律规定,应确认有效。园山公司在按约修理涉案船舶过程中,由于宏浚公司擅自拖走涉案船舶,致使园山公司无法对涉案船舶进行全面的修理,但对于涉案船舶已修理项目 2 369 875 元的修理费,安达公司作为修船合同的委托方,理应在与修船人园山公司核实结算时一次性付清,至今拖欠未付,已构成违约,应承担相应的违约责任。因此,园山公司要求安达公司支付船舶修理费及其逾期付款利息的诉请,本院予以支持。

船舶留置权是设定于船舶之上的法定担保物权,当修船合同的委托方未履行合同时,修船人基于修船合同为保证修船费用得以实现,可以留置所占有的船舶,而不论该船舶是否为修船合同的委托方所有。园山公司作为修船人,依据其与安达公司订立的修船合同,对涉案船舶进行修理后未取得相应的修理费,应有权留置涉案船舶。涉案船舶的所有人宏浚公司虽不是本案修船合同的当事人,但不影响该留置权的成立。园山公司对宏浚公司提起诉讼,并请求法院以判决的形式确认其对涉案船舶享有留置权,符合法律规定。宏浚公司辩称:留置权是一种债的担保,园山公司与宏浚公司无任何债权债务关系,宏浚公司不是适格被告;留置权是一种法定权利,园山公司想通过法院判决以得到对宏浚公司所有的涉案船舶的留置权,不符合法律规定。对此辩称,本院均不予采信。

本案主要争议的焦点是涉案船舶被宏浚公司强行拖走后园山公司应享有的留置权是否消灭的问题。园山公司认为,宏浚公司强行拖走涉案船舶的行为是非法的,涉案船舶虽因宏浚公司非法侵夺而使园山公司丧失占有,但园山公司对涉案船舶的留置权并未消灭。安达公司认为,涉案船舶修理期间被宏浚公司强行拖走,园山公司主张对涉案船舶享有留置权是合法有理的。宏浚公司认为,园山公司已未实际占有涉案船舶,依据《海商法》第二十五条第二款的规定,园山公司对涉案船舶的留置权已消灭。本院认为,宏浚公司是涉案船舶的登记所有权人,当其就该船舶的物权应享有的权能遭到侵害时,为维护合法的物权权益,应当采取合法的途径寻求保护,而本案宏浚公司却持械强行拖走涉案船舶,其行为侵害了园山公司的留置权,故园山公司对涉案船舶丧失占有,不是出于自身的意思。据此,应认定园山公司对涉案船舶仍享有占有权利,其船舶留置权并未消灭。园山公司主张在船舶修理费范围内对涉案船舶享有留置权的诉请,证据与理由充分,本院予以支持。宏浚公司辩称园山公司主张的船舶留置权因其已未实际占有涉案船舶而消灭,本院不予采信。鉴于引发本案纠纷的原因与宏浚公司强行拖走涉案船舶的行为有关,且有前所边防所的侦查材料佐证,宏浚公司辩称园山公司存在恶意诉讼或虚假诉讼,本院不予采信。

综上,园山公司的诉讼请求合法、有据,本院予以支持。依照《中华人民共和国合同法》第一百零七条、第二百六十三条,《中华人民共和国物权法》第二百三十条和《海商法》第二十五条的规定,判决如下:

一、被告舟山市安达船务有限公司于本判决生效后十日内支付原告台州市园山船务工程有限公司船舶修理费 2 369 875 元及其逾期付款利息（自 2012 年 12 月 24 日至本判决确定的履行之日按中国人民银行同期贷款基准利率计算）；

二、原告台州市园山船务工程有限公司就上述判决第一项债权，对被告舟山宏浚港口工程有限公司所有的"宏浚 1"船享有船舶留置权，并有权优先受偿。

如果未按本判决指定的期限履行给付金钱义务，应当依照《中华人民共和国民事诉讼法》第二百五十三条之规定，加倍支付迟延履行期间的债务利息。

案件受理费 27 730 元，由被告舟山市安达船务有限公司负担。

如不服本判决，可在判决书送达之日起十五日内，向本院递交上诉状，并按对方当事人的人数提供副本，上诉于浙江省高级人民法院［上诉案件受理费 27 730 元（具体金额由浙江省高级人民法院确定，多余部分以后退还）应在提交上诉状时预交。上诉期届满后七日内仍未交纳的，按自动撤回上诉处理。款汇浙江省财政厅非税收入结算分户，账号：19000101040006575401001，开户行：农业银行西湖支行］。

审　判　长　朱忠军

代理审判员　金　涛

代理审判员　马　娟

二〇一四年十一月十三日

书　记　员　王茜茜

【裁判要旨】

根据《中华人民共和国海事诉讼特别程序法》(以下简称《海诉法》)第九十五条第二款的规定,被保险人取得的保险赔偿不能弥补第三人造成的全部损失的,保险人和被保险人可以作为共同原告向第三人请求赔偿。本案两原告共同起诉,符合法律规定。

宁波海事法院
民事判决书

(2016)浙72民初1634号

原告:佛山市源德裕钢业有限公司。住所地:广东省佛山市澜石(国际)金属交易中心第六座二层27号铺。

法定代表人:黄伟龙,该公司董事长。

原告:永安财产保险股份有限公司营口中心支公司。住所地:辽宁省营口市站前区渤海大街东26号网点五层501-504室。

负责人:柳景学,该支公司总经理。

两原告委托代理人:晏圣民,上海斐航律师事务所律师。

两原告委托代理人:张涛,上海斐航律师事务所律师。

被告:烟台明升船务有限公司。住所地:山东省烟台市芝罘区大马路1号1单元3502室。

法定代表人:林圣明,该公司董事长。

委托代理人:张洪涛,北京大成(青岛)律师事务所律师。

委托代理人:祁伟,山东西政律师事务所律师。

被告:许善郎,住浙江省三门县泗淋乡泗淋塘村中路下7号。

被告:毛华喜,住浙江省三门县浦坝港镇下畔村64-65号。

两被告委托代理人:吕静,北京大成(宁波)律师事务所律师。

两被告委托代理人:谢明明,北京大成(宁波)律师事务所律师。

原告佛山市源德裕钢业有限公司(以下简称"源德裕公司")、永安财产保险股份有限公司营口中心支公司(以下简称"永安财保营口公司")与被告烟台明升船务有限公司(以下简称"明升公司")、许善郎船舶碰撞损害责任纠纷一案,本院于

2016年7月1日立案受理后,依法适用普通程序,于2016年8月18日、2017年4月11日公开开庭进行了审理,两原告的委托代理人晏圣民,被告明升公司的委托代理人张洪涛(第一次庭审)、祁伟,被告许善郎的委托代理人吕静(第一次庭审)、谢明明到庭参加诉讼。两原告于2017年4月11日申请追加毛华喜为本案共同被告参加诉讼,本院予以准许。被告毛华喜2017年4月17日向本院书面确认放弃答辩、质证、庭审等权利,并确认接受被告许善郎所谓的全部诉讼行为。当事人庭后调解协商未果。本案现已审理终结。

原告源德裕公司、永安财保营口公司向本院提出,并在申请追加被告毛华喜后变更其诉讼请求为:1.判令三被告连带赔偿原告源德裕公司货损3 375 056元及相应利息;2.判令三被告连带赔偿原告永安财保营口公司货损保险赔款8 678 600元及相应利息。利息均按中国人民银行同期贷款利率自本案事故发生之日计至本案判决生效之日;3.案件受理费、债权登记费由三被告承担。事实和理由:2015年12月初,源德裕公司通过营口中储货运代理有限公司(以下简称"中储公司")将总计2 151件、总重5 040.72吨、价值为12 053 656元的带钢委托明升公司从营口鲅鱼圈经水路运至广东揭阳港,明升公司将上述货物配载在其所属的"富洋77"轮。2015年12月7日4时许,"富洋77"轮行至舟山附近海域时与许善郎、毛华喜所属的"浙三渔55555"轮发生碰撞,"富洋77"轮被撞沉,源德裕公司所有的前述钢材随该轮全部沉入海底。永安财保营口公司系前述货物的保险人,事故发生后,向源德裕公司支付了保险赔款8 678 600元,依法取得代位求偿权。两原告主张,三被告的共同侵权行为已导致其重大经济损失,遂提起本案诉讼。

被告明升公司辩称:一、两原告各自的诉因不同,源德裕公司是基于侵权,永安财保营口公司是基于保险合同追偿,不能作为共同原告;二、明升公司与许善郎、毛华喜不构成共同侵权,不应互负连带责任,应各自按过错比例承担责任;三、原告主张的赔偿数额过高,诉请金额远远超过货物发票金额。涉案沉船和货物尚未打捞,应从货损中扣除货物残值;四、即使明升公司对两原告的损失负有赔偿责任,但有权在292 083特别提款权(约2 584 952元)内享受海事赔偿责任限制。

被告许善郎、毛华喜辩称:一、就涉案碰撞事故,许善郎、毛华喜已按宁波海事法院的裁定设立海事赔偿责任限制基金,两原告未在法定期限内申请债权登记,依法应视为其放弃债权,再行起诉于法无据;二、即使两原告有权索赔,其债权也仅能在许善郎、毛华喜设立的赔偿责任限制基金中受偿;三、本案系互有过失的船舶碰撞造成的第三人财产损失赔偿纠纷,许善郎、毛华喜的赔偿责任依法不超过60%的赔偿比例,且不应与明升公司承担连带赔偿责任;四、原告主张的赔偿数额过高,诉请金额远远超过货物发票金额,两个数额与网上银行付款回单所示付款数额均无法印证。据此,请求驳回两原告的不实诉请。

两原告为支持其诉讼请求,向本院提交了如下证据材料:1."浙三渔55555"轮的渔业捕捞许可证,证明许善郎为该轮所有权人;2.源德裕公司与吉林恒联精密铸造科技有限公司(以下简称"恒联公司")于2015年10月20日签订的编号为1511004的销售合同,恒联公司2015年10月29日向源德裕公司开具的增值税发票,源德裕公司2015年10月23日、10月26日分别向恒联公司支付840万元、500万元货款的银行汇款凭证,证明原告通过买卖合同获得货物所有权、涉案货物价值;3.源德裕公司与中储公司于2015年12月2日签订的货运代理委托书,证明原告在运输环节的损失为599 845.68元(货物5 040.72吨,按119元/吨计);4.加盖有明升公司"富洋77"轮船章的货物交接单,证明涉案货物由明升公司承运;5.宁波海事法院2016年3月22日向源德裕公司出具的(2016)浙72民特141号之二"告知受理设立海事赔偿责任限制基金申请通知书",证明各被告共同侵权;6.永安财保营口公司签发的保单、2016年5月20日向源德裕公司支付8 678 600元的银行凭证、源德裕公司2016年5月30日向永安财保营口公司出具的赔款收据及权益转让书,证明永安财保营口公司因支付保险赔款而取得代位求偿权;7.岱山海事处于2016年6月1日出具的水上交通事故调查报告。

被告明升公司为支持其答辩主张,向本院提交了如下证据材料:1."富洋77"轮所有权登记证书、国籍证书、安全配员证书、检验证书簿、适航证书等,证明该轮适航、适货;2.岱山海事处出具的水上交通事故调查报告(同原告证据7);3.宁波海事法院2016年5月30日出具的(2016)浙72民特141号民事裁定书。

被告许善郎、毛华喜为支持其答辩主张,向本院提交了如下证据材料:1."浙三渔55555"轮的所有权登记证书;2.岱山海事处出具的水上交通事故调查报告(同原告证据7);3.宁波海事法院2016年2月22日出具的(2015)甬海法限字第8号民事裁定书;4.台州渔港监督处2017年4月27日出具的"关于职务船员毛华喜等人适任证书情况的说明"及其附件"浙江省渔业船员证书换发工作方案",证明"浙三渔55555"轮职务船员证书在允许的换证期内,不存在船员无证的情况。

根据原告申请,本院向岱山海事处调取了"浙三渔55555"轮的国籍证书、吨位证书、安全证书、营运检验报告等船舶证书材料,该船4名职务船员的职务证书及其他船员的出海船民证。该处核实后向本院确认,当事人在本案向本院提交的"水上交通事故调查报告"系该起碰撞事故的最终报告。

经当庭质证,对原告证据,被告明升公司对证据1无异议;对证据2中的货物销售合同、付款凭证的真实性无异议,指出证据2中的增值税发票系复印件,并指出原告关于货值的证据材料不一致;对证据3货运委托书、证据4货物交接单的真实性予以质疑,但陈述明升公司接受中储公司的口头委托运输了涉案钢材;对证据5通知书无异议,但指出其不能证明各被告系共同侵权;对证据6的真实性无异议；对证据 7 调查报告的真实性予以质疑，指出不能确定该报告是否为终局性报告。

对原告证据，被告许善郎、毛华喜声称对证据 1 捕捞许可证的真实性持保留意见；对证据 2 中的货物销售合同、付款凭证的真实性无异议，指出证据 2 中的增值税发票系复印件，并指出证据 2 材料中货价数额不能相互印证；对证据 3 的真实性予以质疑；对证据 4 无异议；对证据 5 的真实性无异议，指出其不能证明各被告构成共同侵权；对证据 6、7 无异议。

对被告明升公司的证据，两原告无异议。被告许善郎、毛华喜对证据 1 的真实性予以质疑，对其他证据无异议。

对被告许善郎、毛华喜的证据，被告明升公司无异议，但指出不能确定调查报告是否为终局的报告。两原告对证据 1~3 无异议，对证据 4 的真实性无异议，但指出其不能证明许善郎、毛华喜之外其他船员的证书是否有效换发，船员证书具有公示性，台州渔港监督无权决定延期换证。船员适任包括证书适任和能力适任，被告也未提交换发后的证书，根据事故调查报告，值班船员能力不适任。

对本院调取的证据，各方当事人对其真实性无异议。

经审查，中储公司在本案审理期间向本院邮寄了货物交接单原件（原告证据 4），被告明升公司确认接受中储公司口头委托运输涉案钢材，岱山海事处函复本院确认当事人提交的调查报告真实且为终局报告，根据各方质证意见，本院对各方当事人的证据、本院调取的证据的真实性均予以确认，其证明力结合全案证据和事实进行综合认定。

根据上述认定证据、庭审调查及当事人陈述，本院认定如下事实：2015 年 10 月 20 日，源德裕公司（需方）与恒联公司（供方）签订编号为 1511004 的产品销售合同，按 2 000 元/吨（合同签订日的现汇价格）的价格定购热轧带钢 10 000 吨，约定，2015 年 11 月 25 日前按实际称重数量在营口鲅鱼圈交货；货款为现汇结算，按实际到款额发货，实际结算价格执行发货月"华北带钢会议"价格，并根据发货当月《唐山建龙实业有限公司热轧窄带钢协议户优惠政策通知》的规定享受相应批量优惠。需于 2015 年 10 月 25 日前办合同项下订单 40% 货款、11 月 8 日前办剩余 60% 货款至供方账面，享受两次到款优惠 20 元/吨等。2015 年 10 月 23 日，源德裕公司向恒联公司支付货款 840 万元，10 月 26 日支付 500 万元。2015 年 10 月 29 日，恒联公司向源德裕公司开具编号为 02411950 的增值税专用发票，载明热轧带钢 5 552.14 吨，单价为 1 581.196 580 1 元，税率为 17%，价税合计为 10 271 459 元。为运输前述货物，源德裕公司与中储公司于 2015 年 12 月 2 日签订货运代理委托书，约定，货物带钢约 5 040.72 吨，以港口交接清单为准；载运船舶为"富洋 77"轮，载货吨 5 080 吨。装船港鲅鱼圈，卸货港揭阳市商业码头；中储公司全权安排货物的交接、仓储、集港、租船、装船、保险,运杂费等全部费用包干 119 元/吨,其中海运费 73 元/吨,其他费用 46 元/吨(包括港口费、保险费、港建费、理货费等);源德裕公司支付定金 3 万元,其他费用在船舶抵达卸货港卸货完成后一次性付清。任何一方取消合同,按总费用的 30% 计算违约金;其他事项按国内水路货物运输规则处理等。中储公司口头委托明升公司运输前述货物,双方于 2015 年 12 月 3 日在鲅鱼圈办理货物交接手续,交接单载明发货人为中储公司、收货人为源德裕公司,承运船舶为"富洋 77"轮,带钢共 2 151 件总重 5 040.72 吨等。中储公司同日向永安财保营口公司投保国内水路、陆路运输基本险,被保险人为源德裕公司,保险金额为 12 053 656 元,每次事故的免赔额为损失金额的 10%。永安财保营口公司接受该投保,签发了编号为 22108002020009150000325 的保单,保险费为 2 410.73 元。

"富洋 77"轮为钢质多用途船,2007 年 12 月 26 日建成,总长 99.5 米,型宽 14.6 米,型深 7.5 米,2 998 总吨,1 678 净吨,总功率 1 470 千瓦,主管机关核定的经营范围为"国内沿海及长江中下游普通货船运输",登记所有权人及经营人均为明升公司。该轮在鲅鱼圈载货后于 2015 年 12 月 4 日起航,12 月 7 日 4 时 29 分 30 秒其右舷第 2 货舱与"浙三渔 55555"轮船首发生碰撞,位置为北纬 30°12′03″、东经 122°36′26″。碰撞致"富洋 77"轮船、货俱沉入海底,致"浙三渔 55555"轮球鼻艏局部凹陷破损、艏尖舱破舱进水。舟山市岱山海事处经调查,于 2016 年 6 月 1 日出具了《水上交通事故调查报告》,根据船员询问笔录、AIS、VTS 记录等资料综合整理了两船碰撞事故经过,详细分析了事故原因(两船各自的过错表现),最终认定"浙三渔 55555"轮对本起事故负主要责任,值班驾驶员毛华喜是主要责任者,"富洋 77"轮负次要责任,值班驾驶员林贻康是次要责任者。该报告"事故原因"对"浙三渔 55555"轮的分析:"3. 未能对碰撞危险做出正确的判断"部分,有记载"根据调查发现,该轮驾驶台配备雷达且处于良好工作状态,但是事发时段负责值班的驾驶员对雷达设备基本参数的设置、远近量程的切换、扫描到船舶航行数据的读取等基本功能都不会使用,因此该船值班驾驶员也就无法做到利用适合当时情况和环境包括雷达在内的一切手段判断是否存在碰撞危险,未做到对当时存在的碰撞危险进行正确的判断"。

"浙三渔 55555"轮为钢质国内捕捞船,2013 年 7 月 8 日建成,船长 30.9 米,型宽 5.8 米,型深 2.7 米,总吨 138 吨,净吨 48 吨,总功率 136 千瓦,登记所有权人为许善郎、毛华喜,该轮持有渔业捕捞许可证。该轮有 4 名职务船员,许善郎、毛华喜持有船长证书,林祖林、郎伯省持有轮机长证书,4 人的职务船员证书均由三门渔港监督于 2010 年 9 月 15 日签发,有效期均至 2015 年 9 月 14 日。2017 年 4 月 27 日,台州渔港监督处出具说明,指出许善郎、毛华喜于 2016 年 8 月 29 日经换证取得新版渔业职务船员证书；根据 2014 年颁布的《中华人民共和国渔业船员管理办法》而于 2015 年 5 月 25 日印发的《浙江省渔业船员证书换发工作方案》中规定，考虑到换证培训与渔船伏休结束后开捕生产不冲突，2015 年 12 月 31 日前证书到期且无法换取新证的，允许不超过一年的延期；由于全省统一定制的新版渔业职务船员证书在 2015 年 7 月下旬才到位，影响了台州的证书换发工作。为了不影响渔船的正常出海，台州渔港监督处决定：1. 2015 年 12 月 31 日前到期的证书，因出海需要延期的，先统一延到 2016 年 6 月。2. 未办理延期后续的，在 2016 年换证过程中，原证书视为有效。该处根据上述内容，指出在允许换证的期限内许善郎、毛华喜在"浙三渔 55555"轮上任职是适任的。

"富洋 77"轮与"浙三渔 55555"轮涉案碰撞事故发生后，许善郎、毛华喜于 2015 年 12 月 18 日向本院申请设立海事赔偿责任限制基金，本院受理后，向有关的利害关系人发出通知，并于 2016 年 1 月 11 日至 13 日在《人民日报》发布公告。明升公司于 2016 年 1 月 6 日向本院提出异议。经审查，本院于 2016 年 2 月 22 日做出（2015）甬海法限字第 8 号民事裁定：准许许善郎、毛华喜提出的设立海事赔偿责任限制基金的申请；基金数额为 43 000 特别提款权及按中国人民银行确定的金融机构一年期贷款基准利率自 2015 年 12 月 7 日至基金设立之日的利息；许善郎、毛华喜应在本裁定生效后三日内设立基金，逾期不设立的，按自动撤回申请处理。该裁定生效后，许善郎、毛华喜在本院设立了基金。原告未在限定期限内向本院申请债权登记。

明升公司于 2016 年 3 月 14 日向本院申请设立海事赔偿责任限制基金，本院受理后，向有关的利害关系人发出通知，并于 2016 年 4 月 13 日至 15 日在《人民日报》发布公告。源德裕公司于 2016 年 3 月 28 日向本院提出异议。经审查，本院于 2016 年 5 月 30 日做出（2016）浙 72 民特 141 号民事裁定：准许明升公司提出的设立海事赔偿责任限制基金的申请；基金数额为 292 083 特别提款权及按中国人民银行确定的金融机构一年期贷款基准利率自 2015 年 12 月 7 日至基金设立之日的利息；明升公司应在本裁定生效后三日内设立基金，逾期不设立的，按自动撤回申请处理。该裁定生效后，明升公司未设立基金。

2016 年 5 月 20 日，永安财保营口公司向源德裕公司支付保险赔款 8 678 600 元，源德裕公司于 2016 年 5 月 30 日向永安财保营口公司出具赔款收据及权益转让书，内称源德裕公司同意接受保险赔款 8 978 600 元以最终解决本事故项下的所有保险索赔事宜，同意将已取得的上述赔款部分保险标的的一切权益转让给永安财保营口公司。

两原告因向被告索赔未果，遂提起本案诉讼。

本院认为，根据原告起诉、被告答辩及庭审调查情况，本案各方争议的焦点问题有四:一是两原告能否在本案共同起诉;二是三被告是否构成共同侵权,应否对原告损失承担连带赔偿责任;三是许善郎、毛华喜是否享有海事赔偿责任限制的权利,两原告对许善郎、毛华喜的索赔是否应予支持;四是原告损失主张的合理性。

一、两原告能否在本案共同起诉

根据两原告的诉讼请求及其所依据的事实和理由,源德裕公司显然是主张其自保险人处获得的保险赔款不能弥补全部损失,遂与保险人永安财保营口公司共同提起本案诉讼。本院认为,这种共同起诉符合我国《海诉法》第九十五条第二款的规定,应予准许。被告明升公司辩称两原告不能在本案共同起诉,因无法律依据,本院不予采纳。

二、三被告是否构成共同侵权,应否对原告损失承担连带赔偿责任

原告主张,涉案载"富洋 77"轮的货物因该轮与"浙三渔 55555"轮的碰撞事故而灭失,两轮碰撞的责任比例未定,故两轮船东应对原告损失互负连带赔偿责任。本院认为,根据本案证据和事实,对于涉案碰撞事故,"富洋 77"轮与"浙三渔 55555"轮均互有过失,根据《中华人民共和国海商法》(以下简称《海商法》)第一百六十九条第一款、第二款的规定,对于原告因船舶碰撞遭受的损失,"富洋 77"轮与"浙三渔 55555"轮的船东应各按其船舶对碰撞事故的责任比例承担赔偿责任,故原告诉请各被告承担连带赔偿责任,无事实与法律依据,本院不予支持。

根据两轮的船舶动态、所犯过失及其程度,本院确定"富洋 77"轮与"浙三渔 55555"轮对涉案船舶碰撞的责任比例分别为 45% 和 55%。

三、许善郎、毛华喜是否享有海事赔偿责任限制的权利,两原告对许善郎、毛华喜的索赔是否应予支持

根据我国《海商法》第二百零七条第一款第(一)项的规定,两原告向各被告提出的索赔请求显属限制性债权。明升公司辩称其依法享有限制赔偿责任的权利,两原告对此也未明确反驳并相应举证。但对许善郎、毛华喜提出的其享有限制赔偿责任的权利之辩称,两原告明确予以反驳,并指出,"浙三渔 55555"轮因船员证书过期而不适航、事发时的当班驾驶员因能力不足而不适任,该轮所有权人依法丧失了限制赔偿责任的权利。经审查,本院认为,主管机关已确认许善郎、毛华喜事故时在"浙三渔 55555"轮上任职在证书方面是适任的,根据该主管机关的认定理由及依据,其他两名职务船员也应同样认定在证书方面是适任的。事发时当班驾驶员使用雷达的能力不足以致其对碰撞危险未能做出正确的判断,是"浙三渔 55555"轮一方的过失之一,并非是导致两船碰撞的直接、根本原因;即使"浙三渔

55555"轮存在如原告所主张的不适航、不适任的情形,根据本案现有证据,本院不能认定该轮船东、当班驾驶员有故意碰撞的意图及行为,也不能认定该轮船东、当班驾驶员明知碰撞可能发生而轻率作为或不作为,故原告主张"浙三渔55555"轮船东丧失限制赔偿责任的权利,证据与理由均不充分,本院不予采纳。

许善郎、毛华喜辩称,其已依法在宁波海事法院设立了海事赔偿责任限制基金,两原告均未依法申请债权登记,应依法视其已放弃本案债权。原告对此主张,许善郎、毛华喜故意向法院隐瞒原告为债权人的事实,对原告未能依法申请债权登记所遭受的损失应予赔偿。经审查,本院认为,原告未证明或合理论证许善郎、毛华喜在有关期间届满前已知或应知原告系债权人;原告货物载"富洋77"轮且随船沉没,许善郎、毛华喜作为"浙三渔55555"轮的船东,在其申请并实际设立海事赔偿责任限制基金时,根据一般经验,难以认定其有故意隐瞒原告为债权人的利益追求;根据我国《海诉法》第一百零五条、第一百一十二条的规定,债权人应当主动、积极关注有关基金设立的情况,故原告未依法申请债权登记,其对于许善郎、毛华喜因涉案船舶碰撞而发生的债权依法应视为已放弃,原告主张许善郎、毛华喜故意隐瞒债权事实遂应赔偿其损失,既无事实依据,也无法律依据。综上,原告诉请许善郎、毛华喜赔偿其损失,无事实与法律依据,本院不予支持。

四、原告损失主张的合理性

两原告主张其损失由两部分组成,一是货款损失,二是与中储公司约定的运杂费等包干费损失。对于包干费损失,原告未主张并证明其或中储公司已将运费支付给明升公司,故对该部分费用本院不予支持;因涉案货运的保单已签发、保险人永安财保营口公司也支付了保险赔款,可以认定保险费2 410.73元已支付;原告未明确货物装、卸港的港口费、理货费、港建费各自的具体数额,根据一般经验,本院确定装、卸港口的相关费用对等。因货物已装船起运,本院认定装货港的相关费用已支付。据此,本院认定原告主张的包干费损失为117 142元。

对于涉案货物的货款、价格,原告提交了源德裕公司与吉恒联公司签订的编号为1511004的销售合同,恒联公司2015年10月29日向源德裕公司开具的增值税发票,源德裕公司2015年10月23日、10月26日分别向恒联公司支付840万元、500万元货款的银行汇款凭证,永安财保营口公司签发的保单。经审查,根据本案证据和事实,本院认为恒联公司2015年10月29日向源德裕公司开具的增值税发票相对能较为完整、准确地反映涉案货物的价格,本院据涉案货物数量及该发票记载,认定原告涉案货物价款为9 325 332元(含17%的增值税)。

综上,原告源德裕公司因涉案船舶碰撞遭受的损失总额为9 442 474元,因永安财保营口公司已支付保险赔款8 678 600元并在本案就该赔款代位求偿,原告源德裕公司未偿的损失为 763 874 元。原告源德裕公司的利息诉请,合法有理,本院予以支持。原告永安财保营口公司的利息损失应自其支付保险赔偿之日计算,即从 2016 年 5 月 20 日起算。

五、明升公司的赔偿责任限额

"富洋 77"轮系从事我国港口之间运输的船舶,2 998 总吨,故明升公司对涉案船舶碰撞事故的赔偿责任限额依法为 292 083 特别提款权。

对明升公司提出的货物残值扣减的辩称,经审查,本院认为,本案各方当事人均未主张并证明涉案货物已打捞出海及其残存净值,故本案无法对此审理确认和处理,各方可待货物打捞后另行解决。

综上,涉案货物在运输途中因船舶碰撞而灭失,源德裕公司作为货物所有权人、永安财保营口公司作为已支付货物保险赔款的代位求偿权人,诉请承运船舶的所有权人明升公司承担赔偿责任,部分合法有理,本院予以支持;两原告诉请"浙三渔 55555"轮的所有权人许善郎、毛华喜承担赔偿责任,因其相应债权已因未依法申请债权登记而应视为放弃,且原告证据不足以证明许善郎、毛华喜故意隐瞒债权事实而致原告损失,故两原告该项诉请无事实与法律依据,本院不予支持。被告明升公司辩称享有限制赔偿责任的权利,合法有理,本院予以采纳。许善郎、毛华喜辩称其享有限制赔偿责任的权利、两原告向其索赔无法律依据,合法有理,本院予以采纳。依照《海商法》第一百六十九条第一款、第二款,第二百零七条第一款第(一)项,第二百一十条第二款,交通部《关于不满 300 总吨船舶及沿海运输、沿海作业船舶海事赔偿限额的规定》第四条,《中华人民共和国海事诉讼特别程序法》第九十五条第二款、第一百一十二条,最高人民法院《关于审理海事赔偿责任限制相关纠纷案件的若干规定》第十三条,《中华人民共和国民事诉讼法》(以下简称《民诉法》)第六十四条第一款的规定,判决如下:

一、被告烟台明升船务有限公司赔偿原告佛山市源德裕钢业有限公司货损 343 743 元及该款利息(按中国人民银行同期贷款利率自 2015 年 12 月 7 日计至本案生效判决确定的履行之日,提前支付的,计至实际支付之日)。

二、被告烟台明升船务有限公司偿付原告永安财产保险股份有限公司营口中心支公司保险赔款 3 905 370 元及该款利息(按中国人民银行同期贷款利率自 2016 年 5 月 20 日计至本案生效判决确定的履行之日,提前支付的,计至实际支付之日)。

三、上述两项债权按比例在被告烟台明升船务有限公司涉案事故赔偿责任限额中确定和受偿。该赔偿责任限额为 292 083 特别提款权金额(责任限额的人民币数额按实际支付之日特别提款权对人民币的换算办法计算)。

四、驳回原告佛山市源德裕钢业有限公司的其他诉讼请求。

五、驳回原告永安财产保险股份有限公司营口中心支公司的其他诉讼请求。

上述款项应于本案判决生效后十日内付清。如果未按本判决指定的期限履行给付金钱义务,应当依照《民诉法》第二百五十三条之规定,加倍支付迟延履行期间的债务利息,该利息亦在烟台明升船务有限公司涉案事故赔偿责任限额中确定和受偿。

案件受理费为94 120元,由原告佛山市源德裕钢业有限公司负担4 930元,原告永安财产保险股份有限公司营口中心支公司负担56 011元,被告烟台明升船务有限公司负担33 179元。

如不服本判决,可在判决书送达之日起十五日内向本院递交上诉状,并按对方当事人的人数提出副本,上诉于浙江省高级人民法院。

审　判　长　张继林

代理审判员　单亚娟

代理审判员　童　凯

二〇一七年七月二十七日

代书记员　郑　静

（获2019年全国法院首届"百篇优秀裁判文书"评选二等奖）

【裁判要旨】

当事人均为外国法人的海运集装箱租赁合同纠纷,属具有涉外因素的海事纠纷。双方约定一方有权在另一方任何资产所在或可能在的、被扣押或者被冻结或可能被扣押或被冻结的地方或者国家的法院提起诉讼的,当中国法院对一方在国内财产采取保全措施时,根据民事诉讼法及相关司法解释的规定,中国法院对双方关于海运集装箱租赁合同的纠纷享有管辖权。双方约定适用英国法的,根据法律适用法的相关规定,应以英国法为准据法。根据英国法查明,英国法承认缔约自由以及合同约束力,同时也存在有限的例外,除非出现有限的例外,英国法都承认合同条款的有效性。英国法不支持非法的合同以及合同中无效和不具有强制执行力的惩罚性条款,涉案合同内容在英国法下不存在有限例外情形,合同双方均应恪守约定,履行各自义务,否则应按约承担违约责任。据此,涉案海运集装箱租赁合同对双方均有约束力,违约方应按照约定承担相应违约责任。

中华人民共和国宁波海事法院
民事判决书

(2017)浙72民初605号

原告:佛罗伦资产管理(新加坡)私人有限公司[FLORENS ASSET MANAGE-MENT(SINGAPORE)PTE. LIMITED](以下简称"佛罗伦公司")。住所地:新加坡共和国珊顿道4号交易中心大厦2#15-05(4 Shenton Way,#15-05SGX Centre 2,Singapore 068807)。

法定代表人:苏毅刚,该公司董事。

委托代理人:刘畅,上海瀛泰律师事务所律师。

委托代理人:方懿,上海瀛泰律师事务所律师。

被告:韩国株式会社韩进海运(HANJIN SHIPPING CO.,LTD.)(以下简称"韩进海运公司")。住所地:大韩民国首尔市永登浦区汝矣岛洞25-11号(25-11 Yoi-do-Dong,Yongdeungpo-Gu Seoul,S. Korea)。

原告佛罗伦公司与被告韩进海运公司海运集装箱租赁合同纠纷一案,本院于2017年3月16日立案后,依法适用普通程序。原告于2017年5月2日提出财产保全申请,本院于同日做出(2017)浙72民初605号民事裁定,准予其财产保全申请,并于 2017 年 5 月 4 日冻结被告韩进海运公司所有的浙江东邦修造有限公司 34%股份(对应注册金额 3 706 万美元)的股权和投资权益。本院于 2017 年 8 月 1 日公开开庭进行了审理,原告委托代理人刘畅、方懿到庭参加诉讼,被告经本院合法传唤无正当理由拒不到庭,本院依法缺席审理。本案现已审理终结。

原告佛罗伦公司向本院提出诉讼请求:1. 判令被告赔偿以下款项(截至 2017 年 2 月 1 日共计 32 034 525.4 美元):(1)2016 年 8 月 31 日以前,被告欠付的到期租金共计 7 005 336.53 美元;(2)自 2016 年 8 月 31 日起至原告实际收回集装箱之日止,原告已实际收回的 11 749 个集装箱的到期应收租金共计 3 015 245.29 美元;(3)原告已产生的与移动、复位或交还 11 749 个集装箱相关的费用(暂统计至 2017 年 2 月 1 日)共计 2 877 904.82 美元,以及由此产生的所有储存、仓储、修理或维修费用(原告已回收集装箱中部分集装箱产生的修理费用共计 651 216.33 美元);(4)自 2016 年 8 月 31 日起至《租赁协议》约定的租赁期间届满之日止,原告未回收的集装箱折余置换价值/重置价值(合同约定为:Depreciated Replacement Value,DRV)共计 17 414 094.6 美元;(5)被告迟延支付应付款项按照每月 2%利率计算的滞纳金/利息,其中,上述(1)项中租金截至 2017 年 2 月 1 日的延期付款利息为 1 070 727.83 美元。2. 判令诉讼费用、律师费和其他法律费用由被告承担。2017 年 7 月 4 日,原告将诉讼请求变更为:1. 判令被告向原告支付:(1)截至 2016 年 8 月 31 日欠付租金共计 7 005 336.53 美元,以及根据合同约定上述款项按每月 2%利率计算滞纳金,截至 2017 年 7 月 1 日为 1 771 261.48 美元;(2)自 2016 年 8 月 31 日起至原告实际收回集装箱之日止,原告已实际收回的 11 749 个集装箱的到期应收租金共计 3 015 245.29 美元;(3)自 2016 年 8 月 31 日起至《租赁协议》约定的租赁期间届满之日止,原告未收回的集装箱的 DRV 共计 17 414 094.6 美元;(4)本案截至 2017 年 7 月 1 日,产生的相关律师费用人民币 342 980 元,美元 3 175 元,以及公证认证费用港币 23 001.26 元,以上折算美金 56 569.57 元(各自按 2017 年 7 月 4 日中间汇率折算);2. 本案诉讼费、保全费由被告承担。事实与理由:2015 年 7 月 14 日,原、被告签订编号 DF-HJ10010 的《集装箱租赁协议(长期)》,同日双方签订编号为 GT0213 的《集装箱租赁协议-通用条款和条件》,同时还签订了《集装箱租赁协议(长期)补充协议 1》。上述协议约定原告向被告出租共计 21 638 个集装箱,被告于 2015 年 7 月 14 日书面确认已收到该 21 638 个集装箱。上述协议对租金计算方式及支付时间、DRV 费用计算方式、滞纳金计算方式、承运人违约情形及违约责任等事宜均做了约定。原告认为,被告存在以下违约行为:(一)拖欠 2016 年 5 月至 8 月租金,共计 7 005 336.53 美元;(二)被告于 2016 年 8 月 31 日向韩国首尔地方法院提交破产保护申请,原告于 2016 年 9 月 2 日向被告书面主张,要求其支付租金、归还到期集装箱,然被告自收到该书面通知 15 日内并未更正其行为,且被告于 2016 年 9 月 28 日发函声明其于 2016 年 9 月 1 日终止与出租人签署的所有租赁协议。在被告发生上述违约行为后,原告采取积极减损措施,由此产生集装箱移动、复位、修理等费用。截至 2017 年 2 月 1 日,原告收回 11 749 个集装箱,由此产生 2 877 904.82 美元费用,修箱费 651 216.33 美元。按照上述租赁协议约定租金计算方式,自 2016 年 8 月 31 日至原告实际收回集装箱之日止,原告实际收回的 11 749 个集装箱到期应收租金共计 3 015 245.29 美元。自 2016 年 8 月 31 日起至租赁期间届满之日止,原告未收回集装箱 DRV 费用共计 17 414 094.6 美元。综上,原告为维护自身利益,故诉至法院。

被告韩进海运公司未提交任何书面答辩意见,也未提交证据。

原告佛罗伦公司围绕诉讼请求依法提交了证据,被告韩进海运公司未出庭参加诉讼,视为放弃质证权利。原告证据在举证期间内提交,原告证据 18 系英国律师在华的备案登记及其出具的法律意见书原件,属关于外国法查明的证据,对该证据的表面真实性予以认定,证明内容在下文综合认定。原告其余证据形式合法,内容相互印证,其中证据 9、10、14 中,涉及 EDI 数据,EDI 是英文 Electronic Data Interchange 的缩写,系国际标准化组织(ISO)推出使用的国际标准,是国际集装箱运输行业普遍采用的核心技术。EDI 也是一个成熟、高效、灵活、安全的文档交换平台,支持用户以不同通信方式、传输协议以及不同格式标准实现相关业务单证和报文方便、快捷、安全、可靠的传输和交换,将报文传输的相关信息在应用系统之间实现共享。EDI 广泛用于国际集装箱流通领域,具有很强的专业性和客观性,同时被告未对原告证据提出任何质证意见,故对原告证据 1 ~ 17、19、20 予以确认并在卷佐证。

本院根据当事人的陈述以及本院确认的有效证据,认定下列事实:

原告与被告于 2015 年 7 月 14 日签署编号为 DF-HJ10010 的《集装箱租赁协议(长期)》[CONTAINER LEASE AGREEMENT(LONG TERM)-Commercial Terms and Conditions No. DF-HJ10010,以下简称"CTC"],编号为 GT0213 的《集装箱租赁协议-通用条款和条件》(CONTAINER LEASE AGREEMENT-GENERAL TERMS AND CONDITIONS No. GT0213,以下简称"GTC")以及《集装箱租赁协议(长期)补充协议 1》(ADDENDUM 1 TO CTC,以下简称《补充协议 1》)。根据上述协议,原告为出租人,被告为承租人,由原告向被告出租集装箱。被告于同日书面确认,收到上述合同项下约定的应由原告向被告出租的 21 638 个集装箱。上述协议就相关事项记载如下:

GTC 第 10.1 条:承租人应赔偿并使出租人免受因下列原因造成的或与之有关的所有责任、损害、成本或费用(包括但不限于法律费用、增值税/商品服务税):(i)承租人未能遵守其本协议或任何 CTC 项下义务;(ii)不论因何种原因(因出租人故意不当行为造成的除外）由涉及承租人占有、保管或控制的任何集装箱的事故或事件所导致的关于人身损害、生病或死亡或财产、货物或船舶的损害的索赔；（iii）集装箱的没收、扣押或扣留，集装箱质押、留置或权利负担的索赔；（iv）承租人的活动、行动、作为或不作为；以及（v）因本10.1条所列的情形而可能针对出租人提出的实际索赔或即将提起的索赔。

GTC第14.1条：本协议、各CTC以及因本协议和/或任何CTC或因违反任何CTC引起的或与之有关的不论何种性质的索赔应受英国法调整。

GTC第14.2条：所有索赔和纠纷均应当提交香港法院非专属管辖，或者由出租人（即为原告）自行决定提交以下任一法院管辖：（1）承租人（即为被告）的主要营业地或住所地的法院，或承租人的任何资产所在或可能在的、被扣押或者被冻结或可能被扣押或被冻结的地方或者国家的法院（无论作为执行标的或保全标的）。

CTC第5条：经承租人签署后，本协议视为完全有效并为出租人所接受。本协议自缔约日起生效，有效期不少于3年（"协议期限"），至2018年7月13日终止（"到期日"）。承租人承认并同意，本协议期限是固定的，承租人不得以任何原因提前终止协议期限，除非双方另有书面约定。

CTC附录3第7条：20′GP、40′GP、40′HC、40′RH购买价款均为1美元/个（合同租期届满后，承租人在购买选择权下的购买价款）。

《补充协议1》第5条：租金以后付形式在每月最后一日支付。在收到出租人账单或付款通知后，DRV立即到期并应予全额支付。其他款项和费用应在收到出租人账单或付款通知之日起30天内支付。

《补充协议1》第6条：承租人同意并保证就迟延支付的款项自相应账单日开始按照每月2%的利率支付滞纳金。

《补充协议1》第12条：在以下任一或多个事件发生时，出租人有权通过向承租人发送书面违约通知，主张承租人违约：（1）承租人未能遵守其在本协议和（或）任何CTC项下的义务；（2）承租人终止经营、破产，进入破产管理、重组或清算的任何程序，为其债权人利益转让所有或任何主要资产，或根据适用法律发生任何与上述事项有实质性相似影响的任何行为或事件；以及（3）实质性转让其所有资产或与第三方合并或联合或被第三方收购。

《补充协议1》第13条：如承租人自收到违约通知之日起15日内未纠正其违约行为，出租人可在不解除承租人在本协议和（或）CTC项下的任何义务的情况下，（1）声明所有CTC项下应付的所有款项（除了DRV）立即到期应付；（2）收回集装箱并免受承租人的任何索赔；（3）调整、扣减、冻结、暂停和（或）终止之前授予承租人的信用额度。如承租人未在收到违约通知之日起30天内交还集装箱，承租人应向出租人支付一笔总金额等于所有尚未归还的集装箱的DRV之和的款项。此外,承租人应支付任何和所有与移动、调运或交还集装箱相关的费用,以及由此产生的所有储存、仓储、修理或维修费用。

《补充协议1》第15条:关于集装箱资料以及收费标准(按箱收费):20′GP集装箱10 555个,日租金1.69美元;40′GP集装箱5 731个,日租金2.55美元;40′HC集装箱4 195个,日租金2.71美元;40′RH集装箱1 157个,日租金13.92美元。上述集装箱到期的购买价格均为1.00美元。

《补充协议1》第21条:对任何被宣布发生灭失的集装箱,DRV应为下列金额的总和:(i)该集装箱日租金乘以从灭失之日或宣布发生灭失之日(以较早者为准)起计算至期限届满之日止的天数的金额;以及(ii)上述附录3第7(a)条规定的涉案集装箱的购买价格。

合同订立后,双方按照协议正常履行,直至2016年5月开始,被告未能按照合同约定按期支付租金。原告以电子邮件的形式将2016年5月至8月账单发送至被告,其中5月租金为1 857 702.59美元,账单日期4月30日,支付日期5月31日;6月租金为1 797 776.70美元,账单日期5月31日,支付日期6月30日;7月租金为1 857 702.59美元,账单日期6月30日,支付日期7月31日;8月租金1 857 702.59美元,账单日期7月31日,支付日期8月31日,被告于2016年7月29日向原告支付了365 520.24美元(不包括银行费用27.7美元),被告拖欠租金共计7 005 336.53美元。原告于2016年9月2日向被告发出书面通知,向被告主张租金等相关债权,要求其尽快纠正违约行为。被告于2016年9月28日发函,声明其自2016年9月1日起终止与出租人签署的所有集装箱租赁协议。

另认定,自2016年9月2日至2017年2月1日,原告回收租赁集装箱11 749个,还有9 889个集装箱未能回收。原告因提起本案诉讼,支付了相关律师费以及公证认证费等。其中,支付上海瀛泰律师事务所律师费人民币342 980元,支付英国夏礼文律师事务所上海代表处律师费3 175美元,以及支付张达成叶祺智律师事务所公证费用港币23 001.26元。

又认定,原告佛罗伦公司原名为东方国际资产管理(新加坡)私人有限公司[DONG FANG INTERNATIONAL ASSET MANAGEMENT (SINGAPORE) PRIVATE LIMITED],于2016年9月15日更名为佛罗伦资产管理(新加坡)私人有限公司[FLORENS ASSET MANAGEMENT (SINGAPORE) PTE. LIMITED]。被告韩进海运公司对案外人浙江东邦修造有限公司34%的股权享有所有权,对应注册资本3 706万美元,浙江东邦修造有限公司注册地为浙江省舟山市岱山衢山镇望海三支路。

本院认为,本案原告佛罗伦公司、被告韩进海运公司均系外国企业,根据《最高人民法院关于适用〈中华人民共和国民事诉讼法〉的解释》第五百二十二条第

（一）项的规定,本案为涉外案件,系海运集装箱租赁合同纠纷。原、被告双方就争议解决方式达成协议,若在合同履行中发生争议,原告有权在被告任何资产所在或可能在的、被扣押或者被冻结或可能被扣押或被冻结的地方或者国家的法院提起诉讼,该约定符合《中华人民共和国民事诉讼法》(以下简称《民诉法》)第三十四条、第二百五十九条、第二百六十五条规定。本案中,被告对浙江东邦修造有限公司34%股权,原告已对该股权采取保全措施,且浙江东邦修造有限公司位于本院辖区,故本院对本案具有管辖权。

根据《中华人民共和国涉外民事关系法》(以下简称《涉外民事关系法》)第四十一条规定:"当事人可以协议选择合同适用的法律。"本案中,原、被告双方就法律适用达成协议,适用英国法。《涉外民事关系法》第十条规定:"……当事人选择适用外国法律的,应当提供该国法律。"本案中关于英国法的适用,原告提供了英国夏礼文律师事务所合伙人及上海代表处代表 Nicholas Poynder 律师的法律意见。该法律意见并未对本案中原、被告具体权利义务进行判断,而是根据英国法对合同约定内容及条款效力进行评述,其认为,"英国法承认缔约自由以及合同约束力,同时也存在有限的例外,除非出现有限的例外,英国法都承认合同条款的有效性。英国法不支持非法的合同以及合同中无效和不具有强制执行力的惩罚性条款,涉案合同内容在英国法下不存在有限例外情形,合同双方均应恪守约定,履行各自义务,否则应按约承担违约责任。"该法律意见出具人为英国律师,并作为外国律师事务所驻华代表处代表在司法部备案登记,根据《最高人民法院关于贯彻执行〈中华人民共和国民法通则〉若干问题的意见(试行)》第一百九十三条的规定,原告提供该份法律意见系外国法查明的合法途径,可予采纳。涉案合同在英国法下合法有效,双方均应按约履行。

根据涉案合同,租金支付期届满,被告理应支付,然拖欠未付,其行为显属违约,故原告有权要求被告支付租金 7 005 336.53 美元。同时双方约定迟延支付的款项自相应账单日开始按照每月 2% 的利率支付滞纳金,故被告应就欠付的租金按每月 2% 向原告支付滞纳金。考虑到被告于 2016 年 7 月 29 日向原告支付了 365 520.24 美元(不包括银行费用 27.7 美元),并无证据表明该钱款用于支付何笔到期账单,故本院酌定抵扣时间在先的欠付租金,截至 2017 年 7 月 1 日,被告应付的滞纳金为 1 614 283.62 美元 [1 857 702.59×2×0. 02 + (1 857 702.59 − 365 520.24−27.7)×11×0.02 + 1 797 776.7×12×0.02 + 1 857 702.59×11×0.02 + 1 857 702.59×10×0.02 = 1 614 283.622]。

根据涉案合同,被告未在收到违约通知之日起 30 天内交还集装箱,其应向原告支付一笔总金额等于所有尚未归还的集装箱的 DRV 之和的款项。原告于 2016 年 9 月 2 日向被告发出违约通知,截至 2017 年 2 月 1 日原告有 9 889 个集装箱未收回,故原告有权就该 9 889 个集装箱向被告主张 DRV 费用。涉案合同中对 DRV 费用计算方式有明确约定,原告就该 9 889 个集装箱要求被告支付 DRV 费用 17 414 094.6 美元,符合合同约定,本院予以支持。截至 2017 年 2 月 1 日,原告回收集装箱 11 749 个,原告就该 11 749 个集装箱按涉案合同约定的租金计算方式向被告主张自 2016 年 8 月 31 日至具体回收之日止的租金,根据原告提供的法律意见,原告未就该 11 749 个集装箱主张原本可以主张的且数额较大的 DRV 费用,而是参照租金标准索赔一个较小的金额,原告的让步行为具有减少原告索赔损失金额的效果,在英国法下可以得到支持,故原告有权要求被告支付该 11 749 个集装箱自 2016 年 8 月 31 日至实际回收之日止的租金。该 11 749 个集装箱回收日期在原告提供的 EDI 数据中均有明确记载,同时参照涉案合同约定的租金标准,原告主张该部分租金为 3 015 245.29 美元,数额合理,予以支持。

根据涉案合同,被告违约行为给原告造成损失,赔偿范围包括但不限于法律费用。原告为本案诉讼,支付律师费人民币 342 980 元及 3 175 美元,以及支付公证费用港币 23 001.26 元,此类费用属涉案合同约定的法律费用,故原告要求被告支付上述费用,本院予以支持。

综上,原告诉请除部分滞纳金应予调整外,其余均合理合法,本院予以支持。依照《中华人民共和国涉外民事关系法律适用法》第三条、第十条第一款、第四十一条,《最高人民法院关于贯彻执行〈中华人民共和国民法通则〉若干问题的意见(试行)》第一百九十三条,《民诉法》第三十四条、第一百四十四条、第二百五十九条、第二百六十五条,《最高人民法院关于适用〈中华人民共和国民事诉讼法〉的解释》第五百二十二条第(一)项的规定,判决如下:

一、被告韩国株式会社韩进海运于本判决生效之日起十日内向原告佛罗伦资产管理(新加坡)私人有限公司支付截至 2016 年 8 月 31 日的租金 7 005 336.53 美元及滞纳金 1 614 283.62 美元;

二、被告韩国株式会社韩进海运于本判决生效之日起十日内向原告佛罗伦资产管理(新加坡)私人有限公司支付自 2016 年 8 月 31 日起至 11 749 个集装箱具体回收之日止的租金共计 3 015 245.29 美元;

三、被告韩国株式会社韩进海运于本判决生效之日起十日内向原告佛罗伦资产管理(新加坡)私人有限公司支付未回收集装箱 DRV 费用 17 414 094.6 美元;

四、被告韩国株式会社韩进海运于本判决生效之日起十日内向原告佛罗伦资产管理(新加坡)私人有限公司支付律师费人民币 342 980 元及 3 175 美元,以及公证费用港币 23 001.26 元;

五、驳回原告佛罗伦资产管理(新加坡)私人有限公司其他诉讼请求。

如果未按本判决指定的期限履行给付金钱义务,应当依照《民诉法》第二百五十三条之规定,加倍支付迟延履行期间的债务利息。

案件受理费人民币 1 049 337.39 元,保全申请费人民币 5 000 元,共计 1 054 337.39 元,由被告韩国株式会社韩进海运负担 1 043 794 元,由原告佛罗伦资产管理(新加坡)私人有限公司负担 10 543.39 元。

如不服本判决,可以在判决书送达之日起三十日内,向本院递交上诉状,并按照对方当事人或者代表人的人数提出副本,上诉于浙江省高级人民法院。

审　判　长　胡建新
代理审判员　谭　勇
代理审判员　童　凯
二○一七年九月十四日
代 书 记 员　郑　静

(获 2019 年全国法院首届"百篇优秀裁判文书"评选二等奖)

【裁判要旨】

一、船舶所有人是救助行为的获益方,且在救助作业期间派员参与商谈委托救助等具体救助事宜,应认定为共同委托方。

二、当事人之间约定了救助报酬费率,救助合同应属雇佣救助合同;该救助合同不以"无效果、无报酬"为原则,而是依据海商法、合同法相关规定认定救助报酬。

三、当事人间成立雇佣救助合同,防污清污行为系履行救助合同使被救助对象脱离危险产生,属救助行为,费用性质为非限制性债权。

宁波海事法院
民事判决书

(2017)浙 72 民初 686 号

原告:浙江满洋船务工程有限公司。住所地:浙江省宁波市镇海区胖利路 91 号。

法定代表人:王新满,该公司董事长。

委托代理人:张宏凯,辽宁斐然律师事务所律师。

委托代理人:谢静,辽宁斐然律师事务所律师。

被告:宁波鸿勋海运有限公司。住所地:浙江省宁波市保税区兴业二路 8 号 3 幢 206B 室。

法定代表人:李宣明,该公司董事长。

委托代理人:徐全忠,上海瀛泰律师事务所律师。

委托代理人:张凯兵,上海瀛泰(宁波)律师事务所律师。

被告:上海勋源海运有限公司。住所地:中国(上海)自由贸易试验区业盛路 188 号 A-1452 室。

法定代表人:李宣明,该公司董事长。

委托代理人:吴蕾,上海四维乐马律师事务所律师。

委托代理人:张凯兵,上海瀛泰(宁波)律师事务所律师。

原告浙江满洋船务有限公司(以下简称"满洋公司")与被告宁波鸿勋海运有限公司(以下简称"鸿勋公司")、上海勋源海运有限公司(以下简称"勋源公司")

海难救助合同纠纷一案，本院于 2017 年 4 月 7 日立案受理后，依法适用普通程序进行审理。诉讼中，中国大地财产保险股份有限公司营业部（以下简称"大地保险公司"）申请作为本案第三人参加诉讼，本院未予准许。满洋公司申请先予执行，本院未予准许。满洋公司申请对"鸿源 02"轮限制处分，本院予以准许并实施了相应保全。本案于 2017 年 5 月 22 日、10 月 20 日两次公开开庭进行了审理。满洋公司的委托代理人张宏凯、谢静，两被告的委托代理人张凯兵，勋源公司的委托代理人吴蕾到庭参加诉讼。两被告申请的保险公估人苏栋梁、董健、陈志新到庭接受质询。因案情复杂，经本院院长批准，延长审限六个月。本案现已审理终结。

原告满洋公司向本院提出诉讼请求：1. 判令两被告支付应急抢险费用合计98 659 712 元及相应利息；2. 由两被告承担本案诉讼费、保全费。在庭审中，满洋公司将第一项诉讼请求的数额变更为 97 770 646 元，将利息请求明确为自抢险作业完成日（即 2017 年 1 月 18 日起至实际支付日止）按中国人民银行同期贷款利率计算，并请求确认满洋公司的上述债权对"鸿源 02"轮具有船舶优先权。

事实和理由：2016 年 12 月 15 日晚，鸿勋公司所属、勋源公司光租的"鸿源 02"轮在舟山嵊山岛以南约 5 海里东半洋礁石附近触礁搁浅，船体破损进水，面临船体断裂漂移、集装箱落海影响航行安全、船员人身安全受到威胁以及燃油泄漏造成重大海洋污染风险等多重紧急危险。经舟山海事局通知，又经两被告电话委托后，满洋公司紧急调配抢险作业船舶、清污船舶、辅助船舶共计 20 余艘，调遣大批抢险作业人员、设备及应急抢险物资赶赴事故现场，进行紧急驳卸集装箱、船舶固定、堵漏、货舱抽水、探摸作业，为防止油污污染环境，还对船内燃油及油污水进行抽油作业。满洋公司持续抢险作业直至船舶险情基本稳定后，两被告委托的第三方进场交接进行商业打捞。满洋公司的抢险作业自 2016 年 12 月 16 日起至 2017 年 1 月 18 日止，自接受委托后及时将费用标准告知两被告，两被告并无异议。同时，满洋公司通过电子邮件将抢险作业日报进行汇报。抢险作业过程中，两被告及其保险人派遣专门保险公估人员在现场，部分船员也在现场见证并为抢险作业提供信息协助。满洋公司的抢险作业取得良好效果，成功避免了"鸿源 02"轮沉没及集装箱落海漂移影响航道安全，避免了船舶完全沉没导致机舱进水发生重大财产损失，避免了燃油泄漏发生重大污染海洋环境责任。根据满洋公司告知的抢险作业收费标准，两被告应向满洋公司支付抢险作业费用合计 97 770 646 元，上述费用经多次催讨未果。

鸿勋公司辩称：一、其所有的"鸿源 02"轮在 2015 年 2 月 28 日至 2020 年 2 月27 日期间存在光租，本案应急抢险费用应由光租人勋源公司承担；二、满洋公司诉请的应急抢险费用与其实际投入有很大出入，计算标准无事实与法律依据，亦未证明该费用的合理性、必要性，其根据单方确定的作业费率计算相关费用并未得到两被告认可,具体应以两被告提供的公估报告为准;三、涉案应急抢险的对象是"鸿源02"轮及船上集装箱,相关费用应由船舶与集装箱按获救比例分摊;除满洋公司外,还有东海救助局等单位参加了事故前期、寒潮期及后期打捞救助工作,本案应适当考虑其他救助单位的投入与成效;四、应急抢险费用中的防污清污费属于海事赔偿责任限制性债权,被告有权享受责任限制,两被告已经在宁波海事法院申请设立海事赔偿责任限制基金,满洋公司未申请债权登记属于放弃该项债权,不应另案起诉,此项诉请应予驳回。

勋源公司同意上述答辩意见并补充辩称:一、满洋公司于 2016 年 12 月 31 日不配合要求其撤离的通知,无故拖延时间使相关打捞公司船舶无法进入打捞现场,导致费用损失扩大;二、"鸿源02"轮在涉案事故中未发生燃油泄漏情况,满洋公司的诉请无事实依据;防污清污的合理费用在任何情况下均不应超过"海神公估报告"认定的金额 2 143 754.74 元。

满洋公司为支持其主张,向本院提供了如下证据:

1. 原、被告之间关于委托抢险作业的电子邮件及勋源公司给其保险人的函,用以证明"鸿源02"轮于 2016 年 12 月 15 日发生事故后,勋源公司通过电子邮件委托满洋公司立即进行抢险作业,原、被告之间存在雇佣救助关系的事实。

2. 满洋公司于 2016 年 12 月 19 日致舟山海事局通航管理处关于《浙江舟山小黄龙岛附近水域"鸿源02"轮应急抢险救助技术方案》(以下简称《抢险方案》),用以证明根据当时险情,满洋公司向舟山海事局提交抢险作业技术方案,提出了本次抢险作业将采取的大致技术方案,根据本次险情预计需要使用的船舶和设备数量。

3. 关于"鸿源02"轮抢险作业费率的电子邮件,用以证明满洋公司已告知被告实施抢险作业的收费标准,直至险情基本排除,被告一直未提出的异议。

4. 舟山海事局于 2016 年 12 月 28 日发出的《关于要求加快"鸿源02"轮自现场处置的函》及原、被告关于抢险卸箱事宜往来电子邮件,用以证明持续抢险作业系舟山海事局对船东提出要求。

5. 满洋公司向被告发送的"鸿源02"轮自 2016 年 12 月 16 日至 2017 年 1 月 17 日抢险作业日报,用以证明满洋公司将每日抢险作业使用的船舶、设备及主要工作情况向被告汇报。抢险作业中,满洋公司根据需要调用了起重船"满洋208""满洋2004""三航起12""海腾工8""中海起重16",甲板驳船"腾峰56""腾峰78""腾峰16""腾峰37""腾峰58""恒元168""京润168",清污船"浦远1""浙嵊渔油80303""云洲清""满洋洁17",辅助船"满洋工01""满洋16""三航拖2012""海腾6"等20艘船舶,此外还调用了大量设备、人员参与抢险作业。

6. "鸿源02"轮应急抢险作业人员出勤表以及抢险救助指挥部、抢险潜水组、其他现场人员、码头装卸组(合计116人)中66人的资质证书等,用以证明满洋公司派遣参与抢险人员的数量和参与抢险作业的时间。

7. 集装箱进场记录，用以证明满洋公司通过抢险作业从"鸿源 02"轮成功减载 660 个集装箱货物、舱盖板 16 块至宁波市北仑区白峰船厂，避免了船舶沉没、断裂、燃油泄漏而影响航道安全。

8. 燃油油污水接收情况记录，用以证明满洋公司使用"浦远 1"轮和"浙嵊渔油 80303"轮成功抽取"鸿源 02"轮上轻油 35 吨、重油 116 吨、油污水 1 199 吨、油泥 49 吨，并避免了"鸿源 02"轮发生重大海洋环境污染。

9. "鸿源 02"轮抢险费用汇总表，用以证明根据抢险作业的委托及费率约定，两被告应向满洋公司支付抢险费合计 97 770 646 元，其中应急抢险船舶费用合计 76 315 635 元，应急抢险防污清污费用合计 21 455 011 元。

10. 应急抢险船舶费用明细表与防污清污费用明细表，用以证明根据满洋公司告知的抢险作业费用标准并参照宁波市有关人员工资和价格费用标准，被告应当向满洋公司支付的各项费用明细情况。

11. 宁波市物价局《关于核定工业固体废物集中处置收费执行标准的通知》，用以证明满洋公司抽取、处理船舶上燃油与油污水的价格参考依据。

12. 上海打捞局与勋源公司于 2017 年 1 月 17 日签订的打捞合同，用以证明"鸿源 02"轮在满洋公司进行抢险作业后，在没有紧急险情及油污风险基本排除的情况下，打捞费包干价为 2 200 万元，满洋公司抢险作业时间远长于、危险远高于商业打捞，并且为被告避免了可能发生的巨大损失和责任，以满洋公司的费率标准收取抢险费用具有合理性。

13. 船舶证书及部分船舶航海日志，用以证明满洋公司调用的抢险作业船舶基本资料及在抢险作业中的动态；其中提供船舶所有权登记证书或船舶国籍证书的有工程船"满洋 2004""恒元 168""满洋 16"，干货与杂货船"腾峰 16""腾峰 37""腾峰 58""腾峰 56""腾峰 78""京润 168"，油污水处理船"浦远 1""浙嵊渔油 80303"等，起重船"满洋 208""三航起 12""海腾工 8""中海起重 16"，拖船"海腾 6""三航拖 2012"；提供航海日志的有"浦远 1"（12. 16—1. 25）"满洋 2004"（12. 16—1. 17）"满洋 208"（12. 16—1. 17）"腾峰 16"（1. 6—1. 17）"腾峰 37"（12. 18—12. 26）"腾峰 58"（12. 16—1. 17）"腾峰 56"（12. 16—1. 17）"腾峰 78"（1. 2—1. 6）"京润 168"（12. 18—12. 22）"恒元 168"（12. 17—1. 17）"三航起 12"（航行工作纪要四页，日期不详）"海腾工 8"（12. 18—12. 20）"中海起重 16"（12. 30—1. 17）"满洋 16"（12. 16—1. 17）"三航拖 2012"（12. 19—12. 21）。

14. 梁兴高与闵炳权于 2017 年 1 月 4 日、6 日、8 日往来电子邮件及附件，用以证明满洋公司多次函促被告接管"鸿源 02"轮。

15. 勋源公司致大地保险公司的电子邮件，用以证明直至 2017 年 1 月 9 日，两被告仍未寻找到资质满足海事局要求的打捞单位,并明知海事局要求施救工作不得停止却未做好交接准备,满洋公司当时属于不能撤离,并非不愿交接。

16. 交接单,用以证明被告最后确定的打捞公司于 2017 年 1 月 18 日才与满洋公司进行交接。

对于满洋公司提交的证据,两被告除对证据 2《抢险方案》、证据 6 出勤表等、证据 13 航海日志、证据 16 交接单真实性有异议外,对其他证据真实性无异议,本院予以确认。对证据 2《抢险方案》,两被告质证认为其未收到,满洋公司也不能证明邮件收件人信息以及经港航部门审核,两被告质证有理,对该证据证明力不予确认。对证据 6"鸿源 02"轮应急抢险作业人员出勤表及有关资质证书,证据 13 航海日志,两被告质证认为形式上缺乏签名、记载信息不齐备等,法院对质证有理部分予以采纳。对救助抢险投入人员、数量,应当结合各自证据以及公估人员出庭接受询问情况予以综合认定。对证据 16 交接单,真实性应予认定。

鸿勋公司为支持其抗辩,向本院提供了如下证据:

证据 1"鸿源 02"轮船舶所有权登记证书,用以证明其系"鸿源 02"轮船舶所有人。证据 2"鸿源 02"轮光船租赁合同与光船租赁登记证明书,用以证明勋源公司系"鸿源 02"轮光船租赁人,租赁期限为 2015 年 2 月 28 日至 2020 年 2 月 27 日。对于鸿勋公司提交的证据,勋源公司无异议,满洋公司对其真实性无异议,本院予以确认。

勋源公司为支持其抗辩,向本院提供如下证据:

1. 船舶保险公估人苏栋梁与上海申南打捞疏浚有限公司(以下简称"申南公司")谈才兴的邮件往来及所附《难船封堵及集装箱打捞报价》,用以证明"鸿源 02"轮触礁事故发生后,保险公估人于 2016 年 12 月 16 日取得的申南公司救助报价包干价为封堵面积 3 平方米以下的,费用 20 万元,超过 3 平方米的部分,增加每平方米 4 万元;水上部分集装箱打捞 5 000 元一只,水下部分集装箱打捞 8 000 元一只,满洋公司的计费标准明显过分高于合理的市场价格。

2. 上海大润海洋工程服务有限公司(以下简称"大润公司")鲁杰致、苏栋梁的邮件及附件《"鸿源 02"轮卸箱起浮费率报价表》,苏栋梁与满洋公司梁兴高的邮件往来及附件《"鸿源 02"轮打捞预算报价》,用以证明就"鸿源 02"轮后续卸箱及船舶脱浅起浮作业,保险公估人向大润公司及满洋公司询价,满洋公司报价与诉请的计费标准明显过分高于合理市场价格。

3. 闵炳权于 2016 年 12 月 31 日致梁兴高的"撤离通知"邮件,以及梁兴高于 2017 年 1 月 8 日致闵炳权的告知邮件,用以证明前期抢险工作基本结束后被告要求满洋公司立即停止卸箱作业及看护工作,与大润公司交接撤离现场,但满洋公司未撤离;2017 年 1 月 8 日满洋公司决定于 2017 年 1 月 9 日撤离现场所有的应急抢险船舶。

4. 上海悦之保险公估有限公司（以下简称"悦之公司"）就"鸿源 02"轮触礁事故产生的施救费用出具的公估报告（以下简称"悦之公估报告"）及营业执照、保险公估业务许可证并申请公估人苏栋梁出庭接受质询，用以证明根据"鸿源 02"轮船壳保险人委托，悦之公司经对现场公估检验后评估认为，满洋公司因涉案事故按实际投入计费，包括现场卸箱、待命、集装箱运输至码头堆场、集装箱起吊存放的费用，合理金额约为人民币 1 215 万元。第二次庭审后，两被告提供了"悦之公估报告"修正件，认为合理金额应是人民币 1 190 万元。

5. 上海海神保险公估有限公司（以下简称"海神公司"）就"鸿源 02"轮触礁事故产生的应急抢险防污清污费用出具的评估报告（以下简称"海神公估报告"）及营业执照、保险公估业务许可证并申请公估人董健、陈志新出庭接受质询，用以证明根据船东互保协会委托，海神公司经评估后认为，满洋公司因涉案事故按实际投入进行应急防污清污而产生的合理费用金额约为人民币 1 511 024.7 元。第二次庭审中，两被告提供了"海神公估报告"修正件，认为合理金额应是人民币 2 143 754.74 元。

6. "鸿源 02"轮船舶保险单，用以证明涉案船舶保险价值为 870 万美元，按 6.8 的汇率折算成人民币为 5 916 万元。

7. "鸿源 02"轮船货打捞和海上服务合同，用以证明满洋公司抢险救助工作结束后，由上海打捞局打捞船舶的费用为人民币 1 000 万元。

8. 船舶修理合同与修理结算协议、立邦油漆费用、船东自购物料备件发票收据若干，用以证明"鸿源 02"轮打捞起浮后合计修理费用约 1 760 万元。据此，"鸿源 02"轮在满洋公司抢险工作结束后的船舶价值不超过 3 156 万元（5916-1000-1760）。

9. 拖轮抢险费用说明和拖轮费用增值税发票，用以证明上海港复兴船务有限公司两艘拖轮协助"鸿源 02"轮抢滩，产生拖轮救助费 85 500 元。

10. 收费通知单两份，用以证明东海救助局对"鸿源 02"轮进行应急救助守护，产生救助费 2 977 832.8 元。

9—10 还共同用以证明上述救助费用属于"鸿源 02"轮救助报酬费用的一部分。

对勋源公司提交的证据，鸿勋公司均无异议，满洋公司对证据 1 邮件及报价表、证据 9 费用说明以外的其他证据真实性无异议，本院对此予以确认。证据 1 邮件及报价表、证据 9 费用说明并非发生于涉案救助期间，对其关联性不予确认。对救助抢险费用合理性、救助过程以及投入情况，应当结合各自证据以及公估人员出庭接受询问情况予以综合认定。

此外,满洋公司还应两被告要求向本院提供了《满洋公司救助 660 个集装箱货物处理统计表》及附件等材料,以供查明箱货堆存提取及救助报酬与堆存费收取情况。对此,两被告书面质证认为,根据满洋公司提供的材料,该司已收取货物救助报酬高达 10 087 743 元,此外还有部分货主提供了担保,满洋公司的诉请中包括了 660 个集装箱货物的救助报酬,属于重复索赔。对该份统计表及附件等材料,因满洋公司诉请并未包括堆存费用、货主并未直接与满洋公司签订救助合同、部分费用尚未处理等,在本案中不予评述与处理,本院对其与本案的关联性不予确认。

结合庭审调查及证据认证情况,本院认定如下事实:

"鸿源 02"轮系鸿勋公司所有、勋源公司光租的钢质集装箱船,船籍港宁波,1997 年 11 月 17 日建成,23 734 总吨,13 291 净吨,总长 188.1 米,型宽 30 米,型深 16.75 米。船舶光租期间为 2015 年 2 月 28 日至 2020 年 2 月 27 日。勋源公司于 2015 年 12 月 25 日为该轮向大地保险公司办理了保险,保险单记载船舶保险价值 870 万美元。2016 年 12 月 15 日晚 23 时许,装载 933 个集装箱及相关货物的该轮自河北京唐到广州虎门,途经舟山嵊山岛以南约 5 海里东半洋礁附近触礁,船体破损进水。经舟山海事部门指挥、东海救助局等单位协助,该轮在小黄龙岛附近水域冲滩搁浅,船货仍处于危险状态。同月 16 日,勋源公司电子邮件函致满洋公司:"我司'鸿源 02'轮在舟山嵊山岛水域发生触礁事故受损,船舱破损进水下沉。因冬季海况恶劣多变,如不及时进行抢险减载起浮,随时有倾覆风险。为了尽可能减少损失,避免沉没事故发生,现我司作为该轮船东委托贵司对船舶进行应急抢险,将沉船进行抢滩固定,并进行减载过驳、抽水起浮、破损情况探摸作业以及其他与之相关的辅助作业等。我司承诺向贵司提供必要的船舶信息并支付委托内容产生的相关费用。特此委托。"同日,勋源公司函告大地保险公司:"船舶由于此次事故受损十分严重,随时有倾覆危险,舟山海事主管部门要求我司尽快落实抢险救助,防止发生溢油污染……为了尽可能减少各方的损失,避免沉没事故发生及事故扩大化,我司紧急口头委托满洋公司进行应急抢险。"满洋公司接受委托后,成立事故应急指挥部,调配"满洋 208""满洋 2004""三航起 12""海腾工 8""中海起重 16""腾峰 56""腾峰 78""腾峰 16""腾峰 37""腾峰 58""恒元 168""京润 168""浦远 1 号""浙嵊渔油 80303""满洋洁 17""满洋工 01""满洋 16""三航拖 2012""海腾 6"等船舶开展救助,同时调遣相关救助设备与人员赴事故现场参与救助抢险,进行紧急驳卸集装箱、船舶固定、堵漏、货舱抽水、探摸作业。为防止油污污染环境,对船内燃油及油污水进行抽油作业。其间,满洋公司于同年 12 月 20 日以电子邮件告知勋源公司:"为尽可能降低贵司抢险费用,我司动用的船舶、设备及人员费用将按照潜水打捞协会关于空气潜水作业指导价格及宁波—舟山海域溢油应急处置应急资源使用的市场标准计收,抢险所使用的船舶及设备没有标准可参照的将按照我司费用标准计收。附件(《关于空气潜水作业指导价格执行通知》《宁波—舟山海域海上溢油应急处置应急资源使用费率表》《满洋公司抢险费率表20150808》)为收费标准参考。"同月21日，满洋公司再次函告："关于应急抢险费用，贵司若有异议请及时告知"。鸿勋公司、勋源公司联系人倪国柱于同日回复称"由于目前情形没有时间和人手去逐一核对，请见谅"，直至险情基本控制，两被告未就此问题提出异议意见。满洋公司则通过电子邮件将2016年12月16日至2017年1月17日期间《抢险作业日报》发送给被告，1月9日后发送日期为间隔四天以上。救助期间，大地保险公司派公估人员对现场清污防污等进行勘查检验并就集装箱卸载等给予指导。此外，2016年12月22日至23日，26日至28日左右，有两次较为明显的寒潮天气。

2016年12月26日，满洋公司电子邮件告知勋源公司："目前抢险基本告一段落并报告海事局计划27日撤离，但海事局要求现场留守，等海潮大风过后再移交，请抓紧选定打捞单位，若无明确请求，满洋公司将在汇报海事局同意后撤离。"同月28日，舟山海事局向勋源公司发出《关于要求加快"鸿源02"轮现场处置的函》，载明"鸿源02"轮船体冲滩坐底后虽采取了集装箱抢卸、存油过驳、船舶排水、堵漏等积极抢险措施，但仍存在船舶严重倾斜、船体破损和船舱进水等严重问题。目前正值冬季寒潮大风期，该船仍存在滑落漂移、船体断裂、船舶倾覆和沉没等风险，并极有可能造成沉船碍航、海洋污染和集装箱漂离碍航等严重后果；同时，该轮坐底位置位于船舶习惯航路，临近马迹山港、洋山港进出港航道，毗邻海底管线和海上养殖区的敏感区域，对周边通航环境影响大。要求：一、抓紧落实与难船处置能力要求相匹配的打捞公司，尽快提交处置方案并组织实施；二、在确定打捞公司前，应继续组织力量采取必要的抽水、堵漏等稳定船体措施，继续对船载集装箱和存油进行抢卸、过驳作业，同时落实专门力量实施现场监视守护；三、寒潮大风天气可能造成难船漂移时，继续落实大马力拖船进行监护值守。满洋公司继续现场作业。同月31日，勋源公司邮件告知满洋公司："目前事故前期抢险工作基本结束，我司已根据保险公司要求委托大润公司于即日下午进场进行后期打捞，请立即停止作业，做好交接，全部撤离。"2017年1月3日，勋源公司再次告知满洋公司要求撤离。但大润公司未实际与满洋公司进行交接。同月6日与8日，满洋公司发送电子邮件至勋源公司，表示已注意到关于要求其停止卸载作业并配合现场交接的通知，决定从次日起开始撤离所有船舶、设备与设施。除部分船舶继续完成集装箱码头卸载作业任务外，1月9日下午3时，现场船舶撤离，仅留"浦远1号""浙嵊渔油80303""满洋洁17"轮在现场进行油污监护。

2017年1月9日，舟山海事局电话通知勋源公司："无论出于何种原因，船东都应尽快落实资质满足要求的打捞单位进场打捞，目前施救工作不得停止，必须充分利用良好天气条件进行卸载作业。"此后,满洋公司又进行了部分重油清仓作业,1月13日始,仅"满洋洁17"轮在现场进行油污监护。满洋公司则以邮件告知勋源公司,除清油船外,有9艘船舶在"鸿源02"轮附近待命监护。同月17日,交通运输部上海打捞局与勋源公司签订打捞合同并于次日完成与满洋公司的交接后进行商业打捞。经统计,满洋公司通过救助抢险作业,从"鸿源02"轮减载660个集装箱及相关货物、16块舱盖板至宁波市北仑区白峰船厂堆场存放,抽取轻油35吨、重油116吨、油污水1 199吨、油泥49吨。

另查明,2017年1月20日,两被告等就"鸿源02"轮涉案事故向本院申请设立总额为2023539特别提款权及其利息的非人身伤亡海事赔偿责任限制基金。本院于同年5月15日做出(2017)浙72民特110号民事裁定予以准许。

本院认为,本案系海难救助合同纠纷。根据双方当事人的诉辩意见,对双方争议的原、被告法律关系及合同性质,关于满洋公司救助报酬数额的认定,关于救助报酬应否由船舶与集装箱按获救价值比例分摊,关于救助报酬的债权性质以及是否具有船舶优先权等问题评析如下:

一、关于原、被告之间的法律关系及合同性质

针对满洋公司主张,两被告认为,勋源公司作为光租人根据《中华人民共和国海商法》(以下简称《海商法》)的规定代表"鸿源02"轮及所有船载集装箱货物所有权人口头委托满洋公司实施应急抢险,满洋公司与勋源公司之间的海难救助合同成立并生效;满洋公司主张双方系雇佣救助关系,明显与事实不符,也不符合雇佣救助的法律构成要件。

首先,关于本案救助合同关系的相对人。满洋公司认为勋源公司和鸿勋公司为共同合同相对人,鸿勋公司否认其合同当事人地位。经审查,各方均认可勋源公司的合同相对人地位,本院对此予以确认。鸿勋公司系船舶所有人,因满洋公司的救助成功地避免了船舶油污风险与环境损害,是救助行为的获益方;勋源公司法定代表人同时也是鸿勋公司法定代表人;在救助作业开展期间,两被告均派员参与联系商谈委托救助及具体救助事宜;庭审中,被告鸿勋公司虽认为倪国柱仅负责船舶机务实际系为勋源公司联系工作方便,但对倪国柱系鸿勋公司副总经理的事实无异议。综上,本院认为原告主张有理,鸿勋公司应为本案共同委托方。

其次,关于本案救助合同的性质。本案船舶触礁事故发生后,勋源公司以船东身份向满洋公司发送电子邮件,要求对"鸿源02"轮进行应急抢险、抢滩固定并减载过驳、抽水起浮、破损情况探摸作业以及其他与之相关的辅助作业等,并承诺向满洋公司提供必要的船舶信息并支付委托内容产生的相关费用。满洋公司接受委托后通过电子邮件及附件的形式告知相关救助作业费率,明确提出船舶设备费用

将按照潜水打捞协会关于空气潜水作业指导价格及宁波—舟山海域溢油应急处置应急资源使用的市场标准计收,抢险所使用的船舶及设备没有标准可参照的,将按照满洋公司费用标准计收,之后又再次提及对费用若有异议请及时告知。被告答复目前没有时间和人手逐一核对,此后各方协商抢险作业事宜及抢险作业过程中,直至险情基本得到控制,两被告均未提出异议。上述情况,应视为原、被告之间就救助报酬相关费率达成了合意。根据《海商法》第一百七十九条的规定,除"无效果、无报酬"救助报酬支付原则外,也允许当事人对救助报酬的确定另行约定,本案当事人之间约定了救助报酬费率,两被告也承诺支付因委托内容产生的相关费用,在救助过程中有指导救助行为。因此,本案救助合同并不属于《海商法》规定的"无效果、无报酬"救助合同,而属于雇佣救助合同。

二、关于满洋公司救助报酬数额的认定

就救助报酬金额,满洋公司认为,其接受两被告委托于 2016 年 12 月 16 日至 2017 年 1 月 18 日期间进行救助抢险作业,因此产生抢险费用合计 97 770 646 元,应由两被告负担,并提供救助作业费用列表。根据现场勘查,结合满洋公司主张,两被告提供"悦之公估报告"与"海神公估报告"及相应修正件,认为即便不考虑救助的合理性与必要性,满洋公司主张的应急抢险船舶费用与应急防污清污费用至多分别不应超过 11 900 367 元与 2 143 754.74 元,合计不超过 14 044 121.74 元。

本院认为,本案双方当事人就救助报酬费率已经达成合意,救助报酬费率标准原则上应按照满洋公司发送给两被告的电子邮件关于费率的相关附件认定。因公估人员具有公估资质,其在救助期间,除天气恶劣等客观条件限制无法在现场勘查而根据船讯网核查船舶轨迹外,基本均在现场,对现场救助情况最为了解,而满洋公司提供的费用清单等据以证明具体救助时间、人员、物资的相关证据所载信息较为简单,证明力稍弱,故关于满洋公司参与救助的船舶、人员、物资的数量、时间等事实,对两者相一致的直接予以认定,对于两者相矛盾的数据,则原则上按涉案两份公估报告的记载情况认定与计算,对公估报告无记载或比原告举证更有优势的,结合原告提供的相关证据综合认定。亦即,对于满洋公司主张的相关救助报酬,根据本案合同性质及证据情况,在费率计算标准上,原则上采纳满洋公司主张。双方未明确约定的人员设备费率部分以及在实际投入与具体救助工作情况方面,则在综合分析原告举证的基础上以公估报告记载为主要依据。根据上述审查原则,针对满洋公司主张的费用,结合两被告抗辩,本院将各项救助作业费用做如下分析认定:

关于应急抢险动员费。满洋公司认为,该费用是事故发生之初,满洋公司为协调作业船舶、人员以及调运物资设备所需要的前期准备启动资金,除抢险力量本身

的费用外,将各方力量调集至事故地点附近同样需要相应费用,因此应急抢险与应急防污清污所涉的该项费用合计 100 万元属于合理。两被告认为,事故发生后,当地海事部门已经安排相关清污船只在事故现场应急待命,该项费用与前述海事局安排重复且上述费用已经在人员、设备费中计算,不应另计。经审查,满洋公司并未就此笔费用的实际发生提供充分证据,亦未与两被告进行过约定,其主张的相关费率中已经体现了应急救助的因素,故对该笔费用,不予认定。

关于满洋公司主张的其他直接费用,逐项分析如下:

1. 关于人员费用和通信费用。(1)应急抢险部分:满洋公司主张 34 天中,三类人员的费用分别小计 1 878 975 元,按 5 人每天 50 元的标准产生通信费合计 8 500 元。两被告认为,该两笔费用,已计算在管理费中,不应另计。经审查,对于抢险救助指挥部人员费用,除现场副指挥(酌情认定为 1 名,应扣除 9 000 元)外,其余相关计费标准已在满洋公司提供的附件中有明确约定,应认定为每日 25 750 元。抢险潜水组人员费用,双方对计费标准无争议,对参加潜水作业的人员数量,可按"悦之公估报告"认定,其他现场作业人员费用,"悦之公估报告"评估基本合理,予以认定。(2)应急防污清污部分:满洋公司主张人员数量为现场高级指挥 1人,现场指挥 2 人,操作员 12 人或 20 人,后勤保障 2 人,计费公式为每日费用 =1 个白班费用+加班费率(8 小时以外工作小时费率)×加班时间(16 小时),通信费按 3 人每天 50 元计 150 元主张。两被告公估意见认为,现场指挥与后勤保障均 1人即可,操作员应根据实际投入人数,满洋公司主张的人员费率基本合理,但单日计费公式不合理,因"鸿源 02"轮实际未发生油污,现场亦无海面清污作业,故清污人员计费应根据现场实际作业情况收取。守护待命时段应按工班费率的 50%收取,作业时段根据工班费率收费,周末按 2 倍收费,1 工班 8 小时,不足 4 小时按0.5 工班,不足 1 工班但超过 4 小时按 1 工班。满洋公司出勤表显示的 17 名清污人员并非全程在现场或作业或待命,现场指挥由他人代替,相关清污船舶仅间歇性抵达现场进行抽油或监护作业。通信费费率合理,现场高级指挥与现场指挥,可按各 1 人计。本院经审查认为,船舶与人员的实际作业情况包括人员数量及合理性,"海神公估报告"认定较为合理,相关人员费率,双方未约定明确的,原则上参考海神公估报告进行认定。满洋公司主张的两部分通信费,双方并无约定,不予支持。

2. 关于船舶费用。应急抢险部分,费率方面有明确约定的"满洋 2004""满洋208""中海起重 16"等按约定费率计算,其余船舶根据参与救助工作的实际情况结合"海神公估报告"综合认定。应急防污清污部分,原则上根据双方约定费率,结合原告举证以及海神公估报告关于船舶具体工作时间与状况认定。

3. 关于物资设备费用。应急抢险部分,除潜水设备、水泵单价根据满洋公司主张的费率标准外,其余结合公估报告认定。应急防污清污方面,对于物资设备总体使用状况与费用,"海神公估报告"数据详细,分析有理,原则上根据该报告认定,但双方对于单价有约定的物资如吸油索,应按约定计算;对于约定了单价,但满洋公司并未据此主张或提供的设备与约定不符或者未做约定的,则主要按"海神公估报告"综合认定。

4. 关于满洋公司主张的 2016 年 12 月 31 日之后的作业费用。两被告认为,勋源公司已于 2016 年 12 月 31 日再次要求满洋公司立即停止卸箱与看护作业,但满洋公司仍未按要求撤离,满洋公司于 2017 年 1 月 9 日表示要撤离现场,故满洋公司的应急抢险作业最晚应于 2017 年 1 月 9 日结束,此后的行为不构成救助或抢险。本院认为,自 2016 年 12 月 31 日至 2017 年 1 月 9 日,勋源公司虽通知满洋公司应停止作业,做好交接,但其后并无相关打捞公司进场交接,结合海事部门对"鸿源 02"轮船东的相关函告与指令,满洋公司的救助作业应视为履行涉案海难救助合同义务的延续。至于 2017 年 1 月 10 日至 2017 年 1 月 18 日期间的作业,满洋公司方面也已明确表示"除非得到明示,否则将撤离现场,此后与其无关",在实际行为方面也安排了相应撤离;海事部门方面虽电话通知船东"应尽快落实资质满足要求的打捞单位进场打捞,目前施救工作不得停止,必须充分利用良好天气条件进行卸载作业",但被告并未根据满洋公司邮件的告知予以明示,满洋公司对"鸿源 02"轮船货除适当进行油污监护及抽油作业外,亦未进行新的集装箱卸载作业。据此,本院认为,两被告的抗辩意见有理,该时间段内的应急抢险船舶费用,除对前期卸载的集装箱到码头进行卸载的船舶费用外,其余船舶费用不应认定;对于继续进行防污清污相关监护的救助报酬,则应酌情认定。

经分析汇总每日发生的前述四项费用即人员费用、通信费用、船舶费用、物资设备费用,本院认定 2016 年 12 月 16 日至 2017 年 1 月 18 日,满洋公司前述四项应急抢险船舶费用合计 22 577 273 元,2016 年 12 月 17 日至 2017 年 1 月 18 日,前述四项应急抢险防污清污费用合计 2 398 545 元。

5. 关于其他费用。(1)关于码头吊机费与门式起重机使用费、舱盖板堆存费。满洋公司主张的码头吊机费 263 634 元、门式起重机使用费 260 303 元与舱盖板堆存费 10 323 元,与两被告公估意见一致,予以认定。(2)关于油污水仓储费与油污水收集转运处理费。对于油污水仓储费,满洋公司主张按 33 天,不同项目按不同单价计算主张合计 1 755 270 元。本院经审查认为,两被告公估报告就该笔费用的评估意见有理,即船舶每次作业完毕及时处理过后,空舱间歇性返回现场继续作业,该费用应当包含在船舶使用费中,单独索赔并不合理,故不予认定。对于油污水收集转运处理费,满洋公司主张处理油污水 1 199 吨、油泥 49 吨、轻油 35 吨、重油 116 吨,根据每吨 3 180 元的价格,合计 4 448 820 元。两被告认为,油污水数量明显夸大,仅为 709 吨,单价过高,市场价约每吨 500 元,根据两被告核定的数量,该笔费用合理金额应为 478 000 元;此外,重油、轻油、油泥等均未受杂质污染,满洋公司在回收后会因此获得收益,该收益应予抵扣。经审查,关于本案抽油作业数量,满洋公司已提供相关作业船舶作业记录,该记录有船方签字,也有原件,应据此确定抽油作业数量。具体处理的价格,可按双方约定的费率标准即每吨 1 200 元计算,为 1 678 800 元。关于油品是否污染与抵扣,不属于本案审理范围。

综上,就涉案海难救助合同直接产生的合理应急抢险船舶费用与应急防污清污费用,合计分别为 23 111 533 元、4 077 345 元。

关于各 10% 的管理费与税费。满洋公司对两部分费用均主张 10% 的管理费。"悦之公估报告"对管理费予以认可,对税费部分,认为直接费用系含税价。"海神公估报告"认为,满洋公司已就船舶物资车辆人员等提出索赔,在此基础上加收管理费明显属于重复收费,如有法律法规支持,则 10% 应属合理,税费 6% 较为合理。本院认为,该两部分费用在《宁波—舟山海域海上溢油应急处置应急资源使用费率表》《满洋公司海上应急处置及抢险打捞费率表》中均有约定,应按各 10% 予以认定,据此,两部分的该两笔费用分别为 4 622 307 元、815 469 元,合计 5 437 776 元。

关于 15% 的风险费。"悦之公估报告"认为,公估的相关费用已考虑风险因素,直接费用已上浮,不应再主张 15% 的风险费。"海神公估报告"认为,结合现场检验情况,防污抢险期间确多次遭遇冬季寒潮大风天气,满洋公司也安排了相关船舶及人员对"鸿源 02"轮进行监护,15% 的风险费率应属合理。经审查,《宁波—舟山海域海上溢油应急处置应急资源使用费率表》中并无风险费的约定,《满洋公司海上应急处置及抢险打捞费率表》中虽有注明,但该约定所依据的《中华人民共和国交通部国内航线海上救助打捞收费办法》已经废止,根据上述约定情况,结合本案满洋公司的报价实际,本院对其中的应急抢险船舶费用部分,酌情考虑 5%,为 1 155 577 元。

综上,满洋公司可获支持的救助报酬金额合计 33 782 231 元。

三、关于救助报酬应否由船舶与集装箱按获救价值比例分摊

本院认为,本案系因紧急情况引起的海难救助合同纠纷,合同性质为雇佣救助合同,涉案救助作业的委托合同当事方是满洋公司及与之签订雇佣救助合同的船舶光租人勋源公司与船舶所有人鸿勋公司。至于勋源公司、鸿勋公司承担相关费用后依据运输合同是否有权主张分摊及如何分摊,是否构成共同海损以及船东以外的受益人是否有权根据《海商法》的规定进行抗辩的问题,并不属于本案审理范围。两被告提及的满洋公司已经收取货方相关救助报酬与堆存费的问题,亦不属于本案审理范围。

四、关于救助报酬的债权性质以及是否具有船舶优先权

满洋公司认为，根据我国《海商法》的相关规定，本案救助报酬属于非限制性债权，且具有船舶优先权。两被告认为，原告主张的应急抢险防污清污费用部分属于限制性债权。本院经审查认为，原告主张的费用，包括第二部分的防污清污抢险费用，均系履行涉案雇佣救助合同而产生，均属对"鸿源02"轮的船、货及对该轮构成环境污染损害危险进行的救助，应属我国《海商法》第二百零八条第（一）项规定的救助款项。据此，该报酬对两被告而言，应属非限制性债权。同理，根据《海商法》第二十二条第一款第（四）项，满洋公司就其海难救助报酬享有船舶优先权。根据《海商法》第二十九条第一款第（一）项的规定，具有船舶优先权的海事请求，自优先权产生之日起满一年不行使，船舶优先权消灭。而船舶优先权的行使须通过扣押船舶实现。满洋公司的船舶优先权自2017年1月18日结束救助之日起至今已超过一年，虽然在期满前申请了限制船舶处分权，也向本院申请扣押船舶以行使船舶优先权，但经本院通知未提供担保，应视为放弃船舶扣押申请和未有效行使船舶优先权，鉴于船舶优先权因已经超出一年的行使期限而消灭，故对满洋公司要求确认船舶优先权的主张不予支持。

综上，满洋公司与勖源公司、鸿勖公司之间的海难救助合同关系依法成立并应确认有效。满洋公司为履行该雇佣海难救助合同产生的相关救助报酬合计33 782 231元，勖源公司、鸿勖公司理应按约及时支付，逾期未付，显属违约，应承担支付上述款项并按照满洋公司主张的自2017年1月19日始按银行贷款利率计算利息的违约责任。满洋公司上述诉请有理部分，本院予以支持。满洋公司关于其余费用和船舶优先权的诉请，证据与理由不足，不予支持。两被告关于本案救助报酬等有理抗辩部分，予以采纳，但其就合同性质、合同主体、债权性质、应由船货各方在本案中按比例分摊救助报酬以及货主已支付满洋公司的相关费用在本案中进行抵扣的抗辩，证据与理由不足，不予采信。经本院审判委员会讨论决定，依照《中华人民共和国合同法》第六十条第一款、第一百零七条、第一百零九条，《海商法》第二十二条第一款第四项、第二十九条第一款第一项、第一百七十九条、第二百零八条第一项，《中华人民共和国民事诉讼法》（以下简称《民诉法》）第六十四条第一款的规定，判决如下：

一、被告宁波鸿勖海运有限公司、上海勖源海运有限公司于本判决生效后十日内，共同支付原告浙江满洋船务有限公司救助报酬33 782 231元及利息（按中国人民银行同期贷款利率自2017年1月19日起至本判决确定的履行日止计算）；

二、驳回原告浙江满洋船务有限公司的其他诉讼请求。

如果未按本判决指定的期间履行给付金钱义务，应当依照《民诉法》第二百五

十三条之规定,加倍支付迟延履行期间的债务利息。

本案案件受理费为535 099元,减少诉讼请求后为530 653元,由原告浙江满洋船务有限公司负担319 942元,被告宁波鸿勋海运有限公司、上海勋源海运有限公司负担210 711元,诉讼保全费5 000元,由被告宁波鸿勋海运有限公司、上海勋源海运有限公司负担。

如不服本判决,可在判决书送达之日起十五日内向本院递交上诉状,并按对方当事人的人数提出副本,上诉于浙江省高级人民法院。

审　判　长　邬先江

审　判　员　王佩芬

代理审判员　罗孝炳

二〇一八年二月十一日

代书记员　王鑫维

【裁判要旨】

一、信用证的开证行，通过合法流转取得全套正本提单，可以享有正本提单持有人的法律地位与索赔权利，但其索赔权利应以其在信用证项下实际垫付的货款为限，其与开证申请人之间关于信用证项下违约责任的约定不能约束承运人。

二、无论海运提单实际由谁签发，只要标明系代表船长签发，且船长知晓或者应当知晓该海运提单的签发，则雇佣该船长的船东应当承担承运人的责任。

中华人民共和国宁波海事法院
民事判决书

（2017）浙 72 民初 1602 号

原告：中国银行股份有限公司日照岚山支行。住所地：中华人民共和国山东省日照市岚山区岚山中路新天地财富中心。

负责人：戴伟平，该支行行长。

委托代理人：宋金升，上海锦天城（青岛）律师事务所律师。

委托代理人：张洪涛，北京大成（青岛）律师事务所律师。

被告：西蒙航运有限公司（SEAMANSHIP CO. , LTD.）。住所地：泰王国曼谷（No. 14, 16, Lat Phrao 84 Alley, Lat Phrao Road, Wang Thonglang Sub-District, Wang Thonglang District, Bangkok Metropolis, Tailand）。

法定代表人：阿纳尔克·初拉特（AnarkChooratn），

委托代理人：陈威，上海瀛泰律师事务所律师。

委托代理人：刘雨佳，上海瀛泰律师事务所律师。

第三人：现代能源贸易（上海）有限公司。住所地：中国（上海）自有贸易试验区马吉路 28 号 22 层 2202B 室。

法定代表人：河源俊（Ha Won Joon），该公司部长。

委托代理人：杨波，广东敬海律师事务所律师。

委托代理人：胡昶成，广东敬海律师事务所律师。

第三人：日照广信化工科技有限公司。住所地：中华人民共和国山东省日照市岚山区化工园区大道 3 号。

法定代表人：傅广胜，该公司董事长。

委托代理人:范玉亮,山东天蓝律师事务所律师。

委托代理人:于文雪,山东天蓝律师事务所律师。

原告中国银行股份有限公司日照岚山支行(以下简称"岚山中行")与被告西蒙航运有限公司(SEAMANSHIP CO.,LTD.,以下简称"西蒙公司")海上货物运输合同纠纷一案,本院于2017年8月25日立案后依法适用普通程序并组成合议庭进行审理。2017年9月26日,西蒙公司向本院提供新韩银行(中国)有限公司上海分行(以下简称"新韩上海分行")反担保函,请求解除本院诉前对西蒙公司所有的"SEA SAWASDEE"轮采取的扣押,本院予以准许。本案审理期间,现代能源贸易(上海)有限公司(以下简称"现代公司")、日照广信化工科技有限公司(以下简称"广信公司")先后申请作为无独立请求权的第三人参加诉讼,本院均予以准许。本院于2017年11月8日召开庭前会议,并于2018年1月4日公开开庭进行了审理,原告岚山中行的委托代理人宋金升、张洪涛,被告西蒙公司的委托代理人陈威、刘雨佳,第三人现代公司的委托代理人杨波、胡昶成,第三人广信公司的委托代理人范玉亮、于文雪到庭参加诉讼。2018年4月26日,本院组织各方当事人进行了补充质证。本案现已审理终结。

原告岚山中行向本院提出诉讼请求:1.判令被告西蒙公司赔偿原告经济损失4 293 987.68美元(按美元兑换人民币汇率1:6.670 1计算折合成人民币为28 641 327.224 7元),及约定的逾期利息(最后明确为损失4 237 590.23美元及其按年利率7.2%自2017年6月16日起计算至判决确定的付款日止);2.案件受理费及诉前扣船申请费人民币5 000元由被告负担。事实与理由:2016年11月20日,原告与广信公司签订《授信额度协议》(编号为2016年岚额度字010号),约定原告向广信公司提供授信额度3.3亿元人民币用于开立信用证等业务。2017年3月至6月,广信公司陆续向原告出具了8份《开立国际信用证申请书》,申请开立国际信用证用于向国外购买丙烯,编号分别为:2017年岚证字0314号、2017年岚证字016号、2017年岚证字031号、2017年岚证字032号、2017年岚证字036号、2017年岚证字037号、2017年岚证字042号、2017年岚证字043号。为此,原告开具了8份信用证,并陆续收到通知行发来的信用证项下的全套单据,包括正本提单、汇票、发票等。原告经审单无误,予以承兑。上述信用证付款时间到期后,广信公司无力付款赎单,原告为其垫付款项,对外支付了信用证项下金额,成为涉案提单的合法持有人,提单编号分别为:SSDY1706B、SSDY1706A、SSDY1710A、SS-DY1710B、SSDY1712A、SSDY1712B、SSDY1716A、SSDY1716B。上述提单合计重量为6 113.371吨,除记载重量签发时间不同外,各提单均载明:托运人为现代公司,收货人凭指示,承运船名"SEA SAWASDEE"轮,装货港韩国瑞山,卸货港中国仪征,货物品名为聚合级丙烯,签发人为DUCK YANG SHIPPING CO.,LTD.(以下简称"德克扬公司"），其宣称作为船东代表船长签发。现原告为上述提单的合法持有人，有权向承运人提取货物。但经了解，提单项下的货物已经在仪征港被放行，导致原告无法提取货物，垫付的信用证款项无法追回，故诉至法院。

被告西蒙公司答辩称：一、其并非涉案提单的承运人。涉案提单的承运人为德克扬公司，被告或者船长从未授权德克扬公司签发提单，故与托运人之间不存在任何海上货物运输合同关系；二、岚山中行未能证明其已经实际兑付相关款项，且未扣除广信公司在开证时提供的占20%金额的担保，故原告未产生实际损失；三、岚山中行开具的是远期信用证，其与广信公司有长期融资贸易关系，对无正本提单交货是各方知情并认可的交易方式，所谓的损失也与无单放货没有因果关系，无权以持有提单提出索赔。综上，请求法院驳回原告的全部诉请请求。

第三人现代公司同意被告西蒙公司的答辩意见，并补充辩称：一、岚山中行并非适格原告，其不是提单合法背书受让人，也非货物的所有权人，最多是提单的质押权人，无权提取货物，故无权以无法提货提出索赔；二、现代公司作为卖方和托运人，认可德克扬公司为承运人，被告西蒙公司并非货物的承运人，没有参与无单放货，无须承担任何责任；三、涉案提单项下先无单放货的操作模式是各方都认可的交易及运输的惯例，且广信公司在与岚山中行的授信协议中约定了由广信公司负责保管涉案货物，并将销售收入作为担保等内容，其他证据也表明岚山中行对无单放货是知情的。因此，现代公司认为原告的诉请并不能成立。

第三人广信公司对原、被告以及第三人现代公司陈述的事实均没有异议，对原告扣划的款项及最终诉请的金额没有异议，也确认涉案八份提单下的全部货物在到港后其即立即依照惯例办理通关提取，并做如下补充陈述：广信公司是日照市岚山区一家专业生产聚丙烯的企业，从国外进口原料丙烯的规模多年来均在十几万吨以上，处于全国前三位，基本从日本、韩国等就近采购，货物从装船到抵达卸货港只要几天时间，但相关信用证单据要20~30天才能到达银行，同时涉案货物丙烯为高压气状，不宜久存、不便存放，国内丙烯可储量小，因此进口丙烯到港后均采用无单放货方式；从2010年开始，广信公司就与岚山中行开始了丙烯的贸易融资业务，一直以与本案同样的方式操作，即确定卖方及数量后向岚山中行申请开立不可撤销的远期信用证，卖方收到信用证后即将丙烯装船运输到国内指定港口，卖方给承运人出具保函允许无单放货，广信公司也凭卖方提供的提单、箱单等复印件先报关报检并提取货物投入生产，并在远期信用证到期前将报关单、关税缴纳凭证等材料交给岚山中行，岚山中行收到信用证项下单据承兑后也把提单等交给广信公司，在远期信用证到期时再从广信公司的账户中划扣相应款项；从2015年3月起，部分远期信用证无法按时还款出现逾期垫款，经与岚山中行协商，陆续转为流动资金贷款，用流动资金贷款归还信用证项下逾期垫款；2016年在当地政府的协调下岚山中行与广信公司又签订了涉案的《授信额度协议》,综合贸易融资授信为 3.3 亿元,广信公司提供了相应的担保和保证,岚山中行在涉案的《授信额度协议》下又陆续为广信公司开立了几十份远期信用证用以购买丙烯,货物到港后均由广信公司直接提取,之后提单陆续到达岚山中行,但岚山中行未按正常流程把提单交给广信公司并办理相应手续;2017 年 6 月,因市场因素及岚山中行调整信用证开立审批程序,导致开证流程变长、规模压缩,又有部分信用证到期后出现逾期垫款,但岚山中行在与我司洽谈将贸易融资转成流动资金贷款之时,突然向法院申请扣押了两艘给我司运载过丙烯的运输船舶,对我司经营造成重大影响,希望能在法院的主持下,各方能够协商出一个解决方案。

岚山中行为支持其诉讼请求,在举证期限内向本院递交了下列证据:

证据 1. 授信额度协议及附件。

证据 2. 开立国际信用证申请书及买卖合同各 8 份。

证据 3. 信用证开立电文 8 份。

证据 1~3. 证明岚山中行应广信公司的申请,对外开立了涉案 8 份信用证。

证据 4. 新韩银行(中国)有限公司到单通知及所附单据(包括发票、装箱单、提单等)8 份。

证据 5. 信用证承兑电文 8 份。

证据 6. 信用证付款电文 8 份。

证据 4~6. 证明岚山中行对外兑付了信用证款项,成为合法的提单持有人。

证据 7. 正本提单 8 套,证明岚山中行仍持有全套正本提单,但相应货物已经被无单放行,信用证垫款无法追回,造成的经济损失,承运人应承担赔偿责任。

证据 8. 扣船裁定书、扣押船舶命令、船舶登记证书,证明宁波海事法院于 2017 年 7 月 25 日扣押涉案船舶"SEA SAWASDEE"轮时,船舶登记证书显示被告西蒙公司系涉案船舶的登记所有权人。

证据 9. 进口报关单、增值税纳税凭证 6 份,证明涉案货物于 2017 年 3 月至 5 月被广信公司提取,对此岚山中行不知情,也未参与。

证据 10. 保证金扣划明细表、借记通知、对外付款后申请人账户扣减金额凭证,证明岚山中行为涉案信用证扣划广信公司保证金合计 1 246 602.75 美元、扣减本金 68 247.4 美元、利息 12 149.85 美元,其他账户 772.49 美元。

证据 11. 日照市阳光公证处公证书,证明岚山中行员工的计算机中保存了原告的证据 3、5、6 及 10 中的借记通知。

证据 12. 中国银行股份有限公司山东省分行(以下简称"中行山东分行")、中国银行股份有限公司日照分行(以下简称"中行日照分行")分别出具的情况说明,证明岚山中行系涉案信用证业务资格主体。

被告西蒙公司为支持其答辩意见，向本院提供如下证据：

证据1.定期租船合同、补充协议，证明西蒙公司已将"SEA SAWASDEE"轮期租给 North East Line Co., Ltd（以下简称"北东公司"），租期自2016年11月15日至2017年12月31日。

证据2.关于航次指示的电子邮件，证明德克扬公司通过邮件指示"SEA SA-WASDEE"轮船长并发出航行指令，实际运营涉案船舶，西蒙公司并非涉案提单项下的承运人。

证据3.关于指示放货的电子邮件，证明德克扬公司分别于2017年3月20日、4月20日、5月12日和6月16日向"SEA SAWASDEE"轮船长发出放货指示，西蒙公司没有参与。

证据4.现代公司向德克扬公司出具的放货保函，证明西蒙公司与现代公司不存在任何合同关系，并非涉案货物的承运人，具体以现代公司提供的为准。

第三人现代公司为证明其陈述意见，向本院提供如下证据：

证据1.中行山东分行的 SWIFT 信用证，证明原告并非涉案信用证的开证行或议付行，并非适格原告。

证据2.经公证的现代公司向德克扬公司提供提单信息的往来邮件。

证据3.经公证的德克扬公司向现代公司提供提单草稿并签发正本提单的往来邮件。

证据4.经公证的德克扬公司向现代公司收取运费的邮件。

证据5.现代公司提供的放货保函，同被告证据4。

证据2~5共同证明德克扬公司是涉案提单的签发人及承运人，现代公司作为托运人向德克扬公司支付了运费，并提供了放货保函，要求德克扬公司将涉案货物电放给广信公司。

证据6.DHL 的快递记录，证明德克扬公司签发提单后寄给现代公司。

证据7.现代公司与广信公司在2017年1月份进行的类似丙烯交易的合同、信用证及放货保函。

证据8.经公证的广信公司就2017年1月份的信用证款项向原告申请办理押汇的邮件。

证据7、8证明广信公司在2017年年初，就已经凭保函无单提货，并告知原告报关情况，最后再偿还信用证下款项或申请押汇，各方对该种贸易、运输、提货、还款模式都是认可的，提单已经不再是物权凭证。

证据9.经公证的广信公司在与其他公司类似贸易中提供的无单放货保函，证明广信公司在2015年、2016年就开始以先提货、再归还信用证款项的方式持续与原告开展信用证融资业务，原告也为开证行，都是知情的。

证据10.广信公司向岚山区政府的请示,证明原告与广信公司的信用证融资业务一直是先电放货物,原告后拿到提单,广信公司承兑后原告就会把提单交付给广信公司,后由于银行业务审批调整,双方贸易融资业务受到影响,才导致扣船事件的发生。

证据11.经公证的广信公司关于向原告申请开证时提交的文件及相关问题答复而发给现代公司的邮件,证明广信公司每次开立信用证前均会明确告知原告其会自行报关,然后提供报关单给原告表示其已经提取了货物,原告一直都是知晓并同意这种提货模式的。

证据12.经公证的广信公司关于向原告缴纳保证金而发给现代公司的邮件,证明广信公司为开立涉案8份信用证,向原告指定账户共支付1 327 000美元的保证金。

证据13.经公证认证的德克扬公司声明及提单签字人声明,证明涉案提单均由承租人德克扬公司自行制作签发,船东及船长均未参与。

证据14.北东公司与德克扬公司的期租合同、德克扬公司与现代能源贸易有限公司的包运合同、指定通知书,证明运输涉案货物的"SEA SAWASDEE"轮由北东公司期租给德克扬公司,德克扬公司又程租给现代能源贸易有限公司,现代公司是现代能源贸易有限公司指定的程租受让人。

证据15.上海市东方公证处的公证书两份及韩国公证认证书5份,系对前述证据2~4、8、9、11~13的公证认证。

证据16.广信公司为开立涉案信用证向岚山中行提交的开证申请材料。

证据17.广信公司出具的情况说明。

证据16、17用以证明岚山中行对广信先提货,再付款赎单的操作模式是知晓并同意的,目前仍有49票已经提货的提单留置在岚山中行处。

经质证,西蒙公司、现代公司对岚山中行提供的证据的真实性均无异议,但均认为岚山中行对广信公司先无单提取货物是明知的,也不能证明岚山中行实际支付了涉案信用证的款项。岚山中行对西蒙公司提供的证据的真实性均不予认可,对于证明事项也不予认可,对现代公司提供的证据1及其他经公证的证据的真实性没有异议,并认为证据1就是中行在山东的所有分行对外统一显示的格式,岚山中行没有收到证据11中的邮件,也没有在上面盖章确认,对证据10、16、17也相信出自广信公司,但认为在其他信用证下是否先凭保函提货与本案没有关系,岚山中行按规定进行信用证操作,不知道广信公司无单提货的事实更不可能认可这种模式,对这些证据的证明目的均不予认可,认为证据14未经公证认证。西蒙公司与现代公司对对方提供的证据均无异议,广信公司对诉讼各方提供的证据也均无异议,同时认为其与岚山中行长期以来就是先凭保函提货,而且这种业务模式只能先提货,后再根据融资协议安排还款。

本院审查后认为,各方对岚山中行提供的证据的真实性并无异议,故予以认定,西蒙公司与现代公司提供的关于"SEA SAWASDEE"轮承租与涉案提单签发、货物提取情况的证据,可以互相印证,也与岚山中行提供提单及船舶证书的记载相符合,故予以认定,现代公司的证据2~6、13、14,能够相互印证,也与参与诉讼的各方陈述、涉案提单的记载相符,故予以认定,现代公司的证据7、8、9虽然不是涉案信用证项下的业务,证据11、12也不是直接对广信公司与岚山中行之间的邮件的公证,但广信公司对这些证据的真实性是认可的,相关业务也系岚山中行与广信公司之间与本案情况相同的业务,结合证据16、17,以及通常银行对信贷业务流程的要求,认为前述证据具有相当的可信性,故予以认定,但对能否证明岚山中行是否知情并认可这种无单放货的模式,将结合全案证据在争议焦点中再做具体评析。

本院根据双方当事人的陈述及本院认定的有效证据,认定以下事实:

2017年3月14日,广信公司为向现代公司进口900吨丙烯,单价983.25美元/吨,总价884 925美元,向岚山中行申请办理远期90天信用证的开证事宜,并表明自行通关,信用证到期付汇时将提供报关单,并填写了中英文两种格式的申请书。岚山中行于3月15日开立了与申请书相应金额的编号为LC2962917000035一份90天远期承兑信用证,受益人为现代公司,单据要求为汇票及三正三副的商业发票、装货清单和提单、原产地证书、数量质量证书等,付款方式为见单后90天100%发票金额。同日,广信公司向其在岚山中行信用证保证金账户汇入177 000美元作为前述信用证的开证保证金。2017年3月28日,岚山中行从新韩上海分行收到该信用证下全套单据,包括汇票、商业发票、装箱单、提单、原产地证书、数量证书等。经广信公司在到单通知上签署"无论是否单证相符都将接受"的意见后,岚山中行给予了承兑,汇票受益人为现代公司。至2017年6月,广信公司为向现代公司购买丙烯,陆续向岚山中行出具了8份《开立国际信用证申请书》,岚山中行也相应开具了8份90天的远期承兑信用证,并在收到通知行寄来的信用证下的全套单据后,同样予以了承兑。8票信用证下的提单形式基本一致,均载明:托运人为现代公司,收货人凭指示通知方为广信公司,承运船名:"SEA SAWASDEE"轮,装货港为韩国瑞山,卸货港为中国仪征,货物品名为聚合级丙烯,签发人一栏署明德克扬公司作为船东代表船长签发,涉案8票信用证情况见表1、相应提单的情况见表2,其中承兑金额即是根据提单记载重量计算出来的与信用证所附承兑汇票一致的金额,实际付款金额稍少于此金额系银行扣除了手续费。

在编号LC2962917000035信用证项下提单等单据到达岚山中行之前,相关货物由"SEA SAWASDEE"轮于2017年3月20日运抵仪征港,并立即由广信公司提取,广信公司在提货时交纳了涉案货物进口增值税,之后将交税凭证交岚山中行验证,用以证明融资贸易的真实性。2017 年 6 月 16 日此编号的信用证对应的承兑汇票的付款期,因广信公司信用证备用金账户存款金额不足,由岚山中行为其垫付了信用证项下扣除广信公司原来交纳的 177 000 美元开证保证金之外的款项,后岚山中行于 2017 年 8 月 11 日从广信公司的账户中扣了 9 000 美元作为该信用证项的还款。涉案其他信用证及相应提单的情况相似,具体金额日期见表 1 和表 2,不再赘述。岚山中行与广信公司确认截止至本案庭审结束,岚山中行就涉案 8 份信用证项下对外付款共计 5 553 212.87 美元(扣手续费后为 5 553 021.38 美元),对外付款时从广信公司保证金账户共计扣划 1 246 602.75 美元,从普通账户扣划772.49 美元,对外付款后从广信公司账户扣划本息共计 80 397.25 美元。

表 1　信用证情况

信用证编号	申请时间	开立时间	单价(美元)	数量(吨)	开证金额(美元)	承兑日期	到期日期
LC2962917000035	3.14	3.15	983.25	900	884 925	3.30	6.16
LC2962917000034	3.14	3.15	983.25	650	639 112.5	3.30	6.16
LC2962917000059	4.12	4.19	923	1 000	923 000	5.15	7.19
LC2962917000058	4.12	4.19	923	500	507 650	5.15	7.19
LC2962917000030	5.2	5.5	852	1 000	852 000	5.26	8.9
LC2962917000020	5.2	5.5	852	550	468 600	5.26	8.9
LC2962917000073	6.5	6.13	873.25	1 000	873 250	6.30	9.13
LC2962917000072	6.5	6.13	873.25	550	480 287.5	6.30	9.13

表 2　提单情况

提单编号	签发日期	提单数量(吨)	银行到单日	承兑金额(美元)	提货日期	垫款日期	付款金额(美元)
SSDY1706A	3.18	900	3.28	884 925	3.21	6.16	884 901.49
SSDY1706B	3.18	646.703	3.28	635 870.72	3.21	6.16.	635 847.21
SSDY1710A	4.20	1 000	5.10	923 000	4.20	7.19.	922 976.27
SSDY1710B	4.20	544.643	5.10	502 705.49	4.20	7.19	502 681.76
SSDY1712A	5.11	950	5.24	809 400	5.12	8.9	809 376.00
SSDY1712B	5.11	568.663	5.24	484 500.88	5.12	8.9	484 476.88
SSDY1716A	6.15	980	6.23	855 785	6.16	9.13	855 760.45
SSDY1716B	6.15	523.362	6.23	457 025.87	6.16	9.13	457 001.32

另查明，广信公司是一家专业生产聚丙烯的企业，其使用原料丙烯主要依靠国外进口，进口规模居全国前列，从 2010 年开始就与岚山中行开始了贸易融资业务，为岚山中行较大的国际结算客户。2016 年 11 月 20 日，广信公司与岚山中行签订了编号为 2016 年岚额度字 010 号的《授信额度协议》及相应两个附件，该协议约定：自协议生效之日起至 2017 年 11 月 16 日，岚山中行向广信公司提供人民币 3.3 亿元的授信额度，广信公司可向岚山中行申请循环、调剂或一次性使用，用于短期贷款、法人账户透支、银行承兑汇票、贸易融资（包括开立国际国内信用证、进出口押汇、提货担保等）、保函、资金业务及其他授信业务；其中贸易融资额度仅限用于进口业务且用于已经签订正式销售合同或预售合同的业务，并在销售合同中确定以在岚山中行开立的账户为唯一交易结算账户，进口开证保证金不低于 20%；依据该协议发生的债务，双方同意签订 6 份最高额保证合同及 4 份最高额抵押合同作为该协议项下的担保。双方在前述协议中约定若广信公司出现违约，岚山中行除全部或部分中止对广信公司的授信额度，宣布双方间任何协议项下未还贷款、贸易融资款及其他应付款项全部或部分立即到期，有权扣划广信公司在岚山中行账户内的款项以清偿其全部或部分债务并行使担保物权、要求保证人承担保证责任等措施，其附件 1《用于开立国际信用证业务》同时约定：广信公司同意岚山中行按照国际商会《跟单信用证统一惯例》（UCP600）办理信用证项下的一切事宜；岚山中行办理对外付款/承兑/承诺付款，广信公司应按照《开立国际信用证申请书》的约定存入备付款项，如因存入的备付款项不足致使岚山中行对外垫付应付款项，广信公司应予清偿，垫款的利率和计息，按相应申请书的规定处理；在岚山中行垫款或承兑、承付后，即享有处置信用证项下全套单据/货物的权利或其他可能的按照任何适用法律法规能够享有的担保权益或者财产权益。其附件 2《用于进口押汇业务》对广信公司向岚山中行申请持有单据/货物，以销售款项偿还押汇融资进行了约定。前述《授信额度协议》及附件签订之后，岚山中行多次为广信公司向丸红公司、现代公司等购买丙烯而开立 90 天的远期国际信用证，信用证贸易下的货物到港后均由广信公司直接提取，之后信用证下的相关单据如提单等才通过议付行到达岚山中行，由岚山中行根据信用证所附单据确定货款金额后进行承兑，在到达信用证约定的 90 天付款期时，由岚山中行从广信公司的保证金账户及备付款账户中扣划相应的款项予以对外付款，在广信公司的保证金账户及备付款存款不足时，由岚山中行对外垫款，部分信用证项下的逾期垫款岚山中行以向广信公司发放流动资金贷款的方式予以偿还。在本案审理中，广信公司称目前岚山中行尚持有 49 票已经提货的提单，岚山中行回应称相应信用证款项未付清前不予交付提单。

再查明，"SEA SAWASDEE"轮登记所有人为西蒙公司，其于 2016 年 11 月 15 日与北东公司签订期租合同一份，将"SEA SAWASDEE"轮出租给北东公司，约定船长应根据承租人或其代理的指示签发提单,北东公司于 2016 年 11 月 23 日与德克扬公司签订了"SEA SAWASDEE"轮的期租合同,租期自交船日 2016 年 11 月 24 日起至 2017 年 12 月 31 日,现代能源贸易有限公司于 2016 年 12 月 28 日与德克扬公司签订了包运合同,随后将包运合同权利转让给了现代公司,现代公司以程租方式与德克扬公司结算运费。运输涉案信用证下货物时无单放货均由广信公司向现代公司出具保函,现代公司向德克扬公司出具保函,再由德克扬公司指示"SEA SAWASDEE"轮船长在货物到达目的港后立即安排卸货并由广信公司在无正本提单的情况下提取。2017 年 7 月 25 日,岚山中行向本院申请在浙江乍浦港扣押"SEA SAWASDEE"轮,并要求该轮提供 465 万美元的担保,本院裁定予以准许,于该日在浙江乍浦港扣押了该轮。在现代公司的协调下,新韩上海分行于 2017 年 9 月 26 日为"SEA SAWASDEE"轮船舶所有人/光船承租人提供了 465 万美元的担保(函),本院随后解除了对"SEA SAWASDEE"轮的扣押。

本院认为,本院扣押"SEA SAWASDEE"轮后,原告岚山中行向本院提起本案诉讼,其与被告西蒙公司未订有诉讼管辖协议或者仲裁协议,故本院对本案具有管辖权。本案纠纷涉及贸易融资业务中跟单信用证与海上货物运输合同中提单两种法律关系下的权利义务,被告西蒙公司为境外法人,本案具有涉外因素,各当事人在庭审中均表示选择适用中华人民共和国法律。根据《中华人民共和国涉外民事关系法律适用法》第三条的规定,本案适用中华人民共和国法律。各方当事人对第三人广信公司既是涉案信用证的开证申请人,也是涉案提单项下货物的实际提取人均没有异议,本院予以确认。岚山中行以其所持提单向西蒙公司主张其在海上货物运输合同中因无法提货所遭受的信用证项下款项损失,西蒙公司认为其并非涉案海上货物运输合同的承运人,更没有参与无单放货,但原、被告间是否成立海上货物运输合同关系并不影响案由,故本案仍属于海上货物运输合同纠纷。结合原、被告双方的诉辩意见及第三人陈述,本院对本案的争议焦点归纳为:一、参加诉讼当事人的主体资格问题;二、岚山中行对广信公司无单提货是否知情;三、岚山中行能否向承运人主张无单放货责任等。对此,本院分析评述如下:

一、关于本案当事人的主体资格问题

1. 岚山中行是否是适格原告

西蒙公司与现代公司提出岚山中行并非合法提单持有人或者没有遭受损失,其依据为开立涉案信用证的 SWIFT 码为中行山东分行所有,岚山中行未能证明其已经支付涉案信用证项下款项。本院认为,涉案信用证虽然使用了中行山东分行的 SWIFT 码,但此系中国银行股份有限公司内部的管理模式,其省级分行已经在另案中做出说明,同意中行日照分行对外使用该 SWIFT 码,中行日照分行在本案提供证明说明岚山中行使用该 SWIFT 码的原因，作为开证申请人的广信公司对岚山中行为开证行并已经对外支付了信用证项下的款项没有异议，现代公司也确认收到了涉案信用证项下的货款，故岚山中行系合法取得涉案提单，不能以其持有提单的基础法律关系为授信融资而否认其持有提单的合法性，故岚山中行作为原告的诉讼主体适格，至于岚山中行对涉案提单享有何种权利，将在下文再做评析。

2. 西蒙公司是否应对涉案提单承担承运人的责任

西蒙公司认为其不是涉案运输合同的承运人，没有签发涉案提单，也没有从事放货行为，因此不应该承担提单项下的任何责任。本院认为，西蒙公司将运输涉案货物的"SEA SAWASDEE"轮期租给了北东公司，北东公司又期租给了德克扬公司，现代公司受让现代能源贸易有限公司与德克扬公司间的包租合同后委托德克扬公司运输涉案货物，涉案提单为德克扬公司签发，并注明德克扬公司"AS OWNER FOR AND ON BEHALF OF THE MASTER OF SEA SAWASDEE"，其意思为德克扬公司作为船东并代表船长签发提单，根据《中华人民共和国海商法》（以下简称《海商法》）第七十二条"货物由承运人接收或者装船后，应托运人的要求，承运人应当签发提单。提单可以由承运人授权的人签发，提单由载货船船舶的船长签发的，视为代表承运人签发"的规定，无论从提单记载还是由托运人确认，德克扬公司为涉案运输合同的承运人，即通常所说的契约承运人，但西蒙公司作为涉案船舶"SEA SAWASDEE"轮的登记所有人，"SEA SAWASDEE"轮不存在光租情况下，其船长受西蒙公司雇佣代表其实际从事运输，故西蒙公司为实际承运人，船长代表西蒙公司直接接受德克扬公司的指示行事，通常应知晓德克扬公司签发提单的情况，对德克扬公司自称作为船舶所有人签发提单的行为并未提出异议，因此在涉案运输不存在实际承运人签发的提单或其他运输单证的情况下，德克扬公司签发涉案提单可视为替船舶所有人签发，故西蒙公司应对涉案提单承担承运人的责任。

3. 第三人现代公司能否提出实质性抗辩

岚山中行在庭审中提出现代公司提供的证据及意见超出第三人的诉讼权利义务范围。本院认为，现代公司为涉案货物的托运人，其向承运人出具保函要求无单放货，岚山中行申请扣押的涉案船舶也是其协调新韩上海分行提供担保才得以释放，其与实际提取涉案货物第三人广信公司，均直接参与涉案货物的无单放货，与本案审理有直接的利害关系，本可成为涉案无单放货纠纷的被告，只是岚山中行本案中未向他们主张责任，才作为第三人参加诉讼，故可以享有实质性诉讼权利，在以下争议焦点的评析中，现代公司的抗辩意见得到西蒙公司的认可且更为详尽，故以现代公司的证据与观点为代表进行评析。

二、岚山中行对广信公司无单提货是否知情

岚山中行坚持称其对涉案货物到港后即由广信公司提取不知情,认为没有去了解的义务,也否认广信公司在申请开证前向其发送过关于涉案货物从原料采购到生产直至销售还款整个流程情况说明及其他文件的邮件,并认为通关报关并不意味着提货。现代公司认为岚山中行与广信公司多年来一直进行着同样的贸易融资业务,岚山中行从接受广信公司开立信用证申请时起,就知道广信公司要无单提货,远期信用证所附提单只是信用证付款的形式要求,现代公司多次接受岚山中行开立的同样的信用证,岚山中行在开立信用证时就知道现代公司是发货人,广信公司的产品销售才能支付信用证款项,全程掌握涉案货物在各个阶段所需的时间,多年来各方已经达成默契,认可这种放货模式,从未有改变的意思表示,而涉案货物丙烯为高压气状,不易久存,各方当事人都知道不可能久存,故现代公司同样在托运时就知道将由收货人广信公司直接提货,现代公司提供了多份证据均显示岚山中行知晓广信公司直接无单提货,岚山中行不予承认,有违诚信。第三人广信公司认为,岚山中行对广信公司无单提货不但知情,而且是同意的,双方长期以来就是这样的操作模式,否则融资贸易业务早就无法继续进行下去了。

本院认为,涉案多份证据均表明岚山中行与广信公司之间多年来一直频繁地进行着同样的信用证贸易融资业务,广信公司发给岚山中行的邮件中所附的开立国际信用证申请书、信用证项下业务基本情况确认表、国际信用证业务审批表、广信公司业务详细情况说明等虽然未经签章,但这些文件通常是金融机构开展信贷融资业务时必须具备的,第三人广信公司对此予以了确认,可以印证现代公司提交的邮件属实,岚山中行也提供了其中的开立国际信用证申请书,以及进口报关单及增值税纳税凭证,因此本院确信岚山中行对涉案信用证业务应该保留有全套完整的存档文件,但在本院要求之下,岚山中行未能提供,故本院认定前述文件均真实存在,予以确认;此外,广信公司与岚山中行均确认双方之前对多笔类似的信用证垫款作了转流贷处理,目前岚山中行手上仍持有多份已经提货的提单,说明岚山中行知道广信公司可在无正本提单的情况下先行提货。岚山中行虽然是金融机构,但对其主要客户的基本业务应该是知情的,从丙烯的特性、广信公司对原料的使用、还款的安排上也可以推知广信公司已经提货。综上,本院认为岚山中行称其不知广信公司提货情况并不属实,认定岚山中行在开立涉案信用证时就知道货物到港后将由广信公司直接提取,在对信用证承兑时就能够知道信用证下货物已经由广信公司提取,在收到广信公司提供的进口报关单及增值税纳税凭证时,便能确认广信公司已经提取了货物。

三、岚山中行能否向承运人主张无单放货责任

岚山中行认为，其目前仍然合法持有涉案提单，可以对承运人提起海上货物运输合同之诉，其作为信用证业务下的提单持有人，不会也没有能力去了解货物到港后卸载或储存的情况，依据《跟单信用证统一惯例》，只要单证、单单表面相符就要承兑，信用证到期就要对外付款，依据其与申请人之间的协议，既可以向申请人追索，也可以行使正本提单持有人权利，提取涉案货物，现因承运人无单放货，使其遭受无法提取货物的损失，而承运人向发货人收取保函，也系其对违反凭单放货规则的明知，故应承担赔偿责任。西蒙公司与现代公司认为，岚山中行系从事与广信公司的信用证融资贸易业务获得提单，广信从未将提单项下的货物所有权转移给岚山中行，岚山中行也从未有取得提单项下货物所有权的意思表示，至今未在提单上背书受让，岚山中行拿到提单时，尚未支付任何与提单货物对应的款项，双方也未以提单设立权利质押，双方签署的一系列最高额保证合同及最高额抵押合同与 90天远期信用证还款操作惯例相符，表明岚山中行持有提单仅是代表广信公司审单，涉案提单仅作为结汇单据由岚山中行持有，故岚山中行并非《海商法》中规定的提单持有人，并不享有提单下的货物的提货权利；退一步说，如果岚山中行想以提单持有人的身份主张提货权利，则其应有履行提货义务的表示，但在以往的业务中从来就没有，甚至在广信公司多次出现信用证逾期垫款的情况下，也没有主张提单权利，而广信公司提供的开立国际信用证申请书、广信公司业务详细情况说明、信用证项下业务基本情况确认表等证据，足以证明岚山中行是允许广信公司提取涉案货物的，且其与广信公司融资贸易业务的顺利进行有赖于涉案货物在无正本提单的情况下快速放货，而不是等到三个月后广信公司付清信用证款项后，岚山中行再将提单交给广信公司提货，多年的操作惯例让承运人/发货人确信信用证项下提单已经不是提货凭证，故岚山中行不能行使提货权利的后果应由其自行承担，其损失与无单放货没有因果关系，不能将其无法收回贸易融资款的风险转嫁给承运人/发货人。第三人广信公司认为，岚山中行对提单下的货物并不享有所有权，其应该与广信公司办理信托或者转流贷等其他手续，把信用证项下包括涉案提单在内的全部单据交还给广信公司，双方协商解决信用证项下欠款问题，因岚山中行扣押了为广信公司运输丙烯原料的两艘船舶，打乱了广信公司的生产计划，使企业停产，给广信公司造成重大的经济损失与伤害，后果非常严重，目前广信公司已经向当地政府请求协调解决。

本院认为，各方当事人对涉案货物无单放货的事实没有争议，争议在于岚山中行能否向承运人主张无单放货责任，故从岚山中行与承运人之间是否成立海上货物运输合同、岚山中行持有提单可行使的权利、承运人能否免责等三个方面来进行

评析。首先,对于岚山中行是否是涉案海上货物运输合同当事人的问题。依照岚山中行与广信公司之间的约定,处置信用证项下全套单据/货物也是其可以享有的权利之一,并不能以其持有提单的基础法律关系为授信融资贸易而否认其持有提单的合法性,但岚山中行持有提单的目的并不是为了提取货物,提取涉案货物必须进行报关及交纳进口增值税,岚山中行作为金融机构并不具备提取货物的条件,其自始至终也未在涉案指示提单上签章向承运人表明其已经受让提货人的合同权利,故岚山中行并不是涉案海上货物运输合同的当事人,其也无须承担海上货物运输合同下货方的义务。其次,对于岚山中行持有涉案提单可行使的权利,《海商法》第七十一条规定:"提单,是指用以证明海上货物运输合同和货物已经由承运人接收或者装船,以及承运人保证据以交付货物的单证。提单中载明的向记名人交付货物,或者按照指示人的指示交付货物,或者向提单持有人交付货物的条款,构成承运人据以交付货物的保证。"但提单的提货权利并不以支付对价为条件,况且岚山中行最终在广信公司未能到期付款的情况下垫付了大部分的信用证款项,依照其与广信公司之间的约定,其系合法提单持有人,可以行使提单权利,西南公司作为承运人未凭单放货,可以确认其违反了提单条款记载的保证义务,即使广信公司向岚山中行表明由其自行通关,但岚山中行对广信公司提货的知情并不当然认定为岚山中行放弃了提单权利,承运人也未提供其他证据表明岚山中行有放弃提单权利的意思表示,无论是信用证的受益人还是申请人,均应知晓岚山中行将取得信用证项下的提单,要承担到期付款的责任,但均未有要求岚山中行放弃提单权利的意思表示,故岚山中行仍享有根据提单法律关系向承运人索赔的权利,对于该权利行使的方式,相关法律并没有规定岚山中行只能通过追究承运人一般保证责任的方式来行使,故岚山中行仍享有根据提单法律关系向承运人索赔的权利。最后,对于西蒙公司以涉案货物的无单放货系交易惯例来主张免责的问题,虽然岚山中行与广信公司长期以来频繁且持续的业务操作惯例可以确认岚山中行认可广信公司先无单提货、再用销售款来支付信用证到期款的模式,但这仅是岚山中行与广信公司之间的意思表示,不能成为承运人/托运人无单放货的理由,岚山中行一直持有提单,从未向承运人/托运人/开证申请人有过放弃提单权利的意思表示,即便是作为契约承运人的德克扬公司,也没有因为存在航运惯例而免除托运人现代公司出具保函的义务,因此西蒙公司与现代公司均不能以此来主张自己免责。

对于岚山中行所主张的赔偿金额,广信公司对岚山中行就信用证下相关扣划的款项金额没有异议,本院予以确认,但对于岚山中行所主张的利息,本院认为,岚山中行主张的为其因涉案提单下货物无单放货所受到的经济损失,根据《海商法》的相关规定,赔偿额应以货物实际价值计算并减去因货物灭失免付的有关费用,因有关费用无法估算,而岚山中行所主张的利息无论其是否主动调整,也仅对信用证关系下的当事人广信公司有效,故本院将该两项费用视为互相抵消,对岚山中行诉请的利息不予支持。

综上,原告诉请部分有理,本院依法予以支持。经本院审判委员会讨论决定,依照《海商法》第五十五条、第七十一条、第七十二条,《中华人民共和国涉外民事关系法律适用法》第三条,《中华人民共和国海事诉讼特别程序法》第十九条,《中华人民共和国民事诉讼法》(以下简称《民诉法》)第六十四条第一款、第二百五十九条的规定,判决如下:

一、被告西蒙航运有限公司于本判决生效之日起十日内赔偿原告中国银行股份有限公司日照岚山支行经济损失 4 225 440.38 美元及诉前扣船申请费人民币 5 000 元;

二、驳回原告中国银行股份有限公司日照岚山支行其他诉讼请求。

如果未按本判决指定的期间履行给付金钱义务,应当依照《民诉法》第二百五十三条之规定,加倍支付迟延履行期间的债务利息。

案件受理为费人民币 185 032 元,由被告西蒙航运有限公司负担。

如不服本判决,原告可在判决书送达之日起十五日内、被告可在判决书送达之日起三十日内向本院递交上诉状,并按对方当事人的人数提出副本,上诉于浙江省高级人民法院。

审 判 长 胡建新

审 判 员 张继林

审 判 员 胡立强

二○一八年七月九日

书 记 员 忻 伊

(获评 2018 年度宁波海事法院十佳优秀裁判文书)

【裁判要旨】

一、行政补偿主体一般与做出合法行政行为的行政主体一致,即谁做出行政行为,就由谁实施补偿;其他行政机关根据与用海项目施工单位签订的协议约定,领取补偿款并向渔业捕捞权人发放,并未创设行政管理职权,也不是行使行政权力、履行行政管理职责的行为,不是渔业捕捞权的行政补偿主体。

二、渔业捕捞权人提起行政补偿诉讼,除需要具备行政诉讼一般要件外,还需要根据此类行政补偿案件的特点,满足不同诉讼类型的一些特别要件。不具备起诉要件的,应当裁定驳回起诉。

宁波海事法院
行政裁定书

(2019)浙72行初7号

原告:郑军,住浙江省舟山市普陀区六横镇。

委托代理人:高承才,北京市中创(郑州)律师事务所律师。

被告:浙江舟山群岛新区六横管理委员会。住所地:浙江省舟山市普陀区六横镇。

法定代表人:徐炜波,该管理委员会主任。

委托代理人:张龙,浙江舟山群岛新区六横管理委员会社会发展局副局长。

委托代理人:俞宏波,浙江星舟律师事务所律师。

原告:郑军诉被告浙江舟山群岛新区六横管理委员会(以下简称"六横管委会")要求履行行政补偿法定职责一案,本院受理后,依法组成合议庭进行了审理,现已审理终结。

原告:郑军诉称,2016年12月,原告郑军在其住所地发现舟山市普陀区六横镇人民政府的《通告》,其内容是:普陀区六横东南海域(大尖苍岛东南)海上风电场即国电电力海上风电场项目于2016年12月15日已施工,要求各作业渔船不要在此项目涉及海域从事渔业生产。原告的渔船已经在此项目涉及海域从事生产作业多年并依法取得了政府许可,"国电舟山普陀6号海上风电场2区工程项目"严重影响了原告的渔业捕捞权,致使原告失去了基本的生活保障,给原告造成了128.92万元的直接损失。六横管委会作为涉及海域的行政机关已与风电项目就补偿事宜签订了协议，且风电项目补偿款项已支付到位，原告依法享有获得相应补偿的权利。可是，六横管委会无视原告的合法权益，迟迟不与原告签订补偿协议、履行补偿义务。根据《中华人民共和国物权法》第一百二十一条、第一百二十二条和《浙江省海域使用管理条例》之相关规定，被告侵犯了原告的自主生产经营权，原告为了维护自身的合法权益，诉至法院，请求：1.判令被告六横管委会履行补偿义务，向原告支付各项补偿费用128.92万元；2.本案诉讼费用由被告承担。

被告辩称：一、2016年11月30日，六横镇人民政府在"国电舟山普陀6号海上风电场2区工程项目"经合法审批后准备施工时，为避免周边渔民因施工作业带来影响，曾发布《通告》，告知作业渔船不要在周边海域从事生产作业活动，以减轻安全隐患。"国电舟山普陀6号海上风电场2区工程项目"系合法审批项目，(2018)浙行终204号案件对此有充分阐述，原告是知情的。二、"国电舟山普陀6号海上风电场2区工程项目"的施工队在周边海域对作业渔船可能带来的经济上的影响，被告在与各相关渔社、渔船管理单位及部分渔船老大代表多次商讨论证的前提下，于2016年12月23日出台了《六横镇关于风电场海域涉及渔船补偿办法》，施工所涉海域可能受影响作业船只共计141艘，除原告等4艘代表未签约外，其余137户均已签订了《渔船作业海域退让补偿协议》及承诺书，并领取了相关补偿款项，目前，这些渔户工作生活均较平稳。由此可见，出台的《六横镇关于风电场海域涉及渔船补偿办法》是符合实际情况的，是合情合理的。原告诉请要求被告与之签订补偿协议，并主张补偿128万余元完全背离客观事实，不符常理。三、原告起诉已超过起诉期限。本案中，原告虽未与被告签订补偿协议，但是被告已将原告根据《六横镇关于风电场海域涉及渔船补偿办法》可获得的补偿款20.16万元汇入原告所属的六横镇苍洞中心社区村小岙渔业股份经济合作社。原告对于其可获得的补偿金额是知情的，根据行政诉讼法的有关规定，应在行政行为做出之日起一年内提出诉讼。综上，请求裁定驳回起诉或判决驳回诉请。

经审理查明，原告郑军系"浙普渔01651"船所有人，该船取得了(浙普)船捕(2015)HY-100084号渔业捕捞许可证，船籍港普陀，作业场所本县A类渔区。因"国电舟山普陀6号海上风电场2区工程项目"的建设及运行，国电电力浙江舟山海上风电开发有限公司(甲方，以下简称"风电公司")与六横管委会(乙方)于2016年11月4日签订了《国电舟山普陀6号海上风电场2区工程涉海海域渔业政策补偿费用协议书》，约定由甲方向乙方支付包括涉海海域渔船、渔民损失和乙方工作经费在内共计1500万元，由乙方负责落实各项政策补偿。随后，六横镇人民政府对小型渔船生产情况进行了调查，并于2016年12月8日召开了由各渔船管理服务站站长、涉渔村(社)主要负责人等参加的会议，对补偿方案进行了研究，后确定了补偿办法及具体每船的补偿金额。原告郑军的补偿款确定为20.16万元,已汇入小岙渔业股份经济合作社账户由其具体发放,原告未领取。原告认为被告确定的补偿款数额过低,不能弥补其损失,故诉至本院,要求被告履行补偿义务,支付各项补偿费用128.92万元。

另查明,2019年4月17日,原告向被告提出履职申请,要求被告就因海上风电项目对渔业捕捞权造成的影响与原告签订补偿安置协议,履行补偿安置义务。

本院认为,本案的争议焦点为原告郑军的损失是否由被告六横管委会所造成,以及被告对此是否负有法定的行政补偿义务。

原告郑军主张,因海上风电项目的建设和运行,其捕捞权受到侵害,遭受了128.92万元的损失,被告六横管委会应对此予以充分补偿。原告对被告所提出的要求系行政法上的行政补偿请求,判断其请求权是否成立,应比照行政补偿的要件来确定。行政补偿,是指行政机关及其公务人员在合法地行使行政权力或履行行政管理职能的过程中,侵犯了公民、法人或者其他组织的合法权益并造成损害,由国家给予补偿的法律制度。本案中,虽然(2018)浙行终204号行政裁定肯定了原告的渔业捕捞权受到风电公司实施海上风电场工程建设项目的影响,依法享有获得补偿的权利,但是,并不能因此认定被告对此负有行政补偿职责。

第一,从现行的行政法律法规来看,并未规定新区管理委员会一级管理机构对其行政区域范围内风力发电项目造成的渔业捕捞权损害负有补偿责任。本案被告之所以向各渔船所有人发放补偿款,系因其与风电公司的协议约定,并非来源于法律规定的职权或义务,被告亦不可能通过与风电公司这一市场主体签订的一纸协议而创设一项行政管理职权。故被告向渔船所有人发放补偿款的行为,并不是行使某项行政权力、履行行政管理职责的行为。

第二,在行政补偿制度中,公民、法人或者其他组织所遭受的损害由合法的行政行为所引起,补偿责任由做出该行政行为的行政机关所承担。然而本案中,生效裁判业已认定,原告的渔业捕捞权系受风电公司实施海上风电场工程建设项目的影响,并无任何证据显示由被告实施的任何行政行为所引起;补偿费用亦由风电公司承担,而非由被告承担,故并不满足行政补偿的基本条件。被告分配补偿款的行为并不是造成原告损失的行政行为。

第三,风电公司与六横管委会签订有关协议,由六横管委会对补偿款进行分配。基于此,被告确实有恰当地分配从风电公司处获得的补偿款的义务。但是,该行为并非行政行为,六横管委会在分配过程中确定原告的补偿款数额为20.16万元,并不设立行政法上的法律关系,对原告并不具有直接约束力和强制力。原告可以如其他渔民一样签订有关协议和承诺书并领取补偿款,但原告对此并无法定义务,也并不妨碍原告进一步证明己方损失而向补偿义务人进行主张。

因此,被告六横管委会并不具有对因海上风电项目引起的损失进行行政补偿的法定职责,原告要求被告履行行政补偿义务,显然缺乏基本依据,不予支持。根据《最高人民法院关于适用〈中华人民共和国行政诉讼法〉若干问题的解释》第九十三条第二款的规定,人民法院经审理认为原告所请求履行的法定职责或者给付义务明显不属于行政机关权限范围的,可以裁定驳回起诉。据此,本案原告要求被告履行行政补偿的法定职责,明显不属于被告的权限范围,故应当裁定驳回起诉。

综上,依照《最高人民法院关于适用〈中华人民共和国行政诉讼法〉若干问题的解释》第六十九条第一款第十项、第九十三条第二款的规定,裁定如下:

驳回原告郑军的起诉。

如不服本裁定,可以在裁定书送达之日起十日内,向本院递交上诉状,并按对方当事人或者代表人的人数提出副本,上诉于浙江省高级人民法院。

审　判　长　吴胜顺
审　判　员　肖　琳
审　判　员　刘啸晨
二〇一九年八月二十二日
书　记　员　徐梅娜

【裁判要旨】

海洋自然资源和生态环境的公益诉讼案件中,侵权行为的认定需突破传统侵权客体的固有限制,从侵权责任法的法律功能来扩张解释被侵害权益的外延,认定侵害公共利益的行为亦构成侵权;生态修复补偿金的计算标准需综合考量海洋自然资源和生态环境的社会、经济、研究、遗传等多方面的价值,在公正合理范围内确定赔偿金额。在侵权责任认定中,考虑各被告在主观上具有共同故意,其行为符合侵权责任法第八条的规定,构成共同侵权,应承担连带责任。

宁波海事法院
民事判决书

(2019)浙 72 民初 809 号

公益诉讼起诉人:舟山市人民检察院。住所地:浙江省舟山市定海区临城街道金岛路 36 号。

法定代表人:黄辉,该院检察长。

出庭人员:柳涛,该院检察员。

出庭人员:洪丹璐,该院检察员。

被告:杨士秀,住安徽省阜阳市颍泉区邵营镇。

委托代理人:郑琦,北京上泽广霁(舟山)律师事务所律师。

被告:陈朋海,住安徽省阜阳市颍泉区邵营镇。

委托代理人:沈佟奕,浙江泽大(浙江自贸区)律师事务所律师。

被告:林贞雄,住广东省揭阳市惠来县靖海镇。

委托代理人:林海伟,浙江晓纬律师事务所律师。

被告:程纪军,住安徽省颍上县六十铺镇。

委托代理人:陈江南,浙江泽大(浙江自贸区)律师事务所律师。

被告:吕献东,住安徽省宿州市涌桥区北杨寨乡。

委托代理人:郑轶乔,北京上泽广霁(舟山)律师事务所律师。

被告:张明彦,住安徽省阜阳市颍东区口孜镇。

委托代理人:黄海娜,舟山市法律援助中心援助律师。

委托代理人:姚碧亚,舟山市法律援助中心援助律师。

被告:范军海,住浙江省岱山县衢山镇。

委托代理人:汤红艳,浙江鑫目律师事务所律师。

委托代理人:陈海波,浙江鑫目律师事务所律师。

公益诉讼起诉人舟山市人民检察院与被告杨士秀、陈朋海、林贞雄、程纪军、吕献东、张明彦、范军海海事海商纠纷公益诉讼一案,本院于 2019 年 5 月 22 日立案后,依法适用普通程序进行审理。同年 6 月 25 日,本院根据舟山市人民检察院申请做出民事裁定,分别查封杨士秀所有的坐落于舟山市普陀区兴建路 3 弄 3 号 1 号楼 203 室的不动产,冻结陈朋海银行账户存款 200 080.93 元,查封林贞雄所有的坐落于广东省揭阳布惠来县靖海镇资深管区娘宫路六横巷 7 之 3 号的不动产,查封张明彦与他人共有的坐落于舟山市沈家门东海中路 137 号 705 室的不动产。本院于同年 7 月 29 日、9 月 9 日召集各方当事人举行庭前会议进行证据交换、对鉴定人员进行质询,并于同年 9 月 12 日公开开庭审理了本案。公益诉讼起诉人舟山市人民检察院指派检察员柳涛、检察员洪丹璐出席庭前会议并出庭参加诉讼,被告杨士秀的委托代理人郑琦、被告陈朋海的委托代理人沈佟奕、被告林贞雄的委托代理人林海伟、被告程纪军的委托代理人陈江南、被告吕献东的委托代理人郑轶乔、被告张明彦的委托代理人黄海娜(仅出席庭前会议)、姚碧亚、被告范军海的委托代理人汤红艳(仅出席庭前会议)、陈海波出席庭前会议并到庭参加诉讼。鉴定人员陈健参加了庭前会议并接受质询。本案现已审理终结。

舟山市人民检察院向本院提出诉讼请求:1. 判令各被告公开赔礼道歉;2. 判令被告杨士秀、陈朋海、林贞雄对 1 545 600 元生态修复补偿金承担连带赔偿责任,被告程纪军对其中的 1 479 600 元生态修复补偿金承担连带赔偿责任,被告吕献东对其中的 604 800 元生态修复补偿金承担连带赔偿责任,被告张明彦、范军海对其中的 30 000 元生态修复补偿金承担连带赔偿责任;3. 判令各被告承担鉴定评估费 5 012.5 元。审理中,舟山市人民检察院变更第 2 项诉讼请求为:判令被告杨士秀、陈朋海、林贞雄对 1 605 600 元生态修复补偿金承担连带赔偿责任,被告程纪军对其中的 1 479 600 元生态修复补偿金承担连带赔偿责任,被告吕献东对其中的 604 800 元生态修复补偿金承担连带赔偿责任,被告张明彦、范军海对其中的 30 000 元生态修复补偿金承担连带赔偿责任;并撤回第 3 项诉讼请求。

事实与理由:舟山市人民检察院在履行职责中发现,杨士秀等七人非法收购、运输、出售珍贵、濒危野生动物(海龟),其行为破坏了国家重点保护野生动物资源和海洋生态环境,损害了国家利益和社会公共利益。该院于 2019 年 4 月 18 日立案并公告,同年 5 月 18 日公告期满,经报浙江省人民检察院批准同意由该院提起民事公益诉讼。

1. 2018 年 9 月 28 日,杨士秀与林贞雄谈妥后,由陈朋海指使程纪军驾驶浙

L97723 小货车运输 22 只海龟(其中活海龟 4 只)共同前往宁波兴北客运公司,将海龟装至浙 B95170 大客车,通过客车将海龟运往广东省,以 88 660 元的价格出售给林贞雄。

2. 2018 年 10 月 2 日,杨士秀与林贞雄谈妥后,由陈朋海指使吕献东驾驶浙 L3686K 面包车运输 5 只海龟(其中活海龟 1 只)共同前往宁波兴北客运公司,将海龟装至浙 B95170 大客车,通过客车将海龟运往广东省,以 14 200 元的价格出售给林贞雄。

3. 2018 年 10 月 3 日,杨士秀与林贞雄谈妥后,由陈朋海驾驶浙 L3686K 面包车将 1 只活海龟运输至普陀客运中心,通过汕头客车将海龟运往广东省,以 6 490 元的价格出售给林贞雄。

4. 2018 年 10 月 6 日,杨士秀与林贞雄谈妥后,由陈朋海指使程纪军驾驶浙 L97723 小货车运输 8 只海龟(其中活海龟 3 只)共同前往宁波兴北客运公司,将海龟装至浙 B95170 大客车,通过客车将海龟运往广东省,以 33 650 元的价格出售给林贞雄。

5. 2018 年 10 月 12 日,杨士秀与林贞雄谈妥后,由陈朋海指使程纪军驾驶浙 L97723 小货车运输 9 只海龟(其中活海龟 4 只)共同前往宁波兴北客运公司,将海龟装至浙 B95170 大客车,通过客车将海龟运往广东省,以 46 400 元的价格出售给林贞雄。

6. 2018 年 10 月 17 日晚,杨士秀与林贞雄谈妥后,由陈朋海伙同程纪军、吕献东等人在普陀区东港街道芦花沙塘路附近装运海龟时,被舟山市公安局普陀区分局当场查获,扣押海龟 21 只及浙 L97723 作案小货车一辆。

7. 2018 年 10 月的一天晚上,通过张明彦介绍,范军海以 2 000 余元的价格将 1 只海龟出售给杨士秀。

2018 年 10 月 29 日,舟山市公安局普陀区分局委托南京师范大学司法鉴定中心对查获的动物进行物种及保护级别鉴定,鉴定意见为:涉案动物为蠵龟(Caretta caretta)21 只,为国家二级保护动物。同年 11 月 6 日舟山市公安局普陀区分局委托浙江海洋大学进行检验鉴定,鉴定结果为:1. 21 只样品均为蠵龟,均属于我国国家二级保护动物。2. 21 只蠵龟样品中,有 20 只为亲体,1 只为幼体,总价值 604 800 元。

上述事实,有七名被告在公安机关和检察机关的供述、书证、鉴定意见书、电子证据、证人证言等证据证实。舟山市人民检察院认为,杨士秀、陈朋海、林贞雄、程纪军、吕献东、张明彦、范军海明知海龟受国家保护,为非法获利,仍进行收购、运输、出售的行为,破坏了国家重点保护野生动物资源和海洋生态环境,损害了国家利益和社会公共利益,其行为违反了《中华人民共和国野生动物保护法》(以下简称《野生动物保护法》）第三条第一款、第二十七条第一款的规定。根据《中华人民共和国民法总则》第一百七十八条第一款、第一百七十九条之规定，各被告应根据各自的责任大小对国家利益和社会公共利益的损害承担连带赔偿责任。该院依法在《检察日报》进行了公告，公告期满后没有适格主体向人民法院提起诉讼，现根据《中华人民共和国民事诉讼法》（以下简称《民诉法》）第五十五条第二款，《最高人民法院、最高人民检察院关于检察公益诉讼案件适用法律若干问题的解释》第十三条第二款的规定，提起民事公益诉讼，并请法院依法裁判。

被告杨士秀答辩称：1.愿意对运输、出售海龟行为赔礼道歉，对破坏生态的指控不予认可。鉴定报告未区分亲体、活体的关系，被抓获的21只均为尸体，而亲体是可以生育下一代的雌性体。杨士秀收购的均为死体，不存在对生态的破坏。2.不认可对生态修复补偿金承担连带责任，造成海龟死亡的是捕捞者，而在捕捞者未被追究的前提下，要求杨士秀对全部海龟承担连带责任没有法律依据。另外，海龟的收购者也应当承担相应责任。3.诉称杨士秀收购66只，查实的只有21只，其他45只没有实物证据，供述之间也存在矛盾，证据不充分。

被告陈朋海答辩称：一、海龟数量和种类主张不合理，除21只海龟外，起诉人对其余45只是根据推断认定为亲体，没有实体和照片，无法判定种类，起诉人按照重量推断亲幼体不科学，结果存在偏差，没有排除合理怀疑，该45只海龟不能计算在赔偿数量中。二、赔偿金额计算标准不合理。起诉人主张的是生态修复补偿金，真正导致破坏生态的是海龟死亡，物种资源保护的主体是活体，除了应该扣除的45只海龟，案涉21只海龟被查获时已经死亡，起诉人按6倍计算金额主张生态修复补偿金缺乏事实依据，也不合理。三、鉴定费主张不合理，两份鉴定报告来源于刑事案件，让被告承担鉴定费用额外增加负担。

被告林贞雄答辩称：一、本案遗漏当事人。导致海洋环境受损的直接责任人是捕捞者，本案所有被告都是间接行为，在共同侵权中，所有侵权者都应该作为被告参与诉讼，本案66只海龟认定中部分捕捞者已查明，而未被起诉。二、根据侵权法理论，捕捞者、买卖者、运输者是共同侵权行为，属于无意思联络的共同侵权，应当承担按份责任，而非连带责任，在无法查明时应当平均承担赔偿责任。本案七被告承担的份额最多只能是全部金额的二分之一，而非是全额。三、涉案66只海龟中有21只是被查获的，另45只无实物。在1989年颁布的国家重点保护野生动物名录中，并非所有的海龟科都是国家二级保护动物，直到2018年10月9日农业部第29号文件才明确海龟科所有种类为国家二级保护动物。故该45只无实物的海龟种类不清，没有证据，不能认定全部是国家二级保护动物。四、关于鉴定报告的法律效力问题。首先，浙江海洋大学没有司法鉴定资质，鉴定人也同样没有司法鉴定资质，该报告不能作为定案依据；其次，鉴定报告所引用的两个文件都已被废止，用已被废止的文件作为鉴定报告的依据显然不合理。五、关于起诉人要求的公开赔礼道歉问题,本案牵涉刑事犯罪,若对各被告判处刑事处罚,已是最严厉的惩罚,不需要再承担赔礼道歉的诉讼请求。

被告程纪军答辩称:一、程纪军不应作为公益诉讼案件生态修复补偿金的连带赔偿责任和公开道歉的主体。首先,从法律规定而言,生态修复补偿金应是针对捕捉者、出售者、利用者。程纪军既不是捕捉者,也不是出售者,更不是利用者,不应承担赔偿责任;其次,生态修复补偿的原因是基于海龟已死亡。而造成海龟死亡的直接原因是捕捞、贩卖及利用。程纪军作为一个运输者,不对海龟死亡产生直接的因果关系,无须承担责任;再次,生态修复补偿金和价值标准属于两个概念,即使刑事犯罪成立,也不代表必须要赔付生态修复补偿金;最后,法律规定承担连带责任要么有法律明文规定,要么有当事人约定,起诉人没有以侵权责任法等法律的明文规定作为承担连带责任的依据。本案所涉生态修复补偿金是因为海龟捕捉、买卖、利用,让生物多样性遭到破坏,这些行为才是直接的侵权行为,而程纪军所做的只是辅助的运输行为,不构成直接侵权,无须承担责任。二、即使程纪军需承担赔偿责任,生态修复补偿金的金额也存在计算错误。首先,程纪军参与承担的海龟数额计算错误。程纪军对运送海龟一开始不知情,且所获得的只是一个驾驶员的正常运输费用,现起诉人诉称其数额为 4 次 60 只海龟,即使其对 10 月份的数额成立,也不代表 9 月份的数额能成立。从证据上讲,能印证程纪军主观上直接知道是海龟并运送的是陈朋海,但陈朋海对事情仅做了一个大概描述,且与杨士秀的描述不一致。纵观整个案件,杨士秀在出售海龟案件中对情况了解更为具体,故杨士秀证言更为真实。现有证据不能证明程纪军主观上参与前三次运送海龟。故即使程纪军要承担连带赔偿责任,也只需要对 21 只海龟负责。其次,起诉人诉请的依据标准不准确。鉴定报告合法性存在问题,直接适用缺乏依据。即使鉴定报告合法,关联性也存在问题。按照 6 倍标准的立法本意是针对刑事案件,并非针对生态修复,修复补偿金的计算标准缺乏客观性、合法性。生态修复补偿金的费用包括制定、实施修复方案的费用、检测、监管费用及修复完成以后的验收费用、修复效果后的评估费用,本案证据中没有上述体现。考虑本案是公益诉讼民事赔偿案件,要适用也应当按出售水生野生动物制品或按照产品实际成交额的 4% 收取资源保护费,即使作为惩罚性赔偿金,也应该按照所获利的金额承担赔偿责任,且惩罚性赔偿要么有法律规定,要么有当事人约定。最后,程纪军最多承担 21 只海龟的赔偿金额,以总重量 1 451.3 千克乘以 18 元,动物资源费为 26 123.4 元。三、鉴定费主张缺乏事实和法律依据。涉案鉴定评估存在重复,即使要承担也只需承担一项,且鉴定费牵涉两个案件,应该按海龟数量分担鉴定费,本案为 1 121 元。综上,请求法院驳回起诉人对程纪军的诉讼请求。

被告吕献东答辩称：一、鉴定报告缺乏证据的三性，鉴定机构和鉴定人员均无资质，所依据的文件也已废止。二、吕献东两次运输海龟，第一次是不明知的，不需要承担责任；第二次仅参加运输，对海龟数量和交易内容也不知情，故笼统按海龟数量承担民事赔偿责任对其不公平。三、吕献东参与运输的绝大多数是死海龟，应当区分责任。四、在刑事案件对相应事实未确定之前，本案先行处理程序问题，应当先刑后民。同时认同其他被告代理人所提的意见。

被告张明彦答辩称：一、张明彦未参与捕捞、收购、运输、出售等行为，仅是受杨士秀所托，知道范军海有海龟而告知，仅传递了信息，未参与价格谈判，未获利，充其量仅是介绍人，本案是侵权诉讼，张明彦不是适格被告。二、起诉认定海龟交易价格是 2 000 元，与事实不符。三、起诉人以浙江海洋大学检验鉴定证书鉴定的海龟价值判断为依据，该鉴定意见书因鉴定机构和鉴定人不具备合法的资质，故没有法律效力，没有合法依据。四、鉴定评估费不属于海洋自然资源与生态环境损失赔偿的范围。综上，请求法院驳回对被告张明彦的诉讼请求。

被告范军海答辩称：一、根据先刑后民原则，本案应待刑事案件审理结束后再作审理。二、海龟捕捞上来时已经死亡，不存在生态破坏行为，不需要承担修复费。三、因鉴定机构存在资质问题，故也不应当承担鉴定费。

舟山市人民检察院为支持其诉请，向本院提交了下列证据材料：

1. 舟山市人民检察院公告、刊登于《检察日报》上的公告，用以证明本案为舟山市人民检察院在履职中发现，经公告后，没有适格主体提起诉讼，舟山市人民检察院提起民事公益诉讼程序合法。

2. 七被告的户籍资料，用以证明七被告主体身份。

3. 舟山市公安局普陀区分局沈家门派出所、舟山市普陀区人民检察院分别对七被告制作的讯问笔录。

4. 杨士秀与林贞雄微信记录。

5. 陈朋海银行账单记录。

6. 证人陈滨飞、刘培军讯问笔录及刑事辨认笔录。

证 3～6 用以证明七被告为获利，实施了非法收购、运输、出售珍贵、濒危野生动物（海龟）等行为。

7. 南京师范大学司法鉴定中心出具的鉴定意见书、浙江海洋大学出具的检验鉴定证书、鉴定人陈健询问笔录，用以证明涉案 21 只海龟为蠵龟，为国家二级保护动物，其中 20 只为亲体，1 只为幼体。蠵龟的价值幼体 4 800 元/只、亲体 30 000 元/只。绿海龟的价值幼体 4 800 元/只、亲体 12 000 元/只（上述价值认定均按资源保护费的 6 倍确定），涉案总价值为 604 800 元的事实。

8. 东海区珍稀水生动物图鉴。

9. 近十年舟山办理刑事案件中海龟样本鉴定记录。

10. (2010) 舟定刑初字第 80 号刑事判决书。

11. (2010) 舟定刑初字第 226 号刑事判决书。

12. (2013) 舟定刑初字第 341 号刑事判决书。

13. (2012) 舟岱刑初字第 56 号刑事判决书。

14. (2016) 浙 0903 刑初 238 号刑事判决书。

证据 8~14 用以证明近十年来舟山区域涉海龟刑事案件蠵龟比例占 90% 以上。

本院根据舟山市人民检察院的申请,准许出具鉴定意见的鉴定人员陈健出席庭前会议接受询问,陈健陈述:浙江海洋大学的鉴定资质是农业部第 2607 号公告授予的,该公告批准了包括浙江海洋大学在内的 32 家科研教学单位承担《国家重点保护野生动物名录》《国家重点保护野生植物名录(第一批)》《〈濒危野生动植物种国际贸易公约〉附录》中水生野生动植物种及其制品的鉴定工作,我本人是由浙江海洋大学聘任的鉴定人员,聘任的依据是个人的相关科研及鉴定经历,我和赵盛龙教授接受学校的委派负责涉案海龟物种及价值的鉴定工作,我们对涉案 21 只海龟进行了现场鉴定,均已死亡,现场对其基础生物学性状,包括背甲长、背甲宽、体重等进行测量。依据"SEA TURTLES OF THE WORLD"和东海区珍稀水生保护动物图鉴文件得出物种结论,21 只样品均是蠵龟,属于我国国家二级保护动物,其中 20 只是亲体,1 只是幼体。

之后,我们依据国家计委、财政部关于水生野生动物资源保护费收费标准及其有关事项的通知(计价格〔2000〕393 号)文件,确定蠵龟的资源保护费为幼体 800 元/只,亲体 5 000 元/只,再根据农业部关于确定野生动物案件中水生野生动物及其产品价值有关问题的通知(农渔发〔2002〕22 号)文件对涉案海龟价值按资源保护费的 6 倍予以确定。本案中,海龟的价值与其存活状态无关,死海龟与活海龟价值一样。虽然鉴定所依据的计价格〔2000〕393 号文件已经废止,但在农业农村部给海关总署关于水生野生动物及其制品价值鉴定问题的答复意见中已明确"仍然可以沿用该文规定的核算办法对水生野生动物及其制品的价值进行核算",故本案鉴定中仍引用了该文件的数值标准。2019 年 8 月 27 日出台了新的水生野生动物价值评估办法,本案涉及海龟的基本价格都是 15 000 元乘以国家二级的倍数(5 倍),所以最终认定的价值会比鉴定结论中的价值有较大提升。

海龟是海洋生态环境的一份子,海洋生态存在完整的食物链,海龟灭失,食物链中的重要环节缺失,海洋生态会受到破坏,海龟寿命长,繁殖能力弱,是大洋性生物,对环境作用很大,海龟个体是海洋生态环境非常重要的环节,它的破坏对海洋资源损害非常大。鉴定意见中的价值鉴定中考虑了包括动物个体经济价值、生态价值、科研价值及文化价值，鉴定认定的价值涵盖了上述各种价值在内。

七被告均未向法院提交证据。

对于舟山市人民检察院提交的证据，七被告对证1~14的表面真实性均无异议，但认为有的被告供述不稳定，且存在相互矛盾，对鉴定意见的合法性、关联性和证明目的均有异议。

对鉴定人员的意见，舟山市人民检察院质证认为，从鉴定机构、鉴定人员的鉴定资质、鉴定所依据的标准、所参照的文件均可证明鉴定意见的合法性、有效性，本案诉请于法有据；七被告质证均认为鉴定机构的鉴定资质、鉴定人员资质、鉴定依据都是不充分、不合法的，且对死海龟、活海龟价值一样的观点不能认同，鉴定意见不合理，鉴定意见中包括了文化、科研等价值，起诉人诉请的是恢复生态的补偿金，而鉴定结论是众多价值的总和，不能以此作为确定七被告承担责任的基础。

本院经审查认为，各方对上述证据的表面真实性并无异议，本院对上述证据予以认定。关于检验鉴定证书中鉴定机构、鉴定人员的资质、价格认定依据文件的合法性以及鉴定人员出庭陈述的鉴定意见的合理性等，本院将在下文中综合论述。

根据各方当事人意见，本案关于案件事实方面的争议焦点为：一、七被告参与实施的出售、购买、运输海龟数量、种类、亲幼体等认定问题；二、七被告应承担的生态修复补偿金的金额认定问题。本院对此分析如下：

一、七被告参与实施的出售、购买、运输海龟数量、种类、亲（幼）体等认定问题

1. 涉案66只海龟数量的认定问题。杨士秀、林贞雄等被告均提出，起诉人主张的涉案66只海龟，除现场查扣的21只海龟外，其中45只无实物，仅凭供述认定，证据不充分。经审查，该45只无实物海龟共涉及六起事实。其中五起涉及44只海龟的事实，均有相关被告供述、刑事辨认笔录、微信聊天记录、购货单凭证及转账记录等证据证明，特别是从微信记录和由被告亲笔书写的清单记录看，各被告对其中"数字""活""直"等记载内容都做了解释，能清楚地反映各被告在确定的日期，共同运输、出售44只海龟的事实，且出售金额与微信记录及转账记录也能一一对应，故该五起涉及44只海龟的事实证据充分。最后一起关于张明彦、范军海、杨士秀参与的1只海龟买卖事实，三被告陈述内容也都能相互印证，事实清楚。关于程纪军提出的对2018年9月28日第一次参与运输不知情，且现有证据不能证明其主观上有参与前三次运送海龟故意的抗辩，经审查，杨士秀虽有过陈述对程纪军前面几次运输海龟不确定知情，但其同样有陈述，自2017年就已开始与林贞雄从事过海龟买卖，而从那时起程纪军就是运输者之一。而陈朋海陈述则明确指出程纪军不仅参与9月28日运输22只海龟，而且也是其与程纪军一起将海龟打包好

再送到宁波。程纪军本人的陈述,既有认可其运输三次海龟的,也有只认可被查扣的一次却否定另两次的。故从上面的陈述看,杨士秀、程纪军的陈述都有自相矛盾之处,而陈朋海的陈述明确清楚,结合 9 月 28 日 22 只海龟运输情况看,有活体也有死体,死体用编织袋装运,通过编织袋也可以在视觉上对装运的海龟有明确感知,故程纪军的该抗辩不客观,本院不予采信。关于吕献东提出的对 2018 年 10 月 2 日第一次运输 5 只海龟不知情的抗辩,经审查,舟山市人民检察院并未就该起事实对吕献东提出主张。综上,舟山市人民检察院起诉的涉案 66 只海龟数量主张,均证据充分,可以证明被告杨士秀、陈朋海、林贞雄实施了 66 只海龟买卖的事实;被告程纪军实施了 60 只海龟运输的事实;被告吕献东实施了 21 只海龟运输的事实;被告张明彦、范军海实施了 1 只海龟买卖的事实。

2. 涉案 66 只海龟种类的认定问题。涉案 66 只海龟,其中 21 只系现场查获,经鉴定均为蠵龟,各方当事人无异议,本院予以认定。其中 1 只系经张明彦介绍,范军海出售给杨士秀,根据范军海对海龟外形特征的陈述,与蠵龟吻合,本院予以认定。对剩余 44 只,公益诉讼起诉人主张蠵龟占 60%,绿海龟占 40%。其理由和依据为:(1)被当场查扣的涉案 21 只海龟,经鉴定均为蠵龟;(2)结合另一起被查扣的 107 只海龟系列案,其中 105 只为蠵龟,2 只为绿海龟;(3)结合近十年来舟山区域涉海龟刑事案件的查处情况,所涉及的海龟中蠵龟比例占 90% 以上;(4)林贞雄供述(2019 年 5 月 19 日舟山市人民检察院对其所做讯问笔录)“账单中注明的肯定是小青龟(即绿海龟),但是没有注明的也有可能其中有小青龟,丽龟(即蠵龟)的比例一般占 60%～70%”。由此可以看出,本系列案所查扣的海龟以及舟山区域近十年来所查处的涉海龟刑事案件中,蠵龟占比均在 90% 以上。舟山市人民检察院按蠵龟占 60%、绿海龟占 40% 的比例提出诉请,是从有利于被告的原则所做出的就轻认定,各被告对此也无异议。虽然从高度盖然性的民事证据证明原则出发,涉案蠵龟占比可能更高,但囿于诉讼请求,本院对该 44 只海龟中,蠵龟占 60%、绿海龟占 40% 的事实亦予以认定。

3. 涉案 66 只海龟亲、幼体的认定问题。舟山市人民检察院主张涉案 66 只海龟中 64 只为亲体,2 只为幼体。其理由和依据为:(1)21 只被现场查扣的海龟经鉴定,20 只为亲体,1 只为幼体。(2)另一起被查扣的 107 只海龟系列案中,105 只为亲体,2 只为幼体。由此可以看出,本系列案所涉海龟绝大多数为亲体,仅零星几只为幼体。(3)从鉴定确认的 128 只海龟看,125 只亲体海龟中重量最小的为45.2 千克,3 只幼体海龟重量分别为 39.8、39.2、37.5 千克。故对重量大于 45.2千克的海龟推定为亲体。(4)根据被告在记账清单中对海龟重量的记载,除 2018年 10 月 6 日的 8 只海龟中有一只为 44.5 千克,可以推定为幼体,其余海龟单个重量均大于 45.2 千克,故认定为亲体。(5)此外,2018 年 10 月 2 日的 5 只海龟中有

4 只死海龟标注总重量为 325.5 千克,未注明单个重量,折算后远大于 45.2 千克,故该 4 只海龟也应推定为亲体。(6)范军海出售的海龟无重量记载,但范军海陈述其出售的海龟重量有七八十斤,由此也可推断为亲体。本院认为,以甲长区别亲(幼)体,固然是科学的鉴定方法,但是本案涉及的海龟有 45 只未查获实物,在无法查明甲长而又必须对海龟亲、幼体做出判断的情况下,以重量区别亲、幼体是相对比较符合认识规律的一种判断,也符合民事诉讼中对待证事实高度盖然性的认定标准,这与刑事案件"排除合理怀疑"的事实与证据认定标准存在差异性。由于刑事诉讼认定事实和证据的标准要高于民事诉讼,故刑事案件已经依法认定的事实和证据可以作为相关民事公益诉讼案件的免证事实,而对于刑事案件未予认定的事实和证据,如经审理已达到民事诉讼的认定标准,亦应予以认定。故本院认定涉案 66 只海龟中 64 只为亲体,2 只为幼体的事实。

二、七被告应承担的生态修复补偿金的金额认定问题

舟山市人民检察院以浙江海洋大学检验鉴定证书鉴定的海龟价值判断为依据确认各被告需承担的生态修复补偿金金额,各被告对鉴定机构和鉴定人员的资质、鉴定所依据文件的效力、海龟价值与生态修复补偿金的关系等均提出了异议。

1. 鉴定机构和鉴定人员的资质问题。根据中华人民共和国农业部第 2607 号公告,浙江海洋大学是经农业部批准的可以从事《国家重点保护野生动物名录》《国家重点保护野生植物名录(第一批)》《〈濒危野生动植物种国际贸易公约〉附录》中水生野生动植物种及其制品的鉴定工作的科研教学单位,它的推荐鉴定类群包括鲸目、海龟科、棱皮龟等,故浙江海洋大学具有鉴定海龟的资质,且对涉案海龟物种及价值的鉴定均属于浙江海洋大学的鉴定范围。赵盛龙和陈健属于浙江海洋大学内部聘任的鉴定人员,该鉴定人员的选任需要考察被选择人员的科研经历和鉴定经历,并非随意选择,浙江海洋大学经过正规的程序选任符合条件的人员担任鉴定人员,这种选任程序亦属于学校的惯常做法,并无不妥,故本案鉴定人员赵盛龙和陈健具有鉴定资质,且涉案检验鉴定证书中关于海龟种类及保护级别的鉴定与南京师范大学司法鉴定中心出具的鉴定意见一致,本院予以认定;涉案海龟亲、幼体的鉴定是根据"SEA TURTLES OF THE WORLD"做出,合法合理,本院亦予以认定。

2. 海龟价值认定所依据文件的效力问题。涉案检验鉴定证书中关于海龟价值的认定主要是依据《农业部关于确定野生动物案件中水生野生动物及其产品价值有关问题的通知》(农渔发〔2002〕22 号)和《国家计委、财政部关于水生野生动物资源保护费收费标准及其有关事项的通知》(计价格〔2000〕393 号)两个文件。农渔发〔2002〕22 号第一条明确规定:"国家二级保护水生野生动物的价值标准,按照

该种动物资源保护费的 6 倍执行。"关于动物资源保护费的金额则规定在计价格
〔2000〕393 号文件中,根据该文件,蠵龟及绿海龟均为国家二级保护动物,蠵龟幼
体的资源保护费为 800 元/只,亲体为 5 000 元/只;绿海龟幼体为 800 元/只,亲体
为 2 000 元/只。农渔发〔2002〕22 号文件仍有效,计价格〔2000〕393 号文件虽已废
止,但在农业农村部回函海关总署的答复意见中也明确在新的相关规定出台前,仍
然可以沿用计价格〔2000〕393 号文件规定的核算办法对水生野生动物及其制品的
价值进行核算,故检验鉴定证书依据上述两个文件对涉案海龟的价值予以认定,合
法有据,本院予以认定。

综上,浙江海洋大学出具的检验鉴定证书系具有鉴定资质的鉴定人员和鉴定
机构依据合法有效的文件做出,该检验鉴定证书客观真实、合理合法,本院予以
认定。

3. 生态修复补偿金的认定问题。舟山市人民检察院主张直接按照涉案海龟的
价值来确定七被告需承担的生态修复补偿金的金额,各被告认为涉案检验鉴定证
书中海龟价值的认定标准只是执法、司法部门作为刑事案件定罪量刑的依据,以此
作为民事赔偿的依据不合理。

本院认为,首先,农业部出台的关于水生野生动物价值标准的认定是在采用物
种濒危原则、自身价值原则、物种等同原则和可操作性原则的基础上,综合考虑了
水生野生动物物种经济、研究、生态、社会、遗传资源等各方面的价值而得出的计算
方法,国家二级保护动物的价值按该动物物种资源保护费的 6 倍计算。生态修复
补偿金,应是野生动物资源和海洋生态环境修复所需的费用,本案中所认定的海龟
价值均应归属于此,故舟山市人民检察院按照海龟的价值来确定生态修复补偿金
的金额并无不妥;其次,农渔发〔2002〕22 号文件制定的目的是保护野生动物,严厉
打击违法犯罪行为,合理确定野生动物案件中水生野生动物及其产品的价值,该文
件并未明确表明所涉及的计算标准只适用于刑事案件,对违法犯罪行为人追究民
事赔偿责任也是打击违法犯罪行为的具体举措,故本案中七被告赔偿金额的认定
可以按照农渔发〔2002〕22 号文件中关于二级保护水生野生动物价值的计算标准
予以认定。

本院根据各方当事人的陈述以及本院确认的有效证据,认定下列事实:

杨士秀与陈朋海系夫妻关系。2018 年 9 月 28 日,杨士秀与林贞雄谈妥,由陈
朋海指使程纪军驾车运输 22 只海龟共同前往宁波兴北客运公司,将海龟装至大客
车运往广东省并出售给林贞雄。同年 10 月 2 日,杨士秀与林贞雄谈妥,由陈朋海
指使吕献东驾车运输 5 只海龟共同前往宁波兴北客运公司,将海龟装至大客车运
往广东省并出售给林贞雄。同月 3 日,杨士秀与林贞雄谈妥,由陈朋海驾车将 1 只
海龟运输至普陀客运中心,将海龟运往广东省并出售给林贞雄。同月 6 日,杨士秀

与林贞雄谈妥,由陈朋海指使程纪军驾车运输 8 只海龟(其中幼体 1 只,其余为亲体)共同前往宁波兴北客运公司,将海龟装至大客车运往广东省并出售给林贞雄。同月 12 日,杨士秀与林贞雄谈妥,由陈朋海指使程纪军驾车运输 9 只海龟共同前往宁波兴北客运公司,将海龟装至大客车运往广东省出售给林贞雄。同月 17 日晚,杨士秀与林贞雄谈妥后,由陈朋海伙同程纪军、吕献东等人在普陀区东港街道芦花沙塘路附近装运海龟时,被舟山市公安局普陀区分局当场查获,扣押蠵龟 21 只(其中亲体 20 只,幼体 1 只)及作案小货车一辆。2018 年 10 月的一天晚上,通过张明彦介绍,范军海将一只蠵龟(亲体)出售给杨士秀。

杨士秀、陈朋海、林贞雄的上述行为分别涉及 66 只海龟(其中幼体 2 只,蠵龟亲体 46 只,绿海龟亲体 18 只),生态修复补偿金为 1 605 600 元($2\times4\,800+46\times30\,000+18\times12\,000$);程纪军的行为涉及 60 只海龟(其中幼体 2 只,蠵龟 43 只,绿海龟 15 只),生态修复补偿金为 1 479 600 元($2\times4\,800+43\times30\,000+15\times12\,000$);吕献东的行为涉及 21 只蠵龟(其中幼体 1 只,亲体 20 只),生态修复补偿金为 604 800 元($1\times4\,800+20\times30\,000$);张明彦、范军海的行为涉及 1 只亲体蠵龟,生态修复补偿金为 30 000 元。

另查明,舟山市人民检察院在履行职责中发现杨士秀等七人非法收购、运输、出售珍贵、濒危野生动物(海龟),损害了国家利益和社会公共利益。该院于 2019 年 4 月 18 日立案并在《检察日报》发布公告,履行了诉前公告程序。公告期满后,没有符合起诉条件的机关和有关组织向人民法院提起诉讼。经浙江省人民检察院批准同意,由舟山市人民检察院对本案提起公益诉讼。

再查明,舟山市人民检察院就被告人杨士秀、陈朋海、程纪军、吕献东、张明彦非法收购、运输、出售珍贵、濒危野生动物一案于 2019 年 9 月 20 日向宁波海事法院提起公诉。

本院认为,本案为海事海商纠纷公益诉讼,舟山市人民检察院已履行诉前公告程序,在法定公告期满后没有适格主体提起诉讼,根据《中华人民共和国民事诉讼法》第五十五条,《最高人民法院、最高人民检察院关于检察公益诉讼案件适用法律若干问题的解释》第十三条的规定,舟山市人民检察院可以向人民法院提起诉讼。本案系因非法收购、运输、出售海龟引发的民事公益诉讼纠纷,属于海洋自然资源与生态环境损害赔偿纠纷,根据《最高人民法院、最高人民检察院关于检察公益诉讼案件适用法律若干问题的解释》第五条规定,地级市人民检察院提起的第一审民事公益诉讼案件,由侵权行为地或者被告住所地中级人民法院管辖。根据《最高人民法院关于审理海洋自然资源与生态环境损害赔偿纠纷案件若干问题的规定》第二条的规定,此类案件应由海事法院管辖,故本院依法具有管辖权。

本案各方当事人关于法律责任方面的争议焦点为:一、七被告的侵权责任认定问题;二、赔礼道歉的适用问题。

一、七被告的侵权责任认定问题

舟山市人民检察院主张七被告非法收购、运输、出售海龟的行为,破坏了国家重点保护野生动物资源和海洋生态环境,损害了国家利益和社会公共利益,应承担相应的民事赔偿责任。七被告抗辩称,造成海龟死亡的是捕捞者,野生动物资源和海洋生态环境的破坏在七被告从事收购、运输、出售行为前已经造成,七被告并非损害结果发生的直接责任人,故七被告的行为与损害结果之间不存在因果关系。退一步讲,即使需要承担赔偿责任,各被告也并不存在共同的侵权行为,因此应按照各被告的过错承担按份责任。

1. 从七被告行为的过错性分析。根据我国《野生动物保护法》规定,野生动物资源属于国家所有。国家对野生动物实行保护优先、规范利用、严格监管的原则,任何组织和个人都有保护野生动物的义务。禁止出售、购买、利用国家重点保护野生动物及其制品。本案七被告对作为国家重点保护的二级野生动物海龟分别实施了出售、购买、运输等行为,被告张明彦的居间介绍行为也应认定为买卖的一个环节。这些行为均系七被告明知而故意作为,且也为法律所明确规定的禁止性行为,系违法行为,故可认定七被告所实施的上述行为均系明显存在过错的侵权行为。

2. 从侵权行为与后果的因果关系分析。舟山市人民检察院起诉各被告行为的损害后果是对野生动物资源和海洋生态环境的破坏,各被告把其行为没有直接造成海龟死亡,因此行为与损害结果之间不存在因果关系作为抗辩。对野生动物资源和海洋生态环境的破坏与造成海龟死亡不是同等概念,后者仅是前者的部分内涵。本案各被告针对海龟所实施的各种行为,虽未直接造成海龟死亡,但这些受到法律禁止的出售、收购、运输行为明显对海龟物种的保护造成了严重破坏和侵害,对海龟物种保护的破坏,无疑也是对野生动物资源和海洋生态环境的破坏,且从另一角度讲,以杨士秀、陈朋海、林贞雄等人为首的被告有组织地实施收购、运输、出售海龟等行为,并逐步吸纳更多的人参与其中,行为地从浙江到广东,人数多、次数多、跨度广,形成了一条完整的市场链条。正是因为背后的巨大利益,也助长了捕捞行为,使捕捞者不将误捕的海龟放生而将其作为财物出卖,这环环相扣、相互促进的恶性循环过程,已逐渐演变为直接对海龟这个物种造成巨大伤害的行为,故七被告所实施的任何一项侵权行为都构成对海洋生态环境的损害,因果关系清楚明确。综上,各被告以其实施的出售、运输、收购等行为与海龟死亡没有直接因果关系为由,抗辩损害后果不存在,本院不予采纳。

3. 从侵权责任承担分析。舟山市人民检察院主张由七被告承担连带赔偿责任,七被告认为并不存在共同的侵权行为,因此应该按照各被告的过错承担按份责任。七被告所实施的七起买卖、运输海龟事实中,前六起均系由杨士秀作为卖方,与买方林贞雄谈妥,再由陈明海指使程纪军或吕献东驾驶机动车,将海龟从舟山运往宁波,再由他人运往广东的过程。第七起系通过张明彦介绍,范军海将1只海龟出售给杨士秀。上述事实表明,各被告对各自所参与的收购、出售或运输海龟的行为均系明知,且相互配合、相互协作,有意促成结果的发生,在主观上具有共同故意。因此,七被告的行为符合《侵权责任法》第八条的规定,构成共同侵权,应承担连带责任。虽然捕捞者与七被告也构成共同侵权行为,其中可能还有未知的二手交易者,这些人本应都承担相应的共同侵权责任,但基于捕捞者与其他共同侵权人目前无法查实,舟山市人民检察院也有权根据《侵权责任法》第十三条的规定,要求部分侵权者承担全部责任。

二、赔礼道歉的法律责任适用问题

杨士秀、林贞雄、程纪军等被告提出,各被告均被追究刑事责任,已受到法律最严厉的制裁,不应再承担赔礼道歉的民事责任。赔礼道歉是我国《侵权责任法》规定的八种承担侵权责任的方式之一,可以单独适用,也可以合并适用。《最高人民法院关于审理环境民事公益诉讼案件适用法律若干问题的解释》也将"赔礼道歉"列为被告承担民事责任的方式之一。我国《侵权责任法》同时也规定,侵权人因同一行为应当承担刑事责任的,不影响依法承担侵权责任,故各被告虽被追究刑事责任,舟山市人民检察院在本案的公益诉讼中仍主张各被告承担赔礼道歉的民事责任有充分的法律依据。赔礼道歉源于道德责任,其实质是行为人认识到自己行为的错误而做出的一种自我反省,将其上升到民事责任方式,体现了法律的威慑力和强制性。本案各被告的行为破坏了野生动物资源和海洋生态环境,损害了国家和社会的公共利益,在一定区域内造成较大的负面影响,由各被告通过一定载体向公众道歉,既体现了对自身过错的认识,也向社会公众传递了歉意,有利于法律权威再建,并起到了一定的教育、预防作用,故本院认为,对本案各被告适用赔礼道歉是合适的,也是有必要的。

人与自然和谐相处是人类社会追求的重要目标,依法保护水生野生动物对于保障生物多样性,保护海洋生态系统完整性具有重要意义。海洋生物资源和海洋生态环境的保护是每个公民的义务和责任。本案中,海龟属于国家二级保护动物,七被告明知海龟受国家保护,为谋取利益,仍进行非法收购、运输、出售,其行为违反了《野生动物保护法》第三条第一款、第二十七条第一款的规定,破坏了国家重点保护野生动物资源和海洋生态环境,对社会公共利益造成了损害,已经构成侵权,依法应按《侵权责任法》第十五条的规定承担赔偿损失、赔礼道歉的侵权责任,且七被告系共同实施侵权行为造成损害,对此应承担连带责任。

关于各被告对鉴定费用承担提出的抗辩，因舟山市人民检察院已撤回该项诉讼请求，本院依法予以准许。

至于已被刑事追诉却未被提起公益诉讼的其他侵权人，经本院释明，舟山市人民检察院表示未放弃追诉的权利。在证据材料充分、条件合适的情况下，舟山市人民检察院可另案提起公益诉讼。

综上，舟山市人民检察院提出的诉请于法有据，本院予以支持。依照《野生动物保护法》第三条第一款、第二十七条第一款，《侵权责任法》第四条第一款、第六条第一款、第八条、第十三条、第十五条，《中华人民共和国民事诉讼法》第五十五条，《最高人民法院、最高人民检察院关于检察公益诉讼案件适用法律若干问题的解释》第五条、第十三条，《最高人民法院关于审理海洋自然资源与生态环境损害赔偿纠纷案件若干问题的规定》第二条，《最高人民法院关于审理环境民事公益诉讼案件适用法律若干问题的解释》第十八条、第二十条之规定，经本院审判委员会讨论，判决如下：

一、被告杨士秀、陈朋海、林贞雄、程纪军、吕献东、张明彦、范军海于本判决生效之日起十日内在舟山市市级媒体上公开赔礼道歉（赔礼道歉内容应先报本院审核）。逾期不履行，本院将在舟山市市级媒体上公布判决书的主要内容，相应费用由被告杨士秀、陈朋海、林贞雄、程纪军、吕献东、张明彦、范军海共同负担。

二、被告杨士秀、陈朋海、林贞雄对生态修复补偿金 1 605 600 元承担赔偿责任，被告程纪军对上述 1 605 600 元生态修复补偿金中的 1 479 600 元承担连带赔偿责任；被告吕献东对上述 1 605 600 元生态修复补偿金中的 604 800 元承担连带赔偿责任；被告张明彦、范军海对上述 1 605 600 元生态修复补偿金中的 30 000 元承担连带赔偿责任；上述款项均于本判决生效之日起十日内履行完毕。

如果未按本判决指定的期限履行给付金钱义务，应当依照《民诉法》第二百五十三条的规定，加倍支付迟延履行期间的债务利息。

本案案件受理费为 19 250 元，由被告杨士秀、陈朋海、林贞雄共同负担 19 250元；被告程纪军对上述 19 250 元中的 18 116 元承担共同支付责任；被告吕献东对上述 19 250 元中的 9 848 元承担共同支付责任；被告张明彦、范军海对上述 19 250元中的 550 元承担共同支付责任。

如不服本判决，可以在判决书送达之日起十五日内，向本院递交上诉状，并按照对方当事人或者代表人的人数提出副本，上诉于浙江省高级人民法院。

审　判　长　胡建新

审　判　员　王凌云

审　判　员　王连生

人民陪审员　吴　海
人民陪审员　焉建萍
人民陪审员　朱文莉
人民陪审员　张一华
二〇一九年十一月十九日
书　记　员　陈　燕

（获评 2020 年全省法院十篇最佳裁判文书）

【裁判要旨】

未申请设立海事赔偿责任限制基金,不影响责任人在诉讼中提出海事赔偿责任限制抗辩,但在计算责任限额时,应当自海事事故发生之日起至实际赔付之日止另行计算责任限额的利息。

宁波海事法院
民事判决书

(2021)浙 72 民初 1318 号

原告:浙江台州甬台温高速公路有限公司临海分公司。住所地:浙江省台州市临海市大田街道寺后村临海北收费所。

负责人:许基献,该公司总经理。

委托诉讼代理人:朱海南,系该公司职员。

委托诉讼代理人:陈霞,浙江崇达律师事务所律师。

被告:威海鑫海航运有限公司。住所地:山东省威海市经济技术开发区乐天世纪城 1 号楼 B 座 1719 室。

法定代表人:吕以强,该公司总经理。

被告:中国人寿财产保险股份有限公司航运保险运营中心。住所地:上海市自由贸易试验区基隆路 1 号 626 室。

负责人:任剑辉,该公司总经理。

两被告共同委托诉讼代理人:范海涛,北京市中伦文德事务所上海分所律师。

两被告共同委托诉讼代理人:朱肖,北京市中伦文德事务所上海分所律师。

原告浙江台州甬台温高速公路有限公司临海分公司(以下简称"高速公司")与被告威海鑫海航运有限公司(以下简称"鑫海公司")、中国人寿财产保险股份有限公司航运保险运营中心(以下简称"人寿航保中心")船舶触碰损害责任纠纷一案,本院于 2021 年 7 月 8 日立案受理,依法适用普通程序于同年 8 月 25 日组织双方进行证据交换,并于同年 11 月 26 日公开开庭进行了审理。原告高速公司的委托诉讼代理人朱海南、王桑桑到庭参加 8 月 25 日的证据交换,委托诉讼代理人朱海南、陈霞到庭参加 11 月 30 日的开庭审理,鑫海公司和人寿航保中心的共同委托诉讼代理人范海涛到庭参加 8 月 25 日的证据交换和 11 月 30 日的开庭审理。本案现已审理终结。

原告高速公司向本院提出诉讼请求:1.判令被告鑫海公司赔偿高速公司因"鑫海68"轮触碰灵江特大桥8号桥墩东侧防撞警示墩事故造成的经济损失3 930 908元及相应利息(其中871 545元自2019年12月24日起,2 941 436元自2019年12月6日起,均按照全国银行间同业拆借中心公布的贷款市场报价利率计算至履行完毕之日止);2.判令被告人寿航保中心在300万元的限额内对上述款项承担连带保证责任;3.确认原告高速公司上述第一项债权对"鑫海68"轮享有船舶优先权;4.诉讼费用由被告鑫海公司承担。

事实与理由:原告高速公司系甬台温高速公路灵江特大桥(以下简称"灵江大桥")的业主单位。2018年10月15日,被告鑫海公司所属"鑫海68"轮在航行过程中擦碰灵江大桥8号桥墩东侧防撞警示墩,造成该防撞警示墩倒塌。同年10月22日,被告人寿航保中心向高速公司出具担保函,保证承担依据高速公司与"鑫海68"轮船东达成的书面协议,或法院做出的生效判决或调解书确定的应由"鑫海68"轮船东承担的对上述事故的赔偿责任,其承担的最高赔偿责任包括利息和费用不超过300万元。同年12月24日,台州椒江海事处做出内河交通事故调查结论书,认定本次事故系"鑫海68"轮在复杂通航条件下由于未使用安全航速、操纵不当、未保持正规瞭望等原因造成的责任事故,由"鑫海68"轮承担单方面责任。

事故发生后,舟山海大打捞工程有限公司(以下简称"海大公司")于2018年10月19日出具了《灵江大桥8#警示墩探摸报告》,上海东亚地球物理勘查有限公司(以下简称"东亚勘查公司")于同年11月出具了《G15沈海高速灵江大桥防护结构清障检测报告》。2019年2月,高速公司将涉案桥墩修复项目纳入浙江沪杭甬高速公路股份有限公司2019年养护专项工程进行招标。同年5月27日,高速公司委托下属单位浙江台州甬台温高速公路有限公司甬台温管理处(以下简称"甬台温管理处")与浙江交工高等级公路养护有限公司(以下简称"交工公司")签订了合同协议书,约定由交工公司对甬台温高速台州段的路基、路面、桥梁、隧道等专项工程进行养护。

涉案桥墩修复工程于2019年8月16日正式开工,同年9月28日完工,同年10月25日交工验收。工程款总额为3 930 908元,包括拆除费用898 500元、新建费用3 032 408元。高速公司已向交工公司支付97%的工程进度款,尚余3%的质保金待工程缺陷责任期满后支付。高速公司认为,上述工程款均应由鑫海公司承担,人寿航保中心应在300万元的限额内承担连带保证责任。但虽经高速公司多次主张,鑫海公司和人寿航保中心均未予赔偿。原告高速公司为维护自身合法权益,故提起诉讼。

被告鑫海公司、人寿航保中心共同辩称:1.就涉案警示墩与施工方签订协议并支付费用的是甬台温管理处,而非高速公司,高速公司也未举证证明涉案警示墩系其所有,故高速公司并非适格主体,无权提出索赔;2.即便高速公司系涉案警示墩的所有人,涉案触碰事故主要是因该警示墩系违章建筑且设计存在先天缺陷所致,鑫海公司对事故最多承担20%的责任;3.高速公司索赔的损失是基于涉案警示墩新建并升级规格的方案,但与涉案触碰事故无关,不应由鑫海公司承担;4.即便鑫海公司需承担恢复原状形式的赔偿责任,高速公司的损失也仅限于合理的修复费用,且需扣除拆除费用;5.高速公司主张被告人寿航保中心承担连带保证责任没有依据;6.高速公司并未申请扣押"鑫海68"轮,且根据《中华人民共和国海商法》(以下简称《海商法》)的相关规定,船舶优先权自产生之日起一年内不行使即告消灭,因此高速公司主张船舶优先权没有依据;7.鑫海公司及人寿航保中心均有权依法享受海事赔偿责任限制。

双方当事人围绕诉讼请求依法提交了证据,本院组织当事人于8月25日进行了证据交换和质证。

庭审前,本院依职权向台州椒江海事处调取了临海"10.15""鑫源68"轮触碰甬台温高速公路灵江特大桥8号桥墩东防撞警示墩事故调查报告,在庭审中组织双方进行了质证。在庭审中,原告高速公司明确其原先提交的证据8关于变更合同支付方的说明,在开庭前曾经表态撤回,现当庭表示不撤回。另外,针对两被告对原告主体资格提出的疑问,高速公司提出可以让其上级公司出具证明,确认其业主身份,经征求被告方代理人意见后,同意高速公司通过移动微法院提交,被告方在线提交质证意见。高速公司于12月2日通过"移动微法院"提交了证据17浙江台州甬台温高速公路有限公司出具的证明。

对原告高速公司提供的证据,鑫海公司和人寿航保中心质证认为:对证据1内河交通事故调查结论书的证据"三性"无异议,但海事调查机关在出具调查结论书时并不掌握涉案警示墩存在设计和建造方面的缺陷,该证据不能证明"鑫海68"轮应对涉案事故承担全部责任。对证据2担保函的真实性、合法性无异议,高速公司所诉请的费用系新建项目且升级了规格,与鑫海公司无关,对证据的关联性不予认可。对证据3探摸报告的证据"三性"无异议,但涉案警示墩存在设计和建造缺陷,导致触碰事故频发,其损害结果并非由鑫海公司造成。对证据4清障检测报告的证据"三性"无异议,但涉案警示墩存在设计缺陷且系违章建筑本应拆除,拆除产生的费用不应由鑫海公司承担。对证据5应急抢险施工图设计及专家组评审意见的真实性无异议,相关设计及评审未征求鑫海公司的意见,且根据该评审意见内容,警示墩重新拆除建造的主要原因是原警示墩设计、建造不合理,且本身系违章建筑,而与涉案触碰事故无关。对证据6专项工程招标文件的真实性、合法性无异议,但该方案并非修复方案,且高速公司采用的新建方案系该警示墩本身设计和建造缺陷所致，而与涉案触碰事故无关。对证据7合同协议书的真实性无异议，对合法性、关联性有异议，该协议的签订主体是甬台温管理处，高速公司不是本案的适格原告。对证据8关于变更合同支付方的说明，表面真实性和合法性认可，因并非用于涉案防撞墩，对关联性不予认可。对证据9工程施工技术方案和施工技术方案、证据10交工验收会议纪要、证据11应急抢修项目费用情况汇总的真实性均无异议，合法性、关联性不予认可，高速公司未通知鑫海公司参与。对证据12计量支付报表、中期支付报表、证据13增值税专用发票(编号00299620)、转账凭证、证据15增值税专用发票(编号22655708、22655709)、转账凭证的真实性、合法性无异议，关联性有异议，高速公司未通知鑫海公司参与，且支付单位是甬台温管理处。对证据14计量支付报表、中期支付报表的真实性、合法性无异议，关联性有异议，新建警示墩的费用与鑫海公司无关，拆除原警示墩的费用也与鑫海公司无关。对证据16律师函及EMS快递单真实性、合法性无异议，但高速公司主张的费用系警示墩拆除和新建费用，关联性不予认可。对证据17浙江台州甬台温高速公路有限公司出具的证明，真实性由法院核对原件确定，合法性、关联性均认可。

对被告鑫海公司和人寿航保中心提供的证据，原告高速公司质证认为：对证据1公估报告及附件的真实性、合法性无异议，关联性有异议，公估机构并非国家许可的水上设施鉴定、评估机构，其做出的公估结论仅为保险公司提供参考，法律效力存在局限性，对证明目的不予认可。对证据2船员适任证书的真实性、合法性无异议，关联性有异议，该证据不能证明船员在事故过程中是否存在与引发涉案事故相关联的不当行为。对证据3航海日志，对于待证事实没有异议。

本院经审查认为：对原告高速公司提供的证据1内河交通事故调查结论书，鑫海公司和人寿航保中心对证据"三性"无异议，予以认定，至于涉案触碰事故的责任划分，综合分析认定。对证据2担保函，鑫海公司和人寿航保中心对真实性、合法性未提异议，该担保函系人寿航保中心因涉案触碰事故向高速公司出具，与本案有关，予以认定。对证据3至证据16，鑫海公司和人寿航保中心对真实性均无异议，该组证据能够共同证明涉案防撞警示墩倒塌后，经探摸、清障、拆除新建、招标施工及费用支付等事实，均予以认定，至于相关拆除新建方案是否合理，结合鑫海公司和人寿航保中心提供的证据1公估结论，综合分析认定。对证据17，高速公司提供了原件，鑫海公司和人寿航保中心对合法性、关联性不持异议，予以采信，可以证明案涉灵江大桥(包括大桥桥墩及其防撞警示墩)属于高速公司所有的事实。鑫海公司和人寿航保中心提供的证据1公估报告，原告高速公司对真实性、合法性无异议，仅认为该公估报告不能达到鑫海公司和人寿航保中心的证明目的，对该证据予以认定。证据2船员适任证书，高速公司对真实性、合法性无异议，该证据也与本案有关，予以认定，至于鑫海公司和人寿航保中心是否能够享受海事赔偿责任限制,另做分析认定。证据 3 航海日志,高速公司没有异议,予以确认。

对本院依职权调取的台州椒江海事处事故调查报告,双方当事人对真实性、合法性、关联性均无异议,予以采信。

在本案审理过程中,高速公司于 2021 年 8 月 9 日申请本院向台州海事局调取涉案触碰事故中船长陈志刚及其他船员的调查笔录,本院于同年 11 月 26 日开庭时,高速公司代理人当庭表示在法院已经调取涉案事故调查报告的情况下,同意不再调取上述调查笔录。

根据双方当事人的陈述及确认的有效证据,认定下列事实:

灵江大桥于 1998 年 1 月开工建设,2001 年 12 月建成通车,高速公司系灵江大桥的业主单位。该桥位于临海市石村附近,跨越灵江,全长 1 687 米,桥面宽 22.5 米(左右幅分离),主桥跨径为(72+3×122+72)米,上部结构为五跨单箱单室连续箱梁,下部结构为空心墩身,高桩承台基础,钻孔灌注桩基础。该桥三个通航孔主墩为 6 号至 9 号墩,其中 7 号至 8 号墩为进港单向通航孔,8 号至 9 号墩为出港单向通航孔,最高通航水位 2.2 米,通航等级为Ⅳ级航道 500 吨级海轮,通航孔净宽 80 米、净高 18 米。为保护灵江大桥位于江中的主墩,高速公司联合海事管理机构在江中设置了警戒灯桩,分布位于主桥 7 号墩和 8 号墩上下游两侧。

"鑫海 68"轮系鑫海公司所有并实际经营,钢质散货船,近海航区,总吨 1 989,净吨 1 113,总长 88 米,型宽 13.2 米,型深 6.2 米,总功率 735 千瓦,建成日期 2005 年 8 月 2 日,船籍港威海,持有山东省威海船舶检验局签发的海上船舶检验证书、海上货船适航证书和威海海事局签发的船舶国籍证书,证书均在有效期内。人寿航保中心公司系"鑫海 68"轮的船舶保险人,保险险别为船舶一切险。

2018 年 10 月 11 日,"鑫海 68"轮从锦州载运 3 198 吨水泥熟料开航驶往临海世建码头。10 月 15 日 0240 时到达台州点灯 1 号锚地抛锚候潮。同日 0740 时备车起锚进港。1115 时与修复灵江大桥 7 号防撞警示墩的工作艇高频联系。航至大桥东左侧标附近时左满舵,此时顺流航速约 8~9 节,由于潮流挤压船来不及转到正对大桥出港桥孔,船尾偏右驶向桥孔。1132 时船首进入桥空时右满舵,但来不及转向,加上潮流挤压,船尾右舷驾驶台前位置擦碰灵江大桥 8 号桥墩东侧防撞警示墩,造成该防撞警示墩倒塌,"鑫海 68"轮右舷后部机舱外侧主甲板以下有长约 4 米高、1 米宽的凹陷。事故未造成水域污染。事发时事故海域天气晴朗,能见度良好,风力较小。涨潮流,流速 2 节左右。

事故经台州椒江海事处出具内河交通事故调查结论书认定:本次事故是"鑫海 68"轮在复杂通航条件下未使用安全航速、操纵不当,未保持正规瞭望等原因造成的责任事故,系"鑫海 68"轮单方面责任。"鑫海 68"轮驾驶人员未能对当时通航环境进行充分的观察和评估,并谨慎驾驶,特别是在涨水流影响较大、航道弯曲的桥区水域以及船舶重载等复杂情况下，未及早采取安全航速、良好船艺和其他有效的措施防止船舶触碰灵江大桥，导致船舶在过灵江大桥前形成紧迫局面，造成船舶以较快的航速、较大的偏角挤压灵江大桥8#墩东侧防撞警示墩，是造成本次事故的直接原因。根据当事船员、引领人员陈述和大桥视频监控记录，该船没有保持正规的瞭望，没有及早发现隐患和危险，也是事故发生的一大原因。"鑫海68"轮船员特别是操船人员主观上责任意识和安全意识不强，在内河狭窄、弯曲及桥区等复杂通航条件下，思想上极不重视，没有预估到各种安全风险并及早采取措施，谨慎驾驶，没有安全生产主体责任意识，是导致事故的间接原因。

同年10月19日，海大公司向高速公司出具探摸报告，载明海大公司以涉案8#警示墩倒塌点为中心进行潜水员水下探摸作业，探摸结果显示该警示墩倒塌承台位距主桥墩15米左右，沉向东南100°左右，高潮位时离水面6.5米左右，四根桩中部已全部断裂并连承台一起倾倒，倒塌的承台在泥面以上直径高度7米左右，承台倒塌倾斜度30°左右，平台底部海域泥质属硬质地。经潜水员下水探摸，该警示墩倒塌在主航道东面，对过往船只航行产生安全威胁。此后，受清障单位宁波康鑫船务工程有限公司委托，东亚勘查公司对涉案桥墩防护结构进行清障检测，并于同年11月出具了《G15沈海高速灵江大桥防护结构清障检测报告》，判定G15沈海高速灵江大桥桥墩防护结构清障工程完成，无海底障碍物。

同年10月22日，人寿航保中心向高速公司出具担保函，内称关于涉案触碰事故，愿意为"鑫海68"轮船舶所有人/经营人/光船承租人向高速公司提供担保，保证向高速公司支付因涉案纠纷而产生，经双方书面协议的或由有管辖权的中国法院或其上诉法院的生效判决书、裁定书或调解书确定的，应由"鑫海68"轮船舶所有人/经营人/光船承租人向高速公司支付的任何款项，但人寿航保中心在本担保项下的全部责任包括利息和费用将不超过人民币300万元；本担保函的签发不意味着"鑫海68"轮船舶所有人/经营人/光船承租人对其赔偿责任的认可，也不影响"鑫海68"轮船舶所有人/经营人/光船承租人依据所适用的法律所享有的任何抗辩和限制赔偿责任的权利。

同年12月6日，甬台温养护管理中心在临海组织召开灵江大桥8#警示墩拆除及8#主墩防护工程（应急抢险）施工图设计（送审稿）评审会，专家组经讨论认为施工图设计总体可行，原则赞同固定式防撞方案，经修改完善后可作为施工依据。浙江交工集团股份有限公司于2019年2月出具修改后的施工图，其中载明：关于8#墩易撞原因分析。灵江大桥建成后，8#墩多次被撞，原因主要包括：（1）灵江大桥所跨越河道的转弯半径为600米，桥梁与河道转弯处的间距未满足4倍设计船长的安全距离，弯道流态复杂，增加船舶弯道转向过桥的难度，存在船舶碰撞桥梁的安全隐患；（2）灵江大桥采用双孔单向通航，通航孔净宽80米，实际通航

2 000吨级海轮,现场查看显示,8#墩及其警示墩基本位于航道设计中心线上,由于是双向通航,下行船舶在过桥之前一般会航行于航道中心线附近,临近桥位时,需转向南侧通行孔即主桥9#孔过桥,一旦船员放松警惕性,或操作不及时,极易撞击位于江中的8#墩及其警示墩;(3)警示指引标志不健全,当夜间航行或者天气因素导致能见度偏低时,由于船员视线受阻,往往难以发现标志,易引起撞桥事故。关于优化固定方案:根据专家组意见,对防撞设计方案进行优化,防撞设施采用钢制复合材料防撞设施,利用了钢材结构强度高、耐久性好的特点,同时外部覆复合材料,利用复合材料自身耐腐蚀特性及强度高等特点,满足耐久性要求,有效防腐期限达20年以上。关于问题及建议:8#墩警示墩被撞,警示墩承台倒入江中、桩基未拔出,为保证防船撞设施在运输、施工过程中的安全,原警示墩需要拔除;8#墩承台上需设置警示灯,警示灯的设置在本次防撞维护中一并考虑等。

2019年2月,高速公司将涉案防撞警示墩修复项目纳入浙江沪杭甬高速公路股份有限公司2019年养护专项工程进行招标,具体为第五标段第502-B合同段。同年5月27日,高速公司的下属单位甬台温管理处与投标方交工公司就上述合同段签订协议书,约定由交工公司对甬台温高速台州段的路基、路面、桥梁、隧道等专项工程进行养护。据交工公司提交的第五标段第502-B合同段施工技术方案记载,为了加强灵江大桥8#左墩的防撞能力,确保大桥通航安全,对8#左墩采用固定式防撞设施进行防护,设防等级为2 000吨船舶,考虑到承台与墩身强度差异,承台采用复合材料防撞设施,共计10套;墩身采用钢覆复合材料防撞设施,共计16套。涉案防撞警示墩修复工程于2019年8月16日正式开工,同年9月28日完工,同年10月25日交工验收。交工验收会议纪要记载,工程主要施工内容为原8#警示墩拆除打捞、防撞装置的安装,主要完成内容为固定式钢覆复合材料防撞设施16块、固定式复合材料防撞设施15块的安装;参验项目复合工程交工验收标准,评定为合格;实际工程造价为3 930 908万元,具体包括拆除费用898 500元(其中航道临时警戒费14.4万元、探摸费4 500元、原8#警示墩拆除打捞费72万元、扫测费3万元),新建费用3 032 408元(其中航道施工警戒费15.6万元、通航安全评估费12万元、固定式复合材料防撞块HD100-L 951 808元、固定式复合材料防撞块HD100-C 1 131 600元、固定螺杆组件9.3万元、运输费8万元、安装费35万元及航标恢复费用15万元)。高速公司已委托甬台温管理处向交工公司支付97%的工程进度款2 941 436元,尚余3%质保金待工程缺陷责任期满后支付。

受人寿航保中心委托,上海悦之保险公估有限公司对涉案触碰事故所致损失费用进行了评估,并于2021年8月3日出具了公估报告,其中记载:关于事故原因,涉案触碰事故发生的可能原因有三个:(1)该警示墩的建造未能得到相关部门的许可,同时该警示墩并未设有标识,也未能在海图上标注;(2)从主桥墩上多次碰撞擦痕分析,可合理推断此处事故频发,很可能存在设计方面的缺陷;(3)船舶在过灵江大桥航行期间,船长可能存在操纵失误。关于案件协商,2018 年 10 月 17 日,公估师在椒江海事处会见了 8#警示墩业主代表,就事故后续处理进行了会谈,业主就涉损警示墩所致损失估算了 364.5 万元的费用,但与船东赔偿的上限差异较大。同年 10 月 19 日公估师自业主处收到探摸报告,公估师表示业主方是清障义务的主体,应由业主方负责,但有义务向相关方通报进展。同年 10 月 24 日,业主方提供了 8#警示墩(下游,即涉案受损警示墩)建造合同,该警示墩建造于 2011 年 8 月,承台直径 5.5 米,桩基直径 1 米,合同造价 1 347 234 元。关于损失评估,基于涉案事故所涉警示墩尺寸规格、建造年限,结合业主方提供的相关材料,就其中 8#警示墩(下游)造价与新 7#警示墩(下游)造价进行对比,二者所涉项目大致相当,但考虑到本次事故中涉损的警示墩原建于 2011 年,至今已有 8 年时间,期间受物价、人力等成本浮动,建造成本有所差异。经综合考虑,署名验船师建议可以参考新 7#警示墩(下游)的工程项目及造价,并结合 8#警示墩(下游)所需材料,就目前新造一座与 8#警示墩(下游)规格相同的警示墩所需费用进行估算。根据大桥业主的报损情况以及陆续提供相关材料,大致预估本次事故所致的 8#警示墩新建费用合计约为 250.85 万元,具体明细包括:前期扫测、探摸 3.45 万元,警戒船安排 14.4 万元,拆除费用 72 万元,警示墩新制费用 146 万元(包括桩基、承台、航标灯)及临时航标设置费用 15 万元。后续跟进过程中,得知业主决定以新建主墩防护的方式替代原警示墩,相关费用约为 303 万元(尚不包括原警示墩拆除费用和航道警戒费)。对比上述两项内容可见,在当时条件下,新造一座与受损警示墩相同规格的新警示墩所需费用 250.85 万;而业主实际未按原标准新建,而是在 8#主墩上安装防撞块进行替代,对应费用合计 303.240 8 万元,显然高于按原规格新建的费用。

本院认为:本案系船舶触碰事故引起的损害赔偿纠纷。根据双方的诉辩意见,归纳并评析本案争议焦点如下:

一、关于原告高速公司的主体资格

鑫海公司和人寿航保中心辩称,就涉案防撞警示墩与施工方签订协议并支付费用的是甬台温管理处,并非高速公司,且高速公司也未举证证明涉案警示防撞墩系其所有,故高速公司并非适格主体,无权提出索赔。本院认为,浙江台州甬台温高速公路有限公司出具的证明明确案涉防撞警示墩属高速公司所有,甬台温管理处系高速公司的内设机构,负责管理 G15 甬台温高速公路台州段营运、养护、保畅等有关事宜;浙江沪杭甬高速公路股份有限公司 2019 年养护专项工程招标文件显示,高速公司系该工程第五标段第 502-B 合同段的项目业主。其后,高速公司通过下属的甬台温管理处与交工公司签订施工合同,委托交工公司对包括涉案灵江大桥受损防撞警示墩在内的高速路基、路面、桥梁等专项工程进行养护,并由甬台温管理处与交工公司进行结算并支付相应工程款,足以证明高速公司系涉案受损防撞警示墩的所有权人。此外,被告人寿航保中心也因涉案触碰事故向高速公司出具担保函,鑫海公司和人寿航保中心提供的公估报告亦未否认高速公司的业主身份。因此,鑫海公司和人寿航保中心上述抗辩依据不足,不予采纳。

二、涉案触碰事故的责任

原告高速公司主张,涉案触碰事故系"鑫海68"轮在复杂通航条件下由于未使用安全航速、操纵不当、未保持正规瞭望等原因所造成,应由鑫海公司承担单方面责任。鑫海公司和人寿航保中心则辩称,涉案触碰事故主要是因该防撞警示墩系违章建筑且设计存在先天缺陷所致,且高速公司具有警戒过失,鑫海公司对事故至多承担20%的责任。

本院认为,首先,台州椒江海事处出具的内河交通事故调查结论书认定,案涉触碰事故是"鑫海68"轮在复杂通航条件下由于未使用安全航速、操纵不当、未保持正规瞭望等原因造成的单方责任事故。鑫海公司虽对该责任认定结论提出异议,但提供的证据不足以推翻该调查结论,故应采纳海事管理机构做出的事故责任认定结论。其次,高速公司作为灵江大桥业主,已联合海事管理机构在江中设置了警戒灯桩,位于主桥7#墩和8#墩上下游两侧,而涉案事故发生在1130时左右,天气晴,能见度良好,公估报告显示"鑫海68"轮电子海图清楚标注了灵江大桥及毗邻水域的岸形、桥梁、航道,且"鑫海68"轮在事发前与修复灵江大桥7#防撞警示墩的工作艇有高频联系,故鑫海公司和人寿航保中心关于高速公司具有警戒过失的抗辩与事实不符,不能成立。最后,涉案防撞警示墩系从属于桥墩的防撞设施,鑫海公司和人寿航保中心关于该防撞警示墩系违章建筑且设计存在缺陷的抗辩,依据不足,不予采纳。综上,"鑫海68"轮应当承担涉案事故的全部责任,鑫海公司作为该轮的所有人和经营人,应对该轮过失行为负责。

三、原告高速公司的经济损失及两被告的赔偿责任

原告高速公司主张,涉案桥墩经修复的工程款总额3 930 908元,包括拆除费用898 500元,新建费用3 032 408元,鑫海公司均应予赔偿。鑫海公司和人寿航保中心则辩称,高速公司索赔的损失是基于涉案警示墩新建并升级规格的方案,不应由鑫海公司承担;即便鑫海公司需承担恢复原状形式的赔偿责任,高速公司的损失也仅限于合理的修复费用,且需扣除拆除费用。

本院认为,《最高人民法院关于审理船舶碰撞和触碰案件财产损害赔偿的规

定》第十二条规定："设施部分损坏或者全损,分别以合理的修复费用或者重新建造的费用,扣除已使用年限的折旧费计算",涉案触碰事故造成8#防撞警示墩完全倒塌,无法修复,需重新建造,鑫海公司应当对新建工程的合理工程款承担赔偿责任,但需扣除相应折旧费。涉案8#防撞警示墩建造于2011年8月,结构为承台加桩基,其设计通航等级仅为500吨级海轮。在涉案事故发生后,高速公司未按原标准重建,而是在8#主墩上安装防撞块进行替代,增加的新建费用不应全部由鑫海公司负责赔偿。鑫海公司和人寿航保中心提供了公估报告,在公估过程中,公估公司进行了现场查勘,多次与高速公司就损失事宜进行协商,高速公司也向公估公司提供了探摸报告、建造合同等估损材料。公估公司根据高速公司的报损情况以及后续提供的相关材料,就目前新造一座与8#墩东侧防撞警示墩规格相同的警示墩所需费用进行估算,预估费用合计约为250.85万元,具体明细包括:前期扫测、探摸3.45万元,警戒船安排14.4万元,拆除费用72万元,警示墩新制费用146万元(包括桩基、承台、航标灯)及临时航标设置费用15万元,上述对警示墩重建费用的公估意见具有客观性及合理性,本院予以采纳。至于折旧费,公估报告所附的原防撞墩建造资料中没有设计使用年限等内容,结合防撞墩距事发时已使用近七年等实际情况,本院认为可酌定扣除10%的折旧费用,鑫海公司需向高速公司赔偿损失236.25万元(3.45+14.4+72+146×0.9+15)。高速公司还主张鑫海公司向其支付自工程款实际支付之日起至履行完毕之日止按全国银行间同业拆借中心公布的贷款市场报价利率计算的利息。本院认为,高速公司2019年12月24日支付了871 545元,2019年12月6日支付了2 941 436元,因本院确定鑫海公司需向高速公司赔偿损失236.25万元,故871 545元自2019年12月24日起算利息,1 490 955元(2 362 500-871 545)自2019年12月6日起算利息,均按全国银行间同业拆借中心公布的贷款市场一年期报价利率计算至鑫海公司实际支付之日。

鑫海公司和人寿航保中心另提出人寿航保中心无须承担连带保证责任的抗辩。本院认为,《中华人民共和国担保法》(以下简称《担保法》)第十九条规定:"当事人对保证方式没有约定或约定不明确的,按照连带责任保证承担保证责任",被告人寿航保中心提供的担保函对保证方式未做约定,故应当对鑫海公司的上述债务承担连带赔偿责任。

四、鑫海公司和人寿航保中心能否主张海事赔偿责任限制

原告高速公司认为,"鑫海68"轮的行为构成"明知可能造成损失而轻率的作为",鑫海公司和人寿航保中心不享有海事赔偿责任限制权利;涉案警示墩拆除打捞费不属于限制性债权。鑫海公司和人寿航保中心认为,其享有海事赔偿责任限制的权利,且高速公司主张的债权为限制性债权。

本院认为,高速公司未提供证据证明本案引起赔偿请求的损失是由于鑫海公司的故意或者明知可能造成损失而轻率地作为或不作为造成,故依照《中华人民共和国海商法》(以下简称《海商法》)第二百零四条、第二百零六条的规定,鑫海公司和人寿航保中心作为"鑫海68"轮的船舶所有人和船舶一切险保险人,对限制性海事赔偿请求可以依法限制赔偿责任。涉案触碰事故造成的警示墩拆除、新建等费用损失,根据《海商法》第二百零七条第一款第一项的规定,均属于限制性海事赔偿请求,鑫海公司和人寿航保中心有权主张限制赔偿责任。鑫海公司和人寿航保中心虽未申请设立海事赔偿责任限制基金,但根据《最高人民法院关于审理海事赔偿责任限制相关纠纷案件的若干规定》第十三条,不影响其在诉讼中提出海事赔偿责任限制抗辩。涉案事故发生时,"鑫海68"轮正在执行从锦州至临海的运输航次,根据《海商法》第二百一十条第二款第一项及第二款、第二百一十三条、第二百七十七条,《交通部关于不满300总吨船舶及沿海运输、沿海作业船舶海事赔偿限额的规定》第四条的规定,该轮因本起事故引起非人身伤亡的海事赔偿请求的责任限额为[167 000+(1 989-500)×167]/2=207 831.5特别提款权,按本案判决之日(2021年12月9日)国际货币基金组织的特别提款权对人民币的换算办法计算为1 844 660.35元人民币,加上1 844 660.35元自2018年10月15日至鑫海公司实际清偿之日的利息(2018年10月15日至2019年8月19日按照中国人民银行确定的金融机构同期一年期贷款基准利率计算,2019年8月20日起按照全国银行间同业拆借中心公布的贷款市场一年期报价利率计算),即为被告鑫海公司和人寿航保中心对高速公司损失的赔偿限额。

五、原告高速公司是否享有船舶优先权

对原告高速公司主张的船舶优先权,根据《海商法》第二十一条、第二十二条第一款第五项、第二十八条、第二十九条第一款第一项之规定,就船舶在营运中因侵权损害赔偿向船舶所有人提出的海事请求,对产生该海事请求的船舶具有优先受偿的权利,该船舶优先权应当通过法院扣押产生船舶优先权的船舶行使,自产生之日起满一年不行使而消灭。高速公司诉请的损失属于前述规定的给付请求,对"鑫海68"轮具有船舶优先权,但高速公司未在法律规定的期限内通过对该轮采取保全措施的方式行使,因此其对"鑫海68"轮享有的船舶优先权已经消灭。

综上,原告高速公司诉请合理部分,本院予以支持,超出部分,不予保护。被告鑫海公司和人寿航保中心抗辩有理部分,予以采纳。根据《中华人民共和国侵权责任法》第六条第一款、第十五条第一款第六项,《海商法》第二百零四条、第二百零六条、第二百零七条第一款第一项,《担保法》第十九条,《最高人民法院关于审理海事赔偿责任限制相关纠纷案件的若干规定》第十三条之规定,判决如下:

一、被告威海鑫海航运有限公司应于本判决生效之日起十日内赔偿原告浙江台州甬台温高速公路有限公司临海分公司损失 236.25 万元及相应利息（871 545 元自 2019 年 12 月 24 日起，1 490 955 元自 2019 年 12 月 6 日起，按全国银行间同业拆借中心公布的同期市场一年期报价利率计算），该项赔款在"鑫海 68"轮赔偿限额（1 844 660.35 元及自 2018 年 10 月 15 日至实际清偿之日的利息，自 2018 年 10 月 15 日至 2019 年 8 月 19 日按照中国人民银行确定的金融机构同期一年期贷款基准利率计算，2019 年 8 月 20 日起按照全国银行间同业拆借中心公布的贷款市场一年期报价利率计算）范围内清偿；

二、被告中国人寿财产保险股份有限公司航运保险运营中心对被告威海鑫海航运有限公司上述第一项债务承担连带清偿责任；

三、驳回原告浙江台州甬台温高速公路有限公司临海分公司的其他诉讼请求。

如果未按本判决指定的期间履行给付金钱义务，应当依照《中华人民共和国民事诉讼法》第二百五十三条的规定和《最高人民法院关于执行程序中计算迟延履行期间的债务利息适用法律若干问题的解释》第一条的规定，加倍支付迟延履行期间的债务利息。

本案案件受理费为 40 112 元，由原告浙江台州甬台温高速公路有限公司临海分公司负担 14 412 元，被告威海鑫海航运有限公司、中国人寿财产保险股份有限公司航运保险运营中心共同负担 25 700 元。

如不服本判决，可在判决书送达之日起十五日内向本院递交上诉状，并按对方当事人的人数提出副本，上诉于浙江省高级人民法院。

本判决生效后，义务人应在判决确定的履行期限内自动履行。如义务人不履行本判决确定义务的，权利人可自履行期限届满之日起两年内申请法院强制执行。执行期间人民法院有权依法采取查封、扣押、冻结、搜查、拍卖、变卖义务人的财产等强制措施；依据情节限制义务人高消费、纳入失信名单，向社会公布并通报征信机构，依法予以信用惩戒；对拒不履行的义务人，人民法院可以采取罚款、拘留等措施，直至依法追究刑事责任。

审　判　长　沈晓鸣

审　判　员　胡世新

审　判　员　谭　勇

二○二一年十二月九日

书　记　员　朱丹莹

综合文章篇

"四个平台"磨炼精兵，推进党建工作

——有的放矢，助推蓝色经济发展

肖　琳

党建工作必须坚持实事求是，从实际出发，着重解决审判工作面临的突出矛盾和问题①，这也是马克思主义思想的一贯立场。随着社会的剧烈转型，新时期人民群众对司法的要求和期待越来越高，作为化解社会纠纷的能手，人民法院必须不断地推进高效化解社会矛盾、公正廉洁执法、创新社会管理等三项重点工作，不断地满足人民群众对司法的需求和期待，这是当前人民法院工作的最大实际，而加强党建工作则必须结合人民法院当前的工作重点和实际情况，同时处理好审执工作自身规律与外部因素的关系。

为积极适应新形势和新要求，宁波海事法院的党建工作充分结合本院整体的工作特点，紧紧抓住执法办案这个牛鼻子，着重在结合渗透融入上做文章，找准党建工作与审执工作的结合点、切入点，通过建立和完善"四个平台"，努力提高党员素质、发挥党员先锋模范作用、增强法院司法能力、促进司法公正，做到了以党建带队建，以队建促审判，取得了以平均每年收案数约15%的速度上升，在全国10家海事法院中，收结案数量稳居前三，人均结案数位居第一的成效。

一、背景——海事司法如何服务浙江海洋经济新一轮转型

浙江作为我国海洋资源大省，海洋生产总值约占全国海洋经济总量的十分之一，海洋经济位居全国前列。2010年4月，浙江省成功入选全国海洋经济三个试点省份之一；2011年，《浙江海洋经济发展示范区规划》得到国务院正式批复，浙江海洋经济发展示范区建设上升为国家战略。根据该规划，浙江将充分挖掘其丰富的"海洋生产力"，并把海洋经济作为经济转型升级的突破口，到2015年全省海洋生产总值力争达到7 000亿元，基本实现海洋经济强省目标，2020年突破12 000亿元②，全面建成海洋经济强省。上述规划为浙江海洋经济发展提供了一个历史

---

① 参见：杨树明，《实事求是解问题 依靠群众化纠纷——记江苏省宜兴市法院党建工作》，载《人民法院报》2011年3月9日第一版。

② 参见新华网，《国家海洋局与浙江省签订战略合作框架协议》，载新浪网 http://finance. sina. com. cn/china/dfjj/20110324/22179589193. shtml，2011年3月24日访问。

性的发展机遇,与此同时,也对海事司法保障提出了前所未有的挑战。

宁波海事法院作为浙江唯一的担负全省海事审判任务的一审审判机构,自1992年成立以来,坚持司法为民,服务大局,公正、及时地审理了大量商事海事案件,案件当事人涉及世界上五十多个国家和地区。在浙江海洋经济转型升级的新形势下,如何更好地提供优质司法服务保障对海事审执质效提出了更高期望。面对挑战,如何实现法院的可持续发展,成为该院党建工作的一项历史性课题。经过深入思考,宁波海事法院认为,作为浙江省唯一的海事审判一审法院,大力提升审判质效的关键是从人着手,人是审执工作的主体,党员又是干警队伍的主体,审执质效提升的决定性因素在于党员主体的素质和能力,因此,审执工作必须坚持以人为本,必须把党建带队建作为一项统领全局的工作,工作着眼点放在素质的提高上,工作落脚点放在力求实效上,通过构建和完善"四个平台",磨炼精兵,增强能力。

二、对策——"四个平台"磨炼精兵,着眼党建与审执结合点

(一)建立和完善海事司法培训平台

长期以来,宁波海事法院在改善学历状况和优化知识结构的基础教育方面做了很大的努力,取得了一定成绩,全院50周岁以下的审判人员已有90%的人员具有硕士以上学位,数名法官正在攻读博士学位。面对新形势,如何进一步将学历转化为素质、将知识转化为能力,有效发挥海事司法在浙江海洋经济新一轮转型升级中的保障作用,是摆在该院改进教育培训的方式和内容面前的一个重要问题。为此,针对党员占全体干警80%以上,新录用干警占全体干警20%以上的实际情况,该院以提高党员素质为重点,以教育培训为切入点,以取得工作实效为标准,把党员学习教育融入各项学教活动和法官职业培训之中,通过依托各类教育培训方式,初步构建了全方位、多渠道、多层次的教育培训平台,加快建成高水平的海事审判梯队,具体措施如下:

1. 注重培训方式的全方位和多渠道

为推进审判队伍职业化和专业化建设,围绕《关于实施海事审判精品战略的若干意见》,宁波海事法院通过加强岗位培训和专项培训,逐步实现从知识型培训向能力型培训、从普及型培训向专业型培训、从临时性培训到规范化培训的转变。以2010年为例,全院累计参加各类培训145人次,其中2人次参加出国培训,8人次参加最高人民法院的培训,35人次参加高院和省委党校组织的培训,100人次参加其他各类培训。协助省法官进修学院在本院举行海事审判培训班,本院全体干警和省高级人民法院民四庭8名干警参加培训。

2.注重培训方式的针对性和实效性

海事审判具有较强的实践性和专业性,审判质量的高低与法官的阅历、经验等综合素质的高低密切相关。由于近年来全院新录用干警较多,宁波海事法院意识到随着一批批年轻干警走上审判一线,可能产生因办案新手增加而导致案件质量下滑现象,如何解决该问题,不仅要切实抓好现行案件的质量督查措施,还要在培训方式上有所创新和突破。为此,宁波海事法院从实际出发,因地制宜制订培训计划,增强培训的针对性和实效性,具体措施如下:

一是注重全面提高青年干警的政治素质、职业道德和司法技能。除省法官进修学院的集中培训之外,该院还专门举办上岗前的专题培训,并精心设计培训内容,主要有三方面:(1)结合法院工作特点,由院领导亲自授课,深入结合本法院的工作特色及法院的工作规则和要求,从法官职业理念、作风教育及职业素养等方面,对年轻同志开展法官职业理想教育;(2)结合业务工作特点,专门安排各业务庭负责人做好审判业务培训并组织旁听典型的海事海商案件,确保新干警尽快熟悉审判执行工作流程及应注意事项。此外,还专门开设关于信息系统讲解的课程,便于新同志更好地利用网络系统开展工作;(3)结合城市文化特点,特别邀请文化名人对包括新录用人员在内的全体干警开展文化专题讲座,让新录用人员尽快熟悉当地的城市文化,进一步提升服务地方经济社会发展的司法能力。

二是注重新老干警之间的传帮带,并从根本上加大年轻干警实务技能锻炼。坚持中层干部、业务骨干对新进人员一对一的业务指导,组织有航海经验的法官为新干警讲解航海和船舶专业知识,安排新干警到航运企业学习了解实务操作,加大年轻干警司法实务技能锻炼,切身提高他们审理案件、做群众思想工作和处置复杂局面的能力。

(二)扩展和创新廉政警示监督平台

廉洁勤政是法院工作人员的基本要求,反腐倡廉是法院工作人员的本份职责,宁波海事法院通过构建廉政监督平台、拓宽司法廉政工作思路、创新法院廉政文化等系列工作载体,切实发挥共产党员的先锋模范作用,深入开展廉政警示教育活动和廉政文化建设,确保各项廉政教育、监督和查处等制度的贯彻落实,保证队伍纯洁。具体措施如下:

1.当好表率,领导班子高度重视

院领导班子成员带头做出十项承诺,带头签订公正廉洁司法承诺书和党风廉政建设责任状,自觉执行党员领导干部收入申报和报告个人有关事项等制度,以领导干部自身正、自身净和自身硬,为全院干警做出示范和表率。

2. 扩展平台，创新廉政监督载体

运用创新务实的载体展开廉政文化建设，努力使廉洁司法在思想上成为共识，行动上成为习惯。通过短信、电子邮件、党课、廉政教育专题片、廉政谈话和法院违法违纪案例等载体，贴近干警思想、工作、生活实际，保持经常性警示，做好廉洁司法的宣传；通过全院同志填写廉政档案并按要求报告重大事项等制度，营造秉公廉洁的思想工作氛围；通过内部网站《清风论坛》与《干警园地》，及时宣传和通报各项党风廉政建设和反腐倡廉的纪律要求，提高全体干警拒腐防变的自觉性，坚定特色社会主义信念。严明政治纪律的同时，辅以丰富、活泼的教育方式，倡导积极健康的工作生活态度，启发全院干警体会工作生活的美好和乐趣，珍惜各自的工作岗位与安定生活；按月编发《党风廉政建设工作读本》，经常警示和鞭策全体干警时刻绷紧廉洁司法这根弦，保持警钟长鸣。

3. 重点环节，强化惩治和预防

为了最大限度地减少制度漏洞，确保重要诉讼流程和审判管理制度的落实和完善，着力通过公开审判、回避、合议和案件审理期限等制度，科学分配审判执行权，防止权力滥用，同时根据案件类型和审判程序的特点，发挥廉政监督员直接、实时的监督功能，全面监控立、审、执各个重要诉讼和执行环节；进一步加强民主监督，多次主动邀请人大代表、政协委员旁听庭审，扩大人民陪审范围，2010年重新选任人民陪审员17名，一审普通程序陪审率22.7%，同比上升3.68%，全年人民陪审员参加案件89起，约占全年一审海事海商案件的10%；严格推行案件质量评查制度，由案件督查员对审判执行案件进行认真细致的评查，并定期通报案件质量督查结果，将评查结果与目标考核相挂钩，强化对干警违反司法行为规范的惩戒措施，确保司法公正廉洁。

4. 及时处理，不姑息违法违纪

本院工作人员违法违纪事件一经发现，严格执行"五个严禁"，动真格，不护短、不掩盖、不姑息、不包庇，按人事管理权限自主或会同有关部门及时处理。

（三）丰富和发展思想政治文化平台

坚持思想文化与业务素质两手抓，将思想文化工作和审判工作有机配合，发挥党员干警的先锋模范作用，以思想文化建设促进队伍建设，提升法院的凝聚力。具体措施如下：

1. 提炼精神内核，凝聚法院文化精神

推进法院思想文化建设，必须紧密结合干警思想实际和法院发展目标。为此，宁波海事法院通过开展院训征集活动，并将其作为践行"人民法官为人民"主题实践活动的重要内容,总结和提炼体现时代特征、突出本院特色、反映和谐要求、融合法院实际的本院院训,并通过各种方式大力倡导和宣传,使之得到干警的广泛认同,自觉以院训作为自己的价值追求和行为准则,形成团结进取、敬业奉献、昂扬向上的良好氛围。

2. 创新形式载体,提高干警参与积极性

结合法院党建实际,根据党建工作需要,坚持以人为本,采取灵活多样、行之有效的方式,进行广泛深入的宣传活动,增强感染效果,充分调动党员干警参与活动的积极性、主动性和创造性,形成"人人自觉参与、人人乐于参与"的良好局面。比如有选择性地安排对党员具有教育意义的、体现法官职业特点的考察活动,不断拓宽党员视野,激发党员干警工作热情;积极开展有利于身心健康的文体活动,如利用业余时间举办文化讲座、诗书画影作品展览等活动,组建羽毛球队、健美操队等文体活动小组,不断提升干警文化品位和精神境界,增进干警之间的沟通和交流,激发干警奋发向上的精神,激发党组织的生命力、凝聚力和战斗力;积极开展法官论坛、开展"人民法官为人民"主题演讲,组织法院"公众开放日"活动,设立法院院史荣誉室、电子阅览室等,大力弘扬公正、廉洁、为民的司法核心价值观。

3. 发挥典型示范,营造创先争优氛围

通过积极开展典型人物和模范事迹的宣传教育活动,比如开展学习陈燕萍等先进事迹活动,大力弘扬和培育公正、廉洁、为民的司法核心价值观;通过开展优秀裁判文书评比和全省法官"十佳"评比等活动,发挥先进典型的示范和引领作用,激励广大干警献身司法事业、再创辉煌业绩的信心和斗志。

(四) 夯实和加强基层组织建设平台

加强党建工作重点在基层,党的基层组织是党全部工作和战斗力的基础,是落实党的路线方针政策和各项工作任务的战斗堡垒①。为了进一步做好基层司法,服务沿海区域社会管理,宁波海事法院先后于 1996 年、2003 年和 2005 年在温州、舟山和台州设立派出法庭,实行就地立案、就地审判、就地执行,方便当事人诉讼。2010 年,三个派出法庭受理的一审海事海商案件和执行案件分别占全院总数的56.3%和56.9%。三个派出法庭共有干警32 人、党员23 人,有审判职称的16 人,占全院法官总数的43%。由于各派出法庭与院本部相隔较远,为扩大海事审判的

---

① 参见李少葵:《发挥好党支部在执法办案中的战斗堡垒作用》,载中国法院网 http://www.china-court.org/public/detail.php? id=437004,2011 年 3 月 21 日访问。

影响,切实把"支部建在庭上、先锋亮在岗上、党旗红在院上"①的机关党建工作落到实处,宁波海事法院设立了7个党支部,每个派出法庭设有一个独立的党支部,坚持围绕中心、服务大局、拓宽领域、强化功能的原则,充分发挥"一个支部一座堡垒、一个党小组一块阵地、一个党员一面旗帜"的先锋模范作用,在当地渔业渔村开展巡回审判和现场开庭,起到"审理一件、教育一片"的良好法制宣传效果,并充分发挥各自的地、人、事缘的优势,积极参与当地经济社会管理,通过经常向当地党委、人大汇报工作,与当地有关部门座谈,为当地提供海事法律培训,紧密与当地新闻媒体联系等措施,加强与当地党政部门和地方法院的工作协作关系,扩大了派出法庭影响,总体上增强了海事审判在这些港口城市的影响力度和深度。

（获 2011 年浙江法院"象山杯"党的建设论文和研讨活动优秀奖）

---

① 参见何晓慧、林栎:《支部建在庭上 先锋亮在岗上 党旗红在院上——福建法院坚持"五抓五带"推进全省法院党建工作》,载中国法院网 http://www.chinacourt.org/public/detail.php? id = 445459,2011 年 3 月 22 日访问。

浅议司法公信力的构成要素

——以司法信用及其维持力为视野

李　锋

从不同的角度定义司法公信力,对司法公信力应具备怎样的要素也会得出不同的结论。目前国内对司法公信力的界定大致有四种观点:一是"能力说",视司法公信力为司法权获取公众信任的能力;二是"公众认知说",将司法公信力视为公众对司法的信任和尊重;三是"互动说",认为司法公信力由司法对公众的信用和公众对司法的信任两个维度构成,是两个维度之间互动的结果;四是"价值说",它将司法公正、司法效率这两大司法所追求的价值和司法信赖三者一起视作司法公信力的构成要素。

"公众认知说"将公众对司法的心理认同误认为是司法公信力。而"互动说"将司法信用和公众的价值认同这两个维度的互动视为司法公信力,则无疑是将司法公信力等同于司法信赖。至于"价值说",虽然公正与效率是对司法进行评判时所应依据的两大价值理念,但是司法追求的价值并不等同于司法公信力的构成要素。

"能力说"可以较好地处理司法公信力、公众对司法的价值认同及司法信赖三者之间的关系。从"能力说"出发,司法公信力可视为由蕴藏于自身的四个基本要素构成:法律规则的公信力、司法主体的公信力、司法程序的公信力以及司法裁决的公信力。

一、法律规则的公信力:司法公信力的基石

现代社会,法律规则一般立足于民意,并且通过民主程序制定。当人们知道这些规则不会朝令夕改并将一视同仁地适用时,也更倾向于信守。从法律规则公信力的历史演变中可以发现,若想赢得民众的信任,法律应当具备四个特质。

(一)正当

现代法治的首要条件是良法之治,即法律具有正当性。这就要求法律不能违背一般人所认可的公平正义观念,也即民众关于最低道德标准的共识。哈耶克称这种共识为先于法律存在的意见,它具有法律之源的重大意义。"自由人组成的

社会乃是以下述两项条件为预设的：第一，所有的权力都必须受到人们据以组成社会的共同信念的限制；第二，没有共识，也就没有权力。"①庞德也认为，法律权威最终的实际渊源就是认同，也就是人民同意依据宪法和法律来进行统治。因此，立法反映民意是法律正当性的来源。

(二)平等

平等性具有两项含义：其一，它要求法律规定所有人的权利能力是相同的，没有人可以享有与众不同的特权；其二，它要求法律面前人人平等。"正义的精义乃在于相同的原则必须得到普遍适用"。②

法律平等性的最大意义在于为所有人的行动预设了一个相同的规则背景，为平等地改进不确定的任何人的机遇提供潜在可能。但是，平等并不是说要抹杀个体差异，也不是要使每个人行动结果变得完全一样，如果那样，就不是平等的法律，而是平均主义的法律。

(三)稳定

朝令夕改的法律不可能获得民众的信赖。在不同的法律理念指引下，法律能达致的稳定性完全不同。

如果视法律为统治工具，则法律不可能具有良好的稳定性，因为统治者会根据自己随心所欲的需要而改变法律。如果视法律为每个人行动时应当遵循的一般性规则，那么法律就成为人人应当信守的标准，它本身也在一种整体安定的秩序中最大限度地获得了稳定性。

(四)应变

法律规则是经验与智慧的结晶，但不得不承认，仍然存在这样的情形，即遵循法律逻辑适用现有规则时，所得出的结论仍会背离我们当前的正义感。这主要有两个原因：其一，规则的制定者无论多么睿智，都不可能预测所有未来情势，这就导致了没有一部法典是没有漏洞的；其二，生活的变化会使得原本很具正当性的规则显得不再那么适宜。因此，法律必须能够应对社会的发展。适时地修改法律和通过法官的解释是法律应变的两个基本途径。

---

① [英]哈耶克：《法律、立法与自由》(第二、三卷)，邓正来、张守东、李静冰译，中国大百科全书出版社2000年版，第317页。

② 同①，第245页。

二、司法主体的公信力：司法公信力的灵魂

"法律借助于法官而降临尘世。"①只有法官才能赋予法律规则以现实的生命力。因此，可以毫不夸张地说，司法主体的公信力是司法公信力的灵魂。现代法治从两个方面对司法主体的公信力提出了要求：一是司法主体的地位，二是司法主体的品质。

（一）司法主体的地位：中立

司法主体中立的地位是现代法治公正原则的必然要求。它指司法主体处理案件时应保持中立，不偏不倚。司法过程是司法主体将法律规则适用于具体案件，只有中立的主体才能保证法律适用的公正性，才可能使当事人信服。因此，法院和法官必须保持超脱，由此获得独立判断的空间。

（二）司法主体的品质：智识与自律

现代法治对司法主体的品质提出了极高的要求。法官不仅应具备丰富的智识，而且应当具备良好的自律精神。

无论是分析证据，还是重构事实，抑或恰当地解释规则以使其可以妥善适用当前的案情，均非易事。因此法官必须训练有素且经验丰富才可以胜任。正如哈耶克所言："法官的使命乃是一种智识使命，而不是另一种使命。"②

法官应当保持自律的最重要理由源自其中立的司法者地位，既欲保持中立，就不能不约束自己的行为。自律有两点要求：首先，不言自明，保持廉洁是自律的应有之义；其次，法官所处的中立地位，使他处于一种必须面对的"孤境"，因此学会慎独，控制自己恣意而为的欲望，尽可能地约束自己以个人的情绪、偏好、同情心等因素影响裁决的冲动是自律应有的内涵。

三、司法程序的公信力：司法公信力的心脏

程序素有"法律心脏"之称，具备正当性的法律程序才能实现正义。司法程序的独立价值在于为判断一个裁决是否可接受提供过程上的支持。"同意了程序，也就是已经接受了最后的结果。"③所以，当一起诉讼一步一步走向终结时，其经历的程序如果是不公正的，则败诉的当事人很难从内心接受裁决结果。它有三个基

---

① 拉德布鲁赫：《法学导论》，米键、朱林译，中国大百科全书出版社 1997 年版，第 100 页。
② 同①，第 161 页。
③ ［日］谷口安平：《程序公正》，载宋冰：《程序、正义与现代化》，中国政法大学出版社 1998 年版，第 358 页。

本要求。

(一)公开

程序公开已成为一项基本法律原则,包含两个方面的内容。一方面,它要求除非涉及秘密与隐私,否则司法程序应当置于公开的监督下。尤其应当使当事人最大限度地参与到诉讼中,这是保证程序公正必要和有效的方式,也是保证当事人接受裁决结果,体现司法公信力的有力因素之一。另一方面,程序公开还要求司法裁决结果及其理由公开,接受公众的评判。

(二)对等

对等是指诉讼当事人在诉讼中的攻防手段是相对应的,为一方当事人设置某种进攻手段,就应当为另一方设立相应的防御手段。这种手段的对等性将双方当事人置于相互对立、相互抗争的地位上,必然会带来当事人之间的对抗。但是,这是合法的理性对抗。这种当事人之间的攻防活动构成了诉讼程序的主体部分。

(三)效率

司法程序的公信力还必然对程序的效率提出要求,即公正的裁决及其执行在程序中所耗费的时间、费用、人力等社会成本较低,与程序所处的社会经济条件相适应,能够保障绝大多数人都可以启动司法程序以维护自己的合法权利。如果程序冗长,案件久拖不决,诉讼成本过高,则当事人必定饱受累讼之苦,就谈不上对司法的信任感。

四、司法裁决的公信力:司法公信力的落脚点

司法裁决的公信力是司法公信力的落脚点,是司法公信力的载体。它与司法裁决的两个要素密切相关:一是司法裁决的终局性,二是司法裁决的执行力。

(一)司法裁决的终局性

所谓“司法裁决的终局性”,是指司法裁决,除依照司法程序中的上诉或再审制度依法改变或撤销外,具有终极效力,任何机关和个人都不得非法改变或撤销裁决,终止其效力。除行政裁决在非常有限的范围内具有终局性外,其他的纠纷处理方式都不具有这种终局性。民间调解从程序到实体都出自当事人自愿,不可能获得终局性效力。仲裁裁决虽然对争议双方有约束力,但这种约束力是建立在获得司法承认和支持基础之上的,最终体现的仍然是司法的终局性。就行政裁决来说,无论是由事涉的行政机构自身来裁决,还是由其他的行政机构或上级行政机构来裁决,都会因裁决主体的中立性丧失或不足而难以令人信服,而其程序也不如司法

严谨,因此现代法治仅在有限的范围内允许行政裁决具有终局效力。

对当事人来说,当法律所设置的全部司法程序结束的时候,也就意味着"无路可走",应当接受程序结束时所得出的裁决结果。

(二)司法裁决的执行力

毫无疑问,司法裁决的自觉执行最能体现出司法的公信力,它清晰地显示了公正的司法对当事人内心所具有的影响力。但是,对司法公信力更有力的保障是以国家强制为特征的执行力。如果司法裁决不具有这种执行力,司法公信力必然成为一句空话。

(原载于《浙江审判》2013 年第二期)

宁波海事法院人度假过节行为公约

孟云凤　　王依琳

节假日是忙碌、紧张的工作后难得的处理私事、自我放松、亲友相聚的休闲时光,法院人如何在工作之外寻找生活张力,如何在"礼尚往来"的民情风俗中划清习俗与纪律、人情与法规的界限,如何不因自身的不恰当言行误踩陷阱、触碰红线,如何让每一个节假日成为工作精力补给站、颐养心性的"芳草园",需要我们认真思考、审慎对待,让我们多一份自省自重,多一份自我约束,柔性艺术地处理各种"面对",安然、欣然地度过每一个欢乐、祥和的节假日,构筑起纯洁稳固的生活圈、朋友圈和工作圈。

一、聚会篇

节假日是亲朋好友聚会的好机会,亲朋好友借聚会之机可互相倾诉情绪释放压力,也可互通信息,联络感情,增进情谊,但节假日聚会也要有讲究,千万别将聚会变成一种负担,以下三种聚会情形需灵活应对:

情景一:请勿参加酒局、牌局。

指南:节假日可与亲朋好友聚餐、郊外踏青、赏景、品茶等,但聚餐要注意不酒后失言,不议论小道消息、八卦奇闻,不宜暴饮暴食,切勿参加酒局、牌局,更勿酒后驾车。

情景二:请勿参加"以案之名"组织的聚会。

指南:切勿参加一切司法掮客组织的聚会,亲朋好友聚会聚餐时也应避免谈论案件,更不宜提及办理中的案件,如遇熟人借聚会之机打听案件、托情说理,坚决予以拒绝,如案件相关人员中途入席,应借故离开。

情景三:请勿组织或参加自发成立的联谊会。

指南:节假日期间,校友、老乡、战友之间正常走动、聚会聚餐可以加深相互之间的感情。如果是联谊会,可先委婉询问邀约事由,切勿组织或参加自发成立的校友会、老乡会和战友会。

二、出行篇

节假日外出旅游可开拓视野、增长见识、放松心情、缓解压力,但节假日出行要注意人身安全和财产安全,出行前应提前关注出行地的文化、交通、气象等信息,为度过一个安全、舒适的节假日,以下三件事情不能做:

情景一:请勿向案件相关人员租借交通工具。

指南:节假日人流车流较大,路途不熟,为防止交通堵塞、身心疲惫,出行尽量选择火车、飞机等公共交通工具,如自有车辆,更要注意出行安全,尽量不要长途自驾;如案件当事人等借机提供车辆,应予拒绝,更不能公车私用、警车私用。

情景二:请勿由案件相关人员支付出行费用。

指南:节假日外出旅行应自行规划,提前做好出行攻略,旅游费用自行负担,切勿公款旅游或变相公款旅游,也不能由案件当事人等支付费用。

情景三:请勿随意更改出国(境)行程。

指南:节假日出国(境)可开阔眼界,领略异地文化风情,但出国(境)行程路线需事先报批,且不得随意更改,在外应注重个人形象,尊重当地风俗人情。

三、消费篇

节假日消费支出较为频繁,但我们倡导量入为出的消费埋念,适度消费,理性消费,避免盲从,适当饮食,以下三种消费大坑请绕行:

情景一:请勿进高档娱乐场所消费。

指南:作为普通消费者光顾正当营业娱乐场所无可厚非,但娱乐项目要与自身消费能力和水平相适应,建议多参加有利于身心健康、放松心情的旅游、健身、登山、摄影等休闲娱乐活动。

情景二:请勿以职务身份收受贵重礼物。

指南:节假日期间走亲访友、聚餐小酌在所难免,礼尚往来购买并赠送小礼物可增进情谊,但切勿以职务身份收受贵重礼品、电子红包、电子卡券等。

情景三:请勿由案件相关人员为消费结账买单。

指南:接待亲朋好友要量入为出,自行安排且自费买单,不宜大吃大喝,不能铺张浪费、大张大办。

四、待人篇

作为公职人员,待人接物既要真诚又要谨慎,节假日里与同事、同仁、亲朋好友互动来往人之常情,但案件当事人等能不见则不见,以下三种情形需谨慎应对:

情景一:请勿私下与案件相关人员单独会面。

指南：为保护他人也保护自己，处理案件、接待当事人等一般需在法院适当场所，节假日属于私人时间，特殊情形或紧迫情况需要会见案件当事人等应与同事一起在法院接待。

情景二：请勿让案件相关人员接近或接触家庭成员。

指南：良好的家风家教是幸福家庭生活和工作的有力保障，生活中要规范约束家属行为，工作中要谨防泄露家庭住址和家庭成员信息，更不能大操大办婚丧嫁娶给人制造可乘之机，如遇案件相关人员等以各种名义接近家庭成员，应坚决予以制止并回绝。

情景三：请勿功利化、庸俗化同事关系。

指南：良好的同事关系有益于团队合作，但同事之间交往应当纯朴简单，不宜功利化、庸俗化，如遇同事乔迁新居，小孩升学等家庭喜事，可通过打电话、当面送祝福等形式表达祝贺心意。

五、处事篇

节假日是难得的空闲时间，我们倡导节假日多陪伴父母子女，或利用休息时间充电学习，从事业外活动不应与自身职责和身份发生冲突，以下三种情形要避免：

情景一：请勿在公共场所要求特权。

指南：法院人既是普通民众的一员，也是社会大众的一份子，在公共场所应遵守公共规则，绝不能要求特权获取照顾。

情景二：请勿在网络发布不当言论和负面言论。

指南：刷微博、玩微信、发网帖是结束繁重工作之后清空烦恼、放松情绪的途径和方法，但法院人应有保密意识和责任意识，网络发言需谨慎，切勿发表、转发、点赞网络不当言论和负面言论。

情景三：请勿在企业兼职任职。

指南：在不影响本职工作的前提下发挥法律专长，可参加授课、写作等学术交流活动，也可接受适当报酬或稿酬，但社会兼职或企业兼职需报批，切勿利用空闲时间开展咨询、介绍业务，收取报酬。

六、安全篇

节假日心情放松，安全意识却不能放松，在参加聚会、出行旅游、与人相处时应紧守安全底线，以下三种情形要避免：

情景一：请勿酒驾醉驾。

指南：酒能助兴也能扫兴，在与亲朋好友欢聚时因心情愉快难免饮酒，但是请千万谨记：小酌怡情、酗酒伤身，适量饮酒，不劝酒，少被劝酒，注意不酒后失言，酒后莫开车,开车莫饮酒。作为法院人更不能知法犯法,切勿酒驾醉驾,为了不付出代价可以找代驾。

情景二:请勿以暴制暴。

指南:在公共场所要遵守公共规则,正直低调、言行举止文明得体,和邻里、物业相处要谦和、文明,如果发生冲突,受到他人过激言语、动作挑衅时要保持克制,切勿以暴制暴,以牙还牙,要通过正当途径解决纠纷。

情景三:请勿违反交通规则。

指南:出行安全最重要,交通规则要记牢,开车要系安全带,人行横道请让行,不打电话、不刷微信、不开小差,公交、地铁最方便,兼顾效率,绿色出行,电动车出行头盔不能少,要想健康请走一走。

(被浙江法院内网录用,《宁波日报》《人民法院报》《浙江法制报》等多家新闻媒体宣传报道)

以"无我"的境界展现"有我"的担当

邹　宏

"我将无我，不负人民。"这是习近平总书记在回答意大利众议长菲科关于当选国家主席是一种什么样的心情的提问时给出的答案。这八个字，不仅生动诠释了习近平总书记"功成不必在我的精神境界、功成必定有我的历史担当"的正确政绩观，更是高度映照着新时代中国共产党人的初心使命。拳拳公仆心，悠悠为民情。习近平总书记的深情表达，为法院政工干部修身立德、履职尽责做出了坚守初心使命的示范。以"无我"的境界展现"有我"的担当是法院政工干部的初心使命。

法院政工干部肩负着党群纽带、选种育苗、思想教育等重大责任，应在充分把握"不忘初心、牢记使命"内涵特质的基础上，深刻理解这种"无我"与"有我"的精神境界辩证法，有利于从思想根源上牢固树立甘为绿叶、敢于担当的服务意识。

"无我"一词出现得很早，先秦儒家就有关于"无我"的论述。《礼记·孔子闲居》记载："天无私覆，地无私载，日月无私照""士而怀居，不足以为士矣"，不能只想着自己的私利，在修为上成为一个无私的大人，这是儒家修身的目的。王国维在《人间词话》中提出"有我之境"和"无我之境"："有我之境，以我观物，故不知何者为我，何者为物""有我"与"无我"，可以用来品评诗词，亦可作为政工干部做人境界、做事标准的参照。法院政工干部只有联系工作实际、把握政工工作要求和司法工作规律，坚持党性与人民性的统一、善于学习与强化实践的统一、实现个人价值与追求法治梦想的统一，才能在"无我"的境界展现"有我"的担当。

一、坚持党性与人民性的统一

人民法院是政法机关，但首先是政治机关，法院工作具有鲜明的政治属性。当前，由于法律职业价值观、正义观等思想教育方式比较单一，以及不良社会思潮的引诱，少数干警对于人民法院政治属性的认识，对于执法办案要实现法律效果、社会效果和政治效果有机统一的认识以及西方"宪政民主""三权分立""司法独立"等认识还不够深刻。法院政工干部作为法治队伍建设与司法发展的引领者、重要推动者，讲政治、讲党性应成为其坚定的"心学"，并为广大干警在司法实践中自觉、自信、自律，坚定理想信念率先垂范、争当表率，奠定队伍坚实的思想政治基础。习近平总书记指出："我们党在不同时期，总是根据人民意愿和事业发展需要，提出富有感召力的奋斗目标，团结带领人民为之奋斗。"这一重要论断，深刻指出了党性和人民性从来都是统一的。开展这次主题教育，法院政工干部要教育引导广大干警树立以人民为中心的发展理念，始终以人民司法需求为问题导向，在自觉对标对表、查摆整改中始终做到党性和人民性的高度统一，在全心全意解决诉讼难题、多元纠纷的生动实践中强化党性与人民性的高度统一。同时，新时代法院政工干部要树立正确群众观，始终站在广大干警立场谋划工作，植根群众之中开展工作，围绕群众呼声改进工作。"感人心者，莫乎于情。"要时刻把干警的冷暖、困顿挂在心间，做干警知冷知热的"暖心人"、掏心窝的"知心人"、办实事的"老黄牛"。

二、坚持善于学习与强化实践的统一

十九大报告指出："要增强学习本领，在全党营造善于学习，勇于实践的浓厚氛围。"法院政工干部要结合新时代组织工作要求，结合司法领域的新情况、新问题，善于学习，不断提升运用科学理论和丰富知识解决司法队伍中实际问题的能力。一要树立学的态度。学习是固本之举、浚源之策。政工工作是一项在政策性、规范性、程序性等方面极强、工作精细度要求非常高的工作。要做一名新时代学习型政工干部，始终保持"吾生也有涯，而知也无涯"的清醒认识，才能推动干部队伍不断适应司法需求新变化，才能具备担当实干的真本事、真功夫。二要明白如何学。善于学习就是善于进步。当前，国际关系呈现新格局、经济发展进入新常态、人民司法需求有新期待，迫切要求法官吐故纳新、固强补弱。善于学习就是践行司法为民的时代性要求，政工干部要具备前瞻思维，善于钻研新形势下政治工作新要求、新任务，把政治工作的政策要求、业务流程、工作规范学深、弄懂、用活。三要懂得如何用。"实践出真知"，政工干部要把实践作为增长才干的根本途径，把可能学到的社会学、心理学、管理学等各个领域的知识深入运用，把学习效果体现到把握队伍建设和管理工作规律之中，体现到培养和传递广大法官的职业尊荣和法治梦想上来，体现到锤炼做好全院"一盘棋"凝聚人心的工作能力当中。

三、坚持实现个人价值与追求法治梦想的统一

是否树立正确价值观对于一个人的行为具有决定性影响。政工部门承担着考察、选任、培训、监督管理干部，推进基层党组织建设等之责，任务重，要求高，责任大，加班加点是常有之事。政工干部须常怀"甘当人梯、甘为绿叶"的岗位情怀，把实现个人价值与追求法治梦想高度结合起来，以小我成就大我，彰显自己的人生价值。在庄子的智慧中，不为物欲所累是人生的重要境界。初心的本源是"我为

人"，使命的要义在"不自我"。正如"司法改革燃灯者"邹碧华所说："党把领导一个法院的任务交给我，我就不再只是我自己了。我的角色要求我必须把推动我国法治事业的进步作为自己的使命。只有实实在在地把这种使命感融入自己的内心，才有可能转化为一种强大的动力。"个人价值的最大体现是接过前人无数个"我"之硕果，跑好新征程接力赛。政工干部美在成人之美。"有我"是法院政工干部把对工作的热爱、对服务干警的满腔激情汇入到法律人司法为民、公正司法的滚滚法治洪流中，是"已是悬崖百丈冰"的"犹有花枝俏"，"无我"是"待到山花烂漫时"的"她在丛中笑"。

"苟利国家生死以，岂因祸福避趋之"，是无我；"粉身碎骨浑不怕，只留清白在人间"，是无我；"砍头不要紧，只要主义真"，是无我；"居庙堂之高则忧其民，处江湖之远则忧其君"，是无我。于法院政工干部而言，"无我"是什么？是境界，是格局，是胸怀，是在漫漫法治路上把"有我"升华为"无我"。"有我"是什么？是困难面前的担当，是忠诚履职的责任，是公正为民的使命，是"无我"成就了"有我"。理解了"无我"与"有我"这样螺旋式上升的辩证法，法院政工干部践行以"无我"的境界展现"有我"的担当和初心使命，才能使每一步都走得兢兢业业、无怨无悔。

（获最高人民法院政治部组织的"政工干部的初心和使命"征文活动三等奖）

"执行"人生，"箱"知"箱"伴

陈高扬

会展路 727 号坐落着宁波海事法院崭新的办公大楼。在大楼 507 室墙角的矮凳上有一个老式皮箱。虽然两张 A4 纸大小的深棕色真皮箱面上一尘不染，但合页和密码锁上的镀铜都已斑驳，真皮把手和箱子的四角也有了不少磨损，显出了岁月的痕迹。今年，老皮箱刚刚和宁波海事法院一起度过了 26 岁的生日。

它的第一个主人是宁波海事法院执行庭首任庭长吴宁伟。根据院里安排，老皮箱被派发给了吴庭长。在宁波海事法院刚创立的那几年，老皮箱跟着他的主人走南闯北，打响了浙江海事执行的第一枪。吴庭长退休后，把箱子传给了它现在的主人罗志顺。罗志顺为人谦和有礼，整天乐呵呵的，虽然是领导，但我们私下里都亲切地叫他老罗。那时他还是刚从海军转业的青年干警，满怀热情一头扎进了海事执行事业，从小罗到老罗，这一干就是 15 年。在海事法院的执行部门，出差是家常便饭。每逢出差，他都把老皮箱带在身边。因为海事执行的标的主要是船，这 15 年里，老罗和老皮箱一起，足迹遍布祖国漫长的海岸线，既攀登过远洋巨轮，在外国的移动国土上彰显我国的司法权威，也走进过捕鱼小船，在闷热的船舱里给船老大释法明理，定纷止争。

老皮箱个头虽小，却是老罗的百宝箱。打开箱子，上下两面整齐地摆放着十几样执行法官的出门装备。上头直立着的那面用皮革做了一大三小四个袋子，分门别类地放着名片、通讯录、地图、报销单和出差审批单。下边放平的那面又一分为二，左边码着扣船令、搜查令、银行账户冻结、划拨单等法律文书以及笔录纸、送达回证、介绍信等材料，右边放着校对章、印泥、胶水、双面胶等办公用品以及执行记录仪、对讲机，手铐等警用装备。对于我这样刚进入执行战线的新兵，老皮箱就是一个样板。我们每个人报道的第一天都会接到指令，要按照老皮箱的样子，准备一套自己的出门装备，放在办公室里，做好随时出差的准备。老罗曾对我讲，执行法官身上担着当事人的期望，每一次出差就好像上前线打仗，临行前要把该带的装备都仔细检查一遍才能放心出门，否则因为少带了几样东西，导致事没办好，既浪费公家的钱，又辜负了当事人的期望。

15 年来，老皮箱见证了海事执行事业的发展和执行工作面貌翻天覆地的变化。2018 年，宁波海事法院建成了全新的执行指挥中心，集执行指挥、信息查询和动态监管于一体。指挥中心配备了货船和渔船的"鹰眼"系统，可以实时掌握目标船舶的动态。执行法官出门在外还可以通过执行记录仪与指挥中心视频连线，随时报告情况和接收指令，大大提升了干警的执行效率，也对被执行人形成一定的震慑。因此执行记录仪等高科技设备也陆续入驻了百宝箱，成为执行法官出门的标配。随着工作环境和形势日新月异，老罗也不甘落后，逼着自己学会了打字，用起了电脑，成了信息化办案的好手。

虽然现代化的调查手段不断进步，但老罗常说实地调查研究的好传统决不能丢。每年院里组织的跨省大执行，老罗都带着老皮箱积极参加。2019 年作为北方大执行工作小组领队的老罗为执行淄博某公司拖欠舟山某公司的船运滞期费和燃油费 21 万多元，连夜驱车前往身处山沟里的淄博某公司注册地。老罗一路问询到了村委会，才发现村里根本没有这个公司，而登记的法定代表人竟然是一位穿着破旧、家徒四壁的老大妈，老罗耐心细致地询问了老大妈的生活及家庭情况，向她解释了法律程序和责任，老大妈经老罗法融于情的暖心教育后，表示一定要配合法院工作，愿意和执行法官一起做她侄女田某（公司变更前法定代表人）的思想工作，教育她不能逃避法律责任，尽快把执行款付掉。老人家为了感谢老罗的人性化办案及对她的细心说理劝导，特地从自家门前杏树上摘了几颗杏果给他，但老罗还是谢绝了她的好意，因为这棵杏树也许是她家生活的大部分来源。这次跨省大执行横跨 4 省途经 13 市，累计行程 4 000 多千米，执结了一批执行难案。

弹指一挥间，老皮箱和老罗相知相伴了 15 年，都面临着退休的问题。有一次我跟他开玩笑说："老皮箱和你相伴这么多年了，你退休后，舍不舍得把它留给我们，放到院里的陈列馆里啊？"老罗一听，沉默了片刻，才大笑着说同意。我知道退休的话题勾起了他的心思，他一直有几个心愿：一是希望他手上的还没有执行到位的案子能有一个好的结果；二是希望数据多跑路，执行法官找人、找财产更高效、更准确；三是希望当事人自动履行生效法律文书成为常态，执行法官能花更多精力在难啃的"骨头"案上，切实做到让每一份判决都能落到实处。

今年祖国将迎来 70 周年华诞，依法治国全面推进，司法改革如火如荼，祖国大地万象更新，生机勃勃。近日，中央全面依法治国委员会印发了《关于加强综合治理从源头切实解决执行难问题的意见》，吹响了切实解决执行难的"冲锋号"，我相信老罗的心愿在不久的将来一定能够——实现。

（原载于《人民司法·天平》2019 年 10 月刊）

把握三个关键，抓好机关党建

聂　纵

近年来,宁波海事法院不断开拓党建工作思路,打造质量党建、活力党建、温度党建,呈现出生机勃发、健康发展的良好态势。2018年该院荣获宁波市"四星级基层党组织"。

一、把方向,打造质量党建

始终坚持党对法院工作的绝对领导,把党的政治建设摆在首位,营造风清气正政治生态,始终确保机关党建工作正确方向,不断提升基层党组织的组织力。

1. 突出法院党组织政治职能

强化院党组政治领导责任,该院党组旗帜鲜明地加强党的政治建设,时刻绷紧讲政治这根弦。党组书记认真履行政治建设第一责任人职责,做到重要工作亲自部署、重要问题亲自过问、重大事件亲自处置。党组其他成员按照"一岗双责"要求,抓好分管部门党的政治建设工作。自觉接受院纪检组对院党组的监督,共同维护党章党规党纪的严肃性和权威性。同时,充分发挥院机关党委、政治部统筹协调作用,全院各部门协同做好各项具体工作,坚决防止和克服重业务、轻政治、淡化政治、削弱政治的倾向。

2. 增强基层党组织政治功能

认真贯彻落实《机关基层组织工作条例》《党支部工作条例》等党内法规,结合海事审判工作和岗位交流实际,及时调整基层党组织设置,推进各党支部标准化规范化建设。深入实施"人民法院基层党组织组织力提升工程",制定《关于加强和改进机关党的建设,提升基层党组织组织力实施细则》等规定,组织开展十九大知识阅读答题、"亮党员身份、展党员风采"等系列活动,做到以学促用,推动党建质量提升。充分发挥党支部在选人用人中的监督作用,干部选拔任用、评优评先由所在党支部进行推荐。推进群团组织建设是加强该院党建的重要利器,通过"五四"青年节、"七一"等重大政治节日、重要纪念活动,依托群团组织开展"担当与作为"

主题演讲、读书交流、文体活动,引导广大干警紧密团结在党的周围。

3.塑造政治生态的绿水青山

院党组以上率下,严格执行新形势下党内政治生活若干准则,当好政治生态"护林员"。抓好落实"三会一课"、民主生活会、党日、领导干部双重组织生活、民主评议党员、谈心谈话等制度。2018年以来召开党组会50余次,集体研究重大事项80余件。院班子成员均纳入具体的党支部,参加所在支部的组织活动一年达6次以上,并实行每半年公示院领导参加双重组织生活情况。坚持正确选人用人导向,匡正选人用人风气,突出政治素质考察,自2018年至2020年,分别选任5名中层正职和6名副职,选优配强部门领导班子。

二、亮品牌,打造活力党建

该院党建工作整体发展良好,在服务海事司法审判、推进司法改革、争做浙江"司法排头兵"等方面发挥了重要作用。在司法改革大背景下,法院党建工作要有新的发展,实现新的突破,关键在于"一盘棋"统筹,激发党员群体这一最大"活水"动能,擦亮宁波海事法院党建品牌,不断提升基层党组织活力。

1.将支部党员打造成"智库先锋"

该院共12个党支部,开好支部学习会,充分发挥支部"上接天线、下接地气"平台作用,将上级法院和院党组各类政策精神和工作部署再学习再强化,打造学习型支部。各党支部每个月召开支部学习会两次,院领导在所属支部带头讲党课,其他党员轮流讲,形成人人当讲师、个个上讲台、堂堂有特色的生动活泼学习交流形式,以达到浓厚氛围、以学促用的作用。

2.将青年干警培养成"司法排头兵"

年轻党员干警是党建组织中最鲜活的群体。将青年党员干警作为党建工作重点对象,想方设法增进其获得感。通过重温入党誓词、寻红色足迹、看历史影片、观警示教育基地等多种活动形式,激发青年干警干事创业热情;积极为青年干警成长压担子、搭梯子,制定《关于大力发现培养选拔优秀年轻干部的工作意见》,扎实开展司法能力"岗位大练兵、能力大比武""两优一先"等系列活动;注重在办理重大疑难复杂案件、应对重大突发事件、完成急难险重任务中,通过司法实践锤炼提高干警防范司法审判风险化解能力;完善法官助理选拔、培养机制和选任法官的衔接机制,拓宽审判辅助人员职业发展空间。

3.将党建与互联网融合发展成"智慧党建"

探索"互联网+党建",依托法院"双微"和内外网,开辟集"学习教育、党务公开、争先创优、党建知识"为一体的党建专栏,形成覆盖全体党员的多维信息平台;

运用网络文化形象生动的特点,编好"海韵党建"电子专刊,建立各支部党建联络员群,及时传达党的路线方针政策,把"线上"和"线下"结合起来,增强学习教育阵地的有效性。

三、暖民心,打造温度党建

坚持人民主体地位,紧紧围绕"让人民群众在每一个司法案件中都感受到公平正义"的工作目标,不断增强基层党组织生命力和持久力。

1. 党建引领延伸司法服务

充分发挥院党组领导核心作用和党员干警先进性,践行习近平总书记对浙江工作新期望,以服务保障重点战略、践行司法为民理念、切实解决执行难、"三服务"活动等重点工作为着力点,院领导班子走访甬台温舟等地造船、航运、金融企业,了解企业经营困难和司法诉求。编发航运企业法律风险提示手册,提供典型案例指引,为企业防范风险提供有力参考。在"6·25世界海员日"发布船员权益司法保护情况通报,结合救济程序和典型案例为船员提供有效的法律指引。

2. 执法办案便民惠民

该院三个派出法庭共有党员24名,占法庭干警总人数的72.73%,分别成立三个党支部。发挥乡镇一级党委与村基层党组织以及人民群众的紧密联系优势,注重把基层党建和基层治理结合起来,尤其是舟山、温州、台州三个派出法庭,通过组织党员干警进社区参加党群活动、上海岛开展法律讲座、巡回审判等方式,将海岛、渔村基层党组织打造成为矛盾纠纷多元化解工作的坚强战斗堡垒。妥善审理船员劳务和海上人身损害赔偿等涉民生案件,开辟"绿色通道",实行快立快审快结;优化诉讼服务,推广使用浙江"移动微法院"实行网上立案、调解;创新发展新时代"海上枫桥经验",做优做强"海上老娘舅"司法服务品牌;优化派出法庭布局,在浙江省义乌市增设巡回法庭,在浙江嵊泗、衢山、温州各县等设立海事巡回审判点、联络站,就地立案、审理案件,推动基层党组织的服务"触角"延伸到基层的每个"末梢"。

3. 融汇爱心志愿帮扶

突出党建"融心"功能,每年在春节、"七一"等重大节日前夕,以党支部为单位开展走访、慰问生活困难的党员等系列活动。院机关党委向宁波市直机关党工委

申请党员困难补助金5万元,对23名困难党员(含退休党员)发放数量不等的慰

问金;对浙江省奉化区大堰镇结对村 6 户困难村民进行送温暖慰问,释放党员人文关怀的正能量。

(原载于《法院队伍建设》2020 年第 5 期)

用公正的裁判守初心、护民心

张宏伟

习近平总书记强调:"我们共产党打江山,守江山,都是为了人民幸福,守的是人民的心。"人民法官做出的每一份裁判背后都有民心向背的大问题,要切实认清自己身上肩负的职责使命,牢记审判权的国家属性,把践行法治初心,担当法治使命当作终身课题。

崇高的理想信念是法官保持先进性的动力,只有始终怀揣坚定的法律信仰和法治初心,才能始终保持崇高的思想境界,始终秉持司法为民的高尚情怀。人民法官要忠诚守护并服务于党的伟大事业,就要持续强化党性观念,传承伟大建党精神,不断增强志气、骨气、底气,毫不动摇地坚持党对法院工作的绝对领导,以捍卫党的执政地位和社会主义制度为己任,以维护社会大局稳定、促进社会公平正义、保障人民安居乐业为己任。

公平正义不仅是司法工作的生命线,也是衡量一个国家和社会发展的重要标准。人民法官守护公平正义,就要始终站稳人民立场,让人民群众真切地感受到法治可信赖、正义可预期、权利可保障。在捍卫司法权威中守初心、敢斗争、扬正气,人民法官要将斗争精神融入每一场案件庭审、每一份裁判文书、每一个强制措施之中,在大是大非面前敢于亮剑,在矛盾冲突面前敢于迎难而上,在歪风邪气面前敢于坚决斗争,依法独立行使审判权,严厉打击刑事犯罪,严惩犯罪分子,加大强制执行力度,坚定捍卫司法权威。在践行社会主义核心价值观中守初心、敢斗争、扬正气,人民法官要将扬正气融入每一次释法明理、每一件司法救助、每一场法治宣传之中,用规范有序的诉讼流程、公平正义的案件裁判、清正廉洁的司法作风来揭示是非善恶、真假美丑,推动社会主义核心价值观转化为人民群众普遍接受的价值准则、行为规范、社会风尚。在坚决拥护党的主张中守初心、敢斗争、扬正气。

人民法官要坚守公平正义,就要旗帜鲜明讲政治,将敢斗争、扬正气融入坚决拥护、宣传、贯彻党的主张的每一个具体行动之中,在开展审判工作时既遵循司法规律也尊重社情民意,确保做出的每一个司法裁判都经得起法律和历史的检验。

法院工作关系到社会生活的方方面面,司法裁判是实现公平正义,保障人民群众日益增长的美好生活需要的重要路径和方式。人民法官要牢记每一起案件都连着人民群众对公平正义的美好追求，着力锤炼过硬司法本领，把体现人民利益、反映人民愿望、维护人民权益、增进人民福祉落实到每一个具体案件中。在加强业务修养中践初心、强本领、创业绩，要进一步加强业务修养，全方位提升政治理论、群众工作、庭审驾驭、法律适用、释法说理等方面的综合素质，始终坚持实体正义与程序正义并重，努力将服务中心大局的政治要求、专业的司法判断与人民群众的朴素认知相结合，持续提升审判质量、效率和效果。在加强廉洁修养中践初心、强本领、创业绩。廉洁是对法官个人品行的要求，也是关于司法行为的指导准则。全体法院干警要进一步加强廉洁修养，从灵魂深处思考权从何来、权为谁用这样原则性的问题，严守政治纪律、政治规矩和廉洁自律底线，坚持不徇私情、不谋私利，在坚守廉洁自律、保障公平正义中争创一流业绩。

（原载于《人民法院报》2021 年 5 月 23 日）

强化党建底色，描绘海事司法新画卷

——全面践行习近平法治思想，以领头雁姿态努力成为新时代展示中国特色社会主义制度优越性重要窗口模范生

马钦媛　夏淇波

一、法院系统在建设法治中国进程中的地位和作用

党的十八大提出"科学立法、严格执法、公正司法、全民守法"这十六字是中国新时期依法治国的"新十六字方针"，也是法治中国建设的衡量标准。法院作为手握审判权的唯一权威机构，是维护社会公平正义的最终权威，也是最后一道防线，其在法治中国建设过程中的作用不言而喻。

（一）推动立法

我国目前法律条文虽然繁多，但还不够完善，距离良法善治的要求尚有一定差距。司法实践中"同案不同判"，甚至"同院不同判"的情况时有发生。而作为一个法治国家，其法律必然是符合社会公序良俗、被广大人民群众所普遍认同并且不断完善充实的。在新时代中国，人民的司法需求不再满足于有法可依与有法必依，更多的呼声是法律规定的空白模糊之处——予以翔详实明确，落后于经济社会发展之处——予以更新升级，相互矛盾冲突之处——予以协调整合，不尽合理不利于促进民商事活动高效运行之处——予以修改更正……而这些人民需求与现实法律之间的冲突之处，则最直接地体现在法院适用法律、解释法律的过程中，最终反作用于立法，如《中华人民共和国民法典》的颁布与实施，就是立法技术的最新成果，法律条文更加精准、规范、丰富，各部门法之间更具协调性、互补性。另一方面，法院司法一直都强调程序公正与实体公正两手抓，参与、公平、尊严、理性、公开、及时等程序正义是维护实体正义的强大抓手，公正、高效的程序亦是我国社会治理体系现代化中的重要一环，是法治中国是否建成的重要标志，在审判实践中更容易发现怎样的程序更高效、更有利于保护当事人合法权益，从而推动程序立法的改进和完善。

（二）规范执法

习近平总书记着重指出，"政法机关要完成党和人民赋予的光荣使命，必须要严格执法、公正司法"。一方面，执法活动是法院日常工作中的一项基本工作。法院通过法官职业尊荣感的熏陶，教育引导广大干警自觉用高尚的道德自律自省，对群众深恶痛绝的事零容忍、对群众急需急盼的事零懈怠。通过强化严格依法办事观念，法律面前人人平等、尊重和保障人权观念，增强证据意识、程序意识、权责意识、自觉接受监督意识。坚持以事实为依据，以法律为准绳，敢于坚持原则、坚持真理、排除干扰，始终挺直腰杆，真正做到执法如山。另一方面，法院通过公开裁判、司法建议及普法宣传等多种方式，也能够有力地促进行政执法机关坚守法律底线、严格执法；敦促各级领导干部带头依法办事，带头遵守法律，牢固确立法律红线不能触碰、法律底线不能逾越的观念，不要去行使依法不该由自己行使的权力，更不能以言代法、以权压法、徇私枉法；积极助力"法治政府"建设，促进政府职能转变。

（三）公正司法

依法独立公正行使审判权，切实维护宪法和法律权威，一直是法院的主体工作内容；同时，司法公正也是社会公正体系中最为重要的组成部分。公正司法包括三个方面：一是实体公正，即良好的案件处理结果既要以事实为依据，以法律为准绳，又要能体现公序良俗，坚决拥护党对司法工作的统领，坚持为党和国家工作大局服务，为经济发展、社会稳定服务的指导思想，做到法律效果与社会效果相统一。二是程序公正，即在立、审、执过程中确保当事人充分行使诉讼权利和履行诉讼义务，平等给予当事人陈述事实、理由和举证机会；程序公正是一切公正的前提条件，也是国家尊重和保护人权的宪法精神的重要体现，亦是法治中国建设中坚持以人民为中心的应有之义，是实现人民群众在每个司法案件中感受到公平正义目标的金钥匙。三是形象公正，法官队伍形象使得当事人和不特定社会公众对法官及其司法过程和结果的公正性产生信赖，排除合理怀疑，司法公正要以让公众可知、可感、可见的方式实现。"三个公正"有机统一，才能有效贯彻全面依法治国的方略。

（四）引导守法

法院公正的裁决、充分的剖析说理和及时的上网公开，有助于社会主体按照法律规定的行为模式和对法律效果的预期进行活动，法律在被遵守、被执行和被适用的实践中绽放出生命力，并在守法者心中获得崇敬和信服。法律在制定后实施前是静态的、停留于纸面的，只有通过实施和适用才能对社会起到规范作用。拥有法律信仰的人民会自发地学习法律知识，提升法律修养，更能坦然接受或好或坏的诉讼结果，不再试图以法律之外的非理性手段寻求所谓的"公正结果"，对法律和司法机关形成强大的信心和依赖感,真正学法、守法、护法,让法治的理念深入人心,推动法治中国在精神层面上的建设推进。

二、宁波海事法院奋力打造"重要窗口",践行习近平法治思想

(一)以最强大脑推动海事立法

宁波海事法院资深法官一直是海事立法及司法解释的智库成员。宁波海事法院坚持贯彻落实省高级人民法院党组《关于推进"最高人民法院国际海事司法浙江基地"建设的意见》和实施细则,密切关注新时代海洋经济发展的司法需求,加强常态化疫情防控中的司法应对,加快推进全国海事司法案例库平台建设,充分发挥特邀咨询专家的智库作用,提升司法大数据分析研究能力,举办专题海事司法交流活动,积极参与和推进国际海事司法规则制定,深度参与国际海事司法中心建设,进一步提升浙江基地的地位和影响力。同时,要继续积聚海事审判"三合一"改革先发优势。持续深化海事行使审判工作,积极配合推动从省级层面出台关于海事刑事案件的规范性文件,扩大海事刑事案件试点范围。持续优化海事行政审判,进一步加强海事行政审判规范调解中心工作制度,形成覆盖全省沿海地区的行政争议调解协作机制。持续创新海事破产审判,妥善审结首例海事破产案件,积极争取、受理新的船企破产案件,探索船舶债务集中清理工作,制定执转破操作指引、破产案件审理基本流程和操作规程、破产管理人指定操作流程等规范性文件。持续强化海洋环境资源审判工作,推动出台为浙江海洋生态环境保护提供司法服务保障文件,完善海洋自然资源与生态环境公益诉讼。

(二)以最严工作标准规范海事执法

深入践行以人民为中心的发展思想,坚持和发展新时代"海上枫桥经验",深入推进诉源治理,深化一站式多元解纷和诉讼服务体系建设,探索开展海事司法领域"当事人一件事"集成改革,健全完善"切实解决执行难"机制,坚持优化派出法庭建设,强化民生权益保障,积极传递司法温暖,不断提升人民群众满意度和获得感。同时,要严格落实防止干预司法"三个规定"等铁规禁令,强化监督检查,用好"四种形态",以钉钉子精神贯彻中央八项规定。加大主动查处违纪违法力度,强化违法违纪通报曝光警示力度,完善问责机制,着力形成管人管事管案管权的制度机制。

(三)以最强队伍建设公正的海事司法

要主动适应司法工作现代化新要求,把司法能力建设摆在更加突出的位置,强化实战实用实效导向,加强专业化能力建设,着力提升政治能力、调查研究能力、科

学决策能力、改革攻坚能力、应急处突能力、为群众工作能力、抓落实能力。要立足海事审判"三合一"改革需求，大力实施"三懂"法官培养工程，完善审判人才培养机制，做优做强做响翻译团队品牌建设。制定出台干警考核办法，进一步激励干警自觉自愿提升司法能力。同时，要坚持数智赋能，抢抓我省数字化改革和建设浙江全域数字法院的重大发展机遇，综合运用浙江智慧法院、办案办公一体化平台3.0、浙政钉平台等智能化载体，进一步深化海事司法智能化建设，推动智慧海事法院建设迈上新台阶，加快推进海事审判体系和审判能力现代化。

（四）以最优海商营商环境守法护法

全面正确实施我国民法典，努力把民法典的实施变成打造一流海商营商环境的过程。建立与工商联沟通联系机制，深入了解民营企业和企业家的海事司法诉求，健全海事海商领域产权司法保护制度，优化民营经济、中小微企业和个体工商户发展的海商营商环境。积极应对涉海事金融新常态，高度关注供给侧结构性改革和进一步开放外资管控过程中船舶建造、仓单质押融资、现货交易等融资新业态，推动涉外商投资企业案件审判工作规范化、专业化和精品化，平等保护中外当事人合法权益，进一步优化外商投资环境。

（获 2021 年全省法院庆祝建党 100 周年理论研讨征文三等奖，有删节）

海事法院服务保障自贸区，调解"洋"牛纠纷促卸货

童　凯

2022年5月27日，宁波海事法院自贸区海事法庭收到一份来自北京某科技发展有限公司的紧急扣船申请，申请扣押停泊在舟山金塘锚地的巴拿马籍"POLARIS 3"轮。宁波海事法院与申请人联系后得知，申请人从乌拉圭进口了7 500余头美洲种牛，该批种牛由巴拿马籍"POLARIS 3"轮经过50余天的运输到达舟山金塘港。远洋运输种牛难度大、风险高，安全到港本是一件喜事，但因为租船方拖欠船舶租金，"POLARIS 3"轮的船东在卸完已签发提单的近5 000头种牛后，拒绝卸载尚未签发提单的2 500多头种牛。由于船上饲料告罄，种牛处于随时病饿而死的状态。申请人多方协商无果，遂向宁波海事法院自贸区海事法庭申请扣押"POLARIS 3"轮，并要求被申请人提供500万美元或等值人民币的担保以解除船舶扣押。

经宁波海事法院审查发现，本案扣押船舶并不能解决申请人的问题。申请人的核心诉求是尽快卸货，但根据申请人的申请，海事法院一旦扣押船舶后，往往会有更多的利益相关方出现主张权利，协调卸牛工作恐将面临更大阻碍。于是，承办法官对申请人耐心解释申请人遂改变扣押船舶的想法，改为申请海事强制令。

为了实现海事强制令，宁波海事法院主动向船代、海关等有关部门了解船货相关信息后，又发现了新问题：船代表示涉案船舶尚有200余万美元运费未结清，拒绝卸货系其在行使租约合同下的货物留置权。而涉案2 500余头种牛的价值至少为400万美元，申请人与其提供与货值相当的担保，还不如提供与船舶租金相当的担保。但申请人得知该方案后却表示拒绝："我们已经向国外卖家支付了超出合同96万美元的价款，现在还要我们再支付运费，我们公司无法接受。"对申请人更不利的是，由于租家欠付船方租金，船方至今尚未签发剩余2 500余头牛的提单，海关也无任何货主的备案申报信息。即便申请人提供了买卖合同并同意提供担保，也不能据此断定其就是2 500余头牛的物权所有权人，进而无法申请海事强制令。

种牛就是企业经营的财产，若不能将货物卸下，申请人和船方都将受到不可恢

复的财产损失。为解决申请人的困难，帮助企业纾困解难，就得与船方联系卸货。宁波海事法院通过多渠道开启诉前调解工作：一方面与船方律师和船代联系，告知申请人已向法院提交扣船申请的客观情况，并向船方表示即便申请人不申请扣船，船载货物长期留置也会使得船舶停运并导致滞期损失，更何况留置还面临豢养种牛成本、豢养风险等现实问题，分析货物滞留的弊端；另一方面建议船方将货物卸下后与申请人达成不提货或保管协议，同时交给申请人饲养也能保证货物安全，契合船方留置货物初衷。此外，宁波海事法院还主动联系海关，为海关出谋划策，消除海关顾虑，扫除卸货障碍。最终船方表示同意与申请人达成不提货协议并随即将种牛卸至隔离区。

　　本案是宁波海事法院运用"诉前扣船+诉前调解"机制速解涉外纠纷的又一成功案例。从收到扣船申请到卸货完毕，前后仅用 5 天时间，申请人对宁波海事法院的专业高效深表感谢。本案虽然并未立案，但宁波海事法院通过矛盾解决机制前移的方式，有效地维护了各方当事人的权益，彰显了宁波海事法院保障服务自贸区建设和民生企业健康发展的理念和目标。

（本文章完成时间为 2022 年 5 月）

做新时代敢斗争善斗争的人民法官

唐学兵

新征程上,每一位人民法官都是参与者、奋斗者、开拓者,都要争当敢于斗争、善于斗争的勇士,为推进中国式现代化提供有力的司法服务。

习近平总书记代表第十九届中央委员会向党的二十大所作的报告,旗帜鲜明、总揽全局、高屋建瓴地提出了一系列以中国式现代化全面推进中华民族伟大复兴的新思路、新战略、新举措,也为做好新时代人民法院工作提供了根本遵循和行动指南。报告中,习近平总书记二十余次提到"斗争"一词,强调"坚持发扬斗争精神"是必须牢牢把握的五个重大原则之一,要求全党同志"务必敢于斗争、善于斗争""依靠顽强斗争打开事业发展新天地"。一部百年党史也是一部伟大的斗争史,敢于斗争、善于斗争,是共产党人鲜明的风骨与品格。站在新的更高历史起点上,"坚持发扬斗争精神"为人民法官指明了前行方向。

当前,世界百年未有之大变局加速演进,世纪疫情影响深远,国际环境复杂严峻,国家改革发展稳定任务艰巨繁重,我国发展进入战略机遇和风险挑战并存、不确定难预料因素增多的时期。"一叶易色可知天下秋",时代的深刻变革和风云变幻都会体现于司法工作中。党的二十大报告全面系统地总结了依法治国取得的历史性成就,对坚持全面依法治国、推进法治中国建设作出重要部署,意义重大而深远。坚持全面依法治国,在法治轨道上全面建设社会主义现代化国家,必须坚持发扬斗争精神,既要清醒认识司法领域意识形态安全面临的严峻挑战,也要高度警惕侵害司法人员、扰乱审执秩序、制造虚假诉讼等弱化司法权威的事件;既要大力整治漠视群众利益、影响群众诉讼体验感和满意度的司法作风问题,也要坚决破除顽瘴痼疾,彻底铲除腐败毒瘤。

习近平总书记强调:"公正司法是维护社会公平正义的最后一道防线。"人民法官作为司法为民、公正司法的忠实实践者、守护者,要深刻领悟"两个确立"的决定性意义,把握好习近平新时代中国特色社会主义思想的世界观和方法论,坚持好、运用好贯穿其中的立场、观点、方法,在学习中学会斗争,在斗争中学会斗争,努力增强依靠顽强斗争打开事业发展新天地的本领,更好地发挥法治固根本、稳预期、利长远的保障作用，努力让人民群众在每一个司法案件中感受到公平正义。

一要鲜明斗争立场，面对大是大非，敢于正本清源。人民法院要扎实开展"两个确立"主题教育，坚持把严明党的政治纪律和政治规矩放在首位，着力增强防风险、迎挑战能力，切实履行维护国家政治安全、确保社会大局稳定、促进社会公平正义、保障人民安居乐业的职责使命，坚决维护司法领域意识形态安全。二要增强忧患意识，面对矛盾风险，敢于主动出击。人民法官要常观大势、常思大局，善于在"治平无事"中看到"不测之忧"，要奔着矛盾问题、风险挑战去，该斗争的就要斗争。要自觉加强斗争历练，积极参与基层社会治理，注重发现司法案件中潜在的群体性纠纷、社会治理矛盾等，提出有针对性的司法建议，为保持社会大局稳定做出积极贡献。三要坚定斗争意志，面对不法行为，敢于重拳制裁。对于抗拒、规避执行以及虚假诉讼等不法行为，要依法行使审判权，用足强制执行措施，坚决打击制裁，充分彰显司法权威。四要勇于担当作为，面对困难挑战，敢于迎难而上。随着党和国家发展进入新的阶段，人民法院工作所面临的各类问题的复杂程度、解决问题的艰巨程度明显加大，对新时代人民法官提出了全新的工作要求。要善于聚焦人民群众急难愁盼问题、人民法院发展建设面临的突出问题，不断强化知难而进的魄力勇气，提升破解难案难事的能力水平，主动办理疑难、复杂、重大案件，遇到困难不回避，发现矛盾不上交，面对责任不推诿。五要坚持严格自律，面对歪风邪气，敢于出手亮剑。人民法官要始终牢记"反腐败是最彻底的自我革命"，以反腐败斗争一刻不能停的执着和韧劲自觉加强自我革命，持续强化党性修养，大力弘扬伟大建党精神，从思想上固本培元，切实增强拒腐防变能力，涵养富贵不能淫、贫贱不能移、威武不能屈的浩然正气。

习近平总书记强调："我们党依靠斗争走到今天，也必然要依靠斗争赢得未来。"党的二十大已经胜利闭幕，以中国式现代化全面推进中华民族伟大复兴的宏伟蓝图也已绘就。新征程上，每一位人民法官都是参与者、奋斗者、开拓者，都要争当敢于斗争、善于斗争的勇士，为推进中国式现代化提供有力的司法服务。

（原载于《人民法院报》2022 年 11 月 1 日）